Amsterdamer Beiträge zur neueren Germanistik

herausgegeben von

Gerd Labroisse
Gerhard P. Knapp
Anthonya Visser

Wissenschaftlicher Beirat:

Lutz Danneberg (Humboldt-Universität zu Berlin) —Martha B. Helfer (University of Utah) — Dieter Hensing (Universiteit van Amsterdam) — Lothar Köhn (Westf. Wilhelms-Universität Münster) — Walter Schönau (Rijksuniversiteit Groningen) — Ian Wallace (University of Bath)

Amsterdamer Beiträge zur neueren Germanistik
Band 52 — 2002

Rückblicke auf die Literatur der DDR

herausgegeben von

Hans-Christian Stillmark

unter Mitarbeit von

Christoph Lehker

Amsterdam — New York, NY 2002

Die 1972 gegründete Reihe erscheint seit 1977 in zwangloser Folge in der Form von Thema-Bänden mit jeweils verantwortlichem Herausgeber.

Reihen-Herausgeber:

Prof. Dr. Gerd Labroisse, Sylter Str. 13A, D – 14199 Berlin
Tel./Fax: (49)30 89724235
E-Mail: Gerd.Labroisse@t-online.de

Prof. Dr. Gerhard P. Knapp, University of Utah, Dept. of Languages and Literature, 255 S. Central Campus Dr. Rm. 1400, USA – Salt Lake City, UT 84112
Tel.: (1)801 581 7561, Fax (1)801 581 7581 (dienstl.)
bzw. Tel./Fax: (1)801 474 0869 (privat)
E-Mail: gerhard.knapp@m.cc.utah.edu

Prof. Dr. Anthonya Visser, Universiteit Leiden, Duitse taal en cultuur, Postbus 9515, NL – 2300 RA Leiden
Tel.: (31)71 5272071, Fax: (31)71 5273309 (dienstl.)
bzw. Tel.: (31)71 565 2156 (privat)
E-Mail: a.visser@let.leidenuniv.nl

Redaktion: Prof. Dr. Anthonya Visser

All titles in the Amsterdamer Beiträge zur neueren Germanistik (from 1999 onwards) are available to download and read from the CatchWord website http://www.catchword.co.uk

The paper on which this book is printed meets the requirements of 'ISO 9706: 1994, Information and documentation - Paper for documents - Requirements for permanence'.

ISBN: 90-420-0945-4
Editions Rodopi B.V., Amsterdam - New York, NY 2002
Printed in The Netherlands

Inhalt

Hans-Christian Stillmark: Vorbemerkung — 9

Theo Buck: Verhinderte Innovation. Die in der DDR ungedruckt gebliebenen Bücher von Uwe Johnson und Hans Joachim Schädlich — 11

Dirk Pilz: Die Schrift bleibt verwischt. Überlegungen zur Aktualität von Hans Joachim Schädlichs Band *Versuchte Nähe* anhand des Textes "Lebenszeichen" — 45

Axel Schalk: "Bericht zu mir! Gerade Linie! Durch!" – Überlegungen zu Erwin Strittmatters *Ochsenkutscher* und *Ole Bienkopp* und einem deutschen Literaturstreit — 71

Margrid Bircken: Über die Notwendigkeit kultureller Brücken im eigenen Land — 93

Anna Chiarloni: Nachdenken über Christa Wolf — 115

Yvonne Delhey: Kunst zwischen Mythos und Aufklärung – Littérature engagée im Zeichen des Humanen. Zur Mythosrezeption Christa Wolfs mit einer Fußnote zu Franz Fühmann — 155

Werner Jung: Klassiker und Romantiker, oder Rainer Kirsch und Franz Fühmann — 179

Phillip McKnight: Geschichte und DDR-Literatur (Amnesie, Fragmentierung, Chronik, Kritisches Bewußtsein und Weichenstellung im Rückblick auf die Mitte der 50er Jahre: Mankurt, Horn und *Horns Ende*) — 191

Brigitte Krüger: "Ein Spiel, nicht selbst gewählt, doch seinen Regeln unterworfen [...]." Zum Spiel-Begriff bei Christoph Hein — 221

Dieter Hensing: Wenn der Stein der Geschichte zurückrollt. Über einen glücklichen und vor allem einen unglücklichen Sisyphos – über Albert Camus und Heiner Müller — 253

Norbert Otto Eke: "Kein neues Theater mit alten Stücken". Entgrenzung der Dramaturgien in der DDR-Dramatik seit den 70er Jahren (Müller, Braun, Brasch, Trolle) — 307

Hans-Christian Stillmark: Der Arbeiter - die zentrale Nebengestalt der DDR-Literatur — 347

Rhonda R. Duffaut: The Function of Poststructuralism in Wolfgang Hilbig's Novel "*Ich*" — 371

Cordula Stenger: "Simple Storys" aus dem Osten? Wie eine Generation junger Autoren und Autorinnen ihre Erfahrungen in Literatur verwandelt — 389

Karin McPherson: Rückblicke – Briefe und Tagebücher von Autorinnen aus der DDR — 417

Marianne Lüdecke: "Jeder von uns ist einmalig ..." Zum Wandel des Bildes vom kindlichen Helden in der Kinderliteratur der DDR   433

Birgit Dahlke: Berlin – Frontstadt, Mauerstadt, Metropole? Zum literarischen Zusammenhang von Stadtbild und Gesellschaftsutopie   455

Lisa. R. Whitmore: Transcending Conspiratorial Interpretations of the East German Avant-Garde   473

Anschriften der Autorinnen und Autoren/List of Contributors:

Dr. Margrid Bircken
Universität Potsdam, Inst. für Germanistik
PSF 601553
D – 14415 Potsdam

Prof. Dr. Anna Chiarloni
Universitá degli Studi di Torino
Facoltà die Lettere e Filosofia
Via San Ottavio, 20
I – 10124 Torino

Prof. Dr. Theo Buck
Theresienstr. 18
D – 52072 Aachen

Dr. Birgit Dahlke
Humboldt-Universität Berlin
Phil. Fakultät II, Inst. für dt. Lit.
Schützenstr. 18-25
D – 10117 Berlin

Yvonne Delhey
Universiteit van Amsterdam, D.land Inst.
Herengracht 487
NL – 1017 BT Amsterdam

Rhonda R. Duffaut
2345 Larkin St. #3
USA – San Francisco, Ca 94109

HD Dr. Norbert Otto Eke
Universität GH Paderborn, FB 3
Warburger Straße 100
D – 33098 Paderborn

Dr. Dieter Hensing
Universiteit van Amsterdam
Duits Seminarium
Spuitstraat 210
NL – 1012 VT Amsterdam

PD Dr. Werner Jung
Gerhard Mercator Universität Duisburg

FB 3 Sprach- und Literaturwiss.
Lotharstraße 65
D – 47057 Duisburg

Dr. Brigitte Krüger
Universität Potsdam, Inst. für Germanistik
PSF 601553
D – 14415 Potsdam

Dr. Marianne Lüdecke
Universität Potsdam, Inst. für Germanistik
PSF 601553
D – 14415 Potsdam

Karin MacPherson
13 Lockharton Avenue
UK – Edinburgh EH14 IAY

Prof. Dr. Phillip McKnight
University of Kentucky, German Department
1055 Patterson Office Tower
USA – Lexington, KY 40506-0027

Dirk Pilz
Boxhagener Str. 75
D – 10245 Berlin

Dr. Axel Schalk
Sprengelstr. 2
D – 13353 Berlin

Dr. Cordula Stenger
Universität Bremen
Inst. für kulturwissenschaftliche Deutschlandstudien (FB10)
PSF 330440
D – 28334 Bremen

Dr. Hans-Christian Stillmark
Universität Potsdam, Inst. für Germanistik
PSF 601553
D – 14415 Potsdam

Dr. Lisa R. Whitmore
311 Waverley St. #1
USA – Menlo Park, CA 94025

Vorbemerkung

Obwohl die DDR nunmehr ein abgeschlossenes Kapitel in der deutschen Geschichte geworden ist, hält die Auseinandersetzung um das, was von ihr bleibt, auch im Abstand von mehr als zehn Jahren an. Selbst nach dem "deutsch-deutschen Literaturstreit" unmittelbar nach der Wende, der seinerseits schon Rückblicken und Bilanzierungen ausgesetzt wurde, bleibt der Stellenwert der Literatur in und aus der DDR ein umstrittenes Terrain. Ungeachtet dessen, daß es Einhelligkeit in literarischen Fragen ohnehin nicht geben kann, sind die Urteile zur Literatur der DDR natürlich auch von den Erfahrungen und Erlebnissen mit der DDR geprägt. In diesem Band haben wir uns für eine Sicht von außen und von innen gleichermaßen interessiert. Die Meinungen, die aus dem Erleben der Veränderungen der letzten Jahre resultieren, sind daher notgedrungen konträr.

Es bestand für die mit der Innensicht ausgestatteten Beiträger die wohl nicht einfache Aufgabe, sich dem auszusetzen, was man auch den Stachel im Fleische nennen könnte. Der Umgang mit einst vertrauten Texten wurde durch die neuen Lebensbedingungen aufgebrochen. Was vor dem Fall der Mauer gültig und selbstverständlich war, stellte sich als fraglich heraus. Der von den Zwängen des Systems befreite Blick erforderte gleichsam eine Revision eigener Standpunkte. Er konnte andererseits jedoch nicht einfach die Maßstäbe und Wertsetzungen, wie sie bspw. im "Literaturstreit" vorgetragen wurden, übernehmen. Er hat, so läßt sich in aller Kürze behaupten, seinen Eigen-Sinn auf neue Weise in der Lesart der Texte zu gewinnen. Daß dabei grundsätzlich Abbildrelationen diskutiert werden, wie im Beitrag von Dirk Pilz, oder bisher unerkannte Kontinuitäten im Werk eines Autors – Brigitte Krüger macht mit dem Spiel-Begriff bei Christoph Hein darauf aufmerksam – entdeckt werden, zeugt für diese Wandlung. Auch wenn scheinbar alten Fragen, (Bild des Kindes bei Marianne Lüdecke oder Figur des Arbeiters bei Hans-Christian Stillmark) nachgegangen wird, wird das Bedürfnis nach kulturellen Brücken im eigenen Land (Margrid Bircken) deutlich.

Für die Beiträger, die schon seit längerem über ihren Blick von außen mit der Literatur in der DDR vertraut sind, ist die Frage von Belang, wie haltbar die von dieser Literatur eingebrachten ästhetischen und politischen Positionen sind. So sind Rückblicke auf den Literaturbetrieb der DDR samt seiner Innovation verhindernden Funktionen in Theo Bucks Beitrag thematisiert, während Norbert Otto Eke in seinem Beitrag gerade diesen innovativen Spuren (trotz deren Zensur) im Bereich der Dramatik nachgeht. Phil McKnights historische Recherche geht den Lebensspuren von Christoph Heins Romanfigur Horn in den 50er Jahren nach, wohingegen sich Axel

Schalk im Modus des Ästhetischen zu Motiven modernen Erzählens in Erwin Strittmatters frühen Romanen äußert. Für Anna Chiarloni gewinnt das Nachdenken über eine Autorin, deren Werke sie seit langem mit größtem Interesse begleitet, auch nach der Debatte um Christa Wolf nachhaltige Bedeutung, während Yvonne Delhey Christa Wolfs Arbeit am Mythos problematisiert. Werner Jungs Fragestellung nach den von DDR-Autoren eingenommenen Traditionsbeziehungen beleuchtet eine in der DDR lange währende Auseinandersetzung um die Verbindlichkeiten der Prämissen des Realismus-Konzepts von Georg Lukács. Rhonda R. Duffauts Beitrag wiederum erkennt in Wolfgang Hilbigs Texten poststrukturalistische Applikationen, demgegenüber Dieter Hensing die Frage, wieviel Geschichtlichkeit der Mensch braucht (und verkraftet), im Vergleich zwischen Heiner Müller und Albert Camus diskutiert. Kontrastierend stehen dieser in der DDR hochrangigen Frage die Erkenntnisse Cordula Stengers über die jüngste Autorengeneration aus der DDR gegenüber, die im Unterschied zu den Dichtern vom Prenzlauer Berg nach dem Fall der Mauer teilweise als Debütanten mit ihren Erfahrungen in die literarische Öffentlichkeit eintraten. Dissonante Widersprüche in der Hauptstadt der untergegangenen DDR werden in den Beiträgen von Birgit Dahlke und Lisa R. Whitmore anhand der Lyrik sinnfällig gemacht, worin sich Korrespondenzen unterschiedlicher literaturwissenschaftlicher Herangehensweisen gleichermaßen beobachten lassen.

Schließlich sei hier noch betont, daß die Impulse zur Auseinandersetzung mit der Literatur der DDR, die aus den Texten und ihren Kontexten sich herleiten, keinesfalls mit den hier versammelten Aufsätzen abgetan sein dürften. So bedürfen die hier im Band gesammelten Rückblicke auf ausgewählte Teile der DDR-Literatur weiterer Ergänzung und Diskussion.

Der Dank gilt allen, die diesem Band zum Entstehen verhalfen, insbesondere den Autorinnen und Autoren sowie Thony Visser für ihre Geduld.

Hans-Christian Stillmark

Theo Buck

Verhinderte Innovation.
Die in der DDR ungedruckt gebliebenen Bücher von Uwe
Johnson und Hans Joachim Schädlich

Für Hans Joachim Schädlich

*In Ketten tanzen ist höchste Kunst
(Friedrich Nietzsche)*[1]

*Ungestraft tastet niemand unseren Staat an
(Leipziger Volkszeitung, 4.4.1957)*[2]

Retrospectively G.D.R. literature does not appear to be a homogeneous entity. At least since the end of the 1960s the conservative aesthetic of socialist realism has been continuously violated by individual authors. This led to various repressive reactions by the state authorities who were, up until the very end, unwilling to relinquish their power to define what counts as art. The clash between innovative authors and state censorship will be demonstrated with regard to an early (Uwe Johnson) and a late (Hans Joachim Schädlich) example. The article tries to reconstruct both the publication efforts in the G.D.R. and the official opinion on the two authors after the publication of their books in the West. In both cases state repression led the authors to leave the G.D.R.

Literarhistorisch betrachtet gibt es zweifellos nur die eine Literatur deutscher Sprache in all ihren vielfältigen, positiven wie auch negativen Erscheinungsformen über die Jahrhunderte hin. Und doch fällt die DDR-Literatur in gewisser Weise aus diesem Rahmen heraus. Vier Jahrzehnte einer getrennt verlaufenen Entwicklung mit allen politischen, sozialen und ökonomischen Implikationen divergierender Zweistaatlichkeit führten zu tiefgreifenden Unterschieden. Der völlig anders geartete Bedingungsrahmen wirkte sich gerade auch im Bereich der Kultur besonders nachhaltig aus. Während im Westen künstlerische Produktion, Distribution und Rezeption dem freien Kräftespiel sowie den Marktgesetzen unterliegen, galt in der DDR die staatssozialistische Kunstdoktrin nach sowjetischem Mu-

---

[1] Zit. nach: Schädlich: DPL 71 (vgl. Anm. 8).
[2] Zit. nach: Johnson: B 121 (vgl. Anm. 13).

ster. Demzufolge gab es dort auch eine permanente staatliche Kontrolle der Schriftsteller.

In der Sowjetunion hatten Stalin und der zuständige Erfüllungsgehilfe, der "Kulturbeauftragte" Shdanow, das 1934 auf dem ersten sowjetischen Allunionskongreß der Schriftsteller proklamierte Prinzip des "Sozialistischen Realismus" durchgesetzt und damit die progressive Kulturpolitik in den zwanziger Jahren systematisch abgewürgt. In der Folge wurde die russische Avantgarde mitsamt ihrer Kunstpraxis unterdrückt und totgeschwiegen. Ein guter Teil der Schriftsteller fiel der Staatskriminalität, den sogenannten "Säuberungen", zum Opfer. An ihre Stelle trat eine diktatorisch gelenkte "Kunst"-Produktion mit der Zielsetzung, auf diesem Wege einen "volkstümlichen" Abbildrealismus mit parteilichem Vorbildcharakter zu etablieren. In der Regel lief das, mit Hans Mayer zu sprechen, auf platte "Darstellung des Alltags [...] mit falscher Heroik"[3] hinaus. Zwangsläufig blieb dabei die Substanz der russischen Literatur auf der Strecke. Von nun an bestimmten parteitreue Machwerke vom "umfassenden Aufbau des Sozialismus" den Ton bis weit in die "Glasnost"-Phase hinein. Peter Demetz hat ein treffendes Bild für diesen deprimierenden Prozeß gefunden: "Die lange Winterstarre des Sozialistischen Realismus brach an".[4] Im Zuge dieser fatalen künstlerischen Selbstamputation schrumpfte das wahre Literaturgeschehen auf die wenigen Beispiele einer Literatur des Untergrunds zusammen, die dann seit den sechziger Jahren als 'Samisdat' unter großer Gefahr für alle Beteiligten in der Öffentlichkeit zirkulierte.

Als Siegermacht des Zweiten Weltkriegs kam der Sowjetunion ganz von selbst die Führungsrolle innerhalb des sich herausbildenden sozialistischen Lagers zu. Unter den Zwängen des Kalten Krieges steigerte sich die damit verbundene Machtdemonstration in allen Bereichen. Noch stärker als in den übrigen Staaten des späteren 'Warschauer Paktes' war die gesellschaftspolitische Einflußnahme in der sowjetisch besetzten Zone Deutschlands (SBZ), der künftigen DDR. Kunst und Kultur spielten dabei eine wichtige Rolle. Kulturoffiziere der Besatzungsmacht und die wenigen Funktionäre unter den Schriftstellern der Moskauer Exilgruppe, welche – wie Johannes R. Becher, Erich Weinert, Ludwig Renn und Friedrich Wolf – die "Säuberungen" Stalins überlebt hatten, sorgten für eine planmäßige und konsequente Durchsetzung der kommunistischen Kunstdoktrin in den wenigen Jahren bis zur 1949 erfolgenden Gründung der DDR als Staat.

---

[3] Hans Mayer: *Ansichten. Zur Literatur der Zeit*. Reinbek bei Hamburg 1962. S. 241.
[4] Peter Demetz: *Marx, Engels und die Dichter. Ein Kapitel deutscher Literaturgeschichte*. Frankfurt/M., Berlin 1969. S. 227.

Richtungsweisend für den angestrebten ideologischen "Agitationsrealismus" waren in erster Linie die von Georg Lukács seit dem Anfang der dreißiger Jahre verkündeten ästhetischen Postulate. Sie wollten fortschrittlich sein. In Wahrheit aber orientierten sie sich an der bürgerlichen Ästhetik des neunzehnten Jahrhunderts. Neue künstlerische Formen fielen als "dekadent" und "formalistisch" dem Verdikt der Partei anheim. Gefordert wurde demgegenüber nicht etwa eine Weiterführung der proletarisch-revolutionären Literaturtradition, sondern paradoxerweise der Anschluß an das "bürgerlich-progressive Erbe". Vor dem Hintergrund dieses Konditionsrahmens ging insbesondere Becher als bewährter Stalinist daran, zum kulturellen "Raubzug im Bürgertum" aufzurufen und somit einem kulturkonservativen Wunschbild das Wort zu reden. Was sich als Kulturrevolution gerierte, war faktisch nichts anderes als ein Rückfall in die Vormoderne, – mit mehr als bedenklichen Folgen.[5]

Nach außen hin schien sich der Anfang in jeder Hinsicht überzeugend zu gestalten. Zweifellos waren da kulturpolitische Ziele, denen man nur zustimmen konnte: Abrechnung mit einer fehlgeleiteten Nationalgeschichte, Entwicklung einer "sozialistischen Menschengemeinschaft", antimilitaristische und antifaschistisch-demokratische Erneuerung, Wahrung des progressiv-bürgerlichen Erbes, Heimholung der Exilautoren. Indes wurde schnell deutlich, daß hinter dieser achtbaren Fassade eine wesentlich anders geartete Wirklichkeit steckte. Die einleuchtende Konzeption von Kunst als einem gesellschaftlichen Planfaktor hatte ihren Preis. Überdeutlich enthielt sie nämlich die Aufforderung an die Künstler, sich thematisch auf eine gesellschaftlich vorbildliche Produktion einzustellen. Für die Schriftsteller bedeutete das die Verpflichtung zu einer leicht lesbaren Schreibweise, um so der erwünschten massenhaften Verbreitung entgegenzukommen. Unausgesprochen blieb dabei die mit derartigen Forderungen zwangsläufig verbundene Planung und Lenkung durch die kommunistische "Einheitspartei". Was als Schaffung einer "Literaturgesellschaft" (J.R. Becher) emphatisch beschworen wurde, war tatsächlich von den Vorgaben her ein System geistiger Bevormundung. Hinzu kam ein komplexer Kontrollapparat zur parteilichen Gängelung der Literatur, wie der Kunst überhaupt. Es war deshalb reiner Zynismus, daß ein Mann wie der Chefideologe Alexander Abusch in einer Grundsatzrede "der Scholastik und dem Dogmatismus in der Ästhetik" den Kampf ansagte, obwohl allenthalben ungeniert eine strikt doktrinäre Überwachung der gesamten

---

[5] Vgl. hierzu auch Günter Erbe: *Die verfemte Moderne. Die Auseinandersetzung mit dem 'Modernismus' in Kulturpolitik, Literaturwissenschaft und Literatur der DDR*. Opladen 1993.

Kunstproduktion praktiziert wurde. Von vornherein war die DDR-Literatur hierdurch ihrer ästhetischen Integrität beraubt.[6]

Gesellschaftspolitische Konzeption und ästhetische Notwendigkeit adäquater Formgestaltung standen in unversöhnlichem Gegensatz zueinander. Der Autor und Regisseur Einar Schleef hat darauf aufmerksam gemacht mit der Bemerkung:

> Das Wort Konzeption ist dehnbar. [...] Dort [in der DDR, d. Verf.] hieß Konzeption – der verordnete Blick. [...] Waren Künstler mutig, brachten sie den verordneten Blick ins Wanken, zeigten die Diskrepanz zwischen ihm und ihrem eigenen.[7]

In der Tat war das der springende Punkt. Jeder Schriftsteller, sofern er nicht den einfacheren Weg der Anpassung zu nehmen gedachte, mußte dafür Sorge tragen, sich seinen eigenen Blick zu erhalten. Damit verzichtete er allerdings nicht bloß auf die von der Partei großzügig gewährten Privilegien. Er begab sich ebenso auf eine schwierige Gratwanderung. Denn er mußte sich darüber im klaren sein: Wer aus dem präskriptiven System ausscherte, beging damit in den Augen der Partei Verrat an der Sache des Sozialismus. Insofern ist die Geschichte der DDR-Literatur durchgängig auch eine Geschichte des Widerstands und des Protests gegen die Bevormundung durch die Staatspartei. Manche der Autoren mochten aus den verschiedensten Gründen über ein vorsichtiges Taktieren nicht hinausgehen. Andere wiederum entschieden sich für den mühseligen Pfad permanent auszutragender Konflikte. Wieder andere zogen es vor, ihrem Land für immer den Rücken zu kehren. Weitere Möglichkeiten gab es nicht. Ob man es wahr haben wollte oder nicht, man bewegte sich – ein Buchtitel Hans Joachim Schädlichs hat das zutreffend festgeschrieben – auf dem trüben Terrain von "Dreck, Politik und Literatur".[8] Kein Fall glich dem andern. Vielen gemeinsam war lediglich die von Katja Lange-Müller berlinerisch-schnoddrig formulierte Überzeugung: "Ick hatte [...] det Jefühl, ick vejetier am Rande meines Horizonts. Det wir uns trennen, die DDR

---

[6] Vgl. hierzu Hans Joachim Schädlich (Hg.): *Aktenkundig. Mit Beiträgen von Wolf Biermann, Jürgen Fuchs, Joachim Gauck, Lutz Rathenow, Vera Wollenberger u.a.* Berlin 1992 (Sigle: AK); ferner: Joachim Walther: *Sicherungsbereich Literatur. Schriftsteller und Staatssicherheit in der Deutschen Demokratischen Republik.* Berlin 1999 (Sigle: W).
[7] Einar Schleef: *Droge Faust Parsifal*. Frankfurt/M. 1997. S. 465 ("Entwurf").
[8] Hans Joachim Schädlich: *Über Dreck, Politik und Literatur*. Berlin 1992 (Sigle: DPL).

und ick, det beruhte auf beiderseitigem Interesse".⁹ Für die Triftigkeit ihrer Bekundung spricht die Tatsache, daß allein nach der Biermann-Ausbürgerung 1976 an die hundert Autoren in den Westen übersiedelten. Aufs Ganze gesehen kann man feststellen, daß ein großer Teil der DDR-Schriftsteller das Land seiner Herkunft verlassen hat. Diese Tatsache spricht wahrlich für sich.

Ähnlich wie im Drama wirkten die ästhetischen Richtlinien besonders im Erzählbereich ganz unmittelbar. Sogar eine bedeutende Schriftstellerin wie Anna Seghers ließ sich dadurch weit unter ihr Niveau drücken. Autoren wie Willi Bredel, Hans Marchwitza, Bodo Uhse und Erich Weinert hatten sich schon immer in den anspruchslosen Gefilden tendenzgeprägter Literatur bewegt. Die so genannten "Aufbau- und Ankunftsliteraten" der Anfangszeit unterwarfen sich willig den parteilichen Zielsetzungen. Von verschiedenen Ansätzen herkommend, trafen sie sich, seien es nun Otto Gotsche, Erwin Strittmatter, Dieter Noll, Brigitte Reimann oder Franz Fühmann, in einem: Ihre Bücher folgten allesamt dem gleichen Romanschema, demzufolge ein positiver Held nach mannigfachen Konflikten und Schwierigkeiten glücklich im Sozialismus ankommt. Nimmt man noch die allseits zu beobachtende Ablehnung sprachinnovativer Verfahren und gestalterischer Experimente hinzu, steigern sich die ästhetischen Defizite zum Rückfall in längst überholte Erzählformen und damit zu systematischer Regression. Selbst die auch im Westen vielgelesenen Bücher von Strittmatter und Hermann Kant leiden entschieden unter diesem grundsätzlichen Mangel. Allein die weiteren Entwicklungen im Werk Fühmanns und vor allem die abgehobene Position Johannes Bobrowskis stechen wohltuend von diesem öden Durchschnittsbild ab. Konfliktreichere, widersprüchlichere und insofern offenere Erzähllösungen gibt es erst seit den sechziger Jahren. In erster Linie ist hier Christa Wolf zu nennen. Doch wird man zugleich an die vorsichtig-relativierende Einschätzung Hans Mayers erinnern müssen, der 1968 zu dem Ergebnis kam: "Trotzdem bleibt Christa Wolf, deren etwas trockene Lehrerinnenprosa die Grenzen ihrer epischen Begabung ahnen läßt, im Grunde respektvoll gebannt von allen ideologischen Tabus der ostdeutschen Politik".¹⁰ Immerhin erbrachte ihre weitere Arbeit, vor allem *Nachdenken über Christa T.* (1968) und *Kassandra* (1983), einen qualitativen Sprung zu nachhaltiger internationaler Rezeption. Ihr Eintreten für eine "subjektive Authentizität" des Schreibens erwies sich als hilfreich für andere Autoren bei deren Bemühung um

---

⁹ Zit. nach: Wolfgang Emmerich: *Kleine Literaturgeschichte der DDR*. Überarbeitete Fassung. Frankfurt/M. 1989. S. 463.
¹⁰ Hans Mayer: *Deutsche Literatur seit Thomas Mann*. Reinbek bei Hamburg 1968. S. 96.

eine unangepaßte Schreibweise. Neben Irmtraud Morgner sind in diesem Zusammenhang Autoren wie Günter Kunert, Volker Braun, Thomas Brasch, Jurek Becker, Günter de Bruyn, Christoph Hein oder Wolfgang Hilbig zu nennen. Durchweg Erzähler also, denen gewiß nicht der Vorwurf der Kollaboration mit der Partei gemacht werden kann.

Was ist dem zu entnehmen? Rein quantitativ gesehen änderte sich in den vier Jahrzehnten des Bestehens der DDR wenig am bestimmenden Einfluß der "Sozialliteraten" und damit des künstlerischen Mittelmaßes. In qualitativer Hinsicht freilich begab sich Überraschendes. Ohne sonderliche Rücksichtnahme auf die unveränderten kulturpolitischen Positionen der Partei kam es bereits seit dem Ende der sechziger Jahre zu wesentlichen Veränderungen im literarischen Prozeß. Punktuell erfolgende Weiterungen der künstlerischen Ausdrucksmöglichkeiten – also neue Themen, andere Wirkungsabsichten und in erster Linie avanciertere Schreibstrategien – sorgten schubweise dafür, daß die vorherrschende Starre aufgelockert, in Einzelfällen sogar aufgehoben wurde. Manche Autoren wollten sich eben nicht mehr nach den künstlerisch lähmenden kulturpolitischen Geboten des "Sozialistischen Realismus" (Widerspiegelung, Volkstümlichkeit, Parteilichkeit, Perspektive des Typischen, Vorbildcharakter) richten. In wachsender Zahl entschieden sie sich, wie Wolfgang Emmerich betonte, für "[...] eine stärkere Betonung der Subjektivität und einen souveränen Umgang mit vielfältigen ästhetischen Mitteln". Zweifellos wurde die Schreibpraxis dadurch differenzierter, offener, komplexer und dadurch ebenso mehr individuell gebrochen. Doch war es bestimmt ein Euphemismus, wenn Emmerich sogar ein "Verschwinden der ästhetischen Doktrinen" ausmachen zu können glaubte.[11] Bis zum Schluß nämlich beharrte die Partei entschieden auf der "notwendigen Lenkung" der Kunst. Allerdings war es immer weniger möglich, von einer Homogenität der DDR-Literatur auszugehen. Etliche der Autoren sträubten sich dagegen, ihr "Thema ans Schema [zu] verraten" (Günter de Bruyn[12]). Ein Gespenst ging um in der DDR: das Gespenst des "freien Schriftstellers". Immer weniger verfing der staatliche Kontroll- und Zensurapparat. Gab es doch, wenigstens seit dem Ende der sechziger Jahre, allemal die Möglichkeit, gegenläufige Texte kurzerhand im Westen erscheinen zu lassen. Nur noch widerwärtig und absurd wirkte da das ausgeklügelte, ebenso perverse wie komplexe Verhinderungsinstrumentarium. Es reichte von der Begrenzung der Auflagen-

---

[11] Wolfgang Emmerich: *Kleine Literaturgeschichte der DDR*. Darmstadt, Neuwied 1981. S. 125; und ders.: *Kleine Literaturgeschichte der DDR*. Überarbeitete Fassung. Frankfurt/M. 1989. S. 415.

[12] Günter de Bruyn: *Im Querschnitt. Prosa, Essay, Biographie*. Halle/S. 1979. S. 331 ("Der Holzweg").

höhe über die Papierkontingentierung bzw. reduzierte Verteilung durch den 'LKG' (d.i. Leipziger Kommissions-Großhandel) bis hin zum direkten Druckverbot oder zum Ausschluß aus dem Schriftstellerverband. Nicht zu vergessen die strafrechtliche Verfolgung ungebärdiger Autoren wegen Umgehung des 'Büros für Urheberrechte', was als "ungesetzliche Verbindungsaufnahme" oder im Extremfall auch als "staatsfeindliche Hetze" geahndet wurde.

Darum ist es aufschlußreich, die desaströsen, unmenschlichen Folgen dieser diktatorischen Maßnahmen an zwei besonders krassen Beispielfällen genauer darzustellen. Sie zeigen nämlich, daß die vermeintlichen Kulturhüter der Partei ihr Land auf die übelste Weise um die besten Ergebnisse des dortigen Literaturgeschehens gebracht haben. Zwei der in der DDR schreibenden Autoren wurden, wie zahlreiche andere, systematisch an der Veröffentlichung ihrer Texte gehindert. Sie veröffentlichten, folgerichtig, ihre Bücher in Verlagen der Bundesrepublik, um dann ganz in den Westen überzuwechseln: Uwe Johnson und Hans Joachim Schädlich. Beide gelten mit Recht als herausragende Repräsentanten deutschsprachiger Erzählkunst in der zweiten Hälfte unseres Jahrhunderts. Sie lebten in der DDR-Gesellschaft und wollten in ihr wirken. Doch mußten sie die bittere Erfahrung machen, daß ihre kritische Produktivität unerwünscht war. Autoren der DDR sind sie nie gewesen, weil ihre Bücher dort ungedruckt blieben.

Um zu klären, wie das konkret vor sich ging, dürfte es am besten sein, einfach der Reihe nach zu verfahren. Zunächst also der "Fall" Johnsons. Glücklicherweise liegt ein genauer Bericht darüber vor.[13] Im April des Jahres 1953, kurz nach Stalins Tod, machte der Studierende der Germanistik, Jungfunktionär der Freien Deutschen Jugend (FDJ) und Mitglied der Gesellschaft für Deutsch-Sowjetische Freundschaft (DSF), mit dem Namen Uwe Johnson eine ebenso einschneidende wie folgenreiche Erfahrung. Im Rahmen einer offiziellen Kampagne gegen die der evangelischen Kirche zugehörige 'Junge Gemeinde' kam es zur großen Überraschung des

---

[13] Uwe Johnson: *Begleitumstände. Frankfurter Vorlesungen.* Frankfurt/M. 1980 (Sigle: B). S. 62-96. – Weitere wichtige Quellen: Uwe Johnson: Ein Briefwechsel mit dem Aufbau-Verlag. In: *Über Uwe Johnson.* Hg. v. Raimund Fellinger. Frankfurt/M. 1992 (Sigle: ÜUJ). S. 11-14. – Bernd Neumann (Hg.): *Uwe Johnson. 'Entwöhnung von einem Arbeitsplatz'.* Frankfurt/M. 1992 (Sigle: EA). – *'Die Katze Erinnerung'. Uwe Johnson. Eine Chronik in Briefen und Bildern.* Zusammengestellt von Eberhard Fahlke. Frankfurt/M. 1994 (Sigle: KE). – Jürgen Grambow: Uwe Johnsons Rezeption in der DDR. In: ÜUJ 296-310. – *Uwe Johnson. Die Güstrower Jahre (1948-1952).* Hg. v. der Bibliothek des Landkreises Güstrow. Güstrow 1995.

damals Neunzehnjährigen vor einer Großveranstaltung der 'FDJ-Gruppe Philosophische Fakultät' zu der folgenden Begebenheit: "eines ihrer Mitglieder", so der sachliche Bericht Johnsons in eigener Sache, wurde

> [...] beiseite genommen vom Stellvertreter des Ersten Vorsitzenden oder einem anderen Vorgesetzten. Die Instruktion lautete, zusammengefasst, so: Du bist doch der Jugendfreund aus Güstrow. Du bist Org.-Leiter gewesen. Da weisst du ja Bescheid. Du meldest dich zu Wort. Du sprichst zunächst über den Kampf der 'Jungen Gemeinde' gegen den Frieden, danach konkret über die drei evangelischen Banditen von der 'Jungen Gemeinde', die am vorigen Sonnabend einen Rekruten der Roten Armee mit einem Taschenmesser überfallen und schwer verletzt haben, in der Bahnhofstrasse von Güstrow./ Der Jugendfreund aus Güstrow bestritt das. Wenn so etwas vorgekommen sei, fünfzig Meter von der Wache der Volkspolizei, dann wüsste man das in Güstrow. Ihm wurde bedeutet, die Zeit des Funktionärs sei zu schade für fruchtlose Diskussionen. Als er weiterhin sich wehrte gegen den Auftrag, bekam er gesagt: Das ist ein Befehl. (B 64)

Der die Wahrheit verdrehende Befehl wurde nicht ausgeführt. Ganz im Gegenteil. Der als "Jugendfreund" angesprochene Johnson vertrat in seiner Wortmeldung die parteiwidrige Meinung,[14]

> Von öffentlichen Überfällen sei in Güstrow nur der bekannt auf zwei Oberschüler, Angehörige der Jungen Gemeinde [...], die Hetze und die Schikanen gegen eine Religionsgemeinschaft konstituiere einen mehrfachen Bruch der Verfassung der Deutschen Demokratischen Republik [...]. Wenn das eine Verschwörung sei, so wolle er, gerade als einstiger Org.-Leiter, da austreten. (B 65f.).

Zustimmung dafür konnte im Saal natürlich nicht aufkommen. Die schlimmen persönlichen Folgen – vorübergehende Exmatrikulation wegen "Boykotthetze gegen demokratische Einrichtungen und Organisationen"; weitere Vorwürfe: "Diversion. Bündnis mit dem Klassenfeind [...] Bruch der Befehlsdisziplin. Ausführung eines Agentenauftrags. Verächtlichmachung der demokratischen Presse. Provokatorisches Austreten" (B 66) – wurden nur unwesentlich gemildert durch die im Juni 1953 erfolgende Zurücknahme der "Streichung" (B 69). Zwischenzeitlich war es zu einer Vereinbarung der Regierung der DDR mit der Kirchenleitung gekommen. Vor

---

[14] Daß Johnson früh schon zu kritischem Abstand in der Lage war, läßt sich unschwer nachweisen. In einem Brief aus dem Jahr 1952 schrieb er bitter-ironisch über ein "293prozentiges SED-Mitglied": "Nebenbei ist er Spitzel. Und ein Garant der Zukunft". Zit. n.: Günter Holtz (Hg.): Uwe Johnson: Briefe an Charlotte Luthe. In: *Neue deutsche Literatur* 41 (1993). H. 8. S. 78-95, hier S. 93f.

allem aber blieb der Aufstand vom 17. Juni in diesem Zusammenhang nicht ohne Wirkung.

Johnson hat Folgerungen aus den bitteren Lehren gezogen. Sein Fazit lautete:

> So bekam jemand seine ureigene Sache, seinen persönlichen Handel mit der Republik, seinen Streit mit der Welt darüber, wann etwas eine Wahrheit ist und bis wann eine Wahrheit eine Bestrafung verdient. Da ihm verwehrt ist, dies öffentlich auszutragen, wird er es schriftlich tun. (B 69)

Dieser Absicht verdanken wir den ersten Roman Johnsons: *Ingrid Babendererde. Reifeprüfung 1953*.[15] Die Ausführung des Vorhabens ließ nicht lange auf sich warten. Nach verschiedenen Schreibansätzen noch in der Schulzeit ging es jetzt ernsthaft los mit der schriftstellerischen Arbeit. In den Worten Johnsons: Es kam dazu, daß er "tatsächlich ins Schreiben gerät" (B 57). Sein Thema lag fest. Es waren die eigenen Erfahrungen mit FDJ und Partei, die persönlichen Schulerlebnisse und Lebensumstände, zudem das Güstrower Umfeld, also, mit Johnson zu sprechen, "[...] Abiturienten des Jahres 1953, die mitten in der Reifeprüfung sich abmühten mit Sorgen darüber, wie ihre Regierung umging mit der Verfassung ihrer Republik" (B 74f.). Darüber hinaus interessierten den jungen Autor "all die Knoten und Knicke und Brüche in Lebensläufen seit dem verfassungswidrigen Kirchenkampf von 1953", denn in seinen Augen waren das "Merkzeichen einer bestimmten und bestimmbaren Etappe: des Stalinismus" (B 95). Darüber, daß die offenkundig kritische Schreibintention bei der Partei auf keine Gegenliebe stoßen würde, war sich der Schreibende natürlich im klaren. Er wußte genau, seinem Schulroman könne "Verbreitung von dem Staat abträglichen Erzählungen" und insofern "planmässige Boykotthetze" (B 74) unterstellt werden. Vor diesem Hintergrund wird verständlich, warum der inzwischen an die Leipziger Universität übergewechselte Student beim Schreiben äußerst sorgsam verfuhr.[16] Lange und gründlich arbeitete er in der Zeit zwischen Herbst 1953 und Frühjahr 1956 an dem Text. Erst die vierte Fassung genügte dem eigenen hohen Anspruch eines vertretbar abgeschlossenen Werkes. Nunmehr überzeugt von seinem literarischen Erstling, wollte er ihn begreiflicherweise auch veröffentlicht sehen. Die sogenannte "Entstalinisierung" schien dem entgegenzukommen. In den Worten Johnsons:

---

[15] Uwe Johnson: *Ingrid Babendererde. Reifeprüfung 1953. Mit einem Nachwort von Siegfried Unseld*. Frankfurt/M. 1985 (Sigle: IB).
[16] Man braucht dazu nur die sorgfältige Dokumentation Johnsons zur Kenntnis zu nehmen: B 74-88.

> Inzwischen hatte die geheime Rede des Genossen Nikita S. Chrustshov über die Irrtümer und einige der Fehler des Grossen Stalin Rauchzeichen gesetzt auch in die Wortwahl der ostdeutschen Kulturpolitik, und auf die Gefahr einer Fehldeutung hin versuchte ein Student [...] es mit dem legalen Weg, besessen von dem Wahn, aus einem abgeschlossenen Typoskript müsse zwangsläufig ein gedrucktes und erhältliches Buch werden. (B 88)

Im Sommer 1956 schickte Johnson das Manuskript an den Aufbau-Verlag in (Ost-)Berlin, ferner an den Carl Hinstorff-Verlag in Rostock, an den Paul List-Verlag in Leipzig und ebenso an die Redaktion des *Sonntag*, einer *Wochenzeitung für Kultur, Politik und Unterhaltung*. Im Begleitschreiben an den Aufbau-Verlag sagte er unverblümt: "Mir liegt daran, daß die Ihnen vorliegende Skripte ein Buch wird in der Demokratischen Republik" (ÜUJ 11). Obwohl ein Lektor des Aufbau-Verlags sogleich sein Interesse bekundet hatte – das Buch "[...] enthält so viel Wahrheit und verrät so viel Talent, dass sich jede Arbeit lohnen wird" (B 89) –, wurde der Roman vom Lektor Günter Caspar abgelehnt mit dem Argument, es bedürfe der "Vertiefung des gesellschaftlichen Hintergrundes [...]. Fragen nach der Vergangenheit einiger Personen sowie nach historischer Kritik und deren Standort" blieben offen, doch sei es dem Autor anheimgestellt, "eine Überarbeitung im Sinne unserer Debatte" (ibid.) vorzunehmen.[17] Johnson war dazu nicht bereit. Sein Argument:

> Eine solche, von der noch herrschenden Ideologie bestimmte Umschreibung wäre dem Verfasser an die Substanz dessen gegangen, was er als Wahrheit für vertretbar, für belegbar hielt. Sie wäre hinausgelaufen auf Streichungen in der Wirklichkeit. (ibid.)

Was Johnson nicht wissen konnte, war die Tatsache, daß es dem Verlag gar nicht um eine Überarbeitung ging. Zwar erstellte der lektorierende Autor Herbert Nachbar ein weithin positives Gutachten, sprach aber dem Text zugleich die Druckreife ab. Den Recherchen Bernd Neumanns verdanken wir den genauen Wortlaut seiner Stellungnahme. Er lautet:

> Von allen eingesandten Manuskripten, die ich in den letzten Jahren gelesen habe, ist dieses mit Abstand das beste. Zwar ist es nicht ganz druckreif, der Verlag wird noch einige Arbeit mit dem Autor haben, aber ich glaube, daß diese Arbeit sich lohnen würde. [...] Der Autor hat Mut und außerdem die Fähigkeit, seinen Figuren selbst bei diesem schwierigen Thema so viel Leben zu geben, daß der Leser mit ihnen denken und fühlen kann. Sie leben. (EA 12)

---

[17] Vgl. hierzu auch ÜUJ 12f. (Brief Günter Caspars vom 21.8.1956).

Das "schwierige Thema" war für den Verlag Grund genug, sich die im Gutachten angesprochene "Arbeit mit dem Autor" zu schenken. Schlimmer noch: – der Cheflektor des Verlags, Max Schroeder seines Namens, hatte sich bereits als wachsamer Parteispitzel betätigt und ein internes "Gutachten" abgefaßt, das an Kraßheit seinesgleichen sucht. Wir lesen da:

> Positiv die Bemühung, sprachlich sauber zu schreiben, einen einheitlichen Stil zu finden. Die Bemühung bleibt aber völlig im allgemeinen stecken, der Inhalt wird in den 'Stil' wie eine Konservendose verpackt./ Der Inhalt ist dünn und leider auch verlogen. Autor vermag weder die rebellierenden Jungen und Mädchen noch die sturen Parteifunktionäre in ihren Motiven zu erfassen. Die Geschichte läppert so dahin, verkrampft in Avantgardismus [...] steril und durch ihre Sterilität arrogant wirkend./ Typischer Fall von 'Westkrankheit', als solcher interessant. Autor braucht eine Gehirnwäsche. Als Talentprobe nicht von besonderem Belang. (EA 11)

Intensiv spürt man den stickigen Geruch der Miefluft kommunistischer Diktatur.[18]

Hinstorff-Verlag und Paul List-Verlag zeigten gleichfalls kein Interesse. Ersichtlich wollte man sich derlei vom Leibe halten. Jeder Vorwand war da recht.[19] Aufschlußreich ist wiederum die Reaktion des *Sonntag*-Kollektivs. Denn der schließlichen Ablehnung ist hier, ähnlich wie im Gutachten des Redakteurs Nachbar, teilweise höchst Lobendes untergemischt. Offenbar merkte der Verfasser dieser Zuschrift nicht, daß er damit

---

[18] Der mit Schroeder befreundete Stephan Hermlin versuchte die zynische Brutalität dieser Aussage auf billige Weise herunterzuspielen, indem er behauptete, das "allerdings unglückliche Wort" sei keinesfalls "wörtlich zu nehmen"; Schroeder habe nicht "Gehirnwäsche" sagen wollen, sondern "Kopfwäsche". Zit. n.: Jürgen Grambow (Hg.): *Uwe Johnson. Vergebliche Verabredung. Ausgewählte Prosa*. Leipzig 1992 (Sigle: VV). S. 139, ("Gespräch mit Stephan Hermlin"). Die perverse Semantik war im Kontext des Gutachtens gewiß kein Irrtum; vgl. hierzu Willi Winkler: Autor braucht Gehirnwäsche. Neue Quellen belegen, wie sehr die DDR den Schriftsteller Uwe Johnson schikaniert hat. In: *Der Spiegel* 46 (1992). H. 2 (v. 6.1.1992). S. 128-134. – Typisch ist auch, daß der Interviewer Hermlins bereits zwei Jahre früher gleich verharmlosend argumentiert hatte: "Johnson war einverstanden, mit den Metamorphosen dieses Typoskripts eine Lehrzeit durchgemacht zu haben" (Jürgen Grambow: Uwe Johnson bei Aufbau. Notizen zu einer Vor-Geschichte. In: *Weimarer Beiträge* 36 (1990). H. 9. S. 1523-1528). Mit keinem Wort geht Grambow da auf die Schärfe der Ablehnung ein, erst recht nicht auf die von Schroeder vorgeschlagene "Gehirnwäsche". Ähnlich verharmlosend beschreibt Grambow den gleichen Sachverhalt auch in seiner Johnson-Biographie: Jürgen Grambow: *Uwe Johnson*. Reinbek bei Hamburg 1997. S. 51-53.
[19] Vgl. dazu B 89f.

die Ablehnung aus rein ideologischen Gründen förmlich unterstrich. Er schrieb unter anderem:

> Ich habe seit Jahren kein Manuskript mit soviel Interesse gelesen, wie das Ihre. Sie haben einen Stoff angepackt, der meiner Meinung nach dringend einer Behandlung bedurfte, wenn ich mir auch nicht verhehle, dass die Zeit für ein solches Manuskript noch nicht reif ist. Das Buch ist sauber, anständig, geistig klar und kompromisslos in der Lösung des aufgeworfenen Problems. Trotz einiger formaler Mängel ist es Ihnen gelungen, ein Werk zu schaffen, das die Atmosphäre in der Republik so dicht wiedergibt, wie kein anderes sonst. [...] Sie werden jedoch verstehen, dass wir im Augenblick keine Möglichkeit haben, Ihr Werk auch nur auszugsweise zu veröffentlichen. (B 92)

Was hier für den "Augenblick" des ausgehenden Jahres 1956 konstatiert wurde, sollte sich bis zum Ende der DDR keinen Deut ändern.

Ziemlich übereinstimmend in der Sache reagierte dann noch der Mitteldeutsche Verlag in Halle, der irgendwie von der Existenz des Manuskripts gehört hatte und sich eine Kopie zuschicken ließ. Allerdings fiel der Ton der Kritik wesentlich schärfer aus. Die Vorwürfe lassen sich etwa folgendermaßen zusammenfassen:

> Dieses Manuskript ist nicht druckbar. [...] Der Autor ist hochbegabt aber unausgegoren. Der Autor geht kompositorisch sehr sprunghaft und avantgardistisch vor: er blendet Szenen eines Übertritts nach Westberlin in die Stationen der Handlung ein. [...] Geziertheiten einer Backfischliebelei sind auch in dem – übrigens höchst eigenwilligen und durchaus literarischen Stil zu finden. Das ergibt ja gerade das merkwürdige Paradoxon, dass der Stil einerseits noch unausgegoren, wild ist, andererseits schon wieder manieriert. Das Talent des Autors besteht nicht so sehr im Kompositorischen, denn bei allem Avantgardismus ist das manchmal verunglückt und streckenweise unübersichtlich. Auch nicht so sehr im Sprachlichen, denn das ist noch zu unausgeglichen und manchmal einfach platt. Sondern in der Beobachtung – und im Wiedergeben einer gesehenen, gerochenen, geschmeckten Atmosphäre – das heißt Gestaltung. [...] Was zu fehlen scheint, ist, dass alle diese negativen Erscheinungen als bestimmte und bestimmbare Etappe innerhalb eines grossen dialektischen Prozesses dargestellt werden. [...] Der Wahrheit entsprechende einzelne Ereignisse können, unproportional aufgeboten, die Unwahrheit über einen grossen Zusammenhang aussagen. (B 93-95)

Mit Recht bezeichnete Johnson die Verlautbarungen der parteilichen "Literaturbeamten" als "Verfahren der Leugnung" (B 96). Obwohl einige von ihnen die Qualität des Manuskripts von Inhalt und Form her anerkannten, schreckten sie davor zurück wie der Teufel vor dem Weihwasser. Zu brisant war es, in der DDR die Wahrheit über die Wirklichkeit verlauten zu lassen. Die fünf Absagen sprachen eine deutliche Sprache. Für Johnson als streng der Wahrheit verpflichteten Zeitzeugen war das ein Indiz für schlimmes moralisches Versagen. Er hatte anderes erwartet von seinem Staat. Schmerzlich mußte er registrieren:

> Es kam so weit, daß in der Darstellung der Realität, wie sie die DDR betrieb, schwer zu wählen war zwischen taktischen Finessen und gestörter Wahrnehmungsfähigkeit. [...] Die Fragen nahmen überhand und überhand nahm die Verbitterung darüber, daß sie nicht gestellt werden durften. Denn diese strenge Erzieherin DDR bestrafte schon leise Zweifel an ihrer Güte mit Liebesentzug. Ein boykottiertes Kind kann da mitten in der Familie verhungern.[20]

Noch aber war Johnson nicht so weit, an einen Weggang zu denken. Die dafür ausschlaggebenden Repressionserfahrungen sollten erst noch kommen.

Inzwischen war über den diversen Abwehrmanövern der Verlage ein volles Jahr ins Land gegangen. Man versteht die allmählich wachsende Ungeduld des Betroffenen. Er mußte sich im wahrsten Sinne des Wortes "auf die Folter gespannt" fühlen. Ende Februar 1957 schon hatte er, auf Vermittlung seines Leipziger "Lehrers" Hans Mayer,[21] eine Kopie des Romans an den westdeutschen Suhrkamp-Verlag geschickt. Noch vor der letzten DDR-Absage erhielt er die Antwort Peter Suhrkamps: "Es juckt mich, ein Buch daraus zu machen [...]. Vor der endgültigen Entscheidung möchte ich aber doch eine Begegnung mit Ihnen haben." (B 96) Dem vorausgegangen waren unterschiedliche Beurteilungen der beiden Frankfurter Verlagslektoren. Walter Maria Guggenheimer lobte den erstmals gelungenen Versuch, die "Verhältnisse in der DDR [...] so präzise, konkret und mit souveräner Kritik" darzustellen. Siegfried Unseld hingegen sprach sich "vehement gegen eine Veröffentlichung" aus.[22] Man kann das im Nach-

---

[20] Uwe Johnson: Versuch, eine Mentalität zu erklären. Über eine Art DDR-Bürger in der Bundesrepublik Deutschland (1970). In: Ders.: *Berliner Sachen. Aufsätze*. Frankfurt/M. 1975 (Sigle: BS). S. 52-63, hier S. 57f.
[21] Vgl. hierzu Uwe Johnson: Einer meiner Lehrer. In: *Hans Mayer zum 60. Geburtstag*. Hg. v. Walter Jens und Fritz J. Raddatz. Reinbek bei Hamburg 1967. S. 118-126; ferner: Hans Mayer: Unerwartete Begebenheit. In: *Du. Die Zeitschrift der Kultur* (1992). H. 10. S. 42-46; und Hans Mayer: Uwe Johnson erzählt die DDR. In: Ders.: *Der Turm von Babel. Erinnerung an eine Deutsche Demokratische Republik*. Frankfurt/M. 1991. S. 208-242.
[22] IB 257f. Genaues hierzu im nobel-selbstkritisch daherkommenden Nachwort des späten Herausgebers Siegfried Unseld (IB 258f.). Allerdings zieht er sich dann etwas zu schnell auf die Selbstkritik Johnsons zurück (IB 259f.). Jedenfalls hat der Autor seinen Text gewiß nicht ohne Grund sorgfältig aufbewahrt. Wenigstens

wort der verspäteten Ausgabe nachlesen. Obwohl der Roman gleichfalls nicht gedruckt wurde, besteht ein spürbarer qualitativer Unterschied zum ablehnenden Verhalten der DDR-Verlage. Die Kommunikation mit Suhrkamp war kritisch-offen und insofern in der Sache ermutigend. Mit dem – zuerst wohl von Unseld geltend gemachten – Einwand des "Mangels an Welt" (B 97) wurde der Autor indes vom Verleger nicht ohne List aufgefordert, "mitzuarbeiten an der Ablehnung seiner eigenen Arbeit." (B 97) Einen Monat nach dem Berliner Treffen teilte Johnson nach Frankfurt mit: "Wenn Sie aus dem Manuskript kein Buch machen möchten, bin ich [...] einverstanden." (B 99) Sachlich-kühl fiel die persönliche Bilanz des Autors aus: "Die Veröffentlichung der ersten Arbeit ist gescheitert. Negativ. Positiv: Die Chance, anzufangen mit einer anderen Veröffentlichung als dieser. Vier Jahre Lehrzeit." (B 99) Gewonnen war außerdem, wie man im Rückblick sagen kann, der produktive Kontakt zu dem Verlag, in dem seine sämtlichen Bücher in Zukunft erscheinen sollten.

Was hatte es mit diesem ersten Roman auf sich? Um es kurz zu machen, sei nur ein knappes Strukturbild umrissen. Wir stoßen auf dem Johnson-Leser wohlvertraute Koordinaten des Werkzusammenhangs. Das eingesprengte Mecklenburger Platt steht von Anfang an für Detailgenauigkeit und Authentizität der Gestaltung. Die zeitliche Verschränkung mit dem Erlebnisbereich des damals 19- bis 22jährigen Autors trägt das Ihre dazu bei. Johnson beschreibt Vorgänge der Woche vor und nach dem Abitur der Klasse 12 A der Gustav-Adolf-Oberschule 1953 in Wendisch Burg (d.i. Güstrow). Wir befinden uns in der Phase des Stalinismus. Zwar war der blutrünstige Diktator zum Zeitpunkt der Handlung bereits zwei Monate tot, doch durchzieht der Verweis auf den "Ersten Vorsitzenden der Kommunistischen Partei der Sowjetunion" nicht von ungefähr wie ein Leitmotiv die ganze Erzählkonstruktion. Weltgeschichtliches dringt in die abgelegene Kleinstadt ein. Einen Monat nach den im Roman geschilderten fiktiven Begebenheiten kam es in der DDR zum Aufstand des 17. Juni. Von solchen Konstellationen her gewinnt die Romanhandlung ihre politische Schärfe und Brisanz. Wesentlich erscheint freilich, daß der Autor seine politische Kritik aus der genau beschriebenen Alltagswelt einer kleinen Stadt heraus entwickelt. Gerade, weil er das ausgesprochen idyllische Umfeld einer Gruppe von Oberprimanern in knappen Episoden vor uns erstehen läßt, werden dem Leser die Brüche dieser nur scheinbar "heilen Welt" um so deutlicher bewußt. Unbestechlich objektiv schildert er die widersprüchlichen Erfahrungen der durch die beginnende Verarbeitung der fa-

---

konnte so der Roman dann gleich im Jahr nach seinem Tod – fast drei Jahrzehnte nach der Fertigstellung – endlich veröffentlicht werden.

schistischen Vergangenheit sensibilisierten und verunsicherten Jugendlichen mit dem verordneten Aufbau des Sozialismus. Johnsons Schul- und Kleinstadtroman erweist sich als ein ungemein hellsichtiges Zeitbild. Wer die Realität der fünfziger Jahre in der DDR als Lebens- und Bewußtseinsquerschnitt nachvollziehen will, kann sich getrost an diesen Roman halten. Unversehens ist so die beste künstlerische Darstellung der widerspruchsvollen Gründerjahre der DDR gelungen, ohne daß die dortigen Leser sie je zu sehen bekamen.

Verblüffend für ein Erstlingswerk ist die formale Beherrschung des Stoffes. Das komplizierte Erzählverfahren mit seiner ständig wechselnden Perspektive weist voraus auf das durchkomponierte Erzählsystem der *Mutmassungen über Jakob*. Ebenso ist der eigenwillig-sperrige Sprachduktus Johnsons bereits voll entfaltet. Wenig nützt es freilich, im nachhinein darüber zu spekulieren, ob sein erster Roman lediglich eine "Talentprobe" (Tilman Jens) sei oder ein Werk, das "die literarische Welt" der fünfziger Jahre "verändert hätte" (Joachim Kaiser). Der Erstling ist nun eben einmal zum Roman aus dem Nachlaß geworden. Eines aber steht fest: Mag auch die Folge der weiteren Werke Johnsons sprachlich sicherer, stilistisch souveräner, reicher dimensioniert und damit welthaltiger und ausgereifter sein, der erzählerische Auftakt stellt jedenfalls für die Literaturgeschichte der Nachkriegszeit ein herausragendes Beispiel dar. Den Vergleich mit anderen 1957 erschienenen Erzählwerken wie *Sansibar oder Der letzte Grund* (Andersch), *Wölfe und Tauben* (Bender), *Homo faber* (Frisch), *Der Mann im Strom* (Lenz), *Gelehrtenrepublik* (Schmidt) oder *Ehen in Philippsburg* (Walser) braucht dieses Buch gewiß nicht zu scheuen. Wissentlich haben die Verlagslektoren der DDR ihr Land um den damals wichtigsten Beitrag der jungen Generation betrogen. Was als "kompositorisch sprunghafter" "Avantgardismus" oder als mangelnde "Vertiefung des gesellschaftlichen Hintergrundes" moniert, als "geziert", "dünn", "verlogen" und "steril" diffamiert wurde, war in Wahrheit der einzige authentische und sprachlich haltbare narrative Beitrag jener Jahre aus der Feder eines Autors, der seine Sozialisation in der DDR erfahren hatte.

Allen schlimmen Erfahrungen zum Trotz fühlte sich Johnson in der DDR nach wie vor zu Hause. Sicher waren primär taktische Gründe im Spiel, wenn er am 11. Januar 1958 den Mitteldeutschen Verlag wissen ließ: "Ich bin das literarische Engagement leid inzwischen. Sie wissen dass ich mich damit nicht begeben möchte in die freie Warenwirtschaft, für die Republik reicht es erwiesener Massen nicht aus." (B 130) Doch stand eine etwaige "Aufkündigung der Staatsbürgerschaft" damals noch nicht zur Debatte. Was der Brief vielmehr bewirken sollte, war bloße Schutzbehauptung, um so den nötigen Freiraum für die weitere schriftstellerische Arbeit zu bekommen. Johnson verfolgte nämlich ein neues Projekt. Er hatte im August 1956 sein Studium ordnungsgemäß mit der Diplomprüfung abgeschlossen. In der Folgezeit bemühte er sich verzweifelt, die faktische Arbeitslosigkeit durch Gelegenheitsarbeiten für Verlage (Gutachten zu belletristischen und wissenschaftlichen Texten sowie Übersetzungen) zu kompensieren. Eine briefliche Anfrage wegen solch gezielter "Entwöhnung von einem Arbeitsplatz" (B 101) beim zuständigen Ministerium für Kultur, Hauptverwaltung Verlagswesen,[23] blieb unbeantwortet. Der Arbeitslose übersetzte dieses Schweigen zutreffend wie folgt: "Sie können verhungern von uns aus, am steif ausgestreckten Arm der Republik. Sobald Sie sich ein Auskommen gesucht haben im Westen Deutschlands, werden wir Sie des vorhersehbaren Verrats bezichtigen." (B 113) Johnson wußte demzufolge genau, daß die materielle Zukunft für ihn in der DDR verstellt war. Darob geriet er abermals "ins Erzählen". Er hatte mittlerweile sein Paddelboot verkauft, um mit dem Erlös eine Schreibmaschine erstehen zu können. Was bewegte ihn diesmal dazu, sich als Chronist des DDR-Alltags zu betätigen? Bei seinen häufigen Fahrten zwischen Rostock und Leipzig stieß er fortgesetzt auf "Vorfälle", die er, wie er sagte, aus der "Position des Beobachters [...] beim besten Willen wahrnehmen" mußte (B 117). So entstand im Verlauf des Jahres 1958 der zweite Roman. Arbeitsalltag eines Streckendispatchers (Jakob Abs), eines Assistenten am Seminar für Englische Philologie der Humboldt-Universität Berlin (Jonas Blach) und eines Hauptmanns des Staatssicherheitsdienstes (Rohlfs), Republikflucht (Gesine Cresspahl und Mutter Jakobs), unvorhergesehene Verspätungen des Eisenbahnverkehrs, Niederschlagung des ungarischen Aufstands und Überfall auf Ägypten, Stasi und Nato, dazu "ein Landmann [Cresspahl, d. Verf.], der zwischen Güstrow und Rostock zustieg. [...] Es blieb mir nichts anderes übrig, als ihn so lange aufs Korn zu nehmen, bis ich ihn schliesslich auswendig konnte" (B 124), – diese in jeder Hinsicht ungewöhnliche Handlungskonstellation wird vom Autor zu einem komplexen "Netz aus persönlichen Beziehungen" (B 117) zusammengefügt und vom ungeklärten Tod der Titelgestalt her in detektivisch-"mutmaßender" Erzählmanier aufgerollt. So kamen die *Mutmassungen über Jakob*[24] zustande. In einem Exposé für Peter Suhrkamp umriß Johnson seine "Arbeit an einem Buch" folgendermaßen: "Es soll erzählen von der Bedingung und Veränderung dreier Personen durch ihre Aufgaben im Bereich der Arbeit und durch ihre Berührungen mit der Maschine Gesellschaft." (B 129) Dem Grandseigneur

---

[23] Vgl. hierzu B 112f.
[24] Johnsons Freund, der Linguist Manfred Bierwisch, berichtet von einem Typoskript, das den Titel "Guten Tag, Jakob" trug; vgl. hierzu KE 78.

des deutschsprachigen Kulturerbes war das entschieden zu abstrakt ("Daraus konnte ich aber nichts ersehen"; B 129). Man verständigte sich jedoch darauf, der Text solle nach Fertigstellung dem Verlag vorgelegt werden.

Daß sein neuer Roman niemals von einem DDR-Verlag veröffentlicht werden würde, das hatten dem Autor die Reaktionen auf den ersten Roman hinreichend gezeigt. Nachdem Johnson Ende Januar 1959 letzte Korrekturen am Text vorgenommen hatte, schickte er das fertige Typoskript "wie verabredet an Peter Suhrkamp" (KE 79). Obwohl dessen Tod am 31. März 1959 dazwischenkam, wurde der Verfasser bald danach davon unterrichtet, sein Buch sei zum Druck angenommen. Das erleichterte ihm die unangenehme, aber nicht zu umgehende Berichterstattung "vor dem Gremium, das sich eingesetzt hatte als dafür zuständig." (B 152) Was ein Dialog hätte sein sollen, geriet zur stereotyp bekundeten Drohgebärde. Doch ließ sich der Autor dadurch nicht aus der Fassung bringen. Sein inneres Reagieren war dies: "[e]r zog das Land D.D.R. vor. Schreibend meinte er es endgültig erworben zu haben wie ein Eigentum. Er glaubte, es werde sich verändern, er wollte anwesend sein bei Veränderungen." (ibid.) Deswegen wollte er sein Buch, dem Rat Suhrkamps folgend, unter dem Pseudonym Joachim Catt erscheinen lassen. Die Antwort des Staatssicherheitsdienstes war vielsagend: "Du brauchst schon Glück, um beim V.E.B. Horch & Greif auf deinen Herrn Rohlfs zu treffen." (ibid.)[25] Das war deutlich genug. Johnson entschied sich daraufhin für die Beendigung des Versteckspiels. Zum damit unausweichlich gewordenen Verlassen seines Landes hielt er als geübter "Schreiber des Berichts" (B 144) lediglich trocken fest:

> Am 10. Juli 1959 wurde in Eschwege, Hessen/Bundesrepublik, auf das Titelblatt eines Buches der Name seines Verfassers gesetzt. Am gleichen Tage fuhr der mit einer Schreibmaschine und einer Aktentasche auf der pritzwalker Strecke nach Süden, durch Westberlin hindurch zum Ostbahnhof nach Leipzig; wie so oft. Als er diesmal ausstieg im britischen Sektor von Berlin, verstand er

---

[25] Ähnlich äußerte sich Johnson im Gespräch mit A. Leslie Willson am 20.4.1982: "Meine Freunde hatten mich davon überzeugt, daß ein Pseudonym nicht wirken würde, nicht auf die Dauer haltbar wäre. Denn, wäre es nach mir gegangen, ich wäre ganz gern in der DDR geblieben, die mir damals erschien als ein Land, in dem sich etwas verändern wird. Aber meine Freunde meinten, wenn der Staatssicherheitsdienst mindestens so tüchtig ist, wie ich ihn in dem Buch 'Mutmassungen' dargestellt habe, dann hat er mich nach ein paar Monaten, und so bin ich also an dem Tag, an dem in einer westdeutschen Druckerei ein Name auf ein Titelblatt eingefügt werden mußte, an diesem Tag bin ich in Westberlin aus der S-Bahn gestiegen." (Eberhard Fahlke. Hg.: *Ich überlege mir die Geschichte*. *Uwe Johnson im Gespräch*. Frankfurt/M. 1988. S. 283.)

es als einen Umzug. [...] Er hatte vor, ein Westberliner zu werden, mit dem verlassenen Lande durch seine Freunde verbunden. (B 153)

Das Kapitel DDR war für Johnson damit jedoch keineswegs zu Ende. Daß die *Mutmassungen über Jakob* zum Überraschungserfolg der Frankfurter Buchmesse 1959 wurden und sich als nachhaltig erfolgreich erwiesen, nahm man dem Autor dort persönlich übel. Ungeachtet mancher Ablehnung auch im Westen,[26] fassen die prophetischen Worte Erhart Kästners den in der Bundesrepublik vorherrschenden Eindruck zusammen: "Er ist der Mann, aus seinem großen Talent etwas zu machen. Ich sehe Zukunft für ihn." (KE 93) Das sollte sich in der Folge in überreichem Maße bestätigen.

Doch zurück zur DDR und ihrem Umgang mit Johnson.[27] Nach erfolgter "Rückgabe einer Staatsbürgerschaft" (ÜUJ 379) gingen alsbald an ihn adressierte Verlagsschreiben ein, welche die getroffenen Absprachen kurzerhand annullierten.[28] Rasch wurde so spürbar, daß der "Republikflüchtling" von nun an tabu war für das Land, "in dem er seine Arbeit zur Kenntnis genommen wünsch[e]" (B 155). Gleich im November 1959 "attackierten Alfred Kurella und Peter Hacks auf einer öffentlichen Diskussion in der Akademie der Wissenschaften in Berlin (Ost) Uwe Johnson und die 'Mutmassungen über Jakob' in übler Weise" (KE 94). Originalton Hacks:

> Also, Herr Johnson weiss nichts über das primäre menschliche Interessengebiet, die Gesellschaft. [...] Und die Meute der Kunstaufpasser [sic!] macht einen grossen Jubel um dieses Buch und lobt Herrn Johnson und bestärkt ihn in seiner Dummheit. In diesem Lande werden, wenn ich mich einmal selbst zitieren darf, die Talente geknackt wie die Flöhe. (B 155)

---

[26] Die damaligen Leser in der Bundesrepublik wußten viel zu wenig über die DDR-Realität. Deshalb hatte nicht jeder, der sich mit den *Mutmassungen über Jakob* beschäftigte, Sinn für die von Johnson in Anspruch genommene "Profiltiefe der Prägung, die ein junger Mensch in der DDR erfuhr" (BS 55). Doch gab es sogar die infame Unterstellung, der Roman sei ein in den Westen geschmuggeltes "trojanisches Pferd", "um den dortigen Intellektuellen in ihrer Sprache zu beweisen, wie gut sich individuelle Freiheit mit dem kommunistischen Sozialismus vertrage." (B 156).
[27] Vgl. hierzu auch *"Wo ich her bin ...". Uwe Johnson in der D.D.R.*. Hg. v. Roland Berbig und Erdmut Wizisla. Berlin 1993 (Sigle: BW). Nützlich ist vor allem Nicolai Riedels "Bibliographische Skizze" in diesem Band, S. 355-369.
[28] Vgl. dazu B 154f. Es handelte sich dabei um Nennung oder Nichtnennung des Übersetzernamens für die Übertragung von Hermann Melvilles *Israel Potter* sowie um das von Johnson verfaßte Nachwort zu Jean Pauls *Leben des vergnügten Schulmeisterleins Maria Wutz in Auenthal* (abgedruckt in: EA 83-94).

Auch Hermann Kant wollte es sich nicht nehmen lassen, seine Meinung öffentlich zu bekunden. Vor dem Plenum des V. Schriftstellerkongresses 1961 in Ost-Berlin behauptete er, Johnson habe mit seinem Buch der DDR "eins auswischen" wollen (KE 96). Der als Gast geladene Günter Grass widersprach ihm heftig, nannte den Umgang der DDR mit Johnson eine "Schweinerei" und verließ vorzeitig den Kongreß.[29] Doch Kant setzte seine Attacke zielstrebig fort. Unter der ihren Urheber entlarvenden Überschrift: "Der Jüngling im Eiskasten" (!) ließ er am 18.2.1962 im *Neuen Deutschland*, dem *Zentralorgan der Sozialistischen Einheitspartei Deutschlands*, unter anderem verlauten, Johnson habe sein Land "auf schmähliche Weise verlassen", seine Bücher seien "gegen die DDR gerichtet [...] Produkte aus Unverstand und schlechtem Gewissen. Ihre Aussage [...] falsch und böse; ihr Stil spiegel[e] tiefe Verworrenheit".[30] Mit derartigen Praktiken qualifizierte sich der spätere I.M. "Martin" für die verantwortungsvolle Aufgabe eines Präsidenten des Schriftstellerverbands der DDR. Man kann Johnson nur zustimmen: "So sprechen die Verwalter von Gewalt [...]." (B 156) Es zeugt darum von einer beträchtlichen Unverfrorenheit, wenn Fritz Rudolf Fries in Kenntnis all dessen immer noch den Anspruch erhebt, Johnson sei "auch nach dem Weggehen ein 'DDR-Autor'" geblieben (VV 147). Wie sagte der doch – elf Jahre nach seinem "Umzug" und somit aus genügendem Abstand heraus – auf die DDR bezogen?: "Es ist Vergangenheit. Es hat neun oder zehn oder zwölf Jahre gedauert. Nun ist es vorbei" (BS 62).

Soviel zu den Stimmen aus dem Kollegenkreis der DDR. Es erübrigt sich, den wenigen Erwähnungen Johnsons in der Sekundärliteratur nachzugehen und die Vorbehalte gegen sein Werk im einzelnen aufzulisten. Mehr oder minder haben sie alle den gleichen Tenor.[31] Sie monieren "ideologische Positionen, die der sozialistischen Ordnung entgegengesetzt sind", "historischen Pessimismus und antikommunistische Attitüde" sowie Schwerverständlichkeit, Entfremdung, Manieriertheit und Formalismus. Als Hauptvorwurf kommt noch die Unterstellung hinzu: "eine kleinbürgerliche Enttäuschung an der DDR wurde hier den Feinden ausgeliefert."[32] Durchweg sind das Bedenken, die auch schon in den Stellungnahmen der

---

[29] Vgl. hierzu KE 96-98.
[30] Zit. n.: *Neues Deutschland* (1962). Nr. 49 (18.2.1962). S. 4 (vgl. auch B 242).
[31] Vgl. hierzu Nicolai Riedels bibliographische Zusammenstellung: BW 358-360.
[32] Zit. n.: Hans Jürgen Geisthardt: Das Thema der Nation und zwei Literaturen. Nachweis an: Christa Wolf – Uwe Johnson (1966). In: *Geschichte der deutschen Literatur aus Methoden – Westdeutsche Literatur von 1945-1971*. Hg. v. Heinz Ludwig Arnold. Bd. 2. Frankfurt/M. 1972. S. 223-239, hier S. 236 und 239. Vgl. auch ÜÜJ 300.

Verlage zu *Ingrid Babendererde* oder in den Polemiken der Schriftstellerkollegen geltend gemacht wurden. Lediglich Kurt Batt wich vom Schema ab. Allerdings konzentrierte er sich dabei auf die *Jahrestage* und darin wiederum auf die Teile über "die fingierte Kleinstadt Jerichow unterm Nazistaat" und über "das Amerika der endsechziger Jahre, das einen mörderischen Krieg in Vietnam führt und seinen schwarzen Bevölkerungsteil unterdrückt."[33] Das bedeutet: Batt schenkte sich das Eingehen auf die im Roman gleichgewichtig dargestellte DDR-Realität.

Ohnehin waren die Verlautbarungen der aufgebotenen Kritiker lediglich Schattenspiele. Der Durchschnittsbürger der DDR kannte nicht einmal Johnsons Namen. Konsequent schirmten die Verantwortlichen den als Staatsfeind angesehenen Schriftsteller für die Leserschaft ab. Kein einziges seiner Bücher konnte unter der SED-Herrschaft erscheinen. Drei Jahrzehnte lang war es, als existierte Uwe Johnson nicht. Allein an entlegener Stelle wurden zwei kleine Texte des Autors, in Anthologien des Verlags Volk und Welt versteckt, eingeschleust.[34] Wirkliche Öffentlichkeit konnten derartige Bücher naturgemäß nicht finden. So ist es tief bezeichnend, fast sogar ein Symbol, daß die erste Publikation in Buchform zeitlich mit dem Ende der DDR zusammenfällt.[35] Mit anderen Worten: Der Import kam zu spät. Daß es allerdings ausgerechnet der Aufbau-Verlag war, der sich hier mit dem Namen des inzwischen weltbekannten Autors schmücken wollte, zeugt von grenzloser Schamlosigkeit. Ohnedies umging auch diese umfängliche Auswahl noch ganz die eigentlichen Schwerpunkte des Johnsonschen Kosmos. Danach erübrigte es sich, glücklicherweise, an weitere Ausgaben zu denken. Die DDR hatte aufgehört zu bestehen.

Johnson hat diesen Staat als erster Romancier wahrheitsgetreu beschrieben und so für die Leser im Westen erschlossen. Nicht zuletzt galten seine *Mutmassungen über Jakob* dem Thema, wie die Partei ihre Bürger zu überwachen pflegte. Die Stimmigkeit seiner Darstellung hat sich an ihm selbst auf groteske Weise bestätigt. Die Organe des Ministeriums für Staatssicherheit (MfS) haben ihn nämlich "akribisch und umfassend über-

---

[33] Kurt Batt: *Die Exekution des Erzählers. Westdeutsche Romane zwischen 1968 und 1972*. Frankfurt/M. 1974. S. 40 und 41.

[34] Vgl. Uwe Johnson: Ach! Sie sind ein Deutscher? In: *BRD heute – Westberlin heute. Ein Lesebuch*. Hg. v. Christlieb Hirte et al. Berlin 1984. S. 209f.; ferner: Uwe Johnson: Jonas zum Beispiel. In: *ad libitum. Sammlung Zerstreuung Nr. 10*. Hg. v. Reinhard Lehmann. Berlin 1988. S. 346-348.

[35] Uwe Johnson: *Eine Reise wegwohin und andere kurze Prosa*. Ausgewählt und mit einem Nachwort von Jürgen Grambow. Berlin, Weimar 1989 (!).

wacht".³⁶ Unter den Akten, insgesamt vier Ordner, fand sich auch der abschließende zynische Vermerk eines Stasioffiziers auf der fotokopierten Meldung von Johnsons Tod: "Ja, wenn er sich verbessern kann!"³⁷ Damit ist viel gesagt über die humanen Defizite des Landes, in dem und für das Johnson hatte schreiben wollen. Das ihm auferlegte Publikationsverbot zeugt nun für immer gegen diejenigen, die daran mitgewirkt haben, daß die Sanktionen bis zum Ende der Parteidiktatur wirksam sein konnten.

Wie das Beispiel zeigt, endete die "operative" Zwangsausübung des "staatlichen Denk- und Sprachmonopols" (Günter Kunert) gegenüber Schriftstellern keineswegs mit deren Weggang. Ganze Aktenberge der Gauck-Behörde zeugen von der ausgedehnten Überwachung gerade dieser Autoren durch den Staatssicherheitsdienst. Da ist die Rede von "operativen Vorgängen", von "koordiniertem Kräfteeinsatz" und "gesellschaftswirksamer Zurückdrängung", von "zielgerichtetem Einfluß" zur "Aufklärung der Person N.N." und von "politisch-operativen Maßnahmen", ja sogar von "umgehender Liquidierung".³⁸ So belegen Sprachformeln, was Schädlich als den "Schmutz und Gestank des DDR-Staatssicherheitsdienstes" (DPL 26) bezeichnet. Nur allzu recht hatte Sarah Kirsch, den "verkommenen Staat [ihrer] Heimat" zu beklagen.³⁹ Besonderes Augenmerk der Stasi-"Operateure" galt selbstverständlich den privaten Treffen ost- und westdeutscher Schriftsteller. Ein Beispiel für viele: Im 'Sicherungsbereich der Hauptabteilung XX/7' wurde unter anderem die folgende "Maßnahme zur operativen Bearbeitung und Kontrolle feindlicher Kräfte" festgelegt:

> Kirsch, Sarah, Schriftstellerin [...], die als Anlaufstelle [sic!] der Westberliner Schriftsteller Günter Grass und Uwe Johnson operativ in Erscheinung tritt und diese mit anderen DDR-Schriftstellern in Verbindung bringt, ist unter operativer Kontrolle zu halten. [...] Die Aktivitäten und Reaktionen sowie die inoffizielle Kontrolle wird bei der Kirsch durch den IM 'Dichter' aufgeklärt und durchgeführt. [...] Zusätzlich: IM 'Uwe' (Hauptmann Pönig), GMS 'Vera' (Hauptmann Pönig), GMS 'Henry' (Leutnant Edel), GMS 'Peter' (Leutnant Edel). Grass und Johnson werden bei ihrem Einreisen in die Hauptstadt der DDR durch die IM 'Pollak', 'Dichter' und 'Hans' sowie durch Maßnahmen der Hauptabteilung VI inoffiziell kontrolliert (W 359).

---

³⁶ Drei Türen aus Stahl. Neuentdeckte Dokumente zeigen, wie der aus der DDR stammende Schriftsteller Uwe Johnson von der Stasi beobachtet wurde. In: *Der Spiegel* 48 (1994). H. 24 (13.6.1994). S. 196-198, hier S. 196.
³⁷ Zit. n. W 30.
³⁸ Diese Formulierungen finden sich in den Akten von Jürgen Fuchs (AK 22f.).
³⁹ So im Gedicht 'Die andere Welt'. Dort heißt es: "Ich bin der Ochse der sieben Kämpfe/ Im verkommenen Staat meiner Heimat" (AK 279).

Der überdrehte Aufwand stand in der Regel in keinerlei Verhältnis zum Ergebnis. Immerhin bekundeten die Machthaber dadurch ihre spezifische Wertschätzung der Literatur. Wie Uwe Johnson gehörte auch Hans Joachim Schädlich ab einem gewissen Zeitpunkt zu den "operativ kontrollierten Objekten". Davon soll im weiteren die Rede sein.

Für die beteiligten Schriftsteller hatten die erwähnten Begegnungen erhebliche Bedeutung. Treffen dieser Art fanden zwischen Frühjahr 1974 und Sommer 1977 in unregelmäßigen Abständen statt. Schädlich, der von Anfang an dabei war, berichtet von insgesamt vierzehn Zusammenkünften. Einen vollen Tag hindurch wurden jedes Mal Texte vorgetragen und diskutiert, wohlgemerkt unter Ausschluß von Kritikern. So versuchte man, sich unliebsame Mithörer vom Leibe zu halten. Grass erinnert sich allerdings so: "Wenn wir nicht lasen, redeten wir uns um Kopf und Kragen. Womöglich lauerten Wanzen unter Tapeten [...]. Oder es saß ein Spitzel zwischen uns". Entscheidend aber war, wie Grass weiter betont, der gegenseitige literarische Austausch:

> Born war immer dabei. Er las aus seiner '...erdabgewandten Seite ...', Schädlich las seine ihn aussperrenden, ihn einkreisenden Geschichten, [...] Sarah Gedichte zum Weinen, Kunert Ankündigungen der nächsten Eiszeit, ich las Probierstücke aus dem Schwellkörper 'Butt' und Brasch aus seiner gesammelten Wut.[40]

Übrigens trafen Johnson und Schädlich bei dieser Gelegenheit erstmals zusammen. Schädlich berichtet von einer solchen deutsch-deutschen Runde im Mai 1974, an der aus Westberlin Nicolas Born, Hans Christoph Buch, Günter Grass und Uwe Johnson teilnahmen. In kleinstem Rahmen wurde hier das praktiziert, was die Parteiideologen herausforderte: die Widerlegung der anmaßenden These einer "sozialistischen Nationalliteratur der DDR".

Was aber hat es auf sich mit den "ihn aussperrenden, ihn einkreisenden Geschichten" Schädlichs? Kurz gesagt, war er einer, der, wie zuvor Johnson, "Bezug [nimmt] auf ein [...] abgelehntes Denk-, Ordnungs-, Gesellschaftssystem" (DPL 29). Wohl wissend, "daß aus solcher Absicht Texte entstehen können, die als politische Texte verstanden werden" (ibid.), machte er sich am Ende der sechziger Jahre daran, dementsprechende narrative Versuche zu verfassen. Derlei war ihm nicht an der Wiege gesungen worden. In mancherlei Hinsicht ist sein "Fall" mit dem Johnsons

---

[40] Günter Grass: *Kopfgeburten oder Die Deutschen sterben aus*. Darmstadt, Neuwied 1980. S. 80. Unbegreiflich, daß derselbe Mann im *Weiten Feld* von 1995 die DDR als "moderate Diktatur" verharmlost.

vergleichbar. Beide Schriftsteller sind ungefähr zur selben Zeit geboren. Beide stammen sie aus dem östlichen Teil Deutschlands und gingen dort zur Schule. Beide studierten sie Germanistik in Leipzig, bei den gleichen Professoren: Korff, Frings und Mayer. Doch da beginnen auch bereits die Unterschiede. Während der von Anfang an schreibende Johnson sich an den Literaturwissenschaftler Mayer hielt, entschied sich Schädlich für den Sprachwissenschaftler Frings. In wissenschaftlicher Tätigkeit, vor allem im Bereich der Phonetik und der Dialektologie, sah er zunächst seine Zukunft und gelangte, folgerichtig, als Mitarbeiter an die Ostberliner Akademie der Wissenschaften. Literarische Übersetzungen und kontinuierliche Beschäftigung mit der internationalen Literatur bildeten die Brücke zum eigenen Schreiben. Der Linguist wurde zum Schriftsteller.

Schädlich vermerkte dazu:

> Jemand wie ich, der zeit seines Lebens unter streng diktierten Verhältnissen gelebt hatte, ehe er, spät genug, in eine zwanglosere Gegend verschlagen wurde, muß sich nicht wundern, daß die Gegenstände seiner Schreib-Arbeit von eben jener diktierten Welt bestimmt waren [...]. (DPL 51)

Die generelle Schreibsituation charakterisierte er im gleichen Zusammenhang folgendermaßen:

> [...] in jener Welt der 'allseitigen' Lenkung und Kontrolle des Denkens, Sprechens und Schreibens jahrzehntelang zu leben – dies erfaßt manchen dort, so oder so, mehr oder weniger. Also auch manchen Autor./ Handle es sich um Anhänger oder um Gegner – irgendwie ist vielen ihr Gegenstand von dem alles beherrschenden System diktiert; den Anhängern in freiwilliger – bestenfalls kritischer – Zuordnung, den Gegnern oft in zwanghafter Kopplung an das Objekt ihres Widerstandes – schlimmstenfalls in unfreiwilliger Unterordnung. (ibid.)

Tatsächlich erfolgten die ersten Schreibversuche "in zwanghafter Kopplung an das Objekt ihres Widerstandes". Mit keinem Gedanken aber dachte Schädlich daran, er mache sich dadurch "staatsfeindlicher Hetze" schuldig. Wie Johnson hat auch er sich ausführlich dazu geäußert.[41] Als erste vom Autor selbst sanktionierte literarische Arbeit kann der 1969 verfaßte Erzähltext "Lebenszeichen" gelten. Zwischen 1969 und 1975 folgten dann vierzehn weitere Erzählungen[42] sowie eine schließlich nicht zu Ende ge-

---

[41] Vgl. dazu DPL 85-98 ("Deutsche im deutschen Exil?"), DPL 99-102 ("Export der Zensur") und hauptsächlich DPL103-112 ("Der andere Blick").
[42] Die Daten der abgeschlossenen Niederschrift hat Schädlich jeweils im Inhaltsverzeichnis zusammen mit den Titeln angegeben, vgl. Hans Joachim Schädlich: *Versuchte Nähe*. Reinbek bei Hamburg 1977 (Sigle VN). S. 5.

führte, längere Prosaarbeit.[43] Mit noch zehn 1976/77 entstandenen Texten wurden sie zusammengefaßt in der Sammlung *Versuchte Nähe*, die im Herbst 1977 im Rowohlt-Verlag herausgebracht wurde. Bis es soweit war, mußte der Autor freilich viel durchleben an beruflichen und persönlichen Enttäuschungen, Schikanen und Belastungen. Warum es dazu kam, ist nun mitzuteilen.

Ausschlaggebender Grund für die Schwierigkeiten war die genaue Darstellung der "diktierten Welt", in welcher Schädlich lebte. Die von ihm methodisch angestrebte "versuchte Nähe" mißfiel den Machthabern und ihren Beauftragten entschieden. Denn aus dieser Erzählposition heraus entstanden prägnante Skizzen der wirklichen Zustände in der DDR. Auf äußerste Genauigkeit bedacht, schilderte der Autor das, was war, aber nicht sein sollte. Er überführte dabei die verordnete "einseitige Ansehung" (so der bezeichnende Titel einer der Geschichten) in kritischen Durchblick. Wie das funktioniert, zeigt gleich die erste Geschichte mit dem Titel "Lebenszeichen"(VN 148-152). Schädlich hat seine Erzählabsicht präzise und ironisch wie folgt beschrieben:

> Ich hatte oft den Großen Wachaufzug des Wachregiments 'Feliks Dzierzyński', das dem Staatssicherheitsdienst zugehörte, vor der Neuen Wache in Berlin Unter den Linden beobachtet und zum Vergleich Fotos betrachtet vom Wachaufzug eines kaiserlich-preußischen Wachregiments vor der Neuen Wache. Der Text 'Lebenszeichen' gibt eine Beschreibung des Wachaufzugs, wie ihn das Wachregiment des Staatssicherheitsdienstes ausführt in der Umgebung eines Nachmittags im kaiserlichen Berlin. (DPL 103)

Prompt reagierte die zuständige Verlagslektorin mit der in der Tat richtigen Erkenntnis, "der Text 'Lebenszeichen' beschwöre Vergleiche herauf, die nicht wünschenswert seien" (ibid.). Man kann sehr wohl generell sagen: Sämtliche Texte Schädlichs waren seitens der parteilichen Kulturfunktionäre "nicht wünschenswert", weil sie den "real existierenden Sozialismus" so beschrieben, wie er war.

Zudem arbeitete dieser Autor mit sprachlich höchst anspruchsvollen Verfahren. Der künstlerische wie der erkenntnisfördernde Ertrag der von

---

[43] Schädlich erwähnt sie im Rahmen seines Berichts über die Schwierigkeiten, die ihm in der DDR gemacht wurden (DPL 104). Inzwischen liegt der Fragment gebliebene Text teilweise auch gedruckt vor: Hans Joachim Schädlich: "... und am Ende ist es umsonst". In: *Nach zwanzig Seiten waren alle Helden tot*. Hg. v. Carl Corino und Elisabeth Albertsen. Düsseldorf 1995. S. 355-378. Die Anthologie enthält den Text "Versammlung" sowie einen ohne Titel belassenen Teil des Fragments "Catt". Interessant sind ebenso die Anmerkungen zu den Schreibanfängen Schädlichs; vgl. ibid. S. 355-358.

ihm gewählten Methode besteht darin, daß sich die in der Wirklichkeit ausgemachten und festgehaltenen Eindrücke gesellschaftlicher Gesten und des zugehörigen Milieukontextes unter seiner Hand in Sprach- und Satzbildern ausformen, die zugleich Denkbilder sind. Operngeschehen verwandelt sich so in "gesungenes Handeln und handelnden Gesang" (VN 15), ein Vorbeimarsch Werktätiger in den "Zug der Tätigen" (VN 11, 16), ein Staatsanwalt in den "Anwalt des Staates" (VN 27), die Sowjetunion in "das Morgen-Land" (VN 80f.). Wir kennen vergleichbare Ausdruckseinheiten unterhalb der Satzebene ebenso von Johnson her. Wirklichkeitsverdeutlichung hohen Grades resultiert daraus, wenn unerwünschte künstlerische Verlautbarungen bezeichnet werden als "Verstöße gegen behördlichen Schönheitssinn" (VN 204), Stasibedienstete als "Beauftragte der hauptstädtischen Auftragsbehörde" (VN 58) oder auch kurzerhand als "das Personal auf den Dächern" (VN 16). Ohne weiteres kann das sorgsam durchgeformte Gestaltungsverfahren ebenso auf die Satzperiode übergreifen. So kommt zum Beispiel der Abgang des erwähnten Wachaufzugs in sieben ungewöhnlichen Sätzen zu adäquater Darstellung. Wir lesen da:

> Bezeigt und eingelegt wird Ehre durch Präsentation von Gewehren. Das Gewehr ist noch über, ab also, ab auch wieder danach. Das Regiment präsentiert das Gewehr, die Gewehre./ Ab, Gewehr, und über, Das. Und Rechtswendung. Musik bildet Dreiecke, deren Grundlinie von Stiefelspitzen in Lindenduft gezeichnet wird. Der Tambour fuchtelt den Großen Aufzug vom Platz. (VN 152)

Die wenigen Beispiele Schädlichscher Denkprosa zeigen, daß hier ein für den Leser ziemlich unbequem formulierender Erzähler am Werke ist. Seine Art zu schreiben erfordert volle Konzentration, geduldiges Mitdenken und weiterdenkende Phantasie. Er gehört, wie auch Johnson, zu den Autoren, die man mehrfach lesen muß. Es macht seine ästhetische Eigenart ganz wesentlich mit aus, daß er den Leser direkt teilhaben läßt an der Reflexion über das, was sein scharfer Blick ihm eröffnet. Dabei bedient er sich vielfältiger Stilmittel, wie etwa gehäufter Konjunktive und indirekter Rede, ferner stellenweise durchschlagender ironisch-satirischer Ausrichtung des Erzählvorgangs oder auch sprachlicher und historischer Verfremdung. Hierbei kommt ihm die Leichtigkeit zustatten, mit welcher der geschulte Sprachwissenschaftler über die verschiedensten sprachlichen Register verfügt. Bibelsprache, Kanzleideutsch, Stil amtlicher Berichterstattung stehen ihm ebenso zu Gebote wie Umgangssprache und Jargon Jugendlicher oder sozialer Randgruppen.

Schädlichs Prosa ist mit herkömmlichen Gattungsbezeichnungen wie Kurzgeschichte, Erzählparabel, Genrebild und dergleichen nicht beizukommen. Seine Texte sind keine ausgeführten Erzählungen, sondern ästhetisch hoch elaborierte exemplarische Skizzen mit Parabeleffekt. So verschieden aber die Motive auch jeweils sein mögen, sie sind allesamt zurückzuführen auf das eine Grundthema der Lebensverhältnisse in der DDR. Die wechselnden Schauplätze ändern daran ebensowenig wie das gelegentliche zeitliche Ausgreifen in Parallelstrukturen der Vergangenheit. Zur Entstehungszeit sehr Gegenwärtiges steht zur Diskussion. Ob es sich nun um die Distanz zwischen Regierung und Volk in der sogenannten "Volksdemokratie" handelt ("Versuchte Nähe"), um Unterschiede zwischen kommunistischem Anspruch und kommunistischer Wirklichkeit ("Nachlaß", "Oktoberhimmel", "Apfel auf silberner Schale", "Satzsuchung"), um Bilder einer entfremdeten Alltagswelt voller Banalität und Brutalität ("Komm, mein Geliebter, gehn wir aufs Land und nächtigen in den Dörfern", "Nirgend ein Ort", "Unstet und flüchtig"), um Polizeistaat, Mauer, Grenze und vergebliche Ausreiseversuche ("Unter den achtzehn Türmen der Maria vor dem Teyn", "Tibaos", "Schwer leserlicher Brief"), um das Fortleben bedenklicher Traditionen in der DDR ("Besuch des Kaisers von Rußland bei dem Kaiser von Deutschland", "Lebenszeichen", "Rede und Antwort", "Letzte Ehre großem Sohn", "Kurzer Bericht vom Todfall des Nikodemus Frischlin") oder um die Funktion der Kunst und der Rolle des Künstlers ("Kleine Schule der Poesie", "Satzsuchung"), – immer werden Menschen vorgezeigt als Opfer "streng diktierter Verhältnisse".

Derlei mußte der DDR-Macht vom Inhalt wie von der Form her mißfallen. Darum scheiterten auch alle Bemühungen Schädlichs, die widerständigen Geschichten zum Druck zu bringen. Behilflich war ihm bei seinen Versuchen insbesondere der Ostberliner Nachbar aus dem Ortsteil Wilhelmshagen, Bernd Jentzsch. Der Freund gehörte nicht nur zu den Organisatoren der westöstlichen Schriftstellertreffen,[44] sondern vermittelte im Herbst 1971 auch den Kontakt zum Rostocker Hinstorff Verlag.[45] Dort fungierte der uns bereits bekannte Kurt Batt als Cheflektor. Der lobte in einem Schreiben ausdrücklich die Geschichte "Komm, mein Geliebter, gehn wir aufs Land ..." und kündigte an, er beabsichtige, sie in einer "'Gemeinschaftsanthologie' unter[zu]bringen" (DPL 103). Danach gab er die "Betreuung" Schädlichs an jene Lektorin weiter, die am Text "Lebenszeichen" zu bemängeln fand, er "beschwöre Vergleiche herauf, die nicht wünschenswert seien" (ibid.). Verschiedene in den darauffolgenden Monaten vereinbarte Treffen kamen allesamt nicht zustande. Was sich dahinter verbarg, erfuhr der Betroffene erst später. Batt war empört über ein so

---

[44] Vgl. hierzu DPL 91.
[45] Vgl. hierzu DPL 103 und 112.

rücksichtsloses Ansinnen und bedeutete dem vermittelnden Jentzsch, es sei "eine politische Zumutung [...], ihm so etwas zu zeigen und für den Druck vorzuschlagen." (DPL 112) Doch wollte man den Schein wahren. Die "betreuende" Lektorin ließ den Autor im April 1972 wissen, die Zeitschrift *Sinn und Form* habe die dort vorgelegten Texte abgelehnt und mit der Anthologie sei "auch noch nicht alles entschieden" (DPL 104). Im Dezember des gleichen Jahres erteilte ein anderer Lektor die nämliche hinhaltende Auskunft: "... ich kann Ihnen noch immer nicht sagen, ob es mit der Aufnahme der Erzählung 'Komm, mein Geliebter, gehn wir aufs Land...' in die Anthologie klappen wird." (ibid.) Damit nicht genug. Genau Gleiches begab sich mit der dem Verlag 'Der Morgen' zugeschickten Geschichte "Unstet und flüchtig". Das Thema eines mit einem leeren Alltag abrechnenden Menschen, der aus der fahrenden S-Bahn springt ("öffnet die Tür gegenüber der Tür und fällt in die Dunkelheit", VN 147), fand beim Lektorat keine Gegenliebe. Für die geplante Anthologie könne der Text "nicht akzeptiert" werden, "weil" – so die ersichtlich vorgeschobene Begründung – "die Sprachbehandlung von den anderen Geschichten (der Anthologie) zu sehr divergierte" (DPL 104). Genau umgekehrt und insoweit ehrlicher argumentierte die Redaktion der *Neuen Deutschen Literatur* (*ndl*) im Hinblick auf einige, wiederum von Bernd Jentzsch übersandte Texte. Schädlich wurde von dort wie folgt beschieden:

> Übereinstimmend finden wir, daß die Arbeiten gut geschrieben sind [...] Unsere Einwände richten sich gegen den Inhalt. Mit Unterschieden von einer Arbeit zur anderen finden wir, ist er zu sehr verschlüsselt und geht andererseits in eine zu stark verneinende Richtung. (DPL 104f.)

Spürbar hatte das Methode. Mit den ablehnenden Reaktionen auf die Texte Johnsons im Hinterkopf kann man den Fortgang der Sache leicht vorhersehen. Es ist die schlimme Kontinuität eines absurden Beharrens auf dem von der Partei zum Dogma erhobenen "Sozialistischen Realismus" im Verein mit einer unmenschlichen "Bewußtseinsdrangsalierung" (Nicolas Born). Abweichungen wurden nicht geduldet. So begreift man erst recht, welche Bedeutung die privaten deutsch-deutschen Begegnungen einiger Schriftsteller für Schädlich hatten. Er hat es selbst betont: "Diese Treffen waren für mich die erste – und über Jahre die einzige – literarische Öffentlichkeit – die denkbar strengste und zudem – einzigartig – eine ostwestdeutsche. Es entwickelten sich Freundschaften [...]" (DPL 93).

Tatsächlich reagierten die "westlichen" Kollegen wie Born, Buch und Grass wesentlich anders als die spätstalinistischen Kulturhüter. Von Günter Grass stammt die Bekundung, die dann den hinteren Umschlag der Buchausgabe der *Versuchten Nähe* zieren sollte: "Seit Uwe Johnsons erstem Buch sind nicht mehr so eindringlich, aus der Sache heraus, die Wirklichkeiten der DDR angenommen und auf literarisches Niveau umgesetzt worden". Eben dies wurde in der DDR als Zumutung empfunden. Dabei ging es Schädlich nicht etwa um Widerstand, sondern um Wahrhaftigkeit und ästhetischen Anspruch. Er merkte dazu an:

> [...] das Moment des Widerstandes ist nicht der Impuls für meine Arbeit gewesen und wird es in dieser vordergründigen Form auch nie sein. Der eigentliche Impuls für die beobachtende und schreibende Tätigkeit ist in erster Linie das, was ich meine Wirklichkeit nenne, also die Wirklichkeit, in der ich mich befand oder jeweils befinde. (DPL 121)[46]

Deswegen konnte er das Schreiben als "ein wahrhaftes stilles Denken" (DPL 56) definieren.[47] Doch gerade aufgrund dieser Haltung konnte sein Schreiben von der Diktatur nur mit isolierender Zensur beantwortet werden. Schädlich kam dadurch zu der grundsätzlichen Einsicht:

> Die wirklichen Feinde der meisten Schriftsteller sind jene Inhaber von Autoritätspositionen, welche nicht demokratisch legitimiert sind [...]. Die Diktatur hat gar keine Wahl. Sie ist nicht legitimiert [...]. Vielleicht kann die Literatur dazu verhelfen, den Herrschenden einen Anschein von Legitimität zu verleihen. Für diejenigen, die sich nicht so recht beteiligen wollen, gibt es die Zensur [...]. Aber es gibt leider auch die Durchbrechung der Zensur, sozusagen aus Überdruß. (DPL 54 und 69)

Derartiger Überdruß dürfte sich beim Autor allmählich herausentwickelt haben.

Mittlerweile – Frühjahr 1973 – raffte Batt sich dazu auf, wieder einmal selbst zu schreiben, um für den nun seinerseits "erkrankten" Lektor mitzuteilen: "Leider muß ich Ihnen sagen, ... daß das Herausgebergremium für die Anthologie Ihre Geschichte ('Komm, mein Geliebter, gehn wir aufs Land ...'), auf die wir gesetzt hatten [sic!], nicht akzeptiert hat." (DPL 105) Wenn das nicht Doppelzüngigkeit ist! Denn der gleiche Mann hatte damals schon Bernd Jentzsch vorgeworfen, er beschädige mit den Texten Schädlichs "den Stuhl, auf dem er [Batt, d. Verf.] saß, wissentlich", er verbiete ihm "Neues von [Schädlich, d. Verf., ...] mitzuteilen." (DPL 112) Zum selben Ergebnis wie das "Herausgebergremium" kam die Chefredakteurin

---

[46] "Ich bin mit den Un-Mächtigen". Gespräch mit Nicolas Born (zuerst erschienen in: *Die Zeit* (17.3.1978).

[47] Später präzisierte Schädlich das dahin: "Man spricht für sich, man spricht zu sich selbst [...]. Man erzählt – auch ohne Zuhörer, ohne Leser. Ob irgendwer zuhören will, das zeigt sich. Ob das Erzählte Leser findet, das findet sich." (DPL 49).

der Zeitschrift *Das Magazin*, der Schädlich gleichfalls den Text zugeschickt hatte. Ihre Antwort war knapp und unmißverständlich:

> Diese Geschichte fällt nicht nur bei der Anthologie im Hinstorff Verlag aus dem konzeptionellen Rahmen, sie fällt vor allem gründlich aus dem kulturpolitischen Rahmen der DDR ... Ich müßte mich sehr täuschen, wenn Ihre Erzählung irgendwo in der DDR erscheinen könnte. (DPL 105)

Dazu kann man nur sagen: Sie wußten, was sie taten.

Das schikanöse Katz- und Maus-Spiel war damit aber keineswegs beendet. Im März 1974 teilte der Lektor des Hinstorff-Verlags überraschend mit, für die nächste "Gemeinschaftsanthologie" habe man die Geschichte "'Tante liebt Märchen' vorgeschlagen" (ibid.), Schädlich solle auch neue Texte schicken. Es spricht für Langmut und Geduld des Autors, daß er sich, nach nunmehr zweieinhalbjähriger Hinhaltetaktik des Verlags, darauf einließ, um dann im Mai 1975, nach erneuter Weitergabe seiner Typoskripte an einen anderen Lektor, feststellen zu müssen: "Ich kann nicht machen, was mir nicht notwendig erscheint; meine Notwendigkeiten scheinen überflüssig, sogar unerwünscht zu sein." (DPL 106) Zynischerweise setzte der Verlag das böse Spiel auch danach fort. Im Herbst 1975 starb der Cheflektor Batt, aber ein neuer Lektor kündigte im November desselben Jahres einen weiteren Versuch an, die Texte Schädlichs in einer neuen Zeitschrift – *Temperamente* – unterzubringen. Darüber vergingen abermals einige Monate.

Zwischenzeitlich aber war etwas Überraschendes geschehen. Nicolas Born und Hans Christoph Buch hatten dafür gesorgt, daß 1975 in Nummer 3 und 4 des im Rowohlt-Verlag erscheinenden *Literaturmagazins* die Geschichten "Lebenszeichen" und "Kurzer Bericht vom Todfall des Nikodemus Frischlin" gedruckt wurden.[48] In den östlichen Gefilden blieb das natürlich nicht unbemerkt. Im März 1976 drängte der Leiter des Hinstorff-Verlags, Konrad Reich, überraschend auf eine Begegnung mit Schädlich. Nach fast fünfjährigem Hinhalten wurde nun plötzlich telegraphisch ein Treffen in Berlin anberaumt. Bei dieser Gelegenheit gab es allerdings keine neuen Versprechen. Vielmehr wurde dem Autor "Besinnung und Einkehr empfohlen", es komme für ihn nun darauf an, "einen Blick für Wirklichkeit zu gewinnen". Allen Ernstes begleitete Reich seine Ermahnungen

---

[48] Hans Joachim Schädlich: Lebenszeichen. In: *Literaturmagazin 3: Literatur als Utopie*. Hg. v. Nicolas Born. Reinbek bei Hamburg 1975. S. 237-239; ders.: Kurzer Bericht vom Todfall des Nikodemus Frischlin. In: *Literaturmagazin 4: Die Literatur nach dem Tod der Literatur. Bilanz der Politisierung*. Hg. v. Hans Christoph Buch. Reinbek bei Hamburg 1975. S. 186-189.

mit der Aufforderung zum "Besuch eines Bergwerks" oder zur Erntearbeit "auf einem Mähdrescher" (DPL 106f.).[49] Es wird kaum verwundern, daß der so belehrte Schädlich danach "keine Texte mehr an den Hinstorff-Verlag [schickte]." (DPL 107) Reich indes trieb die Scheinheiligkeit auf die Spitze und schrieb im April 1976, seine Versuche, Schädlichs Texte bei einer neuen Zeitschrift unterzubringen, hätten leider zu nichts geführt. Er schloß mit dem "freundschaftlichen" Hinweis: "Ich sehe, um Dir das ganz offen zu sagen, kaum für Dich einen Platz, der Dich befriedigen würde." (ibid.) Damit endete eine von Anfang an vom Verlag unredlich geführte Kommunikation.

Statt dessen erschienen Ende 1976 in Nummer 6 des Rowohltschen *Literaturmagazins* drei Geschichten Schädlichs.[50] Etwa ein halbes Jahr zuvor hatte der Schriftsteller seine Tätigkeit als fester Mitarbeiter der Akademie der Wissenschaften eingestellt. In Zukunft gedachte er seinen Unterhalt als "Mitarbeiter auf Honorarbasis" und freier Übersetzer zu verdienen. Eine solche freiberufliche Tätigkeit hatte allerdings "die Zugehörigkeit zu einer staatlich anerkannten Vereinigung" (DPL 107) zur Voraussetzung. So wurde Schädlich zum "Kandidaten des Schriftstellerverbandes". Ordentliches Mitglied sollte er nie werden. Denn im November 1976 kam es zu dem Vorfall, der ihn endgültig in Gegensatz zu Staat und Partei brachte: Er unterzeichnete den Protest einiger Schriftsteller der DDR gegen die erfolgte Ausbürgerung Wolf Biermanns. Spätestens ab diesem Zeitpunkt wurde Schädlich als "OV 'Schädling'" (!) zum "operativen Vorgang" des Staatssicherheitsdienstes.[51] Was danach passierte, hat der Autor sorgfältig aufgezeichnet.[52] Er erfuhr, daß die "staatliche Partei unzufrieden mit ihm" sei,

---

[49] Konrad Reich ließ dabei Forderungen der "Bitterfelder Konferenz" des Jahres 1959 wieder aufleben: "Greif zur Feder, Kumpel!" und "Schriftsteller in die Betriebe!"

[50] Hans Joachim Schädlich: Drei Geschichten ("Papier und Bleistift", "Nirgend ein Ort", "Teile der Landschaft"). In: *Literaturmagazin 6: Die Literatur und die Wissenschaften*. Hg. v. Nicolas Born und Heinz Schlaffer. Reinbek bei Hamburg 1976. S. 150-162.

[51] "Der OV 'Schädling' wurde gegen Hans Joachim Schädlich von 1977 bis 1984 von der HA XX/7 (Hauptmann Joachim Tischendorf, Hauptmann Hans Schiller) geführt. Er umfaßt sechs Bände mit 1 518 Blatt. Folgende IM waren dabei im Einsatz: IM 'Frank', ... IMB 'Schäfer' (ein naher Verwandter), IM 'Wolf', IM 'Ernst', IME 'Dichter', IM 'Sonja', GMS 'Karlheinz'. Ermittelt wurde wegen 'Verdachtes der Feindtätigkeit'" (zit. n.: W 502-505, hier S. 502f.). Des weiteren erstellte Prof. Dr. Anneliese Löffler alias IMS 'Dölbl' inoffizielle Gutachten, u.a. auch über Schädlich, vgl. hierzu W 381.

[52] DLP 108-112 und AK 166-172; ferner: Hans Joachim Schädlich: Die Sache mit B. In: *Kursbuch 109*. Berlin 1992 (Sigle: KB). S. 81-89.

weil er "nichts Gutes im Sinne hätte. Das sehe die staatliche Partei in auswärtigen Zeitschriften" (KB 86). Die Akademie der Wissenschaften und der Verlag 'Volk und Welt', für den Schädlich als Übersetzer tätig war, forderten ihn in konzertierter Aktion auf, die Unterschrift unter die Biermann-Petition zurückzunehmen. Da er das ablehnte, wurde ihm alsbald mitgeteilt, die bestehenden Arbeitsverhältnisse seien beendet.[53] Mit einem Schlag stand er also ohne jede Verdienstmöglichkeit da. An irgendeine Publikation seiner Texte war nach alledem nicht mehr zu denken. In dieser Situation erreichte Schädlich ein rätselhaftes Schreiben des Verlags 'Neues Berlin' mit der Nachricht, die 'Hauptabteilung Verlage und Buchhandel im Ministerium für Kultur' habe zwar den Abschluß eines Förderungsvertrages im Hinblick auf die Veröffentlichung eines Erzählbandes untersagt, der Verlag halte jedoch "an der Absicht fest, im April 1977 einen Vertrag [...] abzuschließen, um 1978 einen Band Erzählungen herauszubringen." (DPL 109) Mit anderen Worten: das Hinhaltespiel wurde weitergeführt, bis dann Anfang März 1977 die Mitteilung erfolgte, "daß im April kein Vertrag [...] abgeschlossen werde." (ibid.) So kam Schädlich zum Entschluß, die Textsammlung in einem Verlag der Bundesrepublik zu veröffentlichen.

Gleich Anfang des Jahres 1977 erschien in der von Heinrich Böll, Günter Grass und Carola Stern herausgegebenen Zeitschrift *L 76* die Erzählung "Unter den achtzehn Türmen der Maria vor dem Theyn".[54] Ohne das 'Büro für Urheberrechte der DDR' um Genehmigung zu fragen, schloß Schädlich nun einen von Günter Grass vermittelten Vertrag mit dem Rowohlt-Verlag, der zum Herbst 1977 einen Erzählband mit 25 Texten herausbringen wollte. Dabei machte Schädlich eine weitere, lehrreiche Erfahrung. Der Luchterhand-Verlag, mit dem Grass zunächst verhandelt hatte, zeigte kein Interesse, um die bestehenden guten Beziehungen zu ostdeutschen Verlagen nicht zu gefährden.[55] Der aufgeschlossenere Rowohlt-Verlag war gut beraten, diesen Autor unter Vertrag zu nehmen. Das Buch machte

---

[53] Bei der Akademie der Wissenschaften erfolgte die Kündigung rückwirkend zum Jahresende 1976 seitens des Verlags Volk und Welt mit dem Hinweis, "laufende Verträge würden eingehalten, neue Übersetzungsaufträge werde es nicht geben." (DPL 108f.).

[54] Hans Joachim Schädlich: Unter den achtzehn Türmen der Maria vor dem Theyn. In: *L 76. Nr. 4: Demokratie und Sozialismus. Politische und literarische Beiträge.* Frankfurt/M., Köln 1977. S. 111-115.

[55] Der Luchterhand-Verlag ließ sich dabei von den ökonomisch interessanten Lizenzgeschäften leiten. Er verlegte u.a. die auflagenstarken Bücher von Christa Wolf und Hermann Kant. Vgl. hierzu Hans Joachim Schädlich: Export der Zensur (DPL 99-102) sowie DPL 109f.

schneller und nachhaltiger von sich reden als das gewöhnlich bei Erstlingswerken der Fall zu sein pflegt. Gleich im September kam die Neuerscheinung an die Spitze der 'Bücher-Bestenliste' des Südwestfunks. Der unliebsame Registrator der DDR-Wirklichkeit wurde rasch zur international beachteten Größe.

In der DDR überstürzten sich daraufhin die Ereignisse. Zuallererst wollten die totalitären Köpfe einen "Coup landen". Es ging dabei darum, die Mitteilung des Klappentextes zu widerlegen, daß "in der DDR bisher keine Prosatexte" von Schädlich "erscheinen konnten". Zu seiner nicht geringen Überraschung mußte der Autor konstatieren:

> Plötzlich tauchte im DDR-Buchhandel die 'Gemeinschaftsanthologie' mehrerer DDR-Verlage auf, zu welcher der Hinstorff-Verlag meinen Text 'Tante liebt Märchen' beigesteuert hatte. Als Erscheinungsjahr ist auf dem Titelblatt groß und deutlich '1976' zu lesen. Ein ganzes Jahr hatte diese Anthologie in den Lagern gelegen. Nun wurde sie wohl schnell ausgeliefert [...]. (DPL 110)

Dann wurde gegen den "Abtrünnigen" scharfes Geschütz aufgefahren. Zunächst ließ das 'Büro für Urheberrechte der DDR' von sich hören und bemängelte die fehlende "Genehmigung zur Vergabe Ihres Buches an den Rowohlt Verlag" (ibid.). Dahinter verbarg sich der schwerwiegende Vorwurf "landesverräterischer Agententätigkeit" und "staatsfeindlicher Hetze", wie dann auch der "Untreue zum Nachteil des sozialistischen Eigentums".[56] Damit nicht genug. Der stellvertretende Minister für Kultur, Klaus Höpcke, ließ öffentlich verlauten, Schädlich habe sich mit seinem Buch "in die Front der psychologischen Kriegsführung gegen die DDR eingereiht"; er gehöre "zu denjenigen, die nach der Ausreise verlangten, wenn sie für ihre Taten zur Rechenschaft gezogen würden." (DPL 111 und 94) Ähnlich äußerten sich einige Mitglieder des Berliner Schriftstellerverbandes bei einer Versammlung im September 1977. Dabei war die Rede von "staatsfeindlicher Hetze"; es sei "[...] lediglich der Großzügigkeit der Staatsorgane zuzuschreiben, daß [Schädlich] noch auf freiem Fuß sei. Es sei zu fragen, wann der Verband [ihn = Schädlich, d. Verf.] endlich ausschließe." (DPL 111)[57] Wen wundert es, daß der so Angegriffene tatsächlich den Ausreiseantrag stellte? Es blieb ihm nichts anderes übrig.

---

[56] Vgl. hierzu W 435f. ("Die Straftatbestände").

[57] Das bestätigt die Richtigkeit von Schädlichs Annahme, der DDR-P.E.N. sei "seinem Wesen nach kein nationales Zentrum des internationalen P.E.N." gewesen, "sondern eine staatliche Organisation der DDR. Diese Organisation wurde aus Mitteln des DDR-Staatshaushalts finanziert und von der internen SED-Parteigruppe gelenkt." (Hans Joachim Schädlich: (Stellungnahme). In: *Europä-*

Zunächst wurde der Antrag abschlägig beschieden. Vermutlich war man sich noch nicht darüber einig, wie weiter zu verfahren sei. Wie meist in diesen Fällen, wählte man schließlich das "kleinere Übel" und entließ den angeblichen Staatsfeind mit Schreiben vom 2. Dezember 1977 aus der Staatsbürgerschaft der DDR. Die Ausreise mußte bis zum 10. Dezember vollzogen sein. An diesem Tag fuhr Schädlich denn auch westwärts. Er ging gewiß keiner leichten Zeit entgegen. Aber nun war er wirklich das, was er innerlich immer hatte sein wollen: ein freier Schriftsteller.

Eine Pointe zum Schluß. Gleich peinlich wie die DDR-Publikation eines Buches von Johnson Ende 1989, also in letzter Minute, ist ein unlängst erfolgter Vereinahmungsversuch – ausgerechnet desselben Verlages – im Hinblick auf Schädlich. Der Autor wurde eingeladen, einen seiner Texte für eine geplante Anthologie von DDR-Schriftstellern beizusteuern. Dem Vernehmen nach war man über die Ablehnung verwundert. Das Verlagsgremium hätte freilich wissen müssen, daß Schädlich schon lange die rhetorische Frage gestellt hatte: "Ein Autor ist aus der DDR in die Bundesrepublik gezogen und hat Bücher in der DDR geschrieben, die nur in der Bundesrepublik erscheinen konnten. Zu welcher Literatur gehören diese Bücher? Zu welcher Literatur gehört ihr Autor?" (DPL 73). Das bedeutet: Schädlich kann und will nicht als DDR-Schriftsteller betrachtet werden. War es doch die selbstgerecht-verbrecherische Maulkorb-Politik der kommunistischen Machthaber, die ihn in den Westen getrieben hat. Die Kriminalität des SED-Staates machte ihn wider Willen zum "gelernte[n] Ostwestdeutsche[n]." (DPL 79)

Was ist aus beiden Fällen zu folgern? Einmal mehr bestätigt sich hier das vielzitierte Wort Gorbatschows: "Wer zu spät kommt, den bestraft das Leben". Mit anderen Worten: Die DDR hat sich selbst um ihre besten Autoren und Künstler gebracht, weil die "Theoretiker und Vollstrecker der reinen Lehre" (Uwe Kolbe) das so wollten. Wenn Jens Reich zu der richtigen Einschätzung kommen konnte, Uwe Johnsons *Mutmassungen über Jakob* seien "das verhinderte Schicksalsbuch der DDR-Jugend der fünfziger und sechziger Jahre",[58] so läßt sich diese Bemerkung ohne weiteres dahin gehend ergänzen, daß Hans Joachim Schädlichs *Versuchte Nähe* als

---

ische Ideen. Hg. v. Andreas W. Mytze. (1995). H. 94. S. 40f., hier S. 41. Im gleichen Heft äußern sich, ganz mit Schädlich übereinstimmend, u.a. auch Herta Müller, Sarah Kirsch und Günter Kunert.

[58] Zit. n.: "Andere über mich". Schriftsteller (und Politiker) über Uwe Johnson. Erster Teil: Von Leipzig nach Berlin. Nach Belieben zusammengestellt von Uwe Neumann. In: *Johnson-Jahrbuch.* Bd. 4/1997. Hg. v. Ulrich Fries und Holger Helbig. Göttingen 1997. S. 177-196, hier S. 189.

das verhinderte Schicksalsbuch der DDR-Jugend der siebziger und achtziger Jahre angesehen werden kann. Beide Bücher blieben der DDR-Jugend vorenthalten. Beide Autoren waren unerwünscht. Bornierte Verhinderung war offenbar die einzige "Waffe" der Partei im "ideologischen Kampf". So kam es dahin, daß künstlerische Innovation allein gegen die dogmatisch verordnete Kulturpolitik möglich war. Folgerichtig hat sich die offizielle DDR-Literatur selbst aus der allgemeinen Moderneentwicklung ausgeklammert. Nur wer wider den ideologischen Stachel löckte, konnte sich der freien, nicht vom politischen Machtapparat bestimmten Gegenöffentlichkeit zu-schreiben.

Dirk Pilz

Die Schrift bleibt verwischt.
Überlegungen zur Aktualität von Hans Joachim Schädlichs Band *Versuchte Nähe* anhand des Textes "Lebenszeichen"

This article discusses the current relevance of Hans Joachim Schädlich's novel Versuchte Nähe (1977). The first part examines the problem of identifying a so-called G.D.R. literature. Pilz critically investigates the method of studying the relation between history and text in literary history and thereby raises the question for an analytically verifiable methodology. In a second part these general ideas are applied to the text "Lebenszeichen", which is understood as exposing the basic structures of censorship and of restriction. Exactly these basic mechanisms are structurally transferable and, consequently, can also be experienced today. In a brief final passage possible social-theoretical points of contact with the contemporary discussion of current power and censorship mechanisms are indicated.

> Die Geschichte, sagt ein Sprichwort, wird nachts gemacht. Der europäische Beamte schläft in der Regel nachts. Alles, was in seinem EIN-Körbchen morgens um neun auf ihn wartet, ist bereits Geschichte. Er kämpft nicht dagegen, er versucht, damit zu leben.
>
> Thomas Pynchon

Seit seinem vielbeachteten Erscheinen im Herbst 1977 gelten die Texte in Hans Joachim Schädlichs Kurzprosaband *Versuchte Nähe* als – um es in den Worten Theo Bucks zu sagen – "prägnante Skizzen der wirklichen Zustände in der DDR".[1] Mehr noch heißt es: "So verschieden die Motive

---

[1] Theo Buck: Hans Joachim Schädlich. In: *Kritisches Lexikon zur deutschsprachigen Gegenwartsliteratur. (KLG)*. 53. Nlg. München 1996. S. 2. Karsunke spricht von einem "Lebensgefühl" (Yaak Karsunke: Benennungsverbote. Hans Joachim Schädlichs "Versuchte Nähe". In: *Verrat an der Kunst? Rückblicke auf die DDR-Literatur*. Hg. von Karl Deiritz und Hannes Krauss. Berlin 1993. S. 185-190, hier S. 189.) innerhalb der DDR und weiter noch von deren "Wirklichkeit" (ebd. S. 190.) schlechthin, die sich in den Texten zeige. Jens Dirksen sieht im "Umgehen jeder konkreten Benennung" in den Texten Schädlichs "die Konsequenzen der Zensur als Scheitern am ausgewiesenen Minimal-Realismus" dokumentiert. (Jens

sein mögen, sie sind allesamt zurückzuführen auf das eine Grundthema der Lebensverhältnisse in der DDR."² Eine solche Diagnose verwundert, wird den Texten doch damit eine nahezu eindeutige und zweifelsfrei verifizierbare Referenz zugewiesen. Dies indes sollten sie gerade nicht aufweisen, jedenfalls dann nicht, wenn man sie als ästhetische Artefakte, um genauer zu sein: als Literatur der Moderne, versteht, was sie ohne Zweifel sind.³

Die Texte als ästhetische Artefakte aufzufassen bedeutet allerdings gerade, deren Strukturlogik als polyvalent und deren inhaltliche Ebene als uneindeutig bzw. mehrdeutig zu begreifen. Verkürzt man folglich den Verstehens- und Interpretationsmodus auf eine Ausdeutung der inhaltlichen Intention, begreift man also den Text als einer "Ideen-Literatur"⁴ subsumiert – hier die Idee der Widerspiegelung von DDR-Wirklichkeit –, dann beschneidet man den Text seiner ästhetischen Potenz. Denn der postulierte Inhalt allein, die "Wirklichkeit der DDR", gibt noch nicht das Material für den ästhetischen Mehrwert her – auch dann nicht, wenn man diesen "Inhalt" in der formalen Struktur verwirklicht sieht, indem man etwa "das Lebensgefühl [in der DDR, d. Verf.], von dem nicht gesprochen werden darf, [...] sich in den Duktus der Sätze" zurückgezogen sieht.⁵

Abgesehen davon, daß sich in derart argumentierenden Ansätzen ein idealistischer Wirklichkeitsbegriff und mithin abbildtheoretische Prämissen andeuten, offenbart sich darin subsumtionslogisches Denken: Ein Text wird anhand ihm externer Kriterien unter eine Ordnungskategorie ge-

---

Dirksen: Die Literaturgeschichte verbürgt den Wiederstand. Hans Joachim Schädlichs Prosa-Skizze "Satzsuchung" und ihr Anspielungshorizont von Paul Scarron über Karl Friedrich Kretschmann zu E.T.A. Hoffmann. In: *Hans Joachim Schädlich. TEXT+KRTIK.* H. 125. Hg. v. Heinz Ludwig Arnold. München 1995. S. 70.).
² Theo Buck: Schädlich. *KLG.* S. 2.
³ Das sind sie allerdings nur dann ohne Zweifel, wenn man jegliche teleologische Modellvorstellungen literaturgeschichtlicher Prozesse aufgibt. Das ist, was auch Wolfgang Emmerich fordert (vgl. Wolfgang Emmerich: *Kleine Literaturgeschichte der DDR.* Erweiterte Neuausgabe. Leipzig 1996. S. 20.). Damit ist die Rede von einer "Emanzipationsbewegung, [...] die sich aus der angestammten Haltung des Verdrängens und Verschweigens wie aus ihrem didaktischen Gestus der ersten fünfzehn Jahre [...] löst und [...] zu Haltungen des erkennenden Experimentierens, zum ästhetischen Text als Differenz zur Wirklichkeit, nicht als planes Abbild" (ebd. S. 21.) findet, hinfällig geworden. Emmerich verstrickt sich hier in folgenreiche Selbstwidersprüche, denn implizit ist die sogenannte literarische Moderne als Maß genommen und als "Höherentwicklung" gegenüber realistischen Konzepten ausgegeben. Gerade dies aber setzt teleologisches Denken als Prämisse.
⁴ Dieser Begriff von Vladimir Nabokov ist hier zitiert nach: Karl Heinz Bohrer: *Das absolute Präsens. Die Semantik ästhetischer Zeit.* Frankfurt/M. 1994. S. 166.
⁵ Yaak Karsunke: Benennungsverbote. S. 189.

bracht. Hier sind dies zum einen die sogenannte DDR-Wirklichkeit und zum anderen der Begriff der DDR-Literatur, ein Begriff, welcher nach wie vor nicht nur ausgesprochen problematisch, sondern mehr noch in sich ungeklärt ist und aufgrund seiner inhärenten Widersprüche ungeklärt bleiben muß.[6] Zudem verschließt eine subsumtionslogische Vorgehensweise tendenziell das Wahrnehmen struktureller Offenheit der Texte. Daran kann nicht gelegen sein, will man nicht nur in Erfahrung bringen, was ein bestimmter Text innerhalb einer historischen Periode zu leisten vermochte, sondern was dieser heute und hier zu sagen vermag, will man also nicht lediglich historische Leserforschung betreiben, sondern die ästhetische Tragfähigkeit der Texte benennen.

Es wird demnach im folgenden darum gehen zu prüfen, inwiefern Schädlichs Texte gegenwärtiger Erfahrung offenstehen. Das können sie trivialerweise nur, wenn sie die grundsätzliche Struktur bestimmter Erfahrungen zur Sprache bringen. Und genau dies wird andererseits den Texten bescheinigt, indem sie als "ästhetisch hochelaborierte exemplarische Skizzen"[7] beschrieben werden, als "Parabeln vom gezwungenen Leben".[8] Gerade daraus wäre aber analytisch nicht zwingend zu schließen, daß diese parabelhaften Skizzen "in erster Linie" die "Realität der DDR" spiegeln.[9] Dies kann sich so verhalten (und einige Prosastücke im Band legen das in der Tat nahe), aber die Texte erlauben nicht den Schluß, daß es so sein muß. Vielleicht verweisen die Texte auch auf eine Realität in der DDR – das jedoch ist eine Vermutung, die sich aus den Texten selbst nicht belegen läßt.[10] Zeigen kann man aber, daß sie generelle Mechanismen von Zensur und "gezwungenem Leben" zum Ausdruck bringen, indem man deren parabolischen Charakter beim Wort nimmt und den (engen) Referenzrahmen der DDR-Wirklichkeit verläßt. Für Hans Joachim Schädlich mag durchaus sein persönliches Erlebnis "der" DDR-Wirklichkeit im Hintergrund gestanden haben, seine Texte aber zeigen die Erfahrung (genauer:

---

[6] Vgl. dazu auch in diesem Band: Axel Schalk: "Bericht zu mir! Gerade Linie! Durch!" Überlegungen zu Erwin Strittmatters "Ochsenkutscher" und "Ole Bienkopp" und einem deutschen Literaturstreit.

[7] Theo Buck: Schädlich. *KLG*. S. 4.

[8] So Nicolas Born, zitiert nach: Theo Buck: Von der "versuchten Nähe" zur 'versuchten Ferne'. Schädlichs narrativer Weg "zur Freiheit in der Geschichte". In: *Hans Joachim Schädlich. TEXT+KRITIK*. H. 125. München 1995. S. 17-29, hier S. 20.

[9] Vgl. ebd.

[10] Eine solche Vermutung mag vielleicht nur dann besonders auffällig und damit evident erscheinen, wenn der Leser selbst konkrete Erfahrung der deutschen Zweistaatlichkeit hat.

deren Struktur) "gezwungenen Lebens" allgemein. Die Triftigkeit dieser – wenn man so will im Grunde schlichten – These sollen die vorliegenden Überlegungen belegen.

I

> Das Eine bin ich, das Andere sind meine Schriften.
>
> Friedrich Nietzsche

Zunächst jedoch wird es wichtig sein, darauf hinzuweisen, zu welchem Zweck und Ende gerade der erste Prosaband Schädlichs als einer die DDR-Wirklichkeit abbildender verstanden wurde und wird. Zwei Punkte seien dazu genannt.

Zum einen soll Schädlich dem Vorwurf des "Staatsdichters" entbunden werden, indem er als "aktuelle Zeitkritik"[11] übender Schriftsteller ausgegeben wird – was im gegebenen Zusammenhang selbstredend Kritik am vermeintlich "real existierenden Sozialismus" der DDR heißt. Der deutsch-deutsche Literaturstreit hat offenkundig zumindest befördert, daß sogenannte systemkonforme Literatur aus der DDR, vor allem der 50er und 60er Jahre, als "Gesinnungsliteratur" und mithin als "ästhetisch dürftig" betrachtet wird.[12] Ein von vornherein "ästhetisch dürftiger" Gegenstand steht aber wohl für die Reputation der Literaturwissenschaft (bzw. der Literaturwissenschaftler) nicht gut zu Buche: Seinen Gegenstand vom Verdacht der Systemkonformität zu befreien scheint demnach zumindest für einen Teil der Forschung zur DDR-Literatur erste wissenschaftliche Pflicht zu sein. Das allerdings erfordert, einen "enge[n] Zusammenhang"[13] von "Literatur und Moral" zu postulieren und diesen als einen kausaldualistischen zu betrachten. Demnach hat Emmerich etwa die Lesart, welche poetische Texte "nur nach versteckten Zeichen politischen Widerstands oder, umgekehrt, nach deren Ausbleiben absucht und anschließend ein Urteil fällt, das sich als Kunsturteil geriert",[14] durchaus als problematisch erkannt. Dennoch wird das Ignorieren der "machtvollen Systemvorgabe" durch die diktatorisch-zentralistische SED-Doktrin als "historisch verfehlt"[15] ausgegeben. So ist es zwar richtig, daß die "Literatur dieses Landes von der SED entschieden als nichtautonome Literatur definiert"[16]

---

[11] Theo Buck: Von der "versuchten Nähe" zur "versuchten Ferne". S. 19.
[12] Wolfgang Emmerich: *Kleine Literaturgeschichte*. S. 24.
[13] Ebd. S. 15.
[14] Ebd. S. 18.
[15] Ebd. S. 19.
[16] Ebd.

wurde. Das aber sagt bezeichnenderweise nichts über die Literatur, sondern allein etwas über die SED. Man wird sich demnach stets entscheiden müssen, worüber gerade zu sprechen ist: über ein politisches System, über eine Literatur innerhalb dieses Systems oder aber über den Zusammenhang beider. Die Perspektive der Analyse dagegen analytisch unvermittelt von einem Thema zum nächsten springen zu lassen, reduziert Analysieren auf Deskription. Analyse macht jedoch gerade aus, zwischen den in Zusammenhang gebrachten Elementen bzw. Argumenten "objektive", also verifizierbare und nicht lediglich vermutete Beziehungen nachzuweisen. Solche Beziehungen können allerdings nur gezeigt werden, wenn für die in Verbindung gestellten Elemente bzw. Argumente dieselben Arbeitskriterien gelten. Da aber für die Ästhetik offenkundig andere Kriterien in Betracht zu ziehen sind als für die Realgeschichte, sind beide auch nicht unter einem Blickwinkel zu vereinen.[17]

Die analytischen Arbeitskriterien, die hier (politisches System) gelten mögen, gelten damit dort (literarischer Text) nicht ohne weiteres. Deren Übertragung müßte erst gezeigt werden, was bei einem analytischen Perspektivenwechsel von Realgeschichte zu literarischen Texten gerade nicht gelingen kann. Denn die eine unterliegt anderen Strukturregeln und Transformationsprozessen als die anderen. So hat die Bezugnahme auf eine öffentliche SED-Doktrin etwa keine analytische Aussagequalität für ästhetische Probleme eines Textes oder die Poetik eines Autors, sondern lediglich deskriptive Qualität: Das Beschreiben des realgeschichtlichen Umfeldes eines Textes legt geschichtliche "Atmosphäre" dar, nicht aber (notwendig) Strukturen des Textes innerhalb dieser. Das könnte, wie erwähnt, nur angenommen werden, wenn sowohl für die Ästhetik als auch für die Realgeschichte eine homologe Strukturlogik gälte. Eine derartige Annahme verstrickt sich aber in unauflösbare Widersprüche: Sie könnte letztlich das Kunstwerk von seinem (historischen wie autobiographischen) Umfeld

---

[17] "Postmoderne" Theorien hingegen gehen gerade davon aus und sprechen gern von "Ästhetisierungsprozessen" (vgl. etwa Wolfgang Welsch: *Grenzgänge der Ästhetik*. Stuttgart 1996. S. 9-61.). Welche fatale Folgen es hat, die Geschichte wie ein Kunstwerk zu betrachten und auch so zu behandeln, liegt auf der Hand. Zudem verstricken sich derlei Ästhetisierungsprogramme in unauflösliche erkenntnistheoretische Widersprüche. Vgl. dazu die hilfreichen und triftigen Einwände Martin Seels gegen Welschs Konzept: Martin Seel: Ästhetik und Aisthetik. Über einige Besonderheiten ästhetischer Wahrnehmung. In: *Bild und Reflexion. Paradigmen und Perspektiven gegenwärtiger Wahrnehmung*. Hg. von Birgit Recki und Lambert Wiesing. München 1997; Martin Seel: Philosophie nach der Postmoderne. In: *Postmoderne. Eine Bilanz. Merkur.* 52 (1998). Sonderheft 9/10. S. 890ff.; vgl. dazu auch Terry Eagleton: *Ästhetik. Die Geschichte ihrer Ideologie*. Stuttgart, Weimar 1994. S. 376-429.

nicht mehr abheben. Nicht nur das Umfeld, sondern auch das Kunstwerk selbst verschwänden in Ununterscheidbarkeit. Man hätte sich so seines Gegenstandes beraubt. Daß gleichwohl zwischen Umfeld und literarischem Text strukturelle Ähnlichkeiten bestehen – denn das Kunstwerk ist keinem idealistischen Himmel entsprungen, sondern ein sehr irdisches Ding –, berechtigt (noch) nicht zur Annahme von Strukturhomologien, was für derartige analytische Übertragungen unerläßlich wäre.

"Historisch verfehlt" ist demnach eine Arbeitsweise, welche ein Kunstwerk aus den historischen Koordinaten heraus, in denen es entstanden ist, erklären bzw. interpretieren zu können meint, ohne die Unterschiede in der Strukturlogik beider ernst zu nehmen. Dies hieße zudem, zwischen Realgeschichte und Literatur ein dualistisches Verhältnis zu sehen und dementsprechend Geschichte als ein relational-statisches System zu betrachten, innerhalb dessen die einzelnen Variablen interaktiv einander bedingen. Bedient man sich eines derartigen Geschichtsbegriffes, dann arbeitet man zwangsläufig mit der "fehlerhaften" Dichotomie von Gesetzes- und Wirklichkeitswissenschaften, von nomologischer Erklärung und ideographischer Beschreibung und stößt damit auf unüberwindbare Probleme beim Versuch, die Entstehung des Neuen zu erklären, sprich bei der Erklärung von Geschichte als Geschichte.[18]

Historisch arbeitet man folglich noch nicht, wenn man die realgeschichtlichen Fakten beschreibt, die ein Kunstwerk umgeben. Denn zwischen geschichtlichen Fakten und einem Text bestehen gerade keine kausal-dualistischen (Verursachungs-)Zusammenhänge. Diese entziehen sich demnach der textwissenschaftlichen Analyse und dienen allein der Deskription (der ideographischen Beschreibung) von Sachverhalten, die die (Text-)Analyse nicht ersetzen können. Zwischen geschichtlichen Fakten und dem Text bestehen aber sehr wohl psychologische (bzw. diskursive) Zusammenhänge, nämlich in der Figur des Autors, der ja in der Tat seine Erfahrung (die notwendig eine der Zeit ist) in den Text – wie auch immer – einbringt. Das allerdings ist eine Frage an den Autor, an die Biographie, nicht an den Text. Und die Frage an den Autor ist offensichtlich eine andere als die an den Text.[19] Denn die im Text aufgehobene Erfahrung des Au-

---

[18] Das berührt grundlegende Probleme, die hier im einzelnen nicht geklärt werden können. Vgl. aber Ulrich Oevermann: Genetischer Strukturalismus und das sozialwissenschaftliche Problem der Entstehung des Neuen. In: *Jenseits der Utopie. Theoriekritik der Gegenwart.* Hg. von Stefan Müller-Dohm. Frankfurt/M. 1991. S. 267-336.
[19] Es ist wiederum eine andere Frage, den Autor *als Text* zu behandeln. Die Sinnfälligkeit solcherlei (diskursanalytischer oder dekonstruktivistischer) Verfahren sei hier nicht (weiter) diskutiert. Festzuhalten ist jedoch die triviale Tatsache: Auch

tors ist nicht (mehr) einfach die seine, sondern das Ergebnis von Transformationsprozessen (den Autor wie den Leser betreffend), die im Text selbst nicht zu eruieren sind. Genau darauf zielt der (berühmt-berüchtigte) Satz von Schleiermacher, es gelte, einen Schriftsteller besser zu verstehen, als er sich selbst verstanden habe. Das meint: Es gilt, einen Text zu verstehen, wenn man sich um Textinterpretation bemüht; und es gilt, einen Autor zu verstehen, wenn man sich um Biographie bzw. Psychologie bemüht. Und das einfach, weil Texte und Autoren nicht gemäß derselben Strukturlogik organisiert sind, auch wenn sie einander freilich bedingen. Das zu übergehen bedeutete – wie oben bereits erwähnt – analytisch unvermittelt das Thema wechseln.

So kann eine Gesellschaft nichtautonom sein, die Literatur innerhalb dieser aber durchaus dem Status literarischer Autonomie entsprechen. Es wird hier vorgeschlagen, zwischen Autonomie und Autarkie zu unterscheiden: die Autarkie der Literatur in der DDR war erheblich eingeschränkt, und wer dies nicht hinnehmen wollte, wurde bekanntermaßen mit Nichtveröffentlichung, Verfolgung bis hin zur Ausweisung belegt. Autonomie jedoch beansprucht die Literatur der DDR sehr wohl: Der Text sollte auch hier aus sich heraus, ohne externes Kriterium (ohne Kenntnis der SED-Doktrin etwa), verstanden werden. Gerade das war zentrale Forderung der Doktrin: die ästhetische Vermittlung einer Ideologie, ohne daß die externe Vorgabe explizit genannt bzw. sichtbar wurde. Der "sozialistische Held" sollte die Parteiposition verkörpern, nicht schlicht verkünden. Das damit Gesagte ist banal (und vielleicht gerade darum gern unterschlagen): Autonomie ist eine Kategorie der Ästhetik, Autarkie eine der Gesellschaftstheorie. Zwar stehen beide in einem dialektischen Verhältnis zueinander, wirken also aufeinander ein, aber das eine ist nicht als Verursachung des anderen zu kennzeichnen. Eine so geartete Betrachtung – der postulierte enge Zusammenhang von Literatur und Moral legt das nahe – implizierte dualistisches und mithin idealistisches Denken. Dialektische Kennzeichnung dagegen kennt den Begriff der dualistischen Verursachung nicht und scheint den Gegebenheiten eher zu entsprechen. Ein Vergleich kann das verdeutlichen: Zwar gibt der Rahmen eines Bildes etwa in gewisser Weise seinen Inhalt vor, nicht aber legt es diesen bereits fest. Der Rahmen (Autarkie) grenzt das Bild (Autonomie) bloß ein (und grenzt freilich damit auch

---

wenn der Autor als Text ausgegeben wird, *ist* er kein Text. Die metaphorische und/oder allegorische Übertragung darf gerade das nicht vergessen, andernfalls stößt man unumgänglich auf ein Letztbegründungsproblem und findet sich in pseudoreligiösen oder vorkritisch-metaphysischen Schwierigkeiten verwickelt, welche die Funktion, den Autor als Text zu betrachten, unterhöhlen. Vgl. auch hierzu Ulrich Oevermann: Genetischer Strukturalismus.

aus), aber er ist noch nicht das Bild selbst. So ist auch der enge Zusammenhang von Moral und Ästhetik kein dualistischer, sondern ein dialektischer. Verhält es sich in dieser Weise, dann kann von der Moral (einer Zeit, eines Autors etc.) nicht auf die ästhetische Ebene geschlossen werden. Denn wenn es einen solchen "engen Zusammenhang" gibt, dann den zwischen Autor und Moral (und dieser könnte von Psychologen oder Biographen analytisch erfaßt werden), nicht aber zwischen Text und Moral, es sei denn, man sehe in der Literatur krudes Abbilden verwirklicht. Ein Text artikuliert allenfalls eine ethische Position, die sich nicht notwendig mit der moralischen des Autors deckt.[20] Eine widerspruchsfreie Entsprechung des ethischen Gehaltes im Text und der moralischen Position des Autors könnte bestenfalls ein Pamphlet, ein Essay oder ein Manifest beanspruchen. Diesen Gattungen jedoch fehlt das, was Literatur zur Kunst macht: der ästhetische Mehrwert. Ästhetische Dürftigkeit ist demzufolge allein anhand des Textes zu belegen, nicht aber aus der dem Autor attestierten Systemkonformität. Dessen Position mag moralisch dürftig sein, das aber wäre ein anderes Thema und hätte den Autor zum Gegenstand, nicht den Text.[21] Dies bedeutet im vorliegenden Kontext, daß für Hans Joachim Schädlich durchaus das Erlebnis der DDR-Diktatur beim Schreiben des Bandes *Versuchte Nähe* im Hintergrund gestanden haben mag. Was er aber beschreibt, ist die Struktur von Erfahrung "gezwungenen Lebens" allgemein.

Den Autor Schädlich als einen auszuweisen, der "aktuelle Kritik" übt, müßte demnach anhand des Textes belegt werden.[22] Das Faktum, daß kei-

---

[20] Dies wiederum impliziert eine Differenzierung von Moral und Ethik. Vgl. einleitend zu dieser Frage Hans Julius Schneider: Einleitung. Ethisches Argumentieren. In: *Ethik. Ein Grundkurs*. Hg. von Heiner Hastedt und Ekkehard Martens. Reinbek bei Hamburg 1994. S. 13-47.

[21] Damit ist im übrigen ein Plädoyer für das close reading gegeben. Zu dessen Triftigkeit und Schwierigkeit vgl.: Joachim Rickes: Das ungenaue Lesen der gegenwärtigen Germanistik. Ein Plädoyer für das scheinbar Selbstverständliche: "close reading". In: *Wirkendes Wort* 49 (1999). H. 3. S. 431-444.

[22] Hiermit ist auch Position innerhalb des deutsch-deutschen Literaturstreites bezogen. Walter Jens kommentiert den Streit mit einem Zitat aus Lessings "Antiquarischen Briefen": "Jeder Tadel, jeder Spott, den der Kunstrichter mit dem kritisierten Buch in der Hand gut machen kann, ist dem Kunstrichter erlaubt. [...] Aber sobald der Kunstrichter verrät, daß er von seinem Autor mehr weiß, als ihm die Schriften desselben sagen können, [...] sogleich wird sein Tadel persönliche Beleidigung. Er hört auf, Kunstrichter zu sein und wird – das Verächtlichste, was ein vernünftiges Geschöpf werden kann – Klätscher, Anschwärzer, Pasquillant." (Walter Jens. In: "*Es geht nicht um Christa Wolf*". Der Literaturstreit im vereinigten Deutschland.

nes seiner Bücher in der DDR erscheinen konnte und er sich gezwungen sah, die DDR im Dezember 1977 zu verlassen, läßt auf die moralische (bzw. politische) Position Hans Joachim Schädlichs schließen, nicht zwingend auf den ethischen Gehalt der im gleichen Jahr erschienenen Kurzprosa. Zudem bezieht sich die gemeinte "aktuelle Kritik" auf eine Kritik an den herrschenden Verhältnissen in der DDR zum Zeitpunkt des Erscheinens, auf die "düstere Realität einer Gesellschaft auf dem angemaßten, in Wahrheit jedoch verstellten 'Wege zum Sozialismus'".[23] Doch um diese Kritik greifbar zu machen, muß man – wie Yaak Karsunke entsprechend formuliert – sich "ins Gedächtnis rufen", was seinerzeit Realität war, "um die Provokation zu verstehen",[24] man muß also historisch im Sinne der Kenntnis von geschichtlichen Fakten lesen. Verhielte es sich in dieser Weise, dann wären die Texte Schädlichs vornehmlich Dokument, sie wären historische Urkunde. Daß sie das nicht (nur) sind, sollen die vorliegenden Anmerkungen nahebringen.

Die Ausweisung der Texte als "aktuell kritisch" wird nun – und das zum zweiten – mit diversen Selbstaussagen Schädlichs untermauert, um seine "Position als Schriftsteller"[25] zu erhellen. So findet sich etwa, daß er Nähe zu den "gesellschaftlichen Realitäten und Umständen" herzustellen versuche.[26] Daß damit kurzerhand auf die Realitäten der DDR geschlossen wird, wurde bereits als problematisch angemerkt. Sein "ausgeprägt kritischer Sinn"[27] mache ihn, heißt es weiter, zum "verläßliche[n] Chronist[en] unverstellter Wirklichkeit", indem Menschen als "Opfer bestimmter gesellschaftlicher Verhältnisse" dargestellt werden.[28] Dahinter steckt die Absicht Schädlichs, "etwas erkennbar zu machen". (DPL 49) Ausführlicher sagt er dazu:

> Ein Schreibimpuls für mich war zunächst einfach das Bedürfnis, Gegenstände oder Umgebungen oder Zusammenhänge oder Verhältnisse, die ich nicht genau

---

Hg. v. Thomas Anz. Frankfurt/M. 1995. S. 250.) Dem ist auch heute nichts hinzuzufügen.

[23] Theo Buck: Von der "versuchten Nähe" zur "versuchten Ferne". S. 20.

[24] Yaak Karsunke: Benennungsverbote. S. 189.

[25] Theo Buck: Von der "versuchten Nähe" zur "versuchten Ferne". S. 18. Er verweist damit auf: Hans Joachim Schädlich: *Über Dreck, Politik und Literatur. Aufsätze, Reden, Gespräche, Kurzprosa.* Auswahl Thomas Geiger. Berlin 1992. S. 119. [von hier ab zitiert mit der Sigle: DPL]

[26] Dies zitiert Buck: Von der "versuchten Nähe" zur "versuchten Ferne". S. 20. Die Aussage Schädlichs findet sich in DPL 119.

[27] Theo Buck: Schädlich. *KLG.* S. 2.

[28] Ebd. S. 4.

zu erkennen vermochte, durch den Schreibvorgang für mich persönlich durchschaubar und erkennbar zu machen. (DPL 122)

Den Autor Schädlich als "konsequente[n] Systemkritiker"[29] hiermit jedoch auf eine Kritik allein an den "traurigen Realitäten der DDR" festlegen zu wollen, griffe entschieden zu kurz. Denn das suggeriert eine poetologische Position als politischen Schreiber im Sinne von (explizit ausformuliertem) Widerstand. Aber Schädlich steht in keiner Brechtschen Traditionslinie, sondern kommt eher in einer von Samuel Beckett her.[30] Er selbst distanziert sich von einer etwaigen politischen Aufgabe der Literatur und weist auf die fatale "Verwechslung der Schreibabsicht mit dem Charakter des Textes" (DPL 29) hin:

Politische Texte können ohne politische Schreibabsicht entstehen. Aus politischer Schreibabsicht können unpolitische Texte entstehen. Die politische Schreibabsicht kommt aus dem expliziten Engagement für oder gegen eine politische Überzeugung, Richtung, Partei etc. Sie nimmt Bezug auf ein akzeptiertes oder abgelehntes Denk-, Ordnungs-, Gesellschaftssystem etc. [...] Die unpolitische Schreibweise folgt lediglich aus dem Interesse für existentielle Bedingungen. Sie nimmt Bezug auf Menschen und Gegenstände. (ebd.)

Schädlich will demnach sein Schreiben als eines verstanden wissen, das grundsätzliche Strukturen erkennbar macht. "Mein Interesse", sagt er, "an dem Verhältnis des einzelnen zur Geschichte, genauer gesagt: des einzelnen als eines Unmächtigen zu übergeordneten Mächten, in der Vergangenheit und in der Gegenwart, dieses Interesse ist alt." (DPL 53) Man sieht daran, daß "sein Interesse" von prinzipieller Natur ist und keineswegs bloß auf eine "aktuelle Kritik an den traurigen Realitäten in der DDR" abzielt. Expliziter bzw. konkreter Widerstand qua literarischem Text ist nicht seine Sache: "Denn das Moment des Widerstandes ist nicht der Impuls für meine Arbeit gewesen." (DPL 121) Die "thematisch[e] Fixierung auf Widerstand" zeigt – so hat es Durs Grünbein formuliert und so ist auch Schädlich

---

[29] Theo Buck: Von der "versuchten Nähe" zur "versuchten Ferne". S. 17.
[30] Sibylle Cramer sieht in der Figur der späteren Erzählung "Irgend etwas irgendwie" ebenso eine Ähnlichkeit zu Becketts Gestalten. (Vgl. Sibylle Cramer: Schädlichs Autor. Hans Joachim Schädlichs Erzählen vom Erzählen. In: *Hans Joachim Schädlich. TEXT+KRITIK*. H. 125. München 1995. S. 30-37, hier S. 30.) Verwiesen sei auch auf die Erzählung "Mal hören, was noch kommt" (Hans Joachim Schädlich: *Mal hören, was noch kommt. Jetzt, wo alles zu spät is. Zwei Erzählungen*. Reinbek bei Hamburg 1995.). Die hier vorgestellte Figur – ein im Sterben liegender Mann – erinnert ebenfalls stark an die Figuren in Becketts Texten, in diesem Fall besonders an den 1951 erschienen Roman *Molloy*.

zu verstehen – "in der Kunst einen Mangel" an.[31] "Dabei", so Grünbein weiter, "ist Widerstand wahrscheinlich Anfang und Ende allen Schreibens, zumindest verläßlichstes Zeichen dafür, daß physikalisch gesehen, zunächst gegen etwas wie Schwerkraft, etwas wie Leere [oder auch Überfülle] angekämpft wird, in dem Moment, da es wirklich zur Sache geht."[32]

Eben dieses grundlegende Widerstehen gegen herrschende "Denk- und Sprachmonopol[e]" (DPL 55) hat auch Schädlich im Auge: "Wo man auch ist, stets erhebt sich die Frage, ob man sich dem Vorgefundenen bloß anschließt oder ob man manchem, das sich vorfindet, widersteht." (ebd.) Solch fundamentaler Widerstand, "da es wirklich zur Sache geht", kämpft aber gerade nicht gegen bestimmte (Partei-, Gesellschafts-, Denk-) Systeme, sondern "gegen – je nach den Verhältnissen – Modisches oder Genehmes" (DPL 64). Das ist ein "Widerstand der sprachlichen Form", verstanden als "Arbeit an der Sprache" bis "ein literarischer Text [Widerstände] bietet." (ebd.) Und genau damit – nämlich mit sprachlich wie formal sperrigen Texten – macht "der Geschichtenerzähler sich unbeliebt, denn er ist unzufrieden". (DPL 44) Das ist die "innere Verwirklichung eines Textes", wie Schädlich in seinem Essay "Literatur und Widerstand" schreibt, der "subversive Strom, der in einem Text fließt". (DPL 66) Dieser ist nicht an einen konkreten Inhalt gekoppelt – also auch nicht an "aktuelle Zeitkritik" – sondern an das Schreiben von und über "existentielle Bedingungen", die dann u.a. auch (und in spezifischer Weise) in der DDR sichtbar wurden. Das ist, was Schädlich mit seiner Ablehnung "vordergründig anklägerisch[er] Gesellschaftskritik" (DPL 122) im Auge hat; es geht ihm um Kritik an grundsätzlichen (existentiellen) Bedingungen, an Formen menschlicher Geschichte, die sich je konkret zeigen, indem diese erkennbar gemacht werden. Solche Kritik "nimmt Bezug auf Menschen und Gegenstände" (DPL 29), nicht auf "politische Überzeugung" (ebd.). Sie versucht, die ideologische Falle zu umgehen und gerade nicht mit der einen politischen Meinung die andere zu attackieren und damit in derselben Struktur verhangen zu bleiben,[33] sondern elementar zu sein: "Schreiben als Schürfarbeit" (DPL 56), ein Schürfen an den existentiellen Bedingungen.

---

[31] Durs Grünbein: Katze und Mond. In: Ders.: *Galilei vermißt Dantes Hölle und bleibt an den Maßen hängen. Aufsätze 1989-1995.* Frankfurt/M. 1996. S. 56.
[32] Ebd.
[33] Schädlich bringt dies folgendermaßen auf den Punkt: "Es fragt sich nur – wieder einmal –, ob die Literatur tatsächlich eine politische Aufgabe hat. Man könnte es dabei bewenden lassen, daß dies jeder Autor für sich selbst entscheiden muß. So ist es ja auch. Diejenigen, die eine politische Aufgabe der Literatur leugnen, werden aber gern eines anderen belehrt. Ich möchte es vermeiden, diejenigen eines anderen zu belehren, die eine politische Aufgabe der Literatur behaupten." (DPL 29).

Da aber, wie Schädlich und in seiner Weise auch Beckett weiß, genau diese Bedingungen den Menschen konstituieren und darum nicht "veränderbar" sind, drückt sich in dieser "Schürfarbeit" auch und gerade der "Begriff des Scheiterns, also des mißglückten Versuchs" aus (DPL 119).[34] Das impliziert indes nicht die Preisgabe literarischen Schreibens, denn auch (und vielleicht gerade) das Scheitern kann "etwas erkennbar machen [...]: einen Zusammenhang, eine Sache, einen Menschen (oder mehrere), sogar: mich." (DPL 49) Solches Scheitern, und das entspräche dem Programm Schädlichs, findet aber nicht im expressiven oder expliziten politischen Ausdruck seine Form, sondern in Texten, "die überhaupt nicht von Politik handeln" (DPL 65), in Texten also, die den "literarischen Ausdruck des Politischen" umsetzen. (ebd.) Das ist der "Widerstand der sprachlichen Form gegen billige Konsumierbarkeit" (DPL 64) und infolgedessen "ein Widerstand, der mehrfaches Risiko, politisches, menschliches, kommerzielles, einschließt." (ebd.) Diese "Arbeit an der Sprache" (ebd.) ist, weil die Sprache gemessen am Signifikat stets defizitär bleibt, eine, die per definitionem zum Scheitern verurteilt ist. Das Motto kann demnach nur das Beckettsche sein: "scheitern, wieder scheitern, besser scheitern." Die Arbeit versteht sich als "realitätsunabhängige Sprachsetzung", als Arbeit am "eigengesetzliche[n] ästhetische[n] Gebilde".[35]

Damit ist klar, daß Schädlichs poetologische Position abseits eines (abbildenden) Realitätsprogramms steht: Es geht ihm um die Entwicklung sprachlicher Kraft und Bilder, um das Kenntlichmachen der Wirklichkeit (existentieller) Mechanismen menschlicher Konstitution, um Mechanismen der Macht und ihre Auswirkung auf den "Un-Mächtigen".[36] Seine Texte generieren derartige (poetische) Erkenntnisse, allerdings unter der Voraussetzung des Mit-Vollzugs durch den Leser.

Führt man nun die hier vorgeschlagene Argumentation zusammen, kann zur Interpretation des je einzelnen Textes weder die Realgeschichte noch

---

[34] Im übrigen spricht Schädlich hier vom Titel der Prosasammlung *Versuchte Nähe*.

[35] Sibylle Cramer: Schädlichs Autor. S. 32.

[36] Dies impliziert eine Trennung des Realitätsbegriffes vom Wirklichkeitsbegriff. Das ist nicht idealistisch zu verstehen, indem etwa hinter bzw. jenseits des Realen die "wahre" Wirklichkeit verborgen liege. Vielmehr ist das "Reale" als inhaltlicher Ausdruck "wirklicher" Prozesse und Strukturen gekennzeichnet: Im je Konkreten zeigt sich ein Allgemeines wie im je Allgemeinen ein Konkretes. Das führt in seinem Kern auf die Marxsche Methode (vgl. Karl Marx: Einleitung zu den Grundrissen der politischen Ökonomie. In: Karl Marx/Friedrich Engels: *Werke*. Bd. 24. Berlin 1983. S. 34-42.). Vgl. zu wesentlichen Kritikpunkten und der Weiterführung: Ulrich Oevermann: Genetischer Strukturalismus. S. 285ff.

die (moralische) Position des Autors oder dessen Selbstaussagen als analytisches Stützargument herangezogen werden.[37] Die Ironie will es, daß man sich selbst darin auf ihn beziehen könnte: "Ich möchte mein Literaturverständnis so interpretiert wissen, daß die Arbeit, die Texte der Leute von größerem Interesse sein sollen und sein müssen als die persönlichen Umstände." (DPL 118) Wobei "das Moment des Widerstands nicht der Impuls für meine Arbeit gewesen" ist (DPL 121), wie Schädlich explizit betont.

Wie die vorausgehenden Überlegungen nahelegen sollen, artikulieren und bieten die Texte Schädlichs Wider-Stand. Der Widerstand Schädlichs ist, so die hier geführte Argumentation, eine andere Frage, ein anderes Thema.

II

> Jedes Zeitalter endigt in Maskerade.
> Nicolás Gómez Dávila

Nun wurde im ersten Teil dieser Überlegungen wiederholt die grundlegende Qualität des Prosabandes behauptet. Genau das wird sich im folgenden zu beweisen haben. Herausgegriffen sei das älteste der Prosastücke im Band, "Lebenszeichen" von 1969.[38] Dessen erster Satz heißt: "Zweiundvierzig Quadratzentimeter bleiben für Mitteilungen." (VN 148)[39] Aus die-

---

[37] Das hat auch Buck formuliert: "Es ist deshalb gewiß in seinem Sinn, wenn man von Verweisen auf biographische Zusammenhänge absieht." (Theo Buck: Von der "versuchten Nähe" zur "versuchten Ferne". S. 18.) Der Unterschied zur oben gegebenen Argumentation ist jetzt deutlich. Zum einen ist für die Analyse gerade nicht die Frage, was "im Sinne des Autors" ist. Der Verweis auf den "Sinn des Autors" kann keine Methode rechtfertigen. Zum anderen erweisen sich Bucks Überlegungen seinem selbst formulierten Anspruch nicht gemäß. Wenn nämlich Schädlich der aktuellen Kritik als Kritik an der DDR überführt werden soll, so *ist* das insofern ein biographisches Argument, als damit die Realität "unter diktatorischer Gewalt" (ebd. S. 19.) als Realität Schädlichs zur Zeit des Schreibens am Text genommen wird. Das hier versteckte Argument ist somit: Schädlich weiß, wovon er schreibt, von diktatorischer Gewalt, er hat sie erfahren. Das aber ist ein zur Geltung gebrachter biographischer Zusammenhang.
[38] Ein einzelner Text kann nicht den gesamten Band vertreten. Im Rahmen der vorliegenden Überlegungen muß allerdings die Auseinandersetzung mit einem Text genügen. Diese ist durchaus exemplarisch zu begreifen: Das hier Gezeigte kann an den übrigen Texten in gleicher Weise durchgeführt werden.
[39] Zitiert nach: Hans Joachim Schädlich: *Versuchte Nähe. Prosa.* Reinbek bei Hamburg 1977 [Sigle: VN]. Im folgenden werden die ersten drei Sätze genauer untersucht. Sie seien der besseren Nachvollziehbarkeit wegen hier im Zusammenhang angegeben: "Zweiundvierzig Quadratzentimeter bleiben für Mitteilungen.

ser Eröffnung geht das Sujet (noch) nicht hervor. Erst der zweite Satz bzw. der zweite Absatz enthüllt, daß der Text von der Vorder- und Rückseite einer Postkarte berichtet. Rückwirkend gewinnt so der Einleitungssatz an Konkretheit. Er gibt den Umfang des Platzes für Mitteilungen auf der Rückseite einer gewöhnlichen Ansichtskarte an. Da eine Post- bzw. Ansichtskarte Medium schriftlicher und piktoraler Mitteilung ist, wird damit gleichsam der Grundrahmen des Mediums vorgegeben. Allerdings sind die angeführten 42 qcm allein der Raum für die sogenannten persönlichen Mitteilungen, für die "freie Schreibfläche" (ebd.), nicht der für die Adresse bzw. das Bild der Karte. Zunächst ist grundsätzlich daran ablesbar: Wurde das spezifische Medium einmal gewählt, kann der gesetzte Grundrahmen nicht verändert werden; er ist notwendig unhintergehbar. Der erste Teil des zweiten Satzes spezifiziert noch eingehender, indem die Rückseite der Postkarte (wenn man das Bild als Vorderseite betrachtet) genauer strukturiert dargestellt wird. Die auf die Rückseite der Karte gedruckte Bezeichnung "Postkarte" in drei Sprachen reduziert nicht nur den potentiellen Schrift-Raum um "neun Quadratzentimeter" (VN 148), sondern verweist mittels der verschiedenen Sprachen ("POSTKARTE – CARTE POSTALE – POST CARD" [ebd.]) auch auf die Beschreibungsebene. Diese zielt nicht auf einen rekonstruierbaren konkret-eindeutigen Inhalt, sondern auf das Erfassen der Strukturalität des in Frage stehenden "Lebenszeichens". Denn die Erwähnung der drei Sprachen zeigt an, daß nicht die inhaltliche Mitteilung ("Postkarte") im Zentrum steht. Vielmehr ist die Darstellung der Grundstruktur im Blick, und diese ist gerade unabhängig von einer einzelnen Sprache und dem damit verbundenen Sprach- und Kulturraum. Die Struktur – der Grundrahmen – bleibt sich sprach- und länderübergreifend gleich, die je konkrete Realisierung ist verschieden. An diesen einfachen Ableitungen wird bereits deutlich, in welcher Weise der Text auf Grundsätzliches, auf hinter den sprachlich-semantischen Hüllen liegende Strukturen zielt. Auch dadurch ist von Anfang an klar, daß es dem Text nicht um

Die Bezeichnung POSTKARTE – CARTE POSTALE – POST CARD nimmt neun Quadratzentimeter, ohne den Hinweis auf die freie Schreibfläche. Der größere rechte Teil der Karte, vom Mitteilungsraum durch einen Strich abgetrennt, der den oberen und unteren Kartenrand nicht ganz erreicht, ist: Nur für die Adresse bestimmt: Fräulein Anna Nagel Leipzig p. Adr. Herrn A. Slednik. Lesbar gestempelt Stunde, 9-10, und Postamt, SO, auf der grünen Fünfpfennigmarke des Deutschen Reiches; gegen den weißen Hintergrund neben der Marke in zwei Halbbögen BERLIN und, zu SO, 33." (VN 148).

vordergründig-anklägerische Kritik geht, also nicht um ideologisches Positionieren, sondern um Kritik qua Erkenntnis von Strukturalität.[40]

Der zweite Teil des zweiten Satzes macht dies noch einsichtiger. Der aufgedruckte "Hinweis auf die freie Schreibfläche" (ebd.) verkleinert wiederum seinerseits eben diese, auch wenn der Text eine genauere Angabe hier nicht leistet. Wichtiger ist die daran sichtbare Reziprozität: es gibt zwar den "Hinweis" auf eine potentiell zu beschreibende Fläche, aber nicht den, was dort zu schreiben ist. Anders verstanden meint das: der Rahmen gibt zwar eine "freie Schreibfläche" vor, aber er grenzt diese auch klar ein. Nicht alles ist auf der verbleibenden "freien Schreibfläche" darstellbar, und das zunächst schlicht aus Platzgründen. Nun ist dieser Teilsatz aber durchaus uneindeutig; er kann auch in der Weise verstanden werden, daß der angesprochene Hinweis im vorliegenden Falle gänzlich fehlt. Hervorgehoben wird mit dieser doppeldeutigen Strategie die in der Struktur angelegte dialektische, reziproke Offenheit der "freien Schreibfläche". Denn die ersten beiden Sätze kennzeichnen die den Rahmen konstituierenden Momente für den verfügbaren Schrift-Raum und erlauben gerade nicht konkrete und sichere Schlüsse auf zu Schreibendes. Einerseits also ist der Rahmen ausgesprochen konkret vorgegeben – die Quadratzentimeterzahlen weisen darauf hin –, andererseits wird das den Rahmen Füllende gerade in seiner Offenheit betont. Einerseits ist demgemäß der Rahmen für die freie Fläche eng gezogen, aber Freifläche bleibt das noch immer. Wenn es

---

[40] Man könnte auch hier Schädlich selbst zitieren, auch wenn das Zitat eben keine analytische Beweisqualität hat. Es sei dennoch erwähnt, daß Schädlich von einer "generellen Grundhaltung" spricht, die sich "in einer anderen Gesellschaft [als der DDR, d. Verf.] für mich in gleicher Weise realisiert." (DPL 121) Dazu noch ein Hinweis: Der Versuch, Schädlich (oder einen anderen Autor) als Systemkritiker auszuweisen (oder der Systemkonformität zu beschuldigen), ist selbstredend Ideologie par excellence. Literaturwissenschaft in diesem Sinne verfährt strukturell gesehen genauso wie Teile der SED-hörigen Literaturwissenschaft in der DDR: das Verteidigen einer parteipolitischen Meinung zugunsten des Angriffs der anderen Seite. Ein solcher Kampf braucht immer die "enge Verbindung von Moral und Literatur" – hier wie da. Der deutsch-deutsche Literaturstreit ist demnach ein Musterbeispiel ideologischer Grabenkämpfe, keine textwissenschaftliche Auseinandersetzung. In der Struktur sind beide Seiten identisch: Es ging (und geht) um einen moralischen Sieg, nicht um Argumente. Polemisch gefaßt meint das: In der Grundstruktur des Denkens unterscheiden sich die Argumente von Frank Schirrmacher und Wolfram Schütte etwa nicht. Lediglich rein inhaltlich stehen sie sich diametral gegenüber. Vgl. Thomas Anz (Hg.): *"Es geht nicht um Christa Wolf"*; weiterhin: *Der deutsch-deutsche Literaturstreit oder "Freunde, es spricht sich schlecht mit gebundener Zunge". Analyse und Materialien.* Hg. v. Karl Deiritz und Hannes Krauss. Hamburg et al. 1991.

stimmt, was immer wieder gefunden und behauptet wird, daß Roman- bzw. Erzählungsanfänge den Kern des folgenden Textes und damit des ästhetischen Programms beinhalten,[41] so meint das im vorliegenden Falle eben jene dialektische Offenheit der "freien Schreibfläche". Das ist, was auf die gesellschaftliche Situation übertragen werden kann: Der Rahmen für den Schrift-Raum ist eng gezogen, aber der eingerahmte Raum ist – wenn auch eng gesteckt – im dialektischen Sinne frei. Dieser Befund trifft in der Tat die Situation in der DDR. Dabei wird sich indes noch zeigen, daß er nicht allein diese trifft, denn der Text, so wie er sich in seinem Anfang darlegt, trifft zuvorderst eine generelle Dialektik der "Freiheit".

Der dritte Satz führt diese Linie weiter. Hier erfährt man, daß gar der "nur für die Adresse bestimmt[e]" (ebd.) Platz größer ist als der "Mitteilungsraum". (ebd.) Beide Seiten sind bezeichnenderweise "durch einen Strich abgetrennt, der den oberen und unteren Kartenrand nicht ganz erreicht". (ebd.) Auch hiermit wird die strukturelle Dialektik sichtbar: Zwar ist der Adressat klar vom Schreib-Raum geschieden, dennoch sind beide nicht strikt getrennt. Auch wenn die Schreibfläche eine freie ist – sprich von ihrer inhaltlichen Seite her nicht festgelegt –, so ist diese "Freiheit" nicht absolut, sondern in gewisser Weise abhängig vom Adressaten: Adressat und Schreibfläche stehen in dialektischem Verhältnis. Was geschrieben wird und wie, bleibt gebunden daran, an wen sich das Geschriebene richtet, auch wenn prinzipiell alles an jeden gerichtet werden kann. Aber nicht alles wird von jedem verstanden werden können, und infolgedessen ist nicht alles an jeden adressierbar. Genau diese innere Verwobenheit verdeutlicht ein trennender Strich, der nicht auf seiner gesamten Länge trennt. Der Prosatext gestaltet somit in seinen ersten Sätzen eine im Grunde einfache Strukturalität: Schreiben ist allein innerhalb einer Grundstruktur als "freies" Schreiben möglich und wird gerade dadurch ebenso eingeschränkt. Der Text bedient sich damit eines dialektisch zu verstehenden Freiheitsbegriffes, der negative an positive Freiheit gebunden weiß. Dabei können die beiden sich bedingenden Momente durchaus im Ungleichgewicht stehen. Indem hier – zunächst ungewöhnlicherweise – die Schreibfläche als geringer ausgegeben wird als der Raum für die Adresse, mag darin ein Ungleichgewicht liegen, das auf einen stark beschränkenden äußeren Einfluß bzw. Druck hinweist.[42] Daran aber, daß stets die "freie Schreibflä-

---

[41] Vgl. dazu noch einmal Axel Schalk: "Bericht zu mir!"; desgleichen auch: Jochen Vogt: *Aspekte erzählender Prosa. Eine Einführung in Erzähltechnik und Romantheorie.* 7., neubearbeitete und erweiterte Auflage. Opladen 1990. S. 15ff.

[42] Und dies *kann* wiederum als ein Hinweis auf die Schreibsituation in der DDR verstanden werden, aus dem Text jedoch geht das nicht zwingend hervor. Es *kann* nämlich auch so begriffen werden, daß dem Adressaten (dem Leser) eine wesentli-

che" eine begrenzte und infolgedessen beschränkte ist, ändert das nichts. Die vorgegebene Grundstruktur bleibt.

An die betont offen grundsätzlichen Sätze des Anfangs schließen sich nun ebenso betont konkrete an. Der Text setzt einen unübersehbaren Bruch, verstärkt noch dadurch, daß sich dieser mitten im Satz über zwei Doppelpunkte realisiert. Es folgt die genaue Angabe der Adressatin, des Poststempels und der Briefmarke. Der Text erscheint überdeutlich historisch verankert. Der zweite Absatz jedoch verwischt wieder, und zwar auf merkwürdige Art und Weise. Zunächst schiebt sich mit dem ersten Satz ein Erzähler in den Vordergrund, der das auf der "freien Schreibfläche" Geschriebene interpretiert: "Als Meine sehr Liebe ist deutbar die Anrede M.s.L." (ebd.) Buttke wird als Schreiber eingeführt, dessen Geschriebenes aber lediglich in seinem Informationsgehalt angegeben. "Näheres", so der Text, "folge dieser Tage." (ebd.) Dieses Nähere wird in einem Brief versprochen; ein solcher unterliegt ganz anderen strukturellen Zwängen und Möglichkeiten. Er ist in seinem Schreib-Raum nicht auf 42 qcm beschränkt, sondern potentiell unbeschränkt lang. Aber dieser Brief ist nicht Gegenstand des Textes, für den Leser folgt er nicht.

Mit dem zweiten Absatz wird die in Frage stehende Karte – und das zeigt erneut einen signifikanten Bruch an – förmlich gewendet. Der Blick des Lesers geht über auf das Bild: "umseitig, Berlin – Unter den Linden, Aufziehen der Wache" (ebd.). Der Text verrät noch, von welcher Stelle aus der Schreiber das durch die Karte Dargestellte erlebt hat: von der "mit einem Kreuz bezeichneten Stelle aus sei die aufziehende Wache gut einzusehen gewesen." (ebd.)

Dieses Wenden der Postkarte kommt einem Wechsel des Mediums gleich: vom Schrift-Raum hin zum Bild-Raum. Der Wechsel ist entscheidend, denn der Unterschied zwischen Bild und Schrift ist von weitgehender Bedeutung.[43] Geschildert wird vom dritten Absatz an das auf der Abbildung Dargestellte; es wird ein Bild interpretiert. Der Gegenstand der

---

che Rolle zugeschrieben wird: Der größere Adressaten-Raum weist auf eine größere Bedeutung des Adressaten beim Lesen des Schrift-Raumes. Das entspräche auch der von Schädlich dem Leser zugewiesenen Rolle, welche die "Deutung von Texten" zur "Sache des Lesers" macht. (DPL 52).

[43] Selbstredend kann das hier nicht gebührend ausgeführt werden. Dennoch einige Hinweise auf Ansätze, welche diese Thematik entscheidend weitergeführt haben. Erwähnt sei: Georges Didi-Huberman: *Was wir sehen blickt uns an. Zur Metapsychologie des Bildes*. München 1999; Gerhard Boehm (Hg.): *Was ist ein Bild?* München 1995; Klaus Sachs-Hombach/Klaus Rehkämper (Hg.): *Bild – Bildwahrnehmung – Bildverarbeitung. Interdisziplinäre Beiträge zur Bildwissenschaft*. Wiesbaden 1998.

Schilderung, das Bild, wird hier in seiner Verschiedenheit gegenüber den Mitteilungen Buttkes, also Schrift-Worten, wiederum qua Strukturalität verdeutlicht. Ergaben nämlich die ersten Sätze des Textes die benannte "freie Schreibfläche" als eingeschränkt und nicht einmal die Hälfte der Postkarte umfassend, so ist jetzt aus den genauen Angaben zum Schrift-Raum klar ableitbar, daß demgegenüber der Bild-Raum weitaus umfangreicher ist. Das Bild unterliegt, so ist folgerichtig zu schließen, demnach einer anderen Rahmung, auch wenn trivialerweise ebenso im Falle des Bildes der Rahmen für dieses konstitutiv ist.

Offenbar jedoch ist dem Bild ein anderer Darstellungs- (und damit Wirkungs-)Raum zugewiesen als dem Wort: Bild und Wort aktivieren nicht nur in differenter Weise die imaginative Vorstellungskraft, das Bild induziert auch ein vom Wort verschiedenes Rezeptions- und Kommunikationsverhalten. Dies zeigt sich bereits darin, daß wir in aller Regel in unserem Alltagsleben Worte und nicht Bilder zur Kommunikation gebrauchen. Der Grund für die Verschiedenheit von Wort und Bild – abgesehen von pragmatischen Gründen, die dem Wort in der Alltagskommunikation die Präferenz gegenüber dem Bild erweisen – ist einfach: Die Referenz einer fotographischen Abbildung (wie einer gewöhnlichen Ansichtskarte) ist in der Regel "klarer" als die eines Satzes. Eine Fotographie bildet etwas ab, ein Satz weist auf etwas hin. Beiden ist deiktische Funktion eigen, erstere aber trägt geringeres Uneindeutigkeitspotential. Denn die Deixis eines Satzes und die einer Abbildung kennen einen zentralen Unterschied. Indem nämlich die Deixis als Eigenschaft bzw. Funktion sprachlicher Ausdrücke als Bindeglied zwischen Semantik und Pragmatik fungiert, ist die Referenz allein aus der jeweils pragmatisch situierten Situation heraus ermittelbar. Infolgedessen verliert der je konkrete sprachliche Ausdruck an Eindeutigkeit in dem gleichen Maße wie er "seine" Referenz (und folglich Verständlichkeit) gewinnt. Er ist demnach zugleich mehrdeutig und verständlich, denn der kontextuelle Rahmen schränkt ein und eröffnet qua Einschränkung verschiedene semantische Schichten. Die oben dargelegte Dialektik umfaßt somit eine generelle Reziprozität sprachlicher Ausdrücke. Dieser konstitutiven Bedingung unterliegen Fotographien in der Regel in weitaus geringerem Maße. Der isolierten sprachlichen Aussage, etwa "Heute regnet es", läßt sich kein Wahrheitswert zuordnen, da die Interpretation abhängig ist, von wem, wann und wo die Aussage getroffen wurde. Das trifft auf ein Bild, welches einen Regentag zeigt, nicht zu. Zwar weiß man anhand des Bildes nicht notwendig, wann oder wo es regnet (bzw. wen oder was der Regen betrifft), aber es ist eindeutig in seiner Referenz auf einen "Regentag".⁴⁴ So wäre die Aussage "Das Bild zeigt keinen Regentag" gemessen am Wahrheitswert des Bildes eine klar als falsch zu benennende, während die sprachliche Reaktion "Heute regnet es nicht" auf den Satz "Heute regnet es" ohne die Kenntnis der pragmatisch situierten Situation sich nicht als falsch kennzeichnen ließe. Man kann dies vereinfachend ausdrücken: ein (einzelnes) Bild erzählt eine verifizierbare Geschichte, ein (einzelner) Satz tut dies nicht. Dem (fotografischen) Bild kommt also gegenüber den sprachlichen Ausdrücken bezüglich der Referenz ein höherer Grad an Eindeutigkeit zu.⁴⁵

Dabei sehen wir im Text ja kein Bild, sondern wir lesen Sätze. Beschrieben wird, was dargestellt ist. Wenn es sich nun so verhält, daß eine fotografische Abbildung in bezug auf die Referenz weniger uneindeutig ist, als Sätze es sind, dann bedeutet dies für die sprachliche Schilderung einer Abbildung deren potenziertes Unkenntlichmachen. Die höhere Referenzeindeutigkeit eines Bildes wird über die sprachliche und nichtbildliche Darstellung aufgehoben, mehr noch, das Bild wird in hohem Maße uneindeutig. Denn indem sprachlich auf etwas gewiesen wird, das bildlich dargestellt ist, hat man es mit einer gleichsam verdoppelten Deixis zu tun. Die Referenz der Sätze im Text ist die Abbildung auf der Karte, deren Referenz wiederum das Aufziehen der Wache Unter den Linden ist. Diese doppelte Deixis befördert nun genau jene (dialektische) Ambivalenz, die bereits – von der Struktur her – aus den ersten Sätzen hervorging: Die Referenz der Abbildung ist zwar relativ eindeutig, die der Beschreibung indes nicht. Das Bild jedoch kennen wir allein aus der Beschreibung und diese ist nicht nur ihrem allgemeinen Status nach, sondern in gleicher Weise in ihrer konkreten Realisierung ambivalent.

Auf der einen Seite nämlich ist die "genaue Anzahl der Leute um Buttke herum [...] unbestimmt" (ebd.). "Die Figuren", so der Text, "verschwimmen [...] zu einer großen, kopflosen, dunklen Menge." (VN 148f.) Auf der anderen Seite sind diejenigen "neben Buttke" (VN 149) geradezu überdeutlich gezeichnet. "Ein kaiserlicher Offizier" findet sich beispielsweise dort, "mit weißen Handschuhen, die linke Hand am Säbelknauf", oder "eine Alte mit Bauchladen, Tabakwaren, Ansichtskarten, trägt in der Hand ein Bündel Papierfähnchen" (ebd.). Das Ambivalente der Schilderung ist

---

⁴⁴ Dieses Argument hält dem strengen Empirismus nicht stand, schließlich ist das Sehen des Regentages nicht evident. In der alltagspraktischen Situation nehmen wir es aber als solches, und von solcherart Alltagspraxis ist hier die Rede.
⁴⁵ Dies trifft auf die Malerei nicht zu, bildet diese doch nicht ab, sondern stellt dar. Die Kunstfotografie scheint gerade aus dem höheren Maß an Eindeutigkeit seine ästhetische Potenz zu schöpfen, indem die alltagspraktische (vermeintliche) Eindeutigkeit mittels deren Aufzeigen und Überzeichnen gebrochen wird.

förmlich dem Blick des Erzählers eingeschrieben, einem Blick, der mit und von Buttke aus das Aufziehen der Wache "sieht". Dieser geschriebene und beschreibende Blick tastet sukzessive die Abbildung ab und entdeckt so als Text die Ambivalenz des Abgebildeten. In diesem Sinne ist "die aufziehende Wache gut einzusehen" (VN 148), einzusehen nämlich in doppelter Bedeutung: als Imagination und als Erkenntnis. Der Blick ist in eben dieser Weise entwickelt. Zunächst schildert der Text die Menge um Buttke herum, genauer: um das Kreuz, welches für Buttke steht. Indem als Ausgangsort des Blickes nicht der imaginierte Betrachter selbst steht, sondern ein Zeichen, "das Kreuz" (ebd.), welches seinerseits auf den Blick bzw. den Blickenden weist und also wiederum deiktische Funktion hat, potenziert sich auch damit die Ambivalenz des Textes. Der Blick bekommt vorerst die Menge "vor Augen", die in ihrer ambivalenten Erscheinungsweise bereits dargestellt wurde. "Von links nach rechts erstreckt sich" mit dem wandernden Blick "zinnerner Himmel über die Linden" (VN 149), eingegrenzt vom Kartenrand, vom Rahmen. "Am rechten Kartenrand" wird "das Gespräch der beiden Herren" sichtbar (ebd.), dagegen "[sind] die Worte am linken Kartenrand ersetzt" (VN 149f.). Die Entwicklung des Blickes betrifft dabei nicht allein die tastende Bewegung anhand des Dargestellten, sondern der Blick bringt selbst das Bild in Bewegung: Der Betrachter (Buttke bzw. der Erzähler) und Leser wird Teil des so bewegten Bildes. Er sieht nicht nur "Marschtritt und Trommelschlag [...] bis zur Bildmitte", sondern "die ganze Karte" – und mit ihr der Rezipient – "hört" (VN 150). Das sprachlich erstellte Bild verläßt seinen piktoral-fiktiven Rahmen: Es wird zu einem imaginativen Bild. Das ist in der Tat "jetzt nicht mehr begrenzbar" (ebd.). Unterliegt das Schreiben den oben geschilderten Beschränkungen, so ist die Imagination (im absoluten Sinne) nicht eingrenzbar. Das verdeutlicht noch einmal die geschilderte Dialektik: Gerade weil die Schreibfläche eine begrenzte ist, kann die durch das Geschriebene ausgelöste Imagination nicht beschränkt werden. Man kann darin das poetische Programm des Textes ablesen: Die kurzen, stakkatoartigen Sätze wie die strenge Form ermöglichen um so weitere, eigenständigere Assoziationen, sprich imaginative Anschlußbilder. Auch das spricht der Text selbst aus: "Buttke weiß nicht, woran er sich erinnert" (ebd.). Dieser im Textverlauf plötzlich und scheinbar unvermittelt auftauchende Satz verdeutlicht, daß die im Text sich sukzessiv steigernde Ambivalenz von hier ab nicht mehr sicher sein läßt, ob das Geschriebene die Abbildung oder die Erinnerung Buttkes als Referenz aufweist. Arbeitet per definitionem jeder literarische Text qua Imagination bzw. Assoziation, so ist im vorliegenden Beispiel der imaginative Raum in seiner potentiellen Unbegrenztheit besonders hervorgehoben, indem er aus gesteigerter Ambivalenz entspringt.

Diese Ambivalenz indes, so ist jetzt klar, bedingt die dialektische Anbindung an einen unhintergehbaren Strukturrahmen wie an die aufeinander bezogenen deiktischen Funktionen.

Der Text, so wurde deutlich, dynamisiert die imaginative Szenerie und steht damit stets auf der Scheidelinie zwischen Beschreibung des auf der Karte Dargestellten und der Erinnerung Buttkes. "Brauner Haarschimmer unter dem Rand eines Sommerhutes vor seinen Augen", so heißt es, "soll Buttke an Anna erinnern." (ebd.) Dieses "soll" veranschaulicht genau die benannte Zwitterstellung. Einerseits fungiert der "braune Haarschimmer" für die Figur Buttke als Impuls zur Erinnerung an die Adressatin. Andererseits wird die in Bewegung gebrachte (szenische) Erinnerung und folglich das auf der Postkarte Dargestellte vom Aufziehen der Wache dominiert, so daß "sie", die Adressatin, "zwischen Sommerhut und Pickelhaube verblaßt." (ebd.) Diese Dominanz hält im Fortgang der Erzählung für den nun folgenden, ca. die Hälfte umfassenden Abschnitt des Textes an. Buttke wird geradezu Teil der "großen, kopflosen, dunklen Menge" (VN 148f.), die zur Zeremonie genauso gehört wie das Wachregiment. Für die Dauer des Wachwechsels beherrscht dieses die Menge und mit ihr den Blick (und die Erinnerung?) Buttkes; die Figur scheint in Indifferenz zu verschwinden, die Menge nimmt den einzelnen und den individuellen Blick angesichts des Vorgangs in sich auf. Nach den "einander getauschten Standorten" (VN 151) der Wachtposten zerfällt die (militärisch) hergestellte und "gegen Einwände geordnet[e]" (VN 150) Einheit. Subjekte – "die Dame in einem roten Kleid" oder "Redakteur Schnee" (ebd.) – werden wieder sichtbar, indem "der Tambour [...] den Großen Aufzug vom Platz [fuchtelt]" (VN 152). Der Blick hat sich beruhigt und wird mit der "Musik und den Stiefelsohlen" folgerichtig "schrittweise undeutlicher" (ebd.). An seine Stelle, und auch das gemäß der geschilderten Struktur folgerichtig, treten "die Worte", und zwar "unrationiert" (ebd.). Der die Karte abwandernde Blick – unterwegs sozusagen aufgehalten durch die zu bewegten Bildern gewordene Abbildung – ist "in der linken Kartenecke" (ebd.) angelangt. Noch einmal: "Gestartet" war der Blick links oben in der Abbildung. Denn es hieß "von links nach rechts erstreckt sich zinnerner Himmel" (VN 149). Er hatte so "das Gespräch der beiden Herren" am rechten Kartenrand erreicht, wanderte über die "großen Trommeln" zurück zum "linken Kartenrand" (ebd.), schritt wieder "bis zur Bildmitte und weiter" (VN 150), folgte also dem Zug bis nach rechts und verfolgte ihn, bis er "in der linken Kartenecke" (VN 152) seinen Endpunkt erreicht. Dieses Hin-und-Her-Wandern des Blickes – das im übrigen der "normalen" Augenbewegung beim Betrachten eines Bildes entspricht – setzt nicht nur sinnfällig das Dynamisieren der Abbildung um, sondern erstellt gleichzeitig eine Topographie des Schauplatzes. Geschildert wird so die Vorderseite der Postkarte. Der Teilsatz "die Worte auf der Straße gehen unrationiert" (VN 153) zeigt zum einen die Diskrepanz zum vorliegenden Text – keiner "auf der Straße"; und mittels seiner prägnanten Sätze und seines kurzen Umfangs: keiner, der die Worte unrationiert einsetzt. Zum anderen aber ist infolgedessen das abermalige fiktive Wenden der Karte angezeigt, gewendet nämlich hin zu den Worten und dadurch hin zum Schrift-Raum. Der Text sagt es explizit: "Buttkes Zeichen hat sich eingedrückt, es ist auch von der Rückseite erkennbar." (ebd.) Erkennbar ist daran nochmals die eingangs dargestellte Strukturalität: Vorder- und Rückseite der Karte stehen in signifikantem Zusammenhang. Sie beziehen sich nicht allein darin aufeinander, daß der Text Buttkes auf die Vorderseite verweist und "Buttkes Zeichen" auf die Rückseite, indem es "sich eingedrückt" (ebd.) hat. Sie beziehen sich ebenso aufeinander, indem sie einer gemeinsamen Grundstruktur (einem gemeinsamen Grundrahmen) und gleichwohl verschiedener Ausprägungen der Strukturalität angehören. Wie gesehen ist dem Bild mehr Raum eingeräumt als der Schrift. Entsprechend spricht der Text in seinem größeren Teil vom Bild und weniger vom Inhalt der Schreibfläche. Dabei ist auch dies uneindeutig. Indem Buttkes Zeichen auch von der Rückseite erkennbar ist, ist es Teil dieser: für das, was dort nicht geschrieben steht (und vielleicht aufgrund der Raumbeschränkung nicht stehen kann), steht das Kreuz, ein Zeichen. Auch dies erfüllt folglich deiktische Funktion, die – wie ausgeführt – der Potenzierung des Gehaltes an Ambivalenz dient. Von hier aus sind die beiden Schlußsätze verstehbar: "Die Schrift ist verwischt. Die Ecken der Karte sind eingefallen." (ebd.) Die Schrift, in ihrem dialektischen Zusammenspiel mit dem Bild, verwischt sich zu einer gesteigerten Ambivalenz und mithin Mehrdeutigkeit. Anders ausgedrückt: Das Geschriebene (und dies ist selbstredend auch autoreferentiell zu begreifen) ist gerade nicht eindeutig in seiner Referenz ermittelbar. Die "verwischte Schrift", so läßt sich sagen, bleibt verwischt und ist weder historisch noch inhaltlich fixiert, auch und gerade weil die in Bewegung gebrachte Abbildung ein klar umrissenes historisches Feld zeigt. Denn in dem Maße, wie die Bildbeschreibung – und als solche kann man den Text benennen – zwischen Beschreibung der Abbildung und der der Erinnerung Buttkes changiert, in eben diesem ist auch die Referenz des Textes zwischen konkreter Historie (eine Szene des wilhelminischen Berlin) und grundlegender Strukturalität angelagert. Das kann deshalb behauptet werden, da der Leser mittels der Figur Buttke das Bild sieht bzw. liest. Indem jedoch der Text auf Strukturalität abhebt, bringt dieser nicht allein die Erinnerung und das "historische Wissen" der Figur zur Sprache, sondern auch diejenige bzw. dasjenige des Lesers. Dies hingegen kann nur deshalb der Fall sein, weil der Text eine grundlegende Struktur von Erfahrung zum Gegenstand hat und nicht allein eine konkrete Fassung (historischen) Ausdrucks dessen. Genau in diesem Sinne sind die "Ecken der Karte eingefallen" (ebd.). Sie sind damit nicht verschwunden, was auf den (einfachen) Sachverhalt hinweist, daß die Grundstruktur nicht verlassen werden kann. Die Bindung an einen beschränkenden und erst hiermit eröffnenden Rahmen bliebt erhalten, mehr noch: Der letzte Satz betont dies noch einmal und greift damit auf den Beginn des Textes zurück, was die Rede von einer Rondostruktur rechtfertigen würde. Gleichzeitig weisen "eingefallene Ecken" auf die potentiell unbegrenzte imaginative Kraft. Die letzten Sätze führen damit nochmals auf die grundlegende Dialektik, welche die vorliegenden Überlegungen verdeutlichen wollen.

III

> Nichts ist schwieriger als Selbstverständlichkeiten, Grundgegebenheiten und Gewißheiten zu finden.
> Eugène Ionesco

Hans Joachim Schädlichs Text erweist sich, hält man sich an die Textvorlage, als ein auf grundlegende Mechanismen und existentielle Muster abhebender. In dieser Weise ist das "ironische Spiel mit dem Zurückliegenden als dem leider immer noch Präsenten"[46] ein "Lebenszeichen", das – genau wie auch Schriftzeichen – auf eine bestimmte Historie "nicht mehr begrenzbar" ist. "Lebenszeichen" vermittelt nicht allein "grundsätzliche Lebensdefizite unter der diktatorischen Gewalt",[47] sondern die dialektisch vermittelten Beschränkungen und Eröffnungen unter – wenn man so will – jeglicher Gewalt. Die im Text vermittelte Geschichte (das wilhelminische Berlin) wird in der Tat "zum Reflex der herrschenden Verhältnisse",[48] und zwar in vollem Maße auch der jetzt herrschenden und ist genau damit keine "vordergründig anklägerische Gesellschaftskritik". (DPL 122) In dieser Weise ist das Prosastück "Lebenszeichen" mit Schädlichs späterem Roman *Tallhover* verwandt. Die Figur des Tallhover stellt einen Prototyp, eine Struktur vor, die sich über die je konkreten historischen Ausprägungen hinweg verfolgen läßt. Sie bleibt sich nicht identisch, aber sie verrät strukturlogisch ähnliche Mechanismen. Damit ist nicht eine popularisierte Variante des bekannten Nietzsche-Gedankens der Wiederkehr der Geschichte

---

[46] Theo Buck: Von der "versuchten Nähe" zur "versuchten Ferne". S. 19.
[47] Ebd.
[48] Ebd.

im Blick, sondern die strukturelle Vergleichbarkeit geschichtlicher Mechanismen und Prozesse. Schädlich, der hier noch einmal zitiert sein soll, um den Gedanken zu illustrieren, formuliert dies so:

> Historische Abläufe können miteinander verglichen werden. 'Vergleichen heißt nicht gleichsetzen.' Es heißt nur Gleichheiten und Unterschiede bemerken. Immer wieder begegnet eine gewisse fatale Konstellation: Gewaltherrscher und ihre Helfer als eigentliche Täter auf der einen Seite. Widersetzliche, die ein Recht auf Gewaltherrschaft nicht anerkennen, als eigentliche Opfer auf der anderen Seite. (DPL 12)

Bliebe noch die Frage, worin in den heute vorfindbaren Verhältnissen die Gewaltherrscher zu suchen bzw. zu sehen sind. Das führt notwendig auf eine Gesellschaftsanalyse, die selbstredend an dieser Stelle nicht geführt werden kann. Der Hinweis auf die Zensurfunktion der marktwirtschaftlich organisierten Gesellschaft soll genügen. Horst Albert Glaser bemerkt zu Recht: "[...] ist in der Bundesrepublik ein Schriftsteller dem anonymen Marktmechanismus unterworfen [allerdings erst nachdem er gedruckt worden ist], so war er es in der DDR einer anonymen Zensurbehörde."[49] Allerdings greift jener "anonyme Marktmechanismus" nicht allein nach der Drucklegung, sondern bereits als verinnerlichter mit und vor der Arbeit, ob nun als Schriftsteller oder Wissenschaftler. Die "vorschriftsmäßige Gesinnung", so bereits 1944 Horkheimer und Adorno, "gehört zur irrationalen Planmäßigkeit dieser Gesellschaft", die "nur das Leben ihrer Getreuen einigermaßen reproduziert."[50] Denn, "was widersteht, darf überleben nur, indem es sich eingliedert."[51] Die Strafe besteht nicht mehr im Freiheitsentzug bzw. in Freiheitseinschränkung, sondern in "ökonomischer Ohnmacht",[52] die allerdings ihrerseits eine Art der Freiheitseinschränkung ist. Genau das ist, was die "ökonomischen Zensurinstanzen" als "bewußte oder unbewußte Form von Selbstzensur"[53] nicht nur dem kulturindustriellen Journalisten nahelegen, sondern jedem und allem, der/das an der Kulturindustrie teilhat. Solcherart "strukturelle Zensur"[54] führt zum "ausdrückli-

---

[49] Horst Albert Glaser: Eine oder mehrere deutsche Literaturen? In: Ders. (Hg.): *Deutsche Literatur zwischen 1945 und 1995. Eine Sozialgeschichte.* Bern, Stuttgart, Wien 1997. S. 59-80, hier S. 62.
[50] Max Horkheimer/Theodor W. Adorno: *Dialektik der Aufklärung. Philosophische Fragmente.* Frankfurt/M. 1988. S. 158.
[51] Ebd. S. 140.
[52] Ebd. S. 141.
[53] Pierre Bourdieu: *Über das Fernsehen.* Aus dem Französischen von Achim Russer. Frankfurt/M. 1998. S. 19.
[54] Ebd. S. 110.

che[n] und implizite[n], exoterische[n] und esoterische[n] Katalog des Verbotenen und Tolerierten [...], daß den freigelassenen Bereich nicht nur umgrenzt, sondern durchwaltet."[55]

Schädlichs Prosaband ist ein aktueller und übt aktuelle Zeitkritik, ohne vordergründig anklägerisch zu sein, denn er legt Strukturen offen, die vergleichbar sind, ohne gleichgesetzt zu werden. In dem Maße, wie er von den Realitäten der DDR sprechen mag, in eben dem spricht er von den Realitäten des verwalteten und globalisierten Kapitalismus des sogenannten postindustriellen Zeitalters, ohne "den bemerkenswerten Unterschied zwischen Diktatur und Demokratie" (DPL 46) zu unterlaufen. Diktatur zensiert mittels konkreter Institutionen, globalisierte Marktwirtschaft mittels verinnerlichter und abstrakt gewordener sozialer wie ökonomischer Kontrolle. Schädlichs "verwischte Schrift" erzählt von beidem, weil es in erster Linie von Strukturen zu berichten weiß: als "Lebenszeichen".

---

[55] Max Horkheimer/Theodor W. Adorno: *Dialektik der Aufklärung*. S. 136.

Axel Schalk

"Bericht zu mir! Gerade Linie! Durch!"
Überlegungen zu Erwin Strittmatters *Ochsenkutscher* und *Ole Bienkopp* und einem deutschen Literaturstreit

The article analyses two novels by Erwin Strittmatter Ochsenkutscher *(his first work) and* Ole Bienkopp. *Are they still aesthetically and literarily relevant ten years after German unification? It is argued that the thematic and aesthetical implications of G.D.R. literature have not been given enough attention in the German-German literary dispute (deutsch-deutscher Literaturstreit) which was carried out in the form of an ideological debate. On the one hand, the author's use of epic epiphany, which structures the texts, places him in a modern literary discursive context. On the other hand, the novels' specific contents communicate a widely applicable critique of political systems: authoritarian structures are criticised in general and, at the same time, their social conditions are illuminated.*

Gregor Samsa "erwachte" in Franz Kafkas Erzählung *Die Verwandlung*, er war ein "ungeheures"[1] Insekt geworden. Dieser Augenblick des Erwachens ist mit einem ungeheuerlichen Schrecken verbunden, dem einer Mutation. In Martin Walsers Romanen wachen die Protagonisten zu Beginn der Werke zuweilen auf. Studienrat Halm etwa muß in Amerika einen Vortrag halten: "Halm wachte auch in den Ferien auf, [...] das tat ihm gut [...]."[2] "Als Franz Horn aufwachte, waren seine Zähne aufeinandergebissen.",[3] heißt es zu Beginn von Walsers Roman *Jenseits der Liebe*. Martin Walsers *Halbzeit* kann als der diagnostizierende Schlüsselroman der Verhältnisse der sechziger Jahre in der Bundesrepublik angesehen werden. Der Autor schreibt am Anfang des ersten Bandes folgenden ersten Satz: "So schwer mir das Aufwachen fiel, so schwer fiel mir das Einschlafen."[4] Schließlich heißt es in Walsers Roman *Das Schwanenhaus* zu Beginn: "Als Gottlieb Zürn aufwachte, hatte er das Gefühl, er stehe auf dem Kopf."[5] Des weiteren läßt der Autor den zweiten Teil seiner Anselm- Kristlein-Trilogie, *Das*

---
[1] Franz Kafka: Die Verwandlung. In: Ders.: *Sämtliche Erzählungen*. Frankfurt/M. 1976. S. 56.
[2] Martin Walser: *Brandung. Roman*. Frankfurt/M. 1985. S. 7.
[3] Martin Walser: *Jenseits der Liebe. Roman*. Frankfurt/M. 1976. S. 7.
[4] Martin Walser: *Halbzeit. Roman*. Frankfurt/M. 1979. S. 9.
[5] Martin Walser: *Das Schwanenhaus. Roman*. Frankfurt/M. 1980. S. 7.

Einhorn, mit dem Satz beginnen: "Ich liege. Ja. Ich liege."[6] In *Der Sturz* dann, dem dritten Teil der Geschichte des an den Verhältnissen scheiternden Anselm Kristlein, wacht offenbar wieder einer auf: "Wenn ich, als ich wieder zu mir kam, gleich hätte sprechen können, hätte ich gesagt, daß man mir den nassen Lappen wegziehen möge [...]".[7] Walsers Figuren erleben ob ihrer sinnlosen, sie reproduzierenden Aktivität den gesellschaftlichen Stillstand. Dennoch ist das Leitmotiv des Erwachens bei Walser zwar poetisches Bild für das Subjekt in der Sozietät, doch es bleibt literarische Chiffre, die lediglich auf das Thema subjektiv biographischen Scheiterns verweist. Auch wenn hier der Augenblick des Erwachens verstört und ein negatives Ende des fiktiven Subjekts prognostiziert – das Erwachen bei Walser ist ein subjektzentriertes und verweist auf die privat-subjektive Befindlichkeit eines Ichs in der Gesellschaft der BRD, ohne eine objektive Haltung zur jeweiligen Lage herzustellen.

Martin Walser und Erwin Strittmatter haben als kritische Diagnostiker in ihren politischen Systemen, in ihren deutschen Teilstaaten Literaturgeschichte geschrieben. Doch der politische Roman im Sinne Heinrich Manns, der eine grundsätzliche politische Lagebeschreibung der Verhältnisse in ihrem historischen Kontext, dem repressiven deutschen Wilhelminismus, vornahm, wurde in der BRD mit einer Ausnahme, Wolfgang Koeppens *Das Treibhaus*, nicht geschrieben. Anders sieht der Fall Erwin Strittmatter aus; sein 1963 gegen Widerstände[8] publizierter Roman *Ole Bienkopp* muß sowohl von den Strukturen her wie auch dem verhandelten Inhalt nach als ein grundlegender politischer Roman aus der DDR gelesen werden.

Ebenso behandelt Erwin Strittmatter ein Erwachen zu Beginn seines Romanerstlings *Ochsenkutscher* (1950); aber er formuliert es härter, konkreter, wie sein Held Gottlob Kleinermann erwacht:

> Es klatscht, Lope fährt aus seinem Traum in die Wirklichkeit. seine rechte Wange brennt. Er ist quellwach und setzt sich im Bett auf. Mutters wehende Rockfahne verschwindet bei der Tür. Das Türschloß schnappt knallend ein. –

---

[6] Martin Walser: *Das Einhorn. Roman*. Frankfurt/M. 1981. S. 7.
[7] Martin Walser: *Der Sturz. Roman*. Frankfurt/M. 1976. S. 9.
[8] Zur öffentlichen, hier nicht zur Diskussion stehenden kulturpolitischen Debatte in der DDR um *Ole Bienkopp* vgl. etwa Reinhard Hillich: Aufforderung zum Mitdenken. Erwin Strittmatters Roman "Ole Bienkopp". In: *Werke und Wirkungen. DDR-Literatur in der Diskussion*. Hg. v. Inge Münz-Koenen. Leipzig 1987. S. 61-109.

Eine Ohrfeige erhalten, weiter nichts. Lope kennt das. Mutter hatte ihn geweckt, er schlief wieder ein, sie wurde ärgerlich.[9]

Das Motiv des Aufwachens in seinem Erstlingsroman *Ochsenkutscher* wurde in der Strittmatter-Forschung übersehen. Das Aufwachen Lopes zu Beginn des Romans endet im Aufbruch, der aber ist wie der augenblickhafte In-medias-res-Beginn offen.[10] Gleichermaßen ist der gesamte Romaninhalt in diesem epischen Augenblick eingeschluckt. Zumindest läßt sich vom Material her festhalten, daß sowohl Walser, der literarische Apologet der "Bunzreplik",[11] als auch Strittmatter, der Erfolgsautor der DDR, das Aufwachen an den Beginn von Prosawerken setzen. Allerdings hat das Aufwachen hier keinen episch-positiven Nexus. Darüber hinaus transportiert das für Strittmatters Prosa typische epische Präsens sprachlich das Verhandelte. Die Eliminierung des epischen Präteritums suggeriert Gegenwärtigkeit und verstärkt die Wirkung des geschilderten Augenblicks.

Der an dieser Stelle in medias res eingeführte Held ist unheldisch. Der Roman *Ochsenkutscher* beginnt mit einem Augenblick, den das erwachende, erschrockene Subjekt durchleidet. Hier ist das Moment des Aufwachens durch hierarchische Gewaltverhältnisse hergestellt. Die Mutter schlägt den Knaben und damit wird die folgende Geschichte des Lope Kleinermann motiviert. Dieser Augenblick eines schrecklichen Erwachens ist ein objektiver, zumal der Knabe durch eine zweite Person aus seinen Träumen herausgerissen wird. Das für Strittmatter stilbildende Präsens verstärkt den Augenblick, der vergegenwärtigt wird. Auch die Mutter Ma-

---

[9] Erwin Strittmatter: *Ochsenkutscher. Roman.* Berlin 1953. S. 9; im folgenden mit der Sigle Ok im Text zitiert.
[10] Vgl. Reinhard Hillich: Zur Erzählweise und Figurengestaltung im Roman "Ochsenkutscher". In: *Erwin Strittmatter. Analysen, Erörterungen, Gespräche.* Hg. v. Kollektiv für Literaturgeschichte im Volkseigenen Verlag Volk und Wissen. 2. Aufl. Berlin 1980. S. 44-69. Hillich versucht, dem Text eine ins Literaturkonzept der DDR passende Fortschrittsperspektive abzugewinnen, indem er einen "objektiven" Erzähler konstruiert, dessen Haltung "den Sichtweisen der handelnden Figuren" (S. 56) übergeordnet wäre, und dadurch bzgl. des Subjektivismus der Protagonisten eine "korrigierende" (S. 57) Funktion hätte. Das Leseverhalten wäre so "überwiegend als Korrektiv von Lopes" Urteilen, also seiner "Konfusität" (S. 50) angeleitet! Norbert Kortz (Norbert Kortz: Ein Debut mit Schwierigkeiten. Erwin Strittmatters erster Roman "Der Ochsenkutscher". In: *Frühe DDR-Literatur.* Hg. v. Klaus R. Scherpe und Lutz Winkler. Hamburg, Berlin 1988. S. 120-131) setzt sich mit dem Text oder seiner Struktur überhaupt nicht auseinander und hebt lediglich hervor, warum die in ihm behandelte feudale Welt "zum Untergang" (S. 123) verurteilt war.
[11] Martin Walser: *Einhorn.* S. 107.

thilde wird entsubjektiviert, zumal der Knabe und mit ihm der Leser lediglich eine "Rockfahne" sieht. Das "weiter nichts" deutet die Normalität des Geschehenen an.

Romananfänge formulieren immer einen Kern des folgenden ästhetischen sowie inhaltlichen Befunds, wenn nicht gar dessen zentralen Punkt. Sie geben eine Struktur sowie einen über die Struktur entfalteten Inhalt vor. Norbert Miller schreibt über das grundlegende Verhältnis von Romananfang und entfalteter epischer Totalität: "Tatsächlich spiegelt der Mikrokosmos eines Romaneingangs [...] den Makrokosmos des Romans und die Konzeption seiner jeweiligen Autoren."[12] Der in den zitierten Anfängen eingeschluckte Augenblick ist darüber hinaus, wie zu zeigen sein wird, ein die Texte strukturierendes, stilbildendes Element. Der Anfang, dieser Augenblick figuriert in seiner harten Enge die Gesamtheit von Stoff, Gestalten und Form. Walter Höllerer argumentiert in diesem Kontext ähnlich, daß der Romananfang "eine der wichtigsten Entscheidungen für die Komposition des Romans" sei, "sein Atem, seine Ton- und Gangart, seine Stillage werden von dieser Anfangsentscheidung bestimmt."[13] Erwin Strittmatter hat sich mehrfach zur produktiven Funktion des Augenblicks geäußert. 1993 stellt er in einem seiner letzten Interviews fest: "Ich bin der Meinung, daß ein Mensch der jeden Augenblick seines Lebens bewußt lebt und den Augenblick so vertieft, ein ganz neues Erlebnis hat, das nichts mit dem sogenannten Fortschritt zu tun hat, sondern mit dem Sein."[14] Ähnlich führt er in seinem späten autobiographischen Prosatext *Grüner Juni* aus: "Ich achtete damals noch nicht auf die einzige Wirklichkeit, die es gibt, auf den Augenblick, und das gelingt mir auch heute nicht immer."[15]

Ob man hier nun von der von Joyce oder Döblin her tradierten epischen Epiphanie, die bekanntermaßen für die moderne Prosa stilbildend wurde, reden darf, sei dahingestellt, doch der Augenblick des Erwachens Lopes motiviert dessen Gesamtgeschichte und strukturiert inhaltlich das Schicksal des hier traumatisierten Unterdrückten. Nach Strittmatters Überlegungen ist das "Erleben des Augenblicks in der Tiefe"[16] zutiefst existentiell und bestimmt das Sein des Subjekts mit. Ist etwa bei Proust der aufleuchtende Augenblick, die Epiphanie, "vergangenheitlicht", etwa eine Erinne-

---

[12] Norbert Miller (Hg.): *Romananfänge. Versuch zu einer Poetik des Romans*. Berlin 1965. S. 8.
[13] Walter Höllerer: Die Bedeutung des Augenblicks im modernen Romananfang. In: Norbert Miller (Hg.): *Romananfänge*. [wie Anm. 12]. S. 344-377, hier S. 345.
[14] Das Erleben des Augenblicks in der Tiefe. Gespräch mit Erwin Strittmatter. In: *Neue deutsche Literatur* 41 (1993) H. 452. S. 20-35, hier S. 28.
[15] Erwin Strittmatter: *Grüner Juni. Eine Nachtigall-Geschichte*. Berlin 1985. S. 86.
[16] Das Erleben des Augenblicks. Gespräch mit Strittmatter. S. 29.

rung, die die Vergangenheit des Subjekts öffnet, so formuliert Strittmatter den präsentischen Gegenentwurf. Die Epiphanie wird zum sozialen, für die Situation typischen Augenblick, der nicht das Innen der Subjekte, wie bei Walser, thematisiert und öffnet; vielmehr löst er für den Leser und dessen Außenblick den epischen Fluß aus. In seinem Romananfang wird die Epiphanie zum stilbildenden, wesentlichen Element – der geschilderte Augenblick wird zur existentiellen und nicht rein ästhetischen Kategorie. Walsers Held, Gottlieb Zürn, der Protagonist des *Schwanenhauses*, hat keine Alpträume mehr. Seine Angst, nicht mehr aufzuwachen, erledigt sich. Bei Strittmatter hingegen, folgt nach dem Erwachen der Traum, in dem der Lehrer den Helden Lope prügelt: "Lope sprang auf. Er wollte dem Wütenden seine Hausaufgabe entgegenschnurren. Zu spät." (Ok 10) Darüber hinaus stellt der Autor zu Beginn fest, daß nun Lope, der arme Held, aus den freilich auch im übertragenen Sinne zu verstehenden Träumen in die schreckliche Wirklichkeit gerät. Hier ist Wirklichkeit das Thema; während Walsers Helden ihre träumende Subjektivität behaupten, schluckt zu Beginn des politischen Romans *Ochsenkutscher* die Wirklichkeit das Subjekt auch in seinen Träumen ein. Strittmatter steht insofern motivisch in einer dezidiert modernen Tradition. Das Aufwachen ist bei Kafka und Walser ein erschreckendes und verstörendes, bei Strittmatter ist es ein gesellschaftliches.

In Strittmatters Romananfang wird das Subjekt als unterdrücktes gezeichnet und damit seine im Roman episch entwickelte Kenntlichkeit markiert. Lope wird zu Beginn geschlagen, er bleibt mithin ein Geschlagener in einem ganz konkreten, realistischen Erzählzusammenhang. Walsers Erwachende befinden sich in einer literarischen Fiktion. Strittmatters Lope steht in einer epischen Realität. Am Ende bricht Lope mit dem entlassenen Bergarbeiter Blemska auf; sie wollen sich als Scherenschleifer verdingen und den repressiven, feudalen Verhältnissen entfliehen. Wo sie ankommen, bleibt offen. Hat das "Erwachen" bei Strittmatter einen utopischen, der offiziellen DDR-Ideologie kompatiblen "fortschrittlichen" Charakter? Gesellschaftliche Wirklichkeit als Ausweglosigkeit ist bei Strittmatter zu Beginn des Romans *Ochsenkutscher* gesetzt. Das Erwachen hat keinerlei positive oder, wie bei Walser, metaphorische Implikationen, es ist durch Gewalt erzeugt, so wie in der Folge die feudalen Gewaltverhältnisse auf einem Schloßgut in der Weimarer Republik geschildert werden.

Wie kann man heute mit der DDR-Literatur umgehen? Ist aber die Frage nach einer spezifischen DDR-Literatur überhaupt sinnvoll? Horst Albert Glaser schreibt zutreffend, daß die DDR-Literatur unter einer "Käseglocke" entstanden wäre, reglementiert "insbesondere von Literaturbeamten, Verbandsfunktionären und Behördenmenschen."[17] Doch Literatur entsteht immer in Systemen, auch der herrschende "Literaturmarkt" diktiert Bedingungen, und jegliche anspruchsvolle Literatur stemmt sich gegen die entfremdeten Verhältnisse, in denen sie entsteht. Und die Frage ob die Zensur des Marktes härter ist, als die einer untergegangenen Partei, der SED, diese Frage ist hier nicht zu entscheiden. Damit das, was zusammengehört, zusammenwächst, könnte die Frage auf produktive Weise so gestellt werden: Wo gibt es motivische Ähnlichkeiten zwischen den vermeintlich zwei deutschen Literaturen und wie unterscheiden sich diese im hier debattierten epischen Diskurs? Einzig die literarische Struktur kann zur Debatte stehen. Verkürzt gesprochen deuten die Walserschen Romananfänge an, daß der politische Roman, also der der objektiven gesellschaftlichen Lagen, in der BRD nicht geschrieben wurde. Das Wirklichkeitsprotokoll des Romans *Ochsenkutscher* erzählt von einem deutschen Zwangssystem, das dezidierte soziologische Raster und Größen setzt, die hierarchisch funktionieren: Familie, Schule, Kirche, Schloß und Schloßherr als übergeordnete Instanz. "Dialektischer Ablauf der Fabel"[18] – gegen "Wunschvorstellungen",[19] für "mehr Fragen und Mutmaßungen"[20] – Strittmatter setzt sich mit diesen Postulaten gegen einen Naturalismus der dokumentarischen Mimesis oder der Affirmation ab. Das soziologische Modell wird einerseits durch die fragende Perspektive des Kindes Lope aus seiner "Naivität"[21] entwickelt; seine einfachen Fragen demaskieren die Widersprüche einer ländlichen Klassengesellschaft. Zum anderen herrscht bei den Beschreibungen ein stilbildendes Moment der Andeutungen in dem nüchternen Erzählduktus vor: Lope hat nämlich zu Beginn des Romans ein Loch in der Hose, er, der Verlauste, wird zu Beginn geschoren, und Vater Gottlieb kommt betrunken nach Hause. "Lopes Pünktlichkeit [in der Schu-

---

[17] Horst Albert Glaser: Eine oder mehrere deutsche Literaturen? In: Ders. (Hg.): *Deutsche Literatur zwischen 1945 und 1995*. Bern, Stuttgart, Wien 1997. S. 59-80, hier S. 59.

[18] Produktivkraft Poesie. Gespräche mit Erwin Strittmatter. Zusammengestellt von Rulo Melchert. In: *Erwin Strittmatter. Analysen, Erörterungen, Gespräche*. [wie Anm. 10]. S. 242-258, hier S. 246.

[19] Ebd. S. 245.

[20] Erwin Strittmatter: *Ein Dienstag im September. 16 Romane im Stenogramm.* Berlin, Weimar 1969. S. 278.

[21] Erwin Strittmatter: *Grüner Juni.* S. 62; Frauke Meyer-Gosau (F. M.-Gosau: Erwin Strittmatter. In: *KLG*. 47. Nlg. München 1994) sieht fast alle Figuren Strittmatters durch ihre Naivität ausgezeichnet. Daß die naive Haltung allerdings eine bewußte epische Dialektik transportiert, die erst die Widersprüche in den Texten kenntlich macht, mithin eine zentrale poetologische Kategorie Strittmatters ist, das sieht sie nicht.

le, d. Verf.] regelt die kleine Schwester." (Ok 13) Diese muß Lope während der Feldarbeit der Eltern betreuen. Es herrscht ein Realismus des Indirekten, der über die epische Strategie der Beschreibungen von Szenen und Vorgängen den Leser auf die Verhältnisse schließen läßt. Wie Wolfgang Koeppen, dessen Ketenheuve von der Rheinbrücke in den Tod springt, handelt Strittmatter von deutschen Unterdrückungssystemen:

> Bratenduft weht vom Pfarrhaus. Die Kirchgänger kommen wie aus einer Gruft. Die grelle Sonne sticht. Sie kneifen die Augen zu. Die Männer zünden ihre Pfeifen an, die Frauen gehen in Gruppen und schwatzen: Habt ihr das Kleid der gnädigen Frau gesehen? (Ok 164)

Diese Szene könnte auch in der niedersächsischen Provinz spielen: Totalität als Kirchenkritik.[22] Beide Romane, *Ochsenkutscher* und *Ole Bienkopp*, können insofern miteinander verglichen werden, als sie modellhaft den jeweiligen, aus der Historie entlehnten gesellschaftlichen Makrokosmos im Mikrokosmos wiederspiegeln, wenn das ländliche Leben literarisch thematisiert wird. Helden stehen im Mittelpunkt, doch das traditionelle Modell des Bildungsromans, wo der Held in die Gesellschaft hineinfindet, oder die offizielle Harmonisierungsideologie des positiven, vorbildlichen Helden, wie sie die DDR-Literaturdoktrin sehen wollte, werden literarisch konterkariert. In *Ole Bienkopp* steht soziales Handeln in seinen subjektiven und objektiven, sprich nicht nur auf die DDR zu beziehenden systemimmanenten Implikationen zur Debatte: Soziales Handeln, wie subjektiv es auch sein mag, wird von der Bürokratie eines Systems in Frage gestellt. Der Held, der sich am Ende des Textes totschaufelt, scheitert. Liest man das Material entgegen der These Emmerichs jenseits seiner inhaltlichen Historizität, öffnet sich diese grundsätzliche, überzeitliche Problematik. Strukturell handeln beide Texte von einer antagonistischen Situation.

Wie heute Erwin Strittmatter lesen? Die gängige Literaturwissenschaft untersucht Motive und zieht hieraus Schlüsse, die kaum Strittmatters genereller, übertragbarer Systemkritik – und hier liegt auch heute seine ästhetisch-politische Relevanz – gerecht werden. So untersucht eine jüngst erschienene Dissertation in dem ihr eigenen Positivismus das Verhältnis von Bibelstellen, Bibelsprache und ihrer Adaption als Textbausteine bei Strittmatter. Der Autor wird die Bibel gekannt haben, Bibelmotive gibt es in seinem mehrstimmigen Text. Akribisch werden verifizierte Bibelworte, die

---

[22] Ob die gesamtdeutsche Germanistik, die den Text in einem Niederlausitzer Dorf ansiedelt (Reinhard Hillich: Erzählweise Ochsenkutscher. S. 45; Norbert Kortz: Debut mit Schwierigkeiten. S. 123; *Kindlers Neues Literatur Lexikon*. Hg. v. Walter Jens. München 1988. Bd. 15. S. 128), diesem einen Gefallen getan hat?

der Autor benutzt, tabellarisch aufgelistet. Auch verfälschte Bibelzitate werden verifiziert. Die Autorin schreibt:

> Die Skala der Stilmittel, die Strittmatter der Bibel entnimmt, ist breit. Sie reicht von der leichten Archaisierung im Morphologischen und Idiomatischen über die idiomatischen und syntaktischen Wendungen, in denen Reminiszenzen an bestimmte Bibelworte mitklingen, über die paraphrasierten Verwendungen von Zitaten [...] bis zum Vollzitat.[23]

Wieder wird ein begriffliches System, hier ein literaturwissenschaftliches, dem Text oktroyiert. Ob dies bezüglich der Strittmatterschen Prosa ein Erkenntnisgewinn ist? Das "Vollzitat" aber steht in einem Kontext, der auf eine generelle Kritik Strittmatters am System Kirche zielt. Auch im thematischen Kontext von Religion hinterfragt Strittmatter repressive Systeme und kritisiert Systemkonformität.

Strittmatters Texte handeln strukturell von Gleichzeitigkeit und Ungleichzeitigkeit. Bienkopp gründet eine LPG, wird daraufhin von der Partei ausgeschlossen; er wird rehabilitiert, weil absurderweise die Partei plötzlich Bauerngenossenschaften für richtig hält; später beschließt die Partei die Rinderzucht in offenen Rinderställen durchzuführen, und Bienkopp, als Kenner der ländlichen Situation, kämpft dagegen. Wieder wird er ausgeschlossen. "Bericht zu mir! Gerade Linie! Durch!"[24] – hier formuliert sich Wunschgetreus Haltung, er ist ein Rädchen, ein Gefangener im Apparat, hier summiert sich Erwin Strittmatters systemskeptische Haltung. Im Roman *Ochsenkutscher* dagegen herrscht eine epische Gleichzeitigkeit der Widersprüche. In diesem strukturellen Zusammenhang hat die Autorin der oben angesprochenen Dissertation bei ihren Ausführungen übersehen, daß etwa der Text *Ochsenkutscher* als autonomes Artefakt dem Leser eine eigenwillige, eigenständige literarische Struktur anbietet – eine der aufgeschriebenen Widersprüche: Institutionalisierte Religion wird als entfremdetes System als solches kritisiert, wie die Parteihierarchie oder im *Ochsenkutscher* der Feudalismus, poetische Bilder von Zwangslagen, in welchen die epischen Subjekte stecken. Es geht Strittmatter in solcherlei Zusammenhängen um die Darstellung der inhärenten Widersprüche. Diese wollen die jeweils geschilderte Gesellschaft als solche in Frage stellen. Dieses Verfahren zeigt sich im Roman *Ochsenkutscher* an der Motivik parallel

---

[23] Gisela Hansen: *Christliches Erbe in der DDR-Literatur. Bibelrezeption und Verwendung religiöser Sprache im Werk Erwin Strittmatters und in ausgewählten Texten Christa Wolfs*. Frankfurt/M. 1995. S. 157.
[24] Erwin Strittmatter: *Ole Bienkopp. Roman*. Frankfurt/M. 1976. S. 114; im folgenden mit der Sigle OB im Text zitiert.

gefeierter Feste: Bereits zu Beginn feiern zugleich der sozialdemokratische Fahrradverein und die konservativen Kaisertreuen, die den Todestag der Frau Wilhelms II. begehen. Später dann feiert das Dorf Kirmes, und zeitgleich prügeln sich die Nazis mit den Linken. Strittmatter verdeutlicht hier die groteske Gleichzeitigkeit bis hin zur Überschneidung der Ereignisse. Später geht es dann *konkret* um Religion, wenn der Pastor seinen Gottesdienst auf dem Schloßgut abhält. Hier wird Strittmatters Kritik an Systemen, etwa dem der etablierten Kirche grundsätzlich: Die Knaben spielen Karten, während der Geistliche predigt:

> Der Pfarrer spricht die Eingangsliturgie. Er spricht wie durch einen Blechtrichter. Die Orgel setzt wieder ein. Die Gemeinde antwortet singend. Schrille Frauenstimmen, grollende Männerbässe [...].
> Albert Schneider zwickt Lope. 'Du mußt heute Karten mit uns spielen, hast Du Geld?'
> Lope hat zufällig für die Kollekte einige Besenpfennige bei sich. [...]
> Die Liturgie geht zu Ende. (Ok 157f.)

Institutionalisierte Religion als solche steht im epischen Kontext kritisch zur Debatte. Erfährt der aufmerksame Leser zu Beginn, wie in der Enge des literarischen Mikrokosmos' des Schloßgutes zwei Parteien am gleichen Orte etwas veranstalten, so liest er später, daß Strittmatter, der seinen Pastor als verlogenen Heuchler zeichnet, von der in der Kirche institutionalisierten Religion nichts hält.

Wie heute Erwin Strittmatter lesen? Hans Noll, der 1984 nach Westberlin ausgereiste Sohn des DDR-Autors Dieter Noll, schreibt polemisch im Mai 1990 im Kontext der feuilletonistischen Debatte des Literaturstreits nach dem Mauerfall: "Jede Annäherung an die Literatur der DDR geschieht im blendenden Licht des Wohlwollens, das sie umgibt. Die apologetische Sekundärliteratur zählt nach hunderten von Titeln."[25]

Der sogenannte deutsch-deutsche Literaturstreit, der von dem westdeutschen Literaturkritiker Marcel Reich-Ranicki in der Fernsehsendung "Das literarische Quartett" vom 30. November 1989 ausgelöst wurde, war de facto kein Literaturstreit; er war eine, der medial-kapitalistischen Logik folgende, auf die DDR-Autorin Christa Wolf zielende Feuilletonschlacht oder, wie Günter Grass zutreffend feststellte, die versuchte "Hinrichtung"[26]

---

[25] Hans Noll: Das lächerliche Pathos alter Schwärmer. In: *"Es geht nicht um Christa Wolf." Der Literaturstreit im vereinten Deutschland.* Hg. v. Thomas Anz. München 1991. S. 56-65, hier S. 56.
[26] Nötige Kritik oder Hinrichtung. SPIEGEL-Gespräch mit Günter Grass über die Debatte um Christa Wolf und die DDR-Literatur. In: Thomas Anz (Hg.): *"Es geht nicht um Christa Wolf."* [wie Anm. 25]. S. 122-134, hier S. 122.

einer ganzen Autorengeneration, die entweder als DDR-Autoren dem Ethos des Sozialismus verpflichtet waren oder, aus dem Umkreis der westdeutschen Gruppe 47 stammend, eine neue westdeutsche, antifaschistische Literatur entwickeln wollten.

Dieser sogenannte deutsch-deutsche Literaturstreit hatte inhaltlich keine Argumente zu bieten, er war ein Streit mit vorgeschobenen Argumenten. Die im Literaturstreit formulierten Dikta zielten auf eine auch politisch zu lesende Literatur – und welche, beginnend bei Goethes *Werther*, Goethe also, der sich von einem Feudalherrn bezahlen ließ, wäre das im historischen oder aktuellen Kontext nicht? –, die, wie Strittmatter, die gesellschaftlichen Verhältnisse verändern wollte, auf Gesellschaft und ihre Defizite reagierte. Personen, hier Autoren, und nicht etwa literarische Artefakte und ihre poetische Eigengesetzlichkeit standen zur Debatte. Die DDR-Literatur ist mit den im Sommer 1990 eskalierenden scharfen Angriffen des westdeutschen Feuilletons auf Christa Wolfs Werk "Was bleibt?" öffentlich diskreditiert worden. Der Augenblick der "Wende" erzeugte einen Mainstream, der einzig aus der zusammengebrochenen DDR und dem historischen Ereignis der deutschen Wiedervereinigung resultierte und kaum binnenliterarische, vielmehr moralisch-politische Fragen stellte und das Verhalten von Autoren in der DDR ob eines möglichen politischen Opportunismus in seinen schärfsten Invektiven inquisitorisch abprüfte. Die Kritiker Frank Schirrmacher (FAZ) und Ulrich Greiner (DIE ZEIT) sprachen von deutscher "Gesinnungsästhetik" oder in Bezug auf Christa Wolf und Stefan Heym von zu "Monumenten [...] erstarrten" Schriftstellerautoritäten. Die restaurative Stoßrichtung ging gegen eine vermeintliche linkspolitische "littérature engagée" per se. Greiner stellt fest, daß das "eigentlich Interessante" am "Fall [!] Christa Wolf" der "Zusammenhang von Ästhetik und Moral" sei:

> Diese Gesinnungsästhetik [...] hat eine zutiefst deutsche Tradition. Sie wurzelt in der Verbindung von Idealismus und Oberlehrertum. Sie ist eine Variante des deutschen Sonderwegs. Sie läßt der Kunst nicht ihr Eigenes, sondern sie verpflichtet sie (wahlweise) auf die bürgerliche Moral, auf den Klassenstandpunkt, auf humanitäre Ziele oder neuerdings auf die ökologische Apokalypse.
> Die Gesinnungsästhetik [...] ist das gemeinsame Dritte der glücklicherweise zu Ende gegangenen Literaturen von BRD und DDR. Glücklicherweise: Denn allzu sehr waren die Schriftsteller in beiden deutschen Hälften mit außerliterarischen Themen beauftragt, mit dem Kampf gegen Restauration, Faschismus, Klerikalismus, Stalinismus etc. Diejenigen, die ihnen diesen Auftrag gaben, hat-

ten verschiedene Namen: das Gewissen, die Partei, die Politik, die Moral, die Vergangenheit.[27]

Hier stellt sich die Frage, was denn eigentlich binnenliterarisch meint? Nach diesem Diktum, dessen Grundthese des ungesellschaftlichen Eigenwertes von Literatur deutlich in der Tradition der Emil Staigerschen Thesen im sogenannten "Zürcher Literaturstreit" steht, gibt es eine außerliterarische, allgewaltige, mythische Instanz, die dogmatisch die Literatur steuert:

> Mit dem nichts als begrüßenswerten Ende des SED-Regimes in der DDR verloren auch utopisch-teleologische Projektionen auf das im Lande entstandene literarische Corpus ihren Bezug, und das mußte die Projizierenden verwirren und schmerzen.[28]

Wolfgang Emmerich scheiterte nach eigenem Bekunden mit seinem Buch *Kleine Literaturgeschichte der DDR*, dessen erste Fassung 1981 erschien. Wieso aber utopisches Denken mit dem Ende eines Staates sein Bezugssystem verloren hätte – das bleibt in diesem Zitat ungeklärt. Utopisches Denken als ästhetischer Diskurs ist doch in der Regel generell gegen bestehende Systeme gerichtet. Wie hier ausgeführt wurde, stemmt sich jegliche Literatur gegen das Bestehende, ob nun als antifeudaler Wertherroman oder als Strittmattersche Lagebeschreibung des Landlebens in der DDR während der Kollektivierung. Wieso überhaupt Literatur als Prozeß des Schreibens in Emmerichs Denken auf staatliche Zusammenhänge eingegrenzt wird, bleibt nebulös. Emmerich sah sich veranlaßt, seine Thesen zur DDR-Literatur nach der "Wende" zu verändern und stellt fest, daß nunmehr, der "Schritt von der Mythologisierung zur Historisierung der DDR-Literatur [...] unausweichlich"[29] sei. Ist der Literaturhistoriker Emmerich ein Opfer des hier geschilderten sogenannten Literaturstreits? Das Denken in solcherlei Systematik, die da von einem System Literatur in einem politischen System ausgeht, scheitert offenbar grundsätzlich, versucht es doch unstatthaft, politische Systeme und Literatur als interdependent zu begreifen.[30]

---

[27] Ulrich Greiner: Die deutsche Gesinnungsästhetik. Noch einmal: Christa Wolf und der deutsche Literaturstreit. Eine Zwischenbilanz. In: Thomas Anz (Hg.): *"Es geht nicht um Christa Wolf."* [wie Anm. 25]. S. 208-216, hier S. 213f.
[28] Wolfgang Emmerich: *Kleine Literaturgeschichte der DDR*. Erweiterte Neuausgabe. Leipzig 1996. S. 17.
[29] Ebd. S. 9.
[30] Merkwürdig unentschieden klingt Emmerichs Selbstkritik – ein Verfahren, daß bekanntermaßen in der DDR praktiziert wurde – denn doch, wenn er begründet,

Literatur habe offenbar eine meßbare Wirkung, eine mythische Omnipotenz, und sei durch Kulturpolitik beeinflußbar. Sie sei ein gesellschaftlicher "Faktor",[31] ja bilde eine Einheit. Daß der Literaturhistoriker Emmerich nach der Wende zu der Erkenntnis gelangt, daß es problematisch war, die sogenannte DDR-Literatur innerhalb ihres eigenen politischen Systems zu messen, hilft kaum weiter; eine solche Methodik ist immer fragwürdig.

Hinterfragt man die von Emmerich aufgestellte zentrale These, daß die DDR-Literatur heute als historisch zu betrachten sei, dann hätte dieser als DDR-Literatur klassifizierte literarische Corpus ja keinen realen Stellenwert mehr und keine Antworten auf die Problematiken der Gegenwart parat. Generell stellt sich die Frage, ob im multinationalen Prozeß der Literatur des 20. Jahrhunderts überhaupt eine Scheidung von jeweils konstruierten Nationalliteraturen einen guten Sinn hätte. Hans Dieter Zimmermann argumentiert im Hinblick auf eine von ideologischen Rastern bestimmte Literatur folgendermaßen:

> Es gibt Autoren, die politische Konflikte beschreiben. [...] Entscheidend ist nicht ihre Bewertung der Konflikte, sondern ihre Darstellung. [...] Wer das Werk zur Magd einer Ideologie macht, erniedrigt natürlich das Werk, es wird zur Illustration der Ideologie, es hat kein Eigenleben.[32]

Zimmermann bleibt abstrakt, der binnenliterarische Diskurs, der spezifische Werkkontext wird nicht erörtert. Strittmatter folgt im *Bienkopp* oder *Ochsenkutscher* keineswegs einer Ideologie. Wie hier zu zeigen versucht wird, lassen sich auch bei dem vermeintlich konventionell schreibenden Autor Erwin Strittmatter moderne literarische Strukturen erkennen, die keineswegs nur auf eine so reflektierte, nationalbegrenzte "DDR"-Literatur oder -Realität beziehbar wären. Zimmermanns Grundthese ist die, daß Literatur in Systemen entstehen würde und dadurch bestimmt wäre. Er

---

warum er sein Opus neu schreiben mußte: "Ich habe Anlaß zu einer ganzen Reihe von Korrekturen. Obwohl ich kein Freund der DDR war, [...] habe ich späterhin, bei aller Kritik, dem Staat DDR und seinen offiziellen kulturellen Hervorbringungen [...] einigen Kredit eingeräumt. Die Loyalitätsfalle, Antifaschismus und die Sehnsucht nach einem 'wahren Sozialismus' [...] waren wohl die entscheidenden Gründe dafür." (Ebd. S. 9) Nun gut, die DDR gibt es nicht mehr, aber was ist denn an einer entschiedenen antifaschistischen Haltung, die auch Strittmatter im *Bienkopp* ästhetisch anbietet, falsch? Und wieso sollen kulturelle Leistungen, die in einem historischen Gebiet entstanden, plötzlich irrelevant sein? Solcherlei Hoffnungen sind für die Subjekte legitim; es gibt keinen Grund, das "durchzuarbeiten".

[31] Ebd. S. 23.
[32] Hans Dieter Zimmermann: *Literaturbetrieb Ost West. Die Spaltung der deutschen Literatur von 1948 bis 1998*. Stuttgart, Berlin, Köln 2000. S. 58.

argumentiert in der Folge analog zu Emmerich; und auch bei Zimmermann taucht nicht zufällig der Begriff vom wie auch immer gearteten Eigenwert der Literatur auf.

Auch wenn Emmerich der Literatur ihre "*ästhetische Eigenart*"[33] konzediert, sein Ansatz folgt der Ideologie des Literaturstreits insofern, als er politische Literatur, die die Utopie des Sozialismus thematisiert, generell in Frage stellt. Seine Argumentation wird von den Füßen auf den Kopf gestellt und bleibt post eventum in der Problematik vorgeblicher Systematisierungen stecken. Was ist überhaupt der hier imaginierte ästhetische Eigenwert der Literatur? Dieser kann doch wohl nur vom spezifischen, kompetenten Leser wieder und wieder erschlossen werden. Literatur jedenfalls heißt ästhetische Struktur, die ein Autorsubjekt entwickelt hat. Welche Haltung aber sonst ein Autor hat, das sollte den interessierten Leser nicht bei der Textwahrnehmung beeinflussen. In seinem textlich revidierten Teil über den *Bienkopp* führt Emmerich 1996 aus, daß "die ideologische Generalperspektive vom unausweichlichen Gang der Landwirtschaft in die paradiesische Kollektivierung mehr als fragwürdig"[34] bleibe. Emmerich geht in seiner Inhaltsangabe fehl, wenn er ausführt, daß Erwin Strittmatter den "fragwürdigen Umbruch der Besitz- und Arbeitsverhältnisse" in der Periode der Kollektivierung der DDR-Landwirtschaft befürworten würde. Dies mag Strittmatters politische Haltung gewesen sein; diese aber steht hier nicht zur Debatte. Die Struktur des Textes, wie wir in unserem Versuch darstellen möchten, argumentiert ästhetisch anders: Strittmatter stellt literarisch einen Fall zur Diskussion und gestaltet ihn damit reflektierbar, er zeigt Widersprüche auf, kritisiert seinen Helden und erörtert Bedingungen politischen Handelns. Der Text des Romans *Ole Bienkopp* argumentiert inhaltlich wie folgt: Bienkopp als der unbelehrbare Aktivist folgt insistent der Idee einer kollektivierten Landwirtschaft und scheitert im Apparat. Aus seiner Perspektive heißt es im Text: "Ist das Leben ein Kreislauf?" (OB 314); und weiter: "Die Arbeit und die Wünsche... keine Zeit. Das Bauernleben ist wohl so." (OB 23) Den Parteifunktionär Wunschgetreu läßt der Autor etwa ausführen: "Was vorwärts und was rückwärts ist, bestimmt [...] noch immer die Partei." (OB 148) Affirmation eines politisches Systems oder nicht; mit dieser Frage kann man Strittmatters Roman kaum adäquat erfassen. An dieser Stelle im Text herrscht kaum überlesbare beißende Ironie. Über das ästhetische Verfahren der Literarisierung, das Haltungen, da sie Sprechern zugeordnet sind, relativiert, entwickelt der Dichter das Moment der Lukácsschen Objektivation. Und hier mag Strittmatters grundlegendes episches Strukturmodell liegen. Erst im ästhetischen Prozeß wer-

---

[33] Wolfgang Emmerich: *Kleine Literaturgeschichte*. S. 26.
[34] Ebd. S. 201.

den Lagen, Denkmuster problematisiert und im ästhetischen Verfahren objektiviert. So antwortet Bienkopp an dieser Stelle: "Ich stell mir die Partei bescheidener vor, geneigter anzuhören, was man liebt und fürchtet. Ist die Partei ein selbstgefälliger Gott? Auch ich bin die Partei!" (OB 148) Im Text wird vielmehr an Hand des Helden und seines insistenten Trachtens das Problem des kommunistischen Kollektivs erläutert, an dessen Ideal der Aktivist – und nur dieser – zweifellos festhält. Das zentrale inhaltliche Problem, die Darstellung dieser Utopie und ihrer Probleme im dörflichen Mikrokosmos, hat die DDR der fünfziger Jahre lediglich als Handlungsfolie. Wie sollte es auch anders sein; schließlich war die DDR Strittmatters politisch-historischer Erfahrungsraum. Der nach wie vor gültige ästhetische Überschuß der Prosa aber bleibt die antagonistisch dargestellte Problematik von sozialem Handeln.[35] Zumindest die hier anhand des Strittmatterschen Textes problematisierte Einschätzung Emmerichs erfindet, weil sie den Text falsch gelesen hat, neue Mythen.

In diesem Zusammenhang ist die Darstellung der Partei von Bedeutung. Nur die Sekretäre der unteren politischen Ebenen, des Kreises, des Bezirks – Krüger, Kraushaar, Wunschgetreu – wie es ironisch heißt, treten in persona in Erscheinung. Emmerichs alte und neue Lesart, daß hier nun das in den Verhältnissen scheiternde Subjekt, wie später bei Plenzdorf, daß also auch "der einzelne von der Gesellschaft"[36] etwas einfordern dürfe, greift viel zu kurz. Der dargestellte repressive Zentralismus der DDR ist auch Thema: Die Partei als von oben entscheidende Instanz bleibt abstrakt und anonym, sie tritt nur in Form von oktroyierten Direktiven im Text in Erscheinung:

> Die Wochen vergingen. Futter kam nicht, dafür die Meldung: 'Keine Aussicht auf Futterimporte!' Die Nachricht verwirrte Wunschgetreu, obwohl er sie fast erwartet hatte. 'Ja, macht ihr Spaß?'
> Die gereizte Antwort: 'Seid nicht unbeweglich!' Vor Wochen hieß es: Vertraut! Wunschgetreu kam sich verraten vor. (OB 315)

Solcherlei Text markiert eine deutliche Systemkritik, die Entfremdungsprozesse beschreibt, die eine generell politische Entfremdung, eine zwischen "oben" und "unten" markiert. Die Verdichtung des epischen Materials im Augenblick veranlaßt den Leser an dieser Stelle zu Mutmaßungen

---

[35] Und hier geht Zimmermann fehl, wenn er, ohne auf vorliegende Textkontexte einzugehen, omnipotente politische Systeme setzt, die Literatur generieren würden, und dann doch konzediert, daß die Texte triftig wären, "die zum menschlichen Leben gehören" (Hans Dieter Zimmermann: *Literaturbetrieb Ost West*. S. 58). Das dürfte in der Tat Strittmatters literarische Haltung gewesen sein.

[36] Wolfgang Emmerich: *Kleine Literaturgeschichte*. S. 199.

darüber, wer das Fernschreiben abgeschickt hat. Ähnlich muß der Leser aktives, mutmaßendes Subjekt sein, wenn es um den Tod des Genossen Anton Dürr zu Beginn des Romans geht, der durch einen fallenden Baum stirbt. Erst am Ende *behauptet* die zurückgekehrte Anngret in ihrem Abschiedsbrief, daß der in den Westen verschwundene Sägemüller Ramsch für den Mord an Anton verantwortlich sei.

Strittmatter bekennt sich insofern zum traditionalistischen, eine epische Totalität herstellenden Schreiben, wenn er vom "Gestalten" oder von einem poetischen "System" redet oder sich der "gutgebauten Geschichte"[37] verpflichtet. Die Filmschnittechnik und Rückblenden aber, wie sie auch Wolfgang Koeppen paradigmatisch in seinem Roman *Tauben im Gras* entwickelt, erzeugen im *Bienkopp* strukturbildende Störelemente, die eine gesellschaftliche Organik eliminieren; auch wenn der Held am Ende stirbt, die Geschichte bleibt offen. Denn: Die Erde kreist weiter mit dem roten Pünktchen, dem Ort Blumenau, durch den Weltraum. Auch wenn der Erzähler leitmotivisch die "Genossen" (OB 196, 261, 274, 189, 312, 324) direkt, in einem altertümelnden Ton anspricht und damit eine vorgebliche Einheit von Leser, Erzähler und Vorgängen, ein kollektives "wir" suggeriert – die in *Ole Bienkopp* angelegte epische Totalität ist nur scheinhaft. Insofern ist die heilsgeschichtliche, unwiderrufliche Entwicklung zum Sozialismus hin und damit einer projizierten gesellschaftlichen Totalität auch durch den personalen Erzähler konterkariert. Die harten Schnitte – ein modernes Erzählelement Strittmatters –, wenn der Autor vom Präsens ins Präteritum wechselt, wenn er im unorganischen Bruch etwa die Vorgeschichte Bienkopps oder des politisch in Stalingrad sozialisierten Parteimanns Wunschgetreu erzählt, erzeugen strukturell ein zutiefst kritisches Bild der Vorgänge auf dem Lande, zumal der Faschismus so als historische Voraussetzung der DDR anklingt. Die DDR und ihre im Text auftretenden Antagonisten sind durch dieses formale Verfahren, als durch die faschistische Vorgeschichte geprägt, gezeichnet. Erst durch diese Struktur, die die vorgängige deutsche Geschichte mit dem Zeithorizont der Kollektivierung der Landwirtschaft amalgamiert, wird auch der historische Prozeß als unorganisch literarisch gezeigt. In der offiziellen, hier nicht zu erörternden Ideologie der SED lag die These eines Neuanfanges; und genau dieser Position widerspricht Erwin Strittmatter mit seiner hier ansatzweise dargestellten literarischen Struktur, wobei zugleich dem Postulat, einer sich organisch entwickelnden Geschichte ästhetisch widersprochen wird:

---

[37] Erwin Strittmatter: *Grüner Juni*. S. 35, 110, 139.

> Die Erde kreist um den Weltenraum. Der Mensch sendet eiserne Tauben aus und harrt ungeduldig ihrer Heimkehr. Er wartet auf ein Ölblatt von Brüdern auf anderen Sternen.
> Was ist ein Dorf auf dieser Erde? Es kann eine Spore auf der Schale einer faulenden Kartoffel oder ein Pünktchen Rot an der besonnten Seite eines reifenden Apfels sein. (OB 5)

Ambivalenz bezüglich des zentralen Inhalts, der sozialistischen Utopie und ihrer gesellschaftlichen Dialektik wird hier literarisch gesetzt. Am Ende des Textes *Ochsenkutscher* hängt eine rote Fahne vom Baum und die, die die Fahne gehißt haben, Lope und Benskat, sind verschwunden. "Rot", die Sozialismuschiffre, wird als Pünktchen in dem im *Bienkopp* kosmisch begonnenen Text gehalten. Die politische Ungeduld des Aktivisten Bienkopp, der als "ein unbequemer Dickschädel, doch ein Pionier" (OB 254) charakterisiert wird, ist in Strittmatters *Ole Bienkopp* zu Beginn in eine grundlegende Ambivalenz gekleidet. Ungeduldig würde der Mensch auf eine "Heimkehr", sprich auf unentfremdete Verhältnisse harren. Gleichermaßen aber können dies, laut Text, nur vermeintliche Brüder anderer Sterne gewähren. Es bleibt eine für das dichtende Subjekt unbestimmte Utopie. Unbestimmt bleibt die Situation, ebenso wie im *Ochsenkutscher*, wo das epische Ich den weiteren Weg des Lope nicht kennt. Und Blumenau, der Ort des Geschehens, ist in Strittmatters *Ole Bienkopp* nur ein exemplarischer Mikrokosmos des Sozialismusversuches. Skepsis bezüglich des großen sozialistischen Experiments klingt zu Beginn des Romans an. Strittmatters typische Naturmetaphorik schickt Tauben aus, die allerdings eisern sind. Und es gibt kein episches Präteritum: Wie zu Beginn von *Ochsenkutscher* handelt der Dichter präsentisch offen. Gleichzeitig aber wird ein Geschehen aus den fünfziger Jahren präsentisch vergegenwärtigt. Die hier erzählte reisende Welt gewinnt durch diese Zeitstruktur, durch den Anfang motiviert, eine epische Totalität. Konkret bewegt sich der Planet durch den Kosmos, symbolisch aber reisen die Subjekte durch die Weltgeschichte mit ihrem utopischen Trachten und gleichermaßen ihrem Scheitern. Die kosmische Metaphorik des In-medias-res-Beginns der Prosa, die im Text leitmotivisch wieder anklingt, generiert einen Totalitätsanspruch des Textes, der, durch das Weltraumbild entwickelt, so grundsätzlich verstanden werden kann. Nicht mehr und nicht weniger – utopisches Trachten steht zur Diskussion. Der zweite Absatz des Beginns deutet auf Strittmatters literarische Dialektik: Das Dorf Blumenau steht exemplarisch für das Thema, die Kollektivierung der Landwirtschaft wird als Exemplum eines politischen Romans gesetzt, in dem der Mikrokosmos den Makrokosmos spiegeln soll – den großen Utopieversuch. Da das Geschehen im Ort Blumenau in einen kosmischen Kontext gesetzt wird, hat das Erzählte einen universalen Charakter. Gleichermaßen stellt der Autor jedoch die Frage, was ein Dorf eigentlich sei. Mithin relativiert er vehement die Möglichkeit der politischen Utopie, die des gesellschaftlich-unentfremdeten politischen Kollektivs. Insofern kann der Roman als ein dezidiert politischer, als ein Roman der Möglichkeit gelesen werden.

Zu Beginn von *Ole Bienkopp* ist die metaphorisch entfaltete Problemlage – die Möglichkeit einer Utopie – literarisch in eine generelle Skepsis verlegt. Strittmatter hat immer wieder auf die kosmische, rational kaum nachvollziehbare Qualität wahrhaftigen Schreibens, wie er es sieht, hingewiesen. Sie kann als sein poetisches Prinzip betrachtet werden. Noch kurz vor seinem Tode führt er im Oktober 1993 aus:

> Ich bin der Meinung, schon seit vielen Jahren, es kommt immer darauf an, wieviel Kosmos ein Buch enthält. Und wenn ich eine Weile lese und merke, dort kommt nicht ein Satz vor, der sich auf [...] das Kosmische bezieht, [...] dann bin ich schon nicht mehr so sehr davon überzeugt, daß es sich um Literatur handelt. [...] Ich sage immer, ich muß in einem Roman [...] das Kosmische finden, dann weiß ich auch, daß der Erzähler weiß, wo er lebt.[38]

Die Subjekte sind nach Strittmatters spätem Diktum nur "Teilbesitzer der Erde".[39] Die handelnden Subjekte in seinem Roman *Ole Bienkopp* stehen sowohl in einer naturhaften Totalität als auch in der Weltgeschichte. "Weltraumkälte" (OB 16) herrscht im Blumenauer Winter. Wenn die Kapitelanfänge in seinem Roman mit Naturbeschreibungen wie dem Jahreszeitenwechsel beginnen, dann liegt höchstens hier ein Moment von Heimatdichtung, der Strittmatter rasterhaft immer wieder zugeordnet wurde.[40] Von zentraler struktureller Bedeutung ist in diesem Kontext jedoch das Verhältnis von kosmischer, sich organisch verändernder Natur und den geschilderten konkreten gesellschaftlichen, entfremdet-statischen Verhältnissen. So von Strittmatter gefaßte organische Natur und realgesellschaftliche Fakten fallen auseinander. Es heißt lapidar im zweiten Teil des *Bienkopp*, wenn es um die Konflikte um die offenen Rinderställe geht: "Die Erde reist durch den Weltenraum. Ein Gesetz herrscht hier wie dort: Druck pflanzt sich fort." (OB 245) In der Folge schildert der Autor, wie die Zei-

---

[38] Erwin Strittmatter: *Nur, was ich weiß und fühle. Gespräch mit Alexander U. Martens*. Göttingen 1994. S. 60.
[39] Erwin Strittmatter: *Grüner Juni*. S. 128.
[40] Fritz J. Raddatz z. B. spricht in diesem Kontext von kleinbürgerlichem "Vierfarbendruck" und kompositorisch sinnlosem "Dekor", vom "Niveau des Dorfkabaretts", von "Schwere von Scholle und Dung und Gummistiefeln" (Fritz J. Raddatz: *Traditionen und Tendenzen. Materialien zur Literatur der DDR*. Frankfurt/M. 1976. S. 358ff.).

tung öffentlichen Druck auf den Parteigenossen Wunschgetreu ausübt, die offenen Ställe durchzusetzen. Dieser Satz stellt ein problematisches Verhältnis zwischen kosmischen und gesellschaftlich herrschenden Gesetzen her; sind die einen naturhaft, folgen die anderen dem im Roman kritisierten und karikierten politisch-repressiven Zentralismus der DDR. Gerade die Naturmetaphorik entwickelt die dem Roman eigene Gesellschaftskritik an den Verhältnissen in der DDR. Strittmatter ist insofern ein im Raddatzschen Sinne Naturdichter, als er auf das Verhältnis von Natur und Sozietät rekurriert. Hier wie dort herrschen Zwänge. Beide Elemente aber führt Strittmatter in ironischer Brechung im Romanganzen gegeneinander. Natur als solche ist keine Legitimation, sie bietet, wie zu zeigen sein wird, keine Antwort auf Fragen der Subjekte. Sie ist kosmisch, faktisch, um den Autor zu zitieren. Doppelbödigkeit und Brechung herrschen, ein situativer, ironischer Realismus.

"Die Erde rast durch den Weltenraum, und die Kinder in aller Welt spielen mit dem, was sie in der Heimat vorfinden: mit Kieseln, Muscheln, Blumen, Bombensplittern [...]" (OB 204f.). So beginnt die Episode über Märtkes Vorgeschichte. Das kosmische Subjekt Märtke, die spätere Geliebte Oles, also spielte wie andere in den Trümmern des Zweiten Weltkrieges. Heimatdichter Strittmatter? Offenbar ist die Heimat auch eine des Krieges. Diese jedenfalls hat, wenn sie so geschildert wird, keinen harmonischen oder gar sentimentalen Charakter. Durch die kosmische und die Naturmetaphorik entwickelt Strittmatters Prosa eine Antinomie, die zwischen organischem Werden und gesellschaftlichem Scheitern, sprich Nichtentwicklung, von geregelten naturhaften Abläufen und gesellschaftlich herrschenden Widersprüchen gezeichnet ist.[41]

---

[41] Die DDR-Forschung geht fehl, wenn behauptet wird: "Die Leistung Strittmatters besteht in der poetischen Darstellung des befreiten Menschen, welche die Vorgeschichte [...] dieser Befreiung ebenso einschließt, wie sie deutlich macht, daß der revolutionäre Prozeß vor nichts und niemandem halt macht und daß eine Veränderung [...] mit [...] seiner Umwelt verbunden ist; daß sie ebenso ein progressives Verhalten zu anderen Menschen einschließt, wie sie ein 'natürliches' Verhältnis zur Natur einschließt." (Martin Reso: Der Dichter und die wirklichen Dinge. Einführung in Leben und Werk. In: *Erwin Strittmatter. Analysen, Erörterungen, Gespräche.* [wie Anm. 10]. S. 9-43, hier S. 31f.). Davon kann in dem von Strittmatter gezeichneten Verhältnis von Mensch und Natur keine Rede sein! Oder es heißt zu Strittmatter: "Das Menschenbild, das Strittmatter in den großen Romanen seiner Schaffensperiode bis hin zu *Ole Bienkopp* gestaltet, wird wesentlich bestimmt aus der Auseinandersetzung der Romanfiguren mit der Natur, aus der Art und Weise, wie sie versuchen, sich zum Beherrscher der Natur aufzuschwingen." So völlig den Text mißverstehend Klaus Jarmatz: "Natur" in der Dichtung Erwin Strittmatters.

Ein ähnliches Verfahren läßt sich im Roman *Ochsenkutscher* beobachten: Der autoritäre Lehrer im Roman hat "Habichtsaugen", einen "Raubvogelblick" (Ok 12f.); Lope hat Läuse, und die Zigeuner, deren soziale Lage Strittmatter markiert, "brieten Igel" (Ok 13). Schließlich ist die natürliche menschliche Sexualität auch durch die gesellschaftlichen Zwangsverhältnisse deformiert, denn die Kinder kamen in der Familie Kleinermann "viel zu früh" (Ok 16), und Vater Kleinermann wollte Schlachter werden, doch: "Seinen Wunsch zerfraßen die Ochsen des gnädigen Herren." (Ok 15) Er wird, wie später der Sohn, Ochsenkutscher. In dem für Strittmatter spezifischen Andeutungsstil der kurzen Sätze, die durch epische Verdichtung einen anschaulichen Realismus der nüchternen Beschreibung generieren möchten, die in einer Dialektik von poetischer Klarheit und gleichermaßen episch andeutender Indirektheit operieren, heißt es zu Beginn des zweiten Romanteils von *Ole Bienkopp*:

> Die Erde reist durch den Weltenraum. Eine matte Sonne wälzt sich aus den Wäldern. Bleiches Licht fließt über die Erde. Die Landschaft lichtet sich. Die Sicht wird weiter. Frühherbst.
> Durch das taugraue Gras zieht sich eine Naht aus großen Tapfen. Die Tapfen hinterläßt ein Mann. Er geht in großen Gummistiefeln durch die Seewiesen.
> Die Sonne trifft den Waldsee. Der See schlägt sein Auge auf. Der Mann hebt die Hand an die Stirn. Das Geglitzer des Sees ist ihm zu laut. Frühherbst.
> Die Naht der Mannstapfen zieht sich weiter um den See und sagt: Hier ging der Vorsitzende der Landwirtschaftlichen Produktionsgenossenschaft BLÜHENDES FELD. Er ging am Sonntag vor Sonnenaufgang den See befragen.
> [...] Die Genossenschaft [...] zählt jetzt fünfundzwanzig Köpfe und mehr, denn Bienkopp ist ein Mann mit drei Köpfen und einem Dickkopf dazu. Es ist nicht zu verlangen, daß ihn [...] der dicke Serno, Fischer Anken [...] oder Tuten-Schulze [...] lieben. Für sie ist Bienkopp ein roter Bull, [...] ein Verbrecher an gutbäuerlichen Sitten, ein Sittlichkeitsverbrecher. (OB 165)

Bienkopp ist hier auch ein Anonymus im historischen, kosmischen Prozeß, ein Mann; so wie Lope nicht *der* – also ein bestimmter – Ochsenkutscher ist, wie der Titel andeutet, sondern nur einer unter vielen. Der Roman heißt schlicht *Ochsenkutscher*.[42] Wieder subsummiert der hier geschilderte epische Augenblick das Schicksal des einsamen Helden, der, wie der Autor

---

In: *Weggenossen. Fünfzehn Schriftsteller der DDR*. Hg. v. Klaus Jarmatz und Christel Berger. Frankfurt/M. 1975. S. 77-113, hier S. 84.
[42] Immer wieder wird der Romantitel *Ochsenkutscher* mit dem direkten Artikel "Der" falsch zitiert: Wolfgang Emmerich: *Kleine Literaturgeschichte der DDR*. 1. Auflage. Frankfurt/M. 1981 S. 230; Klaus Jarmatz: "Natur" in der Dichtung Erwin Strittmatters. S. 79; Norbert Kortz: Debut mit Schwierigkeiten. S. 120.

anklingen läßt, an den nicht gelösten Antagonismen scheitern, ja, wie Plenzdorfs Edgar Wibeau, am Ende tot sein wird und nicht in die sich entwickelnde Sozietät des Kollektivs hineinfindet. Schöne Natur, die geschilderte Herbststimmung und das Subjekt, der "Sittlichkeitsverbrecher", der Aktivist, "Bienkopp der überrumpelte Beackerer der Zukunft" (OB 202) fallen antagonistisch auseinander. Die Naturschilderung mündet in den Begriff "Verbrecher"; auch in den Sprachmustern gestaltet Strittmatter die hier geschilderte Antinomie. Und Antworten für die reale Problemlage weiß weder die Natur noch der Held, der sich *nicht* mit ihr eins weiß.

Die libidinösen, privaten Beziehungen sind auch in *Ole Bienkopp* gestört, Oles Ehe mit Anngret ist gescheitert; Anngret verläßt das Land – sie wechselt den Staat, wie Uwe Johnson gesagt hätte –, um dann zurückzukehren und zu sterben. Auch Anngret weiß sich nicht mehr im Einklang mit der Natur:

> Es dämmert. Die Wachteln singen im Roggen. Der Sprosser flötet. Anngret geht aus. Sie geht an den Kuhsee. Wildenten plärren, ein Reiher krächzt heiser. Anngret hört's nicht. [...] Sie ist eine Fremde. Eine ausgerissene Rose im See. Ein Spielzeug von Wellen und Wind. [...] Nirgendwo Antwort. Die Frösche quaken. Die Sterne stehn hoch. Die Erde kreist durch den Weltenraum. (OB 162)[43]

Ist Anngret eine Entwurzelte? Nur aus ihrer Perspektive wird das nur scheinbare auktoriale "Nirgendwo" thematisiert. Die genaue Antwort, die der Autor verweigert, verbirgt sich im Präsens. Damit wirkt Strittmatters Ironie situativ und gleichermaßen objektiv. Diese literarische Antinomie von organisch werdender Natur und einer fixen, die Figuren bestimmenden politischen Situation entwickelt der Autor bereits, wie ausgeführt, in *Ochsenkutscher*. An folgender Textstelle allerdings bestimmt Strittmatter grundsätzlich die Klassensituation:

---

[43] In Heinrich Heines Gedicht 'Fragen' heißt es: "Am Meer, am wüsten nächtlichen Meer/ steht ein Jüngling-Mann,/ Die Brust voll Wehmut, das Haupt voll Zweifel,/ Und mit düstern Lippen fragt er die Wogen:/ O löst mir das Rätsel des Lebens,/ Das qualvoll uralte Rätsel [...] Sag mir, was bedeutet der Mensch? [...] Wer wohnt dort oben auf goldenen Sternen?/ Es murmeln die Wogen ihr ewges Gemurmel,/ Es wehet der Wind, es fliehen die Wolken,/ Es blinken die Sterne gleichgültig und kalt,/ Und ein Narr wartet auf Antwort." (Heinrich Heine: *Gedichte*. Hg. v. Bernd Kortländer. Stuttgart 1993. S. 45.) Folgt Heinrich Heine einer ähnlichen Antinomie von Subjekt und Natur oder ist dieser Text im Sinne von Raddatz heimatliche Gummistiefeldichtung? Die Natur gibt auch hier keine Antwort.

> Und dann kommt der derbe Frost. Er leckt sich die letzten Blätter von den Bäumen. [...] Die Schlehen werden schmackhaft. [...] Die Kartoffeln haben ihren Frostknacks. Jetzt sind sie gut für die Schnapsbrennerei des gnädigen Herrn. Die arbeitslosen Bergleute hüten ihre Kartoffeln wie Kummerkinder vor dem Frost. So verschieden sind die Wünsche der Menschen. (Ok 315)

Ist in *Bienkopp* das scheiternde Subjekt, das sich auch in privaten Verstrickungen entwickelt, das Thema, so argumentiert der Autor in seinem Erstlingsroman radikaler: Im Verhältnis von Natur und Mensch geht es um das kollektive Subjekt, das allgemein Ochsenkutscher heißt, dessen Lage ob als Land- oder Minenarbeiter ausweglos ist. Der Wechsel der Jahreszeiten führt lediglich zu Hoffnungen, die in den offenen Schluß des Romans münden. In der literarischen Mikrostruktur markiert nur ein einziger Satz die feudale Lage. Das Verhältnis von Natur und Subjekt ist deutlicher gezeichnet. Eine marxistische Dialektik von Natur und Gesellschaft läßt sich in Strittmatters hier debattierten Romanen nicht beobachten. Strittmatter benutzt mit den Naturbildern ein literarisch tradiertes Stilmittel, das erst im Gesamtkontext ironisch und damit die vordergründigen Naturbilder brechend wirkt.

Fazit: Genau hierin, in der Systemkritik, ob von politischen oder religiösen Systemen, liegt Strittmatters politische und literarische Aktualität. Der Autor ist nicht dingfest zu machen. *Ochsenkutscher* und *Ole Bienkopp* – beide Romane haben einen ins Hier und Jetzt und wohl möglich in die Zukunft übertragbaren Modellcharakter. Insofern erscheint es erkenntnistheoretisch äußerst ungenügend, anhand von aufgelisteter Einzelmotivik mit Strittmatter literaturwissenschaftlich umzugehen. Die Natur kann aber nach Strittmatter Hoffnung geben, mehr nicht.

> Es geht auf Mai zu. Das Land schwelgt im Blütenrausch [...]. Die Kastanienkerzen stellen sich. [...] Die Nächte sind durchrauscht von Blütenfülle und Saftdrang. Die Erde will sich bewähren. In die unterdrückten Menschen fährt etwas wie Hoffnung. (Ok 338)

Margrid Bircken

Über die Notwendigkeit kultureller Brücken im eigenen Land

The article examines the contexts in which literary works that were written in the G.D.R. can be meaningfully read beyond bipolar ideological categorizations. Those are, on the one hand, the context of socialist literature – the context of a different, an „other" modernism – and, on the other hand, the generational context. This shall be indicated by the example of Anna Segher's generation, that transmits the „double break" as experience, and by the example of her work, more specifically, her last collection of novellas Drei Frauen aus Haiti *(1980).*

1. Über das Problem der Deutungsmacht

Wenn man sich einläßt auf ein Projekt, das einen "abgeschlossenen Gegenstand" öffnen will für neuerliche Betrachtungsweisen, sieht man sich einer Vielzahl von Gebrauchsanweisungen, Ge- und Verbotstafeln gegenüber. In unserem Fall geht es um die DDR-Literatur, die insbesondere von der westdeutschen Literaturwissenschaft und am spektakulärsten im deutsch-deutschen Literaturstreit der Feuilletons um Christa Wolfs *Was bleibt* unter Verdikt gestellt wurde. Dabei ging es nicht nur um die Auseinandersetzung um Christa Wolf, sondern um die Deutungsmacht über "die" DDR und ihre Literatur.[1] Inzwischen haben sich daran auch einige wenige LiteraturwissenschaftlerInnen beteiligt, für die die Begriffsarbeit gleichzeitig Erinnerungsarbeit an die eigene Wissenschaftssozialisation in der DDR bedeutet.[2] Nach dem Ende des Staates DDR konnte man verstärkt

---

[1] Vgl. u.a. Thomas Anz: *Es geht nicht um Christa Wolf. Der Literaturstreit im vereinten Deutschland.* Erw. Ausgabe. Frankfurt/M. 1995; Bernd Wittek: *Der Literaturstreit um Christa Wolf und die deutsch-deutsche Gegenwartsliteratur in Zeitungen und Zeitschriften von Juni 1990 bis Ende 1992.* Marburg 1997. Wolfgang Emmerich: *Die andere deutsche Literatur. Aufsätze zur Literatur aus der DDR.* Opladen 1994; Richard Herzinger/Heinz-Peter Preußer: Die Resistenz der Bilder. Literatur als kulturphilosophische Kritik der Modernisierung. Aspekte einer Neubewertung. In: *Wirkendes Wort* 43 (1993). H. 1. S. 121-144.

[2] Vgl. Ursula Heukenkamp: Ortsgebundenheit. Die DDR-Literatur als Variante des Regionalismus in der deutschen Nachkriegsliteratur. In: *Weimarer Beiträge* 42 (1996) H. 1. S. 30-53; dies.: Eine Geschichte oder viele Geschichten der deutschen Literatur seit 1945? Gründe und Gegengründe. In: *Zeitschrift für Germanistik* NF V (1995). H. 1. S. 22-37; Rainer Rosenberg: Was war DDR-Literatur? Die Diskus-

eine Tendenz beobachten, daß sich AutorInnen nachträglich aus dem DDR-Staatskontext, der Konkursmasse DDR, lösten bzw. daß sie daraus von der Literaturwissenschaft oder -kritik gelöst wurden. Auch wenn der Terminus "DDR-Literatur" kulturpolitisch in der DDR funktionalisiert wurde, um AutorInnen für parteipolitische Zwecke zu vereinnahmen, bleibt das Faktum, daß viele AutorInnen innerhalb der DDR-Gesellschaft Wirkungen hinsichtlich der Humanisierung eines Gemeinwesen hatten, und das trotz aller Zensur- und Staatssicherheitsmaßnahmen. Die Humanisierungsfunktion der Literatur aber wird z.B. in Frage gestellt, wenn in gegenwärtigen Rückblicken der Eindruck erzeugt wird, DDR-Wirklichkeit sei "bis auf den Grund" parteipolitisch gesteuert, sie sei bis in die letzten Winkel ihres Gemeinwesens ideologisch determiniert gewesen. So schreibt z.B. Julia Kormann über diesen Wirkungszusammenhang, der "von Anbeginn der DDR an galt":

> Sowohl die parteiamtlichen Vorgaben als auch deren Auslegung in einem öffentlichen Diskurs stellen die vom Individuum als objektiv erfahrene Wirklichkeit dar, die gegenüber der vom Individuum wahrnehmbaren Realität des Alltags alleinige Gültigkeit beansprucht. Die Negation der individuellen Wahrnehmung zugunsten einer propagierten Realität oktroyiert dem Individuum von der Gesellschaft vorgegebene Interaktionsmuster gegenüber dieser auf und verdeckt die vorhandenen Konfliktpotentiale.[3]

Als Gegenerinnerung stelle ich hier die These auf: Meine Erfahrungen, die ich in den literarischen Texten von Schriftstellerinnen und Schriftstellern in der DDR suchte und bestätigt fand, wurden grundlegend davon bestimmt, daß in ihnen der Finger auf die Wunden gelegt wurde, daß die "vorhandenen Konfliktpotentiale" gestaltet wurden.[4] Aber nach Julia Kormanns Prämissen für die wahrheitsgemäße Untersuchung sind nicht die Erinnerungen der DDR-Bewohner entscheidend. Sie rät einem fiktiven Urenkel Bernd Schirmers (Jahrgang 1940) zur Vorsicht, der solle nicht "der Generation seines Urgroßvaters allzu leichtfertig Glauben schenken, wenn sie ihm die Zusammenhänge erläutern will: der Frage nach dem Zu-

---

sion um den Gegenstand in der Literaturwissenschaft der Bundesrepublik Deutschland. In: *Zeitschrift für Germanistik* NF V (1995). H. 1. S. 9-21.
[3] Julia Kormann: *Literatur und Wende. Ostdeutsche Autorinnen und Autoren nach 1989*. Wiesbaden 1999. S. 39.
[4] Die Konfliktpotentiale z.B. zwischen Individuation und notwendiger Sozialisation, die für jede menschliche Gemeinschaft gelten, haben für mich nichts mit "verschlüsselter Dissidenz" gemeinsam. Vgl. Karl Deiritz: Zur Klärung eines Sachverhalts – Literatur und Staatssicherheit. In: Karl Deiritz/Hannes Krauss (Hg.): *Verrat an der Kunst? Rückblicke auf die DDR-Literatur*. Berlin 1993. S. 12.

stand der Gesellschaft und dem Befinden in ihr".[5] Den literarischen Werken aus jener abgeschlossenen Zeit und Gesellschaft, genauer ihren Interpretationen, mißt sie allerdings diese Aussagekraft zu. Der merkwürdige Widerspruch, der sich aus der Ausblendung konkreter menschlicher Erfahrung lebender Subjekte einerseits und der Praktikabilität literarischer Abbilder für die eigenen Wahrheitsansprüche andererseits herstellt, kommt hier nicht ins Blickfeld. Zu Ende gedacht konstruiert es den oben für die DDR-Gesellschaft beschriebenen Widerspruch neu: die "Negation der individuellen Wahrnehmung zugunsten einer propagierten Realität", die insbesondere den "Neubürgern" Interaktionsmuster vorgibt, in denen sie sich wiederzufinden haben. Bei Maaz heißt es dazu:

> Ein wirkliches Verständnis der vereinten Deutschen füreinander – ein Verstehen, das Zuhören, Einfühlen, Akzeptieren und Tolerieren von Verschiedenheiten voraussetzen würde und dann bereit wäre, die eigenen Meinungen, die ja stark an die spezifischen Sozialisationsbedingungen gebunden sind, kritisch zur Disposition zu stellen und zu relativieren, hat als nennenswerte Größe in der Gesellschaft nicht stattgefunden. Sondern die einen haben Recht, sie wissen angeblich alles und bestimmen folglich, und die anderen müssen – wie eh und je – sich fügen, anpassen und möglichst rasch herausfinden, was jetzt die richtige Ansicht von Dingen ist und welches Verhalten dazu paßt. Dies ist das Beschämendste.[6]

Zu den verordneten Interaktionsmustern gehören z.B. die Zuschreibungen von Wolfgang Emmerich, der über die Bedeutung der DDR-Literatur für die DDR-Bürger resümiert: Sie habe politisch-kompensatorische Funktion gehabt, insbesondere die, eine "utopische Sehnsucht" nach dem "wahren Sozialismus" zu stillen.[7] Im Unterschied dazu führt meine Erinnerung zu der Behauptung, daß Werke der DDR-Literatur die Sehnsucht nicht gestillt, sondern wach gehalten und angestachelt haben. Forschungsaufgabe müßte es also sein, die Konfliktpotentiale aufzuhellen und nicht vorschnell durch neue nivellierende Interaktionsmuster zu ersetzen. Versuchsweise könnte man sich von dem stigmatisierten Begriff "DDR-Literatur" trennen, wenn mit der "Literatur in der DDR" ein Begriff, ein "Feld" eröffnet würde, um die Literaturverhältnisse in dieser DDR-Gesellschaft jenseits von Schuldzuweisungen untersuchen zu können. Anders als Julia Kormann

---

[5] Julia Kormann: *Literatur und Wende.* S. 12f.
[6] Hans-Joachim Maaz: *Die Entrüstung. Deutschland, Deutschland – Stasi, Schuld und Sündenbock.* Berlin 1992. S. 12.
[7] Vgl. Wolfgang Emmerich: Versungen und vertan? Rückblicke auf 40 Jahre DDR-Literatur und Geschichtsschreibung der DDR-Literatur. In: *Oxford German Studies* 27 (1998). S. 141-168.

gehe ich nicht davon aus, daß der gegenwärtige literaturwissenschaftliche Diskurs weit über das Paradigma der Konformität oder Dissidenz der AutorInnen hinausgelangt ist.[8] Ich halte es aber für produktiver, auszusteigen aus einem "Muster", das nur nach Konformität oder Dissidenz in bezug auf ein Staatswesen fragt, weil das m.E. ein aktuelles, gesellschaftlich "oktroyiertes Interaktionsmuster" ist. Produktiv könnten Kontextualisierungen sein, die jenseits aktueller Politisierungen dennoch dem besonderen gesellschaftlichen Funktionsverständnis von AutorInnen in der DDR nachgehen – ihren Verständnissen von "sozialistischer Literatur", z.B. bei der Beförderung von Gemeinsinn.

2. Fragen im Kontext sozialistischer Literatur

Ist die Literatur in der DDR als Teil bzw. zu Teilen als deutsche sozialistische Literatur zu beschreiben, die sich seit der Entstehung des deutschen Frühproletariats in Pamphleten und Gedichten des 19. Jahrhunderts äußerte, in der ersten Hälfte des 20. Jahrhunderts sich in allen Literaturgattungen erprobte und dem Marxschen Grundsatz gehorchte, alle "Verhältnisse umzuwerfen, in denen der Mensch ein erniedrigtes, ein geknechtetes, ein verlassenes, ein verächtliches Wesen ist"? Das im *Lexikon sozialistischer Literatur* (1994) vorgelegte Material zur Geschichte der sozialistischen deutschen Literatur endet 1945, für die Besatzungszonen und die Geschichte der vergangenen 40 Jahre in beiden deutschen Staaten steht die Erforschung der "sozialistische Literatur" jenseits des bipolaren Denkens noch aus. Für die ersten 100 Jahre sozialistischer Literatur wurde festgestellt, daß sie "eng mit Arbeiterbewegung und Ideengeschichte des Sozialismus verbunden" war, daß sie eine in den "Zeitkämpfen operierende Literatur" war, "die weder ästhetisch rein noch national borniert sich äußern und wirken wollte", und daß Kontroversen zu ihrer Geschichte gehörten.[9] Zur Geschichte der letzten 10 Jahre gehört, daß mit dem Zusammenbruch des sich als sozialistisch bzw. kommunistisch verstehenden Staatensystems auch ein radikaler Wertewandel der marxistischen Ideen einhergeht, der das Untersuchungsfeld zu einem unübersichtlichen Gelände macht. Für die hier als sozialistisch bezeichnete Literatur ist eine Verstän-

---

[8] Diese Einschätzung ist eine Zuspitzung. Ausdrücklich ausnehmen davon möchte ich die Veröffentlichungen des Zentrums für zeithistorische Forschung Potsdam e.V., u.a.: Simone Barck, Martina Langermann, Siegfried Lokatis: *"Jedes Buch ein Abenteuer". Zensursystem und literarische Öffentlichkeiten in der DDR bis Ende der sechziger Jahre.* Berlin 1997.
[9] Vgl. *Lexikon sozialistischer Literatur. Ihre Geschichte in Deutschland bis 1945.* Hg. von Simone Barck, Silvia Schlenstedt, Tanja Bürgel, Volker Giel und Dieter Schiller. Stuttgart und Weimar 1994. S. V.

digung über den verwendeten Begriff der "marxistischen Ideen" notwendig, der mir eher als der totgeredete Begriff des "sozialistischen Realismus" geeignet erscheint, sich der deutschen sozialistischen Literatur und ihren Produzenten nach 1945 anzunähern. Marx hatte nach seinem Selbstverständnis ein wissenschaftliches Denkgebäude geschaffen, das den Weg zum Sozialismus und Kommunismus mit dem Namen "historischer Materialismus" beschreibt. Je nach Kultur und Entwicklungsstand eines Landes und bedingt auch durch aktuelle Zeitereignisse ist der "Marxismus" keine einheitliche Theorie, sondern ein Sammelbegriff für verschiedene, sich oft widersprechende Schulen. Für die älteste Generation der AutorInnen, die in der DDR arbeitete, die ihre wichtigste theoretische Sozialisation in der Weimarer Republik erhielt, sind als marxistische Diskurse durchaus die "originalen" Marx- und Engels-Schriften prägend, die "positivistisch vereinfachende[n] Interpretationen Lenins" und seiner Nachfolger, die "deterministische[n] K. Kautskys, die reformistische[n] des Austro-Marxismus, die heilsgeschichtliche[n] E. Blochs, die messianische[n] W. Benjamins und letztlich auch der Kritischen Theorie von M. Horkheimer und T.W. Adorno".[10] Für manche AutorInnen, wie z.B. Seghers, die auch die französische Nachkriegsentwicklung besonders aufmerksam wahrnahm (ihr Sohn studierte in Paris und sie besuchte ihn häufig), könnten auch die strukturalistischen Modelle von L. Althusser anregend gewesen sein. Ob dasselbe für die humanistischen Konzepte von E. Fromm, für die basisdemokratischen der jugoslawischen "Praxis"-Gruppe oder für die aktionistischen eines Teils der Studentenbewegung von 1968 gilt, muß gleichfalls noch genauer untersucht werden. Möglicherweise gibt es eine "Generationengrenze" bei der Aufnahme neuer Denkmodelle, die sich auf Marx berufen. Mir scheint, daß die älteste Schriftstellergeneration, die in der DDR arbeitete, sich an Marx' Positionen orientierte.

Welche Themen und Kontroversen bestimmten die sozialistische Literatur in der DDR, welche Gruppierungen gab es? Wie stellte sich das Verhältnis zwischen Individuum und Kollektivum im Werk dar? Welche Rolle schrieb sich der Schriftsteller zu, welche wurde ihm zugeschrieben? Weshalb eigentlich sollte das Selbstverständnis eines Künstlers, das auf ein "Bündnis mit den Lesern" setzt, nicht als selbstbestimmter Konfliktrahmen ernst genommen werden können? Erinnert sei an Anna Seghers' Beschwörungsformel im Vorwort zum Roman *Die Rettung*, als der 1947 in Deutschland wieder erschien: "Der Autor und der Leser sind im Bunde: sie versuchen zusammen auf die Wahrheit zu kommen."[11] Wie hat man an

---

[10] Anton Hügli, Paul Lübcke (Hg.): *Philosophielexikon*. CD-ROM. München 1995. Stichwort Marxismus.
[11] Anna Seghers: *Die Rettung*. Berlin 1947. Vorwort.

einem neuen Eigentümerbewußtsein mitgearbeitet? Wie wurde in der Literatur nach 1945 das Verhältnis zwischen Demokratie und Sozialismus thematisiert, das sich spätestens seit den 30er Jahren des 20. Jahrhunderts zum Scheidepunkt entwickelt hatte? Wie hat man sich über das Verhältnis von sozialer und politischer Freiheit auseinandergesetzt? Welche Bedeutung hatte das Erlebnis von Vernichtung und Gewalt in den Lagern, in den Feldzügen, in den bombardierten Städten, welche Bedeutung hat das Erlebnis von Entfremdung durch die Exilierung? Ist damit nicht die marxistische Gesellschaftsvorstellung gestorben? Solche und ähnliche Fragen sind durchaus schon von der literaturwissenschaftlichen Forschung aufgenommen worden, aber, wie mir scheint, vorrangig unter historisch-soziologischem Aspekt – z.B. inwieweit hat ein Autor/eine Autorin direkt ein politisches/kulturpolitisches Amt ausgeübt oder inwieweit stimmten die parteipolitischen Richtlinien der SED mit den thematischen Abbildern in der Literatur überein/nicht überein. M.E. sind das Reduktionen, die hinterlistig die kulturpolitisch enggeführte Abbildtheorie von Lukács wieder auferstehen lassen. Wichtig wäre aber eine erneuerte Lektüre, die die literarischen Modelle vielstimmiger zu interpretieren sucht – als sehr eigenständige Erfahrungsbilder dieses Jahrhunderts.

3. Bruch oder Tradierung der Moderne nach 1945?

Auch die Versuche, die literarischen Werke sozialistischer Schriftsteller nach den Traditionsmustern der Literatur der Vorkriegsmoderne zu bewerten, bleiben oft unbefriedigend. Der aktuelle Trend in der Kunstwissenschaft, die Kunstentwicklung in der DDR durch Parallelisierung mit der faschistischen Kunst zu klassifizieren, führt immer wieder zu spektakulären Ereignissen, wie jüngst in der in Weimar gezeigten Kunstausstellung (1999).[12] Analog wird dabei ein sogenannter "ästhetischer Konservatismus" konstatiert, der im Faschismus und Sozialismus vergleichbare Verdikte gegen eine autonome Kunst bzw. antimimetische Kunstkonzepte hervorgebracht habe. Die Folge sei jeweils "Abbruch der Moderne" gewesen. Die Gleichsetzung von Moderne mit "autonomer Kunst" bzw. "antimimetischer Kunst" ist aber fragwürdig. Die Schriftsteller, die 1933

---

[12] Die Ausstellung "Aufstieg und Fall der Moderne", Weimar 1999, inszenierte nach eigenem Selbstverständnis das Spannungsverhältnis zwischen Avantgarde und konservativen Strömungen im 20. Jahrhundert. Sie stellte dazu im Schloßmuseum die klassische Moderne von Cézanne bis Rodin vor; im zweiten Ausstellungsteil gerieten im "Gauforum" die von Hitler zwischen 1937 und 1944 erworbenen Werke und diejenigen aus 40 Jahren DDR nebeneinander. Vgl. als "Gegenentwurf": Hermann Raum: *Bildende Kunst in der DDR. Die andere Moderne. Werke – Tendenzen – Bleibendes*. Berlin 2000.

Deutschland verlassen mußten, nahmen "ihre" Moderne zwar als "Erbe" in ihrem Gepäck mit, aber sie gingen im Bewußtsein, die eigentliche künstlerische Avantgarde gewesen zu sein, die gesellschaftliche Wirksamkeit und künstlerische Neuformierung probiert hatte. Als sie nach 1945 zurückkehrten, mag es ihnen so ergangen sein wie es der Heimkehrer Adorno beschrieb: Wenn man zurückkehrt aus der Verbannung, so ist man zugleich gealtert und jung geblieben, vergleichbar einem Toten, der so in Erinnerung bleibt, wie man ihn zuletzt kannte. Das gesellschaftspolitische Postulat, das viele Künstler in der DDR unterstützten, hieß "Neuanfang". In den westlichen Besatzungszonen hatte die "Kahlschlag"-Literatur tendenziell den gleichen Impetus. Dann setzte sich aber doch ziemlich rasch durch amerikanischen Einfluß die Moderne als Trend durch. Viel provokanter wäre also die Frage, ob die Kunst nach 1945 in der Bundesrepublik nicht bloß in "epigonaler Manier an das anknüpfte, was die europäischen Avantgardebewegungen ehemals zerschlagen hatten"?[13] Ganz sicher ist es aber so, daß der mit dem Kalten Krieg verbundene Kulturkampf zwischen Ost und West die Tradierung von Autoren der Moderne – Kafka als Stichwort – in der DDR sehr stark behindert hat. Für solche Autoren wie Seghers, die Kafka früh zu ihren realistischen Lehrmeistern rechnete, hatte das zur Folge, daß es ihr ein dauerndes Ärgernis war, ihn ausgegrenzt zu sehen. In einer Mappe, die Stichworte eines Redemanuskripts enthält, schrieb sie: "Warum ließen wir dem Westen Zeit, Kafka für sich zu pachten? Und nicht die Frage: Was drucken und wann? Schliessl. wird er mit gequältem Gesicht publiziert."[14]

Quer zu den Defizitkonzepten lohnt sich die Frage, ob es nicht gerade in der Kunst der DDR im sozialistischen Kontext einen starken avantgardistischen Anlauf gab, der dann mit der bundesdeutschen Entwicklung der Moderne zusammenlief. Mir scheint eine Einschätzung wie die von Hannes Krauss über "DDR-Literatur im Kontext der Moderne"[15] nur eine schon vorher gewußte Meinung beweisen zu wollen: "Sozialistische Moderne" sei letztlich eine "Quadratur des Kreises".

Was nützt es aber bewiesen zu haben, daß die gedruckten Bücher von AutorInnen der DDR nicht so recht in ein bürgerliches Moderne-Konzept passen bzw. ein Zu-Spät-Kommen – wie im Falle von Christa Wolfs *Sommerstück* – signalisieren? Wenn die These vom verspäteten "Ankommen"

---

[13] Hans Joachim Piechotta, Ralph-Rainer Wuthenow, Sabine Rothemann (Hg.): *Die literarische Moderne in Europa*. Bd. 3. Opladen 1994. S. 7 (Vorwort).
[14] Akademie der Künste Berlin – Brandenburg, Anna-Seghers-Archiv. Signatur 613.
[15] Hannes Krauss: DDR-Prosa und Moderne. In: Piechotta/Wuthenow/Rothemann (Hg.): *Die literarische Moderne in Europa*. Bd. 3. Opladen 1994. S. 220-237.

Christa Wolfs in der Moderne stimmt, müßte dann nicht auch die Überlegung gestattet sein, ob damit das Zeichen des Verlustes eines "anderen" – wie auch immer zu nennenden – alternativen Kunstkonzepts in den 70er Jahren zu konstatieren sei? Es hatte unter den "Jungen" bis 1965 ein künstlerisches Konzept gegeben, das auf ein "kollektives Experiment mit der *conditio humana,* mit den mitmenschlichen Ausdrucksmöglichkeiten" hinauslief, auf "Unmittelbarkeit", die aber keine Tyrannei der Intimität war, auf "Unangreifbarkeit der Person, aber nicht auf der Grundlage von Macht, Besitz und Titeln".[16] Dieses Konzept der "Jungen" war damals gescheitert und übriggeblieben waren lose verbundene "Einzelkämpfer", die "ihr Los und ihre Rolle in moralischen statt wie früher in politischen Kategorien"[17] deuteten. "Sie begriffen sich als Ethiker. Und wie alle Ethiker, so schien auch ihnen die Veränderung der Welt mit der Verteidigung der Wahrheit und Wahrhaftigkeit zusammenzufallen. Wenn man der Wirklichkeit nicht beikommt, rettet man den Geist."[18] Noch einmal waren es die Schriftsteller und Künstler aus allen Generationen, aus der ältesten Generation Steffi Spira und Stefan Heym und aus der jüngeren Steffen Mensching und Hans-Eckardt Wenzel, die auf der großen Demonstration am 4. November 1989 in Berlin das Wort ergriffen und sich einig waren, daß es hier jetzt endlich um die Verbindung von Sozialismus und Demokratie gehen müsse, daß sich Einzelinteressen in Gruppeninteressen bündeln müßten und dadurch Autorität gewinnen könnten. Vom Scheitern des Sozialismus war damals noch nicht die Rede. Aber das gemeinsame Projekt eines demokratischen Sozialismus kam nicht zustande. Wolfgang Engler benennt dafür bei seiner Analyse der politischen Kräfte des Herbstes 1989 folgende Ursachen:

> Die Reformer konnten die Außensicht der Aussteiger, die Aussteiger die Innensicht der Reformer nicht in ihr eigenes Weltbild integrieren. Die eine Fraktion wollte die Macht und übersah die Glaubwürdigkeitslücke in ihrem Anspruch. Die andere Fraktion wollte sich und das Volk gerade von der Macht befreien und ignorierte die Machtlücke in ihrem Wunsch. Die nationale Frage ignorierten die Fraktionen gleichermaßen. [...] Beide waren den Aufgaben, die ihnen die Zeit des Umbruchs stellte, nicht gewachsen. Die Spaltung war daher ein Unglück für den 89er Herbst.[19]

---

[16] Wolfgang Engler: *Die Ostdeutschen. Kunde von einem verlorenen Land.* Berlin und Weimar 1999. S. 131.
[17] Ebd. S. 135.
[18] Ebd.
[19] Ebd. S. 339.

Wiederholte sich 1989 nur, was sich schon 40 Jahre vorher als Unglück erwiesen hatte – die Spaltung der Reformkräfte, die einen wirklichen Neuanfang nach dem Krieg verhinderte?

Die Erfahrungen des historischen Bruchs müßten in diesem Zusammenhang für die ältere Schriftstellergeneration, die nach 1945 aus dem Exil oder aus den Lagern in die SBZ/DDR gekommen waren, auch neu befragt werden, vor allem im Hinblick auf das persönliche "Freischreiben" von bedrängenden Trauma-Erfahrungen, aber auch als Gegenentwurf zu allen politischen Forderungen, die Vergangenheit "ruhen" zu lassen. Bruno Apitz' Roman *Nackt unter Wölfen* wäre dafür ein lohnendes Untersuchungsobjekt, denn die Einschätzung, es handle sich hier um ein Werk mit "selbst-zweifelsfreier Heilsgewißheit",[20] läßt völlig außer acht, wann das Buch entstand, welche anderen Werke aus den späten 50ern mit KZ-Erfahrungen daneben gestellt werden können. Wenigstens das Bemühen müßte literaturwissenschaftlich beschreibbar sein, daß Bruno Apitz sich vorwagte in die eigenen Erinnerungen und dafür – nachvollziehbar – Rückzugsgefechte in konventionelle Erzählformen und klassische Illusionslösungen führte. Daran könnte dann Theodor W. Adornos These vom "Standort des Erzählers" abgearbeitet werden: "Zerfallen ist die Identität der Erfahrung, das in sich kontinuierliche und artikulierte Leben, das die Haltung des Erzählers einzig gestattet."[21]

Welche lebenserhaltende Bedeutung hatte es statt dessen für den Autor, daß sein Buch zu diesem relativ frühen Zeitpunkt in der Erinnerungskultur der DDR und darüber hinaus zu einem Bestseller wurde? Der gegenwärtige Boom der Erinnerungsliteratur von Opfern des Faschismus sollte nicht darüber hinwegtäuschen, daß es für viele zu spät kommt! Diese Überlegungen verweisen auf den Status von lebensweltlichen Zusammenhängen, der jeder literaturwissenschaftlichen Fragestellung vorgängig ist. Wäre darin aber für die spezifische Kunstentwicklung in der SBZ/DDR-Nachkriegskunst der Trend zu finden, den Seghers mit der Überwindung der unsäglichen Trennung von "Tendenzkunst" und "reiner" Kunst anstrebte?

Oder das andere schon genannte Beispiel: Becher. Aufschlußreich könnte sein, wie der in dem obengenannten Aufsatz von Hannes Krauss als "machtbewusster Dichter-Politiker" bezeichnete Johannes R. Becher den "Abgrund des Widerspruchs" lebbar machen wollte zwischen der Existenz als Dichter und als Politiker. Wie hat sich der Widerspruch eingeschrieben in den Text? Welche Erfahrungsmuster drücken sich in den Kombinatio-

---

[20] Hannes Krauss: *DDR-Prosa und Moderne*. S. 224.
[21] Theodor W. Adorno: Standort des Erzählers im zeitgenössischen Roman. In: Ders.: *Noten zur Literatur I*. Frankfurt/M. 1958. S. 62.

nen von glatten Konstruktionen und in den surrealistischen Bildern aus? Inwiefern liefert der Text für seinen Autor "Produktivität", für seinen Leser "Provokation", auch in dem Sinne als Widerspruchsfeld, denn gerade diese Generation ist noch nicht ausreichend charakterisiert mit der von Walter Markow vorgenommenen Einteilung seiner Genossen in Partisanen und Funktionäre in seiner *Zwiesprache mit dem Jahrhundert* – oft genug waren Schriftsteller beides.

4. Der Generationenkontext als Raster für Neulektüre

In bezug auf den Generationenkontext und seine Bedeutung für eine Neulektüre interessiert mich, daß die "Großen" der DDR-Literatur von ihrer Herkunft bürgerlich waren und allermeist in jungen Jahren die Entscheidung getroffen hatten, aus der Herkunftsfamilie herauszutreten, sich "unvertrauten" Wirklichkeitsbereichen zu öffnen, die Radikalität und den Traditionsbruch, den der Marxismus darstellt, als Legitimation der eigenen Entscheidung zu benutzen. Karl Mannheim (1893-1947) hatte in den 20er Jahren in seinen soziologischen Überlegungen festgestellt, daß sich alle Elemente des geistigen Kosmos immer mehr funktionalisieren, d.h., daß der Konservative nicht nur seine Interessen durchsetzen will, sondern zugleich "seine Welt", in der seine Interessen heimisch sind; der "Bürgerliche will nicht nur die Bewilligung seiner Ansprüche, sondern eine Welt, deren Mentalität durch ihn geprägt wird. Der Proletarier will nicht nur seine Zukunft, sondern eine Zukunft, die seiner Geistigkeit entspricht".[22] Welche Vorstellungen von welcher Welt und welcher Zukunft werden in den literarischen und essayistischen Texten von den genannten Intellektuellen nach ihrem Bruch transportiert? Oder anders gefragt: Welche spezifische Denkform haben die ihrer Herkunft nach bürgerlichen Intellektuellen ausgebildet, um die Divergenz der klassenmäßig unterschiedlichen Konzepte von "Weltwollen" (Mannheim) auszuhalten bzw. sogar fruchtbar zu machen?

Lebensbedingungen und Werkschaffen mit ihrem spezifischen Traditionsbezug zu untersuchen, ist für AutorInnen wie Becher, Seghers und Brecht besonders aufschlußreich hinsichtlich der Frage, inwieweit mimetische "Realismus"-Modelle, die sich einer neuen sozialen Wirklichkeit verpflichtet fühlen, und spezifisches Formbewußtsein, das in der Tradition der Moderne der 1. Hälfte des 20. Jahrhunderts steht, zusammenkommen bzw. in Frage gestellt werden.

---

[22] Karl Mannheim: *Konservatismus. Ein Beitrag zur Soziologie des Wissens.* Frankfurt/M. 1984. S. 73.

Die für die Literaturgeschichtsschreibung des 20. Jahrhunderts interessante Frage ist dabei, wie sich der "doppelte Bruch" – zum einen der bewußte Austritt aus der bürgerlichen Welt und der unfreiwillige, gewaltsame Abbruch nach 1933 – auf die Schreibstrategien der zurückgekehrten Exilanten nach 1945 ausgewirkt hat. Mir scheint die bisher übliche literaturhistorische Praxis, Schreibweisen und Textstrukturen mit der jeweiligen Gegenwart, den parteipolitischen oder allgemein gesellschaftspolitischen Gegebenheiten *nach* 1945 zu verkoppeln, zu kurz zu greifen. Viel stärker wirken m.E. Prägungen, die aus Jugend- und frühen Erwachsenenjahren mit in die Emigration genommen worden waren und nun – auf welche Weise auch immer – modifiziert, verstärkt, verhärtet als Erfahrungsraster die Wahrnehmungen der Nachkriegswirklichkeit beeinflußten.

Ich interessiere mich in einer ersten Annäherung vor allem für den Aspekt der Generationenproblematik in den Literaturverhältnissen der DDR, die durch Generationsgemeinschaften geprägt sind: Mit Wolfgang Engler möchte ich nicht jede Geburtskohorte als Generation bezeichnen, sondern nur diejenigen zu einer Generation zusammenfassen, deren Lebenszeit durch deutlich prägende "Ereignisse" bestimmt wird. Trotz der Unterschiede in sozialer Hinsicht oder im Geschlecht zeichnen sich diese "Generationen" genannten Gruppen historisch-soziologisch durch gemeinsame Verarbeitungs- und Handlungsformen aus.[23]

Der historisch-soziologische Generationenbegriff im Anschluß an Karl Mannheims *Das Problem der Generationen* (1928) faßt als wesentliche Elemente einer Generation die gemeinsame Generationslagerung, den Generationszusammenhang und die Generationseinheit. Mannheims Generationsbegriff ist analog zum Klassenbegriff definiert. Für die "Generationenlagerung" gilt als objektives Merkmal die Zugehörigkeit zu einer Altersgruppe im historisch diskontinuierlichen Zeitraum; für den "Generationszusammenhang" wird das gemeinsame Betroffensein von schicksalhaften Ereignissen bestimmend; eine "Generationseinheit" wird hergestellt durch Handlungs- und Orientierungsmuster einer Generation, die tendenziell aufeinander bezogen sind und Ähnlichkeiten aufweisen:

Mannheims These besagt, daß die Mitglieder einer Generation durch kollektiv erlebte historisch-soziale Primärerfahrungen in ihrer Jugendphase so stark geprägt werden, daß sie eine Erlebnisgemeinschaft bilden; sie entwickeln vor dem Hintergrund historischer, epochenbestimmender Schlüsselerlebnisse ein 'natürliches Weltbild', das die politischen und sozialen Haltungen in der Regel lebenslang prägt. Zwischen den Generationen finden sich dementsprechend deut-

---

[23] Vgl. Wolfgang Engler: *Die Ostdeutschen*.

liche Unterschiede in den kognitiven Weltbildern, ja im gesamten Habitus, also den Wahrnehmungs-, Urteils-, Deutungs- und Handlungsmustern.[24]

Es hat gegenwärtig den Anschein, als könnten die verschiedenen Altersgruppen in Deutschland in dieser als "postmodern bezeichneten Zeit" nicht mehr als "Generationen" mit kollektiv erlebten historisch-sozialen Primärerlebnissen beschrieben werden, weil, wie Liebau meint, sich die Generationseinheiten zugunsten von "altersgemischten Stilgruppen" auflösen. In einem Resümee über die Generationsbücher von "Jugendgenerationen" in der Bundesrepublik schreibt Gregor Dotzauer: "68er, 78er, und 89er bekriegten sich und simulierten über die Jahreszahlen eine Verbindlichkeit ihrer Erfahrungsräume – Historiographie mangels Autobiographie."[25] Die Einschränkung im Generationsdiskurs auf das Unterscheidungskriterium "Generation X, Generation@ oder Golf-Generation" für die jeweils Jungen sind ihre Markenzeichen einer Spaßgesellschaft. Das bestätigt nun auch die "große" bundesdeutsche Perspektive, daß es dabei nicht um ein Generationengespräch zwischen Generationsgruppen geht, sondern jeweils nur verschiedene Verpackungen ausgewechselt werden für das Lebensgefühl einer Stilgruppe, die am Reichtum partizipiert und sich nicht irritieren lassen will durch Sinnsuche und Humanismusdiskussionen jenseits ihres eigenen Horizonts. Bezogen auf unser Generationsthema könnte das z.B. heißen, daß man in der Auflösung der Generationsspezifik auch eine Unfähigkeit der Generationen selbst wie der gesamten Gesellschaft vor sich hat, ihre unterschiedlichen, je eigenen Wahrnehmungs-, Urteils- und Handlungsmuster zu beschreiben und einander verständlich zu machen. Oder als andere mögliche These könnte man formulieren, daß der Außendruck von Produktions- und Konsumtionsmustern so stark ist, daß die pluralistische Gesellschaft immer uniformer wird, hin zu einer "Risikogesellschaft", die als "epochentypische postmoderne Konstellation" bezeichnet wird. Das aber wäre auch das Ende von Literatur als Erinnerungskultur, denn sie kann nur existieren, wenn sie wenigstens noch die nächste Generationsgruppe erreicht.

Für die DDR-Entwicklung läßt sich zu den verschiedenen "Zeitenwenden", die im historischen Bewußtsein meist mit politischen Ereignissen verbunden werden, eine Auflösung der Generationsgruppen und die Konstituierung von Generationsstilen bis zu den 70er Jahren so linear nicht ausmachen. Die Binnenkräfte, z.B. das gemeinsame Erlebnis der Emigrati-

---

[24] Eckart Liebau: Generation. In: Christoph Wulf (Hg.): *Vom Menschen. Handbuch historische Anthropologie*. Weinheim und Basel 1997. S. 296.
[25] Gregor Dotzauer: Im Glücklichsein sind wir ganz gut. In: *Potsdamer Neueste Nachrichten*. 24.2.2000. S. 31.

on und/oder der beiden Kriege für die Älteren und die nächste Generation (die um 1930 Geborenen wie Christa Wolf, Brigitte Reimann und Irmtraud Morgner), bestätigen eher das Generationenraster. Auffällig ist, daß sich gerade diese beiden Generationseinheiten bis zum Ende der DDR wechselseitig in ihrem antifaschistischen und Antikriegskonsens unterstützten und damit generationsgemeinschaftliche Arbeit leisteten. Die Behauptung der aus dieser Generationsgemeinschaft erwachsenden "Antifaschismusfalle" vernachlässigt die Dialektik gemeinsamer historischer Erfahrung und den daraus folgenden Handlungsspielräumen. Die Abnabelung oder schärfer gesagt: der Aufstand der Jungen gegen die ältere Generation, der in den sechziger Jahren in Wirtschaft, Wissenschaft und Kunst eingeläutet wurde, ist von Seiten der Jungen durch deren Loyalität und Achtung abgebrochen worden; aber andererseits ist genauso richtig, daß die Generationsgemeinschaft dieser beiden Gruppen den Antifaschismus-Konsens gesellschaftsweit befestigt hatte. Das wurde nur möglich, weil sie sich wechselseitig Autorität verschafften und bestätigten. Wie und warum der Antifaschismus sich in den folgenden Generationen nicht gleichermaßen verankern konnte, wäre eine weiteres Untersuchungsfeld des Generationenaspekts.[26]

Die beschriebene Unfähigkeit der Reformgruppen in der DDR, sich in die Weltbilder der jeweils anderen hineinzuversetzen, und die daraus folgenden, weitgehend fremdbestimmten Umbruchprozesse nach 1989 könnten als Menetekel dennoch produktiv gemacht werden, indem man historische Modellstudien betreibt und sich dabei als wertendes Subjekt durchaus mit kund gibt, schon bei der Wahl des Gegenstands. Die Generationsgruppe sozialistischer Schriftsteller, die um 1900 in bürgerlichen Elternhäusern geboren wurden und sich in den 20er Jahren Strategien erarbeiteten, um aus ihren Weltbildern herauszukommen, ist für mich die Großmütter- und Großvätergeneration. Mit ihren Büchern bin ich sozialisiert worden.

5. Anna Seghers' Werk als Beispiel für den "doppelten Bruch"

Im Werk von Anna Seghers lassen sich m.E. die Brucherfahrungen dieses Jahrhunderts auf vielfältige Weise wahrnehmen. Daß sich ihre Generation politisierte und sich einmischte in die Perspektivdiskussionen nach dem 1. Weltkrieg erscheint "natürlich". Sie tritt in ihr "bewußtes" Leben ein in

---

[26] Die unterschiedlichen Haltungen zum Jugoslawien-Krieg in West- und Ostdeutschland haben m.E. auf unterschiedliche Generationsgemengelagen in den ehemals getrennten Gesellschaften nachdrücklich aufmerksam gemacht. Auffällig waren vor allem die überwiegend ablehnenden Haltungen der über 60-jährigen und eines sehr großen Teils von Frauen unterschiedlicher Altersgruppen. Krieg als generationsprägendes Ereignis – was hat das zu bedeuten für die Nachfolgenden?

einer Zeit, in der als Alternative zum Kapitalismus aus der Theorie des Marxismus eine gesellschaftliche Praxis werden sollte. Auslöser für die als kommunistische "Drohung" wahrgenommene Auf- und Ausbruchsbewegung junger Leute aus verschiedenen sozialen Schichten und Klassen war der imperialistische Weltkrieg und die verlorengegangene Hoffnung, friedlich eine gerechtere Welt herstellen zu können. Anna Seghers' entscheidende Sozialisation fällt in eine Zeit, als aus der Verheißung eine reale gesellschaftliche Praxis werden sollte. Eine Beobachtung, die ich in den Strukturen ihrer frühen wie in ihren späten Werken glaube machen zu können, ist die einer doppelten Prägung: Ihre Figuren agieren in einem Handlungsfeld, das durch zwei Kräftelinien bestimmt wird: durch *Verheißung* auf Veränderung einer als unerträglich empfundenen Lebenssituation und durch die Erfahrung des *Scheiterns*. Hintergrund ist die "gescheiterte soziale Revolution" in Deutschland und in anderen europäischen Ländern. Sowjetrußland wird dagegen zum Ort einer erfolgreich veränderten sozialen Praxis und gleichzeitig zum Symbol einer Verheißung, daß die Hoffnung auf Revolution nicht Hirngespinst und intellektuelles Glasperlenspiel bleiben muß. Das könnte erklären, weshalb die Oktoberrevolution als prägendes, alle stalinistischen Erfahrungen überdauerndes Epochenereignis zum Grundbestand der Wertewelt eines großen Teils dieser Generationsgruppe gehörte.

Spätestens seit dem *Aufstand der Fischer von St. Barbara* sind bei Seghers alte biblische Muster und neue soziale Erfahrung zu einem neuen Erzählmuster verwoben, das die oben beschriebene Epochenerfahrung als Makrodiskurs durchscheinen läßt: Der Aufstand ist verloren, aber die Verheißung auf eine neue, sozial gerechte Welt nicht aufgegeben. Das Paradigma einer Generationserfahrung hat sich in der Novelle eine gültige Struktur geschaffen. Für diese Geschichte schlug Hans Henny Jahnn den Kleist-Preis vor, den Seghers 1928 erhielt. Es ist der Beginn einer literarischen Karriere, die bis zur Flucht 1933 noch 5 Jahre Zeit hatte, in Deutschland zu gedeihen. Aber das Exil bringt sie nicht um ihre literarische Stimme. Das französische Exil wird ihre produktivste Schaffensphase. Nach der erneuten Flucht beim Einmarsch der deutschen Armee in Frankreich landet sie mit ihrer Familie an dem "äußersten westlichen Punkt, an dem ich jemals auf Erden geraten war", wie es ihre autobiographische Ich-Erzählerin Netty im *Ausflug der toten Mädchen* nennt. Nur das eine Mal erzählt Seghers unverhüllt autobiographisch, für Auskünfte außerhalb ihres Werks ist sie ansonsten nur mit Unmut bereit. Es stünde alles von ihr in ihren Werken. Was wahr ist. Als Seghers 1947 nach Deutschland zurückkehrt, kommt sie sich fremd wie Jason vor. In ihrer Erzählung *Das Argonautenschiff* (1948/49) läßt sich der umhertreibende Jason seine eigene mythische

Geschichte vom Wächter des heiligen Hains erzählen. Sein Schicksal ist ihm abhanden gekommen und es ist wie Erlösung, daß sich wenigstens dann der Tod einstellt, anders zwar als vorausgesagt, aber doch als Erfüllung einer bewußt gewählten, gefahrvollen Lebensausfahrt. Auch in der undurchsichtigen Nachkriegssituation, die ihr "*surrealistisch*" vorkommt, wie sie in ihren Briefen schreibt, versucht Seghers, die "Buntheit der Sagen und Märchen" und die neuen Wirklichkeitserfahrungen zu neuen Erzählmustern zu verknüpfen. Zeitweise erprobt sie sich an kleinen und großen Wirklichkeitsstudien, um die literarischen "Lungen" mit der unbekannten Wirklichkeit der Menschen im Nachkriegsdeutschland zu füllen ("Der erste Schritt", "Friedensgeschichten", "Die Entscheidung"). Wie anstrengend der geistige Prozeß der Wiederannäherung an die deutschen Mit-Bürger war – sozusagen der Realitätsprozeß der Verheißungsformel "Autor und Leser sind im Bunde" –, das läßt sich aus der Tatsache ersehen, daß sich Seghers auch im Roman *Das Vertrauen* (1968) noch immer an der Nachkriegszeit (bis etwa 1953) abarbeitete. In den späteren Erzählungen geht sie stofflich noch weiter in die Geschichte zurück, oder sie sucht sich Räume, die offen sind für sinnbildliche Darstellungen – wie in den *Sonderbaren Begegnungen* (1973).

Im Triptychon *Drei Frauen aus Haiti* verknüpft die 80jährige Anna Seghers zum letzten Mal die Buntheit von Sagen und Legenden mit ihrer Vorstellung von geschichtlich verantwortbarem Schreiben. "Ich hielt die Revolution für eine überaus mächtige Frau, um die wir singend tanzten." Das ist aus der Figurenrede der "Negerin" Claudine aus der Erzählung "Der Schlüssel". Diese Geschichte ist die mittlere in diesem Triptychon. Seghers hat immer wieder solche Dreier-Geschichten komponiert. Die bekanntesten sind *Die drei Bäume* (1940), *Karibische Geschichten* (1962), und *Sonderbare Begegnungen* (1973).

In diesem letzten Triptychon *Drei Frauen aus Haiti* [27] wird m.E. noch einmal der Versuch unternommen, ein Geschichtsbild zu entwerfen, das das Bedingungsgefüge zeigt, in dem Menschen ihren Glücksanspruch leben oder aufgeben müssen. Es umfaßt die ganze Neuzeit ab 1500, also von Kolumbus bis zum Sturz der Militärjunta in unserem Jahrhundert. Die Geschichten heißen: "Das Versteck", "Der Schlüssel" und "Die Trennung". Sie könnten auch heißen: "Der Ausbruch", "Die Treue" und "Der Tod", denn davon handeln sie. Die erste Geschichte, "Das Versteck", erzählt von einer jungen Haitianerin, Toaliina, die sich nicht auf einem Schiff des Columbus nach Spanien bringen lassen will und die sich deshalb vor der Ausfahrt durch spektakuläre Flucht entzieht. Alle anderen Gefähr-

---

[27] Anna Seghers: Drei Frauen aus Haiti. In: Anna Seghers: *Steinzeit. Erzählungen.* Berlin 1994. S. 331-368. Im folgenden mit FrH + Seitenzahl im Text zitiert.

tinnen wurden wieder eingefangen, und über sie wird zu einem späteren Zeitpunkt erzählt, daß sie z.T. auf den Sklavenmärkten in Spanien verkauft wurden und teils auch als schöne Frauen von spanischen Edelleuten lebten. Das wird emotionslos, sehr knapp mitgeteilt. Ausführlicher wird einzig über Toaliinas geglückte Flucht erzählt, und zwar nicht als Erfolgsstory, sondern als Sinnbild und als konkrete Lebensgeschichte, die sich einer moralischen Bewertung entzieht, weil sie eben so verlaufen ist und sich nachträgliche Änderungswünsche eines gelebten Lebens lächerlich ausnehmen würden und dessen Würde zerstören müßten. Zuerst einige Beobachtungen zu der Feststellung, daß es sich in der Geschichte auch um ein Sinnbild handelt: Wie in vielen Geschichten der Seghers hat hier der "Baum" eine zentrale Funktion. In der dargestellten Fluchtsituation entzieht der Baum den Verfolgern den Blick auf Toaliina, zuerst im Wasser als "schwimmender Busch" und dann als "mächtige Baumkrone". Durch diese Baumkrone hindurch folgt Toaliina einer alten Frau in eine mythisch zu nennende Höhle, in der weder Zeit noch Raum eine Rolle spielen. Entscheidend für diesen Gang in die Unterwelt ist auch, daß die Eingangspforte, eben die Baumkrone, vom Stamm gekappt wurde, aber "wieder Wurzeln geschlagen" hatte. Das bedeutendste Symbol des abgeschlagenen Baumes, der danach wieder grünt, ist das Symbol des Kreuzes Christi. Es zeigt sich, daß die biblisch-mythologische Ebene von ihren ersten bis zur letzten Geschichte strukturbildend und sinnstiftend eingeschrieben ist. Aber das Symbol weist nicht eindeutig in eine Richtung der Interpretation. Es scheint zwar als ein Hoffnungssymbol in der Weise zu funktionieren, daß auch nach einen lebensbedrohlichen Ereignis noch Leben möglich ist. Aber was für ein Leben hält das Schicksal für Toaliina bereit? Dem Mädchen war vor der Flucht ein Zeichen gegeben worden, wo es sich verstecken sollte, begleitet von den Worten: "Du bist nur bei dieser Frau, der Mutter meines Freundes, sicher, dein Leben lang."(FrH 333) Der Erzähler kommentiert, "Toaliina hatte über diese Worte nicht nachgedacht, und sie dachte auch jetzt nicht darüber nach, was es bedeuten konnte: dein Leben lang." Die Liebe läßt die Höhle eine zeitlang zu einem mythischen Ort des Glücks mit Tschanangi werden. Sie gebiert Kinder. Aber die Berichte, die der Mann Tschanangi vom Leben "draußen" gibt, die zunehmende Versklavung, die Ausbeutung in den Goldminen, lassen sie mit Angst und Schrecken begreifen, was der Satz heißt, der ihr damals zugeflüstert worden war: nur an diesem unterirdischen Ort wirst du dein Leben lang sicher sein. Das Versteck ist zu einem Gefängnis geworden. Und es ist zu fragen, was die "Mutter" bedeutet, wofür steht sie in dieser Geschichte? Sie erscheint in der Geschichte wie eine mythische Figur, der Hekate gleich:

> Aus dem Geäst kroch jetzt ein altes Weib. Es zog sich zurück, als es festgestellt hatte, daß Toaliina ihm ohne Zögern nachkam. Es rief nichts, es winkte nicht, es hob nur den Zeigefinger gegen die Bergwand, an der sich das frische Astwerk festhielt. (FrH 333)

In seiner Stummheit hat dieses alte Weib als Symbol auch Verweischarakter auf das Schicksal. Nachdem die "Mutter" gestorben ist, füllt Toaliina gleichsam diese Rolle aus. Der Erzähler erfindet Varianten, wie das Leben Toaliinas wahrscheinlich geführt wurde:

> Vielleicht schlich sich manchmal einer in Toaliinas Versteck, dem man in Todesgefahr diese Zuflucht anvertraut hatte. Vielleicht sagte manchmal einer zum anderen. 'Dort lebt wohl die Frau, die vor vielen Jahren nach Spanien verkauft werden sollte und vom Admiralsschiff gesprungen ist und zurückgeschwommen und sich hier an der Küste versteckt hat.' So erfuhr sie ihre eigene Vergangenheit, die sie selbst fast vergessen hatte, bis auf das Brausen der Wellen. (FrH 338)

Das Brausen der Wellen, das Meer, könnte auf der symbolischen Ebene ein Sehnsuchtsmotiv darstellen. Neben der Abstraktion, die die symbolische Zeichenebene kennzeichnet, spielt aber das Meer auch eine sehr konkrete Rolle in der Geschichte der Toaliina. Sie ist mit dem Meer aufgewachsen, ihre Flucht gelingt durch das Meer, ihr Mann trägt das Kind an die salzige Luft des Meeres und sie nimmt den Geruch auf. Und als entscheidendes Handlungsmoment, das eine Veränderung ihrer Lage bringt, wird von einer Sturmflut berichtet, die ihr Versteck zerstört. Aber die Heldin der Geschichte wird angesichts der Sturmflut nicht in Panik gezeigt, sondern "sie fühlte bei aller Gefahr, daß das Meer ihr half, mit dem sie von klein auf vertraut war". (FrH 338) Gleichzeitig kann diese Zerstörung der Höhle auch ihre Vernichtung bedeuten, jedenfalls deutet der letzte Satz darauf hin: "Sie wußte, ihre Flucht war geglückt." Aber da es vorher geheißen hatte, daß sie ihr Leben lang nur in der Höhle sicher sei, bedeutet die Zerstörung der Höhle auch, daß nun ihr Leben zu Ende sei. Die Flucht sei geglückt, heißt dann, sie ist jetzt an ihrem Lebensende angekommen, ihr Schicksal hat sich erfüllt. Aber das Leben der Toaliina, ihr Leben im Versteck, wird nicht als tragisch oder als Scheitern bewertet. Es war die Konsequenz aus einem selbstgewählten Absprung und insofern selbstbestimmt. In Frage stehen die Bedingungen, die zu solchem Höhlendasein zwangen, und die Tatsache, daß sich die Bedingungen nicht veränderten. Selbst in ihrer letzten Erzählung kommt Seghers auf mythische Modelle zurück, die sooft ihr Schreiben geprägt haben. Hier liegt vielleicht die Abwandlung einer Situation aus dem 5. Buch der *Odyssee* vor, der Abschied des Odysseus von Kalypso. Odysseus wählt sein Schicksal, das das Schicksal des sterblichen Menschen ist. Er kann auf die Dauer nicht in dem zeit- und raumlosen Dasein der Götter leben, auch wenn es ihm ewiges Glück bescherte. Die Unterschiede zur Odyssee kennzeichnen aber genau den "materialistischen" Mythos der Seghers: es ist ein selbstgewähltes Schicksal, das die Toaliina mit Odysseus gemeinsam hat, aber sie ist eine Frau und sie kommt nur bis in die Höhle. Die Abenteuer des Odysseus auf den Meeren kann sie nur als Sehnsucht nach dem Meer, nach seinem Geruch bewahren. Aber sie kann dann das Meer als Helfer erleben bei der Zerstörung der Höhle, die gleichzeitig sicheres Versteck und unentrinnbares Gefängnis war. Wie in den Mythen muß sich das Schicksal des Menschen erfüllen, er kann ihm nicht ausweichen. Aber Seghers zeigt das Bedingungsgefüge, in dem die freie Entscheidung steht, und das ist nicht mythisch, sondern das sind sehr reale Machtinteressen und Unterwerfungsstrategien (Kolonialisierung, Christianisierung): In der Erzählung heißt es z.B.:

> Inzwischen hatte in Spanien die Königin Isabella bei den Geistlichen und den hohen kirchlichen Beamten nachfragen lassen, ob Menschenhandel und Sklavenverkauf erlaubt seien. Nach gründlichen Forschungen war die Antwort: 'Ja. Durchaus erlaubt, schon in der Heiligen Schrift' – (FrH 336)

Die freie Entscheidung des einzelnen wird in der Erzählung auf gar keinen Fall denunziert, es wird aber klar, daß diese freie Entscheidung nicht zu einem glücklichen Leben führen kann, wenn die Bedingungen das verhindern.

"Der Schlüssel" ist die zweite Geschichte des Triptychons. Sie spielt in der Zeit der Machtübernahme Napoleons und deren Folgen für die Antilleninseln – der Rücknahme der Sklavenbefreiung. Hauptfiguren sind die "Negerin" Claudine und ihr Mann Amédée, der seit der Gefangennahme Toussaints (dem Führer der Sklavenbefreiung) diesem Gefangenen auf seinem Weg durch die Festungen und Gefängnisse folgt und zuletzt auch in der Nähe von Toussaints Grab auf dem Friedhof in Bordeaux begraben wird. Die Erzählung knüpft damit stofflich an die *Karibischen Geschichten* an, von denen 2 der 3 Geschichten 1948 entstanden sind: "Die Hochzeit von Haiti" und "Wiedereinführung der Sklaverei in Guadeloupe". In der früheren Erzählung, in "Wiedereinführung der Sklaverei..." fragt sich der geflohene Sklave Jean Rohan "'Wäre es besser ein Sklave zu sein als ein Hund?' Es war für einen Neger nur möglich, als ein Sklave oder gar nicht zu leben."[28] Und in der Situation, als er schon von den Hunden umstellt ist, übernimmt der Erzähler für ihn die Feststellung: "Wäre Rohan noch auf

---

[28] Anna Seghers: Die Wiedereinführung der Sklaverei in Guadelupe. In: Anna Seghers: *Der Bienenstock*. Berlin 1953. S. 496f.

Gedanken gekommen, dann hätte er gedacht: Es ist nicht besser als Sklave zu leben, es ist besser, nicht zu leben."[29] Dieser Erzählerkommentar übernimmt die Erklärung dafür, wie es zu den Märtyrerhaltungen kommt: Der Tod wird nicht verklärt, aber da er für diejenigen unausweichlich ist, die nicht als Sklaven leben wollen, brauchen sie wenigstens die Rechtfertigung durch eine nachträgliche Sinngebung. Die späte Erzählung "Der Schlüssel" hat das Leben in einer nachrevolutionären Situation zum Thema. Es wird die Liebe des ehemaligen Sklaven Amédée und seiner Begleiterin Claudine für den in der Erzählzeit schon gefangengenommenen Führer der Sklavenbefreiung Toussaint dargestellt. Über die Figur Amédée sagt der Erzähler, er "[...] hatte vielleicht erst durch Toussants Wirken ganz verstanden, was es bedeutete, einen Menschen zu lieben". (FrH 340) Anna Seghers verbindet auch in dieser Erzählung historisches Ereignis und individuelle Geschichte. Der Titel "Der Schlüssel" ist einerseits verbunden mit der Befreiung der Frau Claudine aus einem Wandgefängnis, andererseits ist er für den Mann, der mit diesem Schlüssel Claudines Gefängnis aufschloß, ein konkret sichtbarer Beweis für seinen eigenen Anteil an der Revolution: "Keiner gab auf mich acht, mich einzelne. Ich rüttelte an meinem Gitter, ich schrie, ich heulte, sie aber, die im Begriff waren, alle Schwarzen auf der Insel zu befreien, bemerkten mich gar nicht." (FrH 343) Aus dieser Sequenz lassen sich mehrere Deutungsmöglichkeiten erschließen: Zum einen wird auf die Formen der anarchischen, spontanen Aktionen während der Revolution verwiesen, die sich in Zerstörungswut Luft machte. Zum anderen wird in dieser Zeit (die als "Ewigkeit" empfunden wurde) das einzelne Schicksal fast "vergessen". "Der Schlüssel" bildet im metaphorischen Sinn das Mittelbild dieser drei Erzählungen, weil das individuelle Schicksal als Gradmesser für die Wahrheit einer Bewegung geltend gemacht wird. Es ist, als habe sie ihren Lesern den Marx-Satz ins Gedächtnis zurückholen wollen: Es ist vor allem zu vermeiden, die "Gesellschaft" wieder als Abstraktion dem Individuum gegenüber zu fixieren (*Ökonomisch-philosophische Manuskripte,* 1844).[30] Indem die Schriftstellerin nicht nur an die geschichtlichen Chancen erinnert, an die Französische Revolution oder an die Befreiung vom Militärregime in Haiti, sondern gleichzeitig an deren Scheitern, bestätigt sie mit der Erzählung die Marxsche Geschichtskonzeption einer Geschichte in Klassenkämpfen, gleichzeitig fehlt das teleologische Moment einer gesetzmäßigen Höherentwicklung. Die LeserInnen in der DDR konnten 1980 diese Geschichten jedenfalls als große Warnbilder lesen, als Warnung vor dem erneuten Scheitern

---

[29] Ebd. S. 497.
[30] Karl Marx: Ökonomisch-philosophische Manuskripte. In: Ders., Friedrich Engels: *Werke.* Ergänzungsband I,1. Berlin 1981. S. 538.

einer historischen Chance, individuelle und kollektive Interessen einander wert sein zu lassen.

In der dritten Erzählung der *Drei Frauen aus Haiti*, in "Trennung" nimmt Seghers noch einmal die Perspektive derjenigen ein, die nicht die Macher der Geschichte sind, aber dennoch von den Ereignissen mit großer Wucht betroffen werden. In dieser Erzählung wird ein Kontrast gestaltet, wie er schärfer nicht gezeichnet werden kann: Während am Tag des Sieges die Haitianer mit Übermut und Massenfreude über die Insel Haiti hinwegfegen – nach der Befreiung von der Militärjunta –, wird die junge Frau Luisa mit zerfetztem Gesicht und Leib aus dem Gefängnis befreit. Nicht der Widerstandskämpfer, der teilweise schon korrumpiert ist, muß den Preis der Freiheit zahlen. Bezahlen muß Luisa, die insofern an den revolutionären Aktionen Anteil hatte, als sie kleine Besorgungen machte im Interesse der "Sache", aber vor allem aus Liebe zu Cristobal. Anna Seghers stellt hier keine Absolution aus für nicht gelebtes Leben im Namen des Freiheitskampfes. Die Frau in dieser Geschichte wurde von ihrem Geliebten verlassen für den Freiheitskampf, aber er hat sie nicht danach gefragt, ob sie damit einverstanden ist. Die Frau empfindet statt dessen die Abwesenheit Cristobals als tägliches Sterben – ähnlich der Situation des Prometheus, dem täglich wiederkehrend der Adler die Leber frißt. Anders als die Frauenfigur Celia in der Erzählung "Wiederbegegnung" (1977) hat Luisa aus der letzten Erzählung der Seghers ihr Schicksal nicht frei gewählt. Sie wird am Ende nicht nur körperlich zerstört sein, sondern auch emotional: Seghers läßt Luisa sagen: "Hast du mir nicht selbst immer gesagt, man kann ohne Freude nicht leben?" (FrH 367) Die Weigerung Cristobals, Luisas zerstörtes Gesicht durch einen Chirurgen heilen zu lassen, stellt in der Geschichte einen zweiten Höhepunkt dar. Wieder entscheidet der Mann für die Frau. Ihre Narben mißbraucht er als Sinnbild des Kampfes und er verspricht, sie dafür immer zu lieben. Er bricht sein Versprechen, nicht aus Bosheit, sondern weil das wirkliche Leben nicht mit Symbolen und Sinnbildern gelebt wird, sondern in einer lebendigen Partnerschaft, mit weicher Haut, Schönheit, eben Freude. Er heiratet eine andere, schöne junge Frau. Die Botschaft dieser letzten Geschichte von Anna Seghers heißt schlicht: Schönheits- und Freudeverzicht führen zum Tod. Sie ist auch damit ihren Anfängen treu geblieben.

Christa Wolf, die Nachgeborene, war mit Anna Seghers seit Ende der 50er Jahre zuerst beruflich, dann freundschaftlich verbunden. Sie schrieb 1992 über die Generation der Seghers, es möge der Schutt der Geschichte sie nicht für immer zudecken. Es sollte der Leistung dieser Generation mit dem nötigen Respekt begegnet werden, um das Maß an "Freundlichkeit" anzuerkennen, das sie aus unfreundlichen Verhältnissen gewonnen hätte, und um der Überanstrengung zu gedenken, die sie aufbringen mußte, um unter widrigsten Umständen Energie für ihre Arbeit zu behalten:

> Der angemessene Blick, die abwägende Gerechtigkeit des Urteils, das nichts verschweigt und nicht beschädigt – sie sind noch nicht möglich. Vielleicht gehören manche Figuren aus den Büchern der Anna Seghers zu den letzten Revolutionären in der deutschen Literatur. Sie scheinen von der Bühne abgeräumt zu sein und in der Versenkung zu verschwinden. [...] Die Unruhe, die Glut, die sie beseelt haben, werden nicht mehr wahrgenommen; sie selbst haben geduldet, daß sie zugeschüttet wurden.[31]

Aber wenn man die Erzählungen der 80jährigen liest (z.B. "Die Trennung"), kann da wirklich behauptet werden, sie hätte geduldet, daß man ihre Generation mit Recht dem Vergessen überläßt?

Es ist doch eher so, daß sich die nachfolgenden Generationen fragen müssen, inwieweit sie nicht bereit oder auch nicht in der Lage waren, die Widersprüchlichkeiten so zu lesen, wie sie zum Dialog angeboten wurden.

Gegenwärtig könnte man m.E. Anna Seghers vor dem Vergessen bewahren, 1. indem man die kulturellen Zeichen wahrnimmt, die sie sowohl aus der Bildsprache Rembrandts, aus der Bibel und aus den Figuren sakraler Kunst entnimmt als auch aus einer umfangreich rezipierten griechisch-mythologischen Symbolwelt und den großen Bildern der Weltliteratur – der deutschen wie der französischen, russischen und spanischen –, aus denen des Orients und Okzidents genauso wie den mexikanischen Fresken. Und 2. indem man kommunistische Weltanschauung und europäische Erzähltradition zusammenführt, die für die erste Hälfte des 20. Jahrhunderts noch dazu stark von der jüdischen Tradition beeinflußt war. Das Eingedenken von Geschichte, das Lebendigerhalten der Geschichte gilt als lebensnotwendig in Zeiten, in denen Menschen wegen ihrer Religion, ihrer Überzeugung, ihrer "Rasse" aus dem Land gejagt wurden. Bei Seghers ist der Erinnerungsauftrag ihrer jüdischen Herkunft in mehrfacher Weise aufgebrochen: Sie erzählt nicht die Taten ihrer Väter immer wieder neu, sondern die "Vaterwelt" wird universalisiert und es kommt die weibliche Perspektive hinzu. Sie hat sich abgewandt von einer Idee des auserwählten Volkes und des bürgerlichen "Weltwollens" hin zu einer kommunistisch begründeten, sozial gerechten Weltvorstellung. Aber sie hat dann in den 30er Jahren und in den Jahren nach der Rückkehr aus dem Exil feststellen müssen, wie der universalistische Anspruch der Kommunisten, für eine

---

[31] Christa Wolf: Die Gesichter der Anna Seghers. In: *Anna Seghers. Eine Biographie in Bildern.* Hg. v. Frank Wagner, Ursula Emmerich und Ruth Radvanyi. Berlin und Weimar 1994. S. 9.

gerechte Welt einzutreten, zu einer brutalen Machtkonzeption mutierte, die vor Menschenopfern nicht zurückscheute, zum Dogma gerann und verfälscht wurde. Aber ein Zurücktreten in die bürgerliche Weltvorstellung schien ihr angesichts des Kalten Krieges unannehmbar. Ob ihr für die "Bewahrung" des eigenen Erzählauftrages dabei eine Grundstruktur jüdischer Tradition zum Messianismus als Denkmuster half, wissen wir nicht. Vielleicht ist es eher der säkularisierte "Glauben" an Irdisches, an eine humane Verflechtung von immer erneuerter Imagination der alten Geschichten mit der Möglichkeit, neue soziale Erzählmuster zu stiften.

Anna Chiarloni

Nachdenken über Christa Wolf

The publication of the Italian translation of Kassandra *in the 1980s established Christa Wolf's reputation in Italy. Since then Wolf has been read primarily as an East German author who writes from a feminist perspective. This essay wants to investigate the validity of this approach in the context of the changed situation in the post-Wende time and in the post-feminist era. The problem will be investigated specifically with regard to the important stories and novels of the 1060s untill the 1980s –* Der geteilte Himmel, Nachdenken über Christa T., Selbstversuch, Kassandra *and* Störfall, *supplemented by some commentaries on* Kindheitsmuster *and* Kein Ort. Nirgends. *The article will center on the analysis and interpretation of the characters in their respective social contexts.*

I

Zuerst eine Voraussetzung. Auf die DDR-Literatur zurückzublicken heißt für mich auch, auf das Verhältnis Italiens mit der deutschen Kultur in der Nachkriegszeit nachzudenken. Was haben wir damals veröffentlicht, was wurde bei uns gelesen? Bezeichnend sind die Titel von zwei deutschen Anthologien, die speziell für Italien erarbeitet wurden. Die erste, von Hans Bender und Hans Magnus Enzensberger herausgegeben, hieß programmatisch *Il dissenso* (Der Protest, 1962) und setzte den Akzent auf den Protestgestus der neuen deutschen Literatur, indem sie scharf zwischen dieser und der vergangenen Tradition trennte. Die zweite wurde 1966 von Enzensberger allein vorbereitet: Der Titel *Letteratura come Storiografia* (Literatur als Geschichtsschreibung) weist auf eine Literaturauffassung hin, die sich mit der politischen Wirklichkeit auseinandersetzen will.

Dazu kam die Welle von Brecht-Übersetzungen und gleich danach der große Erfolg der Frankfurter Schule mit einer Begeisterung für die einzelnen Autoren – Bloch, Adorno und Benjamin –, die heute noch zu spüren ist. Schon der Name Brechts, aber auch Günter Grass ist hier zu erwähnen, deutet auf die Tatsache hin, daß das italienische Publikum eine Neigung zum Engagement zeigte. Das erzähle ich, um den damaligen italienischen Kontext für den heutigen Leser zu beschreiben. Aber wie war es mit der DDR?

Nach Osten haben wir von Anfang an mit einem kritisch-empathischen Blick geschaut. Kritisch weil die Zensur die offene Diskussion lähmte, wenn nicht verbot. Empathisch, weil man wußte, daß der Versuch, eine neue Gesellschaft aufzubauen, von Menschen stammte, die sich mit dem Faschismus auseinandergesetzt hatten, und daß viele "Gerettete" – um ein Wort Primo Levis zu verwenden – aus dem Exil gerade in jenes Deutschland zurückgekehrt waren.

Neben den Klassikern wie Anna Seghers und Arnold Zweig galt die Rezeption zunächst der Lyrik, einer Gattung, die – wie bekannt – von Anfang an viel freier war. Man las Brobrowski und Kunert, Huchel und Kunze. Aber ein breites Publikum erreichte auch Uwe Johnson. Später wurde Christa Wolf übersetzt – mit großem Erfolg, wie ihre italienische Bibliographie zeigt. Unter den deutschen Schriftstellern der Gegenwart gehört sie heute, neben Grass und Enzensberger, zu den bekanntesten in Italien. Wie ist ihr Ruhm entstanden? Das hat mit der kulturellen Stimmung der siebziger Jahre zu tun und soll im folgenden näher erörtert werden.

Der kulturelle Hintergrund ist bekannt. Die "Neue Subjektivität" führte zu jener Identitätssuche, die man als europäische Erscheinung definieren kann. Der Geist von 1968, das Bedürfnis, durch individuelles Handeln das radikal Neue zu schaffen, führte zu einer artikulierten Reflexion über Identität und Differenz, auch in der Sexualität. Schon zu Beginn der siebziger Jahre fängt die Frauenbewegung an, auch den italienischen Horizont zu bestimmen, wobei die deutsche – besonders die DDR-Literatur – einen gewissen Einfluß nicht nur auf die feministische Forschung, sondern auch auf die soziale Bewegung selbst ausübte. In diesem Rahmen fand die erste breite Rezeption von Christa Wolf in Italien statt. Zwar wurde bereits 1973 *Nachdenken über Christa T.* veröffentlicht, aber der Roman wurde kaum besprochen. Offensichtlich war dies zu früh. Erst mit *Kassandra* hatte die Autorin bei uns ein breites Publikum erreicht. Heute noch stößt man auf Frauenclubs, Läden oder Theatergruppen, die "Kassandra" heißen. Ein Erfolg, der gleich danach den kleinen Verlag e/o (d.h. est/ovest) ermunterte, den *Geteilten Himmel* zu drucken, dessen Übersetzung seit langer Zeit fertig war, ohne daß jemand den Mut zur Veröffentlichung hatte.

Inzwischen sind fast zwanzig Jahre vergangen und *Der geteilte Himmel* ist heute Pflichtlektüre für viele Universitätsstudenten. Mit diesem Buch will ich meinen Rückblick anfangen. Eine letzte Bemerkung ist vielleicht nötig. Mein erster Beitrag über Christa Wolf liegt dreißig Jahre zurück. Der politische Kontext war damals ganz anders, viel hat sich geändert und die DDR ist verschwunden. Trotzdem würde ich heute kein Wort in meiner Arbeit verändern. "Texte in zeitlicher Folge habe ich nicht zu verteidigen" (Heinz Czechowski), um einen Dichter – und Freund von mir – zu zitieren. Doch ich verstehe: Wer außerhalb der damaligen deutsch-deutschen Konfrontation aufgewachsen ist, hat eine andere Perspektive. Daher bitte ich den Leser, meinen Beitrag als Aspekt einer europäischer Rezeption vom Werk Christa Wolfs zu betrachten.

II

"'Den Himmel wenigstens können sie nicht zerteilen', sagte Manfred [...] 'Doch', sagte sie leise. 'Der Himmel teilt sich zuallererst.'"[1]
Die Szene ereignet sich im Juli 1961 in Berlin, der Dialog kennzeichnet den Abschied von Rita und Manfred: Noch bevor die Trennungslinie zwischen den beiden Teilen Deutschlands am 13. August 1961 durch den Bau der Mauer die Stadt teilt, verläuft sie als Bekräftigung der inneren Zugehörigkeit zu gegensätzlichen Wertesystemen zwischen den einzelnen Menschen.[2] Trotz des viel besprochenen Verschwindens der Ideologien scheint mir das Thema der Entscheidung für oder gegen ein politisches System heute noch – oder schon wieder – aktuell zu sein.

Auf der einen Seite steht Rita, das zwanzigjährige Mädchen vom Lande, von proletarischer Herkunft, mutig und feinfühlig, großzügig und geduldig. Doch sie besitzt auch die für den neuen sozialistischen Menschen unabdingbare Eigenschaft der Neugier und erweist sich damit würdig, vom "guten" Funktionär auf der Suche nach zuverlässigem jungem Nachschub rekrutiert zu werden. Als Studentin einer pädagogischen Hochschule kommt sie in die Stadt, wo sie mit der Realität der Produktion in Berührung kommt; sie erfährt die Arbeitersolidarität und nimmt teil daran. Am Ende, als sie sich dazu gezwungen sieht, zwischen Ost und West, zwischen dem Sozialen und dem Privaten zu wählen, ist ihr Verhalten das einer exemplarischen Protagonistin im Sinne von Lukács, in der die zeitbestimmenden Kräfte aufeinandertreffen und die im Moment der Entscheidung kohärent vom "Sog einer großen geschichtlichen Bewegung" (GH 246), dem Sozialismus, angezogen wird.

Auf der anderen Seite steht Manfred, Chemiker von Beruf, zehn Jahre älter und damit von der NS-Vergangenheit noch beeinflußt oder, wie er selbst von sich sagt, zu früh von der Gleichgültigkeit vergiftet und daher nicht bereit, Ritas vertrauensvollen Optimismus gegenüber der sozialistischen Zukunft zu teilen, und somit dazu prädestiniert, von der Leere aufgesogen zu werden und in den kapitalistischen Westen zu gehen.

---

[1] Christa Wolf: *Der geteilte Himmel*. Halle/S. 1974. S. 253; im folgenden mit der Sigle GH + Seitenzahl im Text.
[2] Wie aus den Daten hervorgeht, bedingt die Entscheidung für zwei entgegengesetzte Welten die Trennung von Manfred und Rita und nicht die "Mauer", wie Alexander Stephan dagegen meint (Alexander Stephan: *Christa Wolf*. München 1976. S. 34).

Dieser Gegensatz, der die ideologische Leitlinie des Romans bildet, folgt jedoch bei der Beschreibung Manfreds, der negativen Figur, Richtlinien, die von den traditionellen Mustern der damaligen sozialistischen Epik abweichen.

Manfred entspricht zwar zum Teil der gewöhnlichen Typologie des negativen Helden, er ist bürgerlicher Herkunft[3] und daher possessiv pessimistisch, introvertiert und darüber hinaus ein Feinschmecker, doch er besitzt ohne Zweifel Eigenschaften, die die Sympathie des Lesers wecken. Das kann man heute noch im Kommentar vieler Leser und Studierender an meiner Universität beobachten. In der Tat, neben den Eigenschaften, ein Feinschmecker zu sein, der selbst für sich kocht, und ein Akademiker, den danach verlangt, seine Arbeit auf ehrliche Weise zu tun, kann man auch Manfreds Einstellung zur Vergangenheit gewiß nicht nostalgisch nennen: Er lehnt jede Beziehung zu seinen Eltern ab, die es 1945 eilig hatten, die Bilder des Führers durch unschuldige Herbstlandschaften zu ersetzen, und die später nichts Besseres zu tun wissen, als die Krisensymptome der jungen Republik zu bekritteln. Die Bewältigung der Vergangenheit geschieht in Manfred durch einen Schnitt, der die Generationen trennt und jeglichen Kompromiß ausschließt: "Warum wollen sie nicht wahrhaben, daß wir alle ohne Eltern aufgewachsen sind?" (GH 19) Versehen mit qualifizierten Voraussetzungen, wählt der junge Manfred den sozialen Bereich für seine Selbstbehauptung. Daß es ihm jedoch nicht gelingt, die enge Optik des "Privaten" zu überwinden, ist eben das Problem, mit dem Christa Wolf sich auseinandersetzt, in gewissem Sinn eine Fragestellung vorwegnehmend, die im Mittelpunkt ihres späteren Romans *Nachdenken über Christa T.* steht.

Manfred ist, pauschal gesagt, eine negative Gestalt, von der man etwas lernen kann. Zwar scheitert er, doch gerade durch die Beschreibung seines Scheiterns beleuchtet Christa Wolf die politischen Irrtümer der fünfziger Jahre. Denn Manfreds wirkliche Schwäche ist sein Mangel an Geduld, so wie sie Rita besitzt: Luzide und kompetent beurteilt er die industriellen und menschlichen Fehlplanungen – es sind die Jahre, in denen der schwierige wirtschaftliche Neubeginn belastet wird durch die massive Abwanderung der qualifiziertesten Arbeitskräfte in die Bundesrepublik –, doch er erträgt die Kurzsichtigkeit eines Systems nicht, das einem technisch unbefriedigenden kollektiven Projekt zur Errichtung eines neuen Webstuhls den Vorrang gibt, und bricht seine Untersuchungen ab: ihm fehlt die Geduld zu warten, daß das System den Fehler absorbiert und korrigiert. Er entscheidet sich für den Westen.

---

[3] Erst im Jahre 1971 begegnen wir in Brigitte Reimanns postum erschienenem Roman *Franziska Linkerhand* einem positiven Helden bürgerlicher Herkunft.

Auf diese Stelle rückblickend kommt mir spontan die Frage: Was könnte Manfred heute sein? Vielleicht ein Universitätsprofessor, der nach der Wende an eine ostdeutsche Universität kam, um dort in einer Kommission seine ostdeutschen Kollegen zu evaluieren, d.h. zu überprüfen, ob sie dort bleiben können oder nicht – in den meisten Fällen nicht...?

Zurück ins geteilte Deutschland. Im *Geteilten Himmel* beschränkt sich die Autorin nicht darauf, die vorhersehbaren Fehlentscheidungen und Spannungen einer improvisierten Technokratie im begrenzten Aktionsfeld zwischen dem westlichen Boykott und den dringenden Problemen des moralischen Wiederaufbaus zu benennen. Mit Manfreds Geschichte erhebt sie ihre Stimme gegen die intellektuelle Verselbständigung einer vorwiegend mit der Existenz ihres korporativen Apparats beschäftigten Bürokratie, die für die von der Basis kommenden Impulse bereits unerreichbar geworden ist. Der Gegensatz von Individuum und Gesellschaft bildet nicht den Mittelpunkt von Manfreds Geschichte. Die Gründe für seine fehlende Geduld und damit für seine Entscheidung, in den Westen zu gehen, liegen nicht in seiner durch die moralische Inkonsistenz der Vätergeneration provozierten Skepsis[4] oder in seiner beruflichen Niederlage,[5] sondern vielmehr in einer weiter zurückliegenden, erniedrigenden Erfahrung einer aus politischem Opportunismus verratenen Freundschaft, als Manfred, auf der Suche nach Solidarität bei der mutigen Stellungnahme gegen den schulischen Konformismus, von einem ehemals engen Freund, einem Karrierejournalisten, öffentlich der bürgerlichen Dekadenz verdächtigt und bezichtigt wurde.

Mir scheint es wichtig hervorzuheben, daß gerade durch diese Episode, der im Verlauf der Erzählung ähnliche weitere Erfahrungen folgen, der Beginn von Manfreds politischer Regression gekennzeichnet wird. Die Autorin rückt hier den Konflikt zwischen dem angeblichen Recht des einzelnen auf Mitgestaltung der Gesellschaft und der bürokratischen Verwendung von Informationen auf seiten einer ständig auf die eigene Selbsterhaltung bedachten Macht in den Mittelpunkt.

Mit dem scheiternden Versuch, einen privaten Ausweg in der Liebe zu suchen, mit dem anarchischen Ausbruch, der es ihm verwehrt, sich "um der Gerechtigkeit willen" (GH 178) der Staatsraison zu fügen, übernimmt

---

[4] So Dolei in seinem sonst interessanten Artikel "Christa Wolf o la difficoltà di adattarsi" [Christa Wolf oder die Schwierigkeit der Anpassung]. In: *Tre saggi sulla letteratura tedesca contemporanea* [Drei Aufsätze zur deutschen Gegenwartsliteratur]. Quaderni del *"Sicolorum Gymnasium"* VII. Catania 1979.

[5] Alexander Stephan: *Christa Wolf.* S. 54.

Manfred, Leser von Heine,[6] im Roman die Funktion des negativen Sehers, dem Christa Wolf die denunzierende Bloßstellung einer "immer" die Lebensangst des einzelnen verewigenden stalinistischen Macht überträgt. Eben durch seine Briefe aus Westberlin wird das damals noch tabuierte Thema des Stalinismus aufgeworfen, allerdings auf eine Weise, die von Manfreds ahistorischer Auffassung der menschlichen Natur, in der er eine unausrottbare, tierisch brutale Konstante (GH 244) sieht, beeinflußt ist. Doch diese Thematik begleitet und unterstreicht Ritas Desorientierung gegenüber der Dissonanz zwischen Wort und Realität, zwischen den gespannten und resignierten Gesichtern der Arbeiter und den in der Fabrikzeitung veröffentlichten strahlenden Bildern der "Brigade", zwischen den täglichen Mißständen und ihrer Verwandlung in leuchtende Slogans einer triumphalistischen Epik.

Betrachtet man nun Christa Wolfs "langen Weg der Gefühle" im Licht ihrer späteren Werke, so ist zu sagen, daß Manfred – und nicht Rita – den inneren Kampf der folgenden Protagonisten, von Christa T. zum Kleist in *Kein Ort. Nirgends*, vorwegnimmt. Mit seinem Sarkasmus gegen die durch gute Noten prämierte Heuchelei, gegen Leute, die nicht auf die Zeitung angewiesen sind, weil sie "hinter die Kulissen" (GH 244) sehen, gegen das dauernde Schönfärben der Realität von seiten der Machthaber erhält Manfred eine wesentlich komplexere und problematischere Bedeutung als die zahllosen Figuren, die ihm bei der Flucht in den Westen vorangegangen sind.[7]

Aus dem Gesagten wird einsichtig, daß Christa Wolf schon in diesem Roman die Realität jenseits des offiziellen Sprachgebrauchs, der im Wind wehenden Fahnen und der Sicherheiten jener Jahre zu hinterfragen versucht. Eine Realität, die sie bekanntlich aus erster Hand kennt. Die im Roman beschriebene Waggonfabrik entstammt einer wirklich gelebten Erfahrung: Auch Christa Wolf hatte seinerzeit den Bitterfelder Weg gewählt, der wie der Proletkult der zwanziger Jahre die Allianz zwischen Intelligenz und Arbeitermassen proklamierte. Auch sie war der Einladung der Partei, sich in den Produktionsprozeß einzugliedern, um die Welt der Arbeiterklasse aus eigener Erfahrung beschreiben zu können, gefolgt.

---

[6] Es ist eine Lektüre, die die positiven Seiten dieses Autors hervorhebt: Heine, vom Nazi-Regime verboten, gehört mit Lessing zu den geistigen Autoritäten der DDR in der Nachkriegszeit.

[7] Zum Thema der Entscheidung zwischen den beiden deutschen Ländern sei hier eine Auswahl bedeutender Texte gegeben: Erich Loest: "Das Jahr der Prüfung" (1955); Anna Seghers: "Die Entscheidung" (1959); Brigitte Reimann: *Ankunft im Alltag* (1961); Karl-Heinz Jakobs: *Beschreibung eines Sommers* (1961); Hermann Kant: *Die Aula* (1963).

Doch die Einsichten, zu denen Christa Wolf gelangte, unterscheiden sich wesentlich von den Erkenntnissen all der "Betriebsromane", die auf diese Initiative hin erschienen. "Das Werk ist ein kreischendes, schmutziges Durcheinander" (GH 40), wo die sogenannten Leistungsnormen Haltungen der Ablehnung und Abwehr verstärken oder im Gegenteil die Isolierung der am meisten leistenden Arbeiter konsolidieren. Die Geschichte von Meternagel ist in diesem Sinn von exemplarischer Deutlichkeit.

Meternagel, ein Arbeiter, der seine ganze Kraft für den Aufbau einer gerechteren Gesellschaft hingibt, repräsentiert in vielerlei Hinsicht eine Gegenfigur zu Manfreds Vater. In den ersten Jahren der sozialistischen Entwicklung, als die politische Vertrauenswürdigkeit mehr wog als fachliche Kompetenz, gelangte er auf einer Welle außerordentlicher sozialer Mobilität in höhere Positionen. In den darauffolgenden Jahren wird er von der jüngeren Generation effizienter Technokraten überflügelt und degradiert. Er kehrt in die Fabrik zurück, wo er sich aufreibt in einem ständigen Kampf gegen die lasche Arbeitsmoral der Genossen und gegen äußere Einflüsse, deren Zusammenhänge ihm oft entgehen, um mehr zu produzieren und damit langsam die Lage des Landes zu verbessern.

Meternagel ist der innere Konflikt fremd. Seine Bewegung vom Ich zum Wir geschieht durch das Selbstopfer, in der Überzeugung, daß sein Handeln der historischen Notwendigkeit des Augenblicks entspricht. Der Meternagel der sechziger Jahre verkörpert den auf eine bessere Zukunft vertrauenden Arbeiter. Aber ist er eine gänzlich positive Figur? Genau besehen muß man erkennen, daß Christa Wolf ihm oder besser: dem System gegenüber, dem er sich ganz verbunden fühlt, Zurückhaltung bewahrt. Denn Meternagel isoliert sich gerade durch seinen Eifer unter dem Druck der Stoppuhr und im Namen der individuellen Produktivität,[8] wodurch er implizit die Solidarität der Arbeiter untereinander verneint: So sind es gerade seine Arbeitskollegen, die sich seiner durch eine zweite Degradierung zu entledigen suchen. Meternagel ist eigentlich – wie schon andere Gestalten der Seghers – dem christlichen Märtyrer näher als dem beispielhaften sozialistischen Arbeiter: "Vor ihren Augen [Rita, d. Verf.] hatte ein Mensch einen schweren Packen auf sich genommen, von niemandem gezwungen, nicht nach Lohn fragend, [...] hatte Schlaf und Ruhe geopfert, war verlacht worden, gehetzt, ausgestoßen." (GH 96) Meternagels individuelle Physiognomie besitzt die demütige und großzügige Geduld, die den Leser an Boxer, das Pferd aus Orwells *Animal Farm*, erinnert oder an die Allegorie des ehrlichen und ausdauernden Kommunisten, der sich ganz

---

[8] In der sozialistischen Welt wird der Rhythmus der Produktion nach Leistungsnormen bestimmt, die das Arbeitstempo des einzelnen Arbeiters auf der Grundlage von Zeitwerten festsetzen, die von den produktivsten Arbeitern geleistet werden.

hergibt in dem Glauben, die Arbeit biete die Lösung aller Probleme. Und wie in *Animal Farm* der von der Arbeit ausgemergelte Boxer nur vom Willen weiterzumachen aufrechterhalten wird, bis er auf den Viehwagen kommt, der ihn ins Schlachthaus bringt, so arbeitet Meternagel bis zum physischen Zusammenbruch, bis ihn der Krankenwagen aus der Fabrik fährt.

Der Vergleich mit Orwell soll nicht bedeuten, daß *Der geteilte Himmel* heute als antikommunistisch etikettiert werden darf, er soll vielmehr die Vielschichtigkeit der Probleme andeuten, mit denen Christa Wolf sich auseinandersetzte. So ist zum Beispiel interessant, wie die Autorin anhand von Meternagels Geschichte bestimmte entfremdende Aspekte der Arbeit im realen Sozialismus beleuchtete, die den Arbeiter vom Subjekt zum Objekt eines Ablaufs machten, den er nur scheinbar kontrollierte. Das sind Themen, die in der theoretisch-politischen Debatte erst fünfzehn Jahre später mit der Unruhe stiftenden Veröffentlichung der *Alternative* von Bahro[9] auftauchten.

Alles in allem gewinnt man den Eindruck, daß mutatis mutandis Christa Wolf die gleichen Erfahrungen gemacht hat wie, Lukács zufolge, Balzac. Das Eindringen in die Fabrikwirklichkeit bringt die manchmal dogmatische Kommunistin jener Jahre dazu,[10] eine gewisse Auffassung der Welt beiseite zu legen und das zu beschreiben, was sie in Wirklichkeit sieht. Und hier ist ihr klargeworden, daß die Machtlosigkeit der Arbeiter zur Folge hat, daß diese sich gegenüber dem System eher als Kleinbürger denn als neuer Mensch verhalten: "Sie [Rita, d. Verf.] rief sich ins Gedächtnis, was sie jetzt, nach drei Monaten, von jedem wußte. Was war ihnen wichtig? Die Braut, das kleine ererbte Grundstück, das Motorrad, der Garten, die Kinder, die alte Mutter, die blind war und Pflege brauchte, die neuen Arbeitsnormen, Schauspielerfotos." (GH 98)

Wie man sieht, ist Meternagel nicht der einzige typische Vertreter des Proletariats. In diesem Zitat wird die Rückständigkeit einer gänzlich der Privatsphäre verhafteten Arbeiterklasse beschrieben, es zeigt keineswegs den für die Literatur und Kunst dieser Jahre typischen kollektivistischen Triumphalismus. Es sind Beobachtungen, die eine Bewußtheit der eigenen intellektuellen Rolle voraussetzen und damit eine kritische Distanz implizieren, die zu der servilen und voluntaristischen Einfühlung, die aus anderen Werken des Bitterfelder Wegs spricht, im Gegensatz steht. Hier gibt es

---

[9] Dazu vor allem Kapitel XIII der *Alternative* (Rudolf Bahro: *Die Alternative. Zur Kritik des real existierenden Sozialismus*. Köln, Frankfurt/M. 1977).

[10] Interessant in diesem Sinn ist die vernichtende Kritik an einem Roman Ehm Welks. In: Probleme des zeitgenössischen Gesellschaftsromans. Bemerkungen zu dem Roman 'Im Morgennebel' von Ehm Welk. In: *ndl* 2 (1954). H. 1. S. 142-150.

keine Spur des damals verbreiten Versuch, den "Homo faber" in der kollektiven Fabrik oder Baustelle einzusetzen, um die manuelle gegenüber der intellektuellen Arbeit zu privilegieren.

Christa Wolf paßt sich diesen Positionen nicht an. Die Arbeiter der Waggonfabrik, die ihre Energien sparen, um sich mit einer zweiten Arbeit die Gunst einer Frau oder ein weiteres Küchengerät zu erwerben, und Meternagel mit seiner Theorie des individuellen Opfers als angeblich tragendem Wert sind im Grunde genommen komplementär: Sie bezeugen das Fehlen eines alternativen Konsummodells, eines neuen sozio-politischen Konzeptes und eines tragenden Subjektes.

Nach dem Verlust von Manfred versucht Rita eben in der Fabrik, sich zwischen zwei auf sie zurollenden Eisenbahnwaggons umzubringen. Eine in der Literatur der DDR vor 1963 sicher anomale Geste und kein "zufälliger" Tatort, worüber nachzudenken Christa Wolf ausdrücklich nahelegt (GH 257). Wenn man dem dann hinzufügt, daß die intellektuelle Arbeit, das "Nachdenken", das den Roman strukturiert, außerhalb der Fabrik geschieht, fern von der Welt der "Unordnung", so wird klar, daß der von Christa Wolf eingeschlagene Weg keiner rhetorischen Episierung der sozialistischen Arbeitwelt entspricht.

Die Geschichte wird aus Ritas Perspektive erzählt – von dem Moment an, in dem sie nach einem Unfall in der Fabrik im Krankenhaus wieder zu sich kommt, bis zu ihrer Heilung und ihrer Rückkehr in die Arbeitswelt. Fast zwei Monate ohne Ereignisse, in denen die Gegenwart verschmilzt mit der Erinnerung an eine nahe Vergangenheit, das Jahr 1960/61, in dem Ritas Leben von zwei zentralen Erfahrungen dominiert worden ist: der Liebe zu Manfred und dem Eintritt in die Arbeitswelt. Doch wird die Legitimität einer Erzählung, die sich am Faden der Erinnerung entfaltet, von Christa Wolf mehrfach in Frage gestellt – "die Erinnerung trügt" (GH 142) – bei dem Versuch, eine Schreibweise zu finden, bei der auf dem Papier wie in der menschlichen Natur Vergangenheit und Gegenwart zwar interagieren, wo jedoch viel mehr der Phantasie und der Erfindung als der einfachen Registrierung von Tatsachen die Aufgabe zukommt, die verstehende Durchdringung der Wirklichkeit zu vermitteln. Die Verarbeitung des Wirklichen, die Reflexion, ist also der Weg, auf dem Rita die Vergangenheit "begreift" und sich selber wiederfindet. Ein solcher Prozeß kann auch zu einem erklärten Abstand vom "Realen" führen. Dazu der Kommentar zu einem Gespräch zwischen Manfred und Rita – "Rita weiß nicht mehr, ob sie das alles sagten, aber in ihrer Erinnerung gab es das Gespräch, so wie es sein Gesicht gab – ganz nah und doch unerreichbar [...]." (GH 172) An anderer Stelle scheint Christa Wolf eine Untersuchung über den Prozeßcharakter des Denkens und sein Verhältnis zur Sprache vorwegzunehmen –

eine Fragestellung, auf die sie in ihren späteren Werken eingeht.[11] Es handelt sich dabei vorerst um schüchterne Signale von der Arbeit eines Bewußtseins, das sich mit der neuen Sphäre der offiziellen ideologischen Gewißheiten auseinandersetzt, die keine "große Auswahl an Gedanken, Hoffnungen, Zweifeln"[12] zuläßt. Es scheint fortwährend eine Weigerung gegenüber dem die Lyrik und Prosa der DDR durchziehenden Gleichklang zwischen Mensch und Natur, zwischen Natur und menschlicher Arbeit zu propagieren:[13] Noch ehe sie getrennt sind, geht vom Himmel, der schwer über der fremden Stadt hängt, eine unbestimmte Drohung aus, während "eine trübe Flut von Lüge, Dummheit, Verrat" (GH 201) aus dem Boden aufsteigt. Dies symbolisiert nicht gerade die schöne sozialistische Gesellschaft, sondern vielmehr die bedrückende Schwere einer fortwährend aufsteigenden Vergangenheit, ähnlich der sich über den von Kunert beschriebenen Landschaften zusammenballenden bedrohlichen, finsteren Wolke. Eine belastende Schwere, die vielleicht nur die im ausschließlich privaten Bereich gepflegte und ausgetauschte Freundlichkeit zu lindern vermag.[14]

Kommen wir wieder zu Rita, der angeblich exemplarischen Gestalt einer Selbstverwirklichung in der sozialistischen Welt, wie der Umschlag der DDR-Ausgabe bekräftigt.[15]

Ritas Entwicklung bewegt sich in zwei Richtungen, in die private – aus dem jungen Mädchen wird eine Frau – und in die politische – aus dem unerfahrenen Mädchen vom Lande wird ein Mensch, der "auf der Seite der

---

[11] Über Rita, die Manfred von ihren Arbeitskollegen erzählt, schreibt Christa Wolf: "Ihre genauen, witzigen Beobachtungen machten ihm Spaß, und sie sah manchen erst richtig, während sie ihn Manfred beschrieb." (GH 104).
[12] Christa Wolf: *Nachdenken über Christa T.* Halle/S. 1974. S. 31.
[13] Zur Klärung zwei exemplarische Verse: "Im Schilf wiegt sich ein Kahn/ fern summt die Autobahn." Johannes R. Becher: *Gedichte*. Leipzig 1969. S. 160.
[14] "Der Tag, der erste Tag ihrer Freiheit, ist fast zu Ende. Die Dämmerung hängt tief in den Straßen. Die Leute kommen von der Arbeit nach Hause. In den dunklen Häuserwänden springen die Lichtvierecke auf. Nun beginnen die privaten und öffentlichen Zeremonien des Abends – tausend Handgriffe, die getan werden, auch wenn sie am Ende nichts anderes bewirken als einen Teller Suppe, einen warmen Ofen, ein kleines Lied für die Kinder. Manchmal blickt ein Mann seiner Frau nach, die mit dem Geschirr aus dem Zimmer geht, und sie hat nicht gemerkt, wie überrascht und dankbar sein Blick ist. Manchmal streicht eine Frau einem Mann über die Schulter. Das hat sie lange nicht getan, aber im rechten Moment fühlt sie: Er braucht es./ Rita macht einen großen Umweg durch die Straßen und blickt in viele Fenster. Sie sieht, wie jeden Abend eine unendliche Menge an Freundlichkeit, die tagsüber verbraucht wurde, immer neu hervorgebracht wird. Sie hat keine Angst, daß sie leer ausgehen könnte beim Verteilen der Freundlichkeit" (GH 269).
[15] Vgl. Christa Wolf: *Der geteilte Himmel*. Klappentext.

Geschichte" stehen will. Diese beiden Entwicklungsrichtungen kontrastieren miteinander und führen zu dem Konflikt, der im Roman durch Ritas Selbstmordversuch symbolisiert wird: "Sie sieht die zwei schweren, grünen Wagen noch heranrollen, unaufhaltsam, ruhig, sicher. Die zielen genau auf mich, fühlte sie, und wußte doch auch: Sie selbst verübte einen Anschlag auf sich." (GH 257) Die beiden Eisenbahnwagen verkörpern dabei die beiden antagonistischen Kräfte, die Liebe und die Arbeit, das Private und das Politische, zwischen denen Rita eine Wahl zu treffen hat, die, ganz gleich wie sie ausfällt, ein Stück von ihr selbst fordert (GH 243).

Betrachten wir nun, wie Christa Wolf Ritas private Geschichte beschreibt. Wie lesen wir heute – aus einer historisch gesehen postfeministischen Perspektive – die Fragilität dieser jungen Frau? Erscheint sie im Vergleich mit der Rezeption der siebziger Jahre anders?

Neben Manfred, dem stämmigen Teutonen, der sich frühmorgens, halbnackt im Freien stehend, das kalte Wasser über Brust und Rücken laufen läßt, ein Mann, der "schwer zu fassen" (GH 20) ist, mit männlichen und leicht paternalistischen Verhaltensweisen,[16] neben ihm wird Rita erwachsen. Manfred besitzt sozusagen das "Know-how" des Lebens. Er ist es, der Rita die neue und geheimnisvolle Welt der Stadt zugänglich macht: „Er hatte für all die fremden, langweiligen, zugeschlossenen Straßen und Plätze den Schlüssel. Er öffnete ihr die Stadt, sie sah, daß sie verborgene Schönheiten und Reichtümer hatte." (GH 34) Manfred ist es, der den Weg weiß, wenn Rita "wie immer" die Orientierung verliert. Vor allem jedoch ist er es, der weiß, wer sie ist,[17] der ihr die Sprache ihres Körpers "beschreibt" und sie damit formt: "Ein neuer Ausdruck war in ihrem Gesicht, den kannte sie selbst noch nicht. Dieses Gesicht verdankte sie ihm, und sie zeigte es nur ihm, heute und immer." (GH 82) Ritas Identität wird also von Manfred vorgezeichnet, durch ihn wird sie sich ihrer selbst, ihres Körpers bewußt. Es ist jedoch eine unsichere, an Manfreds Anwesenheit gebundene Selbstvergegenwärtigung, die sich verflüchtigt, sobald sie mit sich allein ist: "Überhaupt bin ich häßlicher geworden, weil mich zwei Wochen lang keiner angesehen hat" (GH 172), klagt Rita, als Manfred im Begriff steht, in den Westen zu gehen. Doch beweist nicht diese Stelle eine tiefgreifende Kenntnis der menschlichen Seele?

Erst nach dem Unfall, im vom Kontakt mit der Natur und damit in der Rückkehr zu den eigenen Ursprüngen angereicherten Nachdenken empfindet Rita sich selbst: "Der Wind hat sich gelegt. Rita steht da und sieht zum

---

[16] So die häufige Geste, Ritas Kinn hochzuheben und ihr dabei in die Augen zu schauen.
[17] "'Du bist ein weißer Rabe', sagte er. 'Und das Beste ist: Du weißt es nicht.' 'Was ich nicht weiß, weißt du', erwiderte sie" (GH 88).

erstenmal in ihrem Leben Farben. Nicht das Rot und Grün und Blau der Kinderbilderbücher. Aber die zwanzig verschiedenen Grautöne des Bodens oder die unzähligen Spielarten von Braun an den Bäumen [...]." (GH 131) Das ist eine wesentliche Wendung, genau in der Mitte des Textes, die eine tiefreichende Selbsterfassung anzeigt. Ritas Zustand "[...] läßt sich nur mit dem Staunen des Kindes vergleichen, das zum erstenmal denkt: *Ich*. Rita ist ganz erfüllt vom Staunen des Erwachsenen." (GH 131) Der Beschreibung dieser Wiedergeburt geht ein Traum voran, in dem Rita einen langen Weg geht und an ihrer Seite ist nicht Manfred – "merkwürdig!" –, sondern Wendland, der gute, zähe und dabei ungebundene Funktionär, wenn auch Vater von zwei Söhnen. Und dann "sitzen sie schon in Ritas kleiner Mädchenkammer im Häuschen der Tante" während "die Luft, die durch das offene Fenster kommt, nach Wiesen riecht" (GH 131). Hier spürt der Leser, daß der Roman auf ein Happy-End zielt. Der sorgfältig "entstellte" Traum (Ritas Verwunderung stammt daher, daß sie in Wirklichkeit ihre Sympathie für Wendland immer geleugnet hatte) zeigt eine "Arbeit der Verschiebung" zwischen zwei als verwandt und ähnlich empfundenen Männerbildern an.

Das Ich, das Rita in sich wiederfindet, wächst, im Unterschied zum darauffolgenden Roman, nicht über die Grenzen des Systems hinaus, es ist nicht autonom, sondern es verbindet sich mit einer männlichen Gestalt, die den Vorgänger ersetzt und implizit die ideologische Beispielhaftigkeit von Ritas Wahl garantiert. Die in den folgenden Arbeiten anders gestaltete Analyse der weiblichen Identität hebt hier Ritas psychologisches Bedürfnis einer männlichen Unterstützung.

Der Rückblick auf die Personen und auf ihre Funktion im Roman kommt nun zu folgenden Schlußfolgerungen: Manfred, die den Westen wählende negative Figur, weicht insofern von den damaligen Schemata ab, als er die Priorität der sozialen gegenüber den persönlichen Motivationen nicht anerkennt, dabei jedoch eine die politische Bürokratisierung der fünfziger Jahre kritisierende Funktion übernimmt.

Meternagel, der exemplarische Arbeiter, verwirklicht seinen Wunsch, "aus dem vollen zu leben" nicht, sondern negiert dagegen mit seiner Geschichte die Glaubwürdigkeit der strahlenden Helden in der sozialistischen Literatur, indem er die der Organisation der Arbeit eigenen Widersprüche ans Licht bringt.

Rita schließlich, die zwar Trägerin der zum Primat des Sozialen führenden Reflexion ist, besitzt nicht die psychische Autonomie einer Protagonistin, da sie Unterstützung braucht, was ihre im Unbewußten liegende Abhängigkeit aufdeckt. Die vorurteilslose Beobachtung der Wirklichkeit, die sich der damaligen offiziellen Epik entgegenstellt, bleibt Zeichen für die Suche nach einer authentischen Beschreibung jener Jahre.

III

Nachdenken über Christa T. ist das Ergebnis jener Suche. Trotz der raffinierten literarischen Konstruktion ist die Geschichte fast linear: Der Tod von Christa T. – die Diagnose lautet Leukämie, aber man erahnt dahinter einen psychischen Zusammenbruch wegen mangelnder Anpassungsfähigkeit – löst bei der Ich-Erzählerin einen Erinnerungsstrom aus, der die Zeit von den Nachkriegsjahren bis 1963 durchläuft und dabei die schlichte Lebensgeschichte der verstorbenen Freundin rekonstruiert. Zutage tritt das Bild einer Frau, die mit aller Kraft versucht, sie selbst zu werden, und die an der Unvereinbarkeit ihrer radikal-humanistischen Bedürfnisse mit der Realität ihrer Zeit scheitert. Es handelt sich gleichwohl nicht um eine dokumentarische Rekonstruktion: Christa Wolf benutzt Tagebücher, Briefe und Manuskripte der verstorbenen Freundin, doch stellt sie – wie schon in *Der geteilte Himmel* – die Genauigkeit der Erinnerung, aber auch die Zeugnisse von Freunden und Kollegen Christa T.s in Zweifel. Über die Chronologie der "Tatsachen" stellt sie den Wert von Phantasie und Reflexion.

Um heute diese für die Romanstruktur grundlegende Kontrastierung zu verstehen, muß man sich die Entstehungszeit des Romans vergegenwärtigen. Die systematische Zensur aller nicht linientreuen Äußerungen hat in der DDR eine fortschreitende Verarmung der literarischen Produktion bewirkt, vor allem in Gattungen mit weiterer Verbreitung wie der Prosa.

Wenn der Optimismus der Aufbauzeit die "Fakten" in den Vordergrund gestellt hatte und im Bereich der Literatur entsprechend arbeitsame, anpassungsfähige Figuren auftraten, so ist nun der Autorin durchaus klar, daß diese Typologie nicht die Komplexität einer in Wandlung begriffenen Welt wiedergeben kann. Die Szenerie der sechziger Jahre war zunehmend von professionellen Bürokraten dominiert, den Mangolds aus *Der geteilte Himmel*, oder einfacher gesagt, von denen, die Wolf in *Nachdenken über Christa T.* nun als die "Phantasielosen" bezeichnet, die "Hopp-Hopp-Menschen", d.h. diejenigen, die die Zeit, auch die innere, nach dem Rhythmus der Produktion messen, ohne sich der damit angerichteten – sozialen wie psychischen – Schäden bewußt zu werden. Schäden, die Wolf jetzt in größerem Maßstab zeigt, wobei sie den Leser zu Rückschau und Reflexion auffordert.

Hieraus entsteht die Notwendigkeit, wirklich begangene Straßen mit anderen nicht begangenen zu überlagern, die "Verpflichtung", neue Instrumente zu erproben – Phantasie, Erfindung, entgegen dem Anspruch der

Wissenschaftlichkeit einer ideologischen Rekonstruktion –, und hieraus entsteht der nahezu beschwörende Ton, mit dem die Autorin eine Art vorübergehender Ausnahme von einer erstickenden erzieherischen Norm zu bewirken sucht.

Die Erforschung der Vergangenheit vollzieht sich auch jenseits der "Fakten", d.h. jenseits der Daten der offiziellen Statistiken, wobei auch die zweifelnde Form der Hypothese benutzt wird, um ein im Gesamtbild marginales Unbehagen in den Brennpunkt zu stellen, ein Unbehagen, das im gegebenen historischen Kontext vielleicht unvermeidlich war, den Leser aber zum Nachdenken über die DDR der sechziger Jahre bringen soll.

Kürzlich wurde im Rahmen einer italienischen *writing school* der Roman gelesen. Die Analyse der raffinierten Struktur dieses Buchs als literarische Übung? Das "Nachdenken" bringt in der Tat ein außerordentlich komplexes erzählerisches Werk hervor, das sich in einer dreifachen Bewegung artikuliert: eine weibliche Erzählstimme, die anonym bleibt und oft in der Wir-Form der Stimme des Kollektivs Ausdruck gibt, beobachtet eine Figur, die ihrerseits, über den Vornamen, auf die Autorin verweist. Diese Struktur enthält ein subtiles Spiel mit den Perspektiven.

Das erzählende Ich, eine Studienkollegin von Christa T., begibt sich, während es die Vorgänge rekonstruiert, gleichwohl nie in die distanzierte Position des sogenannten allwissenden Erzählers. Es bewegt sich zwischen Anteilnahme und Abstand, entsprechend einer zweifachen Perspektive: einer subjektiven und analogen, die aus der persönlichen Erinnerung hervorgeht, und einer objektiven, dokumentarischen, die von den wenigen aber präzisen historischen Bezügen sowie von Brieffragmenten und Skizzen aus der Hinterlassenschaft von Christa T. bestimmt ist. Hiermit ist das perspektivische Labyrinth jedoch noch nicht erschöpft. Im Rahmen der von der Erzählstimme vorgetragenen Bestandsaufnahme benutzt Christa Wolf gleitende Übergänge in temporalen und pronominalen Variationen, die eine Art beweglicher Optik bewirken, so daß zuweilen die Biographie von Christa T. durch das "wir" der Erzählstimme sich mit einer kollektiven Autobiographie überlagert, wobei komplexe wechselseitige Bezüge entstehen. Und weiter: Die Gleichnamigkeit von Autorin und Protagonistin, die noch durch eine Anzahl biographischer Daten verstärkt wird, läßt eine Kette von außertextlichen Bezügen entstehen und gibt damit der Lektüre einen Horizont, der die Grenzen des Erzählten transzendiert.

Das verbindende Moment all dieser perspektivischen Variationen stellt das "Nachdenken" dar. Dies ist der formale Kern, der den Roman strukturiert, und hier ist der Sinn von Christa Wolfs literarischer Konstruktion zu suchen. Das Nachdenken schafft eine parallele erzählerische Ebene – die sich jedoch in Sprache und Verfahren als alternativ darstellt – zum gradlinigen Verfahren der vorherrschenden sozialen Kommunikation. Das Nachdenken wird, indem es die Spur einer besiegten, gescheiterten Figur nachzeichnet und der Marginalität Stimme verleiht, zu einer Quelle von Geschichte, einer negierten oder zumindest nie geschriebenen Geschichte, die Wolf dem Leser anheimgibt mit der Aufforderung, "den langen Weg der Gefühle" erneut zu begehen.

Das Leben von Christa T. verläuft sehr einfach. Letztlich ähnelt sie auch nicht den Frauenfiguren bei Anna Seghers, etwa den Nebenfiguren, die immer fest in politischer Militanz für die gerechte Sache stehen. Dieses Mädchen bürgerlicher Herkunft, überall zu Hause und zugleich überall fremd, diese "Tochter der Sterne" die erst mit dem Körper und dann mit dem Hirn versteht, die einen auffälligen "Hang zur Nachdenklichkeit" zeigt, scheint viel eher eine Verwandte der späteren Leni von Heinrich Böll zu sein, als daß sie anderen Protagonistinnen der sogenannten sozialistischen Literatur ähnelt.

Die Funktion dieser Verschiedenheit wird deutlich in den Kapiteln, die sich auf das Verhältnis der Protagonistin zur politischen Mobilisierung der fünfziger Jahre beziehen. Wie Leni stellt sich auch Christa T. instinktiv auf die richtige Seite und übernimmt ihren Teil der Verantwortung. Aber was Christa T. – jenseits eines fundamentalen, leidenschaftlichen Konsenses – daran hindert, sich der neuen sozialen Ordnung mit der verlangten bedingungslosen Hingabe zu unterwerfen, ist eine Art fast biologischer Treue dem eigenen individuellen Ausdrucksbedürfnis gegenüber. Eine Bedürfnis nach Authentizität, das ihr nicht erlaubt, sich in einer vom System vorgegebenen Schublade einzurichten. Auf der anderen Seite ist sie keine exzentrische Träumerin, die an exzessivem Subjektivismus leidet. Christa T. bewahrt im Gegenteil Eigenschaften, die für den Aufbau einer neuen Gesellschaft durchaus wertvoll wären – wie Rita ist sie neugierig, begierig vor allem, die Welt mit ihren eigenen Augen zu lesen. Und aus diesem Grund verweigert sie sich den Stereotypen totalisierender Bilder und Sprachen, die keinen Zweifel zulassen, die das Individuum zum Schweigen verdammen, die ihm eine unentrinnbare Vereinheitlichung aufzwingen.

Wie schon in *Der geteilte Himmel* ist auch in diesem Roman die häusliche Umgebung der Ort von Freundlichkeit. Aber hier nimmt die private Dimension eine komplexere Funktion an: Sie entschädigt das Individuum nicht für mangelnden Anteil am sozialen Leben, wie eine genauere Analyse zeigt. Gleichwohl wird sie in all ihren positiven Dimensionen ausgelotet, beginnend mit der Familie, die als Zufluchtsort für das innerlich erschöpfte Individuum beschrieben wird, als weiblicher Ort von Bindung und Schutz.

Der ideologische Gehalt des Textes rührt zum großen Teil von der positiven Darstellung dieser Wendung zum Privaten her sowie von dem breiten Raum, den Wolf dieser Erfahrung widmet, was damals heftige Diskussionen in Ost und West, natürlich unter umgekehrten Vorzeichen, ausgelöst hat. Eine Erfahrung, die – wenngleich sie nicht die wesentlich noblere Beteiligung des *citoyen* am Aufbau der neuen Gesellschaft ersetzt – von der Autorin mit einer Intensität erforscht wird, die einen tiefen, unzweifelhaften Respekt vor der menschlichen Individualität mit all ihren Unterschieden erkennen läßt.

Dieser Zug ist schon im ersten Teil erkennbar, wo die Erzählerin das Ausscheren und Aufbäumen von Christa T. während ihrer Studienjahre in Leipzig aufzeichnet. In diesem Sinn ist auch die Episode mit der Orchidee zu verstehen: Die stille Verzückung der Protagonistin vor der hinter Glas ausgestellten Blume – einer Blume, die im übrigen mit dem Symbolgehalt des bürgerlichem Luxus besetzt ist – zu einer Zeit, in der es am Nötigsten fehlt, zeigt das tiefe Bedürfnis nach einem Ruhepunkt fern vom heftigen Rhythmus der "Hopp-Hopp-Menschen", nach völligem Eintauchen in ein ephemeres Bild, das um so mehr als regenerierend empfunden wird, als es nicht vom politischen System bestimmt ist.

Auch die letzte bedeutende Erfahrung Christa T.s, wenige Monate vor ihrem Tod, ist privater Natur: Es handelt sich um nichts Geringeres als den Bau eines Hauses an einem Seeufer, und das unter einem Regime, das die Abschaffung des Privateigentums auf seine Fahnen geschrieben hatte.

Und auch in diesem Fall gibt es keine Zensur von seiten der Erzählerin, Verwunderung allenfalls, die jedoch von der ansteckenden Begeisterung Christa T.s übertroffen wird. Aber es ist vor allem die Analyse der erzählerischen Einschübe zwischen dem XVII und XIX Kapitel, die den symbolischen Wert dieser Episode enthüllt: Der Anfang ist kursiv gesetzt – es handelt sich also um ein Fragment aus Christa T.s Schriften – und nimmt das Thema aus dem Motto des Romans auf: "Man selbst, ganz stark man selbst werden." Durch die thematische Übereinstimmung zwischen dem Motto mit dem Diktum Johannes R. Bechers und den Worten Christa T.s – postumen Worten, die mit testamentarischer Bedeutung geladen sind – schafft Christa Wolf eine gewisse Absicherung: Die Erfahrung der Protagonistin ist durch die Worte einer Modellfigur der DDR-Kultur legitimiert, und unter dieser Ägide wird die letzte Etappe der Erzählung eröffnet, verstärkt zudem durch einen weiteren Verweis im XIX Kapitel: "Die Schwierigkeit, ich zu sagen". Eine Schwierigkeit, die in den siebziger Jahren eine andere Valenz gewinnt, die des Weiblichen.

IV

Es gibt ein Bild von Magritte mit dem Titel "Le viol". Es stellt das Portrait einer Frau dar, deren Sexualorgane die Züge ihres Gesichts formen: Abbild der Vergewaltigung der Frau als Gegenstand männlicher Begierde. Doch auch Negation der Erkenntnis – eben des Kopfes – durch den Sexus: die Frau als Symbol einer Funktion, als Individuum, dem jede mögliche, selbst unbewußte Identität versagt bleibt, sofern es zum Gebrauch und nicht zur Entscheidung, zu angeborener Unterwerfung ohne jegliche Autonomie bestimmt ist.

Das Bild vereint auf erstaunliche Weise viele der von der Frauenbewegung diskutierten Elemente. Auf der einen Seite enthält es den Protest gegen die Beschränkung der Frau auf Projektionen der männlichen Sexualität im Bereich von Reproduktion und Differenz, auf der anderen eine Neudefinition der eigenen Existenz und der jetzt als hierarchisch empfundenen Beziehungen zum anderen Geschlecht und zur "maskulinen" Kultur, nachdem die ersten Schritte auf dem Weg der Emanzipation zurückgelegt und die Gleichberechtigung erreicht sind. Dabei geht es um eine Abrechnung mit einer provisorisch übernommenen Kultur, deren Behauptungs- und Vergewaltigungsmechanismen in ihrer geschichtlichen Entfaltung einer Untersuchung unterzogen werden. Das ist das – leicht exportierbare – Thema von "Selbstversuch", einer 1975 erschienenen Erzählung.[18]

Eine Wissenschaftlerin der Berliner Akademie der Wissenschaften bietet sich für einen Versuch an, in dem ein neues Präparat, das die Eigenschaft besitzt, weibliche in männliche Geschlechtsmerkmale umzuwandeln, ausprobiert werden soll. Während der Beschreibung dieser Verwandlung in ihren aufeinanderfolgenden Stadien befragt die Autorin, im formalen Stil des wissenschaftlichen Protokolls, die subtilen Interaktionsmechanismen, die die "männliche" und die "weibliche" Identität – oder besser die Ideologie der Männlichkeit oder der Weiblichkeit – determinieren, indem sie dem Wechselspiel der Geschlechter folgt und die gegenseitige Konditionierung unter ständig wechselndem Beobachtungspunkt aufzeigt. Im Verlauf der Erzählung verändert die weibliche Erzählerin schrittweise ihre Perspektive unter Aufrechterhaltung der Selbsterinnerung. Das geschieht weniger durch eine "Tarnkappe" oder die sich bildenden männlichen Körperformen, sondern vielmehr durch die Tendenz, sich entsprechend den

---

[18] Christa Wolf: Selbstversuch. Traktat zu einem Protokoll. In: Dies.: *Gesammelte Erzählungen*. Berlin und Weimar 1989. S. 219-257; im folgenden mit der Sigle SV + Seitenzahl im Text.

Erwartungen der Umwelt als Antwort auf äußere Stimuli zu "konstruieren".

Die Struktur der Erzählung nimmt dadurch die Form eines Prismas an, das die "Person" in ihre primären Elemente zerlegt: "Maske. Rolle. Wirkliches Selbst" (SV 250). Durch diese sorgfältige und geduldige Filterung gelingt es Christa Wolf nicht nur, die kleinbürgerlichen Schwächen und gefährlichen konformistischen Haltungen der gut bezahlten DDR-Intelligenz zu identifizieren, sondern auch die Verheerungen einer als Anpassung an die "blinde" Männerwelt ökonomischer Rationalität verstandenen Emanzipation der Frau zu benennen: Die Kritik am eingeschliffenen Verhalten überschneidet sich mit der Negation des Bestehenden, die bewußte Erfahrung des Anderssein der Frau stellt, wie wir sehen werden, die sozialen und politischen Grundlagen der gesamten Gesellschaft in Frage, indem es Abgründe öffnet, die sich zur totalen Dissidenz ausweiten.

Vom rituellen Nelkenstrauß gekrönt, der bei den großen zeremoniellen Anlässen der DDR nicht fehlen darf, wie vorhergesehen ans Berufsgeheimnis gebunden, gewissenhaft auf Blättern vorgeschriebenen Formats protokolliert, ist das Experiment geglückt: Eine Frau, ledig, 33 Jahre, gesund und intelligent ist "ohne unerwünschte Nebenwirkungen" in einen Mann verwandelt worden. Die Stadien der Umwandlung werden vom Versuchsobjekt in der ersten Person in allen Einzelheiten geschildert.

Die Erzählung hat also die Form eines Protokolls, das für den Professor, der das Präparat entwickelt hat, "einen der großen Männer dieses Jahrhunderts", bestimmt ist. Doch das Protokoll widerspricht sich schon in den ersten Zeilen, obwohl es seinen strengen und aufs Wesentliche gerichteten Stil beibehält. In eine typisch männliche Sprache – der des wissenschaftlichen Berichtes – werden nicht verlangte "Bemerkungen" eingeflochten, die die lineare Form des vorgeschriebenen Protokollstils stören, die Ergebnisse in Frage stellen und das Scheitern des Experiments ankünden. Das erzählende Ich durchbricht die strenge Berichtsform: Ein aus der Reise in die Männerwelt zurückkehrendes Ich, geflohen vor der "Drohung, Mann zu bleiben", durchläuft rückwärts mit Ironie und Spott den von der Wissenschaft vorgezeichneten Weg. Auf diese Weise wird die "unwirkliche Neutralität" des Protokolls unentwegt verletzt durch einen Prozeß der Selbstreflexion, der die "Lücken füllen", die verborgenen Wahrheit suchen und die Gründe rekonstruieren soll, die eine Frau zu der "Tollheit" der Selbstverleugnung gebracht haben.

Die Untersuchung behandelt in erster Linie die "emanzipierte" Frau, die "career woman", wie sie durch die Gestalt der Wissenschaftlerin in einer Vielfalt von Situationen, die sie als Opfer und auch Komplizin des Systems männlicher Vorstellungen zeigen, minutiös beschrieben wird. Als Opfer, sofern sie der physischen und psychischen Anstrengung unterworfen ist, die die gehetzte und gleichzeitige Übernahme von verschiedenen Rollen mit sich bringt; als eine der Frauen, die "zwischen Mann und Arbeitsdrang, Liebesglück und Schöpfungswillen, Kinderwunsch und Ehrgeiz ein Leben lang zickzack laufen wie eine falsch programmierte kybernetische Maus" (SV 234). Sie ist ebenso Opfer der männlichen Widerstände gegen ihren Eintritt in eine ihr traditionell verschlossene Welt, nämlich die der Wissenschaft, wie auch der instinktiven männlichen Tendenz, sie als sexuelle "Beute zu betrachten und sie der Unnatur und der Perversion zu zeihen, falls sie sich der Rolle des ehelichen Objektes für eine von Leckerbissen, Pantoffeln und Fernsehen abhängigen Männlichkeit, die sie an Neurose und Unterwerfung knechten will, widersetzt":[19]

> Eine Frau, die den eigens für ihr Geschlecht erfundenen Kompromiß ablehnt; der es nicht gelingen will, 'den Blick abzublenden und ihre Augen in ein Stück Himmel oder Wasser zu verwandeln'; die nicht gelebt werden will, sondern leben: Sie wird erfahren, was schuldig sein heißt. (SV 229f.)

Und um das Loch im Netz der männlichen Klischees zu finden, wird die Frau zur Komplizin. Von den Privilegien der Machtausübung angezogen, akzeptiert sie es, vom Mann auf dem Weg einer zynischen und entmenschlichenden Technologie "abgerichtet, geführt und vorangeschoben" zu werden. Den Eintrittspreis in die "Polis" entrichtet die "emanzipierte" Frau durch die Negation ihres wirklichen Selbst: Mit "versiegeltem" Mund muß diese nun in der Zitadelle der Macht begrabene Frau auf stumme und mimetische Weise die Rolle akzeptieren, die der Mann ihr zuweist, sich gläubig und gehorsam verplanen lassen, sich für Experimente opfern und die eigene Existenz nach einem ihr fremden Wertsystem leben. "Meinen Wert als Frau hatte ich zu beweisen, indem ich einwilligte, Mann zu werden." (SV 230) Doch einmal "auf dem anderen Planeten" gelandet, erwacht unvermeidlich und befreiend die negierte Kraft der Peripetie: die unterdrückte und latente Erinnerung an die "wie eine Katze in ihrer neuen Behausung zusammengerollte" Frau, ihre "alte Ungeduld" verbreiten sich ungehemmt und anarchisch. So wird sie zum "Spion" im Hinterland des Gegners, sabotiert "von innen die Strukturen der ökonomischen Rationalität", denunziert den "barbarischen Unsinn" des Experiments.

---

[19] Der Leser wird sicher darüber erstaunt sein, daß in der DDR die Ideologie der Männlichkeit auch an die Aufnahme bestimmter Speisen gebunden ist. So passiert es dem erzählenden Ich in seiner männlichen Form, daß es, von den Kollegen gezwungen, "[...] Eisbein mit Erbsenpüree essen mußte, was Doktor Rüdiger für den Beweis von eines Mannes Männlichkeit hält" (SV 233).

Hier zeigt sich die Polemik Christa Wolfs gegen den "Homo technicus", der in der Erzählung vom Empfänger des Protokolls, dem "Professor", dargestellt wird. Er vertritt die Spitze einer Technokratie, die für ein gewisses, auch im Westen wohl bekanntes Entwicklungsmodell verantwortlich ist. Wir sind nicht nur weit entfernt von Ritas naiver Begeisterung für den ersten sowjetischen Sputnik, sondern auch von Christa T.s ängstlicher Unsicherheit gegenüber der wissenschaftlich-technischen "Revolution" der fünfziger Jahre. Die Anklage ist hier präzise dokumentiert, der Antagonismus deutlich: Die Frau wird sich dessen bewußt, daß das Ganze der männlichen politischen Organisation die Idee der Menschheit selbst in Frage stellt durch eine Ausübung der Macht, die männlich unversöhnlich von menschlich, die Wissenschaft von Wahrheit und die Rationalität von Gefühl trennt: Die Autorin weigert sich,

> [...] an jener Arbeitsteilung mitzuwirken, die den Frauen das Recht auf Trauer, Hysterie, die Überzahl der Neurosen läßt und Ihnen den Spaß gönnt, sich mit den Entäußerungen der Seele zu befassen (die noch kein Mensch unter dem Mikroskop gefunden hat) und mit dem großen, schier unerschöpflichen Sektor der schönen Künste. Während wir Männer die Weltkugel auf unsere Schultern laden, unter deren Last wir fast zusammenbrechen, und uns unbeirrt den Realitäten widmen, den drei großen W: Wirtschaft, Wissenschaft, Weltpolitik. (SV 252f.)

Diese Arbeitsteilung droht den Raum des "Menschlichen" zu reduzieren, die Phantasie in ihren Tiefen zu versteinern: Daher stammt das ethische Bedürfnis Christa Wolfs, das Innere dieser Welt, ihre unsichtbare Wirklichkeit zu entdecken, die im Zeitalter des herrschenden technokratischen Positivismus nur noch durch jene Qualitäten wahrnehmbar ist, die nur mehr als Eigenschaften des "Weiblichen" überleben. Deshalb denunziert sie die "Blindheit" der wissenschaftlichen Ansichten, die "in ihrem Fangnetz aus Zahlen, Kurven und Berechnungen die Welt dingfest gemacht haben", ohne sie jedoch "zu sehen", die sie im Gegenteil fliehen "[w]ie einen ertappten Sünder, mit dem man sich nicht weiter einlassen muß" (SV 237). Es sind die Kategorien der wissenschaftlichen Abstraktion, gegen die sich Wolf wendet: Die männliche Wahrnehmung will abstrakt, neutral, objektiv sein, um eine von subjektiver Sensibilität nicht verzerrte Erkenntnis zu gewinnen. Doch gerade darin liegt ihre Beschränkung, wenn er den Menschen in sich unterdrückt, der Mann nichts weiter als eine Linse, ein Mikroskop ist, das, indem es die Wirklichkeit "zu einer unübersehbaren Aufzählung von Fakten" (SV 237) reduziert, diese nicht mehr wahrnimmt, sondern verbannt. Es ist nicht neu, die Kunst der Wissenschaft, die Ironie dem Gesetz, das Spiel der Macht entgegenzusetzen. Von Schiller über Schlegel zu Brecht fehlt es nicht an Beispielen.

Doch mit der Denunzierung der Arbeitsteilung als Produkt der männlichen Macht verschiebt die Wolf – darin besteht die Neuheit – jede Möglichkeit zur Befreiung auf die Frau. In einer Zeit, in der das Natürliche von der Technologie verdrängt worden ist, ist sie diejenige, die eine Integrität bewahrt, ein Wissen vom Körper, ein Verständnis für die Bedeutung der Worte, der Töne und Farben, das verlorengegangen ist. Diese intakte Reserve an Menschlichkeit manifestiert sich durch die prismatische Struktur der Erzählung, die es Christa Wolf erlaubt, das wirkliche Selbst, das Tiefen-Ich, getrennt von Maske und Rolle, in die die Person durch äußere Einflüsse gedrängt wird, zu erkunden. So wird die Frau nach ihrer Verwandlung in einen Mann, dem der Professor den Namen Anders wie einen Stempel aufdrückt, periodischen Kontrollen unterworfen. Solange ihr Selbstbewußtsein, ihre weibliche Besonderheit, nicht durch die Erwartungen der Umwelt gegenüber ihrem männlichen Äußeren beschränkt wird, assoziiert sie zu Worten, Farben und Bildern keine männlichen Vorstellungen: Vor der Verwandlung verbindet sie das Wort "Kind" z.B. mit "weich". Nachdem die Verwandlung ihre Psyche ergriffen hat, assoziiert sie zum selben Begriff das Wort "schmutzig" (SV 232). Nach Meinung Christa Wolfs drückt sich das Anderssein der Frau vor allem in der Sprache aus: "Nie wäre ich, Anders, darauf verfallen, die gleichen Gegenstände mit denselben Worten zu benennen, mit denen ich, als Frau, sie einst bezeichnet hatte, wenn mir nur andere Wörter eingefallen wären." (SV 238) Und durch die Sprache bildet sich das gefestigte Selbstbewußtsein, sie webt den Ariadnefaden, der die Frau zu sich selbst führt. Ihre "Ungereimtheit[..]" (SV 235), ihre Dissonanz zur männlichen Welt, die "Neurose" sind Ausdruck eines sprachlichen und damit kulturellen Vorbehaltes, der sich als das dem Männlichen gegenüber andere begreift, jedoch darauf verzichtet, eine mit der männlichen konkurrierende weibliche Logik zu entfalten, sondern vielmehr darauf abzielt, den theoretischen Apparat, der vorgibt, allumfassende und zwingende Wahrheiten zu liefern, anzuzweifeln und aus seinem Rhythmus zu bringen.

In diesem Sinn weist die Erzählung Analogien auf zu den Thesen des radikalen, vor allem des französischen Feminismus. So sieht beispielsweise Luce Irigaray[20] in der weiblichen Neurose die Möglichkeit, durch einen anderen Gebrauch von Sprache und Gestik einen Ausweg aus der Stummheit und der mimetischen Anpassung an die männliche Gesellschaft zu finden. Doch während die Irigaray die weibliche Sexualität nur in von

---

[20] Luce Irigaray: *Ce sexe qui n'en est pas un*. Paris 1977. S. 165.

Männern geschaffenen Modellen und Gesetzen verwirklicht sieht, fordert Christa Wolf eine authentische, biblische Sexualität der Frau, deren Erinnerung in der deutschen Sprache verlorengegangen zu sein scheint. "Feminam cognoscere" (SV 242) schreibt Christa Wolf, wahrscheinlich eingedenk der Tatsache, daß das Deutsche die einzige germanische Sprache ist, in der das Wort Frau zugleich die unverheiratete und die verheiratete Frau bedeutet.

Wie manifestiert sich nun der männliche Logos? Fast wäre man versucht zu sagen, daß die Erzählung eine Negation des Bibelwortes "Verbum caro factum est" darstellt, da die Form des männlichen Selbstverständnisses, in seiner gewollten psychischen Misere, eine fortwährende Verneinung von Gefühl, Gestik, sinnlichen Empfindungen, eben des menschlichen Körpers impliziert.

Wie schon gesagt, spannt sich der Erzählerfaden zwischen der weiblichen Stimme und dem Empfänger des wissenschaftlichen Berichtes, "Leuchte" der Akademie der Wissenschaften. Der für eine entgegengesetzte Weltanschauung charakteristische Abstand zwischen diesen beiden Figuren, die sich von der ersten bis zur letzten Zeile gegenüberstehen, steht nicht nur für die Sprachverschiedenheit zwischen Mann und Frau, sondern für unterschiedliche Kommunikationsformen selbst.

In dem Dialog, den die Erzählung vorschreibt, unterstreicht Christa Wolf die Eigenheiten der männlichen Sprache als beschreibend neutral, in einer in Stereotypen erstarrten Gestik isoliert, als Sprache, in der Verstand und Vernunft auseinanderfallen und der deshalb die humanistische Erfassung der Wirklichkeit nicht mehr aussprechbar ist. Sie reduziert sich, losgelöst vom Sinnzusammenhang menschlicher Existenz, auf ein Werkzeug totalisierender Information. Auch als der Professor in seiner fast als häusliche Harmonie zu bezeichnenden, familiären Umgebung als persönliches Gegenüber erscheint, verrät die Autorin die Falschheit einer Beziehung, an der die Frau des Hauses nur als Spiegel des männlichen Narzißmus teilhat. Sie benutzt das Bild des Radarsystems, das auf die Welt der Technik verweist:

> Lockere Gespräche also, Heiterkeit, Erleichterung auf der einen, Großmut von der anderen Seite. Maßvolle Beobachtungen. Ein schwer zu bestimmender Ausdruck im Gesicht Ihrer Frau, der mir jetzt zu denken gibt. Die gute Laune Ihrer Mutter, die Fröhlichkeit Ihrer Frau: geschickte Nachahmungen Ihrer eigenen guten Laune und Fröhlichkeit. Die beiden Frauen haben Sie mit hochempfindlichen Radarsystem umstellt, die Ihnen auch die leiseste Ihrer Gefühlsregungen zutragen. Daß Ihre Frau ein spiegelbereites Gesicht hat – das ist es. Und Objekt für den Spiegel: Sie wiederum Sie. Eine vollkommene Einkreisung. (SV 255)

Dieser doppelte Sprachkode – männlich und weiblich, außenstehend und teilnehmend oder referierend und fühlend – überlagert sich auch im Verlauf der Erzählung mit einer größer werdenden zeitlichen Distanz des erzählenden Ichs vom Moment seines Eintritts in die männliche Welt. Zu Beginn herrscht der bestimmte und neutrale Ton vor, doch bald schon machen sich die ersten Abweichungen bemerkbar, um in einem Aufruf der Revolte zu enden:

> Ohne es zu wissen oder zu wollen, bin ich doch der Spion gewesen im Hinterland des Gegners und habe erfahren, was euer Geheimnis bleiben muß, damit eure bequemen Vorrechte nicht angetastet werden: daß die Unternehmungen, in die ihr euch verliert, euer Glück nicht sein können, und daß wir ein Recht auf Widerstand haben, wenn ihr uns in sie hineinziehen wollt. (SV 252)

Die Erzählung ist an diesem Punkt eine unabgeschlossene, immer noch aktuelle Metapher. Hinter dem "erfindungsreichen Regelsystem" hat die Frau die graue Welt der Gleichgültigkeit entdeckt. In ihren elementaren Gewißheiten bedroht, fordert sie für sich als selbstbestimmtes historisches Subjekt das Recht auf Widerstand. Im Namen einer Neubegründung der menschlichen Beziehungen schlägt das erzählende Ich nun seinerseits einen Versuch vor, einen schwierigen Versuch, der nicht linear verlaufen kann, weil das Projekt eben nicht "wissenschaftlich" sein will.

V

Der Gang in die eigene Geschichte, der sich im Roman *Kindheitsmuster* (1976) nachvollziehen läßt, gleicht im Werk Christa Wolfs dem Prozeß, des Sich-selbst-auf-die-Spur-Kommens. Aus der Kindheitsgeschichte von Nelly scheinen "Modelle" auf, die als komplementär zur Diktatur gelten: die Paralyse der Neugier, das "instinktive" Vermeiden peinlicher Begriffe – Arbeit *Auf dem Weg nach Tabou* (1994), wie es die Autorin zwei Jahrzehnte später nennen wird. Wenn in *Kindheitsmuster* der fortschreitende "Verlust des inneren Gedächtnisses" und die Perfektionierung eines "Oberflächengedächtnisses" vorgeführt wird, nimmt Wolf weit über den Rahmen einer obsoleten Pädagogik hinaus im Roman *Kein Ort. Nirgends* (1979) das Thema des Scheiterns des Einzelnen wieder auf. Mit ihrem Mann gehörte sie zu den ersten zwölf Unterzeichnern eines Protestbriefs gegen die Ausbürgerung Wolf Biermanns im Jahre 1976. Danach kann sie keine Lesung mehr machen, ihre Bücher werden nicht mehr rezensiert, im Fernsehen und Radio wird sie totgeschwiegen. Schmerzhaft deutlich muß sie erfahren, daß in der DDR autoritäre, wenn nicht diktatorische Strukturen sich verfestigen. Hier manifestiert sich eine "tiefe Existenzkrise", eine

Krise ohne Umkehrmöglichkeit. Auf diesem Hintergrund stellt Wolf ihre Hauptfiguren Heinrich von Kleist und Caroline von Günderrode in den Konflikt und die Unmöglichkeit, sich selbst in einer sozial repressiven Situation zu behaupten. Im literarischen Salon von Winkel am Rhein fühlt Caroline von Günderrode, die Dichterin, die unter dem Pseudonym "Tian" schreibt, sich von der Erstarrung der Gesellschaft bis auf den Tod eingeengt. Caroline ist mit Bettina Brentano befreundet. Beiden Frauen widmet Christa Wolf den wichtigen Aufsatz "Der Schatten eines Traumes", der schnell zum "livre du chevet" der westlichen Frauenbewegung wird. Es ist eine Schrift, die subjektive Betroffenheit und wissenschaftliche Akribie verbindet. Christa Wolf findet in der Lyrik der Günderrode nicht Phantasterei oder selbstmitleidiges Sentiment, sondern eine andere Sicht auf die Dinge und zugleich einen verlorenen Wortschatz wieder: "Das Wort 'Seele' müssen wir hervorholen, ein Wort wie 'Sehnsucht' wieder in seine Rechte einsetzen [...]."[21] Hier in der Romantik spürt die Schriftstellerin etwas, das sie eine Antizipation nennt: "Der Versuch, die Vereinzelung zu durchbrechen und sich in neuen, produktiveren Lebensformen zu bewegen, Lebensformen aus dem Geist einer Gruppe heraus". In der Wiederbesinnung auf jene utopisch-revolutionäre Energie, die die frühe Romantik charakterisiert, sieht sie Wurzeln eines existentiellen Projekts, das dem "platten Nützlichkeitsdenken" der Moderne entgegengesetzt ist.

Es ist der Versuch, an dem zuerst die Frauen der Romantik in ihrer häuslichen Gemeinschaft experimentierten, die sie damals schon nicht als Bild der traditionellen Marginalisierung des Weiblichen verstanden, sondern als Freiraum der Sammlung und Reflexion, in glücklicher Abgeschiedenheit von Lärm und Öffentlichkeit. Hier konturieren sich die Thesen, die später in den Frankfurter Poetik-Vorlesungen – und in *Kassandra* – ausgearbeitet werden.

VI

In *Kassandra* (1983) ist es die Abgeschiedenheit der weiblichen Welt, die die Entwicklung der Utopie einer allgemeinen Brüderlichkeit erlaubt. Die Stimme der Seherin erhebt sich aus einer Vergangenheit, in der die tiefe Verwurzelung von Gewalt einen Dauerzustand von "Vor-Krieg" determiniert. Hieraus entsteht eine Prosa, die die Spannung zwischen überlieferten Schemata und der Kraft einer subjektiven Botschaft vermittelt – eine Prosa, die nicht an den Maßstäben irgendeiner institutionalisierten Poetik zu messen ist. "Es gibt keine Poetik, und es kann keine geben, die verhindert,

---

[21] Christa Wolf: Der Schatten eines Traumes. In: Dies.: *Fortgesetzter Versuch. Aufsätze, Gespräche, Essays.* Leipzig 1985. S. 307-358, hier S. 313.

daß die lebendige Erfahrung ungezählter Subjekte in Kunst-Objekten ertötet und begraben wird."[22]

Es ist also der negierte, dirigistischer Kultur-Organisation entzogene Raum, in dem Christa Wolf ihre weibliche Ästhetik konstruiert, so wie Kassandra – in der Erzählung – eine klandestine Solidarität in der Gemeinschaft am Fluß Skamander erlebt. Dieser periphere Ort ist dem Palast des Priamos entgegengesetzt, der schroff vor dem Hintergrund einer mythischen asiatischen Landschaft emporragt. Und wenn die antike epische Dichtung in ihren Gesängen die blutigen Taten der Achaier verherrlicht, so ist dies der Punkt, von dem aus Christa Wolf die kritische Revision unserer gesamten Kultur angehen muß, eben weil diese auf der Glorifizierung der heroischen Taten gründet, auf einem Kult des gewalttätigen Handelns, und darum unausweichlich "unmenschlich und entfremdend" wird.

So ist es kein Zufall, daß gerade dieses Buch, das auf einen Fundus von europäischer klassischer Kultur gründet, rasch zu einem Kultbuch in Italien wurde. Im Fluß eines von Erinnerungen, Assoziationen und Reflexionen verdichteten Monologs verwebt sich eine uralte, immer neue Geschichte vom unversöhnten Gegensatz zwischen Individuum und Macht, Opfer und Henker, von Mißbrauch und Utopie.

Kassandra, die die Gabe des Sehens besitzt – in dem Sinne, daß sie die Realität, die sie umgibt, lesen kann –, entzieht sich immer mehr der königlichen Macht in Troja und entsagt der väterlichen Zuneigung, um die eigene moralische Integrität zu retten. Sie bejaht die das Handeln des Priamos leitende Logik des Krieges nicht, sie fleht, warnt, rebelliert, jedoch vergebens: Gefangengenommen und geächtet wird sie als Tauschware verkauft. Doch durch diesen schmerzhaften Prozeß findet Kassandra neue Verbündete, entdeckt sie andere Werte, erträumt sie eine weltumfassende Brüderlichkeit. In dieser Erzählung forscht Christa Wolf in jener vitalen, schwer faßbaren Materie, dem Mythos, in dem die Vorgeschichte des Menschen Gestalt angenommen hat.

Es ist bekannt, daß die Erzählung nicht einfach eine phantastische Verarbeitung des Kassandra-Mythos darstellt. Der Text ist parallel zu den im Sommer 1982 in Frankfurt gehaltenen Vorlesungen über Poetik mit dem Titel *Voraussetzungen einer Erzählung* veröffentlicht worden.[23] Die Auto-

---

[22] Christa Wolf: *Voraussetzungen einer Erzählung: Kassandra. Frankfurter Poetik-Vorlesungen.* 2., autoris. Aufl. München 1998. S. 10.
[23] Christa Wolf: *Kassandra.* Erzählung. Darmstadt 1983, im folgenden mit der Sigle K + Seitenzahl im Text. Die *Voraussetzungen* sind ebenfalls erstmals 1983 veröffentlicht worden. Zitiert wird im folgenden jedoch aus der 2. Auflage der ungekürzten Fassung. Vgl. dazu Anm. 22.

rin erklärt gleich zu Anfang, daß es sich dabei weniger um eine Poetik als um die Darstellung einer Arbeitsweise handelt.

Es wäre heute noch, besonders im Westen, wo man das literarische Schaffen gerne geheimnisvoll umhüllt, nach dem sozio-politischen, ja aufklärerischen Sinn zu fragen, den dieser ehrliche Bericht über Schreibwerkzeuge und Belesenheit der Autorin hat. Die *Voraussetzungen* zeigen einen Weg auf bzw. ein Geflecht von Erfahrungen, die der Erzählung zugrunde liegen: eine Reise nach Griechenland, die Lektüre der Orestiade von Aischylos, die Reflexion über Wurzeln der Gewalt, die beunruhigende Intermittenz, mit der sich die Drohung eines nuklearen Konflikts abzeichnet. Die Reise in der Gegenwart überschneidet sich zunehmend mit einer Analyse der Vergangenheit, mit der Suche nach dem Wesen der Kassandra, das die Geschichte hinter dem von ihr abgelösten Gebrauch ihres Namens[24] versteckt hält, nach einer im Schweigen der Zeit verhallten Sprache.

Das Arbeitstagebuch wird so zum Zeugnis einer Belebung der Geschichte und zugleich drängende Forderung nach einer kinästhetischen Schreibweise, die die Optik der konventionellen Formen verwischt.[25] Wir betrachten jetzt die poetischen Lösungen, die Christa Wolf in ihrer Erzählung gelingen.

In Übertretung eines vom "Palast" erlassenen Verbots – der Ausdruck "Palast" bezeichnet das Königsschloß des Priamos, ist jedoch in der ganzen Erzählung eine Anspielung auf eine zentralisierende, alles vereinnahmende Macht – nimmt die junge Kassandra mit Hilfe einer Sklavin an einem nächtlichen Ritus teil, den die trojanischen Frauen im Geheimen in einer Schlucht des Bergs Ida abhalten. Im Fluß der die Erzählung formenden Erinnerungen geht dieser Episode die Defloration der Jungfrauen im Tempel voraus, eine Kassandra erschütternde Szene dumpfer Gewalt, die ihre erste prophetische Vision, den Fall von Troja, auslöst.

---

[24] Hier bezieht sich die Wolf auf den Ausdruck "Kassandra-Ruf", der wie im Italienischen oder im Englischen eine negative Bedeutung hat, und fragt sich, warum die Gestalt der Frau und nicht die des Mannes – man spricht eben nicht vom "Laokoon-Ruf" – Objekt einer negativen Reduktion sei. Man könnte hinzufügen, daß Panazee, die beim Schwur des Hyppokrates angerufene weibliche Gottheit der Heilkunst, welche im Lauf der Jahrtausende die ironische Bedeutung eines Allheilmittels bekam, ein ähnliches Schicksal erfahren hat.

[25] Christa Wolf zieht einen interessanten Vergleich zwischen Kategorien, die ihren Ursprung in körperlichen Empfindungen haben – meine Sinne, mein psychischer Apparat –, und den herkömmlichen Formen der literarischen Tradition. Man könnte fast annehmen, daß sie beim Versuch der Emanzipation von einer zu rigiden Kulturpolitik die Poesie im Bereich des Körperbewußtseins ansiedelt, als sei sie unempfindlich gegen den Einfluß der sozialen Normen.

Die Sequenz ist nicht zufällig: Die sexuelle Gewalttätigkeit des Mannes drückt eine Form der Herrschaft aus, die im "Palast" ihr institutionelles Zentrum und im Krieg ihre notwendige und unabwendbare Bekräftigung erhält. Im Kult der Kybele dagegen kommt ein matriarchalisches Substrat zum Vorschein, eine versunkene Prähistorie, in der weibliche Gottheiten eine tief in der Natur verwurzelte Welt von Werten lenkten, die vom Instinkt getragen waren. Wir berühren hier den ideologischen Knotenpunkt der Erzählung.

Im *Mann Moses* vertritt Freud die Auffassung, daß der Übergang von der matrilinearen zur patriarchalen Gesellschaft den Sieg des Geistes über die Sinnlichkeit verzeichnet, da die Mütterlichkeit auf der Empfindungsfähigkeit gründet, die Vaterschaft dagegen auf einem Prozeß intellektueller Abstraktion.[26] Christa Wolf nimmt die Freudsche These auf, doch sie verkehrt die Schlußfolgerungen: Der Primat des Geistes habe keine Höherentwicklung der Kultur hervorgebracht, sondern die Tilgung eines dem Körper innewohnenden Wissens und damit einen Verlust an Natur und eine fortschreitende Verarmung des menschlichen Geschlechts. Im verbotenen Kult der Kybele verweisen viele Elemente – die Symbolik der Landschaft,[27] die zelebrierende Präsenz einer Hebamme, der rhythmische Tanz der Frauen – auf den organischen Prozeß, in dem der Körper die Funktion des Bedeutungsträgers einer präverbalen Sprache besitzt. Die den der Kybele geweihten Ritus Ausführenden sind nämlich von Unterdrückung gezeichnete, soziale Randgestalten, Sklavinnen aus dem Palast, außerhalb der Stadtbefestigung lebende Frauen und Angehörige einer ethnischen Minderheit, die sich der Herrschaft des Priamos zu entziehen versuchen; Frauen also, die sich der bestehenden Gewalt zu entziehen suchen und damit eine innere Freiheit nähren, die sie das Verbot übertreten heißt. Gerade diese Verbindung zwischen Frauen, diese untergründige, geheime Solidarität, wird zum Nährboden für Kassandras Entwicklung. Durch die gesamte Erzählung windet sich die Kontrastierung zwischen einer *hochgestellten* Ebene des Palastes, der Gewalt und der Staatsraison, die in ihrem Übermaß sich sogar graphisch manifestiert,[28] und einer *tiefliegenden* Ebene der Gebärdensprache, auf der eine mütterliche und gütige Natur pulsiert. Vergc-

---

[26] Vgl. Siegmund Freud: Der Mann Moses und die monotheistische Religion. In: Ders.: *Gesammelte Werke*. Bd. XVI. Frankfurt/M. 1950. S. 189.
[27] "[...] die Weide [...], deren Wurzeln wie das Schamhaar einer Frau in die Höhlenöffnung hineinfielen [...]" (K 24).
[28] Die auf der Ebene des Staates praktizierte Mystifizierung wird von der Autorin hervorgehoben durch den durchgehenden Gebrauch der Großbuchstaben für das Wort SCHIFF, das in der Sprachregelung des Palastes (K 82) die Inszenierung von Helenas Entführung zu Kriegszwecken bezeichnet.

genwärtigen wir uns kurz die wesentlichen Momente in Kassandras Evolution.

Mit der Szene der Defloration macht Christa Wolf die "grauenvolle[..] Scham" (K 29) der jungen Mädchen deutlich, die dazu gezwungen sind, sich dem Ritus der Wahl durch den Mann auszusetzen. Kassandras Auge nimmt *von unten* gesehen – die Jungfrauen sitzen nämlich auf dem Boden – die widerlichen Männerbeine wahr, die sich vor ihnen ablösen, den gierigen Blick auf ihren Körper geheftet, die Gewaltsamkeit einer durch befehlendes Fingerschnalzen getroffenen Wahl. Das Mädchen spürt das Ende einer kindlichen Schwesterlichkeit und die Einsamkeit, die die Frau durch eine soziale Verfügung erwartet.

Die Interpretation des sexuellen Aktes als gebieterische Manifestation einer männlichen Verfügungsgewalt – die sich selbst in ihrer Negation behauptet, denn an jenem Tag lernt Kassandra die Scham, nicht gewählt zu werden, kennen – wird von der unmittelbar darauffolgenden, an Hölderlin[29] erinnernden Liebesszene bekräftigt. Der junge Aineias, der sich dem erschütterten Mädchen aus einer gewissen platonischen Vorbestimmung heraus nähert und dem sie aus einem instinktiven Impuls heraus folgt, die Schwelle überschreitend, "hinter der die Sprache aufhört" (K 21); der als Objekt vollkommener Zustimmung "als sei ich er" (K 7) erlebt wird, Aineias läßt Kassandra unberührt. Im Verlauf der ganzen Erzählung bleibt das sexuelle Schicksal unversöhnlich an einen Herrschaftsakt gebunden. "[D]ie Kunst, einen Mann zu empfangen" (K 32), wird Kassandra Panthos, der gewandte, hochmütige Priester des Apoll, lehren, und Eurypilos, dem sie vom Priamos als Entgelt für frische Truppen unvermittelt übergeben wird, macht sie zur Mutter.[30] Eine sich auf Raub und Willkür stützende Gesellschaft, die ihre eigenen paradiesischen Ursprünge vergessen hat, kann eine vollkommene, fruchtbare Liebe nur unwahrscheinlich machen. Unter dem Wüten des Krieges dagegen wird der tierische Aspekt einer finsteren Genealogie der Gewalt sichtbar, von einer polymorphen und ausufernden Sexualität durchsetzt. Dem Gewirr wilder Leidenschaften, die

---

[29] In dieser Szene und allgemein im Verhältnis zu Aineias empfindet man eine Poetik des Schweigens und der Abwesenheit, die auf den späten Hölderlin verweist.

[30] Christa Wolf schreibt zwar: "Als die Zwillinge geboren wurden [...], hatten sie viele Mütter. Und Aineias war ihr Vater." (K 151) Es handelt sich aber – meiner Meinung nach – um ideale Vaterschaft: Die Kinder sind Söhne jener Frauen und Männer, die sich als einzige der Gewalt des Krieges bewußt entziehen. Es ist nämlich eine geistige Vaterschaft, die Aineias berechtigt, "unsere Kinder" zu sagen, eine Beziehung, die, sicher nicht zufällig, Kassandra/Wolf gleich hervorhebt: "er sagte: unsere Kinder!" (K 156).

Haß und Liebe, Liebeswut und Raserei, Orgie und Opfer hervorbringen, setzt sich in der Beziehung zu Aineias eine Poetik des negierten Aktes, des Schweigens und der Abwesenheit entgegen.

Aineias ist also der mögliche Träger einer Heilsbotschaft – einer "Caritas" –, der in seiner kindhaften Barmherzigkeit eine auf Virgil hindeutende Auffassung der Existenz verkörpert. Doch er ist auch Exponent einer unterbrochenen Suche: Der Optik mannhaften Handelns zufolge muß auch er zum beängstigenden und dreisten Wettlauf mit der Geschichte ansetzen, "[g]egen eine Zeit, die Helden braucht." (K 156) Jedoch kann Kassandra keinen Mann lieben, der dazu bestimmt ist, sich in ein Standbild zu verwandeln; sie muß zurückbleiben, sich der schmerzenden Erinnerung an eine Utopie des Friedens weihen:

> Einen Helden kann ich nicht lieben. Deine Verwandlung in ein Standbild will ich nicht erleben. [...] Ich bleibe zurück./ Der Schmerz soll uns an uns erinnern. An ihm werden wir uns später, wenn wir uns wiedertreffen, falls es ein Später gibt, erkennen. (K 156)

Das sind Kassandras letzte Worte. Sie sind das traurige Zeugnis einer von Jahrhunderten begrabenen Opposition gegen jene Ethik der Gewalt, die mit den Wurzeln des westlichen Bewußtseins verflochten sind. Die Aktualität der Erzählung ist nun transparent. Über Kassandra schreiben, bedeutet heute, die Fäden neu zu verknüpfen, die von einer arglistigen und Zwang ausübenden Macht zerrissen wurden, welche sich ihrerseits als Träger einer falschen Fortschrittsideologie in den Kategorien des Denkens selbst eingenistet hat. Es geht darum, auf der Suche danach, was *im* und nicht *dem* Menschen geschieht, die schwachen Spuren eines von der Geschichte verschütteten Pfades wiederaufzunehmen, die Zeichen des Schweigens, des Schmerzes und des Abwesenden zum Sprechen zu bringen.

Die Durchsicht durch dreitausend Jahre Geschichte, bei der in den *Voraussetzungen* ständig Gegenwart und Vergangenheit ineinander übergehen, ist wohl ein weitreichendes Projekt. Feine Einzelheiten des Alltags berichten von Mißbrauch, von Isolierung und Unterdrückung in der Geschichte: Die protzige und aggressive Virilität der Männer, die sich auf den Plätzen Cretas brüsten, der sprachlos resignierte Blick der griechischen Bäuerinnen, die Alte, die atemlos herbeieilt, um die Laune eines heutigen kleines Atheners zu befriedigen, das alles spricht von der "verzweifelte[n] Lage"[31] der Frau, in die sie im Lauf der Jahrtausenden geraten ist.

Deshalb gilt es heute, eine Auffassung der Existenz wieder ans Licht zu bringen, vom Schicksal einer zweiten Kultur der Besiegten zu schreiben,

---

[31] Christa Wolf: *Voraussetzungen*. S. 68.

ihre in der Geschichte verlorengegangenen Gesten neu zu interpretieren. Kassandra beschließt, nicht mit Aineias zu fliehen, sondern in einen von anderen über sie verhängten Tod zu gehen – eine moralische Entscheidung, die, um mit Hegel zu sprechen,[32] zwar die substantielle Natur des Gegensatzes nicht verändert, aber der Verdichtung eines anderen Selbstbildes dient. Es ist das Vorbild dieser verinnerlichten Freiheit, das Christa Wolf verteidigt: die "Kehrseiten unserer Kultur"[33] schreiben, heißt, den Lebensfaden wieder anzuknüpfen, der zu Beginn des Menschengeschlechts von den Urfrauen, den Moiren, gesponnen wurde, doch mit dem Anbruch der patriarchalen Gesellschaft zerrissen und vom blutroten Gewebe des Heldenepos und vom makabren Kult der Gewalttat ersetzt worden ist.

Trotz abweichender Terminologien sind Analogien mit dem radikalen, vor allem dem französischen Feminismus nicht zu leugnen. Sogar die Wahl bestimmter mythologischer Themen verrät erstaunliche Konvergenzen: Das belegt beispielsweise die Interpretation der Figur des Aineias in einem Klassiker des französischen Feminismus, *La jeune née*[34] von Hélène Cixous, obwohl Christa Wolf die separate Weiblichkeit einer bestimmten Frauenliteratur nicht vertritt. Dem männlichen Heldenepos, dem Heroenkult, der von Homer zu Goethe den handelnden Mann als einzigen Protagonisten vor der Natur – "ihr gegenüber, nicht in ihr"[35] – verherrlicht, setzt sie nicht den Kult einer integralen Weiblichkeit, in dem sie eine an "Blut und Boden"[36] erinnernde, irrationale Regression spürt, entgegen, sondern die Suche nach einem gemeinsamen, dritten Weg, den Mann und Frau wiederfinden müssen.

In der Erzählung wird der dritte Weg nicht beschrieben; es gibt jedoch den Hinweis auf die Richtung, in der er zu suchen wäre; die Richtung ist die der Gewaltlosigkeit. In Christa Wolfs Arbeitstagebuch steht das Datum des Jahrestages von Hiroshima. Im April 1981 notiert sie die Einrichtung einer Giftgasanlage in der Bundesrepublik durch die Amerikaner. Mit wachsender Aufrüstung der beiden Blöcke verringert sich die Motivation zu schreiben. Die Liste derjenigen, die aufgeben und fortgehen, verlängert sich. Unbehagen, Gefühle der Leere und Angst sprechen aus diesen Seiten.

---

[32] Georg W. F. Hegel: *Ästhetik*. Berlin 1955. S. 1295.
[33] Christa Wolf: *Voraussetzungen*. S. 168.
[34] Hélène Cixous, Catherine Clement: *La jeune née*. Paris 1975. S. 140: "Relisez Virgile: on voit comment le vénérable Enée destiné à fonder une ville, est gardé par les dieux du danger féminin. [...] Il a mal, mais il a sa loi, et c'est elle qu'il épouse [...]. C'est que le bon amour d'un homme c'est sa patrie, une terre masculine à transmettre de père en fils. Pour Ascagne donc [...]."
[35] Christa Wolf: *Voraussetzungen*. S. 157.
[36] Ebd. S. 134.

Und doch bleibt der Anspruch: "Zensur und Selbstzensur [sind] kriegsfördernd"[37] und die schmale Hoffnung auf die Protestmärsche der Jugendlichen, die in Ost und West den Frieden fordern und ein Zeugnis brauchen, bestehen. Aus diesem Erfahrungshintergrund läßt Christa Wolf die Gestalt des Anchises hervortreten.

Aineias' Vater repräsentiert in der Erzählung den Menschen, der auf harmonische Weise der Alternative nachgeht. Als einziger Mann hat Anchises, sanft und weise, ironisch und verträumt, freien Zugang zu der fern vom Palast an den Ufern des Skamanderflusses gelegenen Frauenkommune. Immer mit Weidenflechten oder Holzschnitten beschäftigt, ist dieser Alte der entfernte Vorfahre der Jugendlichen, die für den Frieden marschieren, der Hippies, die im Sommer die Höhlen am Meer von Kreta bevölkern. Er ist der zärtliche, segnende Vater, mutig und beharrlich, "[d]er sich einen Traum erfüllte und uns Jüngere lehrte, wie man mit beiden Beinen auf der Erde träumt." (K 152)

Anchises steht im Ganzen genommen Gandhi näher als Marx. Die Problematik der Gewaltlosigkeit gehört nicht zur demokratisch-revolutionären Tradition der europäischen Linken, an der sich die gesamte Literatur der DDR implizit orientierte. In dieser Erzählung wird ein anderer Humus spürbar. Christa Wolf selbst sagt, daß die Reise auf der Suche nach Kassandra ihr "Seh-Raster"[38] radikal verändert hat. Genau beschen verweist die Weigerung, die Geschichte des Menschen als irreversiblen Prozeß wissenschaftlicher Entwicklung, Technik und Produktivität als Garantie universaler Palingenese zu begreifen, auf andere Stimmen des europäischen Denkens. Bei der Forderung nach einer Wissenschaft, die sich auf die Sinne gründet, zitiert Christa Wolf Leonardo,[39] doch an anderer Stelle vernimmt man das Echo des Unbehagens des späten 18. Jahrhunderts gegenüber dem ökonomischen Rationalismus, der nach Schiller und Novalis den Menschen tendenziell verstümmelt, weil er die traumgebundene und instinktive Seite vom Erkenntnisprozeß ausschließt. Christa Wolf sagt zwar "Frau" wo andere (z.B. Schiller) "Mensch" meinen, doch die begrifflichen Analogien sind eindeutig. Der Gegensatz zwischen einer alles vereinenden Natur und der alles trennenden Intelligenz, zwischen Intuition und Spekulation, zwischen Analyse und Phantasie in Schillers *Briefen über die ästhetische Erziehung des Menschen*[40] deckt sich mit Christa Wolfs Kritik an den "nur durch Ent-Persönlichung"[41] zu erreichenden Spitzenleistungen.

---

[37] Ebd. S. 126.
[38] Ebd. S. 151.
[39] Ebd. S. 142.
[40] Dazu vor allem Briefe III und IV.
[41] Christa Wolf: *Voraussetzungen*. S. 157.

Diese die Erzählung auch formal prägende Divergenz zwischen heroischem Akt und enigmatischer Innerlichkeit, zwischen Geschichte und Schweigen, Wissenschaft und Poesie weist, auch ikonographisch, interessante Analogien zu einigen Werken der deutschen Romantik auf. So gleicht Anchises dem alten Eremiten, der im *Heinrich von Ofterdingen* in einer Höhle lebt, Weiden flicht und Holz schnitzt. So wie Aineias' Vater eine Nüchternheit besitzt, der "immer auch etwas wie Poesie" (K 38) anhaftet, so finden wir auch bei Novalis die gleiche Übereinstimmung von Weisheit und Poesie, von Besonnenheit und Meditation, die gleiche Gegenposition von gelassenen, geheimnisvollen Menschen und zum Handeln erzogenen Heroen, dazu gezwungen, als blinde Instrumente einer szientistischen Vernunft das Geschick der Geschichte in ihren Händen zu halten.[42]

Christa Wolf ist sicher nicht die Erste, die gegen das Prinzip der bürgerlichen Vernunft Anklage erhebt unter Verwendung der gleichen Argumente wie die der deutschen Literatur im ausgehenden achtzehnten Jahrhundert – man denke nur an den Dialog zwischen Werner und Wilhelm in Goethes *Wilhelm Meisters Theatralische Sendung*. Jahre zuvor nahm Adorno mit seiner Analyse des amerikanischen Monopolkapitalismus und dem Begriff der uniformierten Gesellschaft Fragestellungen von Novalis und Schiller wieder auf.[43] Es ist jedoch interessant, zu beobachten, wie in den achtziger Jahren gerade in den östlichen Ländern mit einer rigiden staatlichen Struktur der Versuch unternommen wurde, die Klassiker unter einem libertär subjektiven, eigentlich antistaatlichen Gesichtspunkt neu zu lesen.[44] Damit kommen wir zur eigentlich politischen Seite der Erzählung, nämlich zu ihren Implikationen für die damalige Gesellschaft.

In Kassandra hat die Machtausübung des "Palastes" unterschiedliche Valenzen. Einerseits zeigt sie sich in den zeitunabhängigen Formen der Staatsraison, den okkulten Taktiken der Machtdurchsetzung, die gestern wie heute Gesellschaften mit totalitären Tendenzen kennzeichnen. So lie-

---

[42] Siehe dazu den Beginn von Kapitel VI des *Heinrich von Ofterdingen*.
[43] Isabella Berthier stellt eine "erstaunliche Übereinstimmung im Urteil" ("una stupefacente identità di giudizio") zwischen Novalis und Adorno fest in: *Discorso su G. P. F. von Hardenberg detto Novalis*. Bologna 1980. S. 129.
[44] Vgl. dazu den Aufsatz von Waltraud Beyer "Kant und Schiller. Eine Mesalliance?" Die Autorin vertritt die Schillersche Forderung, "der soll nicht bloß den objektiven und generischen, er soll auch den subjektiven und specifischen Charakter in den Individuen ehren, und [...] das Reich der Erscheinungen nicht entvölkern." (IV. Brief) In: *Impulse. Aufsätze, Quellen, Berichte zur deutschen Klassik und Romantik*. Hg. v. Walter Dietze und Peter Goldhammer. Berlin und Weimar 1982. S. 127.

fert der nie geschehene Raub der Helena, der jedoch von Priamos simuliert wird, um das Prestige von Troja in den Augen des Volkes zu steigern, einen exemplarischen Fall historiographischer Mystifikation,[45] eine absichtliche Verdunkelung der Realität, die sich auf den Lügen der Herrschenden – "Was öffentlich geworden ist, ist auch real" (K 98) – stützt.

Zum anderen manifestiert die Macht sich in direktem, politischem Mißbrauch, in Anspielungen auf die Realität der DDR, in wieder auftauchenden Residuen des alltäglichen Lebens. An diesen Stellen schreibt Christa Wolf über sich selbst; die Einheit von ihrer und Kassandras Stimme wird eindringlicher. Diese konvergierenden Momente sollen expliziert werden. Die Teilung Deutschlands hat ohne Zweifel ihre unauslöschlichen Spuren der Sprache hinterlassen.[46] Das direkte Echo jener Jahre erreicht den Leser heute durch einzelne Worte wie *die Mauer*, die Entsprechungen zwischen Troja und Ostberlin betonen.[47] Besonders um dieses Wort getrennter Welten verdichtet sich das semantische Spektrum einer bürokratisch repressiven, despotischen Macht: *Mauer*, *Wache*, *Offizier*, *durchsuchen*, *patrouillieren*, *Befehl*, *Zensur*, *Sprachregelung*, *Flucht*. Darüber hinaus gibt es mehr verschlüsselte, innere Anspielungen, die im Zusammenhang mit Christa Wolfs Denken stehen. Empfand schon Christa T. Widerstand gegen die Reduktion des Individuums auf ein Teil im Räderwerk der kollektiven Maschine, so repräsentiert Kassandra das Sinnloswerden eines selbstbewußten Leitspruchs – *Wir und nicht sie*, dem Titel einer Lyriksammlung von Volker Braun –, in dem die DDR-Intellektuellen, zumindest bis zum "Fall" Biermann, ihr Selbstverständnis ausdrückten.

Der Gegensatz zwischen Palast und Volk, zwischen Zwang und Freiheit verletzt Kassandras Zugehörigkeitsgefühl so tief, daß sie sich in einem Zustand befindet, in dem sie nicht mehr freudig, freundlich, unbefangen sein kann:

Schwankend und gebrechlich und diffus war das *Wir*, das ich, solange es nur ging, benutzte. Es schloß den Vater ein, aber schloß es mich noch ein? [...] Durchsichtig, schwächlich, immer unansehnlicher wurde mein Wir, an dem ich festhielt, unfühlbarer daher für mich selbst mein Ich. (K 10)

Die persönliche Identität erfährt also erst durch eine soziale Realität ihre Anerkennung, durch ein Wir, das – wie bei Braun – Ideal, Hoffnung, An-

---

[45] Christa Wolf: *Voraussetzungen*. S. 26.
[46] Zum Beispiel erinnert der Ausdruck Gefangenentransport (K 47), der sich hier jedoch auf die Trojaner bezieht, den Leser an den zweiten Weltkrieg.
[47] Das verdeutlicht die Durchsuchungsszene an den Toren Trojas (K 95-98).

trieb verkörpert. Qualvoll ist deshalb der Weg der Seherin, die über den Sprachkrieg – "den Feind zu schlagen, statt ihn zu kennen," (K 74) bis zur bitteren Einsicht: "Sie sind wie wir!" (K 16) – hinauszuschauen vermag, den eine wankende Macht erklärt hat.

Schon Anfang der achtziger Jahre schien also Christa Wolf nichts als die Militanz der Erinnerung und das Zeugnis des Schreibens zu bleiben. Eine Hermeneutik des Schweigens, die im Schmerz das Zeichen ihrer Anerkennung findet. Der wissenschaftlichen und linearen Konstruktion der Welt setzt hier Christa Wolf eine schwache, doch nicht mimetische Kategorie in einem vermännlichten Universum entgegen: Kassandras kreisförmiger Monolog endet an zwei Leerstellen, dem Dunkel und dem Tod. Das Nicht-Sein bedeutet, sich dem Paradigma der Gewalt zu entziehen – in der Hoffnung, daß die Tötung des Anderen nicht der einzige Weg zur eigenen Identität ist.

VII

Ein Störfall bezeichnet einen Schaden, die Ursache einer Störung, eine Havarie. Und verdorben, unwiderruflich gefährdet sieht der Umkreis der Existenz nach Tschernobyl aus.

Mai 1986, die ersten Morgenstunden in einem Landhaus im Mecklenburgischen. Der Himmel ist strahlend blau, die Kirschbäume stehen in voller Blüte, die Hühner scharren wie gewohnt auf der Tenne. Eine idyllische, doch im Bewußtsein des Betrachters schon geschädigte Landschaft: Die radioaktive Wolke hat Deutschland erreicht, die konfusen Nachrichten überstürzen sich im Durcheinander und versetzen den Zuhörer in Schrekken und Hilflosigkeit.

Von dieser Situation nehmen Christa Wolfs Reflexionen ihren Ausgang und bewegen sich über die Zeit- und Ereignisspanne eines ganzen Tages. Es entsteht eine eingehende Chronik, in der sich das öffentlich-kollektive Ereignis, der nukleare Unfall, in einem ständigen Wechsel zwischen Biographie und Geschichte mit der privaten Dimension verbindet. Den Leitfaden des Berichtes bildet ein familiäres Ereignis. Die Erzählerin folgt dem Verlauf eines schwierigen chirurgischen Eingriffs, dem der Bruder, an einem Hirntumor leidend, sich in jenen Stunden unterziehen muß. Das Fließen der Gedanken, von häufigen Vokativen (Bruder, Brüderchen, Bruderherz) und Erinnerungen an Märchen und Kinderspiele durchzogen, erhält so auch den Ton einer Krankenwache aus der Entfernung, die eine ganze Reihe mit dem Familienleben verbundener Gefühle freisetzt. Dieser Aspekt des Textes erlaubt eine Öffnung zum Dialog zwischen einer programmatisch im Häuslichen wirkenden weiblichen Figur, der Autorin, Erzählerin, Protagonistin, deren bevorzugter Aufenthaltsort, außer einigen kurzen Abstechern in die Außenwelt, die Küche ist, und einer männlichen Gestalt, die im Verlauf der Reflexion beständig als rationaler, in den Dingen der Wissenschaft bewanderter Gesprächspartner angenommen wird. Es handelt sich also um eine erzählerische Form, in der die schon *Kassandra* strukturierende Konfrontation von männlich und weiblich, Wissenschaft und Natur, Krieg und Frieden wiederaufgenommen wird, dies jedoch mit einer anderen Orientierung. Spürte man beim Lesen des 1983 veröffentlichten Textes den Einfluß des radikalen Feminismus, so drängt die nukleare Katastrophe die Fragestellung über das sexuelle Oxymoron hinaus: Auf der hartnäckigen, fieberhaften Suche nach den Ursprüngen jener Aggressivität, die heute die Menschheit zu zerstören droht, bringt Christa Wolf mit Hilfe von Kategorien aus Ethologie und Neurobiologie neue Erkenntnisse in die Entwicklungsgeschichte der belebten Welt ein.

Es ist kein Zufall, daß die die Erzählung einleitenden Zitate von Konrad Lorenz und Carl Sagan, einem jungen Wissenschaftler der Cornell-Universität, auf einen Horizont hinweisen, an dem die Frage nach dem letzten Sinn der Dinge und des Lebens aufbricht. Doch *Störfall*[48] offenbart nicht nur, wie *Kassandra*, eine weibliche Sehweise, sondern ebenso die Spuren des materiellen, alltäglichen Lebens der Frauen im Umgang mit den Dingen. Und der Leser wird insgeheim Zeuge dieser Spuren, die er als privilegiertes, der männlichen Welt des Handelns sich entgegenstellendes Zeichen erlebt. So ist beispielsweise der häusliche Bereich, Ort des Schreibens, fast durchwachsen von einer knospenden und wohltuenden, fruchtbaren und mütterlichen Natur, wie belebt von einer aus der Erde aufbrechenden Vitalität. Und weiterhin: Die Stimme der Erzählerin wird während des ganzen Tages bestärkt und getröstet von einer bunten Reihe weiblicher Gestalten. Da kommt die Nachbarin mit ihren Gaben, ihren Rezepten und endlosen Beschreibungen ihrer Krankenhausgeschichten. Da ist die Korrespondenz mit Charlotte Wolf und den Frauen aus der schweizerischen Friedensbewegung. Da kommen die Anrufe der Freundinnen und der Töchter: lauter Frauen, als ob die Kommunikation, das verlorengegangene Zeichen der Freundlichkeit, die schon die Wunden des *Geteilten Himmels* heilte, nur unter den Frauen noch einen Nährboden fände.

Dennoch unternimmt Christa Wolf nicht den Versuch, die durch den Unfall in Tschernobyl akut gewordenen Fragen auf den Gegensatz zwischen den Geschlechtern zu reduzieren. Die Spaltung scheint hier das Individuum selbst zu durchqueren, und die Reflexion deckt die atemberaubende Spannung eines geteilten Subjekts auf, das zwischen Emotion und wissenschaftlicher Argumentation schwankend sich vorwärtsbewegt und den

---

[48] Christa Wolf: *Störfall. Nachrichten eines Tages*. Berlin und Weimar 1987, im folgenden mit der Sigle S + Seitenzahl im Text.

Text in sich konfrontierende Blöcke strukturiert, als wolle es damit die Schizophrenie des heutigen Lebens sichtbar machen.

Andererseits unterzieht sich Christa Wolf bei der Frage nach der Verantwortung einer genau datierten Selbstkritik: 1973 sollte die erste nukleare Zentrale in der DDR gebaut werden. Die damals von der Leninschen Utopie der Energie für alle geblendete Intelligenz hatte ungeachtet der harten Reglementierung der kraftlosen Opposition einiger Jugendlicher zugeschaut. Wenn auch im Grimm der Selbstbefragung die Dichotomie der Geschlechter wiederauftaucht – auf der einen Seite der Mann als der der Entdeckung alles zu opfern bereite Wissenschaftler und auf der anderen Seite die Frau, Ernährerin und Mutter, der es niemals in den Sinn käme, etwas zu erfinden, was die Milch ihrer Nachkommen vergiften könnte –, so spricht das alles das weibliche Geschlecht doch nicht frei, das vielmehr explizit, wenn nicht als mitschuldig, so doch als mitverantwortlich definiert wird.

Aber wo sitzt nun der "blinde Fleck", die Wurzel des Wahnsinns, der die Menschheit mit sich fortzureißen droht? Den Feinstbewegungen des chirurgischen Eingriffs folgend exploriert Christa Wolf mit Hilfe einiger Erkenntnisse der modernen Neurobiologie – vor allem des von Paul MacLean gefundenen "Komplexes R" – sozusagen auf Messerspitze die Ganglienzellen der Netzhaut und die Organe, die die kognitiven Prozesse leiten; sie verfolgt die Spur unserer Reptilienvorfahren und durchsucht die Programme der Hirnrinde. Die Schreibweise ist nicht linear, vielmehr collagehaft und konvulsiv. Die wissenschaftliche Beobachtung steht in beständigem Wechsel mit den Nachrichten über den Grad der Radioaktivität und den Verlauf der Operation: Christa Wolf stellt eher Hypothesen auf als Schlußfolgerungen zu formulieren.

Doch die erzählerischen Verschachtelungen sind aufschlußreich. Dazu ein Beispiel: Aus der Menge der von den Massenmedien vermittelten Nachrichten – die Erzählerin hört vorwiegend westliche Sendungen – taucht das apokalyptische Bild des "Chinasyndroms" (S 11) auf. An dieser Stelle ist eine Kindheitserinnerung eingeflochten: Das Spiel mit der im Sand vergrabenen Salzsäureflasche, die vermittels einer eingebildeten Kettenreaktion den Planeten durchbohren und auf der anderen Erdseite wieder zum Vorschein kommen soll. Dieses Erinnerungsbruchstück aus der Kindheit stellt eine dem Menschen eigene Verbindung her zwischen dem Verlangen nach Erkenntnis und dem Zerstörungstrieb, zwischen Erfindung und Gewalt, Wissen und Barbarei.

Dieser Zusammenhang drängt sich im zentralen Teil des Textes in Form eines quälenden Zweifels wieder auf. Die Gedanken gehen zum Operationssaal, stoßen auf die Vorstellungen antiseptischer chirurgischer Gewaltanwendung, kehren zurück zur Funktion der Sinne in der Geschichte der menschlichen Evolution bis zum Homo sapiens, um sich darauf angstvoll zu befragen:

> Kain, der Ackerbauer und Erfinder? Der Gründer der Zivilisation? Es sei schwer, die Hypothese zu widerlegen, daß der Mensch selbst, durch Kampf gegen seinesgleichen, durch Ausrottung unterlegener Gruppen, das wichtigste Werkzeug der Selektion war, die eine rasche Weiterentwicklung der Gehirne bewirkte? (S 68)

Die Reflexion wird verwirrt, sie löst sich ausdrücklich auf. Aber es ist kein Zufall, daß parallel dazu der alte Plaack in der Erzählung zu Wort kommt. Durch diese Figur erhalten wir einen schnellen, doch genauen Überblick über ein Dorf der DDR in den achtziger Jahren. Unter einem von Düsenjägern durchkreuzten Himmel ist alles bewegungslos, die Zeit scheint stillzustehen, Indifferenz legt sich über jedes Ereignis – das Postamt mit der Lotterie des Roten Kreuzes, der Lebensmittelladen, wo trotz Tschernobyl die Milch verkauft wird wie zuvor, die entweihte Kirche, die alten Leute mit den Händen im Schoß und dem starr ins Leere gerichteten Blick. Und dann ist da die deutsche Vergangenheit. "Jede Haut [kann] reißen und aus den Rissen die Ungeheuer quellen" (S 85), warnt Christa Wolf. Und eben aus dem alten Plaack bricht das Zeugnis einer von Nazis an russischen Gefangenen verübten, grausamen und absurden Gewalttat hervor, fast als wolle er das erzählende Ich auf der Flucht ertappen. Es ist eine, alles in allem nicht so bedeutsame Episode, doch sie hat die Funktion, das Moment der individuellen ethischen Entscheidung statt doppeldeutiger Rechtfertigungen wieder in Erinnerung zu bringen. Mit anderen Worten, Tschernobyl – wie auch der Gulag – tilgt nicht die Spuren der Nazi-Lager. Und dennoch zwingt das nukleare Unheil zu einer Zäsur.

Vor dem Fernsehschirm sitzend, erwartet Christa Wolf niedergeschlagen das Schlimmste: Die Gesichter der Opfer, "die sich bemühen [...], ein Lächeln zustande zu bringen" (S 49), werden als Helden des Sozialismus gepriesen. Wut und Skandal sprechen aus diesen Seiten, auf denen sogar ein seit den Zeiten von *Nachdenken über Christa T.* verschwundenes, kollektives Wir auftaucht, das sich hier einer pathologischen, gierigen und arroganten Macht radikal entgegenstellt. Der Text wird nach und nach zur Zeugenaussage, zu einer peinlich genauen, rebellierenden Chronik, die sich, exakt datiert, gegen das Schweigen auf sowjetischer Seite richtet. Andererseits verscheucht Tschernobyl jede einst mögliche Sicherheit: Die Reflexion kreist um die Bedingungen des eigenen Denkens und fragt nach dem Sinn des durch Sprache überhaupt Kommunizierbaren.

Auffallendes Merkmal dieses Textes ist, wie Christa Wolf – in der Tradition der in der Literatur des beginnenden 20. Jahrhunderts sich darstellenden Krise der Sprache – die destruktive Natur einer sich für objektiv haltenden Schreibweise auf eine Art analysiert, die der von Peter Handke in *Wunschloses Unglück* (1973) nicht unähnlich ist.

Der Prozeß des Schreibens kostet eben immer einen "Verlust an Unmittelbarkeit, Fülle, Genauigkeit, Schärfe" (S 66), vermerkt Christa Wolf. Das Thema wird auf den letzten Seiten von *Störfall* auf existentielle Weise wiederaufgenommen. Ähnlich wie Handke, der in der "Abstraktion" und in der "Formulierung" die verantwortlichen Elemente jenes "Literatur-Rituals" sieht, das sich dem individuellen Leben, dem Anlaß zur Erzählung gegenüber selbständig zu machen droht, gesteht Christa Wolf, daß das Schreiben "Rücksichten nicht kennt" und nicht zögert, "um der gelungenen Formulierung willen" Personen zu verkennen, wenn nicht sogar zu verraten (S 108).

Abgesehen von den offensichtlichen literarischen Analogien, ist hier die ideologische Valenz der Wolfschen Beobachtungen wichtig. Denn im Unterschied zu Handke polemisiert Christa Wolf explizit gegen jenen "eingreifende[n] Schreibvorgang, von *dem so viel die Rede war*" (S 108, Hervorhebung A. C.), d.h. gegen das kulturpolitische Diktat Lukácsscher Herkunft, das eine prägende, die Realität ideologisch zurechtrückende Schreibweise forderte. Für Christa Wolf scheint "im Wesen des Lasters Schreiben zu liegen" (S 108), daß die Beschreibung den Menschen aufspießt und kategorisiert, ihn in seiner einmaligen Eigenart verkennt.

Zwischen der Lüge des Schweigens und der Gewaltsamkeit einer systematisierenden Sprache, die sich als objektiv und geradlinig ausgibt, aber dann bei Atomsprengköpfen landet, entscheidet Christa Wolf sich für eine zweifelnde und schwankende Sprache. Der Text wird so zu einer die eigene Ohnmacht widerspiegelnden Zeugenaussage, zur Aufzeichnung eines Unbehagens, zum subjektiven, das eigene Bewußtsein abtastenden Diskurs, der keine Richtung zu weisen sich anmaßt, sondern im Gegenteil das Unverarbeitete, die durchlöcherten Paradigmen, die einschläfernden Gewohnheitsgeräusche und unbewältigten Diskrepanzen einer Plankonzeption mit universalem Anspruch ans Licht bringt.

Störfall wird somit auch zu einem Ausflug in die individuelle Vorstellungswelt, in der sich, wie in einigen als Bezugspunkte dienenden Metaphern, die Wirkung der sozialen Vorschriften erkennen läßt.

Schreibend, Bruder – weil du gefragt hast –, haben wir mehr und mehr die Rolle des Schreibenden zu spielen und zugleich, indem wir aus der Rolle fallen, die Masken abzureißen, unser authentisches Selbst hervorschimmern zu lassen – hinter Zeilen, die, ob wir es wollen oder nicht, dem sozialen Code folgen.(S 91)

Dazu möchte ich wenigstens zwei Beispiele nennen, bei denen Christa Wolf bestimmte Mechanismen des psycholinguistischen Verhaltens beherzt beim Namen nennt. Das erste Beispiel betrifft den Kommentar der Ich-Erzählerin hinsichtlich der Neigung ihres Enkels zu weinen: "Die kleinen Jungs, habe ich gesagt, was sie mit denen anstellen müssen, um sie hart zu kriegen." (S 24) Diese Worte beschreiben deutlich eines der grundlegenden Vorurteile unserer Kultur, demzufolge wachsen, vor allem für einen Jungen, bedeutet, die Liebesfähigkeit auszutreiben, hart zu werden und auf die Tränen zu verzichten.

Wird der Leser im zitierten Abschnitt durch den telefonischen Dialog zwischen Mutter und Tochter unmittelbar dazu angehalten, über das Grundproblem, den Konflikt zwischen Natürlichkeit und sozialer Norm, nachzudenken, so zeigt das zweite Beispiel, wie stark schon die Sprache selbst vom sozialen Code durchdrungen und geprägt ist. Auch in diesem Fall geht es um einen Wachstumsprozeß, doch nicht von Kindern, sondern von japanischen Friedensblumen, die aus den Töpfen, in denen sie überwintert haben, aufs Beet auszupflanzen sind. Hier schreibt Wolf: "Gleichzeitig mit den Samen war mir im vorigen Jahr die Anweisung zuteil geworden, die Pflänzchen müßten *abgehärtet werden* und würden sich dann auch in unserem Klima *behaupten*." (S 75, Hervorhebung A. C.) Hier verrät die Wortwahl – abhärten, sich behaupten –, womit die auf dem Weg zur biologischen Anpassung zu überwindenden Härtefälle gemeint sind, eine mit dem vorigen Beispiel im wesentlichen identische "forma mentis".

Sicher, in dieser gequälten Analyse der Sprache wird auch die Sehnsucht nach neuem spürbar, die nicht vor dem direkten, man ist versucht zu sagen, schamlosen Gebrauch von Worten wie "Liebe" oder "Hoffnung" zurückschreckt. Ist es doch gerade das Christa Wolf so teure Prinzip Hoffnung, daß sie, die eine geistige Schülerin von Bloch ist, hier mit Nachdruck zum Ausdruck bringt.

Das ist kein leichtzunehmender Optimismus: Es verlangt nach dem Wort, das die Menschheit aus ihrer schläfrigen Benommenheit wachrüttelt, nach dem Begriff, der den Sinn der wissenschaftlichen Forschung neu begründet, nach der Denunzierung des gesamten technologischen Apparates.

Die Kritik an bestimmten Institutionen wie dem amerikanischen Labor in Livermoore, wo "starwarriors" produziert werden, ist scharf und treffend. Die schon in *Selbstversuch* gezeichnete psychologische Analyse des Homo technicus wiederaufnehmend, behandelt Christa Wolf den virulenten männlichen Separatismus in den unter Militärgeheimnis stehenden Forschungsinstituten mit Ironie. Ein männliches Selbstverständnis, das sich als Autonomie und Distanz gegenüber dem Weiblichen oder den Gefühlen im allgemeinen versteht, kann nur todbringende Folgen haben, die auszudenken heute unsere Phantasie versagt. Wie programmierte Ratten, die immer auf den gleichen Knopf drücken, an die ständigen Berichte über den "day after" gewöhnt, stellen wir uns heute im Osten und im Westen darauf ein, alltäglich die Bedrohung zu verdrängen: Indem wir Stunden vor den Programmen über Tschernobyl verbringen, wird die radioaktive Wolke langsam zum kaum noch Unbehagen verursachenden Stereotyp, zum "Schmuddelkind unserer großen Fernsehfamilie" (S. 110).

Christa Wolf entwickelt das Konzept einer problematisierenden Literatur, die dem ästhetischen Gefallen am Text nicht anheimfällt, es sei denn in verstreuten Bruchstücken der deutschen Klassiker (Goethe, Grimm und dann Brecht, Frisch, Hermlin). Aber auch die Überreste einer Sprache, an der die Erzählerin umsonst sich festzuhalten sucht, verlorene, in Archive der Lyrik versunkene Worte, wie die "launische Forelle" von Schubert, sind zu Ablagerungsstätten radioaktiver Substanzen geworden. Die Erzählung hintergeht den Leser nicht: Selbst ihre letzten Sequenzen thematisieren die Schwierigkeiten einer Schreibweise, in der sich unvermeidbar der Einfluß der sozialen Vorschriften spürbar macht. Es wird Abend. Das Abendessen vor dem Fernsehschirm. Der Rausch des Weins löst die Hemmungen und verdeutlicht den Überdruß an der Sprache, weckt die Angst, selbst identisch und besessen zu sein von jener "Zitadelle", der sich Kassandra noch entgegenstellte. Die Reflexionen steigen aus der eigenen körperlichen Tiefe hoch, eine sprachlich geformte Welle, die die Verdrängungen einer ganzen Generation an die Außenwelt spült. Christa Wolf, Jahrgang 1929, Kommunistin, Kandidatin für das Zentralkomitee der SED bis 1967, nach dem "Fall" Biermann vom Vorsitz des Schriftstellerverbandes der DDR ausgeschlossen, ist die Leichtigkeit nicht vergönnt, mit der im Westen die linken Intellektuellen öffentlich mit sich selbst und mit ihrer politischen Vergangenheit abrechnen. Im Osten entfällt mit der Aufgabe der ideologischen Begriffe auch das Vokabular der Verurteilung und der Vergebung. Inmitten von leblosen Wahngebilden bleibt das Individuum allein, ein "Schiffbrüchiger" im Angesicht des Schreckens der Geschichte.

Yvonne Delhey

Kunst zwischen Mythos und Aufklärung – Littérature engagée im Zeichen des Humanen.[1] Zur Mythosrezeption Christa Wolfs mit einer Fußnote zu Franz Fühmann.

> *Prophetenglaube ist, denke ich, großenteils Glaube an die Kraft des Wortes.*
> *(Christa Wolf)*

Myth plays an important role in the literary concepts of those writers in the former GDR who believed in a humane socialism. They attempt to emphasise the humanity within the concept of human progress by a recourse to Greek myth in placing it into an historical perspective. This approach is based on a concept of the Enlightenment in which myth is used to develop the historical process.

However, myth itself is very ambivalent in its meaning, and can not be easily used for a specific purpose. The problems this approach brings with it are in this essay discussed in relation to Christa Wolf's concept of myth. The line of reasoning follows the thesis that by its placement in an aesthetic context, as her concept requires, the social question is transformed.

Jeder, der sich auf das Thema Mythos, auf die Geschichte seiner Rezeption einläßt, der sich mit mytho-poetischen Konzepten von Schriftstellern auseinandersetzt, wird, vorausgesetzt er betreibt sein Unternehmen mit einiger Ernsthaftigkeit, durch die Vielfältigkeit und Menge des vorhandenen Materials überwältigt. Das Thema scheint unerschöpflich. Dies ist sicher auch einer der Gründe, warum es durch die Jahrhunderte so interessant für die Literatur blieb. Ohne ihr gleichgestellt zu sein, eröffnet der Mythos dem Menschen die Möglichkeit aus der Gegenwärtigkeit seines eigenen Erfahrungshorizonts herauszufinden. Die Ansätze können sehr verschieden ausfallen.

Für die deutsche Literaturgeschichte muß zumindest auf die Rezeption der letzten zweihundert Jahre hingewiesen werden, wobei man unweiger-

---

[1] Der von vor allem Jean Paul Sartre geprägte Begriff wird hier in einer übertragenen Bedeutung gebraucht. Im Sinne Sartres liegt dabei die Betonung auf dem individuellen Engagement, woraus keine zwingende Verpflichtung auf eine übergreifende Doktrin oder ein gemeinsames gesellschaftliches Ziel erwächst, was allerdings eine Übereinstimmung mit solchen Gesellschaftsentwürfen nicht ausschließt. In Abgrenzung zu Sartre wird der Begriff nicht als Einsatz für konkrete, zeitgebundene und damit auch veränderbare Ziele verstanden.

lich im Bereich der Philosophie landet. In dieser Tradition zeichnet sich vor allem die Verflechtung von Literatur und Philosophie (genauer Geschichtsphilosophie) oder, im Hinblick auf das 20. Jahrhundert, Ideologie ab. Sie ist eng verknüpft mit dem Prozeß der Rationalisierung des Denkens im Zuge der Aufklärung. In diesen Zusammenhang kann ebenso die Forderung der Romantiker nach einer neuen Mythologie, nach einem neuen Gott gesetzt werden, die sehr lange nachwirkte. Letztlich ging es darum, die philosophisch fragwürdig gewordene Kategorie 'Gott' mit neuem Sinn zu füllen. Hegel hatte das mit seiner Art der Geschichtsdeutung versucht. Die Romantiker wollten schlicht auf die Ankunft eines neuen warten. Mit Marx wurde der Mensch sich selbst Gott. Man könnte die Reihe fortsetzen: das Thema zieht sich in immer neuen Variationen bis in das 20. Jahrhundert hinein. Zentral scheint m.E. – aber ich gebe zu, daß mein Blickwinkel ein begrenzter ist – die Frage nach dem Sinn der menschlichen Geschichte zu sein. Das ist nun zugegebenermaßen sehr weit gefaßt, macht aber dafür die Beziehung deutlich, die z.B. zwischen Blumenbergs *Arbeit am Mythos* und diesem aufklärerisch-romantischen Ursprung besteht. Gerade wenn man an Geschichtskonzeptionen in der deutschen Literatur interessiert ist, wird man immer wieder auf den Mythos stoßen. Meistens immer dann, wenn die gesellschaftliche Wirklichkeit keine Aussicht auf Entwicklung zuließ. Interessanterweise wird der religiöse, oder allgemeiner ausgedrückt, der metaphysische Aspekt am Mythos im gegenwärtigen Bezug häufig ausgeblendet,[2] was durchaus damit zusammenhängen kann, daß er als überholt gilt. Ein Umstand, der zu einer gewissen eindimensionalen Wahrnehmung innerhalb der Mythos-Rezeption führte.

Das Thema ist für die moderne deutsche Literatur zweifellos eines der wichtigsten. Es prägt ihren Wirkungsanspruch und hängt mit dem dabei vertretenen Anspruch von Kunst zusammen: das Konzept der Moderne. Hier wird noch einmal die oben bereits angesprochene Verbindung zwischen ästhetischen und philosophischen Konzeptionen wichtig. Was bedeutet dieser gesellschaftliche Wirkungsanspruch für die Literatur? Eine sehr alte Frage, auf die man schon oft eine Antwort suchte. Im Hinblick auf das Ende der großen Ideologien unseres Jahrhunderts ist sie aber

---

[2] Metaphysische Erfahrung wird hier im Aristotelischen Sinn verstanden als "ein im vor-wissenschaftlichen Bereich wurzelndes 'Wissen des Besonderen', als ein Vertrautsein mit und ein Beherrschen von Unterscheidungen, die unmittelbar aus der Praxis des Unterscheidens hervorgehen". (*Enzyklopädie Philosophie und Wissenschaftstheorie*. Hg. von Jürgen Mittelstraß. Mannheim, Wien, Zürich 1980. S. 572, linke Spalte.) Das kann auf die Unterscheidung eines göttlichen und eines weltlichen Seins hinauslaufen, kann aber auch die Vorstellung eines Erfahrungsbereichs einschließen, der nicht von Empirismus oder Rationalismus geprägt ist.

durchaus einer Rückbesinnung wert. Und im Zusammenhang mit dem Mythos ist die Frage interessant, wenn man diesen alten Anspruch mit der deutschen postmodernen Literatur und ihrer Mythos-Rezeption vergleicht (in Romanen, wie z.B. von Sten Nadolny oder Helmut Krausser).

Aber noch einmal zurück zur deutschen Mythos-Rezeption der letzten beiden Jahrhunderte. Ganz sicher genannt werden müssen dann die theoretischen Ansätze von Sigmund Freud und C.G. Jung, die Wirkung der Psychoanalyse. Jungs Archetypen des menschlichen Verhaltens, die in den Mythen beschlossen liegen, wirken hier sehr nachhaltig. Ein anderer wesentlicher Impuls ging von Ernst Cassirer und dessen Philosophie der symbolischen Formen aus, in der er u.a. das mythische Denken von der wissenschaftlichen Erkenntnis absetzt. Er lenkte die Aufmerksamkeit auf die symbolische Form des Mythos. Ebenfalls von großem Einfluß war die *Dialektik der Aufklärung* von Theodor W. Adorno und Max Horkheimer. Ihr Ansatz, auf den weiter unten noch eingegangen wird, dürfte die deutsche Mythos-Rezeption nach dem Zweiten Weltkrieg besonders nachhaltig geprägt haben. Oft genannt in diesem Zusammenhang wird auch der bereits erwähnte Hans Blumenberg mit seiner *Arbeit am Mythos*. Hier zeigt sich m.E. nochmals sehr eindringlich die oben skizzierte Problematik eines aus der Literatur heraus entwickelten Entwurfs der Gesellschaft.

Dies soll weder eine Abhandlung der sehr komplexen Mythos-Rezeption in Deutschland werden,[3] noch sollen hier die verschiedenen Mythos-Theorien referiert werden. Die Darstellung dient einer allgemeinen Orientierung, weshalb die einzelnen Ansätze nicht in einer Weise vertieft werden, die ihrer Komplexität entspräche. Die in einigen Stichwörtern skizzierten Ansätze der Mythosbetrachtung sollen lediglich die Vielschichtigkeit der Problematik verdeutlichen. In diesem Sinne sei abschließend noch auf die Ansätze der französischen Strukturalisten Claude Lévi-Strauss und Roland Barthes hingewiesen. Beide gehen bei ihrer Beschäftigung mit dem Mythos von der Semiotik aus und folgen damit einem Ansatz, der weniger in den deutschen Kontext paßte und daher auch gerne marginalisiert wird. (Bezeichnend ist z.B. die Behandlung Lévi-Strauss' bei Blumenberg; aber auch Robert Weimann, der ausführlicher auf beide eingeht, steht dem Ansatz sehr skeptisch gegenüber.) Nichtsdestotrotz hat zumindest Barthes' Ansatz, einen auf die Gegenwart bezogenen Funktionsbegriff des Mythos zu schaffen, wenn auch nicht direkt, so doch sicher in vermittelter Form in die deutsche Mythosrezeption Eingang gefunden.

---

[3] Dazu sei auf Standardwerke wie der von Karl Heinz Bohrer herausgegebene Band *Mythos und Moderne*. Frankfurt/M. 1983, Christoph Jamme: *Einführung in die Philosophie des Mythos*. Darmstadt 1991 oder, in deutlichem Bezug auf die Romantik, Manfred Frank: *Der kommende Gott*. Frankfurt/M. 1982 verwiesen.

Man könnte fragen, warum solche Ansätze, die ja bei ihrer Analyse des Mythos die diachrone Betrachtung zugunsten einer synchronen aufgeben, in der west- und ostdeutschen Literatur nach dem Zweiten Weltkrieg kaum eine Rolle spielten. Ein Grund ist sicher, daß man lieber an die Mythosrezeption der deutschen Klassik und ihrem Humanitätsideal anknüpfen wollte. Es galt den wahren Mythos gegenüber dem falschen, dem von den Nationalsozialisten vereinnahmten, zu verteidigen. Der wahre Mythos schien ein archaisches humanistisches Grundprinzip zu garantieren, das den Menschen an seinen guten und wahren Kern erinnern sollte. Ein altes aufklärerisches Ideal, dessen Überzeugungskraft wohl am ehesten im Glauben daran liegt.[4]

Wurde der Mythos bis dato eher unter der großen Frage nach menschlicher Erkenntnis gefaßt, so sieht man sich bei der literaturwissenschaftlichen Behandlung desselben vor die Frage der Methodik gestellt. Zwar gibt es Ansätze einer methodischen Erschließung – erinnert sei an Robert Weimanns Versuch aus der Sicht der marxistischen Literaturkritik oder an den von Manfred Fuhrmann herausgegebenen Band *Terror und Spiel*[5] sowie die erst kürzlich erschienene Arbeit von Nicola Bock-Lindenbeck[6] –, aber das kann bei weitem nicht genügen. Für die deutsche Literaturwissenschaft scheint es dringend erforderlich, ihre Beschäftigung mit dem Mythos von den philosophischen Betrachtungen über den letzten Sinn zu lösen. Nur

---

[4] Exemplarisch und ebenfalls von großem Einfluß auf die deutsche Literatur ist hier das Mythos-Verständnis Thomas Manns, der sehr stark durch den ungarischen Religionshistoriker Karl Kerényi beeinflußt wurde. Vgl. z.B. Karl Kerényi: *Romandichtung und Mythologie. Ein Briefwechsel mit Thomas Mann*. Zürich 1945.

[5] Diese sehr aufschlußreiche Aufsatzsammlung und Dokumentation einer Diskussion in hermeneutischer Tradition will sich dem Thema interdisziplinär nähern, wobei "Geschichtlichkeit" als Leitthema gesehen wird. Der Titel bezieht sich auf eine These Blumenbergs, nach der der Mythos zwischen diesen beiden Extremen angesiedelt sei, woraus sich sein Anliegen, den Mythos zum Spiel hin zu entwickeln, ableitet. Dies scheint mir jedoch eine auf die Ästhetik bezogene Variante des Gegensatzes Barbarei-Kultur zu sein.

[6] Nicola Bock-Lindenbeck: *Letzte Welten – Neue Mythen. Der Mythos in der deutschen Gegenwartsliteratur*. Köln, Weimar, Wien 1999. Sie versucht das Mythos-Modell Peter Tepes auf die literarische Analyse zu übertragen, was allerdings zu einigen Verkürzungen führt, da dessen Ansatz ein kulturwissenschaftlicher ist. (Ich beziehe mich hier auf einen Hinweis Brigitte Krügers (Universität Potsdam), für den ich an dieser Stelle danken will.) Bock-Lindenbeck gelingt es zwar, eine typologische Beschreibung der verschiedenen Mythos-Ansätze zu geben. Diese allerdings kann m.E. die poetologische Funktion des Mythos durch die gewählten Parameter nicht vollständig erfassen. Vgl. Fußnote 12.

dann kann auch dieser Frage die ihr gebührende Bedeutung innerhalb der Literaturwissenschaft zukommen.

Bezieht man diesen Ansatz auf die DDR-Literatur, eröffnet sich eine andere Perspektive auf jene Schriftsteller, die bei der kritischen Auseinandersetzung mit ihrer Gesellschaft eigene ästhetische Konzeptionen, und damit verbunden, andere gesellschaftliche und geschichtsphilosophische Vorstellungen aufgriffen. Hier ist vor allem jene Gruppe von Schriftstellern gemeint, die in irgendeiner Weise die Idee eines humanen Sozialismus vertraten. Bleiben wir beim Beispiel: in der vorliegenden Arbeit wird es um die Mythoskonzeption Christa Wolfs gehen.

Die Mythoskonzeption Christa Wolfs

"[D]ie Frage war: Wann und wodurch ist dieser selbstzerstörerische Zug in das abendländische Denken, in die abendländische Praxis gekommen."[7] So faßt Christa Wolf ihr Anliegen bei der Beschäftigung mit den Mythen der griechischen Antike in dem 1997 entstandenen Essay "Von Kassandra zu Medea. Impulse und Motive für die Arbeit an zwei mythologischen Gestalten" zusammen. Dieser Ansatz war nicht direkt auf die griechische Antike bezogen, sondern ergab sich aus der Beschäftigung Christa Wolfs mit der Vergangenheit, genauer: mit der verdrängten Vergangenheit. Daß sie sich letztlich dorthin vorarbeitete, hängt mit der, wie sie es selbst nennt, "Schrift- und Geschichtsgrenze" zusammen, die sie "mit einem entschlossenen Sprung" überwand, um in einer "Vor-Geschichte" zu landen, die nicht durch die "männliche Überlieferung" in feste Bahnen gefügt ist. Für Christa Wolf ist dies ein "Gang zu den Müttern". Womit wir – das nur nebenbei – sehr verknappt und ziemlich oberflächlich die wichtigsten Stichworte für ihre Darstellung der abendländischen Geschichte beieinander hätten.

Durch die Art der Fragestellung ist die Beschäftigung mit dem Stoff bereits einer bestimmten Optik unterworfen, die sowohl die Gegenwart, wie auch die Vergangenheit einer normativen Wertung unterzieht. Zum einen setzt die Frage die Annahme voraus, daß die Gegenwart einem destruktiven Prozeß unterworfen ist. Zum anderen drückt die Frage die Möglichkeit aus, daß es einmal anders gewesen sein könnte. Aus genau diesem Spannungsverhältnis ergibt sich das Motiv für Christa Wolfs Beschäftigung mit

---

[7] Christa Wolf: Von Kassandra zu Medea. Impulse und Motive für die Arbeit an zwei mythologischen Gestalten. In: *Christa Wolfs Medea. Voraussetzungen zu einem Text. Mythos und Bild.* Hg. von Marianne Hochgeschurz. Berlin 1998. S. 12. Dort finden sich auch die anderen zitierten Einschübe dieses Absatzes. Der Band wird im folgenden mit "MM" zitiert.

der Vergangenheit, das noch einen besonderen Antrieb erhält, wenn man, wie sie es tut, von verdrängten und mithin unterbewußten Erfahrungen ausgeht. Erfahrungen – das Wort ist hier bewußt gewählt, weist es doch auf ein Subjekt, im Sinne einer historischen Erfahrung auf den Menschen hin. Daß es Christa Wolf um den Menschen und seine Entwicklung, seine Selbstverwirklichung geht – nun, das ist hinlänglich bekannt und muß nicht näher erläutert werden. Christa Wolf geht hier von einem moralphilosophischen Geschichtsmodell aus, das noch um eine psychologische Komponente – das Unbewußte der verdrängten Geschichte – erweitert wird.

Interessanter ist dann schon eher, wie sie dieses Anliegen in ihrem literarischen Ansatz umsetzt und, mit Bezug auf den Mythos, wie sie diesen versteht und wie sie ihn einsetzt. Einsetzen – das Wort drückt bereits eine Funktionalisierung aus. Hier geht es der Autorin letztlich um eine gesellschaftliche Wirksamkeit im Sinne einer 'littérature engagée'.

Im Zusammenhang mit der sich daraus ergebenden Erzählperspektive in der Erzählung *Kassandra* wies Ortrud Gutjahr auf Walter Benjamins Betrachtungen "Über den Begriff der Geschichte" hin.[8] Für sie formt die Wolfsche "Erinnerungsgeste" ein Pendant zum Benjaminschen "Engel der Geschichte", wie er in der IX. These jener Betrachtungen beschrieben wird.[9] Mit ihm, so Gutjahr, ginge es Christa Wolf darum, "[...] über einen neuen Geschichtsbegriff die Tradition eines anderen Denkens zu begründen." (EZ 77) Dabei ginge es nicht um die Rekonstruktion des tatsächlich Gewesenen, sondern darum, "die Gestalt eines möglichen Gewesenen rekonstruierend [zu] erinner[n]." (EZ 73) Der Hinweis auf Benjamin scheint mir in der Tat sehr wichtig zu sein, auch wenn man bei der Gleichsetzung der hier vertretenen Ansätze Vorsicht walten lassen sollte, da sie doch durchaus verschiedene Ziele verfolgen.

Christa Wolfs Auffassung vom Mythos ist nicht unproblematisch, ist in sich durchaus widersprüchlich. Zwischen ihren Äußerungen zum Kassandra-Projekt und denen zu ihrem Medea-Entwurf zeichnen sich kleine Verschiebungen innerhalb des Mythos-Verständnisses ab, die für ihre literarische Gesamtkonzeption nicht folgenlos sind. Mit den essayistischen Arbeiten zur *Kassandra* entwickelt Christa Wolf ein Konzept zum Mythos, das

---

[8] Ortrud Gutjahr: 'Erinnerte Zukunft'. Gedächtnisrekonstruktion und Subjektkonstitution im Werk Christa Wolfs. In: *Erinnerte Zukunft. 11 Studien zum Werk Christa Wolfs.* Hg. von Wolfram Mauser. Würzburg 1985. S. 53-80. Im folgenden zitiert mit der Sigle "EZ".
[9] Vgl. Walter Benjamin: Über den Begriff der Geschichte. In: Ders.: *Gesammelte Schriften.* Hg. von Rolf Tiedemann und Hermann Schweppenhäuser. Bd. I/2. Frankfurt/M. 1974. S. 691-704, hier: S. 697f.

an erster Stelle literarische Positionsbestimmung ist. Genau diese Verschränkung des Anliegens macht den Reiz und die Spannung des Unternehmens aus, wobei sich Ähnlichkeiten zum Fühmannschen Ansatz entdecken lassen. Von dieser Konzeption ausgehend kann dann die thematische Erörterung des Konzepts zum *Medea*-Projekt unternommen werden, ohne daß hier auf die inhaltlichen Aspekte der beiden Erzählungen stärker eingegangen werden muß. Die literarische Interpretation der Erzählungen steht deshalb nicht im Vordergrund.

Wolf will, nach eigenem Verständnis, den Mythos historisch lesen. Für sie enthält er Spuren eines vergangenen archaischen Lebens, die auf Alternativen im historischen Prozeß deuten. In dieser Perspektive geht es ihr bei der Beschäftigung mit der literarischen Überlieferung des Kassandra-Stoffs um die historische Person. Dementsprechend fragt sie in den Vorlesungen zur *Kassandra* nach deren Alter, Volkszugehörigkeit und Muttersprache.[10] Es geht der Autorin um die Frage "Wer war Kassandra, ehe man von ihr schrieb?" (VK 176) Ihr Anliegen bezeichnet sie als: "Rückführung aus dem Mythos in die (gedachten) sozialen und historischen Koordinaten". (VK 142) Das eher nebenbei geäußerte, weil umklammerte Wort "gedacht" deutet dabei schon auf die zentrale Problematik des Ansatzes. Eine Gewißheit im Sinne eines Beweises kann es nicht geben, die Rückführung bleibt Konstrukt, was auch deutlich wird, wenn Christa Wolf in der dritten Vorlesung meint: "Ich sehe sie nüchterner, sogar mit Ironie und Humor. Durchschaue sie." (VK 152)

Zugleich macht dieser Ansatz deutlich, daß Christa Wolf hier von einer einzelnen Person, einem Subjekt, ausgeht. Gleich zu Beginn der ersten Vorlesung heißt es dazu programmatisch, daß sich die Identität der Kassandra, die in der Überlieferung "selbst Objekt fremder Zwecke" sei, für Christa Wolf aus einer in der Überlieferung nicht genannten Seite ergebe: "Glaubwürdig war sie mir in einem anderen Sinn: Mir schien, daß sie als einzige in diesem Stück sich selber kannte." (VK 13) Die ganze Thematik der Selbstsetzung des Ichs ist von Beginn an auf die Frage Subjekt oder Objekt bezogen, wobei die individuelle Perspektive allerdings sofort wieder auf die generellere Frage der Rolle der Frau in der Gesellschaft, in der abendländischen Zivilisation bezogen wird: "In Kassandra ist eine der ersten Frauengestalten überliefert, deren Schicksal vorformt, was dann, dreitausend Jahre lang, den Frauen geschehen soll: daß sie zum Objekt gemacht werden." (VK 112) Das Muster ziehe sich durch alle Mythen hindurch, wobei Objektsein Opfersein bedeutet:

---

[10] Vgl. Christa Wolf: Voraussetzungen einer Erzählung. Vier Vorlesungen. In: Dies.: *Kassandra. Vier Vorlesungen. Eine Erzählung.* 4. Aufl. Berlin, Weimar 1986. S. 5-198, hier 25ff. Im folgenden zitiert mit "VK".

> Europa, die Tochter des phönikischen Königs, die der Gott Zeus in Stiergestalt von Phönikien nach Kreta entführte, wo sie ihm unter anderen Kindern den späteren Minos gebar. Ein Gewaltakt an einer Frau begründet im griechischen Mythos die Geschichte Europas. (VK 117)

Genau diesem Objektsein entzöge sich Kassandra durch Selbsterkenntnis, durch die sie als Subjekt Autonomie erreicht. Ein Weg, der in dieser Perspektive zwangsläufig schmerzhaft sein muß:

> Besteht ihre Zeitgenossenschaft in der Art und Weise, wie sie mit Schmerz umgehn lernt? Wäre also der Schmerz – eine besondre Art von Schmerz – der Punkt, über den ich sie mir anverwandle, Schmerz der Subjektwerdung? (VK 115)

Daß Christa Wolf das Thema, das für sie ja ein sehr aktuelles ist, nicht an einer beliebigen Frauengestalt der Gegenwart darstellt, verrät die geschichtliche Tiefe ihrer Konzeption: Hier wird die Geschichte der abendländischen Kultur auf die Entwicklung eines Individuums bezogen, wird Entwicklung gemessen an der Gültigkeit jahrhundertealter menschlicher Erfahrungsmuster. Dahinter verbirgt sich zunächst die Vorstellung eines linearen Verlaufs der Geschichte, die zugleich mit der Frage nach Fortschritt verbunden ist – ganz im Sinne der Aufklärung. In der dritten Vorlesung heißt es dazu:

> Ich frage mich, ob es 'nötig' ist, noch weitere hundert oder tausend Wiederholungen dieser gleichen Vorgänge zu erleben. Die Impulse zum Weiterleben müssen von etwas Neuem kommen, auf das wir hinzielen, sonst könnte es passieren, daß wir uns hinter unserm Rücken mit einem Urteil abfinden. (VK 120)

Das klingt nicht nur nach linearem Geschichtsmodell, sondern sogar nach einem teleologischen, auch wenn das Telos bei Christa Wolf im allgemeinen sehr unbestimmbar bleibt.

Daneben muß man sich bewußt machen, daß Christa Wolf die Gesetzmäßigkeit, die Gewißheit des "So-und-nicht-anders-ist-es", mit der sie ihre Empfindungen zur Kassandra-Figur verallgemeinert, gerade aus der mythischen Struktur des Ganzen ableitet. Was als historische Lesung, als Versuch der Aufklärung beginnt, bezieht seine Überzeugungskraft aus dem Wirkungsprinzip des Mythos.

Dialektik der Aufklärung

Christa Wolf knüpft hier weitgehend an die *Dialektik der Aufklärung* Theodor W. Adornos und Max Horkheimers an. Das Buch entstand noch während des Zweiten Weltkriegs: Adorno und Horkheimer, beides deutsche Juden, hatten es im amerikanischen Exil geschrieben. Es erschien 1947 im Querido-Verlag in Amsterdam – einem zur damaligen Zeit weithin bekannten Verlag für Exilliteratur. Dieser historische Hintergrund darf nicht außer acht gelassen werden, wenn man sich mit den dort gestellten Thesen auseinandersetzt. Sie erklären sich in entscheidendem Maße aus den damaligen Erfahrungen der beiden Autoren mit dem Nationalsozialismus. Ihr Ausgangspunkt war, daß die Welt in einer neuen Art der Barbarei versinke. Sie konstatierten den Zusammenbruch der bürgerlichen Zivilisation, der durch die "rastlose Selbstzerstörung der Aufklärung" selbst ausgelöst sei. Die Problematik bezogen sie unmittelbar auf die Wissenschaft, deren Betrieb und Sinn damit in Frage gestellt sei. Es ging mithin um die Rationalität, die Logik, das Denken der abendländischen Kultur. Gleichzeitig konstatierten sie einen Rückfall in die Mythologie, was zu folgenden zwei, mehr als bekannten Thesen führte: "[...] schon der Mythos ist Aufklärung, und: Aufklärung schlägt in Mythologie zurück."[11] Ich will im folgenden auf einige Punkte ihres Ansatzes aufmerksam machen, die mir für die weitere Behandlung des Wolfschen Ansatzes wichtig sind.

So gehen Adorno und Horkheimer von einer gesellschaftlichen Totalität aus, aus der der Mensch befreit werden müsse. Stärker noch: der Mensch soll sie bezwingen: "Seit je hat Aufklärung im umfassendsten Sinn fortschreitenden Denkens das Ziel verfolgt, von den Menschen *die Furcht zu nehmen* und sie *als Herren einzusetzen*." (DA 19, Hervorhebung Y.D.) So lautet der denkwürdige Beginn der Abhandlung zur Dialektik der Aufklärung, mit dem von vornherein die Perspektive auf die Geschichte vorgegeben ist: entweder man ist Beherrschter oder Herrscher, Objekt oder Subjekt.

Adorno und Horkheimer lassen sich hier von der Vorstellung eines noch in seiner Natur und in sich selbst ruhenden Menschen leiten, der durch "radikale Vergesellschaftung" letztlich sich und der Natur vollständig entfremdet wird. Die Schlußfolgerung ist so einfach wie schwerwiegend: Die Aufklärung ist totalitär. Ihr Opfer ist der Mensch. "Die Einheit des manipulierten Kollektivs besteht in der Negation jedes Einzelnen, es ist Hohn auf die Art Gesellschaft, die es vermöchte, ihn zu einem zu machen." (DA 29) Die Selbstverwirklichung des Menschen muß dem sozialen Zwang weichen. Keine Frage: Hier kreuzen sich politische Realität und philosophischer Diskurs.

---

[11] Theodor W. Adorno, Max Horkheimer: *Dialektik der Aufklärung. Philosophische Fragmente.* Hg. von Rolf Tiedemann. 2. Aufl. Frankfurt/M. 1984. S. 16. Der Band wird im folgenden zitiert mit "DA".

Der Ansatz wirkt sich auch auf die Behandlung des Mythos aus: Der Anthropomorphismus im Mythos wird nicht auf das Menschliche im allgemeinen, sondern auf das Subjekt im besonderen bezogen. Odysseus und – einem späteren Muster folgend – Robinson, "[d]ie beiden prototypischen Schiffbrüchigen" (DA 80), sind Individuen, die sich mit einer übermächtigen, weil totalen und totalitären gesellschaftlichen Wirklichkeit konfrontiert sehen. Odysseus wird zum "Urbild [...] des bürgerlichen Individuums" (DA 61). Das Homerische Heldenepos kann somit als frühes Zeugnis der bürgerlichen Ideologie von Vernunft, Liberalität und Bürgerlichkeit gelesen werden. Dem literarischen Werk kommt eine klare gesellschaftliche Funktion zu. Gleichzeitig ist der Mythos damit gänzlich aus seiner archaischen Wurzel gelöst. Er erscheint als unabhängiger Begriff eines die geschichtliche Entwicklung beeinflussenden Prinzips:

> Die Mythologie selbst hat den endlosen Prozeß der Aufklärung ins Spiel gesetzt, in dem mit unausweichlicher Notwendigkeit immer wieder jede bestimmte theoretische Ansicht der vernichtenden Kritik verfällt, nur ein Glaube zu sein, bis selbst noch die Begriffe des Geistes, der Wahrheit, ja der Aufklärung zum animistischen Zauber geworden sind. (DA 27)

Andererseits ist dabei, genau betrachtet, nicht vom Mythos, sondern von der literarischen Überlieferung älterer tradierter Mythen die Rede. Diese Diskrepanz scheint mir in bezug auf die Wolfsche Mythoskonzeption und das damit verbundene literarische Konzept sehr wichtig.

Wesentlich für die Betrachtung des Wolfschen Ansatzes ist auch die Annahme, daß die Selbsterkenntnis im Prozeß der Aufklärung an das Leiden, an die Deformation auf ein beschränkendes Ideal hin gebunden sei. Hier fällt auch der Hinweis auf die einseitig männlich dominierte Rationalität: "Furchtbares hat die Menschheit sich antun müssen, bis das Selbst, der identische, zweckgerichtete, männliche Charakter des Menschen geschaffen war, und etwas davon wird noch in jeder Kindheit wiederholt." (DA 50)

Und ein letzter Punkt soll noch genannt werden: die Bedeutung des Begriffs Heimat, der dort als utopischer Entwurf entsteht, wo es trotz aller Sehnsucht kein Zurück gibt:

> Die Definition des Novalis, derzufolge alle Philosophie Heimweh sei, behält recht nur, wenn dies Heimweh nicht im Phantasma eines verlorenen Ältesten aufgeht, sondern die Heimat, Natur selber als das dem Mythos erst *Abgezwungene* vorstellt. (DA 97, Hervorhebung Y.D.)

Mythos im Zeichen der Aufklärung

Es geht Christa Wolf mit ihrem Rückgriff auf die altgriechischen Mythen um eine gesellschaftliche Veränderung – um den Impuls zum Neuen. Aus dem gesellschaftlichen Prozeß kann sich dieser in Wolfs Perspektive nicht ergeben. Die Lösung liegt in ihrem Funktionsverständnis der Literatur: Indem die Literatur das Verdrängte der Geschichte bewahrt, bringt sie sich in die Gesellschaft ein. Literatur behält (zumindest im Kassandra-Projekt) den Anspruch einer direkten gesellschaftlichen Wirksamkeit. Gleichzeitig sind ihre Ansätze, die spezifische Funktion der Literatur in der Gesellschaft zu definieren, Versuche, die Literatur von jeder politischen oder ideologischen Überfrachtung zu befreien. "Erzählen", heißt es, "ist human und bewirkt Humanes, Gedächtnis, Anteilnahme, Verständnis [...]." (VK 47) Hier kämen die "nicht wahrgenommene[n], nicht gelebte[n] Gefühle", die "uneingelöste Sehnsucht" (VK 117) zu ihrem Recht, wobei offen bleibt, was darunter konkret zu verstehen ist. Es handelt sich um eine ganz allgemeine Sehnsucht, die eher an das Verlangen des Menschen nach metaphysischer Erfahrung als an konkrete Zukunftsvisionen erinnert, was deutlicher wird, wenn man sich zum Beispiel folgende These vergegenwärtigt: "Aus einer Welt, die nur ökonomisch, nur diesseitig wäre, müßte der Mensch auf die eine oder andre Weise verschwinden." (VK 67) Letztlich bleiben es allerdings nur Versuche, da es der Autorin nicht gelingt, sich soweit vom direkten gesellschaftlichen Wirkungsanspruch zu befreien, daß sie in der Literatur zu einer eigenen Gegenposition zu der von ihr kritisierten gesellschaftlichen findet.

Indem Christa Wolf die literarische Tradition zugleich in ein bestimmtes Funktionsverständnis von Literatur setzt, zeigt sich eine andere Seite des Wolfschen Mythos-Verständnisses, oder genauer gesagt, zwei, die nicht ganz voneinander zu lösen sind, da sie sich beide auf die literarische Überlieferung der Mythen beziehen. Gemeint ist einmal die utopische (bzw. hier eher metaphysische) Funktion und zum anderen die ideologische Funktion des Mythos. Wenn sich Christa Wolf mythischer Gestalten wie Kassandra oder Medea im Sinne einer verdrängten und anderen Geschichte erinnert, versucht sie der "uneingelösten Sehnsucht" konkrete Gestalt, historische Faktizität zu geben – in Literatur wohlgemerkt. Auf diese Weise soll der Mythos eine utopische Bedeutung erhalten, die de facto jedoch eher an Vorstellungen anknüpft, die in die Richtung einer metaphysischen Bestimmung desselben weisen.[12]

---

[12] An dieser Stelle sei kurz auf das von Bock-Lindenbeck vertretene Modell verwiesen, da hier das Problematische ihres Ansatzes, angewandt auf Christa Wolfs Mythoskonzeption erkennbar wird. Bock-Lindenbeck baut bei ihrer Analyse my-

Andererseits äußert sich Christa Wolf in den Vorlesungen zur *Kassandra* sehr kritisch gegenüber den antiken Dichtern und deren Mythenbearbeitungen. Daß es sich hauptsächlich um Männer handelt, gereicht ihnen dabei nicht gerade zur Ehre, da Christa Wolf darin eher den Beweis eines von männlicher Logik vorgeprägten Denkens sieht. So muß sich zum Beispiel Aischylos die Frage gefallen lassen, auf wessen Seite er eigentlich stünde. (Vgl. VK 15) Noch deutlicher wird es in der dritten Vorlesung gesagt: "Der Dramatiker des klassischen Griechenland hat mit Hilfe der Ästhetik die politisch-ethische Haltung der freien, erwachsenen, männlichen Bürger der Polis mitgeschaffen." (VK 110)

Auffallend an dieser Betrachtungsweise literarischer Mythenbearbeitungen ist die unterstellte Eindeutigkeit in bezug auf Wahrheit und Moral. Der Mythos ist jedoch alles andere als eindeutig in seiner Auslegbarkeit. Das gerade macht wahrscheinlich die Faszination aus, die ihn durch die Jahrhunderte hindurch so lebendig hielt. Durch ihn ist es dem Menschen möglich, seinem Leben Bedeutung zu geben, ohne daß er die metaphysische Ebene, auf der er sich mit der Welt, seinem Gott oder Göttern oder noch allgemeiner: dem Anderen verbunden weiß, auflösen muß. Mit dem Mythos bindet sich der Mensch in eine größere Ordnung ein, ohne diese Beziehung eindeutig bestimmen zu müssen. Mit der Aufklärung setzt dann der Versuch ein, den Mythos zur Eindeutigkeit aufzulösen, ihn für die Geschichte, für den Fortschritt zu funktionalisieren. Dieser Versuchung erliegt auch Christa Wolf; zugleich allerdings läßt sie sich durch die metaphysische Ebene des Mythos zu einem Funktionsverständnis von Literatur verführen, das sich jeder Eindeutigkeit entzieht. In diese Richtung deutet auch das "Dritte, [...] das lächelnde Lebendige", daß Christa Wolf in Anlehnung an Thomas Mann in der Erzählung als den eigentlichen Verlust in der rationalisierten Welt deutet:

> Es ist das andere, das sie zwischen ihren scharfen Unterscheidungen zerquetschen, das Dritte, das es nach ihrer Meinung überhaupt nicht gibt, das lächelnde Lebendige, das imstande ist, sich immer wieder aus sich selbst hervorzubringen, das Ungetrennte, Geist im Leben, Leben im Geist.[13]

---

tho-poetischer Konzeptionen in der jüngsten Literatur u.a. auf die Unterscheidung eines profanen und eines religiösen Mythos-Verständnisses auf. Nach dieser Einteilung entspräche Christa Wolfs Ansatz einem profanen Zugang zum Mythos. Die metaphysische Funktion, die der Literatur hier zukommt, kann damit nicht erfaßt werden.

[13] Christa Wolf: Kassandra. Eine Erzählung. In: Dies.: *Kassandra. Vier Vorlesungen. Eine Erzählung.* (Vgl. Anm. 10). S. 199-343, hier S. 310. Im folgenden zitiert

Die bisher genannten Ansätze (der historische, subjektbezogene, aufklärerische, utopische und ideologische) beziehen sich alle auf die inhaltliche
Ebene des Konzeptes. Es scheint mir allerdings noch eine funktionale Bestimmung des Mythos vorzuliegen, die das Literaturkonzept Christa Wolfs
in entscheidendem Maße beeinflußt, wenn nicht konstituiert. "Der Mythos
gestattet, sich außerhalb der Geschichte zu postieren, als ihr Zuschauer
nicht nur, sondern als der Nutznießer ihrer ältesten Besitztümer."[14] Was
Hans Blumenberg hier eher beiläufig, weil auf die schöpferische Phantasie
bezogen, konstatiert, macht den wesentlichen Kern des Wolfschen Litera-
turverständnisses aus. Literatur erscheint als autonome und dem realen
Geschichtsprozeß *gegenübergestellte Wirklichkeit*:[15]

> Über Realität. Die irrsinnige Tatsache, daß die Literatur in allen 'zivilisierten'
> industrialisierten Ländern, wenn sie realistisch ist, eine vollkommen andre
> Sprache spricht als eine jede öffentliche Verlautbarung. So, als gebe es ein jedes
> Land zweimal. Als gebe es jeden Bewohner zweimal: Einmal als ihn selbst und
> als *mögliches* Subjekt einer künstlerischen Darstellung; zweitens als Objekt der
> Statistik, der Publizistik, der Agitation, der Werbung, der politischen Propagan-
> da. (VK 145f., Hervorhebung Y.D.)

Christa Wolf beläßt es nicht bei dieser Feststellung. Was folgt, ist die Frage, wie Geschichte aussähe, wenn man ihr einen weiblichen Gegenentwurf
in Literatur gegenüberstellte:

> Sollte man nicht einmal versuchen, was herauskäme, setzte man in die großen
> Muster der Weltliteratur Frauen an die Stelle der Männer? Achill Herakles O-
> dysseus Ödipus Agamemnon Jesus König Lear Faust Julien Sorel Wilhelm
> Meister.

---

mit "K". Zum Mannschen "Utopie-Entwurf in der Nuß" (Christa Wolf) vgl. VK
133f.
[14] Hans Blumenberg: *Arbeit am Mythos*. Frankfurt/M. 1979. S. 71.
[15] Wie ernst es Christa Wolf mit dieser Vorstellung ist, wird auch deutlich, wenn
man zum Vergleich ihre Darmstädter Rede zur Verleihung des Georg-Büchner-
Preises liest, die sie 1980 hielt, als sie sich schon mit dem Kassandra-Stoff beschäftigte. Christa Wolf unterscheidet dort zunächst drei Sprachen – "die Sprachen
von Politik, Wissenschaft und Literatur" –, die "inzwischen unrettbar weit voneinander weggetrieben sind". Und weiter heißt es: "Die Sprache der Literatur scheint
es merkwürdigerweise zu sein, die der Wirklichkeit des Menschen heute am nächsten kommt [...]" (Christa Wolf: Von Büchner sprechen. Darmstädter Rede. In:
Dies.: *Die Dimension des Autors. Essays und Aufsätze, Reden und Gespräche
1959-1985*. Bd. 2. Frankfurt/M. 1990 (1987). S. 611-625, hier S. 622.

Frauen als Handelnde, Gewalttätige, Erkennende? Sie fallen durch den Raster der Literatur. Dieser heißt 'Realismus'. *Die ganze bisherige Existenz der Frau war unrealistisch.* (VK 146, Hervorhebung Y.D.)

Christa Wolf bezieht sich bei dieser Gegenüberstellung auf die gesamte abendländische Welt. Für sie sind spätestens seit Mitte der siebziger Jahre nicht mehr die politischen Systeme der Hintergrund, auf den hin sie ihre Gesellschaftskritik anlegt. Der Mensch, seine Freiheit und Gleichheit, stehen für sie im Vordergrund, und, so gesehen, bezieht sich ihre Kritik auf jedwede dieses Ideal einschränkende Herrschaftsform – sei diese nun ökonomisch, politisch, ideologisch oder geschlechtsspezifisch. Zugleich muß man hier die Funktion, die der Literatur bei der Frage nach dem Humanum zugewiesen wird, vergegenwärtigen. Letzten Endes versucht Christa Wolf damit, die gesamte Problematik geschichtlicher und menschlicher Entwicklung in die Literatur hineinzunehmen, und sie durch ihren Sehnsuchtsbegriff ästhetisch zu lösen. Das Spannungsverhältnis zwischen eigenem gesellschaftlichen Ideal und der gesellschaftlichen Wirklichkeit wird als ein ästhetisches begriffen.

Daß man ihre Gesellschaftskritik gern politisch, im Sinne einer Kritik auf die DDR las, war ein Mißverständnis in der Rezeption, was m.E. noch gefördert wurde durch den differierenden Wirklichkeitsbezug, von dem man ausging. Auch hier darf die Bedeutung der Mythosfunktion für das literarische Konzept Christa Wolfs nicht unterschätzt werden: "Der Mythos", so Roland Barthes, "ist eine entpolitisierte Aussage", wobei er das Wort "politisch" "als Gesamtheit der menschlichen Beziehungen in ihrer wirklichen, sozialen Struktur, in ihrer Macht der Herstellung der Welt" verstanden haben will.[16] Das trifft aus oben schon genannten Gründen den Kern des Problems, der im aufklärerischen Ansatz, den Mythos auf die Befreiung des Subjekts hin zu funktionalisieren, ruht. Man konzentrierte sich zu sehr auf eben dieses Subjekt. In Hinblick auf die Mythos-Rezeption und die Funktion des Mythos in Christa Wolfs Kassandra-Projekt ergibt sich daraus keineswegs ein Widerspruch in ihrem literaterarischen Konzept. Eine Literatur, die sich durch die Subjektsetzung in Opposition zur bestehenden Gesellschaft begibt, und als solche Anerkennung findet, muß als durchaus produktiv gesehen werden. Schwieriger wird es, wenn beide als sich ausschließende Realitäten verstanden werden bzw. wenn die Literatur als außerhalb der gesellschaftlichen Wirklichkeit stehend begriffen wird.

---

[16] Roland Barthes: *Mythen des Alltags*. Übersetzt von Helmut Scheffel. 4. Aufl. Frankfurt/M. 1976. S. 131.

Vielleicht ist es an dieser Stelle angebracht, noch darauf hinzuweisen, daß sich die Gegenposition zum gesellschaftlichen Prozeß nicht nur aus dem Rekurs auf den Mythos ergibt, sondern ebenfalls durch die spezifische Geschichtsperspektive und den damit verbundenen Erinnerungsprozeß angelegt ist. Um diesen Gedanken anschaulicher zu machen, sei nochmals auf Ortrud Gutjahr verwiesen, die in ihrer Analyse der Wolfschen Erzählungen, in jener Haltung einen Wesenszug aller ihrer fiktiven Figuren erkennt:

> Den erzählten Figuren ist es verwehrt, in ihrem Denken und Sprechen mit einer Gesellschaft identisch zu werden, die, wie sie schmerzhaft und allumfassend erfahren müssen, ihnen diese Identifikationsmöglichkeit gerade dadurch vorenthält, daß sich gesellschaftliche Entwicklungen auf Kosten des Individuums durchsetzen [...]. Da es eine Gesellschaft als Subjekt nicht gibt, sind die Figuren, gleich welchem historischen Kontext sie zugeordnet sind, darauf angewiesen, sich anders denn durch Identifikation mit der Gesellschaft als Subjekte der Geschichte hervorzubringen. (EZ 71f.)

Unschwer ist die Parallele zum Benjaminschen "Engel der Geschichte" zu erkennen, dem nicht nur der Blick auf die Zukunft, sondern auch auf die eigene Zeit unmöglich ist. Sein Blick ist gefangen im Anblick des Vergangenen.

Allerdings sollte man sich hier den gesellschaftspolitischen Hintergrund vor Augen führen, vor dem Walter Benjamin diesen Engel entwarf, und in dem diese Perspektive durchaus sehr verständlich ist. Daneben sollte man auch nicht vergessen, daß er diese Figur nicht nur aus einem historischen, sondern auch aus einem literarischen Kontext heraus entwickelte, in dem der Engel selbst erst als einer der Vernichtung erschien.[17] Im Hinblick auf Christa Wolf stellt sich hier die Frage, inwieweit ihre Deutung der allegorischen Gestalt der Benjamins entspricht.

Die Voraussetzungen zu *Medea*

Auf den ersten Blick scheint der Ansatz im Medea-Projekt dem zur Gestalt der Kassandra entworfenen zu entsprechen. Eine wichtige Verschiebung ergibt sich jedoch aus dem gesellschaftlichen Hintergrund, vor dem diese Erzählung entstanden ist. War *Kassandra* noch im Bewußtsein des Wettrüstens der Supermächte USA und UdSSR geschrieben, bei dem sich die

---

[17] Vgl. hierzu den sehr empfehlenswerten Aufsatz von Otto Karl Werckmeister: Benjamins Engel der Geschichte oder die Läuterung des Revolutionärs zum Historiker. In: Ders.: *Linke Ikonen. Benjamin, Eisenstein, Picasso – nach dem Fall des Kommunismus*. München, Wien 1997. S. 19-57.

"Barbarei der Neuzeit" aus dem "Wahndenken" einer kalkulierbaren und also beherrschbaren Aufrüstung zum Frieden durch Verteidigung erklärte, so ist im *Medea*-Projekt die Nachwendezeit im vereinten Deutschland verarbeitet. Dieser andere Erfahrungshintergrund hat seine Spuren hinterlassen. Der ganze Medea-Stoff ist viel stärker als im Kassandra-Projekt auf die individuelle Selbstbehauptung bezogen. Das dort formulierte gesellschaftliche Anliegen tritt zurück. Im Vordergrund steht die Verteidigung der Unschuld Medeas.

Der Unterschied manifestiert sich noch am greifbarsten in der Konzeption der Außenseiterrolle: Kassandra mußte sich mit der Übernahme der ihr vertrauten Lebenswelt durch eine andere, fremde Macht auseinandersetzen. Medea geht selbst in die Fremde und wird dort mit ihrem Anderssein konfrontiert. Für beide gibt es kein Zurück, dennoch sind ihre Situationen durchaus verschieden. Kassandra erkennt in den Griechen das neue Herrschaftsprinzip, dem das ihr vertraute weicht. Insofern ist sie Vertreterin dieser alten Welt. Medea hingegen ist erst einmal Fremde, die mit ihren Wertvorstellungen nicht in die Welt des Korinther Hofes paßt und von diesem nicht akzeptiert wird. In vielem scheint sie als eine unverfälschte Naturkraft, als die wilde, unangepaßte Frau konzipiert zu sein. Gleichzeitig erwächst daraus im Laufe der Erzählung eine idealisierte, keine historische Figur, deren Konturen eher überzogen als realistisch wirken. Sie fungiert als Spiegel, der den anderen Figuren entgegengehalten wird und in dem ihnen ihre eigenen Deformationen vorgeführt werden. Aus dieser Nicht-Akzeptanz wird den Korinthern dann allerdings der Strick gedreht: Ganz im Sinne der "Außenseiter"-Konzeption Hans Mayers wird hier die völlige Integration des Fremden auf der Basis von Freiheit und Gleichheit gefordert. Erst dann verwirkliche sich die aufklärerische Forderung nach Humanität. Mit anderen Worten: Solange Medea stigmatisiert bleibt, kann es keinen Fortschritt in Richtung einer freien und gleichen Menschheit geben. Der Außenseiter als Opfer, der aus dieser Rolle heraus einen moralischen Anspruch formuliert. Diese Darstellung gründet sich auf der Vorstellung einer homogenen, autoritären und hierarchisch geordneten Gesellschaft, wobei offen bleibt, welcher gesellschaftlichen Realität sie entspricht. Letzteres ist insoweit relevant, als sich Christa Wolfs literarisches Konzept – im Adornoschen Sinne – als Widerstand des Nicht-Identischen gegen das Allgemeine, als Gegenposition zum Gesellschaftlichen verstehen läßt, was nur Sinn macht, wenn sie auf die Gesellschaft bezogen bleibt. Nur dann kann diese Position für den gesellschaftlichen Prozeß produktiv gemacht werden. Entscheidend an diesem Beziehungssystem ist, in welcher Perspektive das Gesellschaftliche erscheint, genauer: in Hinblick worauf die Literatur Opposition bezieht. Wenn dann, wie in Ansätzen schon bei *Kas*-

sandra, in letzter Konsequenz allerdings erst bei *Medea*, dieser gesellschaftliche Bezug völlig aufgekündigt wird, setzt sich das Konzept, zumindest im Hinblick auf seine geschichtliche Perspektive und seinen gesellschaftlichen Bezug, selbst außer Kraft. Was bleibt, ist die Suche nach einer individuellen Lösung für diese Nicht-Identität, die ihre Bestimmung im Ästhetischen sucht:

> Das glückliche Ende ist zum 'happy end' verkommen, doch mir scheint, im Mythos und in der Literatur, die von ihm herkommt, ist die nicht triviale Sehnsucht von uns allen gut aufgehoben, gemeinsam einen Ausweg aus dem Labyrinth zu suchen und ihn, vielleicht zu finden, auch wenn der Zeitgeist heute etwas anderes sagt. (MM 17)

Im *Medea*-Projekt wird nicht mehr von einem linearen Geschichtsprozeß ausgegangen, wie auch die direkte gesellschaftliche Wirksamkeit von Literatur zurückgenommen wird.[18] Daß Christa Wolf mit dem *Medea*-Projekt sich nochmals mit dem Mythos auseinandersetzt, hängt wohl mit jener Sehnsucht und der damit verknüpften Erfahrung zusammen, die die Literatur ermöglichen soll. Auffallend ist die Unbestimmbarkeit des Sehnsucht-Begriffs, der von konkreten Zielvorstellungen freigehalten wird. Ganz offensichtlich soll sich durch ihn dem Menschen ein Erfahrungsraum eröffnen, der über den alltäglichen hinausgeht, auch wenn ihm durch die Funktionsbestimmung der Literatur (Erzählen ist human, bewirkt Humanes) klare Grenzen gesetzt sind. Die Öffnung ins Metaphysische – genau das verbirgt sich m.E. hinter dem Wolfschen Sehnsucht-Begriff – bleibt an Erkenntnis gebunden.[19] Die Parallelen zu Benjamins Versuch, in Absetzung von der Kantschen Definition der Erkenntnis eine "höhere Erfahrung" philosophisch zu begründen, sind – bei aller gebotenen Vorsicht eines solchen Vergleichs – nicht von der Hand zu weisen. Sie zeugen eher noch von dem Problem der "religiöse[n] und historische[n] Blindheit der Aufklärung",[20] die zu einem Ausschluß jeder metaphysischen Dimension

---

[18] Vgl. hierzu Christa Wolf in einem Interview mit Tilman Krause unter dem Titel "Sind Sie noch eine Leitfigur, Frau Wolf?": "Ich kann nicht aufhören, das zu schreiben, was ich schreiben muß. Aber ich mache mir da einfach keine Illusion, daß das für das gesellschaftliche Ganze etwas bewirken wird. Dennoch: Literatur ist auch weiterhin dazu da, den einzelnen herauszufordern. Nur darf man mehr nicht von ihr erwarten, dafür sind unsere Probleme zu elementar und zu global." In: *Tagesspiegel*. 30.6.1996.
[19] Das Wissen ist eines der zentralen Themen im Roman *Medea*.
[20] Vgl. Walter Benjamin: Über das Programm der kommenden Philosophie. In: Ders.: *Gesammelte Schriften*. Hg. von Rolf Tiedemann und Hermann Schweppenhäuser. Bd. II/1. Frankfurt/M. 1977. S. 157-171, hier S. 159. Dort heißt es u.a.:

führt. Genau um diese Dimension scheint es Christa Wolf in zunehmenden Maße zu gehen. Daß die Beziehung zum metaphysischen Erfahren in der Religion hier nicht völlig abwegig ist, geht aus einem Text aus ihrem neuesten Essayband hervor: "Dünn ist die Decke der Zivilisation. Musikalische Meditation. Joseph Haydn, 'Missa in Tempore Belli'". Hier ist, dem Thema der Meditation gemäß, vom Glauben, von der religiösen Erfahrung in der Glaubensgemeinschaft, von Verheißung und Hoffnung die Rede. Zugleich werden die bereits aus den Vorlesungen zur *Kassandra* und den "Voraussetzungen" zur *Medea* bekannten Themen angesprochen. So kreisen ihre Überlegungen um die Aufklärung, den "falschen Fortschritt", das "Wahndenken", die Deformation der "Männergesellschaft" und die Unterdrückung der Frau, ihr Objektsein. Der große und sehr entscheidende Unterschied besteht allerdings in der Verortung der metaphysischen Erfahrung, die dem Menschen Hoffnung geben soll. Sie findet hier ihren Platz innerhalb des religiösen Rahmens und in der Musik:

> Wir hören eine große Musik. Als ich anfing, diesen Text zu schreiben, habe ich sie mir immer wieder vorgespielt, bis ich das Muster der Messe in ihr erkannte. Da ich nicht gläubig im Sinne einer Kirche bin, habe ich dieses Muster erst lernen müssen, habe versucht, mich in die Gefühls- und Denkweise der Gläubigen hineinzuversetzen, denen das strenge Ritual ein Erlebnis von Gemeinsamkeit und Halt gab und gibt. *Hier ist ein seit Jahrhunderten feststehender Kanon, auf den man bauen, in den man sich auch einbauen, einfügen, einpassen kann – große Bilder, große Anrufungen, Flehungen, Bekenntnisse, die die Seele der wahrhaft Gläubigen aus der Zerknirschung erheben, sie besänftigen, stillen und sie dann in Frieden entlassen können: Ite, missa est: Geht ihr seid entlassen.*[21]

"Die Erfahrung des Kantischen Zeitalters bedurfte keiner Metaphysik; zu Kants Zeit war es historisch das einzig Mögliche ihre Ansprüche zu vernichten, denn der Anspruch seiner Mitgenossen auf sie war eine Schwäche oder Heuchelei. Es handelt sich darum Prolegomena einer künftigen Metaphysik auf Grund der Kantischen Typik zu gewinnen und dabei diese künftige Metaphysik, diese höhere Erfahrung ins Auge zu fassen." (S. 160) Und: "Diese Erfahrung umfaßt denn auch die Religion, nämlich als die wahre, wobei weder Gott noch Mensch Objekt oder Subjekt der Erfahrung ist, wohl aber diese Erfahrung auf der reinen Erkenntnis beruht als deren Inbegriff allein die Philosophie Gott denken kann und muß." (S. 163) Mit dem Vergleich muß man vorsichtig sein. Von einem messianischen Denken sollte man bei Christa Wolf keineswegs ausgehen. Dennoch geht ihr Erfahrungsbegriff schon über den rein ästhetischen hinaus, da Literatur ihrem Verständnis nach an allgemeinen, im vor-wissenschaftlichen Bereich verankerten Ideen anknüpft.

[21] Christa Wolf: Dünn ist die Decke der Zivilisation – Musikalische Meditation. Joseph Haydn. 'Missa in Tempore Belli'. In: Dies.: *Hierzulande. Andernorts.*

Ein eingehender Kommentar der Passage erscheint mir nach dem bisher Gesagten überflüssig. Interessant, wenn auch keinesfalls überraschend, ist die Parallele, die sich hier zwischen religiösem Erleben, Mythos, Musik und Literatur herstellen läßt.

Der Grundwiderspruch des Menschen – Das Männliche und das Weibliche bei Christa Wolf mit einer Fußnote zu Franz Fühmann

Bisher eher am Rande besprochen wurde der von Christa Wolf gesehene Gegensatz zwischen dem Männlichen und dem Weiblichen. In ihrer Geschichtsperspektive wird die Krise der Gegenwart einem deformierten männlichen Denken zugeschoben: Die Herrschaft des weißen Mannes, das patriarchale Prinzip des rationalen, männlichen, zerstörerischen, kolonisierenden Bösen,[22] ist für sie die Ursache der "Barbarei der Neuzeit", die nur überwunden werden könne, wenn man sich des verdrängten Weiblichen erinnere. Das Weibliche: Hier ist nicht die Frau als solche gemeint, sondern eine andere Art des Denkens, Fühlens und Handelns, das alle Bereiche der Gesellschaft umfaßt. Es ist zugleich Ausdruck der ureigenen Natur des Menschen, was in zweierlei Hinsicht bemerkenswert ist: Diese Perspektive setzt einen Naturzustand des Menschen voraus, von dem dieser sich weg und zum zivilisierten Wesen hin entwickelt habe. Indem dieser Prozeß als gescheitert betrachtet wird, ergibt sich die Vorstellung eines reineren, eines unverfälschten Urzustandes. In Wolfs Perspektive muß dieser Urzustand vom Weiblichen bestimmt gewesen sein, da es ja dieses Prinzip ist, das man (= das Männliche) verdrängt habe. Es geht ihr dabei nicht um die Rückkehr zu einem Urparadies. Was ihr vorschweben mag, ist die Harmonisierung des von ihr gesehenen Gegensatzes, was weniger mit Feminismus zu tun hat, als mancher vermutet. Christa Wolf gebraucht das Männliche und das Weibliche als Synonyme für die menschliche Kultur und die menschliche Natur. Damit allerdings stellt sich das Problem nicht als ein gesellschaftliches, sondern als ein zutiefst menschliches dar: der Mensch, der seinem Wesen nach beiden Bereichen zugehört. Christa Wolf überträgt in ihrer Konzeption dieses Grundproblem menschlicher

---

Erzählungen und andere Texte. 1994-1998. München 1999. S. 204-219, hier S. 204. Hervorhebung Y.D.
[22] Vgl. das Ende der 4. Vorlesung, wo sie bei ihrer Behandlung des Franza-Fragments von Ingeborg Bachmann indirekt zu solchem Urteil kommt. (VK 196ff.)

Existenz auf die Gesellschaft und versucht damit, die von ihr konstatierte gesellschaftliche Krise als eine anthropologische zu fassen und zu lösen.[23]

Jeder, der mit der Mythos-Konzeption Franz Fühmanns vertraut ist, wird die Parallele zu dessen Ansatz entdecken können. Leider ist dies nicht die Gelegenheit, um den Vergleich der beiden Konzeptionen durchzuführen. Ich will lediglich einige Gründe anführen, die dafür sprechen. Es geht mir dabei vor allem um drei Aspekte: einerseits um die Frage der dahinterliegenden Geschichtskonzeption, andererseits um die Literatur als Raum einer anderen, metaphysischen Erfahrung und schließlich um den Versuch einer eigenen, unabhängigen Ästhetik, die dennoch eine gesellschaftliche Funktion hat.

Wiewohl die Rezeption des antiken Mythos durchaus Teil der Literatur der DDR war, kann Franz Fühmann als einer der ersten innerhalb der DDR gelten, der sich eingehender mit seiner Funktion und Bedeutung für die Kunst beschäftigt hat. Ohne Zweifel trägt dabei sein Vortrag "Das mythische Element in der Literatur", den er im Februar 1974 an der Humboldt-Universität in Berlin hielt und den er als "öffentliche Selbstverständigung" verstanden wissen wollte, programmatischen Charakter.

Fühmanns Auseinandersetzung mit dem Mythos setzt schon früher ein, wird von ihm, wie alles, womit er sich als Schriftsteller beschäftigt, mit seinen persönlichen Erfahrungen, seiner eigenen Biografie verwoben. Gleichwohl bietet ihm der Mythos, als Weiterentwicklung seiner Reflexion über das Märchen, den Ansatz zu einer eigenen Kunstkonzeption. Weitere wichtige Arbeiten in diesem Zusammenhang sind sein Reisetagebuch *Zweiundzwanzig Tage oder die Hälfte des Lebens* (Rostock 1973), seine Aufsätze zu E.T.A. Hoffmann, wie auch – obwohl das auf den ersten Blick vielleicht etwas abwegig erscheinen mag – sein Trakl-Essay *Vor Feuerschlünden* (Rostock 1982) bzw. *Der Sturz des Engels* (Hamburg 1982) und der Essay *Meine Bibel: Erfahrungen* (1982 geschrieben, postum erschie-

---

[23] Interessant im Hinblick auf die von ihr vertretene Auffassung eines Ur-Weiblichen ist der Einfluß Johann Jakob Bachofens (1815-1887) und der marxistisch geprägten Rezeption vor allem seines Hauptwerks, dem *Mutterrecht* (1861), auf Christa Wolfs Vorstellung von der Frühgeschichte. Bachofen ging es um den göttlichen Schöpfungsplan, der in der (noch "natürlichen") Gynaikokratie das alles strukturierende Prinzip gewesen sein soll. Als Engels auf die besonders revolutionäre Leistung von Bachofens *Mutterrecht* verwies, konnte er mit bestem Gewissen die religiöse Ebene ausblenden, da die Annahme, einmal habe der Mensch bereits im Matriarchat gelebt, für damalige Zeiten wesentlich umwälzender war als die Sehnsucht nach eventueller Rückkehr zum Gottesstaat. Fatal für die Bachofen-Rezeption in der DDR war, daß dieser Aspekt keine Rolle mehr spielte, weil er wohl als geschichtlich überholt galt – fatal insofern, als diese zutiefst konservative Seite Bachofens schlicht unberücksichtigt blieb.

nen 1985). Es würde, wie gesagt, zu weit führen, um Fühmanns poetologische Ansätze hier eingehend zu behandeln. Eine ganz kurze Zusammenfassung soll genügen:

Wenn Emmerich in der *Kleinen Literaturgeschichte* meint, der Mythos sei für Fühmann der "Schlüssel, der aktuell erfahrene Wirklichkeit aufschließen hilft",[24] so ist das nur zum Teil wahr. Der Mythos geht über die Wirklichkeit hinaus, sagt Fühmann. Er sei gerade das, was Wirklichkeit *nicht* ist und er höre dort auf, wo erfahrbares Dasein anfange.[25] Ulrich von Bülow spricht in bezug auf den Erfahrungsbegriff bei Franz Fühmann von dessen Prägung durch Arnold Gehlen, schließt aber auch andere Bezüge nicht aus.[26] Wichtig scheint mir, daß auch hier der Versuch unternommen wird, den Begriff nicht mehr einseitig auf Erfahrung im Sinne rationaler wissenschaftlicher Erkenntnis zu definieren, was letztlich auf einen anderen Umgang mit der Frage, was Realität ist, hinausläuft.

Darüber hinaus beschäftigt Franz Fühmann ebenfalls die Frage nach dem Humanum. Er bezieht sie allerdings viel konkreter als Christa Wolf auf den einzelnen Menschen. So sieht er im Mythos das Modell, in dem der ganze Mensch mit seinen verschiedenen Seiten aufgehoben ist: Sein wesentlicher Kern wäre die Widersprüchlichkeit der menschlichen Existenz. Der Unterschied zwischen Märchen und Mythos besteht nun darin, daß das Märchen nach Klarheit strebt, nach einer Auflösung des im Widerspruch angelegten Konflikts, während der Mythos diesen nur wiedergibt. Das Subjekt-Objekt-Verhältnis erscheine im Gleichnis und nur im Gleichnis könne subjektive Erfahrung objektiviert werden. Die Gestaltung des Gleichnisses aber – und damit gibt Fühmann der ganzen Beschäftigung mit dem Mythos eine neue und sehr entscheidende Wendung – sei Aufgabe der Kunst. Das sei ihre ganz spezifische Aufgabe, die durch keine Wissenschaft übernommen werden könnte, da es sich hier um "untheoretisierbare Erfahrung" handle. Die Beschäftigung mit dem Mythos gerät an dieser Stelle zu nichts geringerem als einer neuen Funktionsbestimmung der Kunst in der sozialistischen Gesellschaft, bei dem auch das Verhältnis zum

---

[24] Wolfgang Emmerich: *Kleine Literaturgeschichte der DDR*. Erweiterte Neuausgabe. Leipzig 1996. S. 342.
[25] Vgl. Franz Fühmann: Das mythische Element in der Literatur. In: Ders.: *Essays, Gespräche, Aufsätze. 1964-1981*. 2. Aufl. Rostock 1986. S. 82-140, hier S. 91. Im folgenden zitiert mit "FF". Die hier versuchte Zusammenfassung des Fühmannschen Mythos-Verständnisses bezieht sich hauptsächlich auf diesen Aufsatz.
[26] Ulrich von Bülow: *Spiegel im Spiegel. Untersuchungen zur Poetik von Franz Fühmann*. Dissertation an der Humboldt-Universität Berlin 1999. S. 76. Ich zitiere aus dem Typoskript der Arbeit, die mir Herr von Bülow freundlicherweise zur Verfügung stellte. Im folgenden mit "Typoskript von Bülow" zitiert.

Leser völlig neu bestimmt wird. Zugleich fällt allerdings auch das Diffuse dieses Erfahrungsbegriffes auf, der auch bei Fühmann – und gerade bei ihm – sehr viel von einer metaphysischen Komponente hat.

Wegen ihrer Bedeutung sei die Passage in ihrer ganzen Länge zitiert:

> Ein Vergleich also, das war die erste Vorbedingung, denn nur im Gleichnis kann ich meine subjektive Erfahrung unter Beibehaltung ihres subjektiven Charakters objektiviert wiederfinden. In diesem Sinn hat jedes Werk der Literatur Symbolcharakter und ist dadurch offen für Identifikation und Interpretation. Damit ist die zweite Vorbedingung bereits ausgesprochen: die Existenz eines, der Gleichnisse schaffen, und als die dritte Bedingung die Existenz jemandes, der dies Gleichnis auf seine Erfahrung beziehen kann. Eine subjektive Aussage wird nicht dadurch Kunst, daß der Mitteilende sie als solche behauptet, sondern daß ein Anderer als der Schöpfer sie anerkennt. – Barlach hat es so formuliert: 'Zur Kunst gehören zwei – einer, der sie macht, und einer, der sie braucht.' Dies Gebrauchtwerden hat sicherlich viele Aspekte; Kunst ist nicht nur in einer Richtung wirksam, doch das Kriterium ihrer Anerkennung ist letzten Endes eben doch das Übereinstimmen von Erfahrung, wobei diese Erfahrung auch vorweggenommen, aus Verallgemeinerung erst einiger weniger verborgener oder tabuierter Züge des Lebens erahnt sein kann. Dann allerdings heißt es: Die Zeit dieser Dichtung ist erst später gekommen, und Kleist und Kafka fallen einem ein. (FF 122f.)

Welche Bedeutung damit dem Künstler und seiner subjektiven Erfahrung zukommt und wie stark Fühmann mit diesem Selbstverständnis andere, vor allem jüngere Autoren prägt, ist ganz sicher noch eingehenderer Prüfung wert.

Im Hinblick auf die dabei von Fühmann vertretene Geschichtskonzeption wirft sein poetologischer Ansatz einige Fragen auf. Ulrich von Bülow, sieht mit der Rede über "Das mythische Element in der Literatur" bei Franz Fühmann die Wende von einer geschichtsphilosophischen zu einer anthropologischen Grundhaltung vollzogen. Er argumentiert allerdings ausschließlich aus der philosophischen Problematik heraus. Das Kunstkonzept als solches und in seiner Bedeutung für die *Literatur* der DDR bleiben unberücksichtigt. (Von Bülow weist zwar darauf hin, daß es hier um ein "poetologisches Ideal"[27] gehe, was das aber dann heißt, bleibt offen.) Bei einem solchen Ansatz sollte man allerdings nicht vergessen, daß Fühmann in erster Linie *Schriftsteller* war, weshalb hier durchaus davon auszugehen ist, daß er sich in einer ähnlichen Intention, wenn auch auf ganz andere Weise als Christa Wolf von der *Literatur* Impulse für die gesellschaftliche Entwicklung erhoffte. Die Beschäftigung mit dem Mythos ist der Versuch

---

[27] Typoskript von Bülow. S. 133.

zu einer unabhängigen ästhetischen Position innerhalb der sozialistischen Kunstprogrammatik zu finden, die dennoch ihren gesellschaftlichen Wirkungsanspruch nicht aufgeben und in dieser Weise den gesellschaftlichen Entwicklungsprozeß voranbringen will. Gleichzeitig zeigt sich darin eine von mir metaphysisch genannte Komponente, die über den realen Erfahrungshorizont hinaus nach Sinnfindung strebt. Hierin fand Christa Wolf wohl eine Parallele zu Franz Fühmann, wenn sie ihn im Nachwort des 1995 erschienenen Briefwechsels mit ihm wie folgt zitiert:

> 'Nirgends sein' [hier bezieht sie sich auf Fühmanns 'Versuch eines Zugangs zu Frantisek Halas' und dessen Gedicht 'Nikde' (Nirgends), Y.D.] sei 'existentiell, ein Wunsch, eine Sehnsucht', es 'wachse aus dem Reflektieren der bedrängten Realität'. 'Nirgends sein, das heißt sowohl: ich will im Land Nirgends sein, es in mir tragen, aber um dieses Innen willen muß das Außen zerstört sein. [...]. Der Gang zu den Müttern, unter die Oberfläche, zu den Gründen für die Heillosigkeit der Gegenwart, zu den Ursachen auch für die eigene Verstrickung in dieses heillose Geflecht – ich denke, wir wären uns nahe geblieben.[28]

Dem aufmerksamen Leser dieses Zitats ist sicher nicht das Motiv – der Gang zu den Müttern – entgangen, das an einen viel älteren Briefwechsel, an den zwischen Thomas Mann und Karl Kerényi, erinnert. Die Analogie ist ganz sicher nicht zufällig. Daß Christa Wolf sich von beiden inspirieren ließ, ist bekannt. Interessant ist dabei aber auch, daß in jenem Briefwechsel ein ganz eigenes Religionsverständnis (hauptsächlich durch Kerényi getragen) vorherrscht, das Thomas Mann "schließlich als sorgend achtsame Empfindlichkeit gegenüber den Regungen des Weltgeistes" interpretiert und mit folgenden Worten kommentiert: "[...] was will ich mehr? Auf einmal bin ich legitimiert, mich einen religiösen Menschen zu nennen – eine Selbsteinschätzung, deren ich mich, eben aus 'Vorsicht', sonst kaum getraue."[29]

---

[28] Christa Wolf: Nirgends sein o Nirgends du mein Land. In: Christa Wolf / Franz Fühmann: *Monsieur – wir finden uns wieder. Briefe 1964-1984.* Berlin 1995. S. 165. Vgl. auch Christa Wolf: *Hierzulande. Andernorts.* (wie Anm. 21) S. 65.
[29] Kerényi: *Romandichtung.* (wie Anm. 4) S.57.

Werner Jung

Klassiker und Romantiker, oder Rainer Kirsch und Franz Fühmann

In this essay, the author shows two different aesthetical approaches in the late GDR-literature which he examines throughout the works of Franz Fühmann and Rainer Kirsch. On the one hand, one can see very clearly a deep relationship between Fühmann and the poetics of the German '(Früh-)Romantik', on the other hand, there is a close connection between Kirsch and the classical German aesthetics. Both writers are essentially influenced by the work of the Hungarian philosopher Georg Lucács who serves as an intellectual inspirator, but they come to different conclusions.

Am Anfang standen eine Rezension und einige Telefonate. Nachdem ich Rainer Kirschs Sammelband *Die Talare der Gottesgelehrten*[1] für die NDL besprochen, eine freundliche Erwiderung per Anrufbeantworter entgegengenommen hatte, unterhielten wir uns schließlich einige Male am Telefon miteinander. Nein, sagte mir Rainer Kirsch, einen stärkeren Einfluß auf sein Schreiben und die immanente Poetik seiner Texte habe der ungarische Philosoph und Ästhetiker Georg Lukács, worüber ich in meiner kleinen Rezension glaubte hinreichend Auskunft gegeben zu haben, eigentlich nie gehabt. Von hier kamen wir nach da, vom Schreiben überhaupt zu den Schriftstellern in der DDR und dann zu Franz Fühmann. Ja, sie hätten sich gekannt, mehr oder weniger gut, sich gegenseitig respektiert, die Arbeiten des anderen in der Regel wohlwollend zur Kenntnis genommen. Aber mehr? Nein, auch das nicht. Denn, so Rainer Kirsch, Franz Fühmann sei ein unverbesserlicher Romantiker gewesen, bis zum Schluß, während er, Kirsch, wenn überhaupt, dann eher für die Klassik optiert habe.

Klassiker und Romantiker – dieser Hypothese sollte im Blick auf die DDR-Literatur einmal nachgegangen werden. In unserem Fall Franz Fühmann und Rainer Kirsch. Aber man könnte das literarische Feld hinsichtlich der poetologischen Überzeugungen und Muster durchaus grundsätzlicher auf die teils gegensätzlichen, teils sich überschneidenden ästhetischen Vorlieben betrachten – etwa Christa Wolfs und Irmtraud Morgners, Günter de Bruyns und Fritz Rudolf Fries' Interessen an der (Früh-) Romantik sowie an Jean Paul, andererseits dann Peter Hacks' Eintreten für die Klassik.

---

[1] Rainer Kirsch: *Die Talare der Gottesgelehrten. Kleine Schriften.* Halle/S. 1999. Im folgenden zitiert als "Talare" + Seite.

In allen Fällen existiert nicht nur ein Bezug auf die immanente Poetik dieser Traditionen, sondern werden ausdrücklich auch literarische Ausdrucksformen produktiv weiterverarbeitet.

Hinsichtlich der Bedeutung der Aufklärung als Epoche wie ihrer zentralen Vertreter, allen anderen voran G. E. Lessing, läßt sich noch weitgehende Übereinstimmung zwischen Rainer Kirsch und Franz Fühmann ausmachen. Gerade die Figur und das Werk Lessings haben dabei mindestens eine doppelte Bedeutung. Rainer Kirsch kommt zu verschiedenen Gelegenheiten darauf zu sprechen: 1973 bekennt er, daß die Tradition, der er sich am meisten verpflichtet fühle, die Aufklärung sei, ein Statement, das er zwei Jahre später in einem Gespräch dann wiederholt, wobei er deutlich erklärt, daß er unter Aufklärung mehr eine "Haltung" denn eine spezifische Periode versteht.[2] 1993, im Gespräch mit Gisela Röthke rückt Lessing an eine exponierte Stelle, der Typus Lessings als eines Schriftstellers, der mit den Worten und um den treffenden Ausdruck gerungen habe, ein Schriftsteller, der hart an der Sprache arbeitet: "[...] ich bin ein Lessing-Typ – nur gelegentlich wird mir ein Vers oder eine Formulierung 'geschenkt'."[3]

Das hätte Franz Fühmann gewiß Wort für Wort unterschrieben, da auch er zeitlebens ein harter Wortarbeiter gewesen ist, ein Projektemacher und ein fortwährend mit Überarbeitungen eigener Texte beschäftigter Autor. Ein Geist vom Schlage eines Lessing und der Aufklärung, deren ästhetisch-theoretische Vorsätze Fühmann wiederholt in Aufsätzen, Essays und Gesprächen dem eigenen Werk einschreibt. In *Zweiundzwanzig Tage oder Die Hälfte des Lebens*[4] etwa erwähnt er das "moralische Element in der Literatur" als dasjenige, "was auf die Demokratisierung der Gesellschaft zielt", und er nennt dieses Element ausdrücklich ein aufklärerisches.[5] In seiner bedeutenden Poetikvorlesung "Das mythische Element in der Literatur", einem poetologischen Zentraltext Fühmanns, bemüht er den Lessingschen Katharsis-Gedanken, den Wilhelm Dilthey einmal als Lessings Grundgedanken von, wie er hinzufügt, beeindruckender Simplizität bezeichnet hat: "[...] der Keim all ihres gesellschaftlichen Daseins", so Füh-

---

[2] Rainer Kirsch: *Ordnung im Spiegel. Essays, Notizen, Gespräche*. 2., erw. Aufl. Leipzig 1991. S. 180. Im folgenden zitiert als "Ordnung" + Seite.
[3] Kirsch: Talare. S. 90.
[4] Franz Fühmann: Zweiundzwanzig Tage oder Die Hälfte des Lebens. In: Ders.: *Das Judenauto – Kabelkran und Blauer Peter – Zweiundzwanzig Tage oder Die Hälfte des Lebens*. Rostock 1979. Im folgenden zitiert als "Judenauto" + Seite.
[5] Vgl. ebd. S. 350.

mann, liege "in dieser befreienden, dieser kathartischen Funktion der Kunst".[6]

Hier existiert eine Gemeinsamkeit zwischen Kirsch und Fühmann, in dieser rezeptionsästhetischen Orientierung an der Aufklärung. Aber dann trennen sich ihre Wege auch schon wieder. Kirschs Weg führt von der Aufklärung geradewegs zur Klassik, Fühmann schlägt dagegen die Richtung der Romantik ein. Ein geheimer Bezugspunkt, ja die Spiegelfläche stellt dabei aber für beide Autoren die Ästhetik von Georg Lukács dar, von der – möglicherweise sogar – auch der "take off" ihrer gesamten poetologischen Reflexionen im aufklärerisch-lessingschen Projekt inspiriert gewesen sein mag.

Fühmann macht aus dieser Beeinflussung durch den ungarischen Philosophen überhaupt keinen Hehl. Er kommt häufig auf das Werk und die Person des Ungarn als einen Theoretiker zu sprechen, der ihn am Übergang seiner Entwicklung vom hörigen Nazi zum überzeugten Sozialisten und Marxisten maßgeblich beeinflußt hat. In *Zweiundzwanzig Tage oder Die Hälfte des Lebens* beschreibt er seine ersten Begegnungen mit dem "Marxismus als Theorie, als geistigem Erlebnis" ausdrücklich als Beschäftigung nicht nur mit Lenins Werk, sondern insbesondere mit Lukács' Skizzen zur Geschichte der deutschen Literatur, wo es ihm, wie er hinzufügt, "[...] wie Schuppen von den Augen fiel."[7] Und an anderer Stelle findet sich ein bemerkenswertes Notat, aus der Fühmanns Nachkriegsentwicklung, seine "éducation intellectuelle", abgelesen werden kann:

> Was hat mich bei der ersten Lektüre von Lukács so fasziniert? Sicherlich, so merkwürdig es klingt, am wenigsten das, was "Lukács" an dieser Lektüre war, am wenigsten das Spezifische, am meisten (vielleicht ausschließlich) das Allgemeine! Es war das erste Erfahren des Andern im Geiste, die erste Begegnung mit dem Marxismus, der Dialektik, dem Materialismus, wie hätte man da das Individuelle herauslesen können! Daß Einer (oder besser: daß eine Methode) Zusammenhänge da sah, Linien, Prozesse, Gesetzmäßigkeiten, wo wir nur öde Daten gewohnt waren, Daten, im Rahmen von Daten und durchrankt von den Namen inspirierender Geliebten, welcher Durchrankung dann ein Werk entsprungen sein sollte, eine Marienbader Elegie oder ein West-östlicher Divan oder ein Faust oder so: daß da Zusammenhänge waren, Zusammenhänge im Geistigen und Zusammenhänge von Geistigem und Geschichtlichem, zum Beispiel der eines literarischen Niedergangs mit einer verlorenen Revolution oder der eines urchristlichen Patriarchen mit revolutionären russischen Bauern, das war einfach eine Offenbarung, und was mir den Atem raubte, war das Erschei-

---

[6] Franz Fühmann: *Essays, Gespräche, Aufsätze 1964 – 1981*. Rostock 1983. S. 121. Im folgenden als "Essays" + Seite zitiert.
[7] Franz Fühmann: Judenauto. S. 370.

nen des eigenen Schicksals, da ich plötzlich von Büchern begriff: Tua res agitur.[8]

Schließlich noch eine weitere Stelle, diesmal aus der schon erwähnten Poetikvorlesung, worin er den in der DDR seit 1958 verpönten ungarischen Ästhetiker nicht nur wieder in die intellektuelle Diskussion in der zweiten Hälfte der 70er Jahre zurückzubringen versucht, sondern zugleich die wesentliche Bedeutung Lukács' für die marxistische Theoriebildung herausstellt. Fühmann, der damit auch die Kultur- bzw. Literaturpolitik jener Jahre rügt, weil z.B. Lukács' Ästhetik "unverständlicherweise" nur "schwer zugänglich[..]" ist, weist sodann auf die "Bedeutung des Typischen als [der] für das Ästhetische entscheidende[n] Vermittlung zwischen Einzelnem und Allgemeinem"[9] hin.

Bei Kirsch gestaltet sich dieser Prozeß nun allerdings verwickelter, ist die Aneignung Lukács' nicht so offenkundig. Zwar spielt der Marxismus, die marxistische Philosophie, insbesondere im Blick auf die ideologiekritische Stoßrichtung und wohl auch auf den radikalen historischen Gesichtspunkt eine erhebliche Rolle bei seiner geistigen wie künstlerischen Entwicklung, aber explizite Verweise auf Lukács finden sich nur gelegentlich. Im schon zitierten Gespräch mit Bernd Kolf rühmt er 1975 "das Bestehen auf historischer Betrachtung und Analyse" als "wesentlichen Vorzug des Marxismus".[10] Darauf angesprochen, wer ihn als Theoretiker besonders beeinflußt habe, fällt öfter der Name von Ernst Bloch, so auch im "Selbstporträt für Fernsehen" von 1978, worin Kirsch schreibt: "Ich bin froh, damals [sic. "nach dem sowjetischen XX. Parteitag, der unser Leitbild Stalin zerschlug und uns auf eigenes Denken, die marxistischen Quellen und schließlich auf die Wirklichkeit zurückwarf"] Ernst Bloch gelesen zu haben."[11] Lukács wird nur en passant erwähnt, wenn er bei anderer Gelegenheit im Gespräch mit Rüdiger Bernhardt, aber wiederum im Zusammenhang mit den Folgen des XX. Parteitags bemerkt:

> Selbstverständlich las ich auch Lukács, konnte aber mit ihm nie viel anfangen; noch jetzt schätze ich von ihm eigentlich nur die 'Seele und die Formen' und begreife nicht, was an 'Geschichte und Klassenbewußtsein' aufregend sein soll; mich stört die, entschuldigen Sie, Shdanowsche Sprache.[12]

---

[8] Ebd. S. 429.
[9] Franz Fühmann: Essays. S. 108f.
[10] Rainer Kirsch: Ordnung. S. 179.
[11] Rainer Kirsch: *Auszog das Fürchten zu lernen. Prosa, Gedichte, Komödie.* Reinbek 1978. S. 267. Im folgenden zitiert als "Auszog" + Seite.
[12] Rainer Kirsch: Ordnung. S. 233.

Darin scheint mir freilich ein wenig die Optik auf Lukács verzerrt; unabhängig von der (mir nicht nachvollziehbaren) Einschätzung gerade von *Geschichte und Klassenbewußtsein*, dem antidogmatischen "foundation text" des westlichen, erneuerten Marxismus schlechthin, übersieht Kirsch, daß sich im Subtext seiner eigenen ästhetischen Überzeugungen Lukácssches Erbe nachweisen läßt. Wenn Kirsch etwa die Kategorien des Realismus und des Klassischen zusammenführt, wenn er von der Objektivität des klassischen Werks spricht und überhaupt den Werkbegriff zentral in den Vordergrund seiner Überlegungen rückt, dann schaut hinterrücks die Ästhetik Lukács', die in den 50er und 60er Jahren in Arbeiten wie *Über die Besonderheit als Kategorie der Ästhetik* oder *Die Eigenart des Ästhetischen* ihre letzte Signatur erhält, hervor. 1976 bemerkt Kirsch in dem kleinen Essay "Kleists Selbstmord", daß auch der Sozialismus als die Gesellschaft, die erstmals in der Geschichte menschenwürdige Formen des Zusammenlebens einzurichten beabsichtige, nicht "ohne die Botschaften" auskommen könne, "die die Kunst aller Epochen für uns bereithält."[13] Das ist die Umschreibung dessen, was Lukács sein Leben lang, von den von Kirsch gerühmten Essays aus *Die Seele und die Formen* bis *Zur Ontologie des gesellschaftlichen Seins*, in die Formel von der "Kunst als dem Gedächtnis der Menschheit" gefaßt hat. Im Gespräch mit Rüdiger Bernhardt fügt Kirsch hinzu, daß die Literatur – "das Amt des Dichters als politische Institution" – selbst eine hermeneutische Angelegenheit ist, denn sie ist grosso modo "[...] eine Institution des Beharrens, des Insistierens auf gefundenen Einsichten, auf dem Gattungsbegriff, dem Humanum."[14] Eben dieses Humanum hat Lukács ebenso grundsätzlich ästhetisch-theoretisch wie in vielfältigen minuziösen Einzelarbeiten am Kanon großer literarischer Werke von der Antike bis zu Solschenizyn exponiert; man mag es in der Hegelschen Terminologie als die jeweilige konkrete Besonderheit bezeichnen, mit der das literarische Werk uns anhaltende Botschaften zu vermitteln versteht – jenes "ungelebt Mögliche", von dem bereits der junge Bloch spricht, dessen Grundimpulse sein Jugendfreund Lukács geteilt hat. Diese hermeneutische Arbeit gelingt jedoch nur, wie Kirsch (auch darin Lukács folgend) mehrfach betont, bei großen Werken der Weltliteratur – mit einem anderen Begriff: beim klassischen Werk. Und als klassisch, so Kirsch im Blick auf Goethe, Marx und Lukács, müssen jene Werke bezeichnet werden, die "Vollendetes" darstellen; denn dieses "wird [...] wann immer erreicht, nie zu überbieten"[15] sein. Es steht in seiner Abgeschlossenheit und Vollendung, seiner Objektivität bzw. Totalität vor uns da als eine

---

[13] Rainer Kirsch: Auszog. S. 159.
[14] Rainer Kirsch: Ordnung. S. 237.
[15] Rainer Kirsch: Auszog. S. 180.

eigene mikrokosmische Welt von höherer Dignität, engelgleich zwischen Himmel und Erde, wie es einmal bei Jean Paul heißt. Hinsichtlich der Autorpersönlichkeit ist "Meisterschaft" gefordert, um große, klassische Werke schaffen zu können. In einem Aufsatz Kirschs aus dem Jahre 1971 über Georg Maurers spätes Werk sagt er darüber:

> Meisterschaft hat zwei Voraussetzungen: Der Dichter muß 'auf der Höhe seiner Zeit' sein, also diese entweder kritisch reflektieren oder in kritischem Verstehen nahekommender Intuition durchschauen können; zweitens muß er über die ihm für große Produktion objektiv nötigen Kunstmittel frei, das heißt ohne energiefressenden Lernaufwand verfügen.[16]

Um kurz zu resümieren und gleichzeitig eine These hier zu wagen: beide, Fühmann wie Kirsch, beziehen sich auf die Lukácssche Theorie, explizit und implizit, unter Verweis auf die grundsätzliche philosophische Bedeutung des Ungarn oder im Blick auf die subkutan wirkende Ästhetik. Ironischerweise, möchte ich hinzufügen, entfernt sich dabei derjenige, der sich intensiv mit Lukács auseinandergesetzt und auch dessen Einfluß herausgestrichen hat, am weitesten von ihm, während der andere, auch wo er sich verbal distanziert, sehr viel weitergehende ästhetische Übereinstimmungen mit dem ungarischen Philosophen zeigt. Zwar begegnen sich beide in ihren rezeptionstheoretischen Annahmen, die sich auf der Aufklärungsschiene bewegen, doch hinsichtlich ihrer produktions- wie werkästhetischen Überzeugungen klafft eine große Lücke.

Das offenbart sich schlußendlich im literarischen Œuvre beider Schriftsteller. Während Kirsch nicht zuletzt immer wieder Goethe ausdrücklich zu seinem Gewährsmann erklärt, bezieht sich Fühmann ebenso ausdrücklich auf romantische Traditionen. Die Klassik, betont Kirsch am Ende seines Gesprächs mit Rüdiger Bernhardt, sei die Tradition, die ihm am meisten bedeute;[17] für Fühmann rückt neben anderen Einflüssen romantischer Autoren vor allem E. T. A. Hoffmann in diese exponierte Stellung. Aber solche poetologischen Einflüsse zeigen sich diesseits von Selbstaussagen sowie ästhetisch-theoretischen Selbstreflexionen ganz direkt auch im literarischen Werk: Kirsch behandelt mit seinem einzigen Stück *Heinrich Schlaghands Höllenfahrt* Goethes Faust-Stoff auf komödiantische Art und Weise, und Fühmann schreibt mit seinem Tagebuchessay *Zweiundzwanzig Tage oder die Hälfte des Lebens* ein unordentliches, ein romantisches Buch. In beiden Texten, die ich für paradigmatisch innerhalb des Œuvres ihrer Verfasser halte, offenbaren sich dann auch die innersten Schreibim-

---

[16] Rainer Kirsch: Ordnung. S. 197.
[17] Vgl. ebd. S. 249.

pulse ebenso wie die Intentionen der Autoren – Kirschs Option für eine ästhetisch inszenierte Objektivität, die im ästhetischen Schein des Kunstwerks die Mängel des realen Seins zur Sprache bringt und ins Bild zu rücken versucht, auf der anderen Seite Fühmanns unablässige Bemühungen darum, das eigene Ich und dessen Entwicklung zu rekonstruieren.

Nicht mehr, aber auch nicht weniger als zu zeigen, was die Welt im Innersten zusammenhält, beabsichtigt also Kirsch in seiner Komödie über Heinrich Schlaghand, eine sozialistische Ausgabe des Doktor Faustus. Heinrich ist aber auch ein jüngerer Bruder Ballas aus Neutschs *Spur der Steine* und Ole Bienkopps aus Strittmatters gleichnamigem Roman. Als Ingenieur und Architekt ist er unzufrieden über den plan-platten sozialistischen Wohnungsbau, dem es bestenfalls gelingt, eine "Öde mit Balkon"[18] zu schaffen, Wohnsilos und Betonklötze, in denen sich der propagierte neue Mensch der sozialistischen Gesellschaft seiner Meinung nach keinesfalls wohlfühlen kann. Aber Schlaghands Utopien und Visionen sind, darin greift Kirsch bestimmte Muster sozialistischer Programmatik auf, um sie zugleich zu parodieren, die pure Hybris. Der Partei- und Staatsapparat schaltet sich ein, um Heinrich wieder an die Realität und die Wirklichkeit von Plan und Kran, wie es gleich eingangs der Komödie heißt,[19] heranzuführen. Er muß pazifiziert werden, und er scheint sich damit zunächst auch abzufinden, denn er gibt sein Herumhuren auf, heiratet Maria und lebt zurückgezogen.[20] Also: Sozialisation gelungen – das Subjekt hat sich, mit Hegel zu reden, endlich seine Hörner an der Prosa der Verhältnisse abgestoßen, um nun als vollgültiges Mitglied der Gesellschaft seinen Aufgaben pflichtgemäß nachzukommen. Die staatliche Korruption ist ebenfalls nicht weit, soll ihm doch als dem Repräsentanten des ideologisch geforderten neuen Menschen schließlich sogar noch ein Denkmal gesetzt werden: ein Standbild – "denn die Kunst", so der Bildhauer Schmonzacka in der Tradition von Lessings Maler Conti aus der *Emilia Galotti*, "soll uns zu Höherem führen".[21] "Und keine Angst", ruft er Schlaghand zu, "daß Sie zu ähnlich werden!/ Zwar Sie sind typisch, doch ich werde Sie/ Zum typisch Typischen verallgemeinern:/ Das erst ergibt das Bild, und das macht die Preise."[22] Hiermit, scheint mir, travestiert Kirsch die realsozialistisch arg mißverstandene marxistische Ästhetik in der Kategorie des Typus bzw. der Besonderheit, ja er attackiert sogar an späterer Stelle einmal die zu norma-

---

[18] Ebd. S. 85.
[19] Vgl. Rainer Kirsch: Auszog. S. 74.
[20] Vgl. ebd. S. 76ff.
[21] Ebd. S. 87.
[22] Ebd. S.87f.

tiven Dogmen verkommenen ästhetischen Überlegungen, wenn er zwei Doktoren der Ästhetik auftreten läßt, von denn es dann heißt:

> Hier zwei Doktoren der Kunst und Literatur/ Welche mit Wasserwaage und Schnur/ Durch die Künste gerade Linien ziehen/ Und darauf die Kunstwerke zu stellen sich mühen;/ Was darauf nicht stehn bleibt, lassen sie fallen/ Denn es ist Abfall; alles in allem/ Beseitigen sie so täglich mehrere Tonnen/ Sogenannten Kulturguts, damit wird Raum gewonnen/ Auch lebende Künstler auf die Linie zu bringen/ Bis diese höchst seltsam balancieren und singen/ Und sich die Kunst nicht mehr am Leben reibt:/ Die Kunst verschwindet, doch die Linie bleibt.[23]

Doch die Reintegration Schlaghands gelingt nicht. Ganz im Gegenteil, die mephistophelische Verführung in Gestalt eines unter dem wunderbar nichtssagenden Namen Müller auftretenden Unterteufels nähert sich Schlaghand, um mit ihm den allbekannten Pakt zu schließen. Müllers Argumente, was die unter realsozialistischen (aber auch anderen) Bedingungen schleichend vorangehende Veralltäglichung des Lebens, der Liebe und der Arbeit betrifft,[24] sind so überwältigend, daß sich Schlaghand kurzentschlossen auf den Teufelspakt einläßt. Nachdem er dann – auf Mantels Schwingen – die ganze Welt gesehen und nichts Überzeugendes in ihr gefunden hat, begleitet er Müller zu den Müttern allen Seins – in die wiederum in parodistischer Umkehrung des Schemas von Himmel und Hölle paradiesisch ausgestattete, überaus komfortable Hölle, in der sich auch die interessantere Personage aufhält. Hier nun, inmitten von Trunkenbolden, seinen verstorbenen Frauen, zwischen Napoleon und Don Juan entwirft Schlaghand seine Vorstellungen einer anderen, neuen und besseren Architektur; er gestaltet die "Hölle" zur "blühenden Wiese in utopischer Stadtlandschaft" um, wie der fünfte Akt betitelt ist.[25] In des Unterteufels Worten:

> Ingenieur Heinrich Schlaghand, welcher baun/ Mußte, was er nicht wollte, weil er wollte/ Was nirgends geht, kam zu uns; der Vertrag/ War, er darf, was er will. Was er will, ist/ Die Menschheit in die Hölle, das wolln wir/ Also gehört er uns.[26]

Aber das Stück endet nun nicht etwa in der Hölle, sondern auf Erden, nachdem in einem Epilog sich die verschiedensten Figuren, seine Frau und

---

[23] Ebd. S. 126f.
[24] Vgl. ebd. S. 97.
[25] Vgl. ebd. S. 138ff.
[26] Ebd. S. 143.

seine Geliebten, der Parteisekretär Hurre und der Dumperfahrer Bunz, um Schlaghand bemüht und ihn aus der Hölle hervor wieder ins hellere Licht irdischen Diesseits gezerrt haben. Ende gut, alles gut – so scheint es, denn das Komödienspiel stellt gelingend dar, woran es der Realität mangelt: "Ein Bild der allgemeinen Harmonie:/ Ein jeder wünscht sie, zwar ist sie noch fern? Doch einmal sehen will sie jeder gern." Derjenige, der das als letzte Worte der Komödie vorträgt, der Prologos, der schließlich auch noch für die literarische Tradition einsteht und auf ein breites Spektrum adaptierten Materials von der Antike über Shakespeare und Goethe bis zu Formen des absurden Theaters verweist, er sorgt im Stil des antiken Chors für die rechte, die ebenso politisch wie moralisch korrekte Auslegung des Stücks:

Damen und Herren, Herr Schlaghand hatte/ Als Neuer Mensch sowie als Gatte/ Gewisse Krisen zu überstehn/ Desungeachtet Sie ihn hier sehn/ Etwas geschwärzt, doch im Prinzip noch ganz/ Unter des sonntäglichen Himmels Glanz/ Fast alles nunmehr ist wie dieser klar/ Ausgenommen Kleinigkeiten, und das nur ein paar/ Wir hoffen sehr, wir haben Sie gerührt/ Besonders, daß die Baukunst von uns profitiert.[27]

Und nicht nur die Baukunst soll hier profitieren, sondern alle Zuschauer des Stücks mögen gerührt sein: aut prodesse aut delectare,[28] hieß das seinerzeit bei Horaz.

Aber um welche Lehre könnte es sich dabei gehandelt haben? Kirsch selbst hat in einer Kommentierung des Stücks die Figur des Schlaghand so gedeutet, daß in ihrer Hybris, dem faustischen Allmachtswahn gleich, dargestellt ist,

[...] wie das Bestehen auf absoluter Selbstverwirklichung in Barbarei umschlagen kann – dann, wenn man andere mit Gewalt glücklich machen will. Schlaghand, der seine schöne Utopie von Architektur in der Hölle realisieren kann, ist erst zufrieden, wenn er seine Stadt auch mit Menschen bevölkern kann, die er nun – mit Gewalt – in die Hölle holen will. Damit hat er seine Wette verloren.[29]

Und er fügt eine Bemerkung über die grundsätzliche wirkungsästhetische Funktion von Kunst und Literatur hinzu, die noch einmal sein aufklärerisches ebenso wie klassisches Verständnis von Ästhetik unterstreicht:

---

[27] Ebd. S. 147.
[28] Lat., kann übersetzt werden mit: Sowohl nützlich (lehrreich) als auch erfreuend (vergnüglich).
[29] Rainer Kirsch: Ordnung. S. 202.

> Das Zu-sich-selbst-Kommen des Menschen ist ja ein historischer Prozeß, der unter Rückschlägen und Opfern verläuft. Dennoch wendet sich Kunst jeweils an Individuen, von denen jedes seinen Anspruch auf Selbstverwirklichung hat. Dieser Anspruch ist oft verschüttet. Kunst kann ihn wecken helfen. In diesem Sinn enthält alle wichtige Kunst, auch wo sie kein Gesellschaftsmodell anbietet, ein Moment sozialer Utopie.[30]

Das sollte uns aufhorchen lassen, denn *Heinrich Schlaghands Höllenfahrt* ist eine Komödie, zwar keine rührende, sondern eher eine Verlachkomödie, an deren Ende eine behauptete Harmonie steht, die kontrafaktisch zum schlechteren Sein des Realsozialismus angeboten wird. Doch welchen Wert kann diese Harmonie haben? Denn ist nicht, Kirschs Selbstdeutung zum Trotz, die von ihm gestaltete Hölle – der Kapitalismus? - der wesentlich angenehmere Aufenthaltsort?!

Die Fühmannsche Poetik kreist dagegen immer um das Subjekt, genauer: um das eigene Ich, dessen Erfahrungen und Erinnerungen als ins Typische überführte Einzelerfahrungen, wie es einmal in der Vorlesung "Das mythische Element in der Literatur" heißt,[31] im Text vergegenwärtigt werden. Vielleicht sind es gerade deshalb auch die sogenannten "Nebenströme" (Adorno) der Geistes- und Literaturgeschichte, die Fühmann beerbt und der sozialistischen Ahnenpflege als Desiderate wieder dringendst empfohlen hat: die Mythen bis hin zur Bibel, immer wieder E. T. A. Hoffmann und Trakl, Autoren, die die Nachtseiten und Abgründe des Ich genau gekannt haben. Den eigenen Schreibimpuls hat Fühmann in der Nachbemerkung zu einer Sammelausgabe seiner Prosa so umschrieben: "Das Endziel meiner literarischen Bemühungen wäre die Darstellung Eines, von dem ich erfahren könnte, dieser sei ich."[32] Das ist in der Formulierung ebenso präzise wie im Anspruch vermessen, was der Autor, ein kundiger Freud-Leser und Kenner der Psychoanalyse, natürlich genau weiß. Wobei es also bleibt, das ist die lebenslange, unaufhörliche, von Versuch zu Versuch sich herantastende Schreibbemühung, sich über die Arbeit der Erinnerung, deren Resultat dann Erfahrung genannt werden könnte, an die Beschreibung des eigenen Ich zu machen – was lebensgeschichtlich im Falle Fühmanns ständig die Erlebnisse unter dem Faschismus, mit dem Holocaust und seine Wandlung vom Saulus zum Paulus impliziert. Deshalb, so ließe sich auch sagen, kann Fühmanns Werk – paradoxerweise – als ein einziger riesiger Fragmenthaufen gesehen werden, der zugleich aber eine ungeheure Stringenz in der Fragestellung aufweist: eben diese Ich- und Selbsterkundung.

---

[30] Ebd.
[31] Vgl. Franz Fühmann: Essays. S. 123.
[32] Franz Fühmann: Judenauto. S. 517.

Die einzelnen Texte, mögen dies Erzählungen oder Essays sein, ergänzen sich, fügen sich zusammen, ohne daß dabei freilich ein geschlossenes Ganzes, ein Puzzle entstünde. Darin knüpft er dann, scheint mir, an die frühromantische Poetik an mit ihrer Vorstellung vom unendlichen Text, von der Indezenz des romantischen Kunstwerks, ja nicht zuletzt von dessen Unordentlichkeit und Monstrosität. Beispiele von frühromantischen Fragmenten sind Legion.

Fühmanns "romantisches" Buch, sein ebenso indezenter wie formloser Text ist *Zweiundzwanzig Tage oder Die Hälfte des Lebens*, jenes Tagebuch, über dessen Zustandekommen er bemerkt: "Ein Büchlein Reisenotizen soll werden, irgendwas Loses, Buntes, nicht einmal auf Ungarn beschränkt, ein bißchen erweitertes Tagebuch, und das führe ich ohnehin jeden Abend."[33] Das Monstrum, das dann tatsächlich herauskommt, ist Tagebuch und Essay in einem, es enthält ebenso Erzähl- wie Traumpassagen, Notate zu Projekten und umfaßt neben Gesprächsnotizen auch Erinnerungssequenzen – dies alles aber ist immer, mit Nietzsche zu sprechen, gleich nah zur Mitte hin komponiert. So ist gleichsam unter der Hand Fühmanns paradigmatischstes Werk entstanden, die praktische Einlösung seiner Poetologie und selbst wieder ein poetologischer Text, der Auskünfte über seine literarischen wie ästhetisch-theoretischen, ja philosophischen Präferenzen erteilt. Wie gesagt, dasjenige, dem er sich schreibend zu nähern versucht, ist die Selbsterkundung – wobei die interessante Konstellation erscheint, daß es durchaus so etwas wie Interferenzen mit AutorInnen der bundesdeutschen "Neuen Subjektivität" (etwa Handke oder Hermann Lenz mit seinem Vorsatz "Sieh nach innen") gibt. "Der Nebel, das wird für mich immer mehr mein eigenes Ich, meine eigene Vergangenheit."[34]

Bohrende, quälende Fragen tauchen auf: Was ist diese Vergangenheit, wo beginnt sie? Was bedeuten Erinnerung und Erfahrung? Wodurch konstituieren sie sich? Und wo ist das Subjekt? – Fühmann legt sich und seinen Lesern diese Fragen vor, auf die es keine definitiven Antworten, sondern für die es nur Annäherungen und Umschreibungen, eine Phänomenologie verschiedener Möglichkeiten gibt:

> Kann man sagen: 'Dein Leben ist die Summe deiner Erfahrungen'? Zweifellos nicht; 'dein Leben' ist mehr. Aber das Leben, worüber man verfügt, das einem Besitz ist, das einem das Handeln in der Gegenwart und das Denken in die Zukunft erlaubt, das ist doch die Summe der Erinnerungen// Ist die Summe der Erinnerungen gleich der Summe der Erfahrungen? Kann man sagen: 'Je größer die Summe der Erinnerungen, um so größer die Aktionsfähigkeit'? Wohl doch. A-

---

[33] Ebd. S. 292f.
[34] Ebd. S. 408.

ber gibt es nicht auch ein Vergessen als Stärkung, als Heilprozeß, als conditio sine qua non des Weiterlebens? Ja, aber zuerst ein Bewältigen.[35]

Das Ich ist zwar nicht "unrettbar" (Ernst Mach), aber auch nicht fixierbar in genauen Koordinaten. Im andauernden Schreibprozeß, in immer neuen Versuchen und Versuchsanordnungen erzählerischer und essayistischer Art bemüht Fühmann sich vielmehr darum, seinen Spuren im flüssigen Sand der Geschichte nachzugehen. Das ist eine der Lehren des Textes, eine Lehre mit vielen Leerstellen, die der Autor seinen Lesern zu bedenken gibt und die er nicht zuletzt in seinem Essay über das mythische Element in der Literatur als grundsätzlichen und unlösbaren Widerspruch innerhalb des Menschen so gedeutet hat:

> Jener Widerspruch von Einzelnem und Allgemeinem, der zunächst einmal jede Erscheinung aus dem Gestaltlosen treibt und im Menschengeschlecht das Ich hervorbringt, umlagert den spezifischen Gattungswiderspruch von Natur- und Gesellschaftswesen, und wenn der dann diese Verhärtung aufbricht, erschüttert er die Existenz.[36]

Klassik und Romantik, Kirsch und Fühmann, eine prätendierte Objektivität wie die subjektive Selbsterkundung – sie gehören, denke ich, zusammen und bilden eine – nicht nur im Blick auf ehemals realsozialistische Verhältnisse – Einheit im Zwiespalt.

---

[35] Ebd. S. 462.
[36] Fühmann: Essays. S. 117.

Phillip McKnight

Geschichte und DDR-Literatur
(Amnesie, Fragmentierung, Chronik, Kritisches Bewußtsein
und Weichenstellung im Rückblick auf die Mitte der 50er
Jahre: Mankurt, Horn und *Horns Ende*)

> Ein Zeitalter kann sich nicht verbünden und darauf verschwören, das folgende in einen Zustand zu setzen, darin es ihm unmöglich werden muß, seine Erkenntnisse zu erweitern, von Irrtümern zu reinigen und überhaupt in der Aufklärung weiterzuschreiten. Das wäre ein Verbrechen wider die menschliche Natur.
> (Immanuel Kant)

The article discusses the relation between history and literature as it has been examined by Christoph Hein in his novel Horns Ende. *Hein explores the manipulability of history in the service of political power. He uses the example of cultural-political incidents in the G.D.R. of the 1950s and their historical narrativization to examine the role of memory in historiography. Memory, Hein argues in his book, contradicts forgetting and selective repression. In the form of the chronicle this kind of remembrance can be turned into literature to project a counter image to the fragmented official historiography. Some notes on the genesis of the novel complete the article.*

Der Tag zieht den Jahrhundertweg war ein sehr therapeutisches Buch am Anfang der 80er Jahre in der DDR. Dort erzählte Tschingis Aitmatow die Kasakh-Legende des Ana-Bejit Friedhofs, der Mütter-Ruhestätte, wohin der Protagonist die Leiche eines würdigen Freundes und Lehrers zur Bestattung transportierte. Früher bewohnten Nomadenstämme die Sary-Ösek Steppe. Eine ausgesprochen grimmige asiatische Sippe hatte eine besondere Folter entwickelt, die sie ihren Kriegsgefangenen aufzwangen. Zuerst wurden die Köpfe kahl geschoren, jedes einzelne Haar wurde bis zur Wurzel abgekratzt. Schlächter töteten ein Kamel und schindeten dem Tier die dichteste Haut vom Hals, die in Streifen geschnitten wurden. Die Streifen, noch feucht und warm, wurden in Schichten über die kahlen Köpfe der

Gefangenen gelegt, wo sie schnell festklebten. Die Gefangenen wurden in die offenen Steppen geführt, an Hände und Füße gefesselt. Um den Hals legte man eine Art Holzjoch, was die Gefangenen hinderte, den Kopf auf den Boden zu bringen und möglicherweise die Kamelhaut abzureiben. Sie blieben fünf oder sechs Tage in der heißen Sonne, die ledernen Streifen schrumpften qualvoll am Kopf und zogen ihn zusammen. Die meisten starben. Diejenigen, die es überlebten, wurden Mankurts, Sklaven, die sich nicht mehr an die Vergangenheit erinnern konnten. Weil sie das Gedächtnis verloren hatten, waren sie ganz besonders wertvolle Sklaven, sie hatten keine Fähigkeit zu rebellieren, sie waren bereit, harte, langwierige und ermüdende Arbeit zu verrichten und waren absolut gehorsam. Ihr Interesse reduzierte sich auf einfachste körperliche Befriedigungen. Sie konnten als Kamelhirte beschäftigt werden und brauchten nichts anderes als minimale Nahrung und warme Lumpen für den Winter. Die Einsamkeit und Isolierung der Sary-Ösek-Steppe waren kein Problem für einen Mankurt, dessen lebendiges Gedächtnis zerstört war, das schlimmste Verbrechen gegen die menschliche Natur. Die Künstler in den sozialistischen Ländern, das ist bekannt, benutzten den Vergangenheitsstoff, um die Gegenwart zu bewältigen.

Die Mutter eines der Mankurts aus der Naiman-Sippe, und daher, nach Aitmatow, Naiman-Ana genannt, legte ihr Trauerkleid ab und ritt mit ihrem großen weißen Kamel in die Steppe auf der Suche nach ihrem Sohn. Sie vermutete, daß er noch lebte und in einen Mankurt verwandelt wurde. Ihr Mann wurde von demselben Stamm getötet, der ihren Sohn gefangen hatte. Nach einer langen Reise fand sie tatsächlich ihren Sohn, der in einem abgelegenen Gebiet der Steppe auf einige Kamele aufpaßte. "Mein Sohn", läßt Aitmatov sie sagen, "Und ich suche dich überall. Ich bin deine Mutter."[1] Ihr Sohn reagierte nicht darauf und sie fragte ihn nach seinem Namen. "Mankurt", erwiderte er. "Wie hieß dein Vater? Und wer bist du selbst, woher stammst du?"[2] Er wußte es nicht. Er heiße Sholaman, sagte sie ihm, und sein Vater hieße Dönenbai. Könne er sich an seinen Vater erinnern? Er habe ihm beigebracht, Pfeil und Bogen zu benutzen. Er stamme aus der Naiman. "Erinnere dich," mahnte sie, "wie heißt du? Dein Vater hieß Dönenbai". Sie fragte ihn, was gewesen sei, bevor er dorthin kam. "Da war nichts",[3] sagte er.

---

[1] Tschingis Aitmatow: *Der Tag zieht den Jahrhundertweg*. Berlin 1981. Zitiert nach der westdeutschen Lizenzausgabe unter dem Titel: *Ein Tag länger als ein Leben*. Frankfurt/M. 1983. S. 138.
[2] Ibid. S. 139.
[3] Ibid. S. 139f.

Naiman-Ana wurde durch die Schnelligkeit ihres Kamels zweimal gerettet, als Boten mit Nahrung für den Mankurt sie erblickten und sie erwischen wollten. Sie gaben dem Mankurt einen Bogen und Pfeile. Sie sagten ihm, die Person sei nicht seine Mutter, sie sei gekommen, um ihm den Hut abzureißen und die grotesken Stellen an seinem Kopf beschämend zu entblößen, wo Stücke der Kamelhaut in seine Kopfhaut eingewachsen waren. Als sie wieder kam und rief: "Sholoman, mein Sohn, erinnere dich daran, wer du bist", hielt sie inne und sprach ihre letzten Worte: "Schieß nicht!",[4] aber der Mankurt zielte treu nach Befehl und traf sie tödlich in der linken Seite unter dem Arm. Der Ort, wo sie begraben wurde, war der Ana-Bejit-Friedhof – die Mütter-Ruhestätte – wo die Nachkommenschaft der Naiman ihre Würdigsten bestattete. In Tschingis Aitmatows Roman wird der Friedhof plattgemacht, um eine Weltraumtechnologiestation zu errichten, direkt auf dem Friedhof.

In seinem Vorwort zu Gustav Justs Buch, *Zeuge in eigener Sache*, schrieb Christoph Hein über die Weltanschauung der siegreichen Historiker seines Landes: "Sie wollten unser Gedächtnis und unsere Erinnerungen töten, um unsere Seele zu gewinnen".[5] Auch eine mit unmenschlichen Mitteln erzwungene Menschlichkeit baut ein historisches Bewußtsein auf, mit Assoziationspunkten aus der Vergangenheit, das die Gegenwart erklärt und oft den gesunden Zynismus gedeihen läßt. Justs Buch, dessen Manuskript Hein in seiner Wohnung eine Zeitlang versteckte,

> [...] zerstört eine verlogene und menschenverachtende Sicht auf unsere Welt, an der so viele beteiligt waren, die schon damals die Wahrheit kannten, aber nicht gewillt oder interessiert waren, für sie einzustehen [...]. Justs Buch hilft uns, eine Weltsicht zu zerstören, die viele, die wir alle hingenommen haben, mehr oder weniger wissend, daß sie verlogen ist, daß sie sich gegen uns richtete, da sie uns zu disziplinieren suchte.[6]

II

Beispiele für Fragmentierung der Geschichte gibt es genügend, da die Geschichtsschreibungen, die sich mit machtpolitischen Ereignissen befassen, von sich aus immer eine unvermeidlich subjektive Stellungnahme vermitteln. Solche Stellungnahmen gegenüber der Geschichte des Nationalsozialismus sind – wenigstens bis zum Historikerstreit – einheitlich

---
[4] Ibid. S. 145.
[5] Christoph Hein: '...und andere'. Für Gustav Just. Erschien als Begleitwort in Gustav Just: *Zeuge in eigener Sache*. Berlin 1990. S. 6.
[6] Ibid.

äußerst mißbilligend und solche über die Geschichte der DDR, die sich bis 1989 in zwei Versionen teilten, sind seit Deutschlands Vereinigung auch mißbilligend, vor allem anhand eines erweiterten Begriffs des Konzepts Diktatur, durch den eine implizierte Gleichsetzung der beiden Perioden in der deutschen Geschichte zustande kommt. Ferner läßt sich seit dem Zusammenbruch des Sozialismus in Ländern des sowjetischen Einflußbereiches der Begriff Diktatur Stalinistischer Prägung herausarbeiten, einer Diktatur, die, obwohl im anderen Kontext, sich nicht nur mit dem Terror des Naziregimes vergleichen läßt, sondern von Historikern wie Ernst Nolte oder Stéphan Courtois als weit schlimmer dargestellt wird. Wenn man aber Hermann Webers Definition von Stalinismus als "eine Willkürherrschaft mit blutiger Säuberungen" akzeptiert, kann man nicht mit seiner Behauptung übereinstimmen, daß die "stalinistischen Herrschaftsstrukturen [...] in der DDR bis Ende 1989 bestehen"[7] blieben, wie Weber selbst behauptet.

Es gab keinen Stalinismus in der DDR. Das würde zu einer Gleichsetzung der Verhältnisse in der DDR und in der Sowjetunion führen und Verbindungen zwischen der Nazi-Diktatur, der sowjetischen Diktatur unter Stalin und der DDR-Diktatur assoziieren. Diese Staaten sind in ihrer Machtausübung jedoch nicht gleichzusetzen.

Obwohl die Schauprozesse in den 50er Jahren in der DDR an die Schauprozesse in der SU erinnerten und zu hohen Strafen führten, wurden die Opfer, außer einigen Menschen im Zusammenhang mit dem 17. Juni, nicht hingerichtet, sie wurden ferner nicht in Konzentrationslager gesteckt, und sie wurden nicht in sibirische Arbeitslager geschickt. Manche wurden nach Verbüßung der Freiheitsstrafe sogar rehabilitiert. Einige Opfer aus den 50er Jahren, etwa Karl Schirdewan, berichteten über die damaligen Versuche, nicht nur den Personenkult um Ulbricht abzubauen, sondern konsequent ein kollektives Führungsmodell nach dem neuen Beispiel durchzusetzen, das sie in Chruschtschows Veränderungen sahen. Diese Versuche schlugen bekanntlich fehl, und damit wurden Weichen gestellt, die zur Stagnation der Gesellschaftsentwicklung führten und eine demokratisierte sozialistische Struktur verhinderten. Allerdings gab es die latente Bedrohung eines echten Stalinismus in der DDR. Die zentrale diktatorische Autorität Ulbrichts blieb intakt. Es war also eine Diktatur, die die Bevölkerung ausspionierte, politische Dissidenten verhaftete, und in den 50er Jahren auch mißhandelte. Es fand jedoch kein Massenmord statt. Stalinismus in der DDR bedeutete mangelnde Öffentlichkeit, Zwang zur dogmatischen Parteilichkeit für die Mitglieder der Partei, Intoleranz ge-

---

[7] Hermann Weber: "Weiße Flecken" und die DDR-Geschichtswissenschaft. In: *Zwischen Parteilichkeit und Professionalität: Bilanz der Geschichtswissenschaft der DDR*. Hg. von Konrad H. Jarausch. Berlin 1991. S. 145.

genüber Opposition. In Bezug auf die ausgeübten Vergeltungsmaßnahmen war die DDR im Vergleich zu anderen Diktaturen im 20. Jahrhundert unauffällig, und erst recht im Vergleich zu den Diktaturen unter Hitler oder Stalin.

Mit dem 20. Parteitag der KPdSU entstand in der DDR bekanntermaßen eine beschränkte, aber folgenreiche Diskussion über Stalinismus. Walter Ulbricht versuchte, diese Diskussion mit seiner Auslegung des 20. Parteitags während der 30. Tagung des ZK der SED im Januar 1957 endgültig abzuschließen: "Heute wird niemand mehr über die 'Sensation der Chruschtschow-Rede' sprechen, sondern heute werden alle Kräfte konzentriert auf den Kampf gegen den deutschen Imperialismus und gegen die Ideologie der Bourgeoisie."[8] Noch wichtiger für Ulbricht, z.T. aus der Erfahrung des 17. Juni resultierend, war, daß keine Fehlerdiskussion[9] geführt werden sollte, erstens weil Deutsche kein Recht hätten, über Fehler der Sowjetunion zu diskutieren, die in der Zeit geschahen, "wo die Sowjetunion vom faschistischen Deutschland bedroht wurde"[10] und zweitens, weil der Westen, der bis zur blutigen Unterdrückung des Aufstands in Ungarn in der Offensive war, eine solche Fehlerdiskussion als Bekenntnis einer repressiven Regierung benutzen würde, um die Führung in der DDR zu unterminieren. Noch einschneidender war Ulbrichts Zurückweisung der "Kulturschaffenden", deren "Vorliebe für Enthüllungen der Fehler in der Vergangenheit und der bestehenden Mängel"[11] sie daran hinderte, sich mit den Problemen der Gegenwart zu beschäftigen, die darin bestehen sollten, den sozialistischen Aufbau "unter den Bedingungen der Verschärfung des Klassenkampfes"[12] zu fördern. Damit fiel die objektive Beschreibung der Vergangenheit und eine produktive kritische Auseinandersetzung mit ihr jahrelang so sehr aus dem Bereich des Möglichen heraus, daß man den von Ulbricht erhaltenen und geprägten Stalinismus in der DDR für das Versagen des Sozialismus in der DDR verantwortlich machte.

Kurz nach seiner berühmten Rede gegen den Stalin-Kult und über Stalins Verbrechen fuhr Chruschtschow nach Warschau und diskutierte öffentlich auf dem 6. Plenum des polnischen Zentralkomitees am 20. März 1956. Nach der englischen Übersetzung dieser Diskussion im *Cold War International History Project Bulletin 10* erzählte Chruschtschow, wie

---

[8] Walter Ulbricht: *Grundfragen der Politik der Sozialistischen Einheitspartei Deutschlands. Referat auf der 30. Tagung des ZK der SED vom 30.1. bis 1.2. 1957.* Berlin 1957. S. 72.
[9] Vgl. Karl Schirdewan: *Aufstand gegen Ulbricht*. Berlin 1994. S. 81.
[10] Walter Ulbricht: *Grundfragen der Politik*. S. 70.
[11] Ibid. S. 79.
[12] Ibid. S. 80.

Stalin den Bruder seiner Frau Swandija auf den Verdacht Berijas hin foltern und ermorden ließ, und stellte in bezug auf den Personenkult um Stalin die Frage: "Comrades, do we then need the party?" Wenn es so weitergeht, wird das bedeuten, sagte Chruschtschow, "not believing in human judgement, not believing in the force of democracy not believing in collective leadership". Darauf mit besonderer Ironie, "Comrades, then let's choose a king". Er wiederholte auch Elemente, die Ulbricht seinerseits selektiv aufgenommen hat, nämlich, daß eine besondere Wachsamkeit vor den Feinden und vor der Entstehung eines Liberalismus erforderlich sei. Er benutzte die besonders zutreffende Metapher von der Restauration in der Kunst, und warnte vor

> [...]restorers, who in cathedrals or somewhere start restoring things that were already painted and repainted, each artist in his own way. But a good restorer takes [the work, d.Verf.], cleans everything, washes everything off, and says: this is in reality, the original work of such and such.[13]

Chruschtschows Rede und kühne Diskussionsführung in Polen lösten dort eine neue Öffentlichkeit aus, die trotz der Verschwiegenheit der DDR-Presse in der DDR sehr genau wahrgenommen wurde. Westpresse und RIAS sorgten dafür, daß Chruschtschows Geheimrede über Stalin bekannt wurde und es gab, so erinnerte sich Gustav Just, "niemanden unter den Intellektuellen [...] der sie nicht gelesen hätte".[14] Sogar nach der Verhaftung von Wolfgang Harich und Walter Janka schrieb Just am 18. Februar 1957 in seinem Tagebuch, daß die Ereignisse in Polen – kurz vor dem ungarischen Aufstand – eine Öffentlichkeit im Umgang mit der Geschichte versprachen, die die "Ablösung des Stalinismus durch die wahrhaft kommunistische Bewegung" bedeuten sollte, eine "Periode der Wahrheit, des menschlichen Sozialismus".[15]

Mit der Niederschlagung des ungarischen Aufstands durch die Rote Armee konnte Ulbricht seine Vorstellungen, die er schon seit einigen Jahren hegte, durchsetzen und in die Offensive übergehen. Er konnte sogar argumentieren, daß er durch die Verhaftung und Verurteilung von zahlreichen Dissidenten – die ja idealistische Sozialisten waren – die Notwendigkeit eines "gewalttätigen Eingriffs" in der DDR vermieden hatte. Ulbrichts Offensive ist bekannt: Wolfgang Harich, Walter Janka, Gustav Just und andere wurden verhaftet, verurteilt und ins Gefängnis gebracht. Karl

---

[13] *Cold War International History Project Bulletin.* Hg. vom W. Wilson International Center for Scholars. Washington D.C. (1998). H. 10. S. 44-49, hier S. 49.
[14] Gustav Just: *Zeuge in eigener Sache.* S. 47.
[15] Ibid. S. 88.

Schirdewan und Ernst Wollweber wurden aus ihren hohen Positionen abgelöst. Es folgte an den Universitäten eine kollektive Demütigung, die Forderung einer schriftlichen Stellungnahme von Universitätsmitgliedern zum "parteimäßigen Verhalten während der Tätigkeit der konterrevolutionären Gruppe"[16] zwischen dem 1. Januar 1956 und dem 31. August 1957. Außerdem wurde ein Loyalitätseid verlangt.[17] Studenten in der DDR wurden aufgefordert, ein Praktikum in den Betrieben zu absolvieren, und die Schriftsteller sollten in die Betriebe gehen – eine Idee, die spätestens mit dem Nachterstedter Brief vom 27. Januar 1955 aktuell wurde. Ulbricht hatte bis Anfang 1958 das "Tauwetter" beendet, seine Macht konsolidiert, eine Zensur etabliert, die Intellektuellen zurückgewiesen und eingeschüchtert sowie einen harten Kurs festgelegt.

III

Für die Figur Dr. Spodeck in Christoph Heins Roman *Horns Ende*, hat die Modernisierung und Reproduzierbarkeit der Technologie die traditionelle Geschichtsschreibung längst überholt. Er macht sich Gedanken über einen filmtechnischen Artikel mit der Überschrift, "Der gebrochene Spiegel, eine Abwandlung der Schüfftan-Variante".[18] Diese damals mit dem Stalinpreis versehene Technik, mit gebrochenen Spiegeln "Mißliebiges gegen Beliebiges" in Bildern auszutauschen, war für Spodeck "der möglich gewordene, schamlose Eingriff in eine bisher glaubwürdige Authentizität unserer Geschichtsschreibung".[19] Bekannt ist das Verschwinden von Menschen wie Trotzki aus Fotos der Sowjetführung – Menschen, die zu Feinden geworden waren und nicht mehr in der Geschichtsschreibung erscheinen sollten. Hein wies auf den modernen Gebrauch dieser Technik in einem Artikel im *Freitag* vom 12. Juni 1998 hin. Er zeigte zwei Bilder des amerikanischen Präsidenten Clinton und des deutschen Bundeskanzlers Kohl zu Besuch in Thüringen, wo ein Protestplakat mit der Inschrift "Ihr habt auch in schlechten Zeiten dicke Backen" von dem ansonsten "freundliche[n], begeisterte[n] und neugierige[n] Volk"[20] aus dem offiziellen Pressefoto entfernt wurde. Ich erwähne in diesem Kontext ein Bilderpaar aus

---

[16] Armin Mitter/Stefan Wolle: *Untergang auf Raten. Unbekannte Kapitel der DDR-Geschichte*. München 1995. S. 281.
[17] Einen gleichen gab es auch an den Universitäten der USA, bis sich John F. Kennedy Anfang der 1960er Jahre dagegen aussprach.
[18] Christoph Hein: *Horns Ende*. Berlin 1985. S. 278.
[19] Ibid.
[20] Christoph Hein: Plädoyer für einen Stalinpreis. In: *Freitag* (1998). H. 25 vom 12. Juni 1998. S. 13.

der Zeitschrift *Time Magazine* 1987, wo der Manager des illegalen Waffengeschäftes in der "Iran-Contra-Affäre", Oliver North, auf einem Foto mit Reagan und Busch im Oval Office des Weißen Hauses zusammensitzt, und auf einem zweiten Foto, mit den gleichen körperlichen Stellungen und Gesichtsausdrücken des Präsidenten und Vize-Präsidenten, aus dem Bild verschwunden war.[21]

In Anbetracht der komplizierten Authentisierungsproblematik in historischen Darstellungen haben Historiker sich nicht immer, wie Jürgen Kocka über den Unterschied zwischen Geschichte und Geschichte als Literatur bemerkt, nur "um die empirische Überprüfbarkeit und um die nach bestimmten Regeln vor sich gehende empirische Überprüfung ihrer Aussage Sorgen zu machen",[22] sondern sie müssen sich mit der Differenzierung verschiedener rhetorisch bedingter Dokumente auseinandersetzen, aus der sich eine Haltung gegenüber historischen Zeitperioden herausarbeiten läßt. Auf der theoretischen Ebene geht die herauszuarbeitende Verhaltensweise gegenüber Geschichte, die nicht von empirisch belegbaren Tatsachen abgeleitet wurde, sondern die aus bestehenden Vorurteilen und Tendenzen etc. hervorgeht, sehr leicht verloren. Ein Verzicht auf die Sinnsuche hieße, daß man, wie es bereits während des sogenannten "Literaturstreits" über die DDR-Literatur geschah, wieder Gefahr läuft, dem alten Spruch "Wer die Vergangenheit nicht kennt, ist genötigt, sie zu wiederholen" Geltung zu verschaffen.

1970 stellte z.B. der DDR-Historiker Walter Schmidt die verblüffenden und wegen der möglichen dogmatischen Antworten beunruhigenden Fragen: "Braucht der Mensch im Sozialismus Geschichte? Warum braucht er Geschichte? Wieviel Geschichte braucht die sozialistische Persönlichkeit in unserer Zeit?"[23]

Die Geschichtsschreibung der DDR, wie Kurt Hager dies auf der Tagung des VII. Historiker-Kongresses 1983 in der Entstehungszeit von *Horns Ende* zum Ausdruck brachte, sollte "geprägte Denk- und Verhaltensweisen" überwinden und "ein den neuen gesellschaftlichen Bedingun-

---

[21] Vgl. Time Magazine 1987.
[22] Jürgen Kocka: Bemerkungen im Anschluß an das Referat von Dietrich Harth. In: *Geschichte als Literatur. Formen und Grenzen der Repräsentation von Vergangenheit.* Hg. von Hartmut Eggert, Ulrich Profitlich, Klaus Scherpe. Stuttgart 1990. S. 24-28, hier S. 24.
[23] Helmut Meier/Walter Schmidt (Hg.): *Geschichtsbewußtsein und sozialistische Gesellschaft. Beiträge zur Rolle der Geschichtswissenschaft, des Geschichtsunterrichts und der Geschichtspropaganda bei der Entwicklung des sozialistischen Bewußtseins.* Berlin 1970. S. 10.

gen gemäßes Bewußtsein"[24] entwickeln. Trotz seines Plädoyers für "ein immer umfassenderes und differenziertes Bild"[25] wich seine Auffassung der Geschichtsschreibung nicht wesentlich ab von den ursprünglichen Prinzipien der 1958 im Zusammenhang mit Ulbrichts Offensive gegen Kulturschaffende und Intellektuelle ins Leben gerufenen Deutschen Historiker-Gesellschaft. Die sozialistische Bewußtseinsbildung und die Gestaltung der ideologischen Klarheit sollten zur zentralen Aufgabe der Literatur werden, wie auch Anna Seghers in ihrem Vortrag während des IV. Schriftstellerkongresses 1956 erwähnt hatte. Das gleiche galt auch für die Bereiche Philosophie, Geschichte und Medien.

Zur Problematik der politisch motivierten Verfälschung von Geschichte, d.i. die selektive Präsentation von Geschichte zugunsten der Herausbildung von bestimmten Verhaltensweisen oder der Aneignung von erzielten Bewußtseinshorizonten, kann man eine unendliche Reihe von Beispielen aufführen. Hinzu kommen Probleme des Vergessens, auch Bewältigungsprobleme, die über die psychische Fähigkeit des Menschen hinausgehen, gewisse Ereignisse zu verkraften, vor allem, wenn große Verluste oder tiefe Schuldgefühle damit zusammenhängen. Andererseits wäre danach zu fragen, inwiefern ein System der Erziehung zur Unmündigkeit gerade kritisches Bewußtsein produziert.

Die Distinktion zwischen Vergessenem und Nicht-Erlebtem wird in *Horns Ende* in einen gesellschaftlichen Zusammenhang gebracht, der die Grenzen subjektiven Erinnerns durch das kollektive Erinnern erweitert. Die Bestandteile dieser Prozedur harmonieren nicht immer miteinander, produzieren jedoch ein Gesamtbild, aus dem eine allgemeine beachtenswerte Geschichtsauffassung hervorgeht. Die Verbindung zwischen Vergangenheit und Gegenwart in *Horns Ende* spielt sich unter anderem in den Gesprächen zwischen dem toten Horn und dem älteren Thomas ab, indem Horn, der nur in Thomas' Gedächtnis fortleben kann,[26] ihn dringend auffordert, sich an eine Zeit vor 25 Jahren zu erinnern, die Thomas als Kind erlebt hatte. Thomas wendet dagegen ein, daß er nicht alles gesehen hätte. "Dann erinnere dich an das Ungesehene",[27] mahnt ihn die Stimme von Horn. Nach Platons Begriff von Anamnese (Phaidon), dem der Leipziger

---

[24] Kurt Hager: Geschichte und Gegenwart. Schlußwort auf dem VII. Historiker-Kongreß der DDR, 6-9. Dezember 1982. In: *Einheit* (1983). H. 1. S. 161-172, hier S. 163f.
[25] Ibid. S. 164.
[26] Vgl. Christoph Hein: *Horns Ende*. S. 59: "Du darfst nicht vergessen, mein Junge. Wenn du mich vergißt, erst dann sterbe ich wirklich".
[27] Ibid. S. 177.

Philosoph Johannes Heinz Horn in seiner Habilitationsschrift[28] eine Widerlegung widmete, ermöglicht die Wiedererinnerung von Ideen, die die Seele in früheren gelebten Leben kannte, Vergangenes zu rekonstruieren. Thomas, der sich zuweilen dagegen sträubt, soll aus Fragmenten eine Kontinuität zwischen zwei oder drei Generationen rekonstruieren, deren jeweilige Selbstrepräsentation durch Verzerrung und Verschwommenheit der Fakten geprägt ist. Die Gespräche zwischen Thomas und dem fiktiven Horn konstituieren einen "Dialog zwischen den Zeiten"[29] 1957 und 1982.

In seinem Vortrag "Öffentlich arbeiten" vom 3. Juni 1982 beschreibt Hein Literatur als Autobiographie, "keine private, aber doch persönliche, keine repräsentative, aber doch gesellschaftliche Autobiographie."[30] Die Repräsentationen der gesellschaftlichen Autobiographie bestehen aus Kenntnissen, Fähigkeiten und Haltungen, die sich der Autor durch die interaktive Kommunikation mit der Welt aneignet. Die Funktion der Sprache in der Haltung des Menschen gegenüber der Welt sieht Hein als eine ursprüngliche Fähigkeit, "direkt die Welt zu bilden, um sie zu erschaffen, das heißt das Gesehene wiederzuerkennen und eingreifend zu verändern."[31] Die Chronik der Vergangenheit besteht aus dem Versuch, das, was zusammenhangslos geworden war, durch die Gegenbildlichkeit in den verschiedenen Darstellungen der Beteiligten, die sich auch über Raum und Zeit erstrecken, wieder in eine Form zu bringen, die die Realität der Gegenwart erläutert und sie "beruhigend und beunruhigend"[32] kommentiert. Hein hat sich direkt über sein Geschichtsverhalten geäußert: "Ohne eine Kenntnis meiner eigenen Geschichte oder der Geschichte meiner eigenen Gesellschaft kann ich ohnehin überhaupt keine Aussagen über meine Gegenwart und schon gar nicht über meine Zukunft machen."[33] In bezug auf die Geschichtsschreibung der DDR beobachtete er, wie "mit Auslassungen, Vernachlässigungen und scholastischen Rösselsprüngen gearbeitet"

---

[28] Vgl. Johannes Heinz Horn: *Widerspiegelung und Begriff.* Berlin 1958.
[29] "Wir werden es lernen müssen, mit unserer Vergangenheit zu leben". Gespräch mit Krzystof Jachimczak. Nach dem Erscheinen von Horns Ende (1986). In: *Christoph Hein: Texte Daten, Bilder.* Hg. von Lothar Baier. Frankfurt/M. 1990. S. 45-67, hier S. 59.
[30] Christoph Hein: Öffentlich arbeiten. In: Ders.: *Öffentlich arbeiten. Essais und Gespräche.* Berlin 1987. S. 34-38, hier S. 34; ursprünglich als Diskussionsbeitrag auf einer Tagung des Schriftstellerverbands der DDR, Bezirksverband Berlin, am 3. 6. 1982 gehalten.
[31] Christoph Hein: Sprache und Rhythmus. In: Ders.: *Öffentlich arbeiten.* S. 39-42, hier S. 39; ursprünglich in: *Programmheft zur Aufführung von 'Die wahre Geschichte des Ah Q' am Düsseldorfer Schauspielhaus.* Düsseldorf 1985.
[32] Ibid. S. 40.
[33] Christoph Hein: "Wir werden es lernen müssen...". S. 57.

wurde. Es wurde "verschwiegen und geglättet, um aus dem Labyrinth der Geschichte möglichst fleckenlos und schnell zu jenem Ausgang in die Gegenwart zu gelangen, der dem gewünschten Selbstverständnis am nächsten kommt."[34]

Über die westdeutsche Geschichtsschreibung behauptete Hein in Anbetracht des Historikerstreits, daß Geschichtsbetrachtung "stets ein Benennen des augenblicklichen Standorts" sei, deren Wertungen nie von aktuellen Interessen frei sind und "auf die gegenwärtige Gesellschaft" einwirken. Die daraus entstandene Neubewertung des Faschismus, so Hein, führte dazu, daß es einer rechtsradikalen "und sogar faschistisch" eingeschätzten Partei gelang, "in der Gesellschaft Fuß zu fassen."[35] In seinem Essay, "Die Zeit, die nicht vergehen kann oder Das Dilemma des Chronisten" vom 29. Mai 1989 setzte sich Hein mit der Problematik des Vergleichs zwischen Stalinismus und Faschismus auseinander, ein wichtiger Topos in *Horns Ende*, sicher auch einer der Stolpersteine in den Zensurbehörden der DDR, der die Druckgenehmigung verhinderte. Ohne den Terror des Stalinismus zu übersehen – er zitiert aus russischen Aufarbeitungen von 1989, die in der DDR ignoriert wurden, eine damals schockierende Anzahl von Opfern, die er die Spitze des Eisbergs nennt –, lehnt Hein die These, "die Stalinsche Vernichtungsaktion als Klassenmord zu bezeichnen" als "unsinnig und historisch unhaltbar" ab, da bei Stalin die "Klassenzuordnung völlig willkürlich erfolgte".[36] Die "Neigung von Historikern zu Alliterationen, Stabreimen" wie "Rassenmord und Klassenmord"[37] bringe auf allzu gefährliche Weise beide Terrorregime auf den gleichen Nenner. Dadurch entsteht leicht eine Verfälschung in der deutschen Geschichtsschreibung durch Auslassung der Tatsache u.a., daß Hitler von den Deutschen gewollt und gewählt wurde, während die kommunistischen Diktaturen niemals eine Sache der freien Wahl gewesen sind – bis auf eine berühmte Ausnahme in Chile. Hein argumentiert weiter:

> Der geschichtsverdrängende Versuch, aus dem deutschen Nationalsozialismus einen Hitlerismus zu machen, die Geschichte einer nationalen Untat allein der Person Hitler anzulasten, um Deutschland und das deutsche Volk von der

---

[34] Christoph Hein: Die fünfte Grundrechenart. Für Gustav Just. In: Ders.: *Als Kind habe ich Stalin gesehen*. Berlin 1990. S. 145-156, hier S. 146; ursprünglich in: *Die Zeit*. (1989). Nr. 41 vom 6. Oktober 1989. Hamburg 1989.
[35] Ibid. S. 147.
[36] Christoph Hein: Die Zeit, die nicht vergehen kann oder Das Dilemma des Chronisten. Gedanken zum Historikerstreit anläßlich zweier deutscher vierzigster Jahrestage. In: Ders.: *Als Kind habe ich Stalin gesehen*. S. 105-136, hier S. 122; ursprünglich als Vortrag an der Folkwang-Hochschule Essen am 29. Mai 1989.
[37] Ibid.

Schuld freizusprechen, ist unsinnig und fatal: Es gibt unleugbar eine Geschichte der Deutschen, die zu Hitler als erwünschter und gewählter Konsequenz führt.[38]

Daß die "völlige Ausrottung der faschistischen Wurzeln"[39] in der DDR nicht unbedingt gelang und wie sich die dortige Verdrängung der Vergangenheit mit dem Stalinismus Ulbrichtscher Prägung mischte, sind wichtige Gegenstände des historischen Romans *Horns Ende*.

Auch das Fortbestehen von Verhaltensweisen, die aus der Nazizeit übertragen wurden, gehört zur Thematik des Romans. Dabei bemühte sich Hein, dem gleichzeitigen Bestehen von "Zäsur und Kontinuität" gerecht zu werden.[40] Es gab keine Stunde Null für Hein, dies wäre eine Berechtigung für das Vergessen. Darüber hinaus spielt im Roman der antifaschistische Widerstand eine Rolle, verkörpert in der Figur des Funktionären Kruschkatz, der die Stadt Guldenberg noch einen Sommer lang hindert, die Zigeuner zu vertreiben. Gleichzeitig wird klar, daß die sozialistische Bewegung schon mit dem Aufstieg Hitlers verteufelt wurde. Nach dem Krieg, so Hein, "hat die Mehrheit der Deutschen sicher keinen sozialistischen Staat gewünscht."[41] Letztlich lehnt Hein den antifaschistischen Widerstand als ausreichende Erklärung für die DDR ab.[42]

IV

Wie konnten literarische Formulierungen der Begebenheiten von 1956-58 (und 1953, 1968, 1978-79, 1984-87) offizielle Bemühungen umgehen, diese Ereignisse zu verfälschen und das Vergessen bzw. den willkürlichen Gedächtnisverlust hervorzurufen, und vor allem, wie wurde die traumatische Einwirkung auf Individuen und Gesellschaft in *Horns Ende* oder anderen Texten dargestellt? Nach Walter Benjamin findet sich der Kern

---

[38] Ibid. S. 123f.
[39] Ibid. S. 135f. Das Ende des Krieges brachte keine "Stunde Null", sondern die "Anwesenheit der Alliierten und die gegen die alte Macht eingesetzten neuen deutschen Regierungen brachten die faschistische Ideologie abrupt zum Schweigen". Das Schweigen, so Hein, wurde "[...] als Beweis einer demokratisch-antifaschistischen Gesinnung gebraucht und ausgestellt. Der heftige Wechsel der Gesinnung wurde zustimmend registriert. Die Eile bestürzte nicht, statt Argwohn herrschte Erleichterung. Eine neue ökonomische Ordnung [im Osten, d.Verf.] gab die Gewähr für die völlige Ausrottung der faschistischen Wurzeln; ein neuer demokratischer Konsens [im Westen, d.Verf.] zeigt an, daß die – ohnehin 'artfremde' – Krankheit folgenlos überstanden war".
[40] Vgl. Christoph Hein: "Wir werden es lernen müssen...". S. 61.
[41] Ibid.
[42] Vgl. ibid. S. 62.

der Geschichtsschreibung "in der Analyse des kleinen Einzelmoments", wodurch der "Kristall des Totalgeschehens zu entdecken"[43] ist. Banale Gespräche zwischen fiktiven Charakteren aus dem Alltag erlaubten Autoren in der DDR, Weltpolitik widerzuspiegeln und zu zeigen, daß das Privatleben dieser Figuren eine mikrokosmische Repräsentation dessen ist, wie Geschichte Änderungen oder Stagnation in der Gesellschaft in einem Maße bewirkt, das in den Standardwerken der (politischen) Geschichte kaum Berücksichtigung findet.

Aus der Form des modernen historischen Romans, der in der Auffassung von Georg Lukács aus den 50er Jahren ein Massenerlebnis in sich erschließt, entsteht die Möglichkeit, "[...] daß die Menschen ihre eigene Existenz als etwas geschichtlich Bedingtes erfassen, daß sie in der Geschichte etwas sehen, was tief in ihr Alltagsdasein eingreift, was sie unmittelbar angeht."[44]

Christoph Hein hat das Thema des Romans *Horns Ende* zusammengefaßt als "ein Roman über Geschichte, über Geschichtsverständnis, auch über Geschichtsschreibung".[45] Diese Elemente spielen sich in der Konstellation der drei Geschichtsphilosophen im Roman ab, Dr. Spodeck, Kruschkatz und der fiktive Horn. Daß sein Roman im Sinne von Lukács verschwundene Geschichte in die Erinnerungen einer breiteren Lesergruppe zurückrufen und das Ungesehene wieder beleben sollte, dient als eine wichtige Ergänzung des historischen Bewußtseins über die 50er Jahre und der möglichen Bedeutung dieser Zeit für folgende Generationen. Die 50er Jahre als poetischen Gegenstand zu wählen, war Anfang der 80er Jahre ein wiederholter Versuch, kollektive Führungsformen und kritische Öffentlichkeit erneut zu beleben.

Für Dr. Spodeck, dessen Gedächtnis bis in die Zeit seiner Unterwürfigkeit dem Vater gegenüber und damit bis in die Naziperiode zurückreicht, bietet die eigene Beschreibung der Kleinstadt Guldenberg eine zynische "[...] Geschichte der menschlichen Gemeinheit, [...] die widerlichen Geschäfte der Einwohner meiner Stadt, die es nie versäumten, ihre eigennützige Boshaftigkeit mit salbungsvollen Reden und achtbaren Motiven zu

---

[43] Walter Benjamin: *Das Passagen-Werk*. Hg. von Rolf Tiedemann. Band I. Frankfurt/M. 1983. S. 573. Heins intensive Beschäftigung mit Walter Benjamin ist bekannt. Vgl. Christoph Hein: *Passage. Ein Kammerspiel in drei Akten*. Darmstadt 1988, zuerst in: *Theater der Zeit* 42 (1987). H. 5. S. 54-64; und Ines Zekert: *Poetologie und Prophetie. Christoph Heins Prosa und Dramatik im Kontext seiner Walter-Benjamin-Rezeption*. Frankfurt/M. et al. 1993.
[44] Georg Lukács: *Der historische Roman*. Berlin 1955. S. 17.
[45] Christoph Hein: "Wir werden es lernen müssen...". S. 62.

maskieren."[46] Spodecks Analyse der Schüftan-Variante führt ihn zu der Überzeugung, daß "die Geschichtsschreibung [...] wieder einen Kronzeugen verloren hat",[47] da man nie wissen kann, ob Fotos oder Filme oder sonstige Dokumentierungsverfahren zuverlässig sind. In seinem Gespräch mit Horn darüber, behauptet er, daß das menschliche Bewußtsein mit tausend solchen Spiegeln arbeitet, die eingreifend alles verändern, bevor "etwas in unsere Erinnerungen eingeht".[48] Die persönlichen Erinnerungen liefern kein Bild der Welt, so Spodeck, "sondern ein durch das Spiegelkabinett unseres Kopfes entworfenes Puzzle jenes Bildes mit unseren individuellen Verspiegelungen, Auslassungen und Einfügungen."[49] Das, was den Menschen als Weltbild dienen sollte, hat prinzipiell mit der Wahrheit nichts zu tun.

Kruschkatz als Parteirepräsentant geht von der historischen Notwendigkeit der Geschichte aus, vertritt aber sonst sehr ähnliche Ansichten wie Spodeck. Für Kruschkatz werden andere Menschen seine Geschichte mit ihrem Leben beleben, was sie dazu führen wird, nichts zu begreifen. Im Alter von 73 Jahren (1982) sieht er ein, daß seine Lebenserfahrungen in eine uninteressierte Nachwelt gelangt sind. "Es gibt keine Geschichte," sagt er.

> Geschichte ist hilfreiche Metaphysik, um mit der eigenen Sterblichkeit auszukommen, der schöne Schleier um den leeren Schädel des Todes. Es gibt keine Geschichte, denn soviel wir auch an Bausteinchen um eine vergangene Zeit ansammeln, wir ordnen und beleben diese kleinen Tonscherben und schwärzlichen Fotos allein mit unserem Atem, verfälschen sie durch die Unvernunft unserer dünnen Köpfe und mißverstehen daher gründlich.[50]

Diese Argumente führen Kruschkatz dazu, die Vergangenheit vergessen zu wollen, darüber hinwegzusehen und in die Zukunft zu blicken. Das ist eine genaue Widerspiegelung des offiziellen Standpunktes seit Ulbrichts Abrechnung mit den Reformversuchen. Kruschkatz denunziert Horn zweimal: das erste Mal mit dem Ergebnis des Parteiausschlusses und der Beendung der Historikerkarriere in Leipzig, das zweite Mal mit dem Ergebnis Selbstmord. Unter der Androhung, die eigene Stelle zu verlieren, fühlte sich Kruschkatz gezwungen, gegen Horn auszusagen – ähnlich wie 1957 die Kollegen im philosophischen Institut in Leipzig, die eine denunzierende Stellungnahme gegen Ernst Bloch ablegen mußten. Kruschkatz tat dies,

---

[46] Christoph Hein: *Horns Ende*. S. 161.
[47] Ibid. S. 278.
[48] Ibid. S. 280.
[49] Ibid.
[50] Ibid. S. 27.

obwohl er zugab, daß Horn unschuldig war. Er rechtfertigte seine Handlung, die er, wie er meinte, notfalls auch wiederholen würde, im Namen einer höheren Moral, "vor der sich Recht und Unrecht die Waage halten [...]. Es war ihm", erinnerte er sich, "ein geschichtlich notwendiges Unrecht getan worden im Namen eines höheren Rechts, im Namen der Geschichte."[51] Für Kruschkatz war der "Tod von Schuldlosen", den der "Gang der Geschichte fordert", nichts anders als "der Blutzoll, den der Fortschritt kostet."[52]

Horn interessierte sich nur für "die Wahrheit". Nach Jürgen Kockas Beschreibung ist er ein Historiker, der zur empirischen Überprüfung der historischen Tatsachen steht, und wohl auch ein Chronist im Sinne von Walter Benjamin, der "die Ereignisse hererzählt, ohne große und kleine zu unterscheiden", der damit der Wahrheit Rechnung trägt, "daß nichts was sich jemals ereignet hat, für die Geschichte verloren zu gehen ist"[53] Die Tonscherben, Glasvitrinen und Metallstücke, die Horn für das Museum – das als Museum für DDR-Geschichte steht – sammelt und identifiziert, sind die Fragmente, mit denen er versucht, die Vergangenheit zu rekonstruieren. In seinem kleinen Museum, erklärt Horn, "[...] schreiben auch wir die Geschichte. Wir sind es, die dafür einzustehen haben, ob die Wahrheit oder die Lüge berichtet wird."[54] Spodecks Behauptung, man solle seinen Erinnerungen mißtrauen, bringt Horn zu der Gegenfrage: "Bedeutet das, Doktor, Sie raten mir, ohne Gedächtnis zu leben?"[55] Dies wäre für Horn ein "entsetzlicher Gedanke [...] Wir würden ohne Erfahrungen leben müssen, ohne Wissen und ohne Werte. Löschen Sie das Gedächtnis eines Menschen, und Sie löschen die Menschheit."[56]

Da Horn im Juli 1957 zum zweiten Mal verurteilt wurde und die Wortfolge von Kruschkatz' Selbstkritik etwa an Wolfgang Harichs Selbstkritik und demütige Entschuldigung bei seiner Verurteilung erinnert, fällt es leicht, nach Schlüsselfiguren in dem Roman zu suchen, ähnlich wie Stefan Heym die Schauprozesse von Walter Janka (Juli 1957) und anderen in seinem Roman *Collin* (1979)[57] als Schlüsselereignisse beschrieb. Die Be-

---

[51] Ibid. S. 83.
[52] Ibid. S. 89.
[53] Walter Benjamin: Über den Begriff der Geschichte. In: Ders.: *Illuminationen*. Hg. von Siegfried Unseld. Frankfurt/M. 1977. S. 251-261, hier S. 252.
[54] Christoph Hein: *Horns Ende*. S. 82.
[55] Ibid. S. 280.
[56] Ibid. S. 281.
[57] Heyms erfolgloser Versuch, die Schauprozesse der 50er Jahre als poetischen Gegenstand zu wählen und im Osten zu drucken, könnte einer der Anlässe für Heins Roman gewesen sein. Eine frühe Fassung von *Horns Ende* lag in der Schublade, als er die Novelle *Der fremde Freund* (1982) schrieb, deren Handlung auch

ziehungen zu historischen Figuren aus den 50er Jahren sind durch Heins weitreichende Veränderungen aller Personen funktionell beeinträchtigt, so daß die Wirklichkeit nur als Anregung dient, eine Kunstwirklichkeit entstehen zu lassen, womit Hein die eigentliche "andere Wirklichkeit viel genauer erfassen zu können"[58] hoffte. Die Verarbeitung historischer Fragmente erinnert an Personen wie Walter Janka oder Gustav Just, an Gerhard Ziller, Sekretär für Wirtschaft im ZK, der im Dezember 1957 Selbstmord beging, oder an Rudolf Herrnstadt und Karl Schirdewan, die beide nach ihrer Absetzung in historischen Museen landeten. Sie erinnert auch an Ernst Bloch, der – nach Guntolf Herzbergs Zusammenfassung eines abgehörten Gesprächs über die Verurteilungen der Gruppe Harich-Janka und seines eigenen Schülers Günter Zehm – Sozialismus mit Preußentum und Untertanengeist verglich. In diesem Gespräch bemerkte Bloch ferner, was in der DDR geschehe, sei (wegen fehlender Rechtssicherheit) schlimmer als der Faschismus.[59] Man denke auch an Lukács, Erich Loest, Paul Merker, Johannes R. Becher, an unrühmliche Personen wie Alois Bräutigam, der Ziller auf Grund von Vorkommnissen im Uranwerk Wismut denunziert hatte und sich damit ins Politbüro emporarbeitete – ein Vorgang, der an den gemeinen Denunzianten Alfred Brongel oder an den opportunistischen Intriganten Bachofen aus dem Roman erinnern könnte, und viele andere Opfer und Täter in der Zeit der Offensive Ulbrichts.

V

Eine der besonders unglücklichen Schattenfiguren der 50er Jahre war der historische Horn, Johannes Heinz Horn, der als Parteisekretär im philosophischen Institut an der Karl-Marx-Universität Leipzig arbeitete.

Bloch war zusammen mit Harich Herausgeber der *Deutschen Zeitschrift für Philosophie*, in der beide seit dem 20. Parteitag der KPdSU reformliberale Diskussionen abdruckten. Guntolf Herzberg datiert den Beginn der sich verschärfenden Kritik gegen Bloch auf Ende April 1956, mit Paul Fröhlichs Attacke gegen ihn, dem er "Vulgärmarxismus"[60] vorwarf. Ru-

---

in die 50er Jahre verlegt ist. Die weitgreifenden Repressalien, die im Zusammenhang mit Heyms Roman und den Protesten gegen die Zensur entstanden sind, sind bekannt. Vgl. u.a. Joachim Walther et al. (Hg.): *Protokoll eines Tribunals. Die Ausschlüsse aus dem DDR-Schriftstellerverband 1979.* Hamburg 1991.
[58] Christoph Hein: "Wir werden es lernen müssen...". S. 60.
[59] Vgl. Guntolf Herzberg: *Abhängigkeit und Verstrickung. Studien zur DDR-Philosophie.* Berlin 1996. S. 74.
[60] Ibid. S. 56. Zu Blochs Problemen in Leipzig und zu Blochs Ausgrenzung vgl. auch Volker Caysa et al. (Hg.): *Hoffnung kann enttäuscht werden. Ernst Bloch in*

gard Otto Gropp, einer der radikalsten Dogmatiker,[61] hatte Bloch schon 1954 in der *Deutschen Zeitschrift für Philosophie* (DZfPh) kritisiert und veröffentlichte dann am 19.12.1956 im *Neuen Deutschland* einen Artikel über die Unvereinbarkeit von Blochs Philosophie mit dem Marxismus. Dies geschah genau zwei Tage bevor Ulbricht persönlich nach Leipzig kam, um gegen Bloch zu polemisieren.

Die Situation beschleunigte sich mit dem blutigen Ende des ungarischen Aufstands am 4. November und mit der Verhaftung Harichs Ende November. Die Auslieferung der letzten drei Nummern der DZfPh wurde gestoppt, dann unter neuer Redaktionsleitung, zu der auch der historische Horn zählte, Anfang März 1957 wiederaufgenommen. Der erste Leitartikel war Ulbrichts Rede "Zum Kampf zwischen dem Marxismus-Leninismus und den Ideologien der Bourgeoisie", die er schon vor dem 30. Plenum gehalten hatte. Der nächste Artikel, von Kurt Hager, hatte den selben Tonfall. In dieser ersten Nummer erschien auch ein Artikel von Robert Schulz und Johannes Heinz Horn, "Kritisches zum Fortschrittsbegriff Ernst Blochs". Etwa zur gleichen Zeit (März 1957) wurde Harich verurteilt, was vor allem unter den Intellektuellen in der DDR bekannt war.

Am 4. und 5. April fand eine Konferenz über Fragen der Blochschen Philosophie statt, über deren Erfolg Johannes Heinz Horn berichtete. Dagegen fand Herzberg einen IM-Bericht vom 10. April, in dem es hieß: "Es zeigte sich eine verbreitete Lethargie, keine kämpferische Auseinandersetzung, ein müdes Nebeneinanderherlaufen der Genossen, von denen jeder seinen eigenen Privatinteressen nachgeht."[62] Der IM war der Meinung, daß die Teilnehmer sich allein aus Parteidisziplin gegen Bloch aussprachen, nicht aus innerer Überzeugung. Im Herbst erschien ein Buch mit dem Titel *Ernst Blochs Revision des Marxismus*, mit den Beiträgen dieser Konferenz und mit einem Vorwort von Johannes Heinz Horn, der mit über 100 Seiten den ausführlichsten Beitrag lieferte: "Kritische Bemerkungen zur Philoso-

---

Leipzig. Frankfurt/M. 1992; weiterhin: Norbert Kapferer: *Das Feindbild der marxistisch-leninistischen Philosophie in der DDR 1945-1988*. Darmstadt 1990.

[61] Gropp scheint mit Paul Fröhlich die treibende Kraft gegen Bloch in Leipzig gewesen zu sein und hatte Anteil an dem Schicksal Leo Koflers. Kofler hatte im Vorwort zur 2. Auflage seines Buches *Zur Geschichte der Bürgerlichen Gesellschaft* (1948) eine "fundamentale sozialistische Demokratisierung" vorgeschlagen. Gropp attackierte ihn in *Einheit* 6 (1949) wegen "unmarxistischer Geschichtsschreibung" und forderte eine Selbstkritik. – Gropp "verkörperte den Typus des Funktionär-Wissenschaftlers, der mehr durch loyale Parteiarbeit denn durch fachliche Qualifikation sich ausgezeichnet hatte." (Norbert Kapferer: *Das Feindbild der marxistisch-leninistischen Philosophie in der DDR 1945-1988*. S. 346, Anm. 240.)

[62] Ibid. S. 65.

phie Ernst Blochs." Dieser Artikel ist gegenüber Horns anfänglicher Kritik sehr ausschweifend. Horn bezog sich auf eine falsche "Vorstellung vom Philosophen", als habe dieser das Recht, weit über den Rahmen der Parteiführung hinaus die Zukunft zu "antizipieren".[63] Inwiefern Horns Kritik völlig ernst gemeint war, ist unklar, denn er hält Bloch Widersprüche vor, die er jedoch so formuliert, als wären es keine.

Sehr interessant sind die Feststellungen von Elke Uhl, die sich 1991 in der *Deutschen Zeitschrift für Philosophie* mit diesem Buch beschäftigte. Sie hat einen Brief Gropps an das ZK der SED vom 17. September 1957 analysiert, in dem er sich über J. H. Horn beschwerte, dieser hätte seinen Artikel erst im August verfaßt, damit die Ausgabe der Konferenzmaterialien verzögert und die Resultate der Konferenz, besonders in bezug auf die "Frage der Kritik und Selbstkritik, der Parteilichkeit" beschönigt und ideologisch verfälscht. Elke Uhl weist auf eine Aussprache im Büro der Bezirksleitung hin, die schon am 15. November 1956 – gleich nach dem Aufstand in Ungarn – stattfand, in der sich Paul Fröhlich wie folgt über die "konterrevolutionäre Bewegung" äußerte: "Das muß man besonders einigen an der Universität handgreiflich deutlich machen. Ich bin dafür, daß wir Methoden ergreifen, die analog sind, wie wir uns früher mit der SA und SS auseinandergesetzt haben."[64] In einem Brief Horns, den Uhl in Leipzig entdeckt hat, zeigte dieser eine fast resignierte Haltung:

> Ich selbst habe diese Sache endgültig satt und verzichte gern auf die Veröffentlichung meines Beitrags, um des lieben Friedens willen [...] Ich bin es müde, mir andauernd von einer bestimmten Seite Vorwürfe darüber anzuhören, daß der Druck 'sabotiert' und 'verzögert' würde [...].[65]

Horn wurde weiterhin von Heinrich Schwartze kritisiert, weil er seinen Beitrag nicht der "kollektiven Kritik der Parteileitung"[66] unterbreitet hatte und damit die Prinzipien der Partei verletzt habe. Gropp, der später mit dem Vaterländischen Verdienstorden in Gold ausgezeichnet wurde, erhielt eine Antwort datiert vom 27. September 1957, in der ihm versichert wur-

---

[63] Johannes Heinz Horn: Kritische Bemerkungen zur Philosophie Ernst Blochs. In: *Ernst Blochs Revision des Marxismus*. Berlin 1957. S. 245-352, hier S. 247. Auf Blochs Hinweis auf Hamanns Aussage, das Zukünftige bestimme das Gegenwärtige und diese das Vergangene, hielt Horn ihm entgegen, dies würde das Marxistische Prinzip, daß das Sein das Bewußtsein bestimmt, verletzen (Vgl. S. 252).
[64] Elke Uhl: Zur Publikationsgeschichte von "Ernst Blochs Revision des Marxismus" 1957. In: *Deutsche Zeitschrift für Philosophie* 39 (1991) H. 8. S. 846-852, hier S. 846.
[65] Ibid. S. 847.
[66] Ibid. S. 848.

de, man habe Horn darauf hingewiesen, daß das Vorwort doch deutlich erklären soll, wie das Protokoll der Konferenz zu verstehen sei.[67]

Johannes Heinz Horn kam offenbar während der Verfolgung der Bloch-Anhänger[68] weiter unter Druck. Am 12. November 1957 fand eine Aussprache der Parteigruppe der Wissenschaftler am Institut für Philosophie statt, bei der es um die Haltung von Lothar Kleine, Traudel Teubner und Jürgen Teller ging. Herzberg: "Verlangt wird von ihnen eine parteiliche 'Einschätzung der politisch-ideologischen Rolle Prof. Blochs nach dem XX. Parteitag und die Schlußfolgerungen, die sich für euch daraus ergeben'."[69] Gropp und Schwartze sprachen dabei von einem Kreis von Genossen, die immer noch zögerten, die erforderliche Selbstkritik zu üben. Es bleibt unklar, wie Horn sich bei dieser Sitzung verhalten hat. Hatten die Vorwürfe Gropps, der offensichtlich auch Ambitionen hatte, ihm so viele Schwierigkeiten gemacht, daß seine Karriere gefährdet wurde, oder brachte die Verfolgung von Bloch und seinen Schülern, von Hans Mayer und anderen berühmten Intellektuellen ihn zu einer desillusionierten Haltung der Partei gegenüber? Fest steht, daß er kurz darauf, am 8. Januar 1958, in einem Wald bei Leipzig von Kindern tot aufgefunden wurde. Er hatte sich an einem Baum erhängt und trug einen Anzug mit Schlips und Parteiabzeichen, dazu hing ein Brief mit einer Schnur um seinen Hals.[70] Dieser Brief ist verschollen. Seine Habilitationsschrift, *Widerspiegelung und Begriff*, die er schon am 20. Juni 1956 verteidigt hatte, wurde nach seinem Tod von seiner Frau, Annemarie Horn herausgegeben. Ein Schüler Horns im philosophischen Institut, Johannes Förster, schrieb das Vorwort, das sich wie ein Gutachten anhört. Einige Stellen in Horns Schrift wurden mit Hilfe von vorgeführten Lenin-Zitaten wegen Abweichungen vom richtigen Verständnis des dialektischen und historischen Materialismus kritisiert.

---

[67] Ibid. Vgl. S. 852.
[68] Günter Zehm, der Bloch heftig verteidigt hatte, wurde wegen eines stalinkritischen Manuskripts verhaftet und zu vier Jahren Zuchthaus verurteilt. In dieser Zeit wurde auch Erich Loest verhaftet und verurteilt.
[69] Guntolf Herzberg: *Abhängigkeit und Verstrickung*. S. 71.
[70] Diese Beschreibung entstammt Gesprächen mit Walfried Hartinger, Leipzig, im Sommer 1985 und mit Jürgen Teller im Januar 1998. Teller, dessen Schicksal unter Blochs Schülern wohl am schlimmsten ausging (vgl. hierzu auch Norbert Kapferer: *Das Feindbild...* und Guntolf Herzberg: *Abhängigkeit und Verstrickung*), erinnerte sich, daß Horn einer seiner schärfsten Gegner im philosophischen Institut war. Als Horn selbst die Probleme bekam, die ihn zum Selbstmord führten, war Teller schon aus dem Institut verbannt. Horns Schrift, "Kritische Bemerkungen zur Philosophie Ernst Blochs", S. 249, enthielt auch eine Denunziation Tellers.

VI

Christoph Hein hat selbst mehrmals gesagt, daß seine Figur Horn im Prinzip nichts mit dem wirklichen Horn zu tun habe, abgesehen davon, daß er diese Figur als ziemlich unsympathisch darstellt. Die Geschichte von Horn sprach sich in Leipzig herum, auch zu Heins Studienzeit Ende der 60er Jahre. Hein wußte offenbar wenig oder gar nichts von Johannes Heinz Horns Kritiken gegen Bloch und seinen Aktivitäten als Parteisekretär. Der fiktive Horn, dessen Selbstmord im September 1957 geschah, ist wirklich eine ganz andere Figur. Und trotzdem: mit der Figur Horn ist es Hein gelungen, sich tatsächlich an das Ungesehene zu erinnern, ein gültiges historisches Bild der 50er Jahre zu schaffen, in dem Vergangenheit eine Gegenwartsbedeutung erhält.

Auch das Phänomen der Zigeuner war von Hein nicht erfunden. Nach Kriegsende kamen sie nach Deutschland, und waren bis gegen Ende der 50er Jahre jeden Sommer in Deutschland. Das endgültige Verschwinden der Zigeuner im Roman nach Horns Selbstmord markiert das Ende der Chance eines Reformsozialismus und signalisiert den Anfang des harten Kurses – die wichtigste Weichenstellung in der DDR-Geschichte. Hein bindet verschiedene Figuren im Roman zusammen, um die Kontinuität in der Mentalität der Guldenberger zu beschreiben und gleichzeitig auf die Konflikte zwischen Vertretern des harten Kurses der 50er Jahre, die in der Figur Bachofen zu sehen sind, und den Vertretern eines Sozialismus mit menschlichem Gesicht hinzuweisen, die in keiner Figur, nur im Subtext des Romans existieren, d.h. nur in der Rezeption des Lesers hervorgebracht werden können.

Zu den Kontrastfiguren gehört als einzige Vertreterin der Arbeiterklasse Gertrude Fischlinger, deren hartes Leben exemplarisch zu lesen ist. Sie ist die einzige Figur, die in ihren Handlungen Glaubwürdigkeit erzeugt, weil sie niemals versucht, sich selbst zu rechtfertigen. Der Maler aus dem Bergmuseum, Herr Gohl,[71] und seine geistig behinderte Tochter Marlene ziehen ebenso das Vorurteilsverhalten der Bürger der Stadt auf sich wie die Zigeuner. Frau Fischlinger und Thomas, der für die zukünftige Erinnerung steht, sind die einzigen Bürger der Stadt, die gegen diese Menschen keine Vorurteile haben. Die Zigeuner stehen in direktem Verhältnis zu Marlene Gohl, da das Naziregime ebenso Zigeuner wie – unter dem Vor-

---

[71] Bad Düben, die Kleinstadt, in der Hein aufgewachsen ist, hat ein Bergmuseum, das noch heute so aussieht, wie im Roman beschrieben. Der Maler, der in den 50er Jahren dort arbeitete, hieß Paul Hafner. Von ihm hängt – oder hing – ein Foto an der Kasse. Seine Malerei – außer die Wandmalerei im Museum – konnte bisher nicht eingesehen werden.

wurf "unwerten Lebens" – Zehntausende geistig Behinderte ermordet hat. Bachofens Intrigen gegen die Zigeuner gingen davon aus, daß man Touristen nicht in die Heilbäder Guldenbergs (die durch Dr. Spodecks faschistischen Vater aufgebaut wurden) locken konnte, solange die "dreckigen" Zigeuner auf der Bleicherwiese kampierten. Dies trug er bei seinem Vorgesetzten Kruschkatz anders vor: Die Zigeuner wären daran schuld, daß die Bauern sich weigerten, den landwirtschaftlichen Produktionsgenossenschaften beizutreten, da sie ihre Pferde für den Sommer an die Bauern verpachteten. Genau in dieser Zeitperiode hatte Ulbricht vorgeschlagen, die Maschinen-Traktor-Stationen sollten aus der Landwirtschaft abgezogen werden, bis die "Voraussetzungen für den Einsatz dieser Maschinen geschaffen" sein werden, d.h. die Bauern müßten sich "in LPG[s] zusammenschließen oder ständige Arbeitsgemeinschaften bilden".[72] Diese Information kommt natürlich nicht direkt im Roman vor. Kruschkatz, der sich mit seinen Denunziationen Horns belastet hatte und sein Leben, wie er selbst gestand, "in einen Haufen Scheiße" verwandelte, hielt stand gegen den Zwang, gegen diese Methoden des Stalinismus. Dagegen wußte er innerlich, wenn es wirklich auf seine Karriere ankäme, würde er den Zigeunern nicht helfen.

Im Mai 1943 wurde Marlene Gohl auf Grund einer anonymen Denunziation in Guldenberg von den Nazis abgeholt. Den Gohls war es lange Zeit gelungen, ihre schwachsinnige Tochter davor zu schützen, sie in ein sogenanntes "besonderes Heim" einweisen lassen zu müssen. Das wäre notwendig, "um nicht, wie es offiziell hieß, durch sie das Leben des gesunden Volkes zu gefährden."[73] Kurz danach bekam Gohl eine Urne mit Asche. Die Tochter sei an einer Lungenentzündung gestorben. Ungefähr ein Jahr vor Kriegsende entdeckte man zum Entsetzen der ganzen Stadt, daß Marlene noch am Leben war, ihrer Mutter war es gelungen, die Nazis zu täuschen und sich für ihre Tochter auszugeben. Wegen des herannahenden Kriegsendes hielt man es wohl für ratsam, wie es im Roman heißt, "keine zweite Denunziation zu wagen".[74] Herr Gohl hielt sich fern von den Bürgern der Stadt, und ließ erst nach dem Krieg die Inschrift in den Grabstein meißeln, Gudrun Gohl, geb. Stephanski, 1901-1943. Außer den Zigeunern hatte auch er keine Freunde in der Stadt. Zur Zeit der Handlung des Romans, im Sommer 1957, und als Kontinuitätsbrücke zwischen Zeit-

---

[72] Diskussion im Politbüro über die Landwirtschaftspolitik: Festlegung des Referates für die 32. Tagung des ZK, 2.7.1957. Zitiert nach: *Die DDR vor dem Mauerbau. Dokumente zur Geschichte des anderen deutschen Staates 1949-1961.* Hg. von Dierk Hoffmann, Karl-Heinz Schmidt, Peter Skyba. München 1993. S. 298.
[73] Christoph Hein: *Horns Ende.* S. 221.
[74] Ibid. S. 224.

perioden zu verstehen, wurde Marlene Gohl von einem Unbekannten aus der Stadt vergewaltigt, eine Gewalttat, die sie aus ihrer Perspektive hinderte, ihre Fantasiehochzeit mit dem Zigeuner Carlos einzugehen.

Später, im zweiten Zeitabschnitt des Romans, nämlich in der Gegenwart Ende der 70er oder Anfang der 80er Jahre, als Kruschkatz eine Rede aus Anlaß der Einweihung des neuen Spritzenhauses in Guldenberg hält, erzählt er vor gelangweilten und gleichgültigen jungen Leuten etwas über Horn, Bachofen, Schneeberger und die 50er Jahre. Nach einem Schweigen will einer der Zuschauer sich hervortun und behauptet, der Vortrag sei für sie sehr interessant gewesen: "Ich erinnere mich auch noch. Hatte nicht dieser Mann, der sich im Wald aufhängte, eine Schwachsinnige als Tochter?"[75] Hier läßt Heins poetisches Bild die Frage offen, ob es sich um Vergessen oder Verdrängung handelt.

Durch die Verknüpfung von Erinnerung und Vergessen, beide gerichtet auf die politische Unterdrückung historischer Tatsachen und die mutwillige Verzerrung von Ereignissen, konnten DDR-Autoren wie Christoph Hein u.a. tatsächlich einer derartigen Fragmentierung der Geschichte dadurch entgegenwirken, daß sie die Einwirkung verschwiegener, aber realer Ereignisse auf die Begebenheiten des Alltags und des sozialen Lebens in der DDR ins poetische Bild setzten. Dadurch wurde ein Teil der Chronik des Landes bewahrt.

Literatur übernahm eine wesentliche Rolle in der Repräsentation gesellschaftlichen Fortschritts und zugleich gesellschaftlicher Deformationen in der DDR. Aber diese Literatur tat noch mehr: Sie manifestierte und produzierte einen Hang zum Widerstand gegen die Manipulation der Geschichte, besonders in Rahmen der Unterdrückung des Gedächtnisses, sowie gegen deren Begleiterscheinung, die Konsolidierung von Macht. Literatur zeigte Haltung: Sie wurde zum aktiven Element des wachsenden kritischen Bewußtseins der Bevölkerung, ein Bewußtsein, das ja für die alten Männer des Regimes letzten Endes zu deren Regierungsunfähigkeit führte.

Bei einigen Autoren, etwa Hein und Heiner Müller, funktionierte Literatur als Gegenhandlung zu den unablässigen Versuchen der Regierung, die Bevölkerung zu unmündigen und zu gehorsamen Bürgern zu erziehen. Hein und Müller warfen Probleme in literarischer Form in die Debatte, ohne eine Lösung auch nur anzudeuten. Die daraus resultierende "negative Ästhetik", die alle Moralisierung und ideologische Diskurse über das Schöne und die Härte der Welt ausdrücklich vermied, ist ein innovativer Beitrag zur Formgeschichte der deutschen Literatur. Sie bildet eine ästhetische Struktur ab, die den Leser und das Publikum zum kritischen Denken

---

[75] Ibid. S. 313.

zwingt und dazu verhilft, sich des eigenen Verstandes zu bedienen, um historisches Bewußtsein zu erlangen. Der Verzicht auf Lösungen war ein subversiver Akt.

Anhang: Zwei Briefe Christoph Heins. Zur Entstehungsgeschichte von *Horns Ende*

Die Entstehungsgeschichte von *Horns Ende* enthält auch einen kleinen Beitrag über die Zuverlässigkeit der Aktenforschung seit dem Zusammenbruch der DDR. 1991 veröffentlichten Ernst Wichner und Herbert Wiesner anläßlich einer Ausstellung über Zensur in der DDR im Literaturhaus Berlin verschiedene Texte zu verbotenen Büchern. Zu *Horns Ende* befindet sich darin ein Gutachten vom 10.5.1984 von Klaus Selbig, der seine Zweifel äußerte, ob das Buch in der DDR veröffentlicht werden kann und ob Hein, der mit dem Roman den Eindruck mache, "daß die Geschichte bis in die Gegenwart eine Geschichte menschlicher Gemeinheit ist",[76] für das literarische Leben der DDR noch zu retten wäre. Er verlangte eine kollektive Verständigung und behauptete, Elmar Faber sei davon überzeugt, Hein würde keine Veränderungen vornehmen, "[...] ausgenommen vielleicht partielle Streichungen, auf die wir bestehen müßten, wenn wir uns aus autorenpolitischen Gründen entschließen sollten, das Buch herauszugeben."[77] Außerdem ist eine Notiz des Verlagslektors Günther Drommer vom 17.12.84 abgedruckt, in der er schrieb, Hein habe inzwischen viele "Änderungen im Detail" gemacht, und zwar in beiden der zwei Fassungen, die dann im Verlag abgegeben worden waren. Er hätte innerhalb der Schneeberger-Episode mehrfach geändert, so daß die "Irrtümer jener Jahre [...] nicht mehr so provokant in unsere Gegenwart hinein"[78] ragten.

Hein war über solche Behauptungen äußerst überrascht und schrieb mir auf meine Anfrage am 13. September 1993, daß der Drommer-Brief und Elmar Fabers Aussagen beide zur Taktik des Verlags gehörten, das Buch durch die Zensur zu bringen: "Sie berichteten immer wieder im Ministerium, daß ich an dem Roman arbeitete, immer weiter arbeiten würde, etc. um das Signal zu geben, daß ich kompromißbereit war. Nichts davon ist wahr". Nur einen Satz habe er geändert: Als Kruschkatz mit Gerda Schneeberger sprach, meinte sie zur Verhaftung ihres Mannes, des ehemaligen Bürgermeisters und Vorgängers von Kruschkatz: "Sie waren schlim-

---

[76] Ernst Wichner und Herbert Wiesner: *Zensur in der DDR. Geschichte, Praxis und 'Ästhetik' der Behinderung von Literatur*. Ausstellungsbuch des Literaturhauses Berlin. Berlin 1991. S. 102.
[77] Ibid. S. 102f.
[78] Ibid. S. 103.

mer als die Nazis" – ein Satz, der an die von Wanzen abgehörte Aussage Ernst Blochs erinnert, wie ein überraschender Einbruch der Vergangenheit in die Gegenwart. Der neue Satz, der auch bei Luchterhand erschien, heißt, "Sie waren brutal."[79]

In der Ausgabe von 1995, in Fabers DDR-Bibliothek, kam Christel Berger in ihrem Nachwort auf Grund ihrer Einsicht in die Akten zu dem Schluß, Hein sei bereit gewesen, seine Texte zu verändern. Sie bezog sich in erster Linie auf Drommers Brief, in dem dieser von verschiedenen Änderungen an den Dialogen zwischen Thomas und dem toten Horn sprach, die dazu geführt hatten, "das Nichtverallgemeinerbare der Situation hervorzuheben".[80] Berger hatte auch die vollständige Version von Drommers Gutachten gelesen, und sie hebt in seinem Kommentar zur Schneeberger-Episode die Behauptung hervor, Hein habe den Text mehrfach geändert, und den unhaltbaren Vergleich zwischen Justiz und Strafvollzug der fünfziger Jahre mit denen der Nazizeit aus dem Manuskript entfernt.[81] Obwohl Hein die künstlerische Integrität seiner Figuren nicht schmälern würde, habe er "durch Abschwächungen und Differenzierungen"[82] seinen Text verändert, um solchen problematischen Lesearten entgegenzuwirken.[83]

Berger versuchte, die Chronologie des Buches zu rekonstruieren, und stützte sich auf Akten im Bundesarchiv und auf Einsicht in Verlagsmaterial: Hein habe das Manuskript mit dem Titel "Horn oder Der gebrochene Spiegel" im Januar 1984 dem Aufbau-Verlag übergeben. Hein bekam übrigens auch Bergers Manuskript ihres Nachwortes. Sie lehnte aber seine anschließende Erklärung ab, daß seine Überarbeitungen normale Lektoratsarbeit gewesen seien, und erklärte ihrerseits, Hein meine damit die Veränderungen, "die er in Absprachen mit seinem Aufbau-Lektor Günter Drommer als auch der Luchterhand-Lektorin Ingrid Krüger vornahm."[84] Berger legte stärkeres Gewicht auf die Akten als auf Heins Aussagen.

---

[79] Die Zitate stammen aus einem Brief an Phil McKnight vom 13.9.1993. Vgl. auch Phillip McKnight: *Understanding Christoph Hein*. Columbia, South Carolina 1995. S. 74-78.

[80] Christel Berger: 'Horns Ende' – Entstehungsgeschichte: eine Farce in drei Akten. Nachwort zu Christoph Hein: *Horns Ende*. Leipzig 1996. S. 269-297, hier S. 277.

[81] Vgl. ibid. S. 276.

[82] Ibid. S. 277.

[83] Dies wurde auch in einer Dissertation angedeutet, die Terrance Albrecht im Herbst 1997 angefertigt hat. Vgl. Terrance Albrecht: *Fremde Blicke, Zeitlichkeit und Rezeptionserfahrung im Werk Christoph Heins*. Diss. Humboldt-Universität Berlin. Berlin 1997.

[84] Christel Berger: Nachwort zu Christoph Hein: *Horns Ende*. S. 275.

Nach Berger waren Luchterhands *Horns Ende* wie auch der *Hinze-Kunze-Roman* von Volker Braun zur Frankfurter Buchmesse am 28. Oktober 1985 erschienen. Im Falle von *Horns Ende* jedoch beschränkte sich dies wahrscheinlich lediglich auf normale Rezensionsexemplare. Hein hatte im November 1985 in der BRD aus *Horns Ende* gelesen, und Hans-Joachim Hoffmanns Brief an Hager verdeutlichte die Unruhe, die ein Verbot in der Westpresse auslösen würde, wie das bereits im Falle von Günter de Bruyns *Neue Herrlichkeit* und Brauns *Hinze-Kunze-Roman* geschehen war. Auch die Leiterin der Abteilung Kultur, Ursula Ragwitz, schrieb am 8. November 1985 einen Brief an Hager und plädierte für eine Veröffentlichung des Buches, allerdings angesichts "der politisch-ideologischen Problematik des Buches [...] erst nach dem XI. Parteitag".[85] Dies wäre dann erst nach dem 21. April 1986 gewesen. Über *Horns Ende* schrieb sie: "Er versucht, kleinbürgerliche Haltungen und Lebensauffassungen, die vorwiegend aus der Zeit des Faschismus stammten und Anfang der fünfziger Jahre noch weit verbreitet waren, zu entlarven und damit überwinden zu helfen."[86] Ragwitz hatte schon am 23. Oktober einen sehr langen Brief an Hager geschrieben, der ihn offensichtlich noch nicht bewegt hatte, die Druckgenehmigung zu unterschreiben. Dort argumentierte sie, daß die "Nichtauslieferung auf Unverständnis stoßen und unnötige Diskussionen auslösen"[87] würde. Ohne Dokumentation legte Berger dann das Datum vom 2. Februar 1986 als offizielle Genehmigung zur Auslieferung fest.[88]

Eine letzte Notiz zur Entstehungsgeschichte: Im Oktober 1985 arbeitete die Druckerei auch an einer Karl-May-Ausgabe. In dieser Zeit wurden mehrere Exemplare von *Horns Ende* mit dem Bucheinband *Der Geist des Llano Estacado* versehen und an Buchhändler geliefert. Das war wohl die gefährlichste Episode.

In einem Brief vom 27. Juni 98 erzählte Hein von einer gezwungen Änderung in seinem Stück *Die Ritter der Tafelrunde*, wo das Wort "Verbrecher" gestrichen werden mußte. Dies bezieht sich auf Lancelots Betrach-

---

[85] Zitiert nach Terrance Albrecht: *Fremde Blicke,...* S. 87.
[86] Ibid.
[87] Ibid. S. 90.
[88] Allerdings durfte die erste offizielle Rezension erst im Oktober 1986 in *ndl* (Gabriele Lindner) erscheinen, zu der Zeit, in der ein Text des Verfassers von *Horns Ende* für *Sinn und Form* geplant war. Dieser Artikel erschien erst im Frühling 1987 in *Sinn und Form*, und zwar, gerade während Heins Besuchs in Lexington, Kentucky, der sich wohl wegen der Schwierigkeiten mit *Horns Ende* um ein Jahr verzögerte. Mit diesen beiden Beiträgen war das Rezensionsverbot des Romans in der DDR aufgehoben. Vgl. McKnight: Ein Mosaik zu Christoph Heins Roman 'Horns Ende'. In: *Sinn und Form*. 39 (1987). H. 2. S. 415-425, wie auch Phillip McKnight: *Understanding Christoph Hein*. S. 86f., Anm. 28.

tungen der Welt, die er nach seinen langwierigen Wanderungen über das Volk macht:

> Lancelot: Früher haben sie uns geachtet, sie haben nach unserem Rat gefragt, und jeder Bürger war stolz, wenn wir ihn um Quartier baten. Heute lachen sie nur noch, wenn sie einen Ritter der Tafelrunde sehen. Wenn ich ihnen vom Gral erzählen wollte, spuckten sie aus. Wenn ich vom Artusreich sprach, beschimpften sie mich und warfen mit Steinen nach mir. Sie glauben nicht mehr an unsere Gerechtigkeit und unseren Traum. Verschwinde, riefen sie nur, wir wollen nichts mehr davon hören, das Leben ist schwer genug. Für das Volk sind die Ritter der Tafelrunde ein Haufen von Narren, Idioten und Verbrechern. Weißt du das, Artus?
> Artus: Ich weiß es, Lancelot.
> Keie: Wir haben ihnen ein Paradies auf Erden geschaffen.
> Mordret: Und wolltet sie in dieses Paradies hineinprügeln.[89]

Wenn die Zensoren das Wort Verbrecher strichen und das andere stehen ließen, waren sie wirklich zu dumm, um selbst Verbrecher gewesen zu sein. Im Kontext von *Horns Ende* trifft dasselbe auf den Satz zu: "Sie waren schlimmer als die Nazis".

Die Literaturforschung kann nicht nur neue Erkenntnisse aus den Akten gewinnen, sie kann auch durch die Akten getäuscht werden und vor lauter Akten die Literatur selbst vergessen. Da Berger die Akten als bare Münze nahm, von Heins Bereitschaft sprach, wegen der Zensur Textstellen zu ändern, und verschiedene überarbeitete Manuskriptversionen erwähnte, seien an dieser Stelle Auszüge aus zwei Briefen wiedergegeben, die Hein einem Brief vom 27. Juni 1998[90] beigelegt hat:

---

[89] Christoph Hein: *Die Ritter der Tafelrunde und andere Stücke*. Berlin 1990. S. 188.

[90] Brief an Phillip McKnight vom 27.6.1998. Die Auszüge sind mit Heins Erlaubnis beigelegt. Dort erwähnt er in Bezug auf den Titel folgendes: "Der Titel DER GEBROCHENE SPIEGEL wurde von mir mal ins Spiel gebracht (das bezog sich vor allem auf jene Fälschungen der Stalin-Zeit, über die ich kurz im FREITAG sprach), aber dann fallengelassen". Gemeint ist der oben zitierte Artikel im *Freitag* vom 12. Juni 1998, "Plädoyer für einen Stalinpreis". In diesem Artikel hat Hein sich zum ersten Mal ausführlich öffentlich über die Entstehungsgeschichte von *Horns Ende* geäußert.

Brief vom 16. November 1995[91]

Drei Anmerkungen:
1. Es gab von mir keine Änderungen auf Grund der Einwände der Zensurbehörden. Ich ging immer davon aus, daß ein Eingehen auf die Wünsche der Zensur nur neue Einwände produziert. Willfährigkeit der Zensur gegenüber wollte ich immer vermeiden, sie produziert lediglich weitere Zensur.
 Als das Manuskript bei dem Verlag bzw. der HV Verlage lag, arbeitete ich bereits mit der Lektorin des Luchterhand-Verlages, Ingrid Krüger, daran. Die mit ihr vereinbarten Änderungen wurden von mir selbstverständlich auch am 'Aufbau'-Manuskript vorgenommen. Daß der Verlag diese Veränderungen der Zensurbehörde als die erbetenen Änderungen meldete, verwundert mich nicht; das eine hat mit dem anderen allerdings nichts zu tun. Es gibt also am Manuskript keinerlei äußeren Eingriffe und keine 'Qualen des Autors beim Überarbeiten', nur normale Lektoratsarbeit. Und eben eine 'taktische' Darstellung der Behörde gegenüber, um den Druck des Buches zu erreichen.
2. Das Buch erschien in Westdeutschland erst nach der DDR-Ausgabe. Der Verlag hatte mich informiert, daß eine separate 'Westausgabe' für Herrn Hager den erwünschten Anlaß geben würde, das Buch wegen dieses 'Vergehens' (ungenehmigte Veröffentlichung im NSW, so hieß diese fürchterliche Straftat) in der DDR zu verbieten. Ich bat daraufhin den Luchterhand-Verlag, mit der Auslieferung noch zu warten; der Verlag akzeptierte meinen Wunsch und meine Gründe. (Presse-Vorabexemplare mag es – wie in der DDR – gegeben haben; hier habe ich keine Kenntnisse.)
3. 'Horns Ende' bekam – nach meinen Informationen – nie die Druckgenehmigung. Nach den ganzen Querelen, die Sie darstellen, nach den unzähligen Gesprächen, die der Verlagsleiter mit der HV Verlage, mit Frau Rackwitz [sic!] und Herrn Hager zu führen hatte, deutete sich schließlich eine Verhärtung an. Daraufhin entschied Elmar Faber, sich nicht an das Verbot zu halten. Er teilte der Druckerei/Binderei – fälschlich – mit, er habe die Druck-Genehmigung erhalten. Daraufhin wurden die Bestellungen ausgeliefert. Und Elmar Faber hatte denkwürdige Gespräche mit Frau Rackwitz und Herrn Hager, bei denen es um seinen Kopf ging [...].

---

[91] Hein hat die Adressaten der hier abgedruckten Briefe nicht genannt. Aus dem Inhalt geht aber hervor, daß dieser Brief sich auf das Manuskript zu Christel Bergers Nachwort bezieht; er wurde also an sie oder an den Verlag Faber und Faber geschickt. Dort bat er, "diese kleinen Korrekturen noch in ihr Manuskript" aufzunehmen, und bemerkte weiter, "Viele der derzeitigen Darstellungen der Zensur in der DDR wirken doch fatal unbedarft".

Brief vom 10. Dezember 1997[92]

In der DDR soll es – dem Vernehmen nach – bei einer Reihe von Künstlern üblich gewesen sein, mit solchen von Ihnen [...] geschilderten 'Fallen' zu hantieren. (Ich kannte den Ausdruck: Ameisengift.) Ich habe solche 'Fallen' nie verwandt, ich habe sie aus grundsätzlichen Erwägungen – denken Sie an meinen Aufsatz über Sklavensprache[93] – für mich verworfen. Es gab also nie Sätze oder Textstellen, die ich als Falle für den Zensor geschrieben hatte. Wenn mir ein provokanter Satz oder auch nur ein einziges Wort (wie bei den Rittern der Tafelrunde das Wort 'Verbrecher') gestrichen wurde, hatte ich eine Niederlage erlitten und nicht etwa einen dummen Zensor besiegt, den ich verführte/reinlegte. Vielmehr arbeitete ich während der Blockierung des Romans an dem Manuskript weiter – allerdings nur mit der westdt. Lektorin des Luchterhand-Verlages. Ich besaß zu diesem Zeitpunkt bereits einen Computer (illegal eingeführt mit der Hilfe eines Bekannten einer westeuropäischen Botschaft). Der Computer war gegen die traditionell ausgeübte Zensur sehr hilfreich. Zum schreiben benutzte ich ihn allerdings nie, auch heute nicht, aber beim Abschreiben ist er von Wert, und damals war er überaus hilfreich. Die fertige Diskette wurde nach Westberlin geschmuggelt, und ich arbeitete mit der Lektorin (Ingrid Krüger) am Manuskript, gab dem Verlag gegenüber die mit Frau Krüger vereinbarten Veränderungen als meine Reaktion auf die ostdeutschen Einwände aus und verunklarte zusätzlich alles, in dem ich vor jeder erneuten Abgabe die Daten für den Drucker leicht änderte, so dass die verschiedenen Typoskripte

---

[92] Aus diesem Brief geht hervor, daß er an Terrance Albrecht ging. Vom Datum und vom Inhalt her läßt sich vermuten, daß Albrecht ihm ein Exemplar seiner Dissertation – erst nach der Verteidigung – zukommen ließ, wahrscheinlich mit einem Begleitbrief. Mit diesem Brief ging Hein auf einige "Feststellungen" in Albrechts Dissertation ein. Die Arbeiten von Berger und Albrecht sind in Anbetracht der zitierten Quellen aus den Akten sehr nützlich. Diese Quellen sind dann allerdings von beiden Autoren nicht immer richtig interpretiert worden.

[93] Heins frühere Essays sprechen dieses Thema in verschiedenen Formen an, wie z.B. "Lorbeerwald und Kartoffelacker", "Öffentlich arbeiten", und "Worüber man nicht reden kann, davon kann die Kunst ein Lied singen". Hier wird wohl "Waldbruder Lenz" gemeint sein; zuerst erschienen in: *Connaissance de la RDA* (1981). H. 13. Paris 1981; danach, u.a. in Christoph Hein: *Öffentlich arbeiten*. Berlin 1987. Unter den verschiedenen Benennungen des Begriffs sei hier folgende zitiert: "Der Terminus Sklavensprache gehört zum politischen Vokabular: Er benennt den sozialen Stand des Sprechenden als den eines Ohnmächtigen, Unterdrückten, Versklavten. Er verweist auf einen Code, mit dessen Hilfe sich gleichartig Entrechtete verständigen und zu dessen Entschlüsselung die gleichartige soziale Erfahrung Vorbedingung ist". (S. 71) Daß Hein bewußt und konsequent vermied, sich einer "Sklavensprache" zu bedienen, zeugt von seiner Haltung gegenüber der Zensur, die er später in seiner berühmten Rede vor dem X. Schriftstellerkongreß der DDR vom 24. Bis 26. November 1987 verdeutlichte: "Die Zensur ist überlebt, nutzlos, paradox, menschenfeindlich, volksfeindlich, ungesetzlich und strafbar".

des Romans andere Seitenaufteilungen aufwiesen. Ich ahnte, dass die Zensoren nicht mehrmals das Typoskript wirklich lasen, sondern später nur noch nach den strittigen Stellen suchten. Das scheinbar stets völlig veränderte Skript 'bewies', dass ich daran gearbeitet hatte. Mit dem ostdt. Lektor (Drommer) arbeitete ich nicht, seinen Argumenten folgte ich nicht. Und zwar nicht, weil er etwa nicht gut war, sondern weil ich bei dem verschärften Druck (und die Forderungen der Zensur wurden mir stets über den Verlag und den Lektor mitgeteilt) nicht wusste, was sind seine persönlichen (durchaus schätzenswerten) Ansichten, was ist Meinung des Verlages, der möglicherweise grösseren Ärger mit dem Manuskript vermeiden will, und was sind die Forderungen der Zensur. Daher hörte ich mir lediglich an, was ich aus dem DDR-Verlag anzuhören hatte, und arbeitete am Manuskript tatsächlich nur mit Ingrid Krüger zusammen.

Es gibt einen einzigen Satz, der auf Druck der Zensur in diesem Manuskript gestrichen wurde: im 7. Kapitel, Kruschkatz-Passage, stand der Satz: 'Sie waren schlimmer als die Nazis.' Ich musste ihn ersetzen bzw. habe ihn ersetzt durch den (dann von mir bewusst farblos gehaltenen) Satz: 'Sie waren brutal.'

Über den Original-Satz mit mir überhaupt auch nur zu diskutieren, wurde abgelehnt. Man unterstellte mir, der Satz sei meine Meinung zur DDR. Das war und ist unsinnig. Ich setzte und setze das 3. Reich und die DDR nicht gleich, aber der Kunst-Figur gab ich das Recht so zu urteilen, denn für den Kommunisten Schneeberger muss es fürchterlich gewesen sein, von den politischen Freunden ins Gefängnis gesteckt zu werden. Verständlicherweise war für ihn die DDR-Haft bei seinen Genossen schlimmer als die KZ-Haft durch den politischen Gegner.

Ich war damals unschlüssig (und bin es bis heute), ob der Satz stehen bleiben soll und kann. Ich hätte ihn ohne die Zensurbehörde damals nicht gestrichen. Das o.g. mögliche Missverständnis hielt mich jedoch davon ab, ihn damals in der westlichen Ausgabe oder nach dem Mauerfall in der Ausgabe des Aufbau-Verlages aufzunehmen. Wie gesagt, ich bin dabei bis heute unschlüssig.

Brigitte Krüger

"Ein Spiel, nicht selbst gewählt, doch seinen Regeln unterworfen [...]."[1] Zum Spiel-Begriff bei Christoph Hein

Against a simplified reading of Christoph Hein's texts as chronicles of G.D.R. reality, the article tries to disclose poetical procedures which allow one to understand Hein's texts as part of a comprehensive critique of civilization itself. In this context the play appears to be the leading cultural metaphor. Based upon Huizinga's concept of play the article sketches a play/player typology for Hein's texts from the 1980s and early 1990s. The study concentrates on the zero sum game, the hazard game, and the Napoleon game. In the light of these considerations the apparently old-fashioned narrative models of the chronicler Christoph Hein gain new aesthetic relevance.

1. Vorspiel

"Bücher haben bekanntlich ihre Schicksale Aber nicht nur einzelne Bücher [...], sondern auch ganze Literaturen sind Kursschwankungen in der Gunst der Kritik wie des gemeinen Lesers ausgesetzt",[2] so beginnt Wolfgang Emmerich aus aktuellem Grund seine überarbeitete Fassung der *Kleine[n] Literaturgeschichte der DDR*. Daß das nicht nur auf Literaturen und einzelne Texte, sondern auf ihre AutorInnen in besonderem Maße zutrifft, gehört zu den Erfahrungen im Umgang mit der DDR-Literatur des letzen Jahrzehnts. Ursachen und Hintergründe solcher 'Kursschwankungen' sind weder linear benennbar noch verallgemeinerbar, wie es der Umgang der Literaturwissenschaft und Kritik mit Christoph Hein zeigt. Sie haben vor allem, aber nicht nur, mit dem Wandel des politischen Systems und der Veränderung von Maßstäben und Perspektiven zu tun, aber viel auch mit dem, was man die "Eigentümlichkeit" jedes Autors/jeder Autorin nennt. In seiner Gastvorlesung an der Friedrich-Schiller-Universität Jena (1981) gibt Christoph Hein mit dem Verweis auf das spannungsvolle Verhältnis von Literaturwissenschaft und LiteratInnen zu bedenken, daß Kritik sowohl

---

[1] Christoph Hein: Anmerkungen zu Lassalle fragt Herrn Herbert nach Sonja. Die Szene ein Salon. In: Ders.: *Öffentlich arbeiten. Essais und Gespräche*. Berlin und Weimar 1987. S. 29-33, hier S. 29 (folgend: ÖA).
[2] Wolfgang Emmerich: *Kleine Literaturgeschichte der DDR*. Erweiterte Neuausgabe. 2. Aufl. Leipzig 1997. S. 11.

Sachkenntnis als auch Selbstverständnis voraussetze: "[...] jede Messung erfordert, zuerst das Maß zu prüfen."³ Und an die Adresse der angehenden LiteraturwissenschaftlerInnen gewandt: Jeder einzelne Text, jeder Autor wolle, daß man sich um ihn bemühe; doch "wo Ihnen der Atem oder die Kraft dazu ausgehen oder auch nur die Lust, da bleibt Ihnen die Ästhetik, jenes feine Netz voller Knoten, Verstrickungen und Querverbindungen, jener Hanfstrick, mit dem die Literaturwissenschaft noch jeden Poeten in die für ihn reservierte Abteilung hängen konnte."⁴ Christoph Hein wußte, wovon er spricht. Ein leichtes Spiel hatten Literaturwissenschaft und Kritik nie mit ihm. Er gehört zu jenen AutorInnen, die sich einer vorschnellen Festschreibung mit dem Blick auf literarische Gattungen, Trends und Strömungen entziehen, und das "Von allem Anfang an".⁵ In einer "glitzernden Ungleichzeitigkeit von Traditionsaufnahme, von gegensätzlichen Auffassungen über Funktion, Möglichkeit und Stellenwert der Kunst im Leben der Gesellschaft", so Klemens Renoldner, nehme sich die zurückhaltende, auf Genauigkeit und Anschaulichkeit gerichtete Literatur eher "altväterlich" aus: "Denn sie spielt sich nicht auf, pinselt keine modischen Stimmungen aus, illustriert nicht bunt ein Milljöh. Sie packt nicht fantasyartig zu und imponiert nicht mit Tricks der postmodernen Art. Sie biedert sich auf eine sture Weise dem Zeitgeist NICHT an."⁶ Das bedeutet keineswegs, daß sein unbestechlicher Blick als Zeitgenosse nicht bemerkt worden wäre. Die provokanten Texte mit dem herzlosen Pathos, die den "versteinerten Verhältnissen" nicht nur im eigenen Land "die eigene Melodie"⁷ vorspielen wollten, machten ihn für viele Leser und Kritiker in Ost und West zum "erfolgreichsten und interessantesten Autor seiner Generation",⁸ für einige Verantwortliche bei der Erteilung von Druckgenehmigungsverfahren zum Verfasser einer Art 'Negativprosa', die die Leser ohne Orientierung zurücklasse. Als mit dem Ende der DDR auch die Hinterlassenschaft der DDR-Literatur in Frage gestellt wurde und so mancher sich mit der eiligst gewonnenen Überzeugung aus ihr verabschiedet, "alles, was an

---

³ Christoph Hein: Lorbeerwald und Kartoffelacker. Vorlesung über einen Satz Heinrich Heines. In: ÖA. S. 5-28, hier S. 10.
⁴ Ebd.
⁵ Vgl. Christoph Heins Roman *Von allem Anfang an*. Berlin und Weimar 1997.
⁶ Klemens Renoldner: Vom Pathos der Sachlichkeit. Ein Versuch über Christoph Hein. In: *DDR-Literatur/Österreichische Literatur. Ein Dialog 1989.* Hg. von Walter Weiss und Hans Höller. Stuttgart 1992. S. 43-64, hier S. 51.
⁷ Christoph Hein: "Ich bin der Leser, für den ich schreibe." Ein Gespräch mit Frauke Meyer-Gosau. In: *Christoph Hein. Text+Kritik.* H. 111. Hg. von Heinz Ludwig Arnold. München 1991. S. 81-91, hier S. 89.

der in der DDR entstandenen Literatur etwas tauge, sei nicht DDR-Literatur, sondern deutsche, europäische oder Welt-Literatur",[9] besteht Christoph Hein auf Herkunft und Prägung: "Dennoch werde ich als DDR-Schriftsteller in die Grube fahren oder als Ostdeutscher. Das Jahr '68 hat uns in Ost und West eben doch unterschiedlich geprägt. Was war schon die Studentenrevolte im Westen gegen die Ereignisse in Prag?"[10] Dahinter steht die Anerkenntnis dessen, daß Jahrzehnte so unterschiedlicher Geschichte und Lebensläufe nicht innerhalb weniger Jahre in einer gemeinsamen Erfahrung aufzuheben sind, wie auch die Aufforderung an die Literaturwissenschaft und Kritik, unter den Bedingungen veränderter Literaturverhältnisse im vereinten Deutschland die Ansprüche im Umgang mit der DDR-Literatur und den nach 1989 im Osten Deutschlands entstandenen Texten neu zu bedenken. Für Hans Peter Hermann bedeutet das,

> [...] die DDR-Literatur durchweg als eine Spielart moderner Literatur zu beschreiben und in diesem Horizont darüber zu reflektieren, wie und warum gerade diese Spielart im Industriestaat DDR, unter dessen politischen Bedingungen ausgearbeitet wurde, und: was das Ergebnis für die vereinigte deutsche Literatur und ihre Vergangenheit[en] fürderhin bedeuten könnte.[11]

In dieser 1998 veröffentlichten Studie kommt der Verfasser nicht umhin festzustellen, daß auch dort, wo sich westdeutsche Monographien deutlich in ihren Positionen "von den aggressiven Formen und literaturpolitischen Positionen des 'deutsch-deutschen Literaturstreites' 1989/90 absetzen", ihr "Platz auf der Seite des Siegers"[12] die bestimmende Perspektive vorgibt. Für die Auseinandersetzung der (vorwiegend westdeutschen) Literaturwissenschaft mit Christoph Hein in den 90er Jahren läßt sich eine solche Wahrnehmung "unerschütterlicher, vereinnahmender Wertperspektive[n]"[13] in der Regel bestätigen. Auffällig erscheinen folgende Tendenzen:

---

[8] Christoph Hein: *Horns Ende*. Mit einem Nachwort von Christel Berger. Berlin 1996. Hier zitiert aus dem Manuskript des Nachwortes.
[9] *Literatur in der DDR. Rückblicke*. Sonderband Text+Kritik. Hg. von Heinz Ludwig Arnold. München 1991. S. 7 (Vorbemerkung).
[10] Christoph Hein: "Ich werde als DDR-Schriftsteller in die Grube fahren." Ein Gespräch über deutsche Literatur, seinen Roman "Das Napoleon-Spiel" und über Pol Pot als mögliches Schicksal der Menschheit. In: *Freitag*. Vom 28. Mai 1993.
[11] Hans Peter Hermann: Der Platz auf der Seite des Siegers. Zur Auseinandersetzung westdeutscher Literaturwissenschaft mit der ostdeutschen Literatur. In: *Baustelle Gegenwartsliteratur. Die neunziger Jahre*. Hg. von Andreas Erb. Opladen, Wiesbaden 1998. S. 32-46, hier S. 44.
[12] Ebd. S. 33 und 32.
[13] Ebd. S. 34.

Nach wie vor dominiert auch für die Auseinandersetzung mit Christoph Heins Texten eine Lektüre, die Hermann "allegorisch" nennt, "als mehr oder weniger angemessene Darstellung eines bereits feststehenden, allgemein anerkannten Wissens über die Realität der DDR."[14] Distanz wird dagegen dort deutlich artikuliert, wo zur Kenntnis zu nehmen ist, daß Heins Texte sich nicht auf den kritisch-analytischen Blick des sehr einseitig ausgelegten Chronisten beschränken lassen, sondern Visionen einfordern. Auch in den Arbeiten von Wolfgang Emmerich wird der "Vordenker" und "literarische Wegbereiter" der friedlichen Revolution letztendlich doch zum "Erfüllungsgehilfen einer häßlichen Diktatur",[15] weil er wie andere Vertreter dieser zweiten Autorengeneration im "status melancholicus"[16] verblieben sei, das Bild vom "wahren Sozialismus" in den Schrein einer Utopie eingeschlossen habe. Die Fixierung auf einen "aufgeklärten Marxismus" mit den von Hein bewunderten Meisterdenkern Benjamin und Bloch habe es ihm nicht ermöglicht, sich zu Lebzeiten der DDR vom herrschenden Diskurs abzukoppeln und sich offenzuhalten für gesellschaftliche und weltanschauliche Alternativen. Damit habe auch er wie andere Vertreter dieser Autorengeneration nicht eigentlich Opposition, sondern "nur" Dissidenz gezeigt,[17] und auch seine Texte der 90er Jahre seien einer Mentalität verhaftet, die Emmerich als "Ostalgie"[18] beschreibt. Fast erübrigt es sich, darauf hinzuweisen, daß die allegorische Lektüre nicht nur politische Implikationen beinhaltet, sondern auch die poetologische Wahrnehmung des Autors und den ästhetischen Diskurs über seine Texte maßgeblich beeinflußt. Mitunter entsteht der Verdacht, daß das *Napoleon-Spiel* und andere den Alltag im vereinten Deutschland zum Gegenstand machende Texte (z.B. *Randow. Eine Komödie*, "Zaungäste", *Willenbrock*) nur deshalb von der Literaturwissenschaft der 90er Jahre als "durchsichtige Polemik wider die Westlermentalität"[19] und als künstlerisch weniger gelungen beiseite gelegt wurden, weil der "fremde Blick" als Anmaßung empfunden wurde. Vor allem in den 90er Jahren entstandene literaturwissenschaftliche

---

[14] Ebd.

[15] Wolfgang Emmerich: *Die andere deutsche Literatur. Aufsätze zur Literatur aus der DDR*. Opladen 1994. S. 7.

[16] Vgl. Wolfgang Emmerich: Status melancholicus. Zur Transformation der Utopie in vierzig Jahren. In: Ders.: *Die andere deutsche Literatur*. S. 175-189, hier S.180 und 182.

[17] Vgl. Wolfgang Emmerich: Im Zeichen der Wiedervereinigung; die zweite Spaltung der deutschen Literatur. In: Ders.: *Die andere deutsche Literatur*. S. 208-224, hier S. 215.

[18] Vgl. Wolfgang Emmerich: *Kleine Literaturgeschichte der DDR*. S. 498-506.

[19] Ebd. S. 20.

Arbeiten zu übergreifenden poetologischen Fragestellungen gehen von der These aus, daß die eigentliche Wirkung der Texte Heins auf ihrem diskursiven Charakter in Bezug auf die aktuelle zeitgenössische Problematik beruhe und weniger oder kaum aus den in den 90er Jahren weitgehend "verbrauchten", durch Wiederholung erschöpften bzw. altmodisch anmutenden ästhetischen Strukturen zu erklären sei. Uwe Wittstock kommt zu dem Schluß, daß Texte von *Horns Ende* bis zum *Tangospieler* in Abwandlung mit archaischen und veralteten Modellen und Handlungsmustern operieren (der Einzelne, der mit einem monolithischen Machtapparat konfrontiert wird und dessen Existenz in allen gesellschaftlichen Bereichen – politisch, beruflich, juristisch, privat – in Frage gestellt wird), die in einer "modernen Demokratie" mit subtileren Kontroll- und Kommunikationsstrukturen und "vielfältig sich überlagernden, durchkreuzenden und einander widersprechenden Machtfaktoren" zu trivial erscheinen,[20] um dann klarzustellen, "daß die einschlägigen Werke der DDR-Literatur mit dem Ableben der DDR als ein verdienstvolles und möglicherweise sogar mutiges, ganz sicher aber als ein endgültig abgeschlossenes Kapitel in die Geschichte eingehen."[21] Was sich an ästhetischer Problematisierung im einzelnen zeigt, verdichtet sich in der Frage nach der Tragfähigkeit eines literarischen Konzepts, das in einen vermeintlich unvermittelbaren Widerspruch zwischen aufklärerischem Impetus und autonomieästhetischem Anspruch gerate.[22] Auf Grund aktueller Einschätzungen kommt man mitunter zu dem Schluß, als seien AutorInnen, die sich in der Tradition der "Aufklärungs-Modernen" sehen und die – wie Christoph Hein – ihre Vorbehalte gegen einige postmoderne Positionen öffentlich machen, heute hoffnungslos "unmodern" und antiquiert, um das Verwirrspiel um die z.T. pejorative Handhabung solcher Begriffe wie Aufklärung, Vernunft und Moderne bzw. den Gebrauch des Autonomie-Begriffs zu komplettieren.[23] Um so notwendiger ist es, die bisherigen und in den 90er Jahren entstandenen Texte aus einseitigen Perspektiven und Prädispositionen herauszu-

---

[20] Uwe Wittstock: Abschied von der DDR-Literatur. In: *Kultur und Macht – Deutsche Literatur 1949-1989*. Hg. vom Sekretariat für kulturelle Zusammenarbeit nichttheatertragender Städte und Gemeinden in Nordrhein-Westfalen. Gütersloh, Bielefeld 1992. S. 41-51, hier S. 47.
[21] Ebd. S. 50f.
[22] Vgl. Hans-Peter Preußer: *Zivilisationskritik und literarische Öffentlichkeit. Strukturale und wertungstheoretische Untersuchungen zu erzählenden Texten Christoph Heins*. Frankfurt/M. et al. 1991. S. 113ff.
[23] Vgl. Wolfgang Emmerich: Gleichzeitigkeit. Vormoderne, Moderne und Postmoderne in der Literatur der DDR. In: Wolfgang Emmerich: *Die andere deutsche Literatur*. S. 129-150, hier S. 145.

nehmen und durch neue Zugänge und mit bekennender, jedoch nicht absolut gesetzter Ost- und Westperspektive den Blick für poetologische Veränderungen zu öffnen. In einem Gespräch aus dem Jahr 1991 bringt Klaus Hammer, bezogen auf die allegorische Interpretation einiger Theaterstücke Heins, ein wichtiges Stichwort ein: "Es sind doch Schau-Spiele, Denk-Spiele, und diese ihre ästhetische Funktion ist mitunter aus dem aktuellen Bedürfnis heraus zu kurz gekommen."[24] Der Spiel-Begriff, in künstlerischen und essayistischen Texten wie in Gesprächen vom Autor selbst ebenso häufig wie bedeutungsvoll "ins Spiel" gebracht, scheint eine Möglichkeit zu sein, das "Maß" an alte und neue Texte neu anzulegen. Stellt man ihn in die philosophische Tradition des 19. und 20. Jahrhunderts, kann er als Indiz für kultur- und zivilisationskritische Befunde in Heins Texten am Ende des 20. Jahrhunderts gelten. In seiner propädeutischen Funktion hilft er, das Geschaute oder Erzählte als "Kunstspiel" und "Spielmaterial" beschreibbar zu machen.

2. Spielen oder ausgespielt werden? Spielmodelle Christoph Heins im kulturkritischen Diskurs

An das Spiel als literarischen Topos wird man durch die Titel solcher Texte wie *Der Tangospieler* und *Das Napoleon-Spiel* nachdrücklich erinnert. Als struktur- und sinngebendes Moment ist es in Heins Texten jedoch wesentlich früher anzutreffen. Die Textsignale sind zu auffällig, um sie als Interpretenwillkür abzutun. Vielmehr verstärkt sich der Eindruck, daß dieser literarische Topos textübergreifend kultur- und zivilisationskritische Befunde aufruft und von Text zu Text weiterträgt, die sich dann vor allem im *Napoleon-Spiel* zu einer "Theorie vom Spiel" verdichten, wie man es vergleichsweise von Hesses *Glasperlenspiel* kennt. Um nur einige Beispiele zu nennen:

Für die Anlage seines Stückes *Cromwell* ist es nicht unerheblich, wenn es mit der Szene im Billardzimmer eröffnet wird. Das Billardspiel wird zum symbolischen Vorgang mit vorausdeutender Funktion. Hier und nicht in der Sitzung des Parlaments nebenan werden Strategie und Taktik der Revolution bestimmt. Hier werden, wie später im *Napoleon-Spiel* zu lesen ist, die "fast unendlichen Spielmöglichkeiten des Stoßes und die Stoßpunkte des Balls" berechnet. Hier kann man lernen, wie wichtig es ist, das Spielfeld und das Material zu kennen, und vor allem, daß das Spiel durch die Art der Ausführung und durch die Eleganz des allerletzten Stoßes ent-

---

[24] Klaus Hammer: "Dialog ist das Gegenteil von Belehren." Gespräch mit Christoph Hein. In: *Chronist ohne Botschaft. Christoph Hein. Ein Arbeitsbuch.* Hg. von Klaus Hammer. Berlin und Weimar 1992. S. 11-50, hier S. 17 (folgend: ChoB).

schieden wird.[25] In Szene gesetzt wird Cromwell als der, der neben dem Billardtisch steht, aber nicht mitspielt. Er kennt weder das Spiel noch die Regeln. "Dieser Kleinbürger Cromwell griff nach der Revolution wie die Landfräuleins nach den Tarockkarten",[26] heißt es im Text. So wird er nicht nur zum Spielball der Londoner Pfeffersäcke und Banker, sondern zum Bluthund an seinen eigenen Partnern im großen Revolutionsspiel.

Der Salon wird zum Spielfeld der Selbstinszenierung für den Führer einer (noch nicht existierenden) revolutionären Arbeiterschaft, die Rolle des Arbeiterführers Lassalle zur Möglichkeit, sich selbst auf Kosten einer Idee und seiner Anhänger zu "transzendieren". Der Spieltrieb erscheint zwanghaft wie der Sexualtrieb, der von den "Zwängen und Hüllen dessen, was wir Kultur nennen, befreite Mensch" reduziert auf einen "höchst einfach funktionierenden Genitalapparat",[27] wie im *Fremden Freund* und später auch im *Napoleon-Spiel* als ironischer Kommentar nachzulesen ist. Ah Q und Krätzebart Wang aus dem Stück "Die wahren Geschichten des Ah Q" haben die vermeintlich weltverändernde Erfahrung des "Homo faber" hinter sich gelassen und längst vergessen, was ihre "Bestimmung" ist. Ihre Sehnsucht nach Lebendigkeit und ihr Bedürfnis nach Entgrenzung reduziert sich auf Denk-Spiele und auf das Spiel mit der Sprache: das Wort "Anarchie", das für sie als einzige Alternative vorgibt, "gegen alles"[28] zu sein, wird zum Zauberwort mit orgiastischer Wirkung. Denk-Spicle sind es auch in Heins Stück "Passage" nicht, die die Wartenden aus ihrer Agonie herausholen. Wie *Cromwell* wird auch dieses Stück eröffnet mit einem Spiel – einem Schachspiel zwischen dem Intellektuellen Frankfurter und dem Arbeiter Kurt, in dem der Intellektuelle dem Arbeiter taktische Hinweise gibt, wie er dem drohenden Matt entgehen kann. Es gibt dem ganzen Stück symbolisch die Aura des Unwirklichen: "Das Ganze ist ein Spiel. Wir spielen Sommerfrische, das Dorf spielt den Ahnungslosen. Solange sich alle daran halten, geht es gut",[29] heißt es in Anerkenntnis der Gefährdung Betroffener wie Geduldeter im Stück. Der Preis ist die mit der Ver-

---

[25] Christoph Hein: *Das Napoleon-Spiel*. Berlin und Weimar 1993. S. 101f. (folgend: NS).
[26] Christoph Hein: *Cromwell. Ein Schauspiel*. In: Theater der Zeit 33 (1978). H. 7. S. 51-64, hier S. 57.
[27] Christoph Hein: *Der fremde Freund*. Berlin und Weimar 1982. S. 81 (folgend: FF).
[28] Christoph Hein: Die wahren Geschichten des Ah Q. Nach Lu Xun. In: Ders.: *Die Ritter der Tafelrunde und andere Stücke*. Berlin und Weimar 1990. S. 5-60, hier S. 14.
[29] Christoph Hein: Passage. In: Ders.: *Die Ritter der Tafelrunde*. S. 61-130, hier S. 79.

kennung der Realität einhergehende psychische und physische Deformation – bis an die Grenze der Selbstverleugnung, ja Selbstaufgabe.

Den genannten Texten ist die Wahrnehmung der Ambivalenz des Spiels gemeinsam, dem, durch die aufklärerische Tradition wesentlich geprägt, eine "elementare Funktion im menschlichen Leben",[30] ja dem der eigentliche Ursprung menschlicher Kultur zugeschrieben wird. Ihre Befunde stehen für einen radikalen Verlust, ja Abbau aller mit dem Spiel verbundenen positiven Werte. Die Grenzen zwischen dem Menschenmöglichen des Spiels und seiner Pervertierung bzw. Korrumpierung werden fließend, die Pole scheinen z.T. in ihr Gegenteil verkehrt. Muß es zu einem Zeitpunkt, wo Endzeitphilosophien und postmodernes Denken "Zeichen eines kulturellen Wandels"[31] markieren, nicht gerade nostalgisch anmuten, wenn in kulturtheoretischen und poetologischen Diskursen der beiden letzten Jahrzehnte mit einer "Hermeneutik des Spiels" Kriterien für zivilisationskritische Befunde erinnert werden, die das Spiel vor allem anthropozentrisch deuten und nahezu ungebrochen vom Menschen als Subjekt und Nutznießer der "freien Betätigung" und "Selbstbewegung"[32] ausgehen? Die 1938 von dem holländischen Professor für Geschichte an der Universität Leiden, Johan Huizinga, vorgelegte Studie zum *Homo Ludens*, in auffälliger zeitgeschichtlicher Parallelität zu Hesses *Glasperlenspiel* (1943) stehend, einer Zeit, als es "weit verbreitet war, mit allen Inhalten unserer Kultur zu spielen",[33] ja sie aufs Spiel zu setzen oder gar zu verspielen, gilt bis heute als umfassendster kulturhistorischer Versuch, das Spiel als primäre humane Lebensäußerung darzustellen bzw. in Gegenüberstellung zum "homo faber" Möglichkeiten menschlicher Emanzipation in gesellschaftlichen Assoziationen zu beschreiben. Hans Georg Gadamers Ansätze einer Hermeneutik des Spiels in *Wahrheit und Methode* (1960) sind der Versuch, an Schillers Gedanken der Ganzheitlichkeit erinnernd, seinem eigenen Kunstbegriff eine anthropologische Basis zu geben. Ausgehend von der von Huizinga vorgeschlagenen Definition, wonach Spiel zu verstehen ist als

[...] eine freie Handlung [...], die als 'nicht so gemeint' und deshalb außerhalb des gewöhnlichen Lebens stehend empfunden wird und trotzdem den Spieler völlig in Beschlag nehmen kann, an die kein materielles Interesse geknüpft ist

---

[30] Hans-Georg Gadamer: *Vom Wesen des Schönen*. Stuttgart 1977. S. 29.
[31] *Postmoderne im Zeichen eines kulturellen Wandels*. Hg. von Andreas Huyssen und Klaus Scherpe. Reinbek bei Hamburg 1986.
[32] Vgl. Hans-Georg Gadamer: *Vom Wesen des Schönen*. S. 30.
[33] Hans Mayer: Hesses "Glasperlenspiel" oder Die Wiederbegegnung. In: *Materialien zu Hermann Hesse "Das Glasperlenspiel"*. Bd. 2. Hg. von Volker Michels. Frankfurt/M. 1974. S. 149.

und mit der kein Nutzen erworben wird, die sich innerhalb einer eigens bestimmten Zeit und eines eigens bestimmten Raums vollzieht, die nach bestimmten Regeln ordnungsgemäß verläuft und Gemeinschaftsverbände ins Leben ruft, die ihrerseits sich gern mit einem Geheimnis umgeben und durch Verkleidung als anders als die gewöhnliche Welt herausheben [...],[34]

könnten folgende Determinanten als Kriterien der Bewertung aktueller Wahrnehmung von Bedeutung sein:

Erstens die Aufforderung zur Entgrenzung und Anarchie: Sie meint sowohl das Außerkraftsetzen von Regeln und Normen bestehender Ordnungssysteme der äußeren Realität (gesellschaftliche, moralische Normen, aber auch physikalische Regeln von Ort und Zeit) als auch die Bereitschaft, die eigene Identität aufzugeben oder zumindest in Frage zu stellen. Beides ist nach Auffassung der o.g. Autoren Voraussetzung für die Konstruktion einer Als-Ob-Situation, einer nach selbstgesetzten Regeln und auch nach dem Prinzip des Zufalls funktionierenden Welt: "Spiel ist nicht das 'gewöhnliche' oder das 'eigentliche' Leben. Es ist vielmehr das Heraustreten aus ihm in eine zeitweilige Sphäre von Aktivität mit einer eigenen Tendenz [...]."[35]

Zweitens der Zustand von Zwanglosigkeit: Das heißt, das Spiel funktioniert frei von unmittelbaren Zwecksetzungen, von der Ausrichtung auf einen existentiellen Nutzen. In der folgenlosen Bewegung und Selbstbewegung ist die Basis für ein Glücksgefühl zu sehen, das ganz unterschiedlich ausgefüllt wird: als Erfahrung einer im Spiel noch herstellbaren Totalität und Einheit der Person in einer selbstgeschaffenen Welt, die in der modernen Wirklichkeit so nicht herstellbar ist; als Schöpfungs- und Herrschaftsgefühl; als Spaß an Ungewißheit, Rätsel und Geheimnis; als Freude an der Verwandlung und am Rollenspiel; als Kompensations- und Spannungsabfuhr fiktiv ausgelebter Konflikte; als Genuß an erfahrener Sozietät und Partnerschaft, denn Spiel beruht wesentlich auf Partnerschaft und kommunikativem Tun und hat zur Voraussetzung, "daß jeder bei einem Spiel Mitspieler ist".[36]

Das dritte Kriterium schließlich ist die Aufforderung zu Projektionen und Entwürfen "jenseits des Horizonts", zum Mut zur Utopie, indem seine

---

[34] Johan Huizinga: *Homo Ludens. Vom Ursprung der Kultur im Spiel.* Reinbek bei Hamburg 1956. S. 20.
[35] Ebd. S. 15.
[36] Hans-Georg Gadamer: *Vom Wesen des Schönen.* S. 37. Vgl. auch: Antoinette, Helmut, Michael und Stephan Becker: Angst vor dem Spielen. In: *Spiele und Vorspiele. Spielelemente in Literatur, Wissenschaft und Philosophie.* Hg. von Hansgerd Schulte. Frankfurt/M. 1978. S. 19-31, hier S. 27.

einzigartige Verbindung von Intuition, Einbildungskraft und Verstand genutzt wird.[37]

Auf diesem Hintergrund wäre zu fragen, in welchen Grundsituationen und Szenarien bzw. auf welchen Spielfeldern die Figuren Christoph Heins ihre Arrangements treffen und inwieweit sich bestimmte Spiel-/Spielertypologien zu erkennen geben, die Auslöser eines kulturkritischen Diskurses sein könnten. Nimmt man die Texte der 80er bis Anfang der 90er Jahre, erscheint eine Grundsituation als dominant, in der sich die Figuren im Wartestand befinden. Sie agieren in einer hermetisch geschlossenen Gesellschaft, in der Entwicklung – die der Gesellschaft wie auch die eigene – zum Stillstand gekommen ist. Im Wartezustand – in der "Passage" – drohen sie zu erstarren. In einer solchen ökonomisch, politisch und sozial regressiven Situation, in der sich das Individuum nicht mehr herausgefordert sieht bzw. in der wirkliche Identität als Teilnahme, Beteiligung oder Aktion im historischen Prozeß nicht mehr herstellbar und individuell verantwortbar erscheint, müssen sie ihre Arrangements mit dem scheinbar Unabänderlichen treffen. Aus der Sozialpsychologie ist bekannt, daß Individuen in solchen Situationen doppelten "Fremdwerdens" in ein Rollenspiel eintreten, eine Rolle "zur Schau stellen", um den Identitätsverlust zu kompensieren oder aber in der vorgestellten Rolle Kraft zur Grenzüberschreitung, Veränderung, Produktivität zu gewinnen. Heins Figuren, so stellt auch Klaus Hammer fest, erfahren "die banale Ereignislosigkeit ihres Lebens als Rollenspiele an sich."[38] Drei solcher "Rollenspiele" sollen näher betrachtet werden:

Das "Nullsummenspiel"

Gedanklich-logisch bewegt es sich in einem Zirkelschluß, bei dem das zu Beweisende schon als das Unumstößliche vorausgesetzt wird. Mit dem Begriff "Nullsummenspiel" resümiert der Historiker Dallow im ersten Teil des Romans *Der Tangospieler* seine vergeblichen Versuche, aus dem unsäglichen Kreislauf eines banalen, ereignislosen Alltags auszubrechen und aus eigener Kraft den Sprung in eine neue Lebensbahn zu wagen, um dann resigniert festzustellen, daß sich alle Kraft darin erschöpft hat, den Einsatz am Ende wettzumachen, ahnt er doch, "daß Gewinn und Verlust in seinem Leben sich stets die Waage hielten und er bislang und bis zum Ende seiner Tage einem Nullsummenspiel aufsitzen würde."[39] Die Ahnung bestätigt

---

[37] Vgl. Hans-Georg Gadamer: *Vom Wesen des Schönen*. S. 27.
[38] ChoB. Vorwort. S. 8.
[39] Christoph Hein: *Der Tangospieler*. Berlin 1994. S. 65. (folgend: TS). Unter der Überschrift "Das Nullsummenspiel eines Windflüchters" analysiert Andrea Hilbk

sich bekanntlich, was den äußeren Ablauf der Ereignisse betrifft: Der an der Leipziger Universität angestellte Historiker, der fast zwei Jahre dafür im Gefängnis zugebracht hat, daß er aushilfsweise und unwissentlich in einem Studentenkabarett einen Text auf dem Klavier begleitet hat, der führende Persönlichkeiten des Staates verächtlich gemacht haben soll, kehrt nach dieser "Irritation" und einem scheiternden Ausbruchversuch aus seinem alten Leben durch die Posse eines Kollegen in einer ganz und gar nicht marginalen zeitgeschichtlichen Situation – es ist das Jahr 1968 – als Dozent an das historische Institut zurück. Um ein Nullsummenspiel, in dem Gewinn und Verlust scheinbar ausgeglichen werden, geht es auch in der Novelle *Der fremde Freund*. Die knapp vierzigjährige Ärztin Claudia hat – ähnlich wie der Historiker Dallow – ihr Arrangement im Leben getroffen. Die Beziehung zum fremden Freund Henry Sommer droht für kurze Zeit dieses Arrangement aufzukündigen und gibt mühsam verdrängtem Begehren nach Berührung, Wärme, dem Aufspüren von Verletzungen in der Kindheit und in der Vergangenheit Spielraum, bis der versehentliche Tod Henrys die Beziehung und damit den "Einbruch der Spontaneität [...] ins Leben der Ich-Erzählerin"[40] beendet. Von da ab investiert sie alle Kraft in die Wiederherstellung einer schon weit vorher modellierten Rolle, bis der "stumme Schrei"[41] in ihr lautlos verhallt. Die Stufen hin zu dieser "Selbstfindung" sind als sprachliche Differenz von Verneinung und Bejahung innerhalb weniger Seiten kenntlich gemacht: Heißt es, die eigene Situation vorsichtig resümierend, zunächst: "Jetzt, ein halbes Jahr nach Henrys Beerdigung, habe ich mich eingerichtet, wieder allein zu sein. Es geht mir gut oder doch zufriedenstellend. Ich vermisse nichts [...]. Wünsche habe ich nicht mehr viele, und ich weiß, ich werde sie mir nicht erfüllen können" (FF 206), so ist wenige Seiten später als positive Bekräftigung zu lesen: "Was mir Spaß macht, kann ich mir leisten. Ich bin gesund. Alles was ich erreichen konnte, habe ich erreicht. Ich wüßte nicht, was mir fehlt. Ich habe es geschafft. Mir geht es gut. Ende." (FF 212) Was den Figuren auf diesem Weg der Wiedereingliederung geschieht, ist ein Akt der Selbstzerstörung, der im Nullsummenspiel nicht aufgeht. Er beginnt damit, daß die Figuren erst dann zu sprechen beginnen, als sie ihre Modellierung schon längst hinter sich haben. Aus sozialpsychologischer Sicht bedeutet das: Sie haben sich einem Leben, das in erheblichem Maße administrativ

---

den *Tangospieler*. Andrea Hilbk: *Von Zirkularbewegungen und kreisenden Utopien. Zur Geschichtsdarstellung in der Epik Christoph Heins*. Augsburg 1998. S. 63ff.
[40] Wolfgang Emmerich. *Kleine Literaturgeschichte der DDR*. S. 307.
[41] Vg. Christl Kiewitz: *Der stumme Schrei. Krise und Kritik der sozialistischen Intelligenz im Werk Christoph Heins*. Tübingen 1995.

strukturiert ist, schon längst ergeben durch ihre Bereitschaft zur Annahme einer der gesellschaftlichen Erwartungshaltung entsprechenden Rollenidentität, die nicht selten mit der Preisgabe individueller Ansprüche bezahlt wird. Das ist auch dort bereits geschehen, wo Heins "Nullsummenspieler" dieser Erwartungshaltung auf sehr niedrigem Niveau, mit noch ahnbarer Renitenz entsprechen, betrachtet man ihr berufliches Ethos, ihr gesellschaftliches Engagement, ihr Maß an sozialer Verantwortung. Sie haben sich hinsichtlich der angesprochenen Erwartungen soweit reduziert und auf ein Rollenbewußtsein "eingelobt", daß sie in den erstarrten Verhältnissen unauffällig funktionieren wie das Gleichmaß des Perpendikelschlages einer alten Wanduhr, das auch den alltäglichen Verrichtungen das Gerüst gibt: "Die Uhr bestimmt das Immergültige, gibt einen Rhythmus vor, an dem sich jeder orientieren kann und orientiert, als einziger Wert besitzt die Zeit noch absolute Gültigkeit."[42] Wenn sich beide Figuren dennoch auf solche Entgrenzungsversuche einlassen, ist ihr Scheitern auch deshalb vorprogrammiert, weil sie für die Chance eines Neuanfangs keine Projektionen haben: Dallow etwa, der für sich eine eigene Zeitrechnung festlegt. Er will mit dem Tag seiner Entlassung aus dem Gefängnis eine "Stunde Null" ansetzen, von der aus noch einmal eine neue Weichenstellung möglich wird. Mit Hilfe seines Ersparten verschafft er sich den Spiel-Raum, "nur um jeder, auch der geringsten Nötigung" (TS 79) zu entgehen. Was er erfährt, ist das Paradoxon einer Doppelohnmacht: Einerseits kann er die neugewonnene Freiheit nicht ausfüllen, weil "seine Zukunft ein großes weißes erschreckendes Blatt" ist und dieses Wort bei ihm "eine Lähmung des Gehirns" (TS 37) verursacht. Sie ist für ihn nicht anders denkbar als Verlängerung dessen, was geschehen ist und gerade geschieht – "leere Zeit", das verhängnisvolle Kontinuum. Andererseits muß er erfahren, daß er auf solche Weise in der Gesellschaft nicht existieren kann, ohne zum Außenseiter zu werden. Zu sehr ist er durch die Lebensformen dieser Gesellschaft geprägt. So fängt ihn auch die Ohnmacht ein, die in den Verhältnissen liegt.[43] Diese Doppelohnmacht ist es, die Dallows Sehnsucht nach der Zelle als der ihm angemessenen Daseinsform, sein Bedürfnis, wie "eine kleine elektrische Eisenbahn" wieder "möglichst paßgerecht auf der alten Schiene aufgesetzt zu werden" (TS 110), erklärt. Auch Claudias Bedürfnis nach Anpassung erzeugt Repression nach außen wie nach innen. Die Sehnsucht der Ich-Erzählerin nach dem "anderen Ufer" gerät zum Alptraum, das Bedürfnis nach Berührung gewinnt durch die Erinnerung an nahezu unwirklich erscheinende Figuren wie Katharina, Eva und Maria

---

[42] Andrea Hilbk: *Von Zirkularbewegungen und kreisenden Utopien.* S. 142.
[43] Vgl. Friedrich Dieckmann: Christoph Hein, Thomas Mann und der Tangospieler. In: ChoB. S. 153-157, hier S. 156.

eine ferne mythische Dimension. "Das Sicherheitsbedürfnis des Menschen", heißt es in einer Studie zum Spielbegriff, "ist utopie- und spielfeindlich. Ein klassischer Ausdruck dieses Sicherheitsbedürfnisses ist die Formel: das Leben, die Stellung, das Vermögen 'auf's Spiel' setzen."[44] In der Tat versucht die Ich-Erzählerin, alles Lebendige, Unkalkulierbare, Unbeherrschbare aus ihrem Alltag zu verbannen wie die ungewollten Schwangerschaften. Ihre Leidenschaft für das Fotografieren dagegen entspricht ihrem Bedürfnis nach Einflußnahme auf kalkulierbare Prozesse. Entwicklung scheint für sie ein Begriff zu sein, den sie sich nur im Zusammenhang mit der Einwirkung auf einen chemischen Prozeß gestattet, an dessen Abschluß ein versachlichtes Ergebnis fixiert ist. Den eingefangenen Landschaftsmotiven, die Verfall im Stillstand festhalten, fehlt das "Verwelken, Vergehen und damit die Hoffnung" (FF 210). Jens F. Dwars bezeichnet das Ergebnis dieses Subjektverlustes als "Emanzipation zum Ding, das Dinge zeugt, seelenlose Bilder."[45] Gemeinsam ist den Figuren, daß das Begreifen ihres Subjektverlustes zum Rückzug in ein Gehäuse von Gewohnheiten und Ritualen führt. Das bedeutet nicht nur die Aufgabe ihres anarchischen Potentials, von dem außer in den "Wahren Geschichten des Ah Q" auch im *Fremden Freund* und im *Tangospieler* die Rede ist, sondern diese Art der Wiedereingliederung macht sie spielunfähig (im Fall Dallows im wörtlichen Sinne), wandlungsunfähig und damit lebensunfähig (FF 100).[46] Die Textbefunde sind indessen von noch weiterreichender Konsequenz im Hinblick auf die Diskussion dominanter gesellschaftstheoretischer Konzepte des 20. Jahrhunderts. Nicht zufällig korrespondieren sie mit der in Heins Essay "Waldbruder Lenz" diskutierten, auf Marx und Engels zurückgehenden "Verelendungsthese",[47] wonach die Chance zu revolutionärer Veränderung dann am größten sei, wenn die (materielle?) Verelendung der unterdrückten Klasse ihren Scheitelpunkt erreicht habe. Sie spielt auch in Heins Auseinandersetzungen mit den geschichtsphilosophischen Auffassungen Walter Benjamins seit Beginn der 80er Jahre des vergangenen Jahrhunderts eine nicht unerhebliche Rolle. Zu verweisen ist

---

[44] Antoinette, Helmut, Michael und Stephan Becker: Angst vor dem Spielen. S. 24.
[45] Jens-F. Dwars: Hoffnung auf ein Ende. Allegorien kultureller Erfahrung in Christoph Heins Novelle "Der fremde Freund". In: Heinz Ludwig Arnold (Hg.): *Christoph Hein. Text+Kritik.* S. 6-15, hier S. 10.
[46] Beim Betrachten alter Hochzeitsfotos entdeckt die Erzählerin hinter den "verängstigten Gesichtern" die Anarchisten, in deren Augen "etwas vom Glück und der Hoffnung aller Anarchie" schimmert. Die "Ordnung" jedoch als die "einzig denkbare Alternative" zieht sie hinein in die "alten Unerträglichkeiten", so daß der Tag der Revolte schon am Anfang sein Ende findet.
[47] Christoph Hein: Waldbruder Lenz. In: ÖA. S. 70-96, hier S. 76.

u.a. auf eine im *Passagen-Werk* Benjamins geäußerte Auffassung, wonach Situationen des Stillstands, der Stagnation "sinnentleerte Zustände" darstellen, die die Möglichkeit zur Aktion und zum Aufbruch in sich trügen. Zum Stichwort "Langeweile" bemerkt Benjamin: "Langeweile haben wir, wenn wir nicht wissen, worauf wir warten. Daß wir es nicht wissen oder zu wissen glauben, das ist fast immer nichts als der Ausdruck unserer Seichtheit oder Zerfahrenheit. Die Langeweile ist die Schwelle zu großen Taten".[48] Inwieweit eine solche These, die sich auf die Klassenpolarität in der zweiten Hälfte des 19. und in der ersten Hälfte des 20. Jahrhunderts bezog, noch Schlüsse im Hinblick auf revolutionäre Schübe oder "Entgrenzungs"-Sehnsüchte zuläßt, wenn die materielle Lage nicht existentiell, die Struktur des Gesellschaft grundlegend verändert und die soziale und intellektuelle Regression schleichend ist, ist offensichtlich nicht nur auf die Welt "gestockten Daseins" im real existierenden Sozialismus zu beziehen, sondern bleibt als Fragestellung immer dort bestehen, wo Individuen sich in die gegebene Sozietät nicht eingebunden fühlen.

Das Hasardspiel

Reagieren die Figuren des Nullsummenspiels auf die von ihnen als ausweglos und unveränderlich erfahrenen Situationen mit intellektuellen Rückzugs- und Anpassungsstrategien, entwickelt Hein komplementär dazu einen Figurentyp, der die Entgrenzung im Außenseitertum sucht, im Ausleben exzessiver Situationen. Paradigmatisch hierfür kann die Figur des Henry Sommer aus der Novelle *Der fremde Freund* stehen. Der Architekt Henry Sommer, der von sich sagt, er baue im wirklichen Leben "immerfort kleine, genormte, unnütze Atomkraftwerke, bei denen der Fluß einmal rechts und einmal links vorbeiführt" (FF 36), nennt als seinen Traumberuf "Rennfahrer oder Stuntman. Stuntman für Verfolgungsfahrten." (FF 38) Er lebt im Verlauf der Handlung nicht nur mehrfach diese Rolle aus, er wird von Hein auch unübersehbar als Kunstfigur inszeniert: als Hasardeur mit Filzhut, der Reminiszenzen an den Schauspieler Humphrey Bogart wie an den Maler Joseph Beuys herstellt: "Dieser Hut verweist nicht nur auf die Schauspieler-Natur des modernen Menschen, sondern zeigt die bewußte Übernahme einer Rolle an, ist also Requisit in einem Spiel",[49] stellt Christl Kiewitz fest. Seine Lust am Spiel stellt er nicht nur in der Inszenierung wilder Gangstergeschichten vor unbekannten Kneipenbesuchern unter

---

[48] Walter Benjamin: *Gesammelte Schriften*. Unter Mitwirkung von Theodor W. Adorno u. Gershom Scholem. Hg. von Rolf Tiedemann u. Hermann Schweppenhäuser. Frankfurt/M. 1972-1989. Bd. V,1. S. 161.
[49] Christl Kiewitz: *Der stumme Schrei*. S. 181.

Beweis, sondern vor allem auf riskanten Autofahrten, bei denen er das Leben als Geschwindigkeitsrausch erfährt. Im Fahren sucht er das Risiko auf Leben und Tod: er provoziert den Schock durch verzögerte Schaltmanöver und schnelle Beschleunigung, sich und andere in Gefahr bringend. Im Spiel will er das verpaßte "Leben einholen".[50] Indem er die Zeit überlistet, will er spüren, daß er lebt: "Ich fürchte mich nicht davor zu sterben, schlimmer ist für mich, nicht zu leben."(FF 38) Menschen, die sich ihren Leidenschaften und dem Ausleben von Affekten auf "Gedeih und Verderb" ausliefern, werden gewöhnlich als Hasardeure bezeichnet. Die Sozialpsychologie versteht unter dem Hasardspiel eine Erscheinungsform des Spiels, in dem die Spielleidenschaft wesentliche Antriebsmechanismen des Spielers auf eine Weise überlagert, so daß die im Verlauf des Spiels erfahrene Entspannung durch die Entladung von Aggressionen und Gefühlsstaus durch fehlende Herausforderung in der Wirklichkeit zur Sucht wird.[51] Walter Benjamin, der in seinen kulturkritischen Studien vielfältige Notizen zum Spiel gesammelt hat, die sich zu einer "Theorie des Spiels"[52] verdichten lassen, bezeichnet das Hasardspiel als ein Phänomen des mit dem Kapitalismus im 19.Jahrhundert einsetzenden Verdinglichungsprozesses. Seine Besonderheit bestehe im Ausleben der natürlichen Reflexe unter Umgehung des Bewußtseins und dessen, was man "Geistesgegenwart" nennt. Im "Konvolut O" gibt er als Antwort auf die Frage, was den Rausch des Hasardspiels ausmache:

---

[50] Mit den Figuren "das Leben einholen", "das Leben einfangen" und "das Leben lassen" untersucht Heinz-Peter Preußer an der Novelle *Der fremde Freund* entfremdete Selbstfindungsmodelle, die Parallelen zu den Spielsituationen aufweisen. Vgl. Hans-Peter Preußer: *Zivilisationskritik und literarische Öffentlichkeit*. S. 77f.
[51] Vgl. *Dorsch. Psychologisches Wörterbuch*. Hg. von Hartmut Häcker u. Kurt H. Stapf. Bern et al. 1998. S. 11.
[52] Eine geschlossene "Theorie des Spiels" hat Walter Benjamin nicht hinterlassen. Dennoch durchzieht der Spiel-Begriff Teile seines Gesamtwerks als "Denkbild". Das *Passage-Werk* trägt Spielcharakter, und vielfältig sind die im Gesamtwerk aufzufindenden Aspekte des Spiels, die vor allem auch einen Versuch darstellen, in der kulturgeschichtlichen Analyse des 19. Jahrhunderts Spielformen als Teil der Struktur der Gesellschaft zu beschreiben. Zu verweisen ist u.a. auf das "Konvolut O" des *Passagen-Werks* (Bd. V), auf das Kapitel IX von "Über einige Motive bei Baudelaire" (Bd. I), auf die "Notizen zu einer Theorie des Spiels" (Bd. VI), "Das Spiel" (Bd. IV) und "Die glückliche Hand. Eine Unterhaltung über das Spiel" (Bd. IV) in: Walter Benjamin: *Gesammelte Schriften*. Vgl. dazu auch: Heiner Weidmann: *Flanerie: Sammlung. Spiel. Die Erinnerung des 19. Jahrhunderts bei Walter Benjamin*. München 1992. S. 114ff.

Es beruht auf der Eigentümlichkeit [...], die Geistesgegenwart dadurch zu provozieren, daß es in rascher Folge Konstellationen zum Vorschein bringt, die – eine von der anderen ganz unabhängig – an eine jeweils durchaus neue, originale Reaktion des Spielenden appellieren. Der Sachverhalt schlägt sich in der Gewohnheit der Spieler nieder, den Einsatz, wenn möglich, erst im letzten Moment zu machen. Es ist das zugleich der Augenblick, in dem nur noch für ein rein reflektorisches Verhalten Raum bleibt. Dieses reflektorische Verhalten des Spielers schließt die 'Deutung' des Zufalls aus. Der Spieler reagiert vielmehr auf den Zufall so wie das Knie auf den Hammer im Patellarreflex.[53]

Im Alltag verkürzt als Ausdruck individueller Haltlosigkeit und kultureller Verwahrlosung, wird das Hasardspiel von Hein aus dieser Einseitigkeit befreit. Es wird symptomatisch entwickelt für kulturelle Verluste und deren Kompensation durch Lebensersatz. Ist es bei Claudia die Hybris des Rationalen, die zum Lebensverrat wird, die alles Lebendige und Spontane in ihr unterdrückt, so ist das Hasardsspiel als Herausforderung des Lebenstriebes bei Henry wie auch in den schnellen Autofahrten bei Dallow auf die Spitze getrieben und gleicht dennoch einer Flucht aus den Verbindlichkeiten des realen Lebens. Christl Kiewitz macht das überzeugend an der im Text vorgeführten Stuntman-Haltung deutlich, die ja das Paradoxon der doppelten Täuschung voraussetzt. Diese Haltung beruhe, so die Verfasserin, auf "Imitation der Realität in der Fiktion".[54] Sie dürfe somit nur ein partielles Rollenbewußtsein für sich in Anspruch nehmen – bei vollem Risiko. Die Lebenswirklichkeit werde nur noch als "Spiel um das Entkommen",[55] die Todesnähe als Versuch der Entgrenzung aufgefaßt. Und selbst die Herausforderung des Überlebenstriebes erfolge unter den Voraussetzungen einer "falschen" Wirklichkeit.[56] Paradox muß es deshalb auch erscheinen, wenn der Figur des Henry Sommer nicht die tödliche Gefahr der Raserei zum Verhängnis wird, sondern gerade die Selbstzucht – die Verständigung des Körpers mit dem Kopf. Aus dieser Perspektive wäre auch eine Deutung des Stückes "Passage", vor allem des märchenhaft erscheinenden Schlusses, überlegenswert, wie sie Fischer vorschlägt: Die Not des Wartens, so Fischer, habe die Mobilität ihrer Erfahrung und ihre Fähigkeit zum strategischen Denken erschüttert. Der Schock (der Einbruch der unglaublichen Realität) sei eine Möglichkeit, sie ins Leben zurückzuholen, weil es ums Überleben geht:

---

[53] Walter Benjamin: *Gesammelte Schriften*. Bd. V. S. 639.
[54] Christl Kiewitz: *Der stumme Schrei*. S. 182.
[55] Ebd.
[56] Vgl. ebd.

Das Hasardspiel an der französischen Grenze läßt seine Spieler rein reflektorisch agieren. So viel sie auch an geistesgeschichtlichem Gepäck mit ins Exil gebracht haben und andeutungs- und versuchsweise in die Debatte werfen, es bietet keine Handlungsanweisung mehr und wird letztendlich zurückgelassen [...].[57]

Frankfurter, der nicht bereit ist, auf dieses Gepäck zu verzichten, nimmt sich das Leben.

Das Napoleon-Spiel

In dem gleichnamigen Roman von Christoph Hein begegnet man der Figur des Rechtsanwalts Manfred Wörle, der ein Spieler von hoher Profession ist – gemeint ist nicht nur seine Perfektion am Billardtisch. Mit den "Nullsummenspielern" verbindet ihn die Langeweile, die unvermeidliche Müdigkeit, die er immer wieder erfahren muß, wenn die Gewißheit sich eingestellt hat, daß der leidenschaftliche Impuls des Spiels sich erschöpft hat und man zum Ausgangspunkt zurückgekehrt ist. Mit dem Hasardspieler teilt er die permanente Nötigung, den Einsatz zu erhöhen, um seine "Lebenssucht" zu befriedigen, wie auch die Gewissenlosigkeit, über die Art des Einsatzes nicht mehr nachdenken zu müssen:

> Ein Spieler ist der, der setzt [...]. Er setzt sein Geld, seinen Ruf, seinen Verstand, sein Leben, aber ebenso unbeschwert und gewiß viel sorgloser das Geld und das Leben anderer. Wohlgemerkt, das setzt er, aber er setzt es nicht ein [...], dies namentlich trennt den Spieler von allen anderen, von den Wahnsinnigen und Engagierten, von Aufklärern und Karrieristen [...]. Diese setzen etwas ein, um etwas anderes, für sie Größeres und Schöneres, zu erreichen. Der Spieler setzt, mehr nicht [...], (NS 73)

heißt es im Selbstverständnis des Ich-Erzählers. Was sein Spiel jedoch grundsätzlich von den o.g. Spielern und Spielsituationen unterscheidet, ist das Verhältnis von Illusionierung und Distanz – das Präsenthalten der Als-Ob-Situation: Nur wenn eine konstruktive Illusionierung unter Beibehaltung der Rollendistanz gelingt, kann das Spiel tatsächlich "lebensfähige" Impulse vermitteln, heißt es in einer Abhandlung über das Spiel.[58] Die "Nullsummenspieler" in den o.g. Texten haben sich in ihre Rolle angepaßter Zeitgenossen gefügt, weil sie "zu viel Wirklichkeit" haben. Nach einer kurzen Phase der "Verstörung" haben sie wieder eine Rolle angenommen,

---

[57] Bernd Fischer: *Christoph Hein: Drama und Prosa im letzten Jahrzehnt der DDR*. Heidelberg 1990. S. 127.
[58] Antoinette, Helmut, Michael und Stephan Becker: Angst vor dem Spielen. S. 23.

die ihnen jene mühevolle Schwerelosigkeit nimmt, sich auch nur eine Handbreit über den Boden der Realität zu erheben. Der Hasardeur Henry kann wohl zwischen Wirklichkeit und Spiel unterscheiden, seinen im Affekt erworbenen "Lebensunterhalt" bezieht er jedoch in einem gesellschaftlich tabuisierten Raum. Das macht ihn zum Außenseiter. Der Perfektionist Wörle hat die Illusionierung so weit getrieben, daß er die Grenze nicht ziehen will, die Pole vertauscht. Für ihn ist idealerweise das ganze Leben schon ein Spiel: "Das Spiel ist der Mittelpunkt meines Lebens, mein Leben selbst [...]." (NS 36f.) Weil es so ist, hat er nicht nur fiktiv, sondern ganz real eine "unerläßliche Tötung" an einem nahezu unbekannten "perfekten Neutrum" (NS 167) begangen, weshalb er wegen Mordes einem Prozeß entgegensieht. Ein Brief an seinen Strafverteidiger Fiarthes, der Lebensbekenntnis wie Spielphilosophie zugleich ist, wird die Kollegen seiner Zunft von der Unerläßlichkeit dieser Tötung überzeugen, ein zweiter beinhaltet die Aufforderung an den Verteidiger, Mitspieler in einem neuen Spiel zu sein. Was macht die Paradoxie des Spiels bzw. das Unheimliche dieser Spielermentalität aus? Folgt man der Argumentation des Autors, so ist Spieler Wörle entsprechend seiner Herkunft und Sozialisation auf ein Rollenbewußtsein festgelegt. In der Rolle des Erben von "Schoko-Wör" ist er – anders als Claudia und Dallow – von Geburt an "auf die Schiene" gesetzt, die nicht nur existentielle Sicherheit verspricht, sondern auch das Immergleiche vorprogrammiert. Das Absurde einer solchen Prädisposition besteht darin, daß er – wie Andrea Hilbk bemerkt – diese Rolle als Zehnjähriger bei seinen Besuchen in der Fabrik auf dem Schoß der Arbeiterinnen als Pseudo-Wirklichkeit genießt, ohne das wirkliche Leben in seiner Fülle, seinen Rätseln und Reizen im selbstgewählten Spiel zu erfahren.[59] Der verlorene Krieg, der ihn zwar von der Last des Erbes befreit, bedeutet den Verlust der vorbestimmten gesellschaftlichen Rolle und der existentiellen Sicherheit, nicht aber den Verlust der Erfahrung vom Nutzen einer sicheren Fixierung: "Man muß sein Leben einrichten können und ordnen, wenn man nicht Gefahr laufen will, zu seinem Sklaven zu werden, denn was wir Leben nennen ist nur ein Trieb [...]. Wir bedürfen gewissermaßen einer Buchhaltung der Gefühle, weil in ins selbst keinerlei Ordnung ist." (NS 96) Er bedeutet auch den Verlust sich gerade erst erschließender Geheimnisse des Lebens, die er für das "verlorene Paradies" halten muß, das nachträglich zu erfahren zu einem Dauerreiz wird.

Neuanfänge im Leben, wozu das Studium der Rechtswissenschaften, die Karriere als Anwalt und die Politikerlaufbahn gehören, bringen ihm weder diese Bestätigung noch die ersehnte Integration ins bürgerliche Leben. Sie

---

[59] Vgl. Andrea Hilbk: *Von Zirkularbewegungen und kreisenden Utopien*. S. 92ff.

stoßen auf unsichtbare Grenzen, weil sie unter dem Aspekt der Wahrnehmung einer Rolle in dem Moment an Reiz verlieren, wo die Spielregeln perfekt beherrscht werden. Dabei wird der Widerspruch gerade dort unvermittelbar, wo das Spiel vor allem als Denk-Spiel, als "Herausforderung des Geistes" (NS 35) gesehen wird, um dem Zufall keine Chance und den Konkurrenten keinen Spielraum zu geben: Am Billardtisch in Kampen "[...] fielen alle Entscheidungen. Hier wurde entschieden, wer und wann und wie zu sterben hat. Der Rest, was Sie die Tat nennen, war lediglich eher die lästige Ausführung und die Probe aufs Exempel." (NS 94) So muß es in der Argumentation Wörles als zwangsläufig erscheinen, wenn das Leben nur als Surrogat des Spiels wahrgenommen wird.

Da Spiele nach eigenen, selbstbestimmten, aber nicht weniger strengen Regeln funktionieren, müssen sie mit den politischen, moralischen und rechtlichen Regeln des gesellschaftlichen Ordnungssystems nicht korrespondieren. Bedingung dafür ist, daß Spiel und Leben nicht gleichgesetzt werden. Wenn aber als entscheidendes Maß die Befriedigung des individuellen Spieltriebes und die Bewahrung vor der Langeweile gelten, bestimmt der Spieler – auch im Widerspruch zu gesellschaftlichen Tabus – die Höhe des Einsatzes. Sein Handeln legitimiert er dadurch, daß die Freiheit des Individuums als der höchste Wert der bürgerlichen Demokratie gilt. Der Zynismus dieses Spiels offenbart sich dort, wo die so begründete Egomanie andere zum Spielball ihrer Befriedigung macht und wo die eigene Reglementierung ihn längst zum Knecht einer Leidenschaft gemacht hat, die ihn absehbar selbst zum "Einsatz" bestimmt (Vgl. NS 176f.). Denn zu diesen Spielregeln gehört es, die Spielfolge so zu verdichten, so daß keine Freiräume entstehen, die den Subjektverlust offenbaren. Der Mord am "Nichts" als Kompensations- bzw. Ersatzhandlung soll diese Deformation des Subjekts legitimieren. Das geschieht u.a. mit Anspielungen auf philosophische Diskurse, die sich um das Verhältnis von Arbeit, Freiheit und Spiel zentrieren. Blasphemisch muß es anmuten, wenn der Gedanke von Marx, daß Arbeit immer mehr Spiel werde, je weniger sie "Anstrengung der Organe" des Körpers und je mehr sie konstruktive, planmäßige, von äußeren Zwecksetzungen freie Tätigkeit sei,[60] durch Wörle in seinem scheinbaren Identisch-Werden von Arbeit und Spiel, Spiel und Zweck vorgeführt wird. Daß das in diesem historisch konkreten Kontext nur möglich wird auf Kosten von Mehrheiten, denen Arbeit existentielle Quelle des Lebensunterhalts ist und die die Leichtigkeit des Spiels in der Arbeit ver-

---

[60] Vgl. Karl Marx: Das Kapital. Kritik der politischen Ökonomie. Erster Band. Buch I. In: Karl Marx/Friedrich Engels: *Ausgewählte Werke in sechs Bänden*. Hg. vom Institut für Marxismus-Leninismus beim ZK der SED. Bd. III. Berlin 1975. S. 202ff.

missen, bleibt als Leerstelle durch den Leser/die Leserin auszufüllen. Das gilt ebenso für Hegels Ausführungen zum Verhältnis von Herrschaft und Knechtschaft und zur Problematik des "doppelten" Bewußtseins des Herrn wie des Knechts in ihrem Verhältnis zur Arbeit.[61] Für den Protagonisten leitet sich daraus nicht weniger als die Rechtfertigung ab, daß es geborene Knechte gibt, die ihre durch die Arbeit gewonnene Freiheit nicht zu nutzen wissen. Der Bezug zu Nietzsches Verachtung des Herdenmenschen bzw. des "letzten Menschen" gegenüber dem Übermenschen ergibt sich als Assoziation nahezu zwangsläufig.[62]

Von daher stellt sich die Frage kaum noch, inwieweit Wörle als Außenseiter in seiner Zeit und in seiner Gesellschaft zu betrachten ist. Er ist normal in seiner Zeit, in der, wie bereits Benjamin im "Passagen-Werk" Paul Lafargue zitierend schreibt, daß die "ganze moderne ökonomische Entwicklung [...] die Tendenz [hat], die kapitalistische Gesellschaft mehr und mehr in ein riesiges internationales Spielhaus umzuwandeln, wo die Bourgeois Kapital gewinnen und verlieren infolge von Ereignissen, die ihnen unbekannt bleiben."[63] Solche Bereiche wie die Politik, das Recht und die Wissenschaft mutieren zu Gesellschaftsspielen, in denen nicht Gesetze und politische Programme als verläßliche Grundlage gelten, sondern die Perfektion des Zusammenspiels und die Eleganz der Interpretation: "Politiker sind Spieler, nicht weniger und nicht mehr." (NS 104ff.)[64] Schon auf den ersten Seiten des Romans wird ausgeschlossen, Wörles Spiel als Obsession eines Monstrums anzusehen (NS 11f.). Mit dem Freispruch Wörles wird der Spieler, der zum Verbrecher wurde, gesellschaftsfähig. Er hat im Einzelfall nur das in Anspruch genommen, was in der modernen Gesellschaft als Massenphänomen von strafrechtlicher Verfolgung ausgeschlossen bleibt, denkt man an aktuelle "Kriegsspiele". Und nicht nur das. Er legitimiert sich durch große Männer, die Geschichte machten (Talleyrand, Fou-

---

[61] Vgl. Georg W. F. Hegel: *Phänomenologie des Geistes*. München 1986.
[62] Friedrich Nietzsche: Also sprach Zarathustra I-IV. In: Friedrich Nietzsche: *Sämtliche Werke*. Kritische Studienausgabe in 15 Bänden. Bd. 4. Hg. v. Giorgio Colli und Mazzino Montinari. 2., durchges. Aufl. München, Berlin, New York 1988. S. 19f.; vgl. auch ders.: Nachgelassene Fragmente 1882-1884. In: Ebd. Bd. 10. S. 162 und 244.
[63] Walter Benjamin: *Gesammelte Schriften*. S. 621.
[64] Auffällig sind die Bezüge zu Huizingas *Homo Ludens*. Es ist schon befremdend, wenn er mit der Erfahrung, zwischen zwei Kriegen zu leben, den Krieg als die erbittertste Auseinandersetzung zwischen Menschen über das Spiel zu definieren versucht und auch den Bereich des Rechts als "Zauberkreis" und "Spielraum" beschreibt, in dem bei zeitweiser Aufhebung der Rangunterschiede das Spiel als Schlagabtausch der Argumente dominiert. Vgl. Johan Huizinga: *Homo Ludens*. S. 79ff., S. 90ff.

ché, Casanova, de Sade). Schließlich ist Napoleon der Namensgeber dieses Spiels. Aus der Perspektive Wörles ist er ein Spieler par excellence, weil er den Erfolg seiner Feldzüge nicht schlechthin vom Sieg, sondern von der Höhe, der Gefährlichkeit und der Ungewißheit des Einsatzes abhängig machte und, um der todbringenden Gefahr der Langeweile zu entgehen, die "unerläßliche Tötung" Tausender seiner Soldaten in Kauf nahm. "Als Monstrum bezeichnen wir ein Wesen, das bislang außerhalb unserer Erfahrungen existiert hat, eine uns fremde Erscheinung [...]. Wenn jedoch dieses Monstrum einen Platz in unserem Leben gefunden hat, wirkt es natürlich [...]" (NS 11), heißt es in Heins Text in Anlehnung an Kafkas *Verwandlung*. In auffälliger Korrespondenz dazu schreibt Fühmann in seinen Essays zu E.T.A. Hoffmann vom Schauerlichen, daß das der Alltagsmensch sei, von dem keiner wisse, was er eigentlich sei und der sein Wesen so offen zur Schau stelle, daß keiner es als Wesen erkenne.[65]

Befragt man die in Heins Texten zur Disposition gestellten Typologien des Spiels auf dem Hintergrund des vorangestellten Spielbegriffs, kann man dem sarkastischen Kommentar des Spielers Wörle, wenn auch aus anderer Perspektive, nur zustimmen: "Ich stelle mich nicht gegen die Zeit, aber als Spieler muß ich es bedauern, denn eine große Kultur droht zu verkümmern, stirbt ab. Wenn wir sehen, was heute als Spiel und Spieler bezeichnet wird, können wir nicht umhin, die Degeneration der Humanität wahrzunehmen." (NS 166) Der Eindruck ist kaum abzuwehren, Szenarien eines "Endspiels" beizuwohnen. Es sind "entdramatisierte" Szenarien eines Untergangs, denen die Ereignishaftigkeit fehlt.[66] Ein Blick auf die dargestellten Spielsituationen legt nahe – entgegen literaturwissenschaftlichen Wertungen, die in Heins Texten vor allem eine Darstellung realsozialistischer Deformation und alltäglicher Entfremdung in der DDR sehen –, sie vor allem auch als systemübergreifenden zivilisationskritischen Diskurs anzunehmen. In Gesprächen und Diskussionen hat Christoph Hein seit Beginn der 80er Jahre wiederholt ein öffentliches Nachdenken über den Stand der Zivilisation am Ende dieses Jahrhunderts angemahnt, vor allem über die Kosten, die die durch die Produktionsweise hervorgebrachten Lebens- und Verkehrsformen einfordern. Ohne in Abrede zu stellen, daß es kulturelle Prägungen durch politische Strukturen und gesellschaftliche Systeme gibt, "[...] ist da irgend etwas Übergreifendes, und ich vermute nachträglich, daß es mit dem Stand der Zivilisation zu tun hat [...]. So verschieden leben halt Leute im 20. Jahrhundert nicht mehr, jedenfalls nicht in

---

[65] Vgl. Franz Fühmann: Fräulein Veronika Paulmann aus der Pirnaer Vorstadt oder Etwas über das Schauerliche bei E.T.A. Hoffmann. In: Franz Fühmann: *Essays, Gespräche, Aufsätze 1964-1981*. Rostock 1983. S. 350, S. 357.
[66] Vgl. Klaus Scherpe: *Die rekonstruierte Moderne*. Köln, Weimar 1992. S. 215ff.

Europa und Amerika [...]. Ich vermute, daß ich da über ein paar ihrer Folgen geschrieben habe."[67]

Nimmt man das Spiel als "kulturelle Leitmetapher", so ist es vor allem die Korrumpierung der vielfältigen Funktionen des Spiels, die dem kritischen Blick des Lesers ausgesetzt sind – von der kognitiv-schöpferischen, über die sozialpsychologische bis hin zur hedonistischen Funktion.

Aus der Zusammenschau erscheinen drei Beobachtungen besonders erwähnenswert:

Auffällig ist erstens die Zurücknahme eines auf Allseitigkeit und Ganzheit angelegten Spielbegriffs durch Reduktion auf einzelne Aspekte und deren Verabsolutierung. Johan Huizinga im *Homo Ludens* und Hermann Hesse im *Glasperlenspiel* verweisen aus unterschiedlicher Perspektive auf den Gedanken der Zusammenführung und des Ausgleichs polarer Kräfte und Bestrebungen (psychischer, physischer, geistiger) im Spiel bzw. auf die illusionäre Forderung nach Totalität als Basis für dessen lebensbejahende Funktion. Eine produktive Haltung, die im Spiel gewonnen werden könne, sei "Heiterkeit". Diese Vision wird auch in Heins Texten angesprochen, wenn Spiel als illusionäre Erinnerung des "Paradieses" und das "Verspielen" des Paradieses als Verlust konstatiert werden (FF 145; NS 18). Eine solche "Heiterkeit" können Heins Figuren nicht (mehr) für sich in Anspruch nehmen. Bei ihnen vereinseitigt sich das Spiel im Hinblick auf den Affekt bzw. auf das Denk-Spiel. Wie Hein an seinen Spieler-Figuren zeigt, werden beide Reduktionen des Spiels mit dem Verlust von Eigentümlichkeit bezahlt. Ein auf den Affekt ausgerichtetes Spiel beschränkt sich aufs Gegenwärtige, auf den Augenblick bzw. auf den fraglosen Rausch. Weder Claudia noch Henry noch Dallow oder die Figuren aus *Horns Ende* wollen an die Vergangenheit erinnert werden oder gar über die Zukunft nachdenken. Der Spieltrieb wird auf eine "elementare Grundfunktion" nicht nur menschlichen, sondern auch animalischen Daseins reduziert. Ein Not- und Kompromißprogramm, ihn unter Kontrolle zu halten, läuft Gefahr, zum kulturellen Standard der Gesellschaft erklärt zu werden: "Wir haben uns auf der Oberfläche eingerichtet, eine Beschränkung, die uns Vernunft und Zivilisation gebieten." (FF 116) Und an anderer Stelle heißt es aus der Sicht der Erzählerin im *Fremden Freund*: "Schließlich ist die gesamte Zivilisation eine Verdrängung. Das Zusammenleben von Menschen war nur zu erreichen, indem bestimmte Gefühle und Triebe unterdrückt wurden." (FF 117) Schon der Erzähler im *Glasperlenspiel* weist darauf hin, daß "die Oberflächenwelt" unter der Herrschaft des Profanen

---

[67] Christoph Hein: "Ich kann mein Publikum nicht belehren." Gespräch mit Hans Brender und Agnes Hüfner. In: *Christoph Hein. Texte, Daten, Bilder*. Hg. v. Lothar Baier. Frankfurt/M. 1990. S. 68-75, hier S. 29.

lebe. Was man sich darunter vorstellen sollte, faßt er bekanntlich mit dem Begriff des "feuilletonistischen Zeitalters", das sehr gegenwärtig in der Aufzählung der Institutionen und Spielformen erscheint, die der Sublimierung der Affekte dienen. Nur, daß zum Glücksspiel, zur Lotterie oder zum Kreuzworträtsel andere hinzukommen: Computerspiele, Talk-Shows, Reality-Adventures. Wir sind im Begriff, von einer Gesellschaft der Flaneure, Voyeure und Hasardeure, wie Benjamin sie beschreibt, zu einer Event-Gesellschaft zu werden, wenn das Leben selbst keine Herausforderung bereithält.

In einem Gespräch mit Uwe Hornauer und Hans Norbert Janowski verweist Hein auf den sinngebenden Charakter von Arbeit, der als zentraler Wert in der sich in rasantem Tempo verändernden Gesellschaft im Hinblick auf andere Bereiche ständig neu befragt werden müsse. Zu konstatieren sei, daß die Überflußgesellschaft eine Leere erzeuge, die in Surrogaten nach Ersatz für Lebenssinn suche.[68] Auch die Vereinseitigung des Spiels zum Denk-Spiel ist Ausdruck und Ergebnis einer Deformation. Es erkundet nicht Wirklichkeit, sondern bemächtigt sich ihrer im Vorgriff, so daß "Spiel erstarrt [...] zu einem berechenbaren Ablauf, der faktisch vollendet durchorganisiert ist und kaum noch Spielraum für alternative Züge läßt".[69] Wenn selbst der Zufall "auf dem Brett" geplant wird und nicht nur die Vernunft, sondern auch das Spiel zum "Organ der Kalkulation" wird, wird Spiel zum Selbstbetrug. Der "homo ludens" Manfred Wörle und der "homo faber" Walter Faber sind nahezu identisch geworden in ihrem Lebensprinzip, die Welt auf die Berechenbarkeit von Spielzügen zu reduzieren, aber auch in ihrem Wunsch, Schöpfer zu sein und die Allmachtsphantasien nicht nur auf zentralen, sondern auch auf Nebenschauplätzen der Gesellschaft auszutragen. "Was uns zu alledem anspornt, ist der Wunsch, ein Schöpfer zu sein, ein Gott. Eine Maschine zu bauen oder eine Bombe, ein Serum zu entdecken oder das Dynamit zu erfinden, die Unterschiede sind lächerlich. Was uns reizt und antreibt und endlich zufriedenstellt, ist die Vollendung" (NS 36), heißt es im *Napoleon-Spiel*.

Auffällig ist zweitens nicht nur die Zurücknahme eines auf Ganzheit ausgelegten Spielbegriffs, sondern auch die Pervertierung des Rollenspiels. Rollenspiele dienen im Verständnis der Sozialpsychologie nicht nur dem Einüben der sozialen Konvention, sondern auch dem Infragestellen eines konventionellen gesellschaftlichen Rollenverständnisses. Ein Indiz für intakte Strukturen und Interaktionen wird darin gesehen, daß sie ausreichend Spielraum bieten für die Anpassung an Rollenerwartungen, die Rollendifferenzierung und den Selbstbestimmungsanspruch über die Rolle

---

[68] Christoph Hein: Ein Interview. In: ÖA. S. 97-107, hier S. 104.
[69] Andrea Hilbk: *Von Zirkularbewegungen und kreisenden Utopien*. S. 97.

hinaus. Hier scheint es angebracht zu differenzieren zwischen dem In-der-Rolle-Leben der Figuren, die durch sozialistische und kapitalistische Strukturen geprägt sind. Beide Sozialisationsformen halten den Wahrnehmungen des Chronisten nicht stand – aus unterschiedlichen Gründen: Die "Ost"-Figuren flüchten in ein Rollendasein, weil sie der "unlösbare[n] Lebensdetermination, die da von der Gesellschaft produziert wurde",[70] ohnmächtig gegenüberstehen. Hein bindet seine Argumentation an eine mit dem Fortschrittsbegriff verbundene teleologische Haltung, der das Moment der "Irritation", der "Gegenläufigkeit" fehlt: Es war die Überzeugung, "Sieger der Geschichte" zu sein, das aber zunehmend von dem "Gefühl von Vergeblichkeit oder Auf-der-Stelle-Treten begleitet war, diese soziale Geborgenheit, aber gleichzeitig eine Unbeweglichkeit, die die Nähe zu versteinerten Verhältnissen hatte."[71] In einer ganz auf die Freiheit des Individuums ausgerichteten Sozialisation, in der alles, auch der Mensch, den Vermarktungsgesetzen ausgesetzt ist, existiert der Zwang, als Individuum erfolgreich zu sein. Damit ist auch er unter die Regel eines großen Gesellschaftsspiels gestellt, in dem das Glück, das Geld und der Einfluß, das Recht des Stärkeren und die Fähigkeit zur Repräsentation die Position im Spiel bestimmen, Spieler oder Spielball zu sein. Auch dieses Spiel "hat eiserne Regeln und wenig Freiheit" (NS 175), weil man nicht nur die Spielregeln der Gesellschaft beherrschen, sondern sich auch den selbstgesetzten Rollenvorstellungen diszipliniert unterordnen muß. Erfolg erzeugt nicht nur Leere, sondern macht auch einsam, so daß sich diese Rollenspieler, wie der "Fall" Wörle zeigt, als Einzelspieler etablieren. Von ihnen schreibt Huizinga:

> Es liegt auf der Hand, daß der Zusammenhang von Kultur und Spiel namentlich in den höheren Formen des sozialen Spiels zu suchen ist, dort, wo es in geordnetem Handeln einer Gruppe oder einer Gemeinschaft [...] besteht. Das Spiel, das der einzelne für sich allein spielt, wird für die Kultur nur in beschränktem Maße fruchtbar.[72]

Drittens hängt Spielen unmittelbar mit der Fähigkeit zur Utopie zusammen. Im Gespräch mit Klaus Hammer erneuert Hein seine Überzeugung: "Ich denke, in meiner Arbeit ist Utopie immer vorhanden [...]. Ohne utopisches Denken ist Denken gar nicht möglich. Ich glaube, es hat etwas mit Gegenwelten zu tun. Wenn ich keine Gegenwelten mehr entwickeln kann, dann

---

[70] Christoph Hein: Anmerkungen zu Lassalle... In: ÖA. S. 30.
[71] Christoph Hein: Lorbeerwald und Kartoffelacker. In: ÖA. S. 22.
[72] Johan Huizinga: *Homo Ludens*. S. 52.

bin ich eigentlich tot."[73] Das "anarchische Moment, das Zerstören um einer tabula rasa willen, um zu einem Neuanfang zu kommen, zu einer neuen Hoffnung zu finden",[74] versagen sich die Spieler selbst weitgehend. Ursachen für die ausbleibenden Versuche, in "visionäre Gegenwelten"[75] zu kommen, sieht Hein in der unzureichenden gesellschaftlichen wie individuellen Aufarbeitung von Vergangenheit, im ständigen Einfordern von "Nullpunktsituationen" und in der Reduktion aufs Gegenwärtige. Beides verhindert, daß Hoffnungen zerstört werden, die sich als Illusionen erwiesen haben. Rückwärtsgewandte Utopien und Projektionen sind vor allem bei den Figuren in den Texten der 90er Jahre zu finden, die in Grenzsituationen und Umbruchzeiten die Erfahrung machen, nutzlos, überflüssig, für die neue Gesellschaft unbrauchbar geworden zu sein. Eine Gruppe von Rittern der Tafelrunde in dem Stück "In Acht und Bann" hält selbst im Gefängnis die Strukturen ihrer gestürzten Ordnung und die Rituale ihrer Macht in der Hoffnung auf eine Wiederkehr des "goldenen Zeitalter" lebendig, bis der endlich erschienene "Erlöser" in der prächtigen Rüstung beim Anrühren "von draußen" in Staub zerfällt. Nicht zufällig sind Heins Spieler vorwiegend Intellektuelle, von denen Hein sagt, sie seien im arbeitsteiligen Prozeß gegenüber der Mehrheit privilegiert, freigestellt für Projektionen. Die Unerträglichkeit ihres Zustandes bestehe jedoch darin, daß sie dem allgemeinen Verwertungsprozeß weitgehend angepaßt seien und, kaum noch zu anarchistischen Vorstellungen fähig, die gegenwärtigen Hoffnungen in die Zukunft projizieren: "Daß die Intelligenz allzusehr in den Produktionsprozessen [...] einer Gesellschaft aufgegangen ist, daß sie das provokatorische Moment des Neuen, das weiterführen kann auch gegen Bestehendes, aufgegeben hat. Sie arbeitet gut und glänzend und sauber, aber gemäß den Erwartungsstrukturen".[76] Wenn denn eine Botschaft zu formulieren wäre, so vielleicht die, daß sich antizipatorische Gedankenexperimente aus dem Gegenwartssog befreien müssen, um tatsächlich alternative Möglichkeiten eröffnen zu können, damit wir nicht "das blinde

---

[73] Klaus Hammer: "Dialog ist das Gegenteil von Begehren." In: ChoB. S. 47.
[74] "Schreiben ist Aufbegehren gegen die Sterblichkeit". Gespräch mit Uwe Homann und Norbert Janowski. In: *Christoph Hein. Texte, Daten, Bilder.* S. 76-86, hier S. 82.
[75] Ebd. S. 85.
[76] Christoph Hein: Die Intelligenz hat angefangen zu verwalten und aufgehört zu arbeiten. Ein Gespräch mit Hans Brender und Agnes Hüfner. In: ÖA. S. 154-164, hier S.163.

Spiel mit echter Gewalt und echter Zerstörung und echtem, unermeßlichem Leid bis zur Katastrophe durchspielen" müssen.[77]

3. Mit Texten "Spielanlaß" geben

Was den Dramatiker Christoph Hein mit dem Prosaautor verbindet, ist die vor allem am Theater geschulte Fähigkeit, mit Texten "Spielanlaß"[78] zu geben. So tritt neben das Spiel als kulturelle Leitmetapher in seinen Texten von Anfang an der für sein literarisches Selbstverständnis konstitutive Spiel-Begriff in seiner propädeutischen Funktion. In seinen poetologischen Äußerungen, u.a. in dem bereits zitierten Essay "Waldbruder Lenz", fragt er nicht ohne Polemik nach den Grenzen für die Akzeptanz eines gesellschaftlich eingreifenden Literaturkonzepts und seiner allegorischen, didaktischen Funktion. Heins Antwort ist unversöhnlich in der Benennung der "Dauerspannung", in der Kunst existiert. In Anerkenntnis dessen, daß in Zeiten äußerster Bedrängnis Kunst als "Gegenöffentlichkeit" in den Dienst genommen wird, sei sie im Hinblick auf den Anspruch, Poesie zu sein, nur noch Makulatur, Kunsthandwerk. Ebenso entschieden weist er die zur Zeit der Entstehung des Aufsatzes viel diskutierte These zurück, daß "gültige" Literatur einzig aus einem Übermaß an Leidensdruck entstehen könne.[79] In dem Bemühen, ein für ihn gültiges Maß für Literatur zu formulieren, finden sich, was nicht überraschen kann, wesentliche Elemente des oben diskutierten Spiel-Begriffs wieder:

Als wesentliche Vorraussetzung für das Entstehen wie für die Begegnung mit Kunst nennt Hein zunächst die relative Unabhängigkeit von existentiellen individuellen und gesellschaftlichen Zwängen:

> Also nicht aus barbarischer Knechtung, der blutigen Versklavung des Menschen erwachsen poetische Texte [...], vielmehr bedarf die Produktion von Literatur jenes Minimums der Freiheit, das ein Bewußtwerden der eigenen Situation erlaubt und das Spiel mit jenem Freiraum der Fantasie, der sich über die wenigen kreatürlichen, doch drängenden Bedürfnisse erhebt. Die Vorahnung des Menschlichen. Kultur ist die öffentliche Alphabetisierung des menschlichen Geistes, eine Emanzipation also, der die Befreiung von der direkten, unverschämten, blutigen Unterdrückung vorhergehen muß [...].[80]

---

[77] Robert Jungk: Die Zukunft spielend erproben – Über Kriegsspiele, Revolutionsspiele und das Theater als prognostische Anstalt. In: Hansgerd Schulte (Hg.): *Spiele und Vorspiele*. S. 51-65, hier S. 64.
[78] Christoph Hein. Ein Interview. In: ÖA. S. 13.
[79] Vgl. Christoph Hein: Waldbruder Lenz. In: ÖA. S. 75.
[80] Ebd. S. 76.

Eine zweite wichtige Voraussetzung für das Spiel mit den fiktiven Modellen ist die Existenz von Mitspielern – der Dialog mit dem Leser/Zuschauer: "Öffentlichkeit ist nicht eine Bewegungsform von Kultur, sondern ihre Voraussetzung."[81]

Sich auf Heiner Müller berufend, bestimmt Hein drittens als Anspruch, "daß Kunst sich durch Neuheit legitimiere und andernfalls, also wenn sie mit Kategorien gegebener Ästhetik beschreibbar sei, parasitär ist."[82] Die Forderung nach Entgrenzung und permanenter Innovation als Konstituente des Spiel-Begriffs gilt also vor allem auch im Ästhetischen. Daß sie ohne die "tätige" Auseinandersetzung mit einer dem aktuellen Welt- und Kunstverständnis gemäßen Tradition nicht denkbar ist, hat Hein in seinen poetologischen Äußerungen wiederholt auch namentlich für sich geltend gemacht, wenn er J. R. M. Lenz in den Rang eines Meisters des "kleinmalenden Realismus" erhebt und in J. P. Hebel den Chronikschreiber und Kalendermacher sieht, der das anekdotisch Erzählte zum "Spiegel der Welt" werden läßt.[83] Und seine Gewährsmänner sind Kleist, Kafka und der Dramatiker Sean O'Casey, dessen Poesie Einvernahme von Welt durch realistische, "'kleinmalende Genauigkeit'"[84] ist.

In der Wahrnehmung seiner Prosa durch literaturkritische Arbeiten der 90er Jahre erscheinen die am Realismus vornehmlich des 19. Jahrhunderts orientierten Erzählmodelle eher simpel, antiquiert und sehr protestantisch-moralisch, weniger innovativ und ästhetisch aufregend. Ihrer Meinung nach muß es nahezu zwangsläufig sein, daß ein in der Tradition des aufklärerischen Realismus stehendes Literaturkonzept in Widerspruch zum avisierten ästhetischen Spielraum gerate:

"Auf der Strecke bleibt der ästhetische, der intellektuelle Reiz, während sich autonomieästhetisch stilisierter Werkbegriff und Funktionalisierung der Literatur auf eigentümliche Weise versöhnen",[85] glaubt Hans-Peter Preußer feststellen zu müssen.

Solcherart Mißverständnisse können nicht ausbleiben, wenn man die Spielregeln des poetischen Verfahrens nicht durchschaut und selbst die nicht zur Kenntnis nimmt, die Hein in seinen poetologischen Äußerungen mitliefert. In seinen "Anmerkungen zu Lassalle" macht er darauf aufmerksam, daß seine künstlerische Auseinandersetzung mit der Tradition nicht Imitation, sondern Spiel sei: "Das Lassalle-Stück spielt mit den Kunstfor-

---

[81] Christoph Hein: Öffentlich arbeiten. In: ÖA. S. 36.
[82] Christoph Hein: Lorbeerwald und Kartoffelacker. In: ÖA. S. 13.
[83] Vgl. Christoph Hein: Waldbruder Lenz. In: ÖA. S. 95.
[84] Ebd. S. 96.
[85] Hans-Peter Preußer: *Zivilisationskritik und literarische Öffentlichkeit*. S. 118.

men des 19. Jahrhunderts und mißtraut ihnen."[86] Dieses Mißtrauen richtet sich gegen die künstlerischen Vereinseitigungen dieser Methode:

> Die Ästhetik dieses 'kleinmalenden' Realismus hat Fallen und Sackgassen. In der Lenz-Nachfolge werden alle beschritten und dadurch deutlich. Die Beschränkung auf Ausschnitte der Gesellschaft verengt das Bild, auch das Weltbild. Die präzise Ausleuchtung vereinzelter Erscheinungen kann sich noch auf Lenzens Genauigkeit berufen, nicht mehr auf seine umfänglichere Gestaltung. Die Vereinfachung seines poetischen Engagements einerseits brachte das Tendenzstück, die illustrierte These. Die Bescheidung auf das Sittenstück unter Verzicht auf die gesellschaftliche Dimension andererseits ergab das boulevardeske Kleine-Leute-Theater, den Naturalismus des Kleinbürgertums, die Psychologisierung des Öffentlichen.[87]

Das variantenreiche Spiel mit dem Bekannten ist Teil eines "Vertextungsverfahrens und einer Lesestrategie", die mit Täuschung operieren.[88] Kunstformen (Salonstück, Kammerspiel, Anekdote, Kalendergeschichte, Novelle) und Erzähltechniken vor allem im ästhetischen Verständnis des 19. Jahrhunderts werden als Bestandteil eigenen Erzählens in ihren Möglichkeiten genutzt und zugleich unterminiert durch Verfahren der Radikalisierung, der Dezentrierung und der Dissoziation, indem mit o.g. Vereinseitigungen bewußt operiert wird. Auf diese Weise ist der Rückgriff auf solche Erzählmodelle auch Anspielung und kritische Auseinandersetzung mit unterschiedlichen ästhetischen Modellen des 19. und 20. Jahrhunderts, vor allem aber auch mit einer auf einen einfachen Widerspiegelungsbegriff und auf Glaubenssätze reduzierten Ästhetik des sozialistischen Realismus. Wie ein solches Verfahren in den Texten zum Vorschein kommt, das Neva Šlibar und Rosanda Volk als "gekippten Realismus"[89] bezeichnen, kann an dieser Stelle nur exemplarisch verdeutlicht werden.

Die das literarische Selbstverständnis des Autors wie die Erzählstruktur vieler Texte prägende Rolle des Chronisten, der Texte wie Protokolle schreibt, bei denen die Leidenschaft nicht im Bericht, sondern in der Sache liegt, weckt zunächst – und das mit vollem Recht – die Erwartung auf Authentizität und Objektivität, auf Nachprüfbares: Chronist ist der, der aufschreibt, was passiert ist. In der Tat verzichtet Hein nicht auf Hinweise, die die Authentizität der Ereignisse bezeugen, die beispielsweise *Horns Ende*

---

[86] Christoph Hein: Anmerkungen zu Lassalle... In: ÖA. S. 29.
[87] Christoph Hein: Waldbruder Lenz. In: ÖA. S. 96.
[88] Vgl. Neva Šlibar u. Rosanda Volk: "Das Spiegelkabinett unseres Kopfes". Schreibverfahren und Bilderwelt bei Christoph Hein. In: *Christoph Hein: Text+Kritik*. S. 57-68, hier S. 59.
[89] Ebd. S. 57.

und dem *Tangospieler* zugrunde liegen. Die "Ent-Täuschung" beginnt dort, wo sich der Chronist zwar in die Pflicht nimmt, "wie ein Buchhalter seine Zeit zu protokollieren",[90] sich aber zugleich dem Leser/Betrachter als "allwissende", objektive, moralische Instanz verweigert – ob direkt verbal wie in der Figur des Wang aus den "Wahren Geschichten des Ah Q" ("Sie sollen sich selber was denken. Muß man ihnen alles vorkauen"[91]) oder als Kontrastierung pedantisch genau beschriebener, durch die Leser an eigener Erfahrung nachprüfbarer Alltagsrituale mit einer radikal eingeschränkten personalen Erzählperspektive wie in den größeren epischen Texten vom *Fremden Freund* bis zum *Napoleon-Spiel*. In Gesprächen mit Sigrid Löffler und Klaus Hammer relativiert er dann auch die an die Rolle des Chronisten gebundene Erwartung im Hinblick auf Objektivität und Nachprüfbarkeit, indem er sich nicht nur zur Subjektivität des Blicks bekennt, sondern auch dann noch auf der Chronistenrolle besteht, wenn er in Kafkascher Manier zu phantastischer Erfindung greift: "Ja, ich verstehe mich als Chronist, der mit großer Genauigkeit aufzeichnet, was *er* gesehen hat [...]."[92]

Worauf er verzichtet, ist das dem Stil der Kalendergeschichte gemäße "Merke!": "Ich vermeide es zu predigen, aber dennoch ist meine Haltung erkennbar. Man kann nicht schreiben und sich bedeckt halten [...]."[93] Man ist an die Beschreibung des Ankleiderituals Racines in Vorbereitung auf das Lever des Königs erinnert, wenn Hein sich vor allem in der Tradition der Chronisten des 14. und 15. Jahrhunderts sieht, die über die freundlichen wie über die eigentlich zu verschweigenden Seiten des Fürstentums berichten – mit Rückgrat und mit der penetranten Genauigkeit im Benennen, in der er das eigentliche Moment der Subversion sieht: "Die genaue Bestandsaufnahme ist eine enorme Provokation. Hoffnungsvoll oder niederdrückend. Aber den Sprengsatz für das Neue bringt immer nur die genaue Bestandsaufnahme."[94] Sie wird gestalterisch erzeugt durch die Überdetermination des "scharfen Blicks". Schilderungen trister Alltäglichkeit komprimieren sich hier durch die Begrenzung des Spielfeldes auf engstem

---

[90] Klaus Hammer: "Dialog ist das Gegenteil von Belehren." In: ChoB. S. 12.
[91] Christoph Hein: Die wahren Geschichten des Ah Q. S. 31.
[92] "Die alten Themen habe ich noch, jetzt kommen neue dazu." Gespräch mit Sigrid Löffler (März 1990). In: *Christoph Hein: Texte, Daten, Bilder*. S. 37-40, hier S. 38 (Hervorhebung von mir, B.K.). Vgl. auch Klaus Hammer: "Dialog ist das Gegenteil von Belehren." In: ChoB. S. 12f.
[93] "Die alten Themen habe ich noch, ..." Gespräch mit Sigrid Löffler. S. 38.
[94] "Mut ist keine literarische Kategorie." Gespräch mit Alois Bischof. Aus Anlaß einer Aufführung von "Die wahre Geschichte des Ah Q" in Zürich (1985). In: *Christoph Hein. Texte, Daten, Bilder*. S. 95-100, hier S. 97.

Raum, ob es nun der verschlossene Dachboden einer baufälligen Kirche, das Hinterzimmer einer Gastwirtschaft, das wie in Kafkas Parabel "Vor dem Gesetz" nur den Blick auf andere Zimmer freigibt, das Einzimmer-Appartement in einem Berliner Hochhaus, die Kleinstadt Guldenberg als Ort des Rückzugs oder Dallows Zelle sind. Dabei spiegeln sich die Geschichten der Figuren nur scheinbar oberflächlich in wiederkehrenden Alltagsriten und Toderitualen wider – mikroskopisch genau und ausschnitthaft vergrößert. Das Bestreben, "das kleinstmögliche Tableau zu haben, [...] etwas in der Nußschale darzustellen",[95] so Hein, karikiert nicht nur simplen Oberflächenrealismus und die Forderung nach sozialer Repräsentanz (nach dem Typischen). Dieses Verfahren der Radikalisierung treibt Wesentliches hervor, als nicht-verbalisierte Bedeutungsebene in einem mitlaufenden Untertext, der da heißen könnte: "Die 'Zellenstruktur' [...] wird zum Lebensmodus."[96] Franz Fühmann war es, der in den 70er Jahren in dem Bemühen, der "mythischen Dimension" des sozialistischen Alltags auf die Spur zu kommen, das Verfahren eines überdeterminierten Oberflächenrealismus, geschult an den romantischen Erzählmodellen E.T.A. Hoffmanns, erprobt und dabei Schauerliches zutage befördert hat. Bereits in seinem Ungarn-Tagebuch legitimiert er für sich dieses Verfahren:

> 'Was du siehst, ist ja nur die Oberfläche!' Gewiß, aber was sonst könnte man denn sehen! Man muß nur bereit sein, sie überhaupt wahrzunehmen und als wesentlich, weil ebend als Oberfläche des Wesens, anzuerkennen, dann sagt sie, wenn man sie mustert, vieles und weist, wenn man sie durchdenkt, fast auf alles hin.[97]

Spielerisch genutzt im Sinne der erwähnten "Doppelbödigkeit" werden auch solche literarischen Formen wie die Anekdote und die Novelle. Als prägnant erzählte Geschichten von Einzelschicksalen mit oftmals überraschenden Pointen, die sich am Rande der großen, "eigentlichen" Geschichte ereignen, werden sie durch Hein in ihrer Randständigkeit fragwürdig gemacht. Sie legen Zeugnis ab vom beschädigten Leben, das die gelebte Geschichte wesentlich mitbestimmt. Die Novelle beispielsweise, nach Aussage des Autors auf Anraten des Lektors dem *Fremden Freund* als Genrebezeichnung nachträglich zugeschrieben, hat in der Lektüre vieler DDR-Leser eine nicht unwesentliche Rolle gespielt. Sie galt in einem die literarische Tradition wesentlich verkürzenden, aufklärerischen Verständ-

---

[95] Klaus Hammer: "Dialog ist das Gegenteil von Belehren." In: ChoB. S. 27.
[96] Neva Šlibar u. Rosanda Volk: "Das Spiegelkabinett unseres Kopfes". S. 62.
[97] Franz Fühmann: *Zweiundzwanzig Tage oder Die Hälfte des Lebens*. Leipzig 1980. S. 14.

nis als literarische Darstellung von Einzelschicksalen, die um eine "unerhörte Begebenheit", welche Aufregendes, ja Merkwürdiges ankündigt, zentriert sind. Diese "unerhörte Begebenheit" wiederum sollte auf eine Weise das Handeln der literarischen Figuren beeinflussen, daß sie ihrem Leben eine andere Richtung geben. Die Destruktion eines solchen "Vorverständnisses" durch den Autor ist keine formale Spielerei. Die Dezentrierung der "unerhörten Begebenheit" zwingt, ja nötigt den Leser, nicht den Tod des fremden Freundes Henry Sommer, sondern das unlebbare Leben Claudias, die unablässig mitzuteilen versucht, daß sie gern leben möchte, als unerhörtes Ereignis anzunehmen und diese Art zu leben als "viel schlimmer" zu begreifen "als mit dem Tod aussteigen zu können".[98] Kritische Distanz entstand auch dort, wo durch Anknüpfung an die Novellentradition des 19. Jahrhunderts das tätige, selbstbewußte Subjekt mit einer von ihm als schicksalhaft erfahrenen Welt und mit einer fatalistischen Auffassung von Geschichte konfrontiert wird. Vorherrschend für die deutsche Novellistik des 19. Jahrhunderts ist, wie Freund bezugnehmend auf programmatische Äußerungen Storms schreibt, der

> [...] anonyme Prozeß, von den Betroffenen erlitten, unparteiisch und objektiv wiedergegeben durch den novellistischen Berichterstatter. Menschliches Dasein sieht sich Kräften ausgeliefert, die jeder Kontrolle, jedem Eingreifen entzogen scheinen. Gründe für das, was geschieht, sind ebensowenig ausfindig zu machen wie Sinn und Ziel des Geschehenen [...]. In der Novelle wird dem Menschen die Welt unerklärlich und fremd. Dem Fatum der Ereignisse ausgesetzt, scheint der einzelne auswegslos determiniert, ein Spielball undurchschaubarer Prozesse.[99]

Als bedrohlich mußte und muß es nicht nur dem Leser der DDR erscheinen, wenn Hein, auf ein solches Novellenverständnis anspielend, den Figuren wie Claudia, Dallow, Sawetzki u.a. nur eine "Chance" gibt, wenn sie im Strom mitschwimmen, auf Subversion und Anarchie verzichten.

Das variantenreiche Spiel mit tradierten poetischen Modellen ist zweifellos eine Möglichkeit, beim Leser die nötige Distanz herzustellen, damit die gelebte Gegenwart nicht nur als Fortschreiten, sondern auch als bedrückende Wiederkehr des Bekannten durchschaubar wird.

Ein anderes, bisher weniger beachtetes Verfahren ist Heins spielerischer Umgang mit zeitgenössischen literarischen Poetiken und Texten. Kaum zu übersehen sind die provokanten Parallelen zwischen Heins *Napoleon-Spiel*

---

[98] Christoph Hein: Die Intelligenz hat angefangen zu verwalten. In: ÖA. S. 161.
[99] Winfried Freund: "... und ob es eine Tat war oder ein Ereignis...". Ein Versuch über die Novelle. In: Ders. (Hg.): *Deutsche Novellen. Von der Klassik bis zur Gegenwart.* München 1993. S. 7.

und Friedrich Dürrenmatts Roman *Justiz* aus dem Jahre 1985. Auch hier erschießt ein angesehener Bürger – ein Züricher Kantonsrat – vor den Augen der Öffentlichkeit einen Professor der Germanistik der Universität ohne erkennbaren Grund. Aus dem Zuchthaus beauftragt er einen Rechtsanwalt, nach Beweisen seiner Unschuld zu suchen, weil ihm das Motiv des Mordes nicht nachgewiesen werden konnte. Der formale Nachweis, daß es ein Spektrum von möglichen Motiven und TäterInnen gibt, rechtfertigt seinen Freispruch. Erst allmählich durchschaut der Rechtsanwalt, aus dessen Perspektive erzählt wird, das Spiel des Alten, dem die Justiz zum Opfer wird und das ihn zum Spielball macht:

> Er war kein Hasardeur. Ihn lockte nicht der Einsatz. Ihn lockte das Spiel selbst, das Rollen der Bälle, die Berechnung und die Ausführung, die Möglichkeit der Partie. Glück bedeutete ihm nichts [...]. Er war nur stolz darauf, daß es in seiner Macht lag, die Bedingungen des Spiels zu wählen, liebte es, das Abschnurren einer Notwendigkeit zu verfolgen, die er selbst geschaffen hatte [...]. Natürlich gab es auch dafür einen Grund. Sublimster Machttrieb vielleicht, die Sucht, nicht nur mit Kugeln, sondern auch mit Menschen zu spielen, die Verführung, sich Gott gleichzusetzen.[100]

Den postmodernen Spielen unverbindlicher Beliebigkeit, so zeigt auch dieser intertextuelle Bezug, hat Christoph Hein sich bisher konsequent verweigert. Im "Zusammenspiel" mit Dürrenmatts Kriminalroman verweist *Das Napoleon-Spiel* auf Untiefen gesellschaftlichen Zusammenlebens, die den spezifischen Erfahrungskontext der DDR bei weitem überschreiten: Da mordet einer, um dem Bewegungsgesetz seiner Gesellschaft auf die Spur zu kommen, und das Paradoxon dieses Vorgangs: je abstrakter das Motiv, desto größer der Schutz. Freiheit, die er meint und die ihm das Gesetz einräumt, wird zur Chimäre, wenn sie in der Abstraktion verkommt. Auch der Glaube, "Mitmachen sei nichts weiter als eine harmlose technische Angelegenheit",[101] rechtfertigt nachträglich nicht einen Status des "Spielballs" oder "Opfers".

Auch unter Berücksichtigung dessen, daß die hier vor allem an Texten der 80er Jahre gewonnenen Beobachtungen an nachfolgenden Texten verifiziert werden müssen, berechtigen sie dennoch zu dem Fazit: Dem raffiniert arrangierten Spiel mit Fiktion und Wirklichkeit, Tradition und literarischer "Zeitgenossenschaft" hat es nicht geschadet, daß es durch den Autor Christoph Hein wie durch die Leser bei aller Lust am Text ab und zu auch ernst genommen wurde.

---

[100] Friedrich Dürrenmatt: *Justiz*. Werkausgabe in siebenunddreißig Bänden. Bd. 25. Zürich 1998. S. 82.
[101] Ebd. S. 84.

Dieter Hensing

Wenn der Stein der Geschichte zurückrollt. Über einen glücklichen und vor allem einen unglücklichen Sisyphos – über Albert Camus und Heiner Müller

The major part of my talk will be concerned with Heiner Müller's Gesammelte Irrtümer. *These three volumes of conversations and interviews which took place between 1975 and 1994 allow us to obtain a good and detailed picture of the variation in Müller's thoughts on history in the conflict between fixed basic principles and ever changing experience. The same work also illustrates admirably his thoughts on the function of literature and literary strategies, which are clearly related to his historical views. I will commence with some brief remarks on Albert Camus' philosophy, which, despite all superficial variation, determine his thinking on history.*

I

Im Juni 1985 führten Johano Strasser, Oskar Negt, Horst Wernicke und Günter Grass ein Gespräch über die Hoffnung bei Ernst Bloch und Albert Camus. Es ging um die Frage zweier sich radikal widersprechender und nicht auszugleichender Auffassungen von Geschichte.[1]

Für Bloch (1885-1977) ist der Mensch dank seines Vermögens, in Zeitläufen denken zu können, "per se ipsum ein reflektierend antizipierendes

---

[1] Das Gespräch findet sich unter dem Titel "Sisyphos und der Traum vom Gelingen" in: Günter Grass: *Werkausgabe in zehn Bänden*. Hg. v. Volker Neuhaus. Darmstadt, Neuwied 1987. Bd. X. S. 323-341. (Im folgenden zitiert als WA-X + Seitenzahl.) – Das Gespräch nimmt Stellung zu der damals so aktuellen zivilisationskritischen und fortschrittskritischen Debatte. Strasser eröffnet das Gespräch mit der Bemerkung: "Vielen erscheint heute das, was 'Fortschritt' genannt wird, als der gerade Weg in die Barbarei, als fortschreitende Enthumanisierung und Zerstörung von Freiheit, gar als Tendenz zum kollektiven Selbstmord. Ist, wie Peter Rühmkorf es in einem Gedicht ausgedrückt hat, das 'Prinzip Hoffnung total aus der Flucht'? Gucken wir tatsächlich in die Zukunft 'wie in eine Geschützmündung', gelähmt, ohnmächtig, des kommenden Unheils gewärtig und ohne Hoffnung?" (S. 323) Grass hatte 1980 in den *Kopfgeburten* die um sich greifende Apokalyptik zwar als einen Wetteifer in Düsternis kritisiert, aber eingeräumt: "Es ist schon so: seitdem die Aufklärung als Heilige Kuh trockensteht, ist dem Fortschritt kein Saft mehr abzumelken." (Günter Grass: *Kopfgeburten oder Die Deutschen sterben aus*. Darmstadt, Neuwied 1982. S. 69) Seine eigene Sorge faßte er seinerzeit immer wieder in der Formel von "Orwells Jahrzehnt" zusammen.

Wesen." (AU 101)² Das *utopische Vermögen*, von der Vergangenheit her in die Zukunft hinein denken zu können, ist schlechthin "das Charakteristikum des Menschen" (AU 106). Es gehört zu ihm hinzu, ist Teil seiner selbst. Das antizipierend-utopische Vermögen entscheidet aber nicht allein darüber, ob und wie Geschichte Gestalt annimmt. Es bleibt als *subjektiver Faktor* solange ein ins Leere laufendes Denken, wie ihm nicht in der Außenwelt ein *objektives Korrelat* entspricht, ein real Mögliches, das in der Wirklichkeit angelegt und latent vorhanden ist. Dieses latent Vorhandene erschöpft sich nicht in einer einzigen Möglichkeit, dann wäre sie ja Notwendigkeit und der Gang der Geschichte in seinem Verlauf genauestens vorgezeichnet. Das "Noch-Nicht" ist ein Mehr an Möglichkeiten, das sich erst im Zusammentreffen und in der Ergänzung mit dem subjektiv Utopischen entscheidet und zur konkreten "Tendenz" wird, zu dem, was "im Schwange ist" (AU 109f.). Die an objektiven Korrelaten orientierten Utopien nennt Bloch zum Zeichen dieser Anbindung *konkrete oder reale Utopien*.

Blochs Vorstellung von der für den geschichtlichen Fortschritt notwendigen Ergänzung der subjektiven durch die objektiven Faktoren schließt die Möglichkeit des Mißlingens ein. Es sind vielerlei Gründe denkbar, die die Ergänzung scheitern oder gar nicht erst zustande kommen lassen. Das nötigt zur Überprüfung des Zusammentreffens der Faktoren, auch zur Überprüfung der Faktoren selbst, widerlegt aber nicht die Notwendigkeit utopischen Denkens überhaupt. Insofern haben die Gesprächsteilnehmer von 1985 recht, wenn sie Blochs Überzeugung hervorkehren, daß an der Hoffnung als solcher festgehalten werden muß, auch wenn die Realität die harte Sprache des Scheiterns spricht. Das Prinzip Hoffnung darf – bei Strafe des Untergangs – nicht einem Prinzip Hoffnungslosigkeit Platz machen. Was scheitert, muß als unabgegoltener geschichtlicher Auftrag wirksam bleiben (vgl. bes. WA-X 324).

Ganz anders Camus (1913-1960). Während Bloch ein Konsensverhältnis von Mensch und Welt nicht nur grundsätzlich für möglich hält, sondern auch speziell benennt, nämlich als den Bezug subjektiver und objektiver Faktoren, liegt für Camus das alles entscheidende Problem in der Frage, ob überhaupt von einem Verhältnis von Mensch und Welt gesprochen werden kann, ob nicht vielmehr alles, was als ein solches Verhältnis erscheint, auf der Selbsttäuschung anthropomorpher Weltsicht beruht, also eigentlich auf

---

[2] Ich beziehe mich hier auf einen Vortrag von Bloch, in dem er 1965 die Kerngedanken seiner Philosophie der Hoffnung unter dem Titel "Antizipierte Realität – Wie geschieht und was leistet utopisches Denken?" kurz und bündig zusammengefaßt hat. In: Ernst Bloch: *Abschied von der Utopie? Vorträge*. Hg. v. Hanna Gekle. Frankfurt 1980. S. 101-115; im folgenden zitiert als AU + Seitenzahl.

nichts beruht. Eines Tages stürzen die Kulissen ein.³ Wer diese Erfahrung macht, kann sich ihrer Evidenz nicht entziehen; er geht daran, sein Denken über Welt und Mensch völlig neu zu veranschlagen. Camus umschreibt die alles umwerfende Erfahrung als die Einsicht, daß die Vernunft, das einzige Instrument, mittels dessen sich der Mensch zur Welt in ein Verhältnis setzen könnte, an dieser Welt abprallt. So gibt es nur das verhältnislose Gegenüber "des Menschen, der fragt, und der Welt, die vernunftwidrig schweigt" (MyS 29).

In der Frage, ob und wie sich ein Verhältnis zwischen Mensch und Welt herstellt, unterscheiden Bloch und Camus sich also bereits in den Prämissen. Während für Bloch ein Konsensverhältnis grundsätzlich möglich ist und die alles entscheidende geschichtliche Aufgabe des Menschen bildet, ist ein solches Verhältnis für Camus von vornherein ausgeschlossen.

Camus leugnet jedoch nicht die "Sehnsucht" des Menschen nach einem Verhältnis der Übereinstimmung und Einheit mit der Welt. Seine frühen Tagebücher zeigen auch gelegentlich Momente eines solchen Zustandes. Aber es sind Empfindungen einer Übereinstimmung mit der Natur, die mit der Frage nach der rationalen Begründung eines geschichtsbildenden Verhältnisses nichts zu tun haben. In dieser Hinsicht vermag die Sehnsucht nichts auszurichten und Camus schätzt ihren Spielraum völlig anders ein als Bloch. Für die rationale Durchdringung der Welt und die Möglichkeit von Geschichte bleibt die Sehnsucht "ohne Hoffnung", eine "Auflehnung" und "Revolte" in der Gewißheit "eines niederwerfenden Schicksals". Sie stellt den "Anspruch auf eine unmögliche Transparenz" (MyS 49). Aber sie erstirbt nicht in dieser Paradoxie. Sie ist eine "Herausforderung", die angenommen werden kann und mit der sich leben läßt. Camus sagt ganz ausdrücklich: "Diese Auflehnung gibt dem Leben seinen Wert." (MyS 50)

Was das heißen kann, zeigt am besten die Umdeutung des Mythos von Sisyphos, mit der Camus seinen Versuch über das Absurde abschließt (MyS 98-101). Der Kerngedanke ist in Kürze dieser: Der Umstand, daß Sisyphos seinen Stein immer wieder den Berg hinaufrollt, um sehen zu müssen, wie er wieder hinunterrollt, und das ohne Aussicht auf ein Ende, ist nur solange sinnlos und ist also auch nur solange ein Fluch der Götter, wie davon ausgegangen wird, daß der Stein vorankommen und oben liegen bleiben müßte. Läßt man den Gedanken fallen, daß der Sinn des Steinewälzens davon abhängt, ob ein Ziel erreicht oder doch wenigstens ein Fort-

---

³ Camus hat seine Anschauungen besonders gründlich in der bekannten Schrift *Der Mythos von Sisyphos. Ein Versuch über das Absurde* entfaltet. Erstmals erschienen 1942, ins Deutsche übersetzt 1956. Ich beziehe mich auf die Ausgabe Reinbek bei Hamburg 1988. Zum Einsturz der Kulissen vgl. S. 16; im folgenden zitiert als MyS + Seitenzahl.

schritt in Richtung auf ein Ziel hin bewirkt wird, entfällt auch die Schlußfolgerung der Sinnlosigkeit und des Fluchs. Das Steinewälzen ist dann einfach das, was es ist, es gehört sich selbst, ohne einer vorgedachten Sinn- und Zielvorstellung unterworfen zu sein.[4] Es ist für Camus wesentlich, daß es die unangemessenen Hoffnungen und Erwartungen sind, die unnötige Enttäuschungen und Lähmungen verursachen. Unangemessen, weil sie dem Absurden ausweichen, indem sie für die Zukunft eine nicht absurde Welt veranschlagen. Einen geschichtlichen Nihilismus gibt es nur dort, wo es zuvor einen geschichtlichen Illusionismus gab. Als Sisyphos, wie Camus ihn umdeutet, seine Tätigkeit neu begreift, als er die sein Tun frustrierenden Sinnvorstellungen abstreift, wird aus dem verfluchten ein glücklicher Mensch. Camus' Schlußsatz lautet: "Wir müssen uns Sisyphos als einen glücklichen Menschen vorstellen." (MyS 101)

Die Gesprächspartner von 1985 erklären sich den großen Unterschied Camus' zu Bloch wie folgt: Während Bloch auf der Hoffnung besteht, Hoffnung als Prinzip, und damit gerade auch die geschichtliche Hoffnung meint, muß Camus' Denken, wie Wernicke sagt, eher umgekehrt "als eine Hoffnungs- und Utopiekritik" gedeutet werden (Grass: WA-X 325). Tatsächlich ist für Camus Geschichte als Resultat eines (auf Vernunft gründenden) Verhältnisses von Mensch und Welt nicht möglich, und damit erledigt sich also auch von vornherein die Frage des utopischen Denkens und der geschichtlichen Hoffnung. Auflehnung ist gerade das Gegenteil, ein Verhalten, das ohne Hoffnung auskommt, eine Revolte jenseits der ganzen Dimension von Hoffnung und Utopie.

Es ist bezeichnend, wie sich in den Vergleichen und Gegenüberstellungen des Gesprächs immer wieder das Entweder-Oder der Positionen von Bloch und Camus herausstellt, auch derart, daß von der einen Position her die andere gänzlich unverständlich erscheint. So äußert Oskar Negt:

> Ich habe große Schwierigkeiten zu begreifen, wie ein Mensch, der sich gegen den Krieg und die Kriegsgefahr engagiert, handeln kann, ohne eine Vorstellung vom Gelingen seines Kampfes um Frieden zu haben. [...] Mir scheint, daß Camus eine Charakterstruktur voraussetzt, bei der *das utopische Moment der Hoffnung nicht mehr notwendig ist, um handeln zu können.* Der Handelnde nach Camus braucht nicht, wie Bloch sagt, 'ins Gelingen verliebt' zu sein. (Grass: WA-X 332, Herv. D. H.)

---

[4] Schon an einer früheren Stelle der Abhandlung heißt es: "Wenn aber das Absurde alle meine Chancen einer ewigen Freiheit zunichte macht, dann gibt es mir ja eine Handlungsfreiheit wieder und steigert sie sogar noch. Dieser Verlust der Hoffnung und der Zukunft bedeutet für den Menschen einen Zuwachs an Verfügungsrecht." (MyS 51).

Der Ausdruck "Charakterstruktur" verblüfft zunächst, wird aber verständlich an der Nachbemerkung von Negt:

> Ich glaube aber, daß die Menschen gewöhnlich so nicht sind, daß sie zwar nicht unbedingt große utopische Weltentwürfe benötigen [...], aber daß sie Alltagsutopien, Vorstellungen von Glück und glücklichem Ausgang brauchen. Das sind durchaus nicht immer zukunftsgerichtete Vorstellungen. (WA-X 332)

Solche psychologischen oder anthropologischen Aspekte werden häufiger für das Phänomen Hoffnung ins Feld geführt. Der Mensch kann nicht ohne Hoffnung leben. Auch Bloch geht ja von einer Beschaffenheit des Menschen aus, die ihn dazu befähigt und bestimmt, Hoffnung zu denken – das utopische Vermögen, das ihm als Menschen eigen ist. Andererseits leugnet auch Camus ein solches menschliches Moment nicht. Er spricht von der evidenten Sehnsucht nach einer Übereinstimmung und Einheit mit der Welt. Der Unterschied liegt im Urteil darüber, was die dem Menschen eigene Hoffnung oder Sehnsucht vermag. Während sie für Bloch ein geschichtsmächtiger Faktor ist, ist sie bei Camus die Revolte geschichtlicher Ohnmacht mit der Entdeckung eines von geschichtlichen Zielsetzungen und Hoffnungen freien Handelns.

Unter den vier Gesprächspartnern unterstreicht vor allem Günter Grass die Bedeutung von Camus. Er hebt hervor, es zeuge von einer "tief humanen Sicht menschlicher Existenz und menschlicher Möglichkeiten", daß Camus ausgreifende geschichtliche Hoffnungen abweise. Camus

> [...] nimmt den wirklichen Menschen sich zum Maß und lehnt die Forderung ab, daß der Mensch nach utopischen Entwürfen über sich hinauswachsen müsse, sieht sogar in der Überforderung des Menschen durch solche utopischen Entwürfe einen Grund für die katastrophale Lage des Menschen. (Grass: WA-X 327)[5]

Camus' Verständnis der Auflehnung ohne Hoffnung und in der Befreiung von geschichtlichen Erwartungen überzeugt Grass so sehr, daß er Sisyphos seinen "Privatheiligen" (Grass: WA-X 340) nennt. Für Grass sind die 80er Jahre, "Orwells Jahrzehnt", eine für Zukunftshoffnung höchst prekäre Zeit. Wer "mit der manifesten Möglichkeit endgültiger Vernichtung konfrontiert" wird, läuft Gefahr, daß sich Hoffnungen überhaupt nur noch als Illusion erweisen (WA-X 328). In der Terminologie von Bloch ließe sich das vielleicht folgendermaßen formulieren: *Dem utopischen Vermögen des Menschen drohen die objektiven Korrelate auszugehen*, es schießt ins Lee-

---

[5] Ein anderes Mal spricht Grass von der "Hochfahrendheit, die die Menschen nicht so lassen will, wie sie sind" (WA-X 334).

re, mit dem Ergebnis bitterster Enttäuschung und Resignation und mit der möglichen Folge eines Geschichtsnihilismus. Grass empfiehlt Camus:

> Ich kann in unserer Situation nur die Camussche Haltung empfehlen, diese Sisyphoshaltung, die gegen Resignation und zynische Hoffnungslosigkeit gefeit ist [Resignation und Hoffnungslosigkeit als Resultate vorangegangener falscher Ziele und Erwartungen]. Die absurde Situation des Menschen, wie sie Camus beschreibt, *erlaubt, weiter tätig zu sein, auch wenn keine Hoffnung besteht.* (WA-X 328, Herv. und Einfüg. D. H.)[6]

Das Beispiel des fröhlichen Sisyphos, dieses "heiteren Steinwälzers", wie Grass ihn schon 1980 in Anlehnung an Camus genannt hatte,[7] befreit vom Zwang zur Geschichte als einer Geschichte der Hoffnungen und Erwartungen und des Fortschritts. Grass ist allerdings etwas ungestümer als Camus. Camus betont den "Verlust der Hoffnung und der Zukunft" ebenso wie den damit gegebenen "Zuwachs an Verfügungsrecht". Grass schert das Paradox weniger, für ihn zählt die Freiheit der aus allen großen Perspektiven entlassenen Möglichkeiten eines Handelns hic et nunc. Dem entspricht auch, was er schon seit den 70er Jahren "permanente Revision" nennt.[8] Vielleicht etwas wortspielerisch könnte man sagen: Die permanente Revision ersetzt die permanente Vision.

---

[6] Die Frage, was dem Menschen angemessener sei, wird auch von den anderen Gesprächsteilnehmern gelegentlich gestreift. Wernicke z.B. weist auf Camus' Unterscheidung von Revolte und Revolution hin: "Camus' 'Revolte' richtet sich gegen die Erlösungsspezialisten aller Art im christlichen wie im marxistischen Lager. Mit Proudhon und Simone Weil hält er die Verkündigung der Revolution für ein Rauschmittel, für ein Opium für das Volk. Mit Hilfe des 'Revolte'-Begriffs weist er auf eine bescheidenere, weniger ruinöse Utopie hin." (WA-X 325) Und bei Strasser heißt es: "Camus sagt einmal von der Revolution, sie sei ein 'maßloser metaphysischer Kreuzzug'. Dagegen setzt er die prinzipielle Unabgeschlossenheit der Revolte." (WA-X 331).
[7] Vgl. in dem Text *Kopfgeburten oder Die Deutschen sterben aus* den fünften Abschnitt. Der Ausdruck "heiterer Steinwälzer" S. 81 (in der in Anm.1 genannten Ausgabe).
[8] Zum Beispiel 1973 in einer Rede mit dem Titel "Der Schriftsteller als Bürger – eine Siebenjahresbilanz" (In: Günter Grass: *Werkausgabe in zehn Bänden.* Bd. IX. S. 577-593, hier S. 592.). Auch im Gespräch von 1985 verweist Grass auf seinen "Revisionismus" – "diese Skepsis gegenüber allem Endgültigen, in der Theorie und in der Praxis", und nennt diese Einstellung "eine Camussche Position, eben die des fröhlichen Steinewälzers." (WA-X 332).

II

Heiner Müller (1929-1995) gilt als der bedeutendste Dramatiker der DDR. Seine Werke wurden dort bis zum Beginn der 80er Jahre jedoch offiziell zumeist zurückgewiesen, und es dauerte im Schnitt fünfzehn Jahre, bis sie vom Schreibtisch auf die Bühne gelangten. Erst gegen Ende der DDR, in der Theatersaison 1987/88, war er in seinem Land zum ersten Mal der meistgespielte Gegenwartsautor.[9] Müller repräsentiert eine Literatur der DDR, die zu ihren wichtigsten Hervorbringungen gehört, ohne daß sie ihre Wirkung im eigenen Land in angemessener Weise entfalten konnte. Es handelt sich um diejenige Literatur, die den am Anfang der DDR unterbliebenen und danach nie mehr zugestandenen *Dialog eines kritischen Selbstgesprächs des Sozialismus* für unverzichtbar hielt und ihn mit eigenen Formen der Auseinandersetzung aufzuwiegen und zu ersetzen suchte.[10] Auf sich selbst zurückgeworfen, entwickelte sie eine Selbständigkeit und Freiheit der Reflexion, die sie immer wieder an die Grenzen dessen trieb, was das feste Bekenntnis zum Sozialismus als der einzigen geschichtlichen Option an fundamentalen Fragen zuließ. Müller war wie kein anderer ein

---

[9] Vgl. Hans-Christian Stillmark: Entscheidungen um und bei Heiner Müller. Bemerkungen zu "Wolokolamsker Chaussee III-V". In: *Germanistisches Jahrbuch DDR – Ungarn* 9 (1990). S. 52-62, hier S. 52-54. Ferner: Heiner Müller: GI-2 168f. und AUT 356 (Abkürzungen vgl. Anm. 12).

[10] Zur frühen Situation des unterbliebenen kritischen Dialogs gibt es sehr aufschlußreiche Bemerkungen von Christa Wolf 1987/88 in einem Gespräch mit Therese Hörnigk. Wolf nennt als wesentlichen Grund die beinahe uneingeschränkte und kritiklose Achtung und Geltung der Remigrantengeneration bei der nachfolgenden Generation (der Generation Wolfs). Das Gespräch ist unter dem Titel "Unerledigte Widersprüche" abgedruckt in: Christa Wolf: *Im Dialog. Aktuelle Texte.* Frankfurt/M. 1990. S. 24-68. – Als im politisch labilen Jahr 1956 der kritische Dialog von einer Reihe älterer und jüngerer Schriftsteller nachdrücklich gefordert wurde, wurde er von der Partei ebenso nachdrücklich und endgültig zurückgewiesen. Hans Mayer hat deshalb 1956 sogar im Titel einer seiner Darstellungen ein "Entscheidungsjahr" genannt. (Hans Mayer: Das Entscheidungsjahr 1956. In: Ders.: *Der Turm von Babel.* Frankfurt/M. S. 116-142.). Sehr erhellend für den 1956 geforderten und radikal zurückgewiesenen Dialog ist die Archivauswertung von zum Teil unbekannten Gesprächen zwischen Partei und Schriftstellern und dem Ministerium für Kultur (Johannes R. Becher) und Schriftstellern im Jahr 1956 durch Dieter Schiller: *Einseitige Dialoge. Partei und Schriftsteller 1956. – Disziplinierung der Intelligenz. Die Kulturkonferenz der SED vom Oktober 1957.* Berlin 1997; und: Dieter Schiller: *Kulturdebatten in der DDR nach dem XX. Parteitag der KPdSU. Die Arbeitstagung des Ministeriums für Kultur und der Kongreß Junger Künstler im Mai und Juni 1956.* Berlin 1999.

solcher Grenzgänger. Die fundamentale Frage, die ihm immer wieder zu schaffen machte und von der seine ganze Hoffnung des Sozialismus abhing, war die Frage nach der *Bewegung der Geschichte*. Es gab für Müller kein Denken über die menschliche und gesellschaftliche Wirklichkeit, das nicht Geschichtsdenken wäre und die Frage nach dem möglichen sozialen Fortschritt stellte. Das unterscheidet ihn ebenso wie Bloch grundsätzlich von Camus. Die Ausgangspunkte sind inkompatibel.

Es gibt von Müller neben seinem literarischen Werk, das fast ausschließlich Theatertexte umfaßt, eine Vielzahl von anderen Äußerungen, vor allem in Gesprächen und Interviews. Gespräche waren ihm wichtig, weil sich in ihrer lockeren Form Gedanken frei entfalten lassen.[11] Man kann sie ausprobieren, variieren und zurücknehmen. Man kann sie thesenhaft zuspitzen, den Widerspruch herausfordern und auf Haltbarkeit prüfen. Man kann von Gespräch zu Gespräch wesentliche Fragen wiederkehren und sich in den anderen Abläufen anders entwickeln lassen. Gespräche halten das Denken in Bewegung. Sie dienen ebenso zur Lockerung des Denkens wie zur allmählichen Ausformulierung von Gedanken. Und nicht von ungefähr reflektieren die Gespräche auch immer wieder eine entsprechende Dramaturgie der Theaterstücke. Es soll auch dort nicht um Schlüssigkeit gehen, sondern um das, was Zusammenhänge und Zuordnungen ankündigt, aber zugleich offenhält: das Lockere und Fragmentarische als Experimentierfeld. Und sicherlich trifft man nirgendwo so deutlich wie in den Gesprächen auf die Spannung zwischen freiem Denken und fundamentalen sozialistischen Überzeugungen.[12]

---

[11] Vgl. z.B. eine Bemerkung wie die von 1985 in GI-1 155 (Abk. GI-1 siehe nächste Anm.). Nicht von ungefähr hat auch seine Autobiographie (siehe nächste Anm.) die Form eines Interviews.

[12] Die folgenden Ausführungen stützen sich auf Müllers Texte, Reden und Gespräche, wie sie vor allem in den drei Bänden *Gesammelte Irrtümer*, aber auch in anderen Bänden zusammengestellt sind: GI-1 = *Gesammelte Irrtümer [1]. Interviews und Gespräche [1974-1986]*. Frankfurt/M. 1986; GI-2 = *Gesammelte Irrtümer 2. Interviews und Gespräche [1977-1989]*. Frankfurt/M. 1990; GI-3 = *Gesammelte Irrtümer 3. Texte und Gespräche [1989-1994]*. Frankfurt/M. 1994. Es handelt sich in diesen 3 Bänden um Material aus der Zeit ab Mitte der 70er Jahre. Das ist die Zeit, in der die Literatur, die Müller repräsentiert, ihr besonderes Profil entwickelte. Die ersten beiden Bände überschneiden sich zeitlich, zusammen reichen sie bis zur "Wende" 1989. Der dritte Band erfaßt Material aus der Zeit ab der "Wende". LN = *Zur Lage der Nation*. [Beiträge 1988-1990.] Berlin 1990. JN = *Jenseits der Nation*. [Beiträge 1990-1991.] Berlin 1991. MAT = *Heiner Müller Material. Texte und Kommentar* [Texte bis 1988]. Hg. v. Frank Hörnigk. Leipzig 1990. AUT = *Krieg ohne Schlacht. Leben in zwei Diktaturen*. [Autobiographie.] Köln 1992. Die um ein Dossier mit Dokumenten aus dem Ministerium für Staatssicherheit erwei-

Müllers Gespräche und Interviews, die einen eigenen Diskurs neben dem literarischen bilden, verdienen auch eine eigene Auswertung. Im Ergebnis sind beide nicht ohne weiteres vergleichbar, auch wo ihnen das Thema Geschichte gemeinsam ist. Im einen Fall entfaltet sich das Thema dialogisch in direkten Stellungnahmen, im andern Fall in der Gestaltung bestimmter Stoffe, Figuren, Handlungen und Bilder, historisch, mythologisch und fiktional. Diese literarische Gestaltung fordert nicht nur das rationale, sondern eben auch das imaginative Vermögen des Rezipienten heraus und bietet, insbesondere aufgrund der seit den 70er Jahren stets offeneren Form, viel Assoziations- und Deutungsspielraum. Am Ergebnis der Rezeption ist der "aktive Leser" stärker als bei den nichtliterarischen Texten beteiligt. Norbert Otto Eke verweist für die Offenheit von Müllers literarischen Texten auf die Dramaturgie, "[...] die zwischen Bedeutung und Indifferenz breiten Raum läßt für die kreative Phantasie des Rezipienten."[13]

Und noch eine Vorbemerkung: Eke und andere sind der Meinung, daß sich für das literarische Werk eine klare Phasierung nicht angeben lasse. Kontinuität und Diskontinuität sind zu sehr ineinander verschlungen. Eke spricht in seinem Überblick[14] denn auch nur von den 50er und 60er Jahren einerseits und den 70er und 80er Jahren andererseits und ordnet auch danach die Texte dementsprechend zusammen. Andererseits zeigen die Ausführungen anhand der nichtliterarischen Texte, wie ich sie hier folgen lasse, für die Zcit ab Mitte der 70er Jahre durchaus beachtliche Schwankungen in Müllers Einschätzung des Geschichtlichen. Darüber hinaus passen

---

terte Neuausgabe (Köln 1994) ist im übrigen seitenidentisch. Dem Titel ist hier die 1992 fehlende Bezeichnung "Autobiographie" angefügt.

[13] Norbert Otto Eke: *Heiner Müller*. Stuttgart 1999. S. 51. – Statt Müllers nichtliterarischen Diskurs ernst zu nehmen, kann man ihn in seiner Form und Präsentation auch als Zumutung abtun; man kann sich gefoppt fühlen. So spricht Frauke Meyer-Gosau von den "[...] zahllosen sogenannten Gesprächen und Interviews mit Müller als scheinbar nimmermüder Projektions-, Plauder- und Räsoniermaschine, die jene unverkennbare Text-Endlosschleife aus Zitat und Selbstzitat, autobiographischen Versatzstücken, Anekdoten, Kalauern, Philosophemen, Lehrsätzen und Merksprüchen generierte, deren brauchbarste Teile oft vom Sprech- in den Schreib-Text einwanderten und von dort dann wieder in die mündliche Rede zurückkehrten." (Frauke Meyer-Gosau: Monument Müller. Ein Bild und seine Spiegelungen. In: *Heiner Müller. Text+Kritik*. Hg. Heinz Ludwig Arnold. H. 73. 2. Aufl. [Neufassung]. München 1997. S. 8-21, hier S. 8.) Es fällt nicht immer leicht, in Müllers irritierendem und manche Gesprächspartner auch durchaus verhöhnendem Diskurs die Auseinandersetzung mit dem eigenen Geschichtsdenken in ihrer ganzen Ernsthaftigkeit wahrzunehmen und anzuerkennen. Für Müller waren seine Gesprächspartner Sparringspartner.

[14] Vgl. Norbert Otto Eke: *Müller*. S. 36-55.

sich auch die Aussagen über literarische Strategien und die Funktion von Literatur von Mal zu Mal an. Auf solche Schwankungen hat schon 1988 Hans-Christian Stillmark anhand des damals zur Verfügung stehenden Materials aufmerksam gemacht. Er konzentriert sich dabei auf "die Veränderung der Geschichtsauffassung im poetologischen Denken Müllers seit der Mitte der 70er Jahre bis zur Gegenwart" Ende der 80er Jahre.[15] Inzwischen ist aufgrund der Entwicklung Müllers in der anschließenden Zeit und anhand des in Sammelbänden wie den *Gesammelten Irrtümern* ausführlicher zusammengestellten Materials ein genauerer Überblick möglich. Richtig ist, daß durch die Schwankungen hindurch bestimmte Grundvorstellungen erhalten bleiben, und insofern sind unterschiedliche Akzentuierungen durchaus möglich.[16]

Die Verlangsamung der Geschichte

Der marxistische Ausdruck von der "wirklichen Bewegung" der Geschichte meinte die Bewegung gemäß einer als wissenschaftlich gesichert geltenden dialektischen Gesetzmäßigkeit. Je mehr sich jedoch die empirische Erfahrung vom theoretischen Postulat unterschied, bedurfte der Widerspruch einer Erklärung.

Müller hat sich schon früh, besonders jedoch seit den 70er Jahren, mit diesem Widerspruch beschäftigt. Von der Antwort hing für ihn die ganze Frage der Geschichte ab. Und die Frage der Geschichte war das zentrale Kriterium für alle anderen Fragen, nicht zuletzt für die Frage nach dem antagonistischen Unterschied zwischen Ost und West.

West und Ost bildeten nach sozialistischen Vorstellungen eine Gleichzeitigkeit des Ungleichzeitigen, insofern ihre Systeme zwei grundverschiedenen Epochen zugehören sollten: Die westliche Epoche, die des bürger-

---

[15] Hans-Christian Stillmark: Umbau einer Autorenposition. Skizze zur Veränderung Heiner Müllers poetologischer Positionen in den 80er Jahren. In: *Wissenschaftliche Zeitschrift Pädagogische Hochschule Potsdam* 32 (1988). S. 255-263, hier S. 255.

[16] Zwischenzeitliche Bilanzen mußten auch unweigerlich von der betreffenden Position in Müllers Schwankungen abhängig bleiben. So ist ein Beitrag von Antonia Grunenberg von 1985 fixiert auf das sehr skeptisch-pessimistische Tief Müllers, wie es sich in den Texten der späten 70er Jahre und teils noch kurz danach äußerte. Grunenberg spricht für die damalige Verfinsterung des Geschichtsdenkens abschließend "von einer endgültigen Abkehr von jeder Art von Utopie" – was sich damals so sehen ließ, aber schon bald nicht mehr stimmte. (Antonia Grunenberg: 'Eine Lust an der Zerstörung': Heiner Müllers Umgang mit Fortschrittsglauben und Geschichtsoptimismus. In: *Studies in GDR Culture and Society*. 5 (1985). S. 251-264, hier S. 263).

lich-kapitalistischen Zeitalters, sollte durch die östliche, die des neuen sozialistisch-kommunistischen Zeitalters, unwiderruflich und unumkehrbar abgelöst und damit als "Vorgeschichte" deklariert werden – in Rußland seit der Oktoberrevolution von 1917, in Ostdeutschland seit der Einführung des Sozialismus ab 1945. Daß im Westen das überholte System noch existiert, ist Andauern von Vorzeit. Für Müller handelt es sich bei den zwei grundverschiedenen Epochen und ihren Systemen aber auch um zwei grundverschiedene Einstellungen zur Geschichte und ihrer Bewegung: Während man im Osten die empirische Erfahrung einer sich *verzögernden* Entwicklung der Geschichte immer wieder in ihrem Verhältnis zur theoretisch unterstellten *wirklichen* Bewegung reflektierte und das Bewußtsein für diese zentrale Frage schärfte, notfalls den geschichtlichen Prozeß auch absichtlich *verlangsamte*, um dem Gang der *wirklichen* Geschichte Zeit zu lassen, übergab sich der Westen einer *totalen Beschleunigung*, in der sich das Bewußtsein für geschichtliche Bewegung vollständig verlor und nur noch pure Gegenwart erfahren wurde. An diesem prinzipiellen und durch nichts auszugleichenden Gegensatz hat Müller bis zuletzt festgehalten. Mit dem Fall der Mauer 1989 fiel für ihn die Trennwand als Regulativ zwischen den zwei Geschwindigkeiten weg. Damit gerieten die beiden unterschiedlichen Strömungen in einen gefährlichen Wirbel, und mit der Unterordnung der DDR unter die BRD 1990 drohte die totale Beschleunigung alle Verlangsamung zu überspülen und damit die Erfahrbarkeit von Geschichte und das Bewußtsein für Geschichte auszulöschen.[17]

Diese krasse Unterscheidung von Ost und West gehört zu den hauptsächlichen Fixierungen des Müllerschen Geschichtsdenkens. Sie macht aus dem Gegensatz Ost-West ein so abgründiges Entweder-Oder, daß nicht nur Konvergenzen und dritte Standpunkte, sondern überhaupt alle sich über dieses Entweder-Oder hinaushebenden und von seinem Zwang befreienden Ideen a priori ausgeschlossen erscheinen.

In der zweiten Hälfte der 70er Jahren bedrängt Müller immer heftiger die Vorstellung, die Geschichte könne sich nicht nur verlangsamen, sie könne zum Stillstand kommen. Charakteristisch für seine damaligen Überlegungen ist eine Äußerung wie diese: Man müsse sich fragen, ob das, was der Theaterautor Beckett vorführe – z.B. in seinem berühmten *Endspiel* –, wirklich nur auf den bürgerlichen Gesellschaftszustand und eine entsprechende Befindlichkeit zutreffe. Es sei immerhin auffällig, daß eine Darstellung, "[...] die nicht mehr mit Geschichte rechnet und nicht mehr an Geschichte denkt, für die es nur Zustände gibt und keine Geschichte [...]", auch auf Marxisten wirke (1975; GI-1 16). Man lebe in Zeiten,

---

[17] Das wird weiter unten noch genauer dargelegt.

> [...] wo es nicht mehr um unmittelbare Aktionen geht, wo die Revolution sich Zeit nehmen muß oder Zeit braucht, wo man nicht mehr die Chance hat, daß man auf die Straße geht und schießt oder erschossen wird. Man muß eben arbeiten, und alles dauert sehr lange, und man weiß nicht, wie lange es dauert, und es kann länger dauern, als man lebt [...]. (GI-1 17)

Daß Müller auf Beckett verweist und damit die Frage stellt, was die neuere östliche Geschichtserfahrung für das westliche Bewußtsein des Geschichtsverlustes empfänglich macht, verdeutlicht die Brisanz des Problems, das er entstehen sieht. Andererseits ist für ihn der Unterschied durchaus nicht aufgehoben und auch nicht ausgleichbar. Die östliche Erfahrung einer *Verlangsamung der Geschichte*, die es vor allem subjektiv, nämlich für die Zeitspanne des eigenen individuellen Lebens, schwierig macht, die Bewegung der Geschichte wahrzunehmen ("es kann länger dauern, als man lebt") bleibt radikal von der Erfahrung, die sich bei Beckett niederschlägt, getrennt. Die Abläufe bei Beckett sind "zyklische Abläufe", "[...] es gibt also *keine Geschichte*." (GI-1 49, Herv. D. H.)

Für das Problem der subjektiven Geschichtserfahrung im Gegensatz zur "Wirklichkeit" der objektiven Bewegung hatte sich die Denkfigur der *Zeitdifferenz* entwickelt. Sie hat sehr lange vorgehalten. In einer Aussage Müllers von 1985, Jahre später also, wird das sehr schön deutlich:

> Ich habe genau die Illusionen gehabt wie unsere Politiker über das Zeitmaß der Entwicklung. Ich hab auch geglaubt, das geht alles viel schneller. Und dann merkt man, es dauert länger als man lebt, und dann stellt man sich darauf ein, und diese Enttäuschung führt dann zu einem anderen Widerspruch, dem *Widerspruch zwischen einer individuellen Lebensdauer und der Geschichte, der Zeit des Subjekts und der Zeit der Geschichte*. Und so ist dieser Widerspruch immer mehr dominant geworden in den Texten. In diesem Widerspruch leben wir jetzt. In dieser Differenz zwischen der Zeit des Subjekts und der Zeit der Geschichte. (GI-1 168, Herv. D. H.)

Die zweifelhafte Leistung der Denkfigur der Zeitdifferenz besteht darin, daß sie die Widerlegung der Theorie durch die Empirie verhindert. Auch Müller konnte so an der Überzeugung der Bewegung der Geschichte festhalten und zugleich seinen Zweifeln an ihr stattgeben. Andererseits war er sich sehr wohl bewußt, daß die Denkfigur je länger je mehr rein apologetisch verwendet und zur Verhüllung systemverschuldeter Stagnation mißbraucht wurde, was sich nicht unbegrenzt fortsetzen ließ:

> Kein Staat kann eine Bevölkerung gegen ihren Willen mehr als eine Generation lang in einen Wartesaal sperren, wo man die Züge auf dem Bildschirm vorbeifahren sieht, in die man nicht einsteigen darf. (AUT 365)

Die ganze schwierige Balance des Müllerschen Geschichtsdenkens zeichnet sich hier unübersehbar ab. Wie stellt man sich nach Müllers Vorstellungen auf die Verlangsamung der geschichtlichen Bewegung ein? Wichtig ist es vor allem, die genannte Zeitdifferenz zu berücksichtigen. Wenn in der kurzbemessenen Frist des individuellen Lebens als Stillstand erscheint, was in der weitgestreckten Zeit der objektiven geschichtlichen Bewegung sehr wohl Teil einer großen Entwicklung sein kann, dann muß sich das geschichtliche Denken und mit ihm das literarische Arbeiten über die eigene Gegenwart hinaus auf größere Zeitspannen beziehen: "Wenn man den Eindruck hat oder wenn es objektiv so ist, daß die Bewegung sich verlangsamt, dann muß man *weiter ausholen*." (1975; GI-1 24, Herv. D. H.) Literarisch genügt es dann z.B. nicht mehr, sich auf Brecht zu berufen, man muß auf Shakespeare zurückgehen, man muß die *weiter zurückliegenden Voraussetzungen* aufsuchen.[18] Die Literatur muß ihren historischen Radius erweitern, um ihre Funktion der Auseinandersetzung mit Geschichte und Geschichtsdenken erfüllen zu können.

Eine andere Konsequenz der Verlangsamung ist die Notwendigkeit, sich in allen Vorgängen auf die *Prozesse* und ihren Verlauf und nicht so sehr auf die Resultate zu richten. Nicht das Statische von Ergebnissen, sondern das Prozessuale in allem Geschehen ist wesentlich. Man muß sich der Bewegung versichern. Und auch das betrifft wieder genauso die Literatur wie das Geschichtsdenken: "Ich glaube überhaupt, daß der Akzent im Moment [wo die Erfahrung von Verlangsamung dominiert, D. H.] mehr auf Prozessen liegen sollte im Theater als auf Resultaten." (GI-1 25)

Eines der entsprechenden Müllerschen Verfahren ist das oft mißverstandene *Fragmentarisieren*. Fragmentarisierung "verhindert das Verschwinden der Produktion im Produkt" (1978; GI-1 50). Wie sich alles Einzelne auf ein Ganzes hin arrangiert, wird als *offener Prozeß* vorgeführt und nicht in einem Ergebnis zu Ende gebracht. Nur so schärft sich das Bewußtsein für die geschichtliche Bewegung. Müller erwähnt als ein für ihn wesentliches Beispiel das *Fatzer*-Fragment von Bertolt Brecht. Brecht kam mit diesem Text und der Fatzer-Figur nicht zu Rande. Das meiste Material trug er in den Jahren 1927-1932 zusammen. Als er einsah, daß er daraus kein Ganzes machen konnte, nutzte er es als "*Experimentierfeld*", ohne noch auf

---

[18] Für Müller ist Brecht bekanntlich immer ein sehr wesentlicher Bezugspunkt gewesen, als Vorbild und Voraussetzung. Ein Kriterium war aber auch, ob und wie man Brecht noch spielen bzw. sein Theater fortsetzen könne. Wann z.B. mußte man die Brechtsche Form des Lehrstücks aufgeben und wann konnte man sie wieder einführen? Shakespeare trat als der zweite große Bezugspunkt und Prüfstein neben Brecht.

Resultate zu zielen. "Das ermöglichte eine ungeheure Freiheit im Umgang mit dem Material. Zugleich blieb der *Prozeßcharakter* gewahrt." (GI-1 50, Herv. D. H.) Aufschlußreich ist aber auch, daß Müller zusätzlich anmerkt, Brechts erste Entwürfe seien einer Zeit zuzurechnen, in der seine Beschäftigung mit dem Marxismus "[...] noch ganz frisch war, noch keine selbstverständliche Voraussetzung." Er macht also auf den Zusammenhang der literarisch-formalen mit der ideologischen *Unabgeschlossenheit* aufmerksam. Und ganz allgemein empfiehlt er, sich hinter jene Verkürzungen und Verfestigungen zurückzuarbeiten, die mit der Entwicklung des Marxismus zur "Staatsphilosophie" – "und das ist er faktisch seit 1917" – eingetreten seien. Um die ahistorische Statik aufzubrechen, solle man "die vormarxistischen Philosophen stärker beachten" (GI-1 50).[19]

Müllers allgemeinere Aussagen, aber gerade auch die über literarische Strategien, zeigen, wie er die Bewegung der Geschichte immer mehr als einen Prozeß betrachtet, in dem sich über Gesetzmäßigkeiten nichts (mehr) ausmachen läßt. Was diesen *offen* erscheinen läßt, bedeutet aber auch die Möglichkeit vielfältiger und willkürlicher Einflüsse. Man könnte sich fragen, ob eine solche Sicht das, was Geschichte ist, nicht jeder Definition entzieht und nur als *Geschehen* beschreibbar macht – der Autor als Chronist. So weit geht Müller jedoch nicht; diese Konsequenz lassen seine Ausgangspunkte und Grundanschauungen nicht zu.

Das Problem der Verlangsamung hat für Müller zwei Seiten: Es ist ein Problem der *Sache*, der Geschichte nämlich, und es ist ein Problem ihrer *Erfahrung* und *Wahrnehmung*. Es ist ein ontologisch-historiologisches und ein gnoseologisches Problem. Es geht um die Frage, ob sich die Bewegung der Geschichte ändert oder überhaupt anders beschaffen ist, als man angenommen hatte, und es geht um die Frage, ob und wie man sich dieser Bewegung ausreichend vergewissern kann. In dieser Überschneidung wird die Möglichkeit, daß die Geschichte trotz der tatsächlichen oder vermeintlichen Verlangsamung den Gesetzen einer *wirklichen* Bewegung folgt, zwar (noch) nicht ausgeschlossen, aber auch nicht mehr vorausgesetzt. Eine *wirkliche* Bewegung der Geschichte ist keine Prämisse mehr, sondern etwas, das sich bestätigen kann, aber vielleicht auch anderen Einsichten weichen muß. Und also kann nur noch diejenige Erkenntnishaltung, auch poetologisch, angemessen sein, die sich voraussetzungslos ihren Wahrnehmungen und Erfahrungen anvertraut.

---

[19] Frank-Michael Raddatz nennt die Fragmente in ihrer Funktionalität "synthetisch". (Frank-Michael Raddatz: *Dämonen unterm Roten Stern. Zu Geschichtsphilosophie und Ästhetik Heiner Müllers*. Stuttgart 1991. S. 167f.).

Der Stillstand der Geschichte als Ausblick aufs Absurde

In der Zeit 1977-1979 verfinstert sich Müllers Blick auf die Geschichte. Ob hinter der *wirklichen* Bewegung andere Bewegungsgesetze hervortreten und ob sich mit ihnen ein Bewegungssinn verbindet oder ob die Möglichkeit der Einsicht in die Prozessualität der Geschichte verlorengeht, ob also mehr mit einem historiologischen oder mehr mit einem gnoseologischen Problem zu rechnen sei oder das zweite ein Ausfluß des ersten ist, läßt sich nicht mehr bestimmen. Zu Brechts *Fatzer*-Text heißt es jetzt nicht nur, daß er "präideologisch" ist und den "Denkprozeß" skandiert, statt "Denkresultate" zu formulieren, sondern auch, daß er "die Authentizität des ersten Blicks auf das Unbekannte" hat und "den Schrecken der ersten Erscheinung des Neuen". Dieses Neue ist vor allem der moderne, veränderte oder sich plötzlich anders offenbarende Mensch – Müller verweist auf Brechts "Topoi des Egoisten, des Massenmenschen, des Neuen Tiers" –, und mit diesem anderen Menschen folgt auch die Geschichte anderen Triebkräften. Mit dem Neuen "kommen, unter dem dialektischen Muster der marxistischen Terminologie, Bewegungsgesetze in Sicht, die in der jüngsten Geschichte dieses Muster perforiert haben." (1979; MAT 35) Das Brechtsche "Lehrstück" hatte Müller schon vorher verabschiedet. Lehrstücke kann man nur schreiben, wenn sich an der Geschichte etwas lernen und also auch etwas über sie lehren läßt. Das ist zu jener Zeit nicht der Fall. "Was bleibt: einsame Texte, die auf Geschichte warten." (1977; MAT 40)

1977 schreibt Müller das Stück *Hamletmaschine*. Ein Jahr später sagt er, mit diesem Stück sei bei ihm dramaturgisch "ein langsamer Prozeß von Reduktion" zum Abschluß gekommen. *Hamletmaschine* habe da einen Endpunkt gesetzt. "Es besteht keine Substanz für einen Dialog mehr, weil es keine Geschichte mehr gibt." Sich ausdrücklich auf die DDR beziehend spricht er von einer "Restaurationsphase". Man befinde sich "[...] in einer Zeit der Stagnation, wo die Geschichte auf der Stelle tritt" (1978; GI-1 54). Und noch in einem späteren Rückblick betont er sehr nachdrücklich, wie ihm damals außer dem Lehrstück auch das Dialogstück als literarische Möglichkeit verloren ging:

> Was ich schon in Bulgarien [wo er sich zu Beginn des Jahres 1977 aufhielt, D.H] gemerkt hatte, war die Unmöglichkeit, mit dem Stoff zu Dialogen zu kommen, den Stoff in die Welt des sogenannten real existierenden Sozialismus-Stalinismus zu transportieren. Es gab da keine Dialoge mehr. Ich habe immer wieder zu Dialogen angesetzt, es ging nicht, es gab keinen Dialog, nur noch monologische Blöcke, und das Ganze schrumpfte dann zu diesem [kurzen] Text. (AUT 294)

Was die DDR und ihre "Restaurationsphase" angeht, könnte man insbesondere an die repressive und alle Bewegung verweigernde Politik im Anschluß an die Biermann-Affäre von 1976 denken, aber Müller gestaltet das Problem doch allgemeiner. Es geht in der *Hamletmaschine* um die Bewegung der Geschichte, die nicht mehr die ‚wirkliche' Bewegung ist, und um die Frage, was diese andere Bewegung so gesetzlos und widersinnig erscheinen und alle Erkenntnisbemühung an sich abprallen läßt. Müller kommt einem Verständnis des Absurden, wie es bei Camus vorliegt, sehr nahe. Müllers Hamlet ist, in Camus' Formulierung, *ein Mensch, der fragt, gegenüber einer Welt, die vernunftwidrig schweigt.*[20]

Shakespeare war für Müller nicht nur der zweite große Bezugspunkt neben Brecht, er war "auch ein Gegengift gegen Brecht", gegen dessen "Vereinfachung" und "Simplifizierung", die so "verführerisch" sein können. "Shakespeare ist nicht einfach und nicht kalkuliert. Das ist eine ungeheuer komplexe organische Struktur, keine Montage." (AUT 265f.) Es ist zweifellos so, daß Shakespeare für Müller interessanter wurde, je komplexer und verwirrender ihm die Wirklichkeit erschien. *Hamlet* wurde für ihn zum "wichtigsten Stück", "[...] weil es am meisten mit mir zu tun hat, und mit Deutschland [...]", und das deshalb, "[...] weil der Shakespeare da versucht, etwas zu formulieren, was er nicht im Griff hat, *eine Erfahrung, die er nicht fassen kann.*" (AUT 266, Herv. D. H.) Das ist genau Müllers Situation Ende der 70er Jahre – etwas formulieren wollen, was er nicht in den Griff kriegt, eine Erfahrung der Geschichte klären, die er nicht mehr fassen kann.

Hamletmaschine – aus dem Zauderer Hamlet, der nicht weiß, wie er handeln soll, weil die Welt aus den Fugen ist, wird bei Müller der Agnostiker und Zyniker, dem sich die Möglichkeit, die Welt überhaupt noch unter dem Aspekt eines Gefüges zu sehen, entzieht und der deshalb jedes Erkennen und sinnorientierte Handeln ausschließt. Auch im Offenen steckt für Hamlet keine Zuversicht. Für Camus wäre ein solcher Nihilismus das An-

---

[20] Als Müller 1992 rückblickend über die Zeit und die Texte Ende der 70er Jahre spricht, heißt es einmal in (wahrscheinlich unbewußter Nähe zu Camus): "Es gibt eine Differenz zwischen Leben und Sein, zwischen Denken und Leben. Das ist das Paradox der menschlichen Existenz. [...] Die Menschheit setzt sich einen Zweck, der Weg zum Ziel erfordert Kontrolle, Organisation, Disziplinierung, Selektion. Wenn es um die Emanzipation der Menschheit geht, ist der Feind ein Feind der Menschheit, also kein Mensch. Das ist die Grundfrage. *Aber wie kann man absehen von Zwecksetzungen?* Das ist ein Denken, mit dem wir aufgewachsen sind. *Wie lernt man sich zurücklehnen und die Dinge akzeptieren, wie sie sind*, sie nur einigermaßen zu regeln? Aber in den Wörtern 'regeln' und 'einigermaßen' steckt schon wieder das Problem" (AUT 315, Herv. D. H.).

zeichen für einen vorausgegangenen Illusionismus. Müllers Hamlet kann in seiner Ohnmacht nur noch eins, nämlich zeigen, wie es sich nach seiner Erfahrung verhält. Sofort in der 1. Szene mit dem ironisch-sarkastischen Titel *Familienalbum* berichtet Hamlet, wie er bei der Beerdigung seines ermordeten Vaters die Welt, die sich in der Geschichte dieses Mordes in ihrem Widersinn enthüllt hatte, demonstrativ ein weiteres Mal ad absurdum führte:

> Ich stoppte den Leichenzug, stemmte den Sarg mit dem Schwert auf, dabei brach die Klinge, mit dem stumpfen Rest gelang es, und verteilte den toten Erzeuger FLEISCH UND FLEISCH GESELLT SICH GERN an die umstehenden Elendsgestalten. Die Trauer ging in Jubel über, der Jubel in Schmatzen, auf dem leeren Sarg besprang der Mörder die Witwe SOLL ICH DIR HINAUFHELFEN ONKEL MACH DIE BEINE AUF MAMA. Ich legte mich auf den Boden und hörte die Welt ihre Runden drehn im Gleichschritt der Verwesung.[21]

Ebenso monströs, wie Hamlet das Familienalbum eröffnet, beschließt er es auch. Um die Mutter für den Mörder-Onkel-Ehebrecher zur jungfräulichen Braut zu renovieren, will er seine Geburt ungeschehen machen. Er will sich in den Leib der Mutter zurückdrängen, was freilich kaum anders vonstatten gehen kann, als daß er sie vergewaltigt und dabei tötet:

> Ich werde dich wieder zur Jungfrau machen, Mutter, damit dein König eine blutige Hochzeit hat. DER MUTTERSCHOSS IST KEINE EINBAHNSTRASSE. Jetzt binde ich dir die Hände auf den Rücken, weil mich ekelt vor deiner Umarmung, mit deinem Brautschleier. [...] Jetzt nehme ich dich, meine Mutter, in seiner, meines Vaters Spur. [...] Ich will die Leiche in den Abtritt stopfen [...].(MAU 91)

Einige Jahre nach der *Hamletmaschine* hat Müller einmal über Hamlet als Inbegriff des neueren und in seiner Funktion und Bedeutung völlig veränderten *Intellektuellen* gesprochen: Es gibt "in bestimmten historischen Phasen" ein "vielleicht notwendiges" und "stellvertretendes Versagen" von Intellektuellen. "Für mich ist das immer wieder Hamlet, die Figur, die mich seit langem am meisten interessiert hat." (1981; MAT 25) Und im gleichen Zusammenhang verweist er auf eine These von Foucault über das Ende des bürgerlichen Intellektuellen, an die er wie folgt anschließt: "Da der Intellektuelle kein Repräsentant mehr sein kann, kann er nur noch *Symptom* sein oder sich als Symptom zur Verfügung stellen – und als Dokument." (MAT 27, Herv. D. H.) Der Hamlet der *Hamletmaschine*, wie er

---

[21] Ich zitiere nach der Ausgabe Heiner Müller: *Mauser*. [Texte 6]. Berlin 1978. S. 89. Sigle MAU.

sich in der 1. Szene einführt, läßt sich mit diesen Umschreibungen sehr gut fassen. In einer historischen Phase, in der sich für ihn nichts mehr über die Geschichte ausmachen läßt, der Gang der Geschichte nicht zu erhellen und nicht für die Gesellschaft in Handlungsmöglichkeiten zu reflektieren ist, verliert er politisch wie intellektuell seine Funktion. Sein Versagen ist unvermeidlich und stellvertretend. Es ist Symptom einer Ohnmacht und kann in dieser Ohnmacht nur noch demonstrieren oder dokumentieren, was ist und keinen Maßstäben mehr zu folgen scheint.[22]

In diese Frage nach dem Intellektuellen, dem nichts anderes mehr zu tun übrigbleibt, als seine Entfunktionalisierung symptomatisch zu präsentieren, ist die nach dem *Schriftsteller* im gleichen Sinne eingeschlossen. Denkt man sich Hamlets Taten, wie er sie in der 1. Szene ausspricht, als *gedachte* Taten, die aber in ihrer *imaginativen* Steigerung den Stand der Dinge symptomatisch veranschaulichen und artikulieren, sieht man sie also als *fiktionales Agieren*, dann ist Hamlet der Schriftsteller.[23] Als Müller im gleichen Jahr, in dem er die *Hamletmaschine* schrieb, die Verabschiedung des Brechtschen Lehrstücks begründete, faßte er die geschichtlich bedingte Entfunktionalisierung des Schreibens in dem (bereits zitierten) Satz zusammen: "Was bleibt: einsame Texte, die auf Geschichte warten." (1977; MAT 40) Und als er im Jahr danach die *Hamletmaschine* als einen End-

---

[22] Abgesehen davon, daß die Hamlet-Gestalt (Shakespeares) schon immer als Intellektuellengestalt gegolten hat, ist sie auch für Müllers Stück von vornherein so gesehen worden. Genia Schulz spricht 1980 von "der Selbstreflexion des politischen Schriftstellers, des marxistischen Intellektuellen" und der "Problematik des marxistischen Intellektuellen angesichts der kommunistischen Geschichte in Europa." (Genia Schulz: *Heiner Müller*. Stuttgart 1980. S 149) – Raddatz formuliert das Intellektuellendilemma wie folgt: "Der erste Satz der *Hamletmaschine* ['Ich war Hamlet. Ich stand an der Küste und redete mit der Brandung BLABLA, im Rücken die Ruinen von Europa.'] läßt sich demnach auch als radikale Negation des Intellektuellen interpretieren, dessen Scheitern angesichts der historischen Realität – 'im Rücken die Ruinen von Europa' – den intellektuellen Diskurs – 'Ich stand an der Küste und redete mit der Brandung BLABLA' – verläßt." (Frank-Michael Raddatz: *Dämonen unterm Roten Stern*. S. 169) Eke nennt zwei relevante Traditionslinien deutscher Hamletrezeption: "Brechts Interpretation des Hamlet-Intellektuellen als Musterfall eines durch den Zusammenstoß seiner Wertvorstellungen mit der Realität zum Zyniker gewandelten Idealisten" und "Nietzsches Lesart der Figur als Abbild des dionysischen Menschen, der einen Blick 'in das furchtbare Vernichtungstreiben der sogenannten Weltgeschichte' geworfen hat, der zuviel gesehen hat und den es nun ekelt." (Norbert Otto Eke: *Müller*. S. 136).
[23] Eke nennt *Hamletmaschine* einen "*Sprech*text, der seine Gegenstände weniger szenisch *vorstellt* als vielmehr sprachlich-rhetorisch *verhandelt*, Vorstellungsbilder arrangiert [...]." (Norbert Otto Eke: *Müller*. S. 53).

punkt seines bisherigen Schreibens bezeichnete, meinte er (wie ebenfalls schon erwähnt) das Ende des Dialogstücks, für dessen Auseinandersetzungen sich "keine Substanz" mehr findet, weil es "keine Geschichte" mehr gibt.

In der 4. Szene der *Hamletmaschine* wird das Problem der Position des Intellektuellen und Schriftstellers weitergeführt. Eine Rolle, die ihre Funktion verloren hat, und ein Theater, dem die Substanz ausgeht, können nicht mehr weitergespielt werden. Der Hamletdarsteller legt Maske und Kostüm ab. Was zum Vorschein kommt, ist freilich nicht der Schauspieler, sondern eine neue Bühnenfigur: Sie verkörpert das, was übrigbleibt oder zustande kommt, wenn Hamlet seine Rolle aufgibt. Dieser gewandelte Hamlet kann sagen: "Mein Drama findet nicht mehr statt". Er kann seinen neuen Status beschreiben, und er kann begründen, wie es dazu kam.

Es entfalten sich mehrere Gedankenlinien, zunächst mit gemeinsamem Anlauf: Der Titel der Szene lautet: "PEST IN BUDA SCHLACHT UM GRÖNLAND". Gleich danach heißt es: "Der Ofen blakt im friedlosen Oktober." Und zwei Zeilen später: "JUST THE WORST TIME OF THE YEAR FOR A REVOLUTION" (MAU 93). Der Leser assoziiert die Oktoberrevolution 1917 in Rußland und den Oktoberaufstand 1956 in Ungarn (Budapest).[24] Als Hamlet seine Rolle aufgibt, wird hinter ihm gerade das Bühnenbild zu seinem Stück aufgebaut, dem Drama, das nicht mehr interessiert. Die Dekoration ist ein Denkmal, das "in hundertfacher Vergrößerung" einen Mann darstellt, "der Geschichte gemacht hat". Da sein Name "auswechselbar" ist, ist nicht eine bestimmte Revolution, sondern ein bestimmter Typ gemeint. Den Angaben nach geht es um jene für den Gang der Geschichte so kennzeichnenden Revolutionen, die vom Volk ausgehen und im Namen des Volkes geführt werden, die aber usurpiert und abgefälscht werden, so daß sie der Macht einzelner Männer zufallen, deren scheinbare geschichtliche Bedeutung im Personenkult überdimensionierter Denkmäler gefeiert wird. Die Denkmäler bezeugen im vorgetäuschten Schein allerdings auch Wahrheit. Sie sind die "Versteinerung einer Hoffnung. [...] Die Hoffnung hat sich nicht erfüllt." (MAU 93) Und sie erfüllt sich auch weiterhin nicht, denn auf den Tod des Machthabers folgen nur wieder neue Machthaber. Wenn dann irgendwann ein neuer Aufstand des Volkes ausbricht, richtet er sich gegen das, was einmal die eigene Revolution hatte sein sollen, aber nie geworden ist, weil es sich ins Gegenteil der Konterrevolution verkehrt hat. Solche Aufstände werden niedergeschlagen: "die Regierung setzt Truppen ein, Panzer" (MAU 94). Die Konterrevolution erledigt die Revolution.

---

[24] Das Stichwort Grönland bezeichnet wahrscheinlich einen Kältezustand, in dem sich nichts mehr bewegt. Müller spricht auch gerne von gefrorenen Situationen.

Da am Anfang der Szene auf die russische und die ungarische Revolution angespielt wird, liegt es nahe, in ihnen die Beispiele der gemeinten Allgemeingeschichte der Revolutionen und ihrer typischen Umkehrungen zu sehen. Der ungarische Volksaufstand war nach mehreren Machtwechseln im Mutterland der Revolution, in Rußland, ein Versuch, sich gegen jene Macht aufzulehnen, die immer noch die große Volksrevolution zu vertreten behauptete, aber es in ihrer Erstarrung zum Machtapparat längst nicht mehr tat. In einer grotesken Umkehrung der wahren Situation wurde der Volksaufstand im Namen der großen *Volksrevolution* zur *Konterrevolution* erklärt und niedergeschlagen, während von der großen Volksrevolution selber kaum noch etwas anderes als Konterrevolution übrig war.

Der Hamlet, der seine Rolle abgelegt hat, äußert zu der allgemeinen Situation solcher Aufstände etwas verblüffend und befremdlich: "Mein Platz, wenn mein Drama noch stattfinden würde, wäre auf beiden Seiten der Front, zwischen den Fronten, darüber." (MAU 93) Es ist dieser Satz, mit dem sich seine Begründung dafür, daß sein Drama nicht mehr stattfindet und daß aus ihm selbst ein anderer wird, in mehrere Gedankenlinien aufteilt.

Die erste bezeichnet ein *Loyalitätsproblem*. Es resultiert aus dem geschichtlichen Konflikt. Einerseits muß daran festgehalten werden, daß die große russische Revolution von 1917 die Grundlage der neueren Geschichte ist und einen unumkehrbaren Epochenschnitt bedeutet. Andrerseits müssen Aufstände, wie die in Ungarn 1956, die sich gegen die Erstarrungen und Verfälschungen der großen Initiation von 1917 auflehnen, unterstützt werden. Wenn solche Konfrontationen aber im Verwirrspiel von Revolution und Konterrevolution keinen Ausgleich mehr finden, entsteht im Dilemma der Pattstellung der Loyalitätskonflikt, in dem ebenso für wie gegen beide Parteien entschieden werden müßte. Diese Pattstellung und ihr Konflikt wären Hamlets Situation, wenn sein Drama noch stattfinden würde. Aber welchen Sinn hätte es, dieses Drama noch stattfinden zu lassen? Hamlet gibt auf. Und mit ihm lassen auch die in ihm chiffrierten Intellektuellen und Schriftsteller ihre Rolle fallen. Ihr geschichtliches Loyalitätsproblem ist nicht mehr zu lösen. Es ließe sich als Symptom darstellen, aber selbst darauf scheint nun mit der Aufgabe der Rolle verzichtet zu werden.

Die zweite Gedankenlinie bezieht sich auf Hamlets Problem der *Identität*. Mitgedacht sind auch hier wieder die ihm entsprechenden Intellektuellen und Schriftsteller. Nachdem Hamlet seine Rolle aufgegeben hat, geht er nach Hause und schlägt die Zeit tot. Er schlägt sie tot mit seinem ungeteilten Selbst, aber auch einig mit diesem Selbst ("schlage die Zeit tot, einig/ Mit meinem ungeteilten Selbst"; MAU 95). Es vollzieht sich ein paradoxer Tausch. Nicht mehr aufgeteilt in Rolle und Ich, gewinnt der Hamlet, der seine Rolle abstreift, zwar ein ungeteiltes Selbst, aber mit diesem Selbst kann er nichts anderes tun, als rollenlos die Zeit totzuschlagen. Anders formuliert: Die Rolle, die im *Widerstreit der Widersprüche* und ihrer Pattstellung keine Identität mehr erlaubt, wird durch eine Identität ersetzt, zu der keine Rolle mehr gehört. Rolle und Identität klaffen auseinander, das eine so frucht- und funktionslos wie das andere.

Eine dritte Gedankenlinie betrifft den *Privilegiertenstatus*. Die fruchtlose Abgehobenheit, die Hamlet mit dem Verzicht auf seine Rolle erreicht, unterscheidet sich nicht von der Isolation, in die er sich durch Privilegien versetzt sieht. Müller hat vielfach darauf hingewiesen, daß die Schriftsteller der DDR aufgrund der ihnen vom Staat gewährten Privilegien dem Volk verdächtig werden mußten. Im gleichen Maße wie sie beim Volk ihre Geltung verloren, wurden sie für den Staat ungefährlich. Im Falle Hamlets und seiner Situation der Entfunktionalisierung bildet der Privilegiertenstatus, da dieser ebenfalls entfunktionalisiert, weniger eine Gefahr als eine verführerische Ergänzung. Auch läßt sich das eine mit dem anderen rechtfertigen. Das Problem, das daraus folgt, besteht darin, daß nicht mehr unterschieden werden kann, ob die Wirklichkeit gesehen wird, wie sie ist, oder wie sie zur Rechtfertigung des Rollenverlusts (als Rollenverzicht und Rollenberaubung) erscheinen soll: Als Hamlet nach Hause geht und die Zeit totschlägt, empfindet er "Ekel" vor dem, was ihm das Fernsehen als die Wirklichkeit, an der er nicht mehr teilhat und nicht mehr teilhaben will, vorführt. Es ist die Welt, in der nichts mehr vorhanden zu sein scheint, was noch eine Rolle und Funktion begründen könnte: Die *Entwirklichung* dieser Welt zeigt sich im "präparierten Geschwätz", im "verordneten Frohsinn" und in der "GEMÜTLICHKEIT" nach dem Motto: "Unsern Täglichen Mord gib uns heute." Und die *Entgeschichtlichung* zeigt sich an den "Machern", der "Armut" und den "Frauen", die die wichtigen Triebkräfte der Geschichte sein müßten, aber alle Triebkraft verloren haben. Auf diese Menschen ohne Wirklichkeit und Geschichte (und nicht auf Gott) münzt Hamlet sein höhnisches Wort: "Denn Dein ist das Nichts." (MAU 95) Aber ebenso wie dieses Bild der sinn- und geschichtslosen Welt *wirklichkeitsgemäß* sein kann, so kann es auch dem Ekel entspringen, der aus der *Entfremdung* resultiert, in die Hamlet durch seine doppelte Abgehobenheit geraten ist, die obendrein so etwas wie eine Selbstbestätigung durch Überlegenheit kreiert. Hamlet meint diese mögliche Folge seines Privilegiertenstatus, wenn er sagt:

In der Einsamkeit der Flughäfen / Atme ich auf Ich bin / Ein Privilegierter Mein Ekel / Ist ein Privileg / Beschirmt mit Mauer /Stacheldraht Gefängnis. (MAU 96)

Mit der Doppeldeutigkeit seiner Perspektive des Ekels wird Hamlet die ganze Widersprüchlichkeit, in die seine Existenz geraten ist, ein weiteres Mal und von einer weiteren Seite her bewußt. Der Bezug auf den Schriftsteller und (allem Anschein nach) den Autor Müller wird deutlich in den anschließenden Regieanweisungen: "Fotografie des Autors" und "Zerreißung der Fotografie des Autors." (MAU 96)

Hamletmaschine, so läßt sich resümieren, ist ein großes (absurdes) Verwirrspiel. Es zeigt das Entsetzen über die Verwirrung aller geschichtlichen Perspektiven und aller geschichtlichen Hoffnung, und es zeigt durch sein Entsetzen, daß es eigentlich nicht so sein dürfte, aber so ist. Es zeigt die Empirie in ihrem härtesten Widerspruch zur Theorie.[25]

Die neue Bewegung der Geschichte in der Dritten Welt, der Stillstand in Europa

Die Krise, die Müller in *Hamletmaschine* gestaltet, macht um 1980 einer neuen Sicht auf die Geschichte Platz. Die geschichtliche Bewegung, die in Europa zum Stillstand gekommen bzw. in ihrer Widersprüchlichkeit völlig richtungslos geworden ist, könnte sich über die Dritte Welt regenerieren. Müller entfaltet diese Sicht wie folgt: Die Befreiungsbewegungen, die in einer ganz anderen als der europäischen Kultur und ohne deren geschichtsphilosophischen und ideologischen Kontext stattfinden, sind von Europa her gesehen "völlig anarchisch oder absurd" (1980; GI-1 57). Sie folgen einem Bewegungsmuster – wenn es denn überhaupt ein Muster ist –, das sich mit dem Maßstab europäischer Vorstellungen vom Gang der Geschichte, also auch mit dem Maßstab der dem Marxismus so gewissen *wirklichen* Bewegung, nicht fassen läßt. Müller führt hier den Gedanken der *offenen* Bewegung der Geschichte, den er bereits in den 70er Jahren vertreten hat, gesteigert fort, nur daß er ihn jetzt auf eine andere Welt projiziert. Während der Bewegung in Europa die Impulse ausgegangen sind, wachsen ihr in der Dritten Welt neue Antriebskräfte zu.

Wenngleich es sich um einen recht radikalen Wandel im Gang der Geschichte handelt, denkt Müller weniger an einen Bruch als an eine Regeneration. Es regeneriert sich jener geschichtliche Prozeß, der in Europa angelaufen und dort fehlgelaufen oder zum Stillstand gekommen ist. Unum-

---

[25] Die Analyse von Raddatz verläuft anders. Er nimmt die 4. Szene mehr als Ganzes, unterscheidet also nicht die verschiedenen Gedankenlinien, die ich meine ausmachen zu können (Frank-Michael Raddatz: *Dämonen unterm Roten Stern* S. 184-192). – Auch Eke sieht die Szene im ganzen. Manche seiner Formulierungen erscheinen in ihrer Komprimiertheit m.E. etwas abgehoben vom Text. (Norbert Otto Eke: *Müller.* S. 135-143).

kehrbar fehlgelaufen ist er zunächst in der bürgerlich-kapitalistischen Epoche, die im Westen als Vorgeschichte zwar noch andauert, aber für überwunden gehalten werden muß. Da der Zusammenbruch des Kolonialismus zum Ende dieser Epoche gehört, markieren die Freiheitsbewegungen der Dritten Welt die Weiterbewegung der Geschichte dort, wo sie unterdrückt worden war. In der alten mythischen Erzählung von Jason sind nach Müller Auffassung die Hauptkonturen des Prozesses vorgezeichnet. Der Beutezug des Griechen Jason nach Kolchis bezeichnet den Anfang der europäischen Kolonialgeschichte, und daß Jason schließlich von seinem eigenen Schiff erschlagen wird, bezeichnet das aus dieser Geschichte selbst resultierende Ende:

> Mit der Kolonisierung beginnt die europäische Geschichte, so wie sie bisher gelaufen ist. Daß das Vehikel der Kolonisierung den Kolonisator erschlägt, deutet auf ihr Ende voraus. Das ist die Drohung des Endes, vor dem wir stehen. Das 'Ende des Wachstums'. (1983; GI-1 131)

Müller nennt dieses Ende des Kolonisators übrigens nicht von ungefähr "den Übergang vom Mythos zur Geschichte" (GI-1 130). Das heißt, daß die ganze Epoche des Kolonialismus als Mythos noch Vorgeschichte ist und erst mit ihrem Ende die eigentliche Geschichte beginnt. Das Ende des Kolonialismus und das Ende des bürgerlich-kapitalistischen Zeitalters bilden zusammen den großen Epochenwechsel von der Vorgeschichte zur Geschichte. Müllers diesbezügliche Grundanschauung hat neue Nahrung gefunden bzw. sich interpretativ verschafft.

Andererseits sieht Müller in dem zum Stalinismus pervertierten Sozialismus durchaus auch einen Kolonialismus und betont zudem, daß der Sozialismus sich ebenso wie der Westen dem (industriellen) Fortschritt und dem Wachstum verschrieben hatte und in die *allgemeine Zivilisationskrise* geraten ist. Insofern spricht er schlechthin von europäischen, den Sozialismus letztlich einbeziehenden Vorgängen.[26] Diese Verallgemeinerung erledigt den alten Ost-West-Gegensatz jedoch nicht. Denn wie zum einen die Bewegung der Dritten Welt mit dem Ende der westlichen Epoche zusammenhängt, so zehrt sie zum andern von dem vorwärtsweisenden Impuls, den nur noch der Kommunismus verleiht. Im Zeichen des Kommunismus schließt sich die Dritte Welt an den europäischen Sozialismus an und setzt dessen Epoche fort (vgl. 1980; GI-1 57). Der Kerngedanke des

---

[26] Zur Bedeutung des zivilisationskritischen Themas in der damaligen Literatur der DDR vgl. z.B. Wolfgang Emmerich: 'Dialektik der Aufklärung' in der jüngeren DDR-Literatur. In: Ders.: *Die andere deutsche Literatur. Aufsätze zur Literatur aus der DDR*. Opladen 1994. S. 115-128.

Kommunismus und damit sein unabdingbares Minimalprogramm ist die "Chancengleichheit", die den alten Gegensatz von Freiheit und Gleichheit (bei dem sich das eine immer nur auf Kosten des anderen verwirklichte) aufhebt und ausgleicht. Diese Chancengleichheit ist eine *universale* Forderung, die sich deshalb auch global durchsetzen wird und nicht von ungefähr an verschiedenen Orten der Welt auf verschiedene Weise aufflackern kann (vgl. etwa GI-1 71, 133, 161.). Im europäischen realen Sozialismus steht angesichts seiner Degenerierung die Erfüllung des kommunistischen Minimalprogramms aus. Der neue Antrieb kommt von außen. Es ist sehr wichtig, was dort geschieht. Vielleicht kann der universale Anspruch in einer Art von "Osmose" der beiden Welten seine geschichtliche Bewegung wiederfinden und fortsetzen:

> Die Änderungen oder Reformen, die in unseren Ländern nötig sind, hängen sehr von der Entwicklung der Dritten Welt ab. Das ist ein großer Wartesaal, in dem alles auf Geschichte wartet. Und Geschichte ist jetzt die Geschichte der Dritten Welt [...]. (1982; GI-1 71)

Wie gesagt, Müllers Grundanschauung hat neue Nahrung gefunden bzw. sich interpretativ verschafft. Sie hat für die unverzichtbare Bewegung der Geschichte, um die es 1977 schlecht bestellt zu sein schien, und für die unverzichtbare Hoffnung auf Fortschritt eine neue Perspektive entdeckt. Die Perspektive bildet sich, indem Müller die Befreiungsbewegungen der Dritten Welt nicht nur als Auflösungserscheinungen des Kolonialismus, sondern zugleich als Anzeichen einer neuen Dynamik kommunistischer Triebkräfte deutet, auch wenn diese Dynamik anderen als den bislang unterstellten Bewegungsgesetzen gehorcht. Daß sie "völlig anarchisch und absurd" (1980; GI-1 57) erscheint, spricht ihr aus orthodoxer Sicht zwar jede geschichtliche Qualifikation ab, läßt aber auf eine Triebkraft hoffen, wie sie nötig ist, um die europäischen Erstarrungen und Versteinerungen zu überwinden.[27]

Vor allem Richard Herzinger hat mehrfach auf befremdliche und bedenkliche *kulturideologische Einschlüsse* in Müllers Entgegensetzungen

---

[27] Raddatz akzentuiert Müllers Kontrastierung der Dritten Welt gegenüber der europäischen Zivilisation und Aufklärung als breiten kulturellen Gegensatz (Irrationalität, anderes Naturverhältnis, andere Todesbeziehung) und zeigt, wie sich das auch auf das Bewußtsein von Geschichte auswirkt. Ausdrücklich spricht er von einem "Bruch mit der europäischen Zivilisation und deren Kontinuität" (Frank-Michael Raddatz: *Dämonen unterm Roten Stern*. S. 154; vgl. insbes. S. 19-21 und 147-158), was ich anders auffasse. Eke spricht von einer "*imaginären 'Dritten Welt'*", weil sie bei Müller zum Inbegriff aller Alternativkräfte zur europäisch-aufklärerischen Tradition wird. (Norbert Otto Eke: *Müller*. S. 44).

hingewiesen.[28] Erklärend könnte dazu angemerkt werden, daß Müller zu solchen Deutungen möglicherweise deshalb greift, weil er sich mit dem, was er anfangs "anarchisch oder absurd" nennt und damit als unbestimmt und unbestimmbar bezeichnet, nicht abfinden kann und will. Eine Position wie die Camus', der versucht, im Verhältnis des Menschen zur Welt und zur Geschichte die große Leerstelle zu akzeptieren, ist Müller offensichtlich verwehrt. Die Vorstellung von der Geschichte als einer Bewegung und Entwicklung, in der sich bestimmte Triebkräfte als richtunggebende Tendenz oder als Gesetz auswirken, ist ihm unentbehrlich. Gelegentlich kommt er Camus' Auffassung sehr nahe. Eine entsprechende Aussage wurde oben schon einmal zitiert. Dort lauten die zentralen Fragen:

> Aber wie kann man absehen von Zwecksetzungen? Das ist ein Denken, mit dem wir aufgewachsen sind. Wie lernt man sich zurücklehnen und die Dinge akzeptieren, wie sie sind, sie nur einigermaßen zu regeln? Aber in den Wörtern 'regeln' und 'einigermaßen' steckt schon wieder das Problem. (AUT 315)

Ende der 70er Jahre tendierte Müller bereits zur Auffassung einer *offenen* Bewegung der Geschichte, in der eine gesetzmäßige *wirkliche* Bewegung nicht mehr vorausgesetzt zu werden brauchte. Aber erst Anfang der 80er Jahre setzt sich diese Auffassung ohne Einschränkung durch. Charakteristisch ist, wie Müller die regenerierende Bewegung der Dritten Welt von allen traditionellen Vorstellungen als "völlig anarchisch oder absurd" scharf abhebt. Das hat Konsequenzen für das *aktive Verhalten*, mit dem auch in Europa die geschichtliche Bewegung wieder angefacht werden soll: Davon ausgehend, daß sich über eine Gesetzmäßigkeit der Bewegung nichts Gültiges sagen läßt und daß der Bewegung kein Gesetz auferlegt werden kann, muß man sich zunächst darauf konzentrieren, Bewegung einfach als solche auszulösen. Man muß damit beginnen, den herrschenden Stillstand unmöglich zu machen; man muß ihn als einen so erschreckenden und widersinnigen Zustand zu Bewußtsein bringen, daß er *Bewegung provoziert*. Hamlet, so ließe sich sagen, würde die Bewegung der Geschichte auch jetzt nicht kennen können, aber er brauchte nicht mehr abzudanken, seine gewandelte Funktion wäre das Provozieren.

---

[28] Zunächst in: *Masken der Lebensrevolution: vitalistische Zivilisations- und Humanismuskritik in Texten Heiner Müllers*. München 1992. Dann teils erweiternd, teils zusammenfassend in mehreren Aufsätzen, z.B. unter dem Titel: Der Tod ist die Maske der Utopie. Heiner Müller und die Mission des romantischen Modernismus. In: *Heiner Müller. Text+Kritik*. Hg. Heinz Ludwig Arnold. H. 73. 2. Aufl. [Neufassung]. München 1997. S. 51-71. Vgl. ferner unten, Anm. 51.

Es ist auffällig, daß Müller mit dieser Einstellung zwar geschichtliche *Hoffnung* bezeugt, aber nicht mehr zu sagen vermag, als daß sie in der Bewegung als solcher liegt, wie "anarchisch oder absurd" auch immer. Die Hoffnung ist, daß sich in der unbestimmten Bewegung etwas von dem erfüllen könnte, was als Idee, z.B. als das kommunistische Minimum der Chancengleichheit, nicht aufgegeben werden darf. Jedenfalls ist die Bewegung die Voraussetzung.

Die neue Haltung, die den Stillstand unmöglich machen und die Bewegung herausfordern soll, konkretisiert sich wie folgt: In einem Gesprächsprotokoll von 1981 heißt es, die europäischen "Ordnungsstaaten" hätten nichts nötiger als *Unordnung*. Die "Inseln der Unordnung", die im System und Gefüge der Ordnung als "Reserven" bestehen geblieben seien, müßten "am Leben erhalten, gefüttert und vergrößert werden." (MAT 28) Es geht also um die Impulse, die der Ordnung vorausliegen und nicht schon in sie eingebettet sind: "Solange eine Kraft blind ist, ist sie eine Kraft. Sobald sie ein Programm, eine Perspektive hat, kann sie integriert werden und gehört dazu." (MAT 29)

Eine andere Reserve ist das Bewußtsein für Konflikte, das in der Aktivierung von Konflikten wirksam werden muß. Es geht um das Bewegungspotential, das in Konflikten enthalten ist. Es geht nicht schon um deren Lösung, sondern zunächst nur um die Bewegung, die von ihnen ausgehen kann und verhindert, daß man sie unerledigt hinnimmt. In einem Gespräch von 1982 bringt Müller das scharf auf den Punkt:

> Ich glaube an Konflikte. Sonst glaube ich an nichts. Das versuche ich in meiner Arbeit zu tun: das Bewußtsein für Konflikte zu stärken, für Konfrontationen und Widersprüche. Einen anderen Weg gibt es nicht. Antworten und Lösungen interessieren mich nicht. Ich kann keine anbieten. Mich interessieren Probleme und Konflikte. (GI-1 86)

Kennzeichnend ist auch, daß Müller alles ablehnt, was Gegensätze und Konflikte ausgleichen möchte, ohne sie ausgetragen zu haben. Mit einem solchen Verhalten wird Geschichte nicht in Gang gesetzt, sondern abgeblockt und stillgestellt. So kann *Solidarität* dazu führen, eine Verbundenheit über Gegensätze hinweg zu suggerieren und damit die Gegensätze zu verharmlosen und zu unterdrücken. In einem Gespräch ebenfalls von 1982 heißt es: "Ich glaube an die Ausformulierung von *Differenzen*. Das ist das einzige, was Dinge in Bewegung setzen kann." (GI-1 122, Herv. D. H.) *Differenz* wird bei Müller zum Leitwort.

Es verwundert auch nicht, daß er der Friedensbewegung, die Anfang der 80er Jahre als ein neues Denken proklamiert und im Osten auch propagandistisch genutzt wurde, skeptisch gegenübersteht. Auf der "Berliner Begegnung zur Friedensförderung", die im Dezember 1981 in Ost-Berlin stattfand und an der rund hundert Literaten, Künstler und Wissenschaftler aus beiden deutschen Staaten teilnahmen, brachte Müller einen Diskussionsbeitrag ein, der auf die möglichen Irrtümer und Vereinfachungen aufmerksam macht. Die Gefahr gerade einer grenzenüberschreitenden und völkerverbindenden Friedensbewegung lauert darin, daß sie sich "als blauäugige Einheit" versteht und die Konflikte verdeckt. "Wir reden aneinander vorbei, wenn wir unsere Differenzen zudecken, statt sie zu formulieren." (MAT 94) Der Irrtum steckt in einer Argumentation, die auf eine zu einfache und zu ausschließliche Alternative hinausläuft und dabei die drohende *Pattstellung* übersieht: Geht man davon aus, daß ein möglicher nuklearer Krieges das Ende der Geschichte bedeutet, dann scheint Frieden die einzige und unbezweifelbare Alternative zu sein. Wenn aber dieser Frieden der Kriegsvermeidung eo ipso ein Frieden ist, der Konflikte unterbindet, damit sie nicht eskalieren, droht er gerade auch das zu entkräften, was die Geschichte in Bewegung hält:

Geschichte wird einfach angehalten für den Frieden. Also status quo global – nur damit der Frieden erhalten bleibt. Ich sage das 'nur' mit sehr schlechtem Gewissen. [...] Bloße Verhinderung des Krieges wird Verhinderung von Geschichte, Verhinderung von Fortschritt – das ist die Gefahr, die ich sehe. Status quo als Festschreibung [...]. (Erläuterungen von 1985; GI-1 159)

Die so selbstverständlich erscheinende Alternative beschwört also eine Situation herauf, in der man, um das Ende der Geschichte im nuklearen Krieg zu vermeiden, ein anderes Ende der Geschichte einleitet. "Die Vereinfachung: Krieg oder Frieden schließt die Gefahr des Endes der Geschichte ein." (GI-1 158)

Im Diskussionsbeitrag von 1981 spitzt Müller die Gefahr der vereinfachenden Alternative zu, indem er sie zur *Schreckensvision* steigert: Man stelle sich vor, die Alternative wäre nicht zu vermeiden, d.h. es gäbe gegen die Drohung eines nuklearen Krieges überhaupt keine andere Gegenkraft als die eines den Krieg um jeden Preis verhindernden und die Geschichte stillstellenden Friedens. Ein solcher Frieden würde (zum Beispiel) die unerledigte Konfliktsituation von "Ausbeutung und Korruption" in weiten Teilen der Welt festschreiben (MAT 94). Sich die Notwendigkeit eines solchen Friedens vorzustellen, bedeutet den "Alptraum, daß *die Alternative Sozialismus oder Barbarei abgelöst wird durch die Alternative Untergang oder Barbarei*" (MAT 94, Herv. D. H.). Das heißt, man müßte auf den Sozialismus als den Willen, die Geschichte zur Überwindung der Barbarei immer wieder neu in Gang zu setzen, verzichten und einen geschichtstoten Frieden hinnehmen, der den Untergang im nuklearen Krieg nur dadurch hofft umgehen zu können, daß er die Barbarei bestehen läßt. Müller formuliert diese Schreckensvision einer Pattstellung, in der der Sozialismus nicht einmal mehr vorkommt, zwar als Frage, auf die er keine Antwort weiß (vgl. MAT 94), aber es ist vor allem eine Vision, die provozieren soll. Es ist die Vision einer Situation ohne Hoffnung, und zwar endgültig ohne Hoffnung. Die Friedensbewegung beschwört mit ihrer kurzschlüssigen Alternative eine geschichtliche Stagnation herauf, die zwar im schlimmst möglichen Falle eintreten könnte, die aber keinesfalls schon im vorhinein hingenommen oder gar zustande gebracht werden darf. Müller bleibt in diesen und den weiteren Jahren bei der Auffassung, daß die *Differenzen* und *Konflikte* als Bewegungspotential ernst genommen und aktiviert werden müssen, weil nur so die Geschichte weitergeht. 1988 heißt es noch genauso, wie es auch 1980 oder 1981 hätte formuliert werden können:

> Ich glaube, daß man abkommen muß von einem vereinheitlichenden Denken. Man muß ausgehen auf Differenzierung. Die Differenz ist die wichtige Qualität, und nicht die Ähnlichkeit oder die Gleichheit oder die Einheit. (GI-2 161)

Wenn Hamlet nicht mehr abdankt, sondern provoziert, bekommt er auch als Intellektueller und Schriftsteller wieder Bedeutung. Müller spricht ausdrücklich wieder von einer *Funktion der Kunst*:

> Ich glaube, das ist die wesentliche Funktion von Kunst überhaupt, Wert- und Denksysteme in Frage zu stellen, sie unter Umständen auch zu sprengen. Ganz simpel formuliert: Die Funktion von Kunst ist es, die Wirklichkeit unmöglich zu machen. Sicher kann es auch Kunst mit einer Bestätigungsfunktion geben, ich allerdings kann sie nicht machen [...]. (1981; GI-2 24)

Eine Kunst, die in Frage stellt, sprengt und unmöglich macht, ist also eine Kunst der *Negation*. Das verwundert nicht, denn über die geschichtliche Bewegung der Wirklichkeit kann nichts weiter gesagt werden, als daß sie nötig ist, so daß nichts anderes getan werden kann, als daß sie in der Verneinung der gegebenen Situation und in der Auflehnung gegen ihren Stillstand eingeklagt wird.

Müller spricht auch gerne prononciert von der Funktion der *Zerstörung*. So komme es darauf an, in einer real vorhandenen Wirklichkeit, z.B. der der Geschlechterbeziehungen, "die Klischees, die Verdrängungen zu zerstören" (1982; GI-1 124). Wenn man die Erstarrungen aufbricht und die Ausklammerungen und Verkürzungen aufdeckt, versetzt man das Gegebene wieder in Bewegung. "Ich glaube an die *Notwendigkeit von negativen Impulsen*." (GI-1 124; Herv. D. H.)

Interessant ist, wie Müller jetzt in bezug auf Hamlet von Zerstörung spricht:

> Mein Hauptinteresse beim Stückeschreiben ist es, Dinge zu zerstören. Dreißig Jahre lang war Hamlet eine Obsession für mich, also schrieb ich einen kurzen Text, HAMLETMASCHINE, mit dem ich versuchte, Hamlet zu zerstören. (1982; GI-1 102)

Ich nehme an, daß mit der "Obsession Hamlet" die Obsession der Lähmung und Ohnmacht gemeint ist, wie Hamlet sie als Stagnation und Entfunktionalisierung erfährt und hinnimmt, und der er sich ausliefert, indem er seine Rolle aufgibt und auf sein Drama verzichtet. Hamlet zu zerstören, müßte dann heißen, den in ihm sich symptomatisch manifestierenden Bewegungsverzicht als Haltung und Überzeugung zu zerstören. 1977, als Müller die *Hamletmaschine* schrieb, scheint er allerdings an der Obsession seines Protagonisten noch wenig Abstriche gemacht zu haben. Die Zerstörung der Obsession entspricht eher der neueren Einstellung. Es sei denn, man deutet das Stück so, daß die Radikalisierung der Haltung Hamlets und die Ausmalung ihrer Konsequenzen dazu dienen sollte, eine Schreckensvision von Stillstand und Verzicht zu entwerfen, die davon abhalten mußte, einem solchen Zustand und einer solchen Haltung nachzugeben. Auch der Schrecken und sein Schock können die Notwendigkeit von Bewegung bewußt machen und Bewegung provozieren. Aber auch das ist eher eine neuere Auffassung Müllers.[29]

---

[29] Wir haben es hier mit der hermeneutischen Frage des sogenannten "negativen Helden" zu tun. Wie soll auf einen negativen Helden reagiert werden, der nicht durch Gegenfiguren oder (in der Prosa) auktorial eingebettet und für den Rezipienten vorperspektiviert ist? Der Rezipient kann sich, seine eigene Befindlichkeit oder den gesellschaftlichen Konsens einbringend, identifizieren oder distanzieren. Im Falle der *Hamletmaschine*, die aus Monologen aufgebaut ist, heißt das: Man kann sich als Leser/Zuschauer auf Hamlet und seine Sehweise (oder z.B. Ophelia) einlassen, man kann aber auch diese Sehweise ablehnen, ihr eine eigene oder die gesellschaftliche entgegensetzen und kann, davon abhängig, unterstellen, der Autor habe die Figurenperspektive als Herausforderung gestaltet, um Widerspruch oder doch jedenfalls eine eigene Stellungnahme zu provozieren. Wenn Müller seinen Hamlet im Laufe der Jahre mehrmals anders akzentuiert hat, vollzieht er selber eine Außenwertung, die seinem jeweiligen (nachträglichen) Standpunkt entspricht. – Eke nimmt in der Schlußbemerkung seiner Ausführungen zur *Hamletmaschine* eine vom Autor intendierte Koproduktion des Rezipienten an: "Was auf den ersten Blick als bloße Figuration des Scheiterns ohne Ausblick auf ein Utopisches sich darzubieten scheint, muß vor dem Hintergrund von Müllers Konzeption des 'koproduzierenden' Zuschauers als Aufforderung und Provokation zur Praxis

Was diese Funktion von *Schreckbildern* angeht, heißt es ein anderes Mal: "Es gibt viele ernste Bedrohungen und das Grundgefühl, wir können nichts machen." Mit Trost läßt sich da wenig ausrichten, vor allem kein Mut machen. Da hilft schon eher das "Lernen durch Schrecken" (1983; GI-2 31). Müller übernimmt die Formel vom "Lernen durch Schrecken" von Brecht. Brecht habe begriffen, daß Kunst ein "Furchtzentrum" treffen müsse. Aktiviert, werde es zum "Kraftzentrum" (1986; GI-2 55f.). Das Schreckbild ist denn auch nicht nur Warnvision, sondern beschreibt durchaus eine wirkliche Bedrohung. In ihm setzt der "Pessimismus des Intellekts" den "Optimismus des Willens" (1983; GI-2 32; mit Verweis auf Gramsci) frei. Der Pessimismus ist berechtigt, der Optimismus ist nötig. Die Zerstörung Hamlets könnte in diesem neueren Sinn als die Auflehnung des Optimismus des Willens gegen den Pessimismus des Intellekts verstanden werden.

Die neue Bewegung der Geschichte in Osteuropa

Im März 1985 beginnt Gorbatschow in Rußland mit *Glasnost* und *Perestroika* ein Programm des Dialogs und des Umbaus, das die Öffentlichkeit und das politische System in Bewegung bringen sollen. Der *Stillstand der Geschichte* in Europa scheint vorbei. Für Müller ändert sich damit die Funktion der Intellektuellen und Schriftsteller erheblich. Mußten sie bis dahin die Bewegung der Geschichte provozierend einklagen, indem sie den Stillstand attackierten und seine statische Wirklichkeit unmöglich machten und zerstörten – jetzt können sie in der veränderten Situation die Verfahren der Negation auswechseln gegen die positiven Verfahren der *Innovation* und der *Produktion*. Einige Beispiele für den Umschlag:

In der deprimierenden Situation von 1977 hatte Müller die Dramenform des *Lehrstücks* als nicht mehr zeitgemäß verworfen, nach 1985 hält er sie wieder für brauchbar:

> Denn, etwas zu lernen, das ist immer nur in Situationen möglich, in denen sich historisch etwas bewegt. Und ich meine, *es dreht sich jetzt etwas*, es muß sich etwas drehen. Die Situation ist reif für Veränderungen. Das ist der Moment, wo wieder gelernt werden kann, gelernt werden muß. Da wird auch dieses Spielmodell Lehrstück wieder aktuell. (1986; GI-1 189, Herv. D. H.)

Das Lehrstück hilft lernen. Es beteiligt sich an dem Prozeß, der in Gang kommt und wieder Zukunft anzeigt. Während im Stillstand, solange sich keine Perspektiven boten, die Versuche scheitern mußten, "Produktivität

verstanden werden, die das Spielen des Textes (oder: mit dem Text) herauszustellen hätte." (Norbert Otto Eke: *Müller*. S. 143) Aber warum "muß"?

attraktiv zu machen und Kreativität freizusetzen", haben solche Bemühungen jetzt wieder Aussicht auf Erfolg:

> Man muß die Lust an der Produktivität erzeugen. Das kann man aber nur dadurch, daß man Leute immer mehr an den Prozessen beteiligt, daß man sie an den Entscheidungsfindungen beteiligt, daß man ihnen mehr Verantwortung gibt. Darum geht es. Da ist jetzt etwas in Bewegung gekommen, oder muß in Bewegung gebracht werden. (GI-1 189)

Auch das *Theater im ganzen* verändert seine Funktion ins Positive und Produktive. Zwar wird noch immer "in Frage gestellt", aber das heißt nun nicht mehr, den Stillstand zu attackieren, um Bewegung zu provozieren, sondern den Wechselprozeß zwischen Stillstand und Bewegung zu beachten und aktiv zu betreiben: "Die Bewegung stellt den Stillstand in Frage und der Stillstand die Bewegung." (1986; GI-2 47) Offensichtlich ist nichts geringeres wiedergewonnen als die Dialektik der geschichtlichen Bewegung und aller ihr zuzuordnenden Vorgänge und Verfahrensweisen, auch der literarischen. "Der Text stellt das Schweigen in Frage, und das Schweigen stellt den Text in Frage, und das kann man endlos fortsetzen." (GI-2 47) Da nach klassisch-marxistischer Vorstellung aus der dialektischen Bewegung und dem dialektischen Verfahren immer auch das Neue hervorgeht, lautet der folgende Satz wohl nicht zufällig: "Dadurch entsteht ja auch die *andere Wirklichkeit* [...]." (GI-2 47, Herv. D. H.) Und ebensowenig zufällig wirkt die Abgrenzung gegen "Abbildung" und "bloße Reproduktion" – Verfahren der Statik und des Stillstands.

Als hilfreich und motivierend – "produktiv motivierend" – bezeichnet Müller auch das *nomadische* und das *aphoristische* Denken, wie er es bei Nietzsche schätzen gelernt hat. Nietzsche im Gegensatz zu Hegel:

> Hegel hat noch ein System gebaut. Für Nietzsche gab es nicht mehr die Möglichkeit, ein System zu bauen; er konnte quasi als Nomade mal da angreifen, mal da angreifen. Er war immer unterwegs mit dem Denken, so daß sein Denken, seine Texte ungeheuer viel Freiräume einschließen. (1985; GI-1 169)

Es geht um diese Freiräume und Spielräume und was sie an Phantasie, Kreativität und Produktivität möglich machen. Das nomadische Denken ist zweifellos ein anderes als das dialektische – eben Nietzsche gegen Hegel –, aber es ist ein innovatives und produktives Denken, und so kann es durchaus neben dem dialektischen bestehen.

Phantasie steht hoch im Kurs. Sie wird als schöpferisches Vermögen, das nach aller geschichtlichen Enttäuschung wieder auf neue Wirklichkeiten zielen darf, geradezu euphorisch gepriesen:

Wahrheit ist eine Ameisenidee. Viel wichtiger als Wahrheit ist Phantasie; das, was Phantasie freisetzt. Daraus entstehen Wirklichkeiten. Das Auffälligste an dem Interesse an Atlantis ist ja, daß es einsetzt nach der Enttäuschung an Geschichte, oder an politischer Utopie. (1986; GI-2 37)

Auch *Träume* haben ein ganz eigenes Vermögen, jenseits von Kausalität und deutender Rationalität, jenseits also von normalisierenden Verfahren, die letztlich nur einordnen und wiederholen:

Mich hat immer die Erzählstruktur von Träumen interessiert, das Übergangslose, die Außerkraftsetzung von kausalen Zusammenhängen. Die Kontraste schaffen Beschleunigungen. Die ganze Anstrengung des Schreibens ist, die Qualität der eigenen Träume zu erreichen, auch die Unabhängigkeit von Interpretation. (AUT 298)

Sehr charakteristisch sind in dem Zusammenhang Bemerkungen Müllers zu seinem Text "Bildbeschreibung", der 1985 entstand. Hier staffelten sich mehrere – fremde und eigene – Verfahren, und es kam ein sehr besonderer und freier Schaffensprozeß zum Zuge. Eine Bühnenbildstudentin hatte einen Traum gezeichnet, ohne Hemmung vor Symbolen, denn sie hatte Freud nicht gelesen. Müller seinerseits beschreibt diese zeichnerische Wiedergabe des Traums, geht dann aber zu Assoziationen über, "die wesentlich ausgingen von den [traumbedingten und/oder technischen, D. H.] Unkorrektheiten der Zeichnung, die Fehler waren Freiräume für Phantasie." (AUT 342f.) Es entsteht also eine mehrfache Übermalung: des Traums mit der Zeichnung, der Zeichnung mit der Beschreibung, der Beschreibung mit der assoziativen Retuschierung. Das sagt etwas aus über die Art, wie ein literarischer Text beschaffen sein kann: als *vielschichtiges* Gebilde und *komplexe* Reaktion, Transformation und Kreation.

Es ist sehr auffällig, wie nachdrücklich Müller gerade in der Zeit von 1985/86 die Produktivität eines freien Denkens hervorhebt – als offene und aktive Einstellung zu einer Geschichte, die wieder in Gang kommt und neue Wirklichkeiten schaffen könnte, und also auch als Grundlage eines literarischen Schaffens, das seine Funktion in diesem offenen Prozeß zu erfüllen versucht. Wenn alles auf das schöpferische Vermögen ankommt, demonstriert Kunst mit ihrer Imaginationskraft die Bedeutung dieses Vermögens und erfüllt gerade damit ihre zeitgemäße Funktion. Während der Politiker in die Realität eingebunden ist, ist der Künstler von ihr abgehoben und kann die Realität wie in einem Probespiel immer wieder partiell aufheben und neu zusammensetzen, er kann sie subversiv unterlaufen wie produktiv gestalten helfen.

In der Zeit von 1985/86 zeigt sich auch eine vorsichtige Aufwertung der Funktion des *Utopischen*. Müller meint damit nicht ein Denken in Entwürfen, sondern eben jene offene Haltung zur Zukunft, wie er sie auch mit der Betonung von Phantasie, Produktivität und Kreativität, mit dem nomadischen Denken und den Freiräumen des Denkens fordert. Es geht um den "Willen zur Zukunft" (1985; GI-1 174). Zur Erläuterung verweist er auch diesmal wieder auf den Unterschied zu Abbildung und Reproduktion. Er erinnert an Brechts Satz: "Eine Fotografie der Kruppwerke sagt nichts über die Kruppwerke" und ergänzt: "Eine Fotografie der DDR sagt nichts über die DDR, glaube ich." Was ihn interessiert, ist die "Zukunftsstruktur" der DDR, inwieweit dieses Land auf Zukunft hin angelegt sei und seine Menschen zur Zukunft bereit und fähig seien. Was erforderlich ist, wenn die Geschichte wieder in Bewegung kommt, sind "mehr Utopie, mehr Phantasie und mehr Freiräume für Phantasie." (GI-1 174)[30] Müller sieht in der neuen Bewegung eine Bewegung nach vorne, sie mag im übrigen unbestimmt sein. Sie indiziert Zukunft, und also kann geschichtliches Denken auch wieder offen utopisches Denken sein.

Etwas verwegen erscheint mir Müllers Behauptung, das Utopische habe auch schon in seinen früheren (viel skeptischeren) Stücken eine Rolle gespielt, man habe es nur übersehen. Man habe verkannt, daß es nicht im Inhalt vorhanden zu sein brauche, sondern auch in der Form vorkommen könne. Überhaupt betrachte man Texte irrigerweise als Mitteilungen und beurteile sie nach ihren Inhalten: "In dem Stück steht das und das, also ist das ein trauriges Stück." Und so bleibe unberücksichtigt, "daß es ein formulierter Text ist und daß die Formulierung eines Tatbestandes schon die Überwindung eines Tatbestandes ist. Das utopische Moment liegt in der Form [...]." Einschränkend wird allerdings sogleich hinzugefügt: "Wobei die Form natürlich nur der letzte Widerschein der Möglichkeit einer Überwindung sein kann. Sie ist ja nicht die Überwindung schlechthin, sondern deutet nur an, daß Überwindung möglich ist." (1986; GI-1 180)

Nehmen wir noch einmal die *Hamletmaschine* – als "trauriges Stück". Daß die Traurigkeit hier genau formuliert ist und Gestalt bekommen hat, müßte als ihre Überwindung oder doch wenigstens als die Möglichkeit ihrer Überwindung erkannt werden können. Das scheint mir für den Text

---

[30] Die Bemerkungen über das Utopische finden sich in demselben Gespräch von 1985, in dem auch vom Nomadischen die Rede ist. Das Gespräch wurde im 4. Jahresheft von *Sinn und Form* gedruckt, gegen Ende des Jahres also, enthält aber keine direkten Hinweise auf die Gorbatschow-Wende vom März. Mit beiden Stichworten ist jedoch etwas angegeben, das eher dieser Wende als der Situation davor entspricht und jedenfalls geeignet ist, diese neue Situation zu charakterisieren.

von 1977 etwas viel verlangt. Nach 1980 war dann das Hamletstück in Müllers Sicht eine "Zerstörung" Hamlets, als Revolte gegen dessen Absage an die Geschichte. Die Zerstörung (als Negation) sollte die Notwendigkeit geschichtlicher Bewegung deutlich machen und ein entsprechendes Verhalten herausfordern. Aber da war nur erst von dieser Auflehnung die Rede, und auch sie muß man sich als Impuls zum Text hinzudenken. Das Utopische, das Müller 1986 für seine früheren Stücke reklamiert, geht weiter als die Auflehnung, es beginnt, wenn die geschichtliche Bewegung eingesetzt hat und wieder Zukunft gedacht werden kann. Das mag im Text sehen, wer kann. Das Hamletstück von 1977 und Müllers Deutungen von 1980 und 1986 sind drei Sichtweisen ein und derselben Sache. Sie spiegeln den Wechsel in seiner Einschätzung der Geschichte.[31]

Der Anfang vom Ende der Geschichte

Die große Hoffnung von 1985 hielt bei Müller nicht lange an. 1986 begann sie schon wieder abzunehmen. Er hatte den Staat DDR "seit Gorbatschow für reformierbar" gehalten, aber als sich die Parteiführung der SED dem Gorbatschow-Programm verweigerte, konnte es "im Blick auf den *Untergang der DDR*" nur noch "um *Schadensbegrenzung* gegen die wachsende Hysterie der Macht" gehen.[32]

Müllers Skepsis nimmt rasch zu. 1988 ist auch die *Glasnost*-Hoffnung verflogen. Pragmatismus dominiert und bleibt ohne Konzept: "Negativ daran ist, daß es heute *keine Perspektive* und *kein Programm* mehr gibt.

---

[31] Vgl. noch einmal Anm. 29. – Raddatz (Frank-Michael Raddatz: *Dämonen unterm Roten Stern*. S. 170 und 172) sieht in der *Hamletmaschine* von 1977 ebenfalls wenig Utopisches: "Hier stehen sich nicht mehr Geschichte und Utopie gegenüber, sondern Zivilisation und Katastrophe." (S. 170) "Als Intellektueller bricht Hamlet mit der Rationalität und stellt sich auf die Seite einer revoltierenden Praxis" – aber "ohne daß aus dieser Zerstörung das Neue hervorgeht" und "ohne daß einsichtig wird, welche qualitativ neue Position damit gewonnen wird." Es kommt zur Negation, aber es gelingt nicht die Negation der Negation, und damit "ist die Geschichte als ausweglos beschrieben und den genannten Tabus haftet, weil aus ihrer Durchbrechung nichts resultiert, das Moment des Scheinhaften an." (S. 172) Auch Ophelias Revolte als weibliche Emanzipationsbewegung bleibt da in der Schwebe. Vgl. insbes. S. 24f. und S.179-181.

[32] Vgl. für diese Formulierungen GI-3 175 (1993, Herv. D. H.); für das Datum 1986 vgl. AUT 348. – Die Aussage in GI-3 gehört zu einer Presseerklärung vom 14.1.1993, in der Müller auf die Anschuldigungen einer IM-Mitarbeit bei der Stasi Stellung nimmt. Er behauptet, die Frage der Schadensbegrenzung sei eines seiner Gesprächsthemen mit der Stasi gewesen. Wenn dem so ist, müßte er bei aller Enttäuschung über die Härte der Regierung dennoch so sehr an deren Erschütterung geglaubt haben, daß er die Schadensbegrenzung mit der Stasi für besprechbar hielt.

[...] Es gibt eine Orientierungslosigkeit, und die heißt Glasnost." (GI-2 156, Herv. D. H.) 1985 hieß es statt Orientierungslosigkeit noch Offenheit. Auch das Utopische stützt sich nicht mehr auf das Verheißungsvolle geschichtlicher Bewegung, sondern geht von der *Katastrophe* aus. Als Müller 1988 gefragt wird, ob "in der Darstellung der Katastrophe ein utopisches Moment" liege, antwortet er:

> Das ist der Punkt, wo wir heute sind. Die einzige Hoffnung sind die Fehler, die Zufälle – das, was nicht funktioniert. [...] Unsere einzige Hoffnung ist der Fehler, der Zufall, die Katastrophe. (GI-2 158)

Vor allem aber geht der Blick zurück. Das geschichtliche Interesse fragt nach den Wurzeln des Unglücks:

> Wenn du siehst, daß der Baum keine Äpfel mehr bringt, daß er anfängt zu verfaulen, siehst du nach den Wurzeln. In der DDR war die Stagnation in diesen Jahren absolut. Da kommt dann alles hoch, was drunter liegt, verschüttet oder begraben. Es gab keine Bewegung mehr, nur noch Bremsmanöver und Befestigung. Die DDR, als Gegenentwurf zur deutschen Geschichte real existierend nur noch im falschen Bewußtsein ihrer Führungsschicht, ging ihrem ebenso fremdbestimmten Ende entgegen, Nebenprodukt des sowjetischen Untergangs. (AUT 257)

Zur Frage nach der Kondition der Geschichte gehört die Frage nach der *Kondition des Menschen*. Und auch hier herrscht abgründige Skepsis. Einen berühmten Satz Georg Büchners aufgreifend heißt es:

> 'Was ist das, was in uns hurt, lügt und mordet?' Es ist die Aufgabe der Kunst und Literatur, herauszukriegen, wie der Mensch beschaffen ist. Was in diesem Tier zu dem führt, was wir so als Geschichte erleben. (März 1989; GI-2 173)

Und ähnlich ein Jahr vorher:

> Wir wissen, daß die Menschheit imstande ist, sich umzubringen. Wie es dahin gekommen ist, wie dieses Tier konstruiert ist, und was dieses Tier, diese Maschine dahin führt, wissen wir nicht. (1988; GI-2 106)

Müller bleibt auch in den späten 80er Jahren bei einer *offenen Schreibweise*, aber ihre Aussage und ihre Funktion hängen im Leeren.

Das perspektivische Moment, das 1985 aus der Hoffnung neu einsetzender geschichtlicher Bewegung resultierte, ist verloren; der neue Absturz in die Skepsis ist tief. Wenn die Stagnation "absolut" genannt wird, im Untergang höchstens noch an "Schadensbegrenzung" gedacht werden kann und das utopische Denken sich an die "Katastrophe" halten muß, sind die geschichtlichen Erwartungen so ziemlich erschöpft. Anfangs der 80er Jahre, als Müller den Eindruck hatte, die Geschichte käme von der Dritten Welt aus wieder in Bewegung, konnte es sinnvoll erscheinen, den Stillstand Europas zu attackieren und zur Bewegung zu provozieren. Ende der 80er Jahre ist auch von diesem Impuls wenig mehr zu merken. Es scheint jetzt jeder zündende Funke zu fehlen.

Das offene Schreiben hängt, wie gesagt, im Leeren. Wenn es dennoch Grundanschauungen festhält, weil sie für unentbehrlich gelten, auch wenn ihnen in der Realität die Korrelate ausgegangen sind, verteidigt es *ein geschichtliches Denken wider die Geschichte*. Eine schwierige Funktion.

Müller war ein großer Bewunderer des amerikanischen Theaterregisseurs *Robert Wilson*. Er begegnete ihm zuerst Anfang der 80er Jahre. Wilson beeindruckte ihn als Bilderdramaturg. Im Ergebnis sind Bilder zwar statisch (und so erscheinen sie auf der Bühne), aber davor liegt der aufregende Prozeß, in dem sie entstehen. Müller hatte seit den 70er Jahren, angesichts der Verlangsamung der Geschichte, und dann ihres drohenden Stillstands wegen, immer wieder die Wichtigkeit der Beobachtung von Prozessen betont. Seine Schreibweise sollte Vorgänge offen halten und nicht in einem Ergebnis abrunden und festhalten. An diesem Verfahren hält er auch Ende der 80er Jahre fest, wenngleich Sinn und Funktion angesichts der Aussichtslosigkeit der Geschichte fraglich werden und Prozesse auf nichts mehr hinauszulaufen scheinen. Außer Katastrophen und Untergängen ist nichts mehr zu erwarten. Wenn Müller sich dennoch für Wilsons Kunst des Bilderschaffens noch immer genauso interessiert, wie er es früher tat und wie es seinen früheren Auffassungen entsprach, hält er in der Kunst fest, was ihm in der Geschichte abhanden kommt. Die Kunst löst sich von der realen Geschichte und gibt den Bezug auf. 1988 sagt er wohl deshalb ohne Abstriche und mit voller Zustimmung:

> Wenn Bob anfängt zu zeichnen, diese ersten rohen Sachen, das finde ich enorm. Das absolut beste, was ich von ihm gesehen habe, war dieser Workshop in Marseille. Da war nichts da, es war nichts fertig, und da sah man den rohen Entwurf, und der war grandios, die rohen und simplen Entwürfe, die gehen unter im 'polish'. Ich möchte die Hand beim Zeichnen sehen können, den Prozeß beobachten können. (GI-2 112f.)

Andererseits erweist sich, daß das Kunstverfahren, das im Prozeß das Produkt zwar nicht vorwegnimmt, aber doch mit ihm rechnet oder wie bei Wilson unvermeidlich auf ein Produkt hinausläuft, in seinem krassen Gegensatz zur Wirklichkeit nicht mehr das einzige Verfahren sein kann. Neben die Bilderdramaturgie Wilsons rückt die ganz andere Bildkunst *Francisco de Goyas*:

> Aber dann, als ich hier in Ostberlin [1987] angefangen habe, den *Lohndrücker* zu inszenieren, hab' ich plötzlich gemerkt, daß ich mit den Mitteln und der Ästhetik von Wilson bei dieser Arbeit überhaupt nichts anfangen kann. Da hab' ich plötzlich Goya entdeckt. (1988; GI-2 143)

Der Lohndrücker ist Müllers ältestes Theaterstück, geschrieben 1956. Aber er nennt es 1988 "das zur Zeit aktuellste Stück von mir in der DDR" (GI-2 151). Insofern wird mit der Neuinszenierung nicht gerade ein geschichtlicher Fortschritt, sondern eher ein geschichtliches Scheitern inszeniert, wofür ein anderes Verfahren als das der Prozeßhaftigkeit erforderlich ist. Die Tatsächlichkeit der Geschichte muß anders ausgedrückt werden als das Denken, das sich der Geschichte entgegenstellt.

An Goya interessiert Müller die Bildqualität und Funktion des breiten Pinselstrichs. Er verbindet sie mit der historischen Situation Goyas, welchen Zusammenhang er bis dahin nicht erkannt habe, und der ihm vielleicht auch erst in der eigenen neueren Situation verständlich werden konnte. Rückschauend heißt es:

> Diese Situation, die ich erst in den letzten Jahren wirklich begriffen habe: Goya sitzt da in seinem reaktionären Spanien, in dieser Monarchie, gierig interessiert an der französischen Aufklärung. Dann kommt endlich das Neue, der Fortschritt, die Aufklärung, die Revolution, aber als Besatzungsarmee, mit dem ganzen Terror der Besatzungsarmee. Die Bauern bilden die erste Guerilla für ihre bedrohten Unterdrücker. Sie bekämpfen den Fortschritt, der ihnen in Gestalt von Terror entgegentritt. In dieser *Zerreißsituation* entsteht bei Goya der breite Pinselstrich und der gebrochene Strich. Es gibt keine festen Konturen mehr, keinen klaren Pinselstrich. Es entstehen die Brüche und auch das Zittern des Strichs. (AUT 272f., Herv. D. H.)

1988 nennt Müller die Zerreißsituation "eine ganz *paradoxe, widersprüchliche* Situation", die den breiten Pinselstrich erforderte, "weil die Grenzen nicht mehr bestimmbar waren. Wo hört jetzt der Fortschritt auf, und wo fängt die Reaktion an? Das changierte alles so ungeheuer [...]." (GI-2 143, Herv. D. H.) Der "klassische Strich" war nicht mehr verwendbar, weil er "eine Bedeutung, eine Wertung, festlegt, und damit eine Hierarchie aufbaut"; er zeichnet ein Bild, das Sinn ausstrahlt. Der breite Strich sieht davon ab; die Frage nach Sinn, Wert und Bedeutung ist nicht mehr zu entscheiden.

Müller nennt noch ein zweites Kennzeichen der Bildkunst Goyas. Sie lebt nicht von der Perspektive, sondern von der *Schichtung* – "Schichtung statt einer Perspektive" (GI-2 143). Und man kann hinzufügen: Schichtung auch statt eines Prozesses. Perspektive und Prozeß sind geschichtliche Begriffe, sie meinen Vorgänge mit einer Ausrichtung. Schichtung bezeichnet eher einen Zustand – ihm fehlt die zeitliche und geschichtliche Dimension. Es ist auffällig, daß Müller das Verfahren der Schichtung hier anders akzentuiert als für seinen Text *Bildbeschreibung* von 1985. Dort ist die vierfache Schichtung die Staffelung eines kreativen Prozesses, der mit dem Traum beginnt und sich über die Zeichnung, deren Beschreibung und die weiterführende Assoziation entfaltet und mit jedem nächsten Bild das vorangegangene ablöst und übermalt. 1988 ist Schichtung eher ein Verfahren des *Verzichts*. Es gibt an, daß eine zeitliche und geschichtliche Dimensionierung ausfällt.

Die Kunst Goyas und die neue *Lohndrücker*-Inszenierung passen wie folgt zusammen: Die im Text von 1956 dargestellte Handlung aus der Aufbau-Zeit der DDR (im Mittelpunkt steht ein Mann, in dem der erste "Held der Arbeit" der DDR von 1950 gespiegelt wird) wird 1988 zweifach konterkariert. Zum ersten wird nach der 1. Szene als Zwischenvortrag der Text *Der Horatier* eingeschoben, der im Herbst 1968, nach dem Prager Frühling und seiner Niederschlagung, entstand. In ihm ist von dem nicht aufzulösenden Widerspruch eines Helden die Rede, der Sieger und Mörder in einem ist und der auch in der Erinnerung immer beides in einem bleiben muß. Wie Müller es für Goya angibt – eine "ganz paradoxe, widersprüchliche" Situation, eine "Zerreißprobe", ein Antagonismus von "Fortschritt" und "Reaktion". Berücksichtigt man, daß Müller auch schon 1956 seinen Held der Arbeit widersprüchlich dargestellt hat, dort aber am Ende noch mit der Aussicht auf Aussöhnung des Widerspruchs,[33] dann läßt sich die Einblendung des *Horatiers* 1988 als Frage nach dem Weiterleben und der Steigerung von Konflikten und Widersprüchen sehen, wie sie im *Lohndrücker* als "Zentralkonflikt von (politischem) Ziel und dafür notwendigem Preis"[34] erscheinen. Was ist aus diesem Zentralkonflikt auf dem Weg vom Held der Arbeit zum Held von Prag und zur Situation von 1988 geworden?[35] Zum zweiten wird die auf Aussöhnung gestimmte Schlußszene aus-

---

[33] Vgl. z.B. Norbert Otto Eke: *Müller*. S. 67-73.
[34] Ebd. S.68.
[35] Zum *Horatier* als einem Text, den Müller als Modell meinte, das immer wieder neu zu aktualisieren sei für den Umgang einer Gesellschaft mit ihrer Geschichte, vgl. Hans-Christian Stillmark: Erfahrungen kann man nur kollektiv machen. Zu Heiner Müllers Lehrstück 'Der Horatier'. In: *Wissenschaftliche Zeitschrift Pädagogische Hochschule Potsdam*. H. 34 (1990b). S. 331-340, insbes. S. 337. Der Text, der sehr wohl durch die Prager Erfahrung inspiriert ist, aber eine römische Einkleidung erhält und damit die Erfahrung zum Modell verallgemeinert, dürfte

gewechselt gegen die Szene "Wolokolamsker Chaussee IV", die Müller 1986 oder 1987 schrieb und die er sich als "Farce" im "Zeitalter der Konterrevolution" dachte. Die Szene stellt dar, wie alle geschichtliche Bewegung in der festen Ordnung eines Staates als Apparat abgestorben ist und die Menschen und die Ordnung zum Kentauren von Mensch und Schreibtisch zusammengewachsen sind. Stillmark nennt für diese Szene Stichworte wie "Veramtung des Sozialismus" und "strukturelle Muster, die den hypertrophierten Ordnungsstaat zum Erliegen bringen".[36] Eke spricht von der "Farce einer Verwandlung der Utopie (des Sozialismus) zum bürokratisch verkrusteten Staatsapparat."[37] Aus Entwicklung ist Stillstand, aus Revolution Konterrevolution geworden. Müller sagt 1992: "Die Inszenierung von *Lohndrücker* ist aus dem Rückblick auf die gescheiterte DDR gemacht, wie *Wolokolamsker Chaussee* mit dem Blick auf das Ende des sozialistischen Blocks, ein Requiem." (AUT 344) Und: "*Wolokolamsker Chaussee III* bis *V* sind meine letzten drei Szenen zur DDR. Das Schreiben ging schnell, es wurde leichter, je mehr die DDR an Gewicht verlor, an Legitimation." Und zum Hinweis darauf, daß keine Zukunftsperspektive mehr bestand, fügt er hinzu: "Die DDR bezog ihre Legitimation zunehmend nur noch aus den Toten." (AUT 349)

Die *Lohndrücker*-Inszenierung von 1988 zeigt im Einbezug von *Horatier* und *Wolokolamsker Chaussee IV* ein geschichtliches Scheitern (über mehr als dreißig Jahre DDR) an, das nicht mehr mit Wilsons Kunstverfahren, sondern nur noch mit dem von Goya zu fassen war.

---

von Müller bei der Einblendung in den *Lohndrücker* sehr bewußt auch auf die Zeit von 1988 und ihren Umgang mit der Geschichte bezogen worden sein.

[36] Hans-Christian Stillmark: Entscheidungen um und bei Heiner Müller. S. 56f.

[37] Norbert Otto Eke: *Müller*. S. 242; vgl. auch S. 67-73. Für verschiedene Angaben zur *Lohndrücker*-Inszenierung von 1988 stütze ich mich auf: Gerd Labroisse: *Heiner Müllers 'Endzeit' oder Wie die Wirklichkeit den Schriftsteller verrät*. Abschiedsvortrag anläßlich der Emeritierung. Amsterdam 1994. S. 17-21; – Recht interessant ist eine Mitteilung von Jost Hermand, in der er berichtet, wie ihm Müller im Februar 1988, als die *Lohndrücker*-Inszenierung in Berlin zur Aufführung gekommen war, sagte, daß das, was er (Hermand) in einem fiktiven Gespräch über das ursprüngliche *Lohndrücker*-Stück gerade veröffentlicht habe, "alles falsch" sei, und zwar aus folgendem Grund: "Du legst den Hauptakzent auf die Schlußszene, die mir zwar damals äußerst wichtig erschien, die aber inzwischen überflüssig geworden ist. Ich habe sie daher bei meiner Inszenierung dieses Stückes am Deutschen Theater, von der Du in Madison nichts wissen konntest, einfach weggelassen. Es gibt heute keine solchen Zuversichtlichkeiten mehr. Heute muß man mit offenen Schlüssen operieren." (Jost Hermand: Blick zurück auf Heiner Müller [1997]. In: Jost Hermand – Helen Fehervary: *Mit den Toten reden. Fragen an Heiner Müller*. Köln et al. 1999. S. 143-159, hier S. 157).

"Wende" und Ende der Geschichte, der Wartesaal der Utopie

Als im Oktober und November 1989 das System der DDR zusammenbrach und die Mauer fiel, hat sich Müller an der Euphorie, die sich vieler Intellektueller und Schriftsteller bemächtigte, weil man hoffte, vielleicht doch noch einmal einen wahren und demokratischen Sozialismus auf dem Boden der DDR einrichten zu können, nur spärlich beteiligt. Die Erklärung, die er am 4. November bei der großen Kundgebung auf dem Berliner Alexanderplatz vorlas, war keine eigene, sondern eine, die man ihm zugeschoben hatte und die mit der Forderung unabhängiger Gewerkschaften zu tun hatte (vgl. AUT 355). Das war nicht gerade sein Thema.

Müller hat die sogenannte *Wende* eher als *Ende* gesehen, als den Untergang der DDR und ihres realen Sozialismus, den er ab 1986/87 für unvermeidlich gehalten hatte und der sich sehr rasch nach dem Mauerfall als bevorstehende Auflösung der DDR in die BRD abzeichnete. Von vorübergehender Hoffnung und anschließender Ernüchterung kann da kaum die Rede sein. Von Anfang an herrscht vor allem bittere Schärfe.[38]

Inhaltlich fällt auf, daß die deutsche Geschichte wieder ganz und gar im Vordergrund steht und der weitere Rahmen der europäisch-neuzeitlichen Zivilisationskrise nur gelegentlich und der noch weitere Rahmen der Dritten Welt so gut wie gar nicht mehr genannt werden. Wohl steht im Hintergrund des Zusammenbruchs der DDR der Zusammenbruch der anderen sozialistischen Ostblockstaaten.

Die Äußerungen aus der Zeit nach der Wende umkreisen aufs neue die Frage der *Bewegung der Geschichte*, diesmal als *Stillstand im Ende*. Der Grundgedanke ist kurz gesagt dieser: Der Sozialismus, wie er war, ist gescheitert, und der Möglichkeit, seine Ideen zu realisieren, ist vorläufig der Boden entzogen. Abgehoben von der Geschichte kann das, was von diesen Ideen unverzichtbar ist, nur als solches und für sich genommen, und das heißt als reine Utopie, festgehalten werden. Die Bedeutung der Utopie nimmt bei Müller denn auch wieder entschieden zu. Sie ist in Untergang und Ende die einzige noch übrige Heimstatt des Sozialismus.

Im Folgenden einiges zu Müllers Versuchen, sich rückblickend mit der Frage der deutschen Geschichte und ihres Verlaufs auseinanderzusetzen.

Die Möglichkeit einer neuen DDR mit einem neuen Sozialismus hat Müller, wie gesagt, gering eingeschätzt. Nicht nur, weil der Sog des Wes-

---

[38] Es gibt Ende 1989 oder Anfang 1990 einige Aussprüche, die sich hoffnungsvoll geben. Da wird z.B. von der DDR als notwendiger Alternative im europäischen Haus gesprochen und von dem revolutionären Prozeß, der in der DDR vor sich gehe (LN 13 und 17). Aber die breiteren Analysen, an denen sich Müller versucht und von denen sogleich die Rede sein wird, klingen ganz anders.

tens und der politische Druck zu groß waren, um einen Anschluß der DDR an die BRD und damit ihr Ende zu verhindern, sondern wesentlich auch deshalb, weil sich die sozialistische Substanz verbraucht hatte. Die Wende sei mindestens fünf Jahre zu spät gekommen, heißt es, "[...] die Substanz dieser DDR-Gesellschaft war schon ausgehöhlt. Das war nur noch ein Zombie." (Aug. 1990; GI-3 101) Andererseits hatte der Verschleiß eine lange Vorgeschichte, und so dürfte eine Wende fünf Jahre früher auch nicht geholfen haben. Zu dieser Vorgeschichte heißt es:

"Die Bauernkriege waren eine zu frühe Revolution und haben dazu geführt, daß dieses revolutionäre Potential auf Jahrhunderte hin zermahlen wurde. Dann kam der Dreißigjährige Krieg, damit war der deutsche Volkscharakter eigentlich erledigt." 1848 ging es "mit einem verspäteten Versuch weiter, die bürgerliche Revolution nachzuvollziehen, [...]. Das ist auch schiefgegangen. [...] Und dann 1918 die Enthauptung der deutschen Arbeiterbewegung, der Tod Rosa Luxemburgs und Karl Liebknechts. Damit war der Anschluß der deutschen Arbeiterbewegung an Moskau – die Abhängigkeit von Lenin – programmiert. Und die DDR war nur noch eine Grenzbefestigung von Stalin, nichts weiter [...]." Die DDR hat es nur "als Ableitung der Sowjetunion" gegeben. "Und in dem Moment, wo sie, bedingt durch Gorbatschow, vielleicht hätte existieren können, hat sich herausgestellt, daß die DDR gar keine eigene Substanz hat." (Juni 1990; GI-3 90f.)

Das ist eine deprimierende Skizze. Revolutionen kamen in Deutschland zu früh oder zu spät, jedenfalls zur Unzeit, so daß sie bewirkten, was sie gerade hätten aufheben sollen. Das Bewegungsgesetz der deutschen Geschichte ist, wie es ein anderes Mal heißt, die "versetzte Kausalität" (Sept. 1992; GI-3 169). Diese versetzte Kausalität hat die Substanz verbraucht und ausgehöhlt, und der Schwund betrifft nicht nur die geschichtliche Kraft, den Sozialismus zu verwirklichen, sondern auch den Willen und den darin wirksamen utopischen Anspruch und Antrieb. Verbraucht hat sich letztlich das geschichtliche Bewußtsein überhaupt, und mit ihm jeder Impuls der Bewegung.[39]

Interessant ist, daß Müller mit den Stichworten der "versetzten Kausalität" oder der sich wiederholenden "Verspätung" nach einer Art *Gesetz der deutschen Geschichte*, als Bewegungsgesetz oder Bewegungsverhinde-

---

[39] Ähnliche historische Skizzen finden sich bei Müller damals öfter. Anfang 1990 (oder noch Ende 1989) trägt er die gleiche Anschauung vor, dort mit der Bemerkung: "Seit dieser zu frühen Revolution [der Bauernkriege, D. H.] herrscht in Deutschland die Tendenz zur Verspätung, kommt in Deutschland immer alles zu spät. Und die Verspätung bedingt es auch, daß sich die Energien nur noch in der Katastrophe entladen können." (LN 13).

rungsgesetz, sucht, und daß er den Untergang des DDR-Sozialismus als ein nicht nur in den dortigen Verhältnissen begründetes, sondern geschichtlich viel weiter zurückreichendes Versagen und Fehlgehen deutet. Weit ausholend betrachtet er das Ende der DDR (und der sozialistischen Staaten) als Ende einer Epoche, die neu hatte sein sollen, es aber nicht gewesen war. Im Resümee nach dem Ende scheint die Frage nach einem Gesetz der Geschichte, die zwischenzeitlich verschwunden war und nicht mehr statthaft zu sein schien, wieder gestellt werden zu dürfen. Freilich ist aus der früheren Annahme einer *wirklichen* Bewegung als Bewegung des Fortschritts eine Bewegung des Untergangs geworden.[40]

Zum Gedankenkreis der allgemein das Scheitern bestimmenden Faktoren gehört auch die folgende Deutung: Neben dem allmählichen Schwund des geschichtlichen Bewußtseins, mit der Endstufe Zombie, hat sich immer schon das Fehlen geschichtlichen Bewußtseins des so unheilvollen *Kleinbürgers* ausgewirkt. Brecht habe ganz richtig gesagt: "Der Kleinbürger erträgt nur Zustände, der Wechsel ist ihm verhaßt." Denn genau das sei das Problem.

> Bevor auch nur ansatzweise irgendwo ein Proletariat zum Zuge gekommen war oder sich organisieren konnte, hatten die Kleinbürger schon die Bewegung übernommen und in einen Zustand oder Stillstand geführt. [...] *Das Dilemma dieses Jahrhunderts ist sicherlich die Korruption der revolutionären Bewegungen in Europa durch die Kleinbürger.* (1990; JN 11f., Herv. D. H.)

Außer den Erklärungen, die vom Ganzen der deutschen Geschichte, jedenfalls seit der frühen Neuzeit, ausgehen, arbeitet Müller auch mit Argumenten, die sich auf einzelne Ereignisse und ihre einschneidende Bedeutung beziehen. Anfang der 90er Jahre betont er mehrfach, wie erhellend ihm Stalingrad und die "Kesselschlacht" seien. Er sei vor Jahren einmal darauf aufmerksam gemacht worden,

> [...] daß die Übernahme der konterrevolutionären deutschen Strategie der Kesselschlacht durch die Rote Armee das Ende des sowjetischen Zeitalters eingeleitet und die Staatengebilde des Ostblocks zu gefrorenen Kesseln gemacht habe,

---

[40] Müller arbeitet an einer Bilanz "als Generalinventur eines mißlungenen Experiments" (Norbert Otto Eke: *Müller*. S. 36). Während er nach der Wende literarisch beinahe gänzlich verstummt, setzt sich sein nichtliterarischer Diskurs in Gesprächen und Interviews gesteigert fort (vgl. ebd. S. 32-35).

mit Abgrenzung nach außen und Kolonisierung der Binnenstruktur, bewohnt von gefangenen Befreiten. (AUT 362)[41]

Das klingt abstrus, verbildlicht aber einen *Wechsel von Einstellung und Perspektive, der geschichtlich tödlich sein mußte.* Der Osten vertauschte mit der Übernahme der westlichen Kampfart – die unterwirft, was befreit werden müßte, und befreit, was überwunden werden müßte – die Revolution gegen die Konterrevolution. So wurde aus dem Kampf von innen nach außen und für das Innen gegen das Außen der Kampf nach innen – als Kolonisierung derer, die hätten befreit werden sollen – und die Abschirmung nach außen – gegen die, die man hätte unterwerfen müssen. Die Auswirkungen auf die DDR waren in Müllers Sicht mehrfach: Zum ersten wurde dort die Revolution von Anfang an in jener Verkehrung zur Konterrevolution, die sie seit Stalingrad war, eingeführt. Zum zweiten war die DDR geopolitisch für die Sowjetunion nie mehr als ein "militärisches Glacis im Westen" (AUT 362), ein Verteidigungs- und Abgrenzungsgebiet des sowjetischen Kessels also. In dieser Funktion, "schwer zu halten gegen den ökonomischen Sog des anderen reicheren Deutschland, schwer aufzugeben wegen der zunehmenden Unsicherheit des polnischen Zwischenraums", war die DDR "ein Staat auf Widerruf" – "das Ende der militärischen Konfrontation bedeutete notwendig das Ende der DDR." (AUT 362f.) Und zum dritten: die DDR übernahm auch selber das Kesselprinzip – mit der Mauer. Am Ende mußte untergehen, was sich selbst verraten hatte. Die falschen Kessel und die falschen Mauern fielen. *Zukunft war seit der Umkehrung der Revolution in die Konterrevolution nicht mehr zu haben.* Für die DDR also von Anfang an nicht. "Mich interessiert nach wie vor Stalingrad als ein historischer Drehpunkt in Verbindung mit der Mauer und mit dem Fall der Mauer." (1991; GI-3 143)

Eine weitere Art Müllers, sich mit dem Untergang auseinanderzusetzen, verweist wieder auf das zentrale Thema der *Bewegung.* Es geht um die *Richtung*, um das *Rückwärts im Vorwärts.* 1991 inszeniert Müller drei von seinen Stücken aus der Zeit vor der Wende und äußert dazu: "Das merkwürdige an diesen drei Texten ist, daß der historisch am weitesten entfernte [...] dem Publikum am nächsten und der historisch jüngste [...] dem Publikum der fernste sein wird." (GI-3 123)[42] Allgemeiner formuliert: Die

---

[41] In anderer Version: "Das wesentliche ist die Abgrenzung nach außen und die Zerstörung der Infrastruktur." (1991; GI-3 143f.).
[42] Es handelt sich um eine Inszenierung von *Quartett, Mauser* und *Der Findling* für das Deutsche Theater in Berlin. – Als Müller 1988 sein ältestes Stück *Der Lohndrücker* das damals aktuellste nannte, meinte er die *Stagnation* und das *Scheitern,*

Inszenierung ist "eine Reise aus der Vergangenheit rückwärts in die Gegenwart, denn die Vergangenheit liegt vor uns und die Zukunft, die in der Gegenwart eingeschlossen war, hinter uns." (GI-3 123) Müller nennt also die zeitliche Bewegung vorwärts zugleich eine Bewegung rückwärts. Er spricht von einer "kollektiven Erfahrung, die jetzt von der Bevölkerung der DDR gemacht wird, auch wenn nur Intellektuelle sie reflektieren." (GI-3 123.) Die Geschichte der DDR war in ihrer Bewegung nach vorne ein Rückschritt – das ist das bittere Fazit vom Ende eines Sozialismus, der die deutsche Geschichte nach vorne bewegen wollte.

Die umkehrende Formulierung erinnert aber auch an Walter Benjamins Bild vom *Engel der Geschichte*. Müller hat dieses Bild seit den 50er Jahren mehrfach aufgegriffen und abgewandelt, und es scheint, daß er diesmal auf die Benjaminsche Version zurückkommt. Bei Benjamin wird der Engel mit dem Blick nach rückwärts, wo sich die Trümmer der Geschichte häufen, nach vorne in die Zukunft hineingeblasen von einem Sturm, der aus dem Paradiese kommt. Der Engel sieht das Vergangene als "[...] eine einzige Katastrophe, die unablässig Trümmer auf Trümmer häuft und sie ihm vor die Füße schleudert," so daß er verweilen möchte, um die Toten zu wecken und das Zerschlagene zusammenzufügen, aber der Sturm der Geschichte treibt ihn vorwärts in die Zukunft.[43] Nimmt man an, daß Müller mit seiner Formulierung auf das Bild von Benjamin verweist, könnte diese Referenz die Frage einschließen, ob man es auf dem Weg von der Vergangenheit in die Gegenwart bei der geschichtlichen Erfahrung des Scheiterns lassen darf oder ob man trotzdem an der Gewißheit einer großen Bewegung hin zur Zukunft festhalten muß. Das wäre dann nicht nur die Frage nach der von der Geschichte abgehobenen Utopie, sondern nach der Utopie gegen den Augenschein und gegen die Erfahrung, einer *Utopie e contrario oder sub contrario*. Wenn Müller das utopische Moment 1991 mitgedacht haben sollte, bleibt es in dem, was er sagt, jedenfalls verschwiegen. Gesprochen wird ausschließlich vom Scheitern und vom Ende.

Zu erwähnen sind deshalb auch die Zeilen, die Müller im selben Jahr 1991 unter dem Titel "Glückloser Engel 2" geschrieben hat[44] – ein Gegenbild nicht nur zu Benjamin, sondern auch zu seiner eigenen Umprägung des Benjaminschen Bildes, der er 1958 den Titel "Der glücklose Engel" gegeben hatte (MAT 7). Während der Benjaminsche Engel in der Vorwärtsbewegung *nach hinten* schaut, schaut Müllers Engel von 1958 im

---

in denen sich seit 1956 nichts entwickelt hatte. 1991 meint er hingegen eine Umkehr und Rückläufigkeit der Geschichte, wie im folgenden deutlich werden wird.

[43] Walter Benjamin: *Über den Begriff der Geschichte*. In: Ders.: *Illuminationen. Ausgewählte Schriften 1*. Frankfurt/M. 1977. S. 255.

[44] Abgedruckt in *Sinn und Form*. 43 (1991). S. 853.

Stillstand *nach vorne*. Der glücklose Engel von 1991 hat "kein Gesicht mehr".[45]

Daß in dem anderen Text von 1991 mit der Bewegung vorwärts, die eine Bewegung rückwärts ist, vor allem das Scheitern gemeint wird, zeigt sich auch daran, daß Müller erläutert, man habe vergeblich versucht, die Geschichte zu *verlangsamen*, um ihre drohende Nichterfüllung in einem vorzeitigen Ende zu verhindern: "Was in Osteuropa einschließlich der DDR gescheitert ist, war ein Versuch, die Zeit anzuhalten [...] im Namen einer Zukunft, die auf sich warten ließ wie der Messias. Das Leben fand in der Warteschleife statt." (GI-3 123)

Es gibt bei Müller zwei *Verlangsamungen* der Geschichte: Die eine steckt im geschichtlichen Geschehen selbst. Sie macht sich bemerkbar als Verzögerung oder drohender Stillstand. Als Müller Mitte der 70er Jahre Verzögerung konstatiert, verweist er auf die Notwendigkeit, sich der Bewegung mit der Aufmerksamkeit für größere zeitliche Intervalle, für die Prozeßhaftigkeit aller Vorgänge und für die "Zeitdifferenz" zu vergewissern. Als er Anfang der 80er Jahre die Geschichte in der Dritten Welt in Bewegung geraten sieht, während sie ihm in Europa zum Stillstand gekommen zu sein scheint, fordert er nicht nur geschärfte Aufmerksamkeit, sondern ein aktives Verhalten. Es soll aus Stillstand Bewegung machen. Von diesen Verlangsamungen der Geschichte selbst unterscheidet er ein menschliches Eingreifen in die Geschichte, das sie in ihrem Bewegungstempo aufhalten sollte, um ihr die Möglichkeit zur Erfüllung zu geben und ein vorzeitiges Ende zu verhindern. Diese in die Geschichte eingreifende Verlangsamung ist eine Perspektivierung vom Ende her – von ihr wird vornehmlich ab 1989 gesprochen. Während vor 1989 das Kriterium für die Beurteilung der geschichtlichen Bewegung die Gefahr ihres Stillstands war, der man mit der Forderung von *Bewegung* entgegenarbeiten mußte, ist das nachträgliche Kriterium die Gefahr ihres vorzeitigen Endes, der man mit der Forderung der *Verlangsamung* begegnen mußte.

---

[45] Die wenigen Verse lauten: "Zwischen Stadt und Stadt/ nach der Mauer der Abgrund/ Wind an den Schultern Die fremde/ Hand am einsamen Fleisch/ Der Engel ich höre ihn noch/ aber er hat kein Gesicht mehr als/ Deines das ich nicht kenne." (Ebd.) – Zu dem Engelbild Benjamins und den verschiedenen Engelbildern Müllers vgl. den ausführlichen Exkurs bei Frank-Michael Raddatz: *Dämonen unterm Roten Stern*. S. 174-184; den Text vom "Glücklosen Engel 2" konnte er noch nicht kennen. Während Raddatz 1991 gegenüber dem Utopischen die *Negation von Fortschritt und Geschichte* stärker akzentuiert, betont z.B. Frank Hörnigk eher umgekehrt in aller Negation das *Utopische*. (Frank Hörnigk: 'Texte, die auf Geschichte warten ...'. Zum Geschichtsbegriff bei Heiner Müller. In: MAT 123-137. Insbes. S. 124-127).

Übrigens benutzt Müller die These von der absichtlichen Verlangsamung zugleich auch wieder zur *Unterscheidung vom Westen*. Während der Osten in der Verlangsamung die Erfüllung der Geschichte möglich bleiben lassen wollte und das Bewußtsein für Geschichte aufrecht erhielt, überließ und überläßt sich der Westen einer "totalen Beschleunigung", in der sich das Zeit- und Geschichtsbewußtsein verlieren und nur noch Gegenwartsbewußtsein und Geschichtslosigkeit herrschen. Und in diesem Sinne war die Mauer nicht nur ein falscher Kessel, sondern auch eine nützliche "Zeitmauer", ein "Regulativ" – sie hielt mit ihrer Abgrenzung die beiden Geschwindigkeiten auseinander:

> Die Mauer war ja auch so ein Regulativ zwischen zwei Geschwindigkeiten. Verlangsamung im Osten, man versucht die Geschichte anzuhalten und alles einzufrieren, und diese totale Beschleunigung im Westen [...]. Und plötzlich ist dieses Regulativ weg und es entsteht ein Wirbel, der zunächst ein Schwindelgefühl erzeugt bei den Leuten. (Nov. 1991; GI-3 109) – Die Mauer war ja auch ein Damm zwischen zwei Geschwindigkeiten. Der ist weg und es entsteht ein sehr gefährlicher Wirbel aus dem Ineinanderfließen der zwei Strömungen. (Nov. 1991; GI-3 144)[46]

Müller gelingt es mit dieser Unterscheidung, seine alte Grundanschauung von dem prinzipiellen Gegensatz und Widerspruch zwischen Ost und West in Geschichte und Geschichtsbewußtsein festzuhalten und neu zu begründen. Sie rechtfertigt den Sozialismus auch noch im Untergang der realen sozialistischen Systeme und gewinnt als Reaktion auf diesen Untergang eine eminente, alles einfärbende Bedeutung. Sehr kennzeichnend ist eine Bemerkung, der zufolge sogar die *Funktion von Revolutionen*, und zwar von Revolutionen schlechthin, im Nachhinein anders beurteilt werden muß:

> Das ist eine neue Erkenntnis von mir: bisher habe ich immer traditionell gedacht, Revolutionen seien Beschleunigungsvehikel des Fortschritts. Aber wenn

---

[46] Müller spricht hier mit "auch" explizit von der Bedeutung des Regulativs und des Damms *neben* der des Kessels. – Für den Ausdruck der "Zeitmauer" vgl. GI-3 123. – 1993 hebt Müller einmal unter dem Aspekt der Verlangsamung den Gegensatz Sozialismus vs. Faschismus hervor: "Es gab in der DDR ungeheuer viel Zeit, ein Staat der Verlangsamung. Die Zeitvorstellung im Sozialismus ist der eigentliche Unterschied zum Faschismus. Für Hitler gab es keine Weltzeit, nur Lebenszeit. Dieses bedingungslose Präsens, daß alles in seinem Leben passieren mußte [...]." (GI-3 202) Vielleicht kehrt hier indirekt der Gedanke der 'Zeitdifferenz' wieder. Wer nur die subjektive Lebenszeit kennt und davon nicht die objektive Geschichte zu unterscheiden weiß, kennt letztlich überhaupt keine Geschichte.

man sich die Revolutionen ansieht in diesem Jahrhundert, waren es eigentlich immer nur Bremsversuche, und das einzig revolutionäre Element, das steht ja schon bei Marx, ist das Kapital. Doch die zunehmende Beschleunigung hat kein anderes Ende als die Vernichtung. Revolutionen waren immer der Versuch, die Zeit aufzuhalten und Prozesse zu verlangsamen. Dieser letzte Versuch ist nun gescheitert und jetzt kommt die totale Beschleunigung aller Probleme. (Sept. 1991; GI-3 135)

Die Ereignisse von 1989/90 haben Müllers Vorstellungen von der Gangart der Geschichte derart beeinflußt, daß er den vorangegangenen Prozeß im ganzen anders akzentuiert. Was immer er vorher über die Notwendigkeit von Bewegung und Beschleunigung als Antwort auf Verlangsamung und drohenden Stillstand gesagt hat, wird jetzt geradezu entgegengesetzt formuliert. Dennoch braucht sich das nicht zu widersprechen. Denn einerseits mußte Verlangsamung als Gefahr möglichen Stillstands betrachtet werden, andererseits war Verlangsamung nötig, um dem Lauf der Geschichte Zeit zu lassen. Nach 1989/90 dominiert der zweite Aspekt, weil das vorzeitige Ende beweist, wie wichtig die Verlangsamung war bzw. gewesen wäre und daß man an ihr gescheitert ist. Das Ende der Geschichte ist in dieser Akzentuierung nicht ihr Stillstand, sondern ihre alles überspülende Beschleunigung. In der totalen Beschleunigung hören Geschichte und das Bewußtsein für Geschichte auf. Im November 1991 heißt es: "Es ist merkwürdig, wie schnell Geschichte wegrutscht. Es gehört zu unserer Konditionierung, daß es nur Gegenwart gibt und keine Vergangenheit, deswegen auch keine Zukunft." (GI-3 139)

Wenn die Geschichte nichts mehr hergibt, gewinnt die *Utopie* an Bedeutung. Müllers Urteil über den Wert von Utopien wechselt mit seiner Einschätzung der Bewegung der Geschichte. Als er 1985 an eine Belebung der geschichtlichen Bewegung glaubt, gilt ihm das utopische Denken ebenso wie jedes andere produktive Denken, z.B. die Phantasie, als eine angemessene Orientierung auf die Zukunft. Er meint damit ein offenes Denken, eine Haltung, einen "Willen zur Zukunft" und nicht ein Fabrizieren von Entwürfen. Solche Entwürfe fallen unter das Verdikt des Bilderverbots. Insofern müßte man (genau genommen) auch nicht von Utopien, sondern eben nur von einem utopischen Denken sprechen.[47]

Am Ende der 80er Jahre, als die Verheißung einer sich wieder bewegenden Geschichte vorbei ist und mit dem Untergang gerechnet werden

---

[47] Für Äußerungen Müllers über das Bilderverbot, das nicht nur bei Marx, sondern auch bei anderen zu finden sei und eine "Kategorie der Abwesenheit" bedeute, die das Bild weglasse und den Prozeß darstelle, vgl. z.B. GI-2 91, 138 und 163. Auch Utopien als Zukunftsbilder, und gerade sie, fallen unter das Verdikt.

muß, bleibt dem utopischen Denken nur noch die Möglichkeit, sich an das Unvorhersehbare in dem zu erwartenden katastrophischen Ablauf zu halten. Aber auch noch in diesem Rest bleibt das utopische Denken auf die Geschichte ausgerichtet.

Nach der Wende 1989/90, als Ende der DDR und der sozialistischen Systeme überhaupt, muß das utopische Denken ohne die Geschichte und ihre realen Korrelate auskommen. Es fällt auf sich selbst zurück und muß *e contrario oder sub contrario* festzuhalten versuchen, was sich in der geschichtlichen Wirklichkeit nicht erfüllt hat, aber als Idee für unverzichtbar erachtet wird. Es wird zur einzigen noch übrigen, aber darum um so bedeutsameren *Heimstatt des Sozialismus*. Das zeichnete sich schon 1986/87 im Ausblick auf das Ende ab. Das rasche und vielfältige Reden vom Ende der sozialistischen Utopie oder der Utopien überhaupt, das sich nach der Wende erhob, erregte bei Müller großes Ärgernis und konnte ihm besonders scharfe und heftige Reaktionen entlocken. So etwa im Vorwort zu dem von Thomas Grimm 1993 herausgegebenen Band *Was von den Träumen blieb. Eine Bilanz der sozialistischen Utopie*. Da heißt es zum Titel, den Müller offensichtlich als Provokation erfuhr:

> Menschen, denen das Träumen verwehrt wird, haben keine andere Heimat als den Wahnsinn. Die Schreckensfrage des nächsten Jahrhunderts lautet: Was spricht gegen ihn? Von der zu findenden Antwort auf diese Frage hängt das Überleben der Menschheit ab. Ich bin nicht mehr sicher, daß der Kommunismus, wie mein Vater mir Achtjährigem aus dem Buch eines indischen Philosophen vorlas, das Schicksal der Menschheit ist, aber er bleibt *ein Menschheitstraum, an dessen Erfüllung eine Generation nach der anderen arbeiten wird bis zum Untergang unserer Welt*.[48]

Wenngleich das utopische Denken nach dem Ende der sozialistischen Geschichte ungeheuer an Bedeutung gewinnt, sind Müllers Äußerungen doch auch kritisch. Ein utopisches Denken, das sich nicht an der Geschichte orientieren kann und auf sich selbst gestellt ist, wird in dieser Schwebe zwitterhaft. Inwieweit hält es unverzichtbare geschichtliche Ansprüche fest, inwieweit entflieht es der Geschichte und verdrängt es sie? Und vielleicht sind auch die vermeintlichen Ansprüche nicht mehr als Selbsttäuschungen und Ausflucht. Müller ist sich damit mutatis mutandis der Gefahr dessen bewußt, was Camus jedem Hoffnungsdenken als Verdrängung und Vermeidung des Absurden glaubt zuschreiben zu können.

---

[48] Heiner Müller: Vorwort. In: Thomas Grimm (Hg.): *Was von den Träumen blieb. Eine Bilanz der sozialistischen Utopie*. Berlin 1993. S. 8, Herv. D. H.

1990 formuliert Müller eine entsprechende Überlegung wie folgt: Utopien (schlechthin) hätten mit der fundamentalen Frage des "Umgangs mit Zeit" zu tun. Weil man den bloßen Ablauf von Zeit, der nichts anderes als Sterblichkeit bedeute, nicht aushalte, probiere man diese Sterblichkeit zu verdrängen: "Man bildet ein Kollektiv und sucht sich eine Utopie." (JN 22) Utopien sind also Sinnsetzungen, die aus dem bloßen Zeitablauf überhaupt erst so etwas wie Geschichte zu machen versuchen. Und utopisches Denken, das noch keine bestimmten Entwürfe vor Augen hat, aber der "Wille zur Zukunft" ist, wäre dann das geschichtliche Bewußtsein als solches, nämlich das Bewußtsein, das sich mit der bloßen Sterblichkeit nicht abfindet und Zukunft fordert. Tatsächlich reduzieren sich für Müller nicht nur die Utopien, sondern auch "die gesamte Geschichte und Politik" auf die Verdrängung der Sterblichkeit (JN 22f.).

Auch der Kommunismus war eine solche Idee von Geschichte, mit einem "Unsterblichkeitsglauben" als "religiösem Kern". Doch sie ist (wenigstens zur Zeit) aus der Geschichte verschwunden. Die Kollektive bilden neue Utopien. Aber gleichwertig sind sie nicht. Müller sieht in ihnen keine Alternative, sie sind "Notstandsprogramme" und können sich sehr unheilvoll auswirken, z.B. "als Kern der gegenwärtigen Nationalitätenkonflikte" (JN 22). Vom Westen als Alternative ist gar nicht erst die Rede. Die Idee Kommunismus bleibt nach wie vor Müllers einzige Option.

Die Ungleichwertigkeit von Utopien und die Unverzichtbarkeit der sozialistisch-kommunistischen Utopie erklären sich wie folgt: Müller hält dem Gedanken, daß Utopien *Setzungen* sind, den anderen Gedanken entgegen, daß sie *Ableitungen* sein sollten. Sie haben hervorzugehen aus den Erfahrungen dessen, was tatsächlich geschehen ist und was kaum etwas anderes als eine Folge von Niederlagen war. Utopien, die nicht nur Setzungen zur Verdrängung der Sterblichkeit sind, bilden sich im Rückgang auf die Trümmer und die Opfer der Vergangenheit. Dem, was gescheitert ist, haftet der "messianische Index" an, der Zukunft als Erlösung fordert. Müllers Darlegungen tragen den bezeichnenden Titel "Nekrophilie ist Liebe zur Zukunft" (JN 7). Es ist eine Formulierung aus dem Text selbst:

> Man muß die Toten ausgraben, wieder und wieder, denn nur aus ihnen kann man Zukunft beziehen./ Nekrophilie ist Liebe zur Zukunft. Man muß die Anwesenheit der Toten als Dialogpartner oder Dialogstörer akzeptieren – Zukunft entsteht allein aus dem Dialog mit den Toten. (JN 31)[49]

---

[49] Müller spricht auch schon vor der Wende immer wieder von dem geschichtlichen und utopischen Bewußtsein, das sich im Blick auf die Zukunft an die Opfer und Toten der Vergangenheit bindet. Die entscheidende Anregung dafür, auch

Nach dieser Devise war im Osten, wie Müller meint, "die Legitimation durch den Antifaschismus die Legitimation durch die Toten". Ganz anders als im Westen: "Die westlichen Demokratien können sich nicht durch Tote legitimieren. Da gibt es keinen Tod – da gibt es nur Gegenwart." (JN 23)

Wenn Müller schon lange vor der Wende immer wieder von der Begründung des geschichtlichen und utopischen Denkens in den "Toten" spricht, unterläßt er es vorher wie nachher, sich die Frage zu stellen, inwieweit der Rückgang auf die Toten und die Wertungen des Scheiterns und der Nichterfüllung bereits utopiegeprägt sind. Die Vorstellungen von der Setzung und der Ableitung bilden einen (vielleicht dialektisch gemeinten) gedanklichen Zirkel.

Der Rückgang auf Vergangenes und die Annahme eines messianischen Index, der Zukunft und Erlösung fordert, wird für Müller nach der Wende um so bedeutsamer, als nur ein utopisches Denken dieser Art über die als geschichtslos betrachtete Gegenwart und ihren Abgrund hinweghelfen kann. Geschichtsdenken ist in einer Zeit ohne Geschichte nur noch als utopisches Denken möglich. Es hält als geschichtliche Vorstellung fest, was in einer Zeit ohne Bewegung keine Geschichte werden kann. Es zieht seine Reflexionen aus der *Zeit der Geschichte* zurück in die *Zeit der Utopie*. In der Zeit der Utopie, einer "messianischen" Zeit (JN 76), können Dinge als Anspruch und Erfüllung, als messianischer Index und Erlösung zusammengedacht werden, die in der Zeit der realen Geschichte auseinanderliegen und sich vielleicht nie begegnen. Der nicht gewollte, aber unvermeidliche Übergang von der Geschichte in die Utopie ist eine Art "Emigration in den Traum".

> Realität kann aufhören zu existieren, kann durch eine neue Realität ausgelöscht werden. Aber Träume kann man nicht auslöschen, sie existieren in einer anderen Zeit. Das ist keine Zeit, die man in Vergangenheit, Gegenwart und Zukunft einteilen kann. [...] *Der Kommunismus existiert in der Traumzeit, und die ist nicht abhängig von Sieg oder Niederlage.* (1991; JN 26, Herv. D. H.)

Das Ende der DDR und des sowjetischen Imperiums ist genau genommen sogar ein Rückfall hinter die Zeitwende von 1917 bzw. 1945 – eine Zeitwende, die als unumkehrbar galt und deren Bedeutung man mit der Vor-

---

terminologisch, bildet Walter Benjamin. Das bereits oben erwähnte und für Müller seit den späten 50er Jahren so bedeutsame Gleichnis vom *Engel der Geschichte* spricht von den Trümmern der Geschichte und von dem Blick rückwärts in der Bewegung vorwärts. In den weiteren Thesen Benjamins zur Geschichte findet sich auch der Gedanke vom messianischen Index und der Bedeutung der Toten als Opfer der Geschichte. Dieser Bezug Müllers zu Benjamin wird in der Forschung immer wieder als sehr wichtig betont.

stellung unterstrichen hatte, aus Vorgeschichte sei Geschichte geworden. Um aber nicht gleich von einem Rückfall in die Vorgeschichte zu sprechen und um die Möglichkeit und Erwartung auszudrücken, die Geschichte könne als Geschichte des Sozialismus eines Tages noch einmal neu ansetzen, wurde lieber gesagt, sie sei "in eine Zwischenzeit zurückgebogen" (1993; GI-3 192) worden.[50]

Was tut man in einer solchen *Zwischenzeit*? Müller überlegt folgende Lösung: Was nach dem Ende der DDR und der Sowjetmacht auf längere Zeit keine realgeschichtlichen Chancen hat, und was darüber hinaus auch in der Breite der Bevölkerung als Hoffnung geschwunden ist, muß aus dem Verkehr gezogen und für bessere Zeiten aufgehoben werden. Dieses Überdauern des geschichtlichen als utopisches Denken umschreibt Müller schon am 3. November 1989 (einen Tag vor der berühmten Kundgebung auf dem Berliner Alexanderplatz) auf kennzeichnende Weise so: Die sozialistische Utopie hat zur Zeit keine Heimstatt bei der Macht. Sie bedarf einer Abgeschiedenheit wie der eines *Mönchsordens*. Deshalb ist es notwendig, daß die *Kommunisten* von der Macht getrennt werden, so daß sie der bewahrende Orden der Utopie werden können:

> Was mich jetzt interessiert, ist die Trennung der Kommunisten von der Macht – und in diesem Zusammenhang ein bestimmter Punkt: Der einzige Mönchsorden, den es im Moment gibt, der die Utopie noch besetzt hat, sind die Terroristen; wenn es einen zweiten Mönchsorden gäbe, die Kommunisten, die den Terroristen ein Stück Utopie abnähmen und ein Stück dieses Territoriums besetzten .... (GI-3 58)

Auch die *Kunst* kann ein solcher bewahrender Orden sein. Lange Zeit hatte die linke Intelligenz (überall in der Welt) geschwärmt

> [...] von einer Hochzeit von Kunst und Politik im Namen der Utopie von einer sozial gerechteren Gesellschaft. Die Illusion ist verflogen, der Traum ist nicht ausgeträumt. Aber für Jahrzehnte wird nach dem vorläufigen Sieg des Kapitalismus [...] die Kunst der einzige Ort der Utopie sein, das *Museum*, in dem die Utopie aufgehoben wird für bessere Zeiten. (1991; GI-3 125, Herv. D. H.)

Mit dem Mönchsorden und dem Museum benennt Müller "Warteräume", er spricht auch von "Wartesälen". Die Zeit der Utopie nennt er eine "Wartezeit". Und wenn die Geschichte stagniert, spricht er gerne von einer "Warteschleife". Alle diese Ausdrücke und Bilder, ebenso wie der Aus-

---

[50] Die Formulierung wird in dem betreffenden Gespräch zwar von Müllers Gesprächspartner verwendet, aber Müller bestätigt sie: "Ich glaube schon, daß wir in einer Zwischenzeit leben." (GI-3 192).

druck der "Zwischenzeit", geben an, daß nach Müllers Auffassung Geschichte zwar stillstehen oder an ein Ende kommen kann, daß sie aber irgendwann im Sinne dessen, was das utopische Denken bewahrt, weitergehen muß. Müller gibt den Gedanken an eine letztlich unverzichtbare Bewegung der Geschichte nicht auf, auch jetzt nicht. Aber da das eine seinen Bezug zum anderen völlig verloren hat, kann Müller von der Geschichte sprechen, als ob es die Utopie nicht gäbe, und von der Utopie, als ob es die Geschichte nicht gäbe.

Das Problem eines Geschichtsdenkens, das im Scheitern der Geschichte auf sich selbst zurückgeworfen wird und nur noch als utopisches Denken fortgesetzt werden kann, spitzt sich zwar in der Krise 1989/90 zu, betrifft aber genau genommen die ganze deutsche Geschichte. Müller macht sich das klar, wenn er sehr schnell nach der Wende die Geschichte wenigstens seit den Bauernkriegen in die Frage nach dem Scheitern einbezieht und von dem schon damals beginnenden Verlust sozialistischer Substanz spricht (vgl. oben). Daß der Sozialismus gescheitert ist, heißt, daß er nie zustande gekommen ist.

> Aber ich weiß gar nicht, ob ich den Sozialismus retten will. Man muß vorsichtig mit dem Begriff umgehen. Den Sozialismus hat es nie gegeben. Das war eine Idee im Hinterkopf von Intellektuellen. Als Realität war es die Kolonisierung der eigenen Bevölkerung, war es das Stalinsche Konzept. (Dez. 1989; GI-3 73)

Wenngleich mit dem letzten Satz vor allem die Situation in der DDR gemeint ist, treffen die vorangehenden Sätze die gesamte deutsche Geschichte.

Müller kann den Umstand und das Problem, daß der Sozialismus noch nie Realität gewesen ist, auch schärfer formulieren: Im Blick auf die Zukunft etwas zu beschreiben, was es nie gegeben hat, heißt, eine "Leerstelle" zu beschreiben (Aug. 1990; GI-3 108). Wie entwickelt man utopisch, was historisch immer wieder leer geblieben ist – schließlich sind im Namen von Utopien "die schlimmsten Terrorstrukturen entstanden. [...] Deswegen würde ich lieber davon reden, daß da jetzt eine *Leerstelle* ist, ein *Vakuum*, ein weltweites." (Nov. 1990; GI-3 117f., Herv. D. H.)

Müller wagt sich mit solchen Überlegungen weit vor. Er unterzieht sich noch deutlicher als vorher einem utopischen Denken *e contrario*. Die Utopie widersteht einer Realität, in der der Sozialismus nicht gescheitert ist, nachdem er bestanden hat, sondern gescheitert ist, indem er Leerstelle geblieben ist. Anderseits bleibt die Utopie gegenüber dem, was Leerstelle ist, offen und frei. Sie könnte *die Idee Sozialismus revidieren*. Und von dieser Revision müßte es abhängen, "ob und in welchem Sinne weiterhin der Begriff Sozialismus gebraucht werden könnte." Ihn ohne weiteres beizubehalten, könnte heillose Verwirrung stiften, wenn er als beladener Begriff etwas mitschleppt, was in der Neubesinnung nur sehr teilweise noch oder vielleicht gar nicht mehr gemeint würde. "Sozialismus als Vision, aber auch als Revision und vielleicht als permanente Revision."[51]

Heiner Müller ist kein "glücklicher Sisyphos" geworden. Er blieb der Überzeugung treu, der Stein der Geschichte müsse vorankommen, auch wenn er sich nicht einmal mehr vergeblich wälzen ließ. Der "glücklose Engel" entsprach ihm mehr.

---

[51] Domdey und Herzinger sprechen mit Blick auf Müller einmal von der bei den Linken geschätzten "Ästhetik der 'Leerstelle'" – geschätzt, weil sie die sozialistische Hoffnung von der Realität distanziert und ihren Inhalt offen läßt. So kann man die Realität kritisieren und zugleich die Utopie der Kritik entziehen. Man kann "trotz der umfassenden Krise des Sozialismus das Hoffnungspotential aufrechterhalten" (Horst Domdey, Richard Herzinger: Byzanz gegen Rom. Heiner Müllers Manichäismus. In: *Literatur in der DDR. Rückblicke. Text+Kritik.* Hg. Hein Ludwig Arnold. Sonderband. München 1991. S. 246-257, hier S. 247). Das trifft auch auf Müller zu, aber erst in zweiter Instanz. Zunächst geht es um die Leerstelle, die der Sozialismus *geschichtlich hinterlassen* hat, und erst danach um die Leerstelle, die er demzufolge *utopisch bleibt*. Die geschichtliche Leerstelle *belastet* die utopische, indem sie ihr kritisch die Frage nach dem Inhalt der sozialistischen Hoffnungen und ihrer Revision auferlegt.

Norbert Otto Eke

"Kein neues Theater mit alten Stücken".
Entgrenzung der Dramaturgien in der DDR-Dramatik seit den
70er Jahren (Müller, Braun, Brasch, Trolle)

On the basis of the works of four dramatists the article tries to sketch the process of aesthetic modernisation that has characterised G.D.R. drama since the 1970s. Heiner Müller, Volker Braun, Thomas Brasch, and Lothar Trolle are representative of a whole group of authors that set out on a productive search for aesthetic possibilities beyond the worn-out concepts of realism and mimesis. The four playwrights are united by the rediscovery of the theatre as a communicative space in which reality is not simply represented but theatrically negotiated. This new approach resulted in different stages of de-dramatisation in their respective works.

I. Ausdifferenzierungsprozesse in der DDR-Literatur der siebziger Jahre: Diversifikation der Form, Re-Autonomisierung, Moderne-Rezeption:
Heiner Müller

Das Phänomen ist bekannt und in seiner allgemeinen Symptomatik wiederholt beschrieben worden:[1] einschneidende Ausdifferenzierungsprozesse prägen in den siebziger Jahren das Bild einer Literatur, die bis dahin als relativ geschlossene Erscheinung wahrgenommen werden konnte. Zweifelsohne hat das Literatursystem der DDR auch in früheren Jahren bereits an seinen Rändern Inkommensurables, Widerständiges und mit den ästhetischen Leitvorgaben nur schwer Vermittelbares hervorgebracht – das Theater Brechts vor seiner Musealisierung etwa, die Arbeiten des jungen Heiner Müller und des frühen Peter Hacks in den fünfziger Jahren, die Gegenschrift der neuen Subjektivität in den Sechzigern (unter anderem Christa Wolf und Günter de Bruyn in der Prosa, Adolf Endler, Heinz Kahlau, Karl Mickel, Günter Kunert und Braun in der Lyrik); die Randständigkeit einer bis dato kleinen Minderheit aber rückte nun gewissermaßen selbst ins Zentrum. Beflügelt von dem seit Mitte der sechziger Jahre betriebenen gesamtgesellschaftlichen Modernisierungsprozeß, scherte die in das Korsett einer vormodernen Ästhetik gepreßte Literatur auf breiter Front nun

---

[1] Stellvertretend sei hier lediglich auf die DDR-Literaturgeschichte Wolfgang Emmerichs, längst ein Standardwerk und mehrfach erweitert, verwiesen: Wolfgang Emmerich: *Kleine Literaturgeschichte der DDR*. Erweiterte Neuausgabe. 2. Aufl. Leipzig 1997 (erste Auflage Darmstadt, Neuwied 1981).

aus der Bahn der autorisierten Formensprache aus. "Lizensiert"[2] durch die vorsichtige Lockerung der kulturpolitischen Leitvorgaben durch Honecker und Hager auf dem VIII. Parteitag der SED und den ZK-Plenen von 1971 und 1972, suchte die ideologisch gegängelte Kunst in einer Entgrenzung der ästhetischen Normen Möglichkeiten der Re-Autonomisierung;[3] die (ideologisch) geschlossene Formensprache des sozialistischen Realismus verlor weithin an Boden und machte experimentellen Schreibweisen Platz, die in den fünfziger Jahren noch mit dem Anathema des Formalismus belegt und auch in den sechziger Jahren noch mißtrauisch beargwöhnt worden waren.

Seinen Niederschlag fand dies in der Diversifikation des formalen Ausdrucksspektrums und dem subversiven Spiel mit Traditionen und ästhetischen Friktionen; phantastische und spezifisch moderne Schreibweisen (Kleist und Hölderlin, Jean Paul, Rimbaud, Lautréamont und Baudelaire, die Romantik, Sturm und Drang, Vormärz, die Phasen historischer Krisen und Umbrüche) wurden in verstärktem Maße zu ästhetischen und geistigen Bezugspunkten, Diskontinuitäten traten an die Stelle von Kontinuitäten. Insbesondere dramatische Texte wurden im Zuge dieser Entwicklung, die in augenfälliger Weise begleitet wurde von einer Revision des Utopiekonzepts, dem Schwinden des Glaubens an den gesellschaftlichen und zivilisatorischen Fortschritt und an die Bedeutung des unitären "historischen" Subjekts,[4] zu "Spielbaukästen",[5] in denen die Ordnung der Fabel, Figuration und Narration, Konfliktlösung und dialogisches Spiel immer mehr an Bedeutung einbüßten (was nicht heißt, daß nicht auch weiterhin Dramen in einer eher konventionelleren Form geschrieben worden wären).

Dieser Vorgang einer "Ent-Dramatisierung" wird zunächst vor allem von Heiner Müller vorangetrieben, der in den siebziger Jahren mit seiner in Anlehnung an Wolfgang Heise erhobenen Forderung nach einem Theater,

---

[2] Wolfgang Emmerichs Formel trifft sehr genau den Umstand, daß die Kulturpolitik mit der Freigabe "moderner" Ausdrucksformen Anfangs der siebziger Jahre lediglich nachgebend auf die Aushöhlung ihrer ästhetischen Leitvorgaben reagierte (vgl. Wolfgang Emmerich: *Kleine Literaturgeschichte* [wie Anm. 1]. S. 246).

[3] Vgl. Günter Erbe: DDR-Schriftsteller und Moderne. In: *Tradition und Fortschritt in der DDR*. Hg. v. Deutschland-Archiv. Köln 1986. S. 131.

[4] Zum Verhältnis von ästhetischen Revisionen und politisch-utopischen Desillusionierungen vgl. Wolfgang Emmerich: Gleichzeitigkeit. Vormoderne, Moderne und Postmoderne in der Literatur der DDR. In: *Bestandsaufnahme Gegenwartsliteratur. Text + Kritik* Sonderband. Hg. von Heinz Ludwig Arnold, München 1988. S. 193-211, hier S. 205.

[5] Volker Braun verwendet diesen Begriff ursprünglich als Untertitel seiner Szenenfolge *Simplex Deutsch*. "Ein Spielbaukasten für Theater und Schule" lautete dieser später durch "Szenen über die Unmündigkeit" ersetzte Untertitel.

das "Instrument sozialer Fantasie"[6] ist, den Grundgedanken eines dionysisch gefärbten[7] Theaters der Metamorphosen formuliert, in dem die Momente der Destruktion und der Konstruktion dialektisch verklammert sind: "DAMIT ETWAS KOMMT MUSS ETWAS GEHEN DIE ERSTE GESTALT DER HOFFNUNG IST DIE FURCHT DIE ERSTE ERSCHEINUNG DES NEUEN DER SCHRECKEN".[8] Gegen ein Theater, das scheindialektische Lösungen der dargestellten Konflikte *an-* und die Wirklichkeit damit poetisch *über*bietet, brachte Müller zunächst eine Poetik des Schocks und der (Zer-)Störung in Stellung; sie setzte auf den (körperlichen) Schrecken als Stimulanz kreativer Negation im Sinne einer zur Praxis befreienden Widerspruchsbefähigung (Erkenntnis) und führte mit der katastrophischen Bestimmung des Neuen Brechts negative Pädagogik wieder unmittelbar an das aristotelische Katharsisverständnis der zur lustvollen Befriedigung führenden Affektreinigung heran, solcherart den antiken Tragödienbegriff mit Vorstellungsgehalten der marxistischen Geschichtsphilosophie anreichernd. "Schrecken" als Strukturmoment der marxistischen Tragödie – für Müller bedeutete dies die Konfrontation des Sozialismus mit seiner "Fehlerhaftigkeit", den "Augenblick der Wahrheit, wenn im Spiegel das Feindbild auftaucht".[9] In den siebziger Jahren hat Müller in für die Gattungsentwicklung richtungsgebender Weise sein Theater der Metamorphosen zunehmend dann im Rahmen einer dezidert dekonstruktivistischen Dramaturgie ausgeschrieben, die zwischen Bedeutung und Indifferenz breiten Raum läßt für die kreative Phantasie des Rezipienten.[10] Sinndezentrierungen, Enthierarchisierung der Textelemente, Fragmentarisierung der Szenenstruktur unter Verzicht auf Fabel, "organischen" Zusammenhang und Finalspannung, "Überschwemmungen" des Zuschauerraums mittels einer Polyphonie der Themen, Motive und Vorgänge, Simultaneität der literarischen oder theatralen Ausdrucksmittel, Ausschaltung

---

[6] Heiner Müller: Sechs Punkte zur Oper. In: Ders.: *Theater-Arbeit*. Berlin 1975 (= Texte 4). S. 117f., hier S. 117.
[7] Zur Bedeutung des Dionysosmythos für Müllers Ästhetik vgl. Horst Domdey: Mythos als Phrase oder Die Sinnausstattung des Opfers. Henker- und Opfermasken in Texten Heiner Müllers. In: Ders.: *Produktivkraft Tod. Das Drama Heiner Müllers*. Köln u.a. 1998. S. 3-15.
[8] Heiner Müller: Anmerkung [zu *Mauser*]. In: Ders.: *Mauser*. Berlin 1978 (= Texte 6). S. 68f.
[9] Heiner Müller: *Gesammelte Irrtümer 2. Interviews und Gespräche*. Hg. v. Gregor Edelmann und Renate Ziemer. Frankfurt/M. 1990. S. 55.
[10] Ich beschränke mich im folgenden auf einige wenige, skizzenhafte Überlegungen. Zu Müllers poetologischen Überlegungen vgl. weiterführend mit jeweils ausführlichen Literaturhinweisen Norbert Otto Eke: *Heiner Müller. Apokalypse und Utopie*. Paderborn u.a. 1989; ders.: *Heiner Müller*: Stuttgart 1999.

des Autors aus dem Schreibprozeß durch die Metapher, Verdichtung und Bildkomplexion sind die von Müller in den siebziger und achtziger Jahren verstärkt zum Einsatz gebrachten technischen Mittel zur Verwandlung des Theaters in eine Produktionsstätte von (utopischem) Möglichkeitsdenken.

Im Fadenkreuz der von Müller immer wieder programmatisch geforderten Entwicklung der Theaterverhältnisse durch eine avancierte Kunst ("Kein neues Theater mit alten Stücken"[11]) steht die Vorstellung von der notwendigen "Erlösung aus dem Leben in der Tiefe"[12] in einer demokratisch entwickelten, klassenlosen Gesellschaft, die die Teilung in "oben" und "unten" hinter sich gelassen hat. Sie bezeichnet von den sechziger Jahren an den Fluchtpunkt des von Müller reklamierten Bruchs mit dem Regelsystem der linearen, kausalen und diskursiv verfaßten Dramaturgie, einer Forderung, mit der er nicht nur Form und politische Tendenz im Sinne des Brecht-Lesers Benjamin zusammengeführt,[13] sondern auch das Schöne (die Kunst) unmittelbar mit ihrer utopischen Bedeutung identifiziert hat: "Kunst legitimiert sich durch Neuheit = ist parasitär, wenn mit Kategorien gegebner Ästhetik beschreibbar."[14] Dieses von Müller 1975 apodiktisch formulierte Programm einer "modernen" Kunst schließt die Kategorie des Neuen auf der einen Seite mit der sozialen Funktion des "Schönen" kurz; es setzt das Neue auf der anderen Seite mit dem Widerständigen und "Flüchtige[n]",[15] d.h. der beweglichen Ästhetik einer sich jeweils zur Kunst ihrer Zeit innovativ verhaltenden Avantgarde gleich, die in der Überschreitung von (ästhetischen) Grenzen, voreingestellten Totalitätskonzeptionen und Sinnrastern Erfahrungsräume aufschließt, um von hier aus die Gesellschaft als solche "an ihre Grenze zu bringen",[16] In seinen Dramen der späten siebziger und der achtziger Jahre verfolgt Müller diesen Anspruch in der Spur einer Erinnerungskunst, die ihre Gegenstände weniger szenisch *vorstellt* als vielmehr sprachlich-rhetorisch *verhandelt*, Vorstellungsbilder zusammenstellt und das Drama der Geschichte in eine Wirklichkeit zweiter Ordnung überführt: in die Wirklichkeit eines Kopf-

---

[11] Heiner Müller: Sechs Punkte zur Oper [wie Anm. 6]. S. 117.
[12] Heiner Müller: *"Zur Lage der Nation"*. *Heiner Müller im Interview mit Frank M. Raddatz*. Berlin 1990. S. 53.
[13] Vgl. dazu Benjamins Aufsatz "Der Autor als Produzent" in: Walter Benjamin: *Gesammelte Schriften*. Hg. von Rolf Tidemann und Hermann Schweppenhäuser. Bd. II,2. Frankfurt/M. 1980. S. 683-701.
[14] Meiner Müller: Ein Brief. In: Ders.: *Theater-Arbeit* [wie Anm. 6]. S. 124-126, hier S. 124.
[15] Heiner Müller: *Rotwelsch*. Berlin 1982. S. 97.
[16] Heiner Müller: *Gesammelte Irrtümer. Interviews und Gespräche*. Frankfurt/M. 1986. S. 59.

Raum-Theaters "aus Gehirnströmen, aus Schädelnerven",[17] in dem das Spiel sich nicht mehr zwingend aus dem Dialog (oder Monolog) von "dramatis personae" herschreibt. Das Drama wird zu einem Spiel der Wörter und Stimmen, das der entglittenen Geschichte eine erneute Gegenwart im Zitat vergangener Geschichten (Hamlet, die Französische Revolution, Medea) verschafft. Für Müller ist der Durchbruch zu einem – in letzter Konsequenz – "unsichtbaren Theater" (Goethe) ein "Schritt ins absolut Dunkle, Unbekannte", aus dem möglicherweise "neue Theaterformen entstehen oder auch eine neue Art, mit einem Theaterraum umzugehen."[18] An den Grenzen der konventionalisierten Formensprache des Theaters entsteht in dieser vielleicht produktivsten Phase von Müllers Schaffen ein bloß noch "hypothetisches" Drama des Gedankenspiels, in dem die Linearität der ästhetischen Konstruktion von Wirklichkeit und Geschichte zum Verschwinden gebracht ist. Während das traditionelle Geschichtsdrama nach wie vor ästhetischen, philosophischen oder ideologischen Re-Konstruktion von Geschichten Ausdrucksmöglichkeiten zu verschaffen sucht, arrangiert Müller in szenischen Abbreviaturen Abwesenheit: der Geschichte, des Subjekts, der Vernunft. In subjektiv strukturierten Textlandschaften, die Geschichte(n) nicht mehr repräsentieren, sondern als Gegenstand des Nach-Denkens auf die Bühne bringen, nimmt das Drama (der Geschichte) begleitend dazu die Züge einer Archäologie an. In diesem "archäologischen" Drama sind Impulse der utopischen Geschichtsphilosophien Blochs und Benjamins mit der Vorstellung von der subversiven Kraft der Kunst zum ästhetischen Modell einer zerstörerischen "ars memoria", d.h. einer aufsprengenden Gedächtniskunst, verschmolzen, deren Programm als Kryptozitat in *Die Hamletmaschine* eingelassen ist: "Lets delve in earth and blow her at the moon".[19] Gegen die Ästhetik des Vergessens, die Müller zeitweise polemisch der Postmoderne unterschob,[20] mobilisiert sie die Widerständigkeit der (Körper-)Natur als utopischen "Rest". Müller legt damit Sprengsätze in die eingerasteten politischen Vorstellungsbilder der Revolutionsgeschichte und konfrontiert das von der Aufklärung her gedachte Geschichtskonzept des Westens mit seinem Anderen: dem von der Vernunft kolonisierten Unterbewußten, dem Rausch- und dem Triebhaften als (gedachter, erhoffter) Basis für Veränderung.

---

[17] Heiner Müller: Theater ist Krise. Arbeitsgespräch vom 16. Oktober 1995. In: *Ich Wer ist das / Im Regen aus Vogelkot / Im Kalkfell. Für Heiner Müller. Arbeitsbuch.* Hg. v. Frank Hörnigk et al. Berlin 1996. S. 136-143, hier S. 141.
[18] Ebd.
[19] Heiner Müller: Die Hamletmaschine. In: Ders.: *Mauser* [wie Anm. 8]. S. 89-97, hier S. 90.
[20] Heiner Müller: *Gesammelte Irrtümer 2* [wie Anm. 9]. S. 109.

In dem 1980 uraufgeführten Stück *Der Auftrag. Erinnerung an eine Revolution*, das um die Enttäuschung revolutionärer Hoffnungen, um die Deformation von politischen Idealen, um Sinnverlust und Resignation angesichts der historisch nicht eingelösten Versprechen der Revolution kreist, befreit sich der ehemalige Sklave Sasportas nach dem Verrat des weißen bürgerlichen Intellektuellen an der Revolution aus dem hegemonialen europäischen Revolutionsdiskurs.

Mit Sasportas tritt an die Stelle des verblassenden europäischen Entwurfs "vernünftiger" Emanzipation die körperlich-konkrete Natur-Revolte der Dritten Welt. Seine visionäre Bestimmung der Revolution als Aufstand (Auferstehung) der/des Toten hält den geheimen Afrikaprojektionen der europäischen Kultur ein Reversbild entgegen (bleibt als solche selbst allerdings auch eine Projektion), das auf das Erfahrungsreservoir des Körpers (Rausch, Geschlecht, Sinnlichkeit) verweist. Gegen die anthropozentrische Wesensbestimmung der Geschichte bringt Sasportas mit der revolutionären Bestimmung der elementaren (unvernünftigen) Naturgewalt ein irrationales Modell der subjektlosen Körper-Revolte zur Sprache: die sich gegen ihre Verdinglichungen, Versklavungen und Verstümmelungen "rächende", die "zurückschlagende" Natur-Landschaft als gedachtes Prinzip der Befreiung.

Auch wenn die Funktionsbestimmung von Kunst als Gedächtnisraum und des Theaters als "Ort der Geschichtsschreibung"[21] in der Fluchtlinie der für Müllers gesamte Theaterarbeit maßgeblichen Freiheits- und Emanzipationsthematik erfolgt: Der sie begleitende theoretisch-thematische wie praktische Rückbezug auf das ästhetische Formenarsenal und die spezifische Antirationalität der Moderne stand auch in den siebziger und achtziger Jahren dem Grunde nach quer zu den Vorgaben der sozialistisch-realistischen Regelpoetik, die als solche keinen Platz ließ für den Defätismus des Irrationalen und Bösen, den das philosophische Denken spätestens seit Nietzsche dem Fortschrittsoptimismus einätzte. Allein: die gegenrationale Polemik Müllers, wie sie am Beispiel des Stückes *Der Auftrag* lediglich knapp angedeutet wurde, verstand sich zum einen als Regulativ einer dogmatisch erstarrten Aufklärung, als Medium der Kritik an der in ihrer eigenen Dialektik verfangenen rationalen Vernunft; der Rekurs auf die Antirationalität der Moderne sollte Müllers Vorstellung nach zum anderen diejenigen Realitätsausschnitte produktiv machen, die in den ideologisch ausgetrockneten dramatischen Mustern ausgespart geblieben waren, und solcherart ein Theaterverhältnis vermitteln helfen, das keine "Denk*resultate*" formuliert, sondern den "Denk*prozeß*"[22] skandiert. Das vielfach doku-

---

[21] Alexander Kluge, Heiner Müller: *"Ich schulde der Welt einen Toten"*. *Gespräche*. Hamburg 1995. S. 34.

[22] Heiner Müller: *Rotwelsch* [wie Anm. 15]. S. 147, Hervorhebung von mir.

mentierte Interesse Müllers an Artauds kathartischem Theater der dionysischen Entgrenzung, am Tanztheater Pina Bauschs und dem zeremoniellen Bildertheater Robert Wilsons findet hier seine unmittelbare Begründung. Die politisch-utopische Ernüchterung, die diesen Rückgriff auf die Moderne begleitet, ist im Falle Müllers kein Produkt erst der siebziger Jahre. Die seine späten Texte bestimmende Verfinsterung des Geschichtsbildes, die erbarmungslose Konsequenz, mit der er den Finger in diesen Stücken in die Wunde der verdrängten "Dialektik der Aufklärung" legt, wirft vielmehr bereits in den fünfziger Jahren ihre Schatten voraus als (gedachte, erahnte) Möglichkeit eines Verfehlens des Kairos der Geschichte. Überwölbt er in den frühen Texten aber noch die Kluft zwischen Utopie und Praxis mit der Idee eines – jederzeit möglichen – messianischen Augenblicks der Revitalisierung der in den Ablagerungen des Geschichtsprozesses eingeschlossenen utopischen Substanz,[23] so verlagert sich die solcherart noch *in* der Geschichte "geborgene" utopische Hoffnung in Müllers Stücken der siebziger und achtziger Jahre auf das Vorstellungsmoment des Bruchs im Kontinuum der Zeitläufte. Zugleich damit gewinnt die in den Texten der fünfziger und sechziger Jahre zunächst noch ganz traditionell als Beschleunigungsmittel des Fortschritts verstandene und gegen den aus der Zahl ihrer Opfer erwachsenden Verdacht der Sinnlosigkeit abgepufferte Revolution eine neue Bedeutung als Notbremse angesichts eines sich beschleunigenden katastrophischen Geschichtsverlaufs. Ablesbar wird diese Perspektivenverschiebung in der in Müllers Stücken auf verschiedene Weise immer wieder artikulierten Suche nach der "Lücke im Ablauf", nach dem "Andre[n] in der Wiederkehr des Gleichen", dem "Loch in der Ewigkeit", dem "vielleicht erlösende[n] FEHLER"[24] im Kontinuum der leerlaufenden Zeit. Als utopisches Referential des Ästhetischen unterliegt dieses Hoffnungsmoment der Störung und des Bruchs in Müllers Werk dabei einem strikten Bilderverbot. Müllers Theater schafft dem "ganz Anderen" keine künstliche Heimstätte, keinen Rückzugsraum, kein Exil, sondern erfindet lediglich (im Sinne Lyotards) "Anspielungen auf ein Denkbares [...], das nicht dargestellt werden kann."[25] Die Utopie bleibt ortlos, angesiedelt jenseits der Geschichte, "wie sie bisher gelaufen ist" (Benjamin); sie wird beschworen allein in Bildern einer katastrophischen Epiphanie,

---

[23] Vgl. dazu den Prosatext "Der glücklose Engel" aus Müllers frühem Versuch, Brechts *Glücksgott*-Fragment auszuschreiben.
[24] Heiner Müller: Bildbeschreibung. In: Ders.: *Shakespeare Factory 1*. Berlin 1985 (= Texte 8). S. 7-14, hier S. 13.
[25] Jean-François Lyotard: Beantwortung der Frage: Was ist postmodern? In: *Wege aus der Moderne. Schlüsseltexte der Postmoderne-Diskussion*. Hg. v. Wolfgang Welsch. Weinheim 1988. S. 193-203, hier S. 203.

wie sie im Schlußteil des 1979 in Frankfurt/Main uraufgeführten Preußenstücks *Leben Gundlings Friedrich von Preußen Lessings Schlaf Traum Schrei* provozierend gegen die Sinn generierenden Konzepte (nicht allein) der materialistischen Geschichtsphilosophie gesetzt werden – und nur aus dieser Frontstellung heraus ihrerseits "Sinn" machen: als Negation des Negativen, die aus dem, *was der Fall ist*, den Funken einer Erinnerung an das schlägt, *was der Fall sein könnte*.

STIMME (+ PROJEKTION)
STUNDE DER WEISSGLUT TOTE BÜFFEL AUS DEN CANYONS GESCHWADER VON HAIEN ZÄHNE AUS SCHWARZEM LICHT DIE ALLIGATOREN MEINE FREUNDE GRAMMATIK DER ERDBEBEN HOCHZEIT VON FEUER UND WASSER MENSCHEN AUS NEUEM FLEISCH LAUTREAMONTMALDOROR FÜRST VON ATLANTIS SOHN DER TOTEN.[26]

Die Vorstellung von der Revolution als einer rational-aufklärerischen Traditionen folgenden, teleologisch zwingenden historischen (Befreiungs-) Bewegung ist hier zum Ende eines Stücks, das vom Scheitern der evolutionären Versprechen der Vernunft erzählt, ersetzt durch das Bild eines kataklystischen Sprungs in eine andere (möglicherweise keine andere als den finalen Untergang bedeutende) Qualität. An die Stelle der zielgerichteten Bewegungsenergien der Vernunft setzt die Collage mit der Erinnerung an Lautréamonts *Chants de Maldoror* eine ungerichtete, kalte Negativität als Gegenprinzip des gescheiterten Rationalismus, auf dem die europäische Revolutionstheorie und -praxis beruht: das Irrational-Böse, das die alte Geschichte an ihr Ende bringt und so der Neuschöpfung der Welt, der Geburt der "Menschen aus neuem Fleisch" in einer zweiten kosmischen "Hochzeit von Feuer und Wasser" den Weg bahnt, der Rimbaud auf dem Weg des Verstummens in den Gesängen seines Höllentagebuchs *Une saison en enfer* nachgeträumt hat.

Das Stück selbst positioniert sich mit seinem Ende an der Grenze zum Verstummen. Zugleich mit dem angedeuteten Wechsel von Referenzen innerhalb der Sinnzentrierung der Revolution vom Kühl-Rationalen zum Kalt-Irrationalen verliert die diskursive Kunst ihre Bedeutung als "Fenster zur Zukunft". Lessing, dem Kritiker preußischer Machtpolitik, der in den Ablagerungen der Geschichte die Spuren der historischen Kämpfe um

---

[26] Heiner Müller: Leben Gundlings Friedrich von Preußen Lessings Schlaf Traum Schrei. Ein Greuelmärchen. In: Ders.: *Herzstück*. Berlin 1983 (= Texte 7). S. 9-41, hier S. 37.

Freiheit und Emanzipation freizulegen bemüht war, ist am Ende das Wort abgeschnitten:

> Auf der Bühne ein Sandhaufen, der einen Torso bedeckt. Bühnenarbeiter, die als Theaterbesucher kostümiert sind, schütten aus Eimern und Säcken Sand auf den Haufen, während gleichzeitig Kellner die Bühne mit Büsten von Dichtern und Denkern vollstellen. Lessing wühlt im Sand, gräbt eine Hand aus, einen Arm. Die Kellner, nun in Schutzhelmen, verpassen Lessing eine Lessingbüste, die Kopf und Schultern bedeckt. Lessing, auf den Knien, macht vergebliche Versuche, sich von der Büste zu befrein. Man hört aus der Bronze seinen dumpfen Schrei. Applaus von Kellnern Bühnenarbeitern (Theaterbesuchern).[27]

"Apotheose Spartakus Ein Fragment" hat Müller dieses stumme (wortlose) Spiel überschrieben, das assoziativ das Fragmentarische, Bruchstückhafte, Unabgeschlossene und Unabgegoltene (Nichterlöste) der Geschichte in drei Varianten aufgreift: im Verweis auf den 71 v. Chr. niedergeschlagenen Sklavenaufstand, auf die Fragment gebliebene "antityrannische Tragödie", die Lessing 1770 nach diesem Stoff hatte schreiben wollen, und auf die gescheiterte Novemberrevolution der Spartakisten in Deutschland.[28] Das Scheitern Lessings (der Aufklärung), in dem Müller das Stück so ausklingen läßt, ist absolut. Der Druck der kulturellen Bedingungen verweist Lessing aus der Diskursivität der (vernünftigen) Sprache. Was ihm bleibt, ist der Schrei als prä-/postdiskursiver Gebrauch der Stimme; aber auch dieses Widerstandsmoment wird im Applaus erstickt, Lessing selbst die Büste des Klassikers übergestülpt, der störende Aufklärer zum Bildungsgut entschärft. Der in der DDR-Literatur der siebziger Jahre verschiedentlich artikulierten Sehnsucht nach einer Ästhetik des Schreis bzw. einer Sprache der Qual als äußerstem Ausdruck einer authentischen Kunst, der Müller selbst noch in seinem Stück *Germania Tod in Berlin* einen Bildraum geschaffen hat,[29] sind damit deutlich wieder Grenzen gesetzt. Das "Gebrüll

---

[27] Ebd. S. 37f.
[28] Vgl. dazu im einzelnen Wolfgang Emmerich: Der Alp der Geschichte. 'Preußen' in Heiner Müllers "Leben Gundlings Friedrich von Preußen Lessings Schlaf Traum Schrei". In: *Deutsche Misere einst und jetzt. Die deutsche Misere als Thema der Gegenwartsliteratur. Das Preußensyndrom in der Literatur der DDR. Jahrbuch zur Literatur in der DDR 2.* Hg. v. Paul Gerhard Klussmann und Heinrich Mohr. Bonn 1982. S. 115-158.
[29] Vgl. dazu den Schluß der stummen Szene "Nachtstück", die den Prozeß einer fortschreitenden Selbstdemontage vorführt. Schritt für Schritt zerstört sich ein mit Plakaten, d.h. fremdbestimmten Losungen bekleideter Mensch, vielleicht eine Puppe, bei dem Versuch, sich des Vehikels des historischen Fortschritts (ein mehrfach über die Bühne fahrendes oder vom Schnürboden herabgelassenes Fahrrad) zu

des Gemarterten" bedeutet keine Störung im Ablauf des Kunstkonsums. Das heißt aber auch: die begrifflose Artikulation von Leiderfahrung, der Schrei als Dementi des "Schönen", bietet keinen Ausweg aus dem Dilemma einer zum Applaus verurteilten Kunst.

II. Volker Brauns Gegen-Schrift

Volker Braun hat 1983 in seinem Essay "Rimbaud. Ein Psalm der Aktualität" im Rückblick auf diese Diskussion das Illusionäre einer Kunst aufgezeigt, die sich im Gestus des Widerrufs erschöpft; in ihrer Wirkungslosigkeit stellt er sie dem bindungslosen "schönen" Gesang an die Seite. In Anspielung auf ein programmatisches Diktum von Müllers Schüler Stefan Schütz[30] schreibt er: "'Ein Stück, nur aus einem Schrei gebaut, das wäre ehrlich.' Das ist tierischer Laut. Gesang, ihr unfreundlich Asyl, nur ein privates Eigentum./ Dabei wissen wir doch, daß uns die Freiheit nicht auf den Versen folgt. Wir müssen, gräßliche Vernunft, Provokateure bleiben."[31]

Aus der Erfahrung heraus, steckengeblieben zu sein im "leere[n] Augenblick" der "stehenden" Zeit,[32] entwirft Braun selbst in diesem Essay im Spiegel der antibürgerlichen Ästhetik Rimbauds die Konturen einer anderen Gegen-Schrift zum ästhetischen Offizialdiskurs. Ihr Kernstück ist die Poetik eines subjektiven Realismus, von dem Braun sich die Öffnung des ästhetischen Erfahrungs- und Wahrnehmungsfeldes, zugleich damit die Aufsprengung des "Eisenwagens" von innen heraus erhoffte, in dem sich

---

bemächtigen und sich so vorwärts zu bewegen: Nach und nach reißt sich der Mensch/die Puppe die eigenen Glieder aus, blendet sich zuletzt mit Hilfe zweier "Beckett-Stacheln"; zurück auf der Bühne bleibt ein blinder und bewegungsunfähiger Torso, dem sich im Augenblick der nahezu vollständigen Selbstzerstörung ein schreiender Mund bildet – vage angedeutete Perspektive einer (wieder-)erlangten *Mündigkeit* aus der Qual und Zerstörung heraus.

[30] Stefan Schütz hatte wenige Jahre zuvor seinen programmatischen Essay "Schwierigkeiten beim Schreiben eines Stücks", der die abgrundtiefe "Trennung zwischen Kunst und Gesellschaft" konstatiert, mit dem von Braun zitierten Satz beendet: "Ein Stück, nur aus einem Schrei gebaut, das wäre ehrlich." (Stefan Schütz: Schwierigkeiten beim Schreiben eines Stücks. In: Ders.: *Stasch*. Berlin 1978. S. 115f.).

[31] Volker Braun: Rimbaud. Ein Psalm der Aktualität. In: Volker Braun: *Texte in zeitlicher Folge*. Bd. 8. Halle 1992. S. 7-42, hier S. 17. Ausführlich zu diesem Essay auch Wilfried Grauert: *Ästhetische Modernisierung bei Volker Braun. Studien zu Texten aus den achtziger Jahren*. Würzburg 1995. S. 67-91.

[32] Volker Braun: Rimbaud [wie Anm. 31]. S. 15.

der Sozialismus eingeschlossen hatte.[33] Der "Eisenwagen"[34] ist – Müllers Bild vom Panzerzug der Revolution (*Wolokolamsker Chaussee*) vergleichbar – die Bildchiffre Brauns für die Erstarrung und Verhärtung des Sozialismus, Allegorie der gepanzerten Revolution, die sich selbst zum Feind geworden ist im Kampf gegen ihre Feinde. Die Vorstellung vom Brechen des Panzers ist in Brauns Werk mit einem anderen Bild-Motiv verschmolzen: der Befreiung des Insekts aus der Larve seines Schutzpanzers. Im Horizont beider Bildvorgaben entfaltet Braun die Vorstellung der (möglichen) Befreiung der Geschichte bzw. des im Panzer des realexistierenden Sozialismus verpuppten "wahren" Sozialismus zu ihrer/seiner konkretutopischen Gestalt.[35] Ähnlich wie Müller entwirft auch Braun dieses Hoffnungsbild allein indirekt, im negatorischen Prinzip eines ganz Anderen, das "nur im Augenblick zu greifen"[36] ist, im Kairos eines geschichtlich günstigen Moments, von dem der Epilog der 1978/79 entstandenen Szenenfolge *Simplex Deutsch* außerhalb des Spiels spricht:

Alle Spieler, ihre Masken abnehmend.
IMMER DER AUGENBLICK. DIE STERNE STEHN/ GÜNSTIG ÜBER DEM FELD TRÜMMER KORN DIE MÖGLICHKEITEN DU KANNST ALLES ENTSCHEIDEN/ DANN FALLEN DIE TAGE WIEDER EIN EWIGER SCHNEE.[37]

Dem alle Konventionen sprengenden Ausbruch Rimbauds aus dem Wertehorizont seiner Zeit schreibt Braun vor diesem Hintergrund Bedeutung als Realisierungsform des Eigenen zu. Rimbaud ist die Projektionsfigur des

---

[33] Zum Verhältnis von ästhetischer und politischer Kritik vgl. auch Christine Cosentinos und Wolfgang Ertls Beobachtung zu den Bildfeldern des Sprengens und Durchbrechens in der Lyrik Brauns. Christine Cosentino, Wolfgang Ertl: *Zur Lyrik Volker Brauns*. Königstein/Ts. 1984. S. 7.
[34] Vgl. dazu den gleichnamigen Prosatext, den Braun mit den Stücken "Lenins Tod" und "T." zu einer Trilogie über die Oktoberrevolution zusammengefaßt hat. Die Metapher vom "Eisenwagen" findet sich auch im Rimbaud-Essay [wie Anm. 31], S. 26: "*Le Bateau ivre / Schiff im Land*. Sommer 1871, Charleville. – Sommer 1963, Dresden-Rochwitz. Später wurde aus dem Schiff ein *Eisenwagen*,"
[35] Wie Müller ist auch Braun damit ins Fadenkreuz einer ideologischen Kritik geraten, die überall dort Dezisionismus, Vitalismus, Antiliberalismus und Gegenaufklärung wittert, wo sich Zivilisationskritik oder die Feier eines authentischen Lebens aussprechen. Vgl. dazu Verena Kirchner/Heinz-Peter Preußer: Volker Braun. In: *KLG*. Hg. v. Heinz Ludwig Arnold. 59. Nlg. München 1998. S. 12.
[36] Volker Braun: Utopisch ist es, wahrzunehmen, was mit uns ist. In: *Positionen 4. Wortmeldungen zur DDR-Literatur*. Hg. v. Eberhard Günther und Hinnerk Einhorn. Leipzig 1988. S. 182.
[37] Volker Braun: Simplex Deutsch. Szenen über die Unmündigkeit. In: *Texte in zeitlicher Folge*. Bd. 6. Halle, Leipzig 1991. S. 93-148, hier S. 148.

Widerständigen und Inkommensurablen einer ästhetischen Moderne, die Sprengsätze an die dogmatisch verhärteten Literaturverhältnisse anlegt (die stets auch als Gesellschaftsverhältnisse zu begreifen sind). Diese utopische Kodierung der "subjektiven" (irrationalen) Revolte gewinnt als Bedeutungsträger der Differenz für Braun allerdings erst Signifikanz durch die prosaische Ausnüchterung der approbierten Poesie der Widerständigkeit. So wird die Linie einer emphatischen Identifikation mit Rimbauds ästhetischen (und zugleich sozialen) Entgrenzungen in Brauns Essay von einer Linie der Distanzierung durchkreuzt, die der möglichen Aus-Flucht ins Nur-Imaginative Grenzen setzt, insofern sie ihren vermeintlichen Gewinn an Freiheit mit dem Verlust von Wirklichkeit aufrechnet. Als Perspektive von Brauns eigenen sprachkünstlerischen Interventionen erscheint im Schnittpunkt beider Linien das Ideal einer Ästhetik des Mittelwegs zwischen Eskapismus (als mißverstandener künstlerischer Autonomie – dies dezidiert gegen die "autonome" Literatur des Prenzlauer Bergs[38]) und Ideologisierung (als Form der Indienstnahme), die beides zusammenzuführen in der Lage ist: das Subjektiv-Imaginative und das Reale, den Eigensinn und den Gemeinsinn. Diesem Ideal auf der Spur sieht Braun einen seiner Pathosformeln entblößten Realismus, der im Dienst des Utopischen "gegen die Deckgebirge der Verheißungen"[39] arbeitet und so jenseits der wohlfeilen Illusionen über den Fortschritt "den klaren und ruhigen Blick auf dieses Zeitalter"[40] ermöglicht. Mit dem nicht geerdeten Defaitismus alleiniger Opposition, der Herrschafts- und Machtkritik zur Pose einfriert und damit einer Illusionierung von anderer Seite Vorschub leistet, hat diese Haltung nichts gemein.[41] In der 1982 entstandenen Komödie *Die Übergangsgesellschaft* hat Braun seine ästhetisch-dramaturgische Konzeption im Rahmen einer Figurenrede in dieser Hinsicht präzisiert: "Übrigens, die Literatur, die nur niedermacht, und die Ideologie, die etwas vormacht, sind gleich weit von der Wahrheit entfernt. Sie haben beide das Leben nicht."[42]

---

[38] Vgl. Volker Braun: Rimbaud [wie Anm. 31]. S. 38f.
[39] Ebd. S. 25.
[40] Volker Braun: [Aus einem Gespräch mit Dieter Kranz] [zu "Großer Frieden"]. In: Volker Braun: *Texte in zeitlicher Folge*. Bd. 5. Halle, Leipzig 1990. S. 264f., hier S. 264.
[41] Vgl. dazu den Vorgang einer "Erdung" der Utopie im Schlußbild von "Simplex Deutsch", das unmißverständlich mit der Forderung an den vom Strick geschnittenen Kommunisten endet: "Aus der Traum. Du liegst im Dreck. Los lebe." (Volker Braun: Simplex Deutsch [wie Anm. 37]. S. 147).
[42] Volker Braun: Die Übergangsgesellschaft. In: *Texte in zeitlicher Folge*. Bd. 8. Halle 1992. S. 123-161, hier S. 156.

Brauns Konzeptualisierung eines ausgenüchterten subjektiven Realismus geht einher mit einem mehrschichtigen Paradigmenwechsel in der geschichtsphilosophischen Begründung seiner (Theater-)Kunst: der Ablösung eines im Säurebad der Hegelschen Vernunft-Philosophie gehärteten Providenz-Modells durch ein Kontingenz-Modell, dem der Geschichtsprozeß nicht nur als "unvollendet" und unabgeschlossen, sondern als in seinem Ausgang auch offen gilt. Vorbereitet zwar durch frühere Äußerungen Brauns etwa zum Ende des bürgerlichen Legitimationskonzepts von Theater als moralischer Instanz und zur notwendigen Erweiterung des Mimesiskonzepts ("Die Schaubühne nicht als moralische Anstalt betrachtet", 1968) oder zur Literatur als "praktische[r] Haltung zum Wirklichen"[43] ("Politik und Poesie", 1971), in dieser Zuspitzung so allerdings bis dahin in seinen theoretischen Überlegungen nicht zu finden, wächst dem Theater mit diesem Paradigmenwechsel im Laufe der siebziger und achtziger Jahre im Verständnis Brauns eine neue Funktion zu als "Spielort des Mehrwissens und Raum des widerständigen Denkens."[44] In der Konsequenz dieser Überlegungen hat auch Braun seit der Mitte der siebziger Jahre mit den Möglichkeiten einer zersprengten und segmentierten Dramaturgie experimentiert. Das Programm dieser dramaturgischen Gegenschrift ist skizziert in den Stichworten zu einer "Ästhetik des Widerstands", die Braun in den Entwürfen seiner Leipziger Vorlesung 1989 notiert hat: "in allen Künsten diese anderen Mittel, die Widersprüche auszustellen: im generellen Fragment, in der nichtlinearen vieldimensionalen Fabel, in der zersprengten Skulptur, auch in den darstellenden Künsten: statt 'Integrität' die Dichotomie von Text und Körper, Empfindung und Handlung usw."[45] In der "zersprengten Landschaft" von Alfred Hrdlickas Mahnmal gegen Faschismus und Krieg hat Braun im Medium der bildenden Kunst ein Gegenstück dieser von ihm konzipierten neuen Dramaturgie gefunden. In einer Tagebuchnotiz vom 18. Januar 1989 heißt es:

am albertinaplatz suche ich nach dem aufs pflaster gebückten juden mit der zahnbürste und sehe nur einen bronzenen klumpen am boden, fast nur ein rumpf mit altem marxgesicht, einem widerständigen erdhaufen, dreckhaufen gleich, zwischen den verstreuten mächtigen steinen. hrdlicka kann kein 'geschlossenes bild' geben, er baut eine zersprengte landschaft gegensätzlicher segmente, die selbst fragmente sind und nur partienweise zu körperlicher form behauen, ein-

---

[43] Volker Braun: Politik und Poesie. In: *Texte in zeitlicher Folge*. Bd. 4. Halle, Leipzig 1990. S. 249-267, hier S. 266.
[44] Volker Braun: Adresse an das Cottbusser Theater [zu "Iphigenie in Freiheit"]. In: *Texte in zeitlicher Folge*. Bd. 10. Halle 1993. S. 145f., hier S. 146.
[45] Volker Braun: Leipziger Vorlesung. In: *Texte in zeitlicher Folge*. Bd. 10. Halle 1993. S. 173-192, hier S. 181.

dringliche torsi gequälter/kämpfender aus dem rohen granit tretend, ein hoher block dahinter mit eingemeißelter schrift, und die bronzeskulptur als ein sinnkern von lakonischer unheimlicher sprengkraft. mir wird die ähnlichkeit seines verfahrens mit dem verfahren des stückeschreibens bewußt, dem auch die geschlossene fabel nicht taugt, das aus blöcken baut, das sich kontern und weiterführen, für einen moment womöglich klartext spricht und mit den wüsten teilen einen kern umschließt, der in äußerster gespanntheit das rätsel, das verhängnis, die lösung enthält, das medusenhaupt im schmerz der helle der zerreißenden erkenntnis. – ob aber, sage ich mir auf dem längst beruhigten platz, die verallgemeinernde struktur provoziert wie das entsetzliche abbild, hängt von der wucht und dem widerspruch ihrer szenen ab.[46]

Ein früher Anstoß zur Restrukturierung des Dramas in der Fluchtlinie dieser Überlegungen dürfte für Braun vom Theater Ariane Mnouchkines ausgegangen sein.[47] 1971 hatte er während eines Gastspiels des Berliner Ensembles in Frankreich eine Aufführung des von Ariane Mnouchkine mit dem Théâtre du Soleil inszenierten Revolutionsspektakels *1789* gesehen. Bereits im Jahr darauf meldet Braun in einem in der Zeitschrift *Weimarer Beiträge* veröffentlichten Interview mit Silvia Schlenstedt in massiver Weise Widerspruch an gegen eine Erhebung der Mimesis-Konzeption zum unhintergehbaren Dogma der Literatur- und Dramenproduktion; zugleich forderte er eine neue, geschmeidigere Dramaturgie des "Bildens" (statt "Abbildens") von Wirklichkeit:[48] "Es ist die Zeit des Findens neuer Fabeln, die *unsere* Widersprüche austragen. Mit jedem Stück muß neue Dramaturgie entwickelt werden."[49] Das ist zunächst noch weniger ästhetisch als vielmehr politisch argumentiert, zielt vor allem auf die Widerspruchsstruktur, auch wenn Braun in seinen 1973 auf dem VII. Schriftstellerkongreß der DDR vorgetragenen Thesen "Literatur und Geschichtsbewußtsein" entschieden gegen einen bürgerlichen "Humanismus mit sozialistischem Rostanstrich"[50] polemisierte, den er der Hacks'schen "postrevolutionären" Dramaturgie attestierte, und zugleich deutlich seine Sympathie für diejenigen ästhetischen Konzepte bekundete, die Geschichtsbewußtsein nicht in der Aussage, sondern vielmehr in der komplexen Struktur des Kunstwerks abbildeten. In den späten siebziger und den achtziger Jahren hat Braun

---

[46] Ebd. S. 181f.
[47] Vgl. dazu Volker Braun: Während des Spiels der Truppe der Mnouchkine. In: *Texte in zeitlicher Folge*. Bd. 3. Halle, Leipzig 1990. S. 301-303, hier S. 301.
[48] Vgl. [Interview mit Silvia Schlenstedt]. In: *Texte in zeitlicher Folge*. Bd. 4. Halle, Leipzig 1990. S. 278-295, hier S. 280f.
[49] Ebd. S. 293.
[50] Volker Braun: Literatur und Geschichtsbewußtsein. In: *Texte in zeitlicher Folge*. Bd. 4. Halle, Leipzig 1990. S. 305-314, hier S. 312.

dann in seinen Stücken die Grenzen seines Theaters zunehmend weiter in Richtung einer experimentellen Dramaturgie verschoben und die Beruhigung des Widerspruchssystems Wirklichkeit "in *einer* ästhetik"[51] zu verhindern gesucht; er hat die Fabel zerschlagen (*Schmitten*) oder in einer rückläufigen Chronologie aufgelöst (*Guevara oder der Sonnenstaat*); er hat die plastisch geformte, psychologisch schlüssige "große" Figur durch eine, wie er selbst es nennt, "synthetische, aus geschichtssegmenten, geschichtswidersprüchen" konstruierte "'gesamtfigur'"[52] ersetzt (*Simplex Deutsch*) und, wie in *Dmitri* (nach Schiller *Demetrius*-Fragment), die klassische Dramaturgie des Geschichtsdramas in eine offen fragmentarische Form übersetzt, die mit komischen, grotesken und absurden Mitteln, mit Stil- und Zeitbrüchen arbeitet. Den konsequentesten Vorstoß in eine neue, Müllers Vorstellung von einem Theater "aus Schädelnerven" nahekommenden Dramaturgie, zugleich den entschiedensten Bruch mit der sozialistisch-realistischen Poetik allerdings hat Braun erst mit dem Nachwende-Stück *Iphigenie in Freiheit* unternommen.

Das 1991 abgeschlossene Stück verlagert das theatrale Spiel zurück in den Innenraum eines imaginären Theaters. "Die Szene", so Braun in einer Anmerkung zur Druckfassung, "ist der Raum der Brust, den der Eiserne Vorhang abschließt, er öffnet sich zum Bühnenraum der Handlung, der die Körper gleißend ausstellt, bis sie das diffuse Licht ihrer stolzen Landschaft aufschluckt."[53] Erstmals wirklich konsequent zersprengt Braun das ästhetische Material zu einem Spiel der Fragmente jenseits von Fabeldramaturgie und Figurenpsychologie. An die Stelle von "dramatis personae" treten Laut-Sprecher, Stimmen in einem auf vier eigenständige Einzel-Stücke ("Spiegelzelt", "Iphigenie in Freiheit", "Geländespiel", "Antikensaal") verteilten monologischen Textgelände, das in assoziativer Weise im Mythos der taurischen Iphigenie in seiner von Euripides und Goethe gebändigten Form zentriert ist. Braun hat dabei das mythologische Material von allem Stofflichen gereinigt und so weit abstrahiert, daß Identität sich lediglich noch als hypothetische nach dem Muster einstellt: "WENN DU DER BIST, DANN MUSS ICH DIE SEIN".[54] Was bleibt – Fetzen des alten Textes (Goethe, Euripides), Fragmente der mythologischen Konstellation –,

---

[51] Volker Braun: [Arbeitsnotizen] [zu "Schmitten"]. In: *Texte in zeitlicher Folge*. Bd. 4. Halle, Leipzig 1990. S 244f., hier S. 245, Hervorhebung von mir.
[52] Volker Braun: [Arbeitsnotizen] [zu "Simplex Deutsch"]. In: *Texte in zeitlicher Folge*. Bd. 6. Halle, Leipzig 1991. S. 154f., hier S. 154.
[53] Volker Braun: Anmerkung [zu "Iphigenie in Freiheit"]. In: *Texte in zeitlicher Folge*. Bd. 10. Halle 1993. S. 144.
[54] Ebd.

ist mit Bruchstücken anderer Texte (Shakespeares *Hamlet*, *Dantons Tod* von Büchner und Brechts *Fatzer* vor allem) verschnitten.

Im Spiegel der alten Texte evoziert Braun die Situation einer Zeitenwende ("Spiegelzelt"),[55] in der wie in einem Echoraum noch einmal die handlungsauslösenden Motive der alten Rachetragödien nachklingen: das auf den Lebenden lastende Gebot der Toten, in die Geschichte einzugreifen (hier: zur Ausübung der Blutrache), den Wunsch des Beauftragten zum Ausstieg aus der Geschichte etc. Sprecher dieses Szenenteils ist das zerrissene Subjekt: Orest/Elektra; der Text der imaginäre (hypothetische) Dialog zweier Theaterfiguren, die sich im Spiegel begegnen, um noch einmal im "Raum der Brust" den alten Kampf auszufechten zwischen dem Gebot zum eingreifenden (politischen) Handeln und der Sehnsucht nach Ruhe im Ablegen der (blutigen) Tradition: "*Kampf Elektraorest. Lachen Klytämnestras.*"[56] Beide im Clinch vereinte Positionen paralysieren sich gegenseitig. Weder weist der "Traditionalismus" (Elektras?) einen Weg aus der Situation der "geblockten" Widersprüche, noch korrespondiert dem Ausstieg (Orests?) aus dem mythischen Wiederholungszwang und Verblendungszusammenhang ("Ich sehe keinen Hund, der uns länger zum Töten zwänge."[57]) der Aufbruch in die lichte Welt der "humanitas", dem Schritt aus dem Mythos, der Sprung in die Geschichte. Der Zukunftshorizont vielmehr ist abgedichtet, die großen "Erzählungen" vom Fortschritt haben sich verbraucht, der Traum einer kritisch-emanzipatorischen Intelligenz (auch der Kunst) ist ausgeträumt: "Ich seh/ Ich seh nichts. Was für Schlackehimmel// Seit wir das Wetter selber machen/ machen.// Er wirft wie eine Eisenwand das Wort// Zurück".[58]

"Iphigenie in Freiheit", die zweite Szene, formuliert diesen düsteren Befund, in dem das erste Bild endet, in der Verlängerung des titelgebenden Iphigenien-Modells in die Gegenwart. Der Assoziationsrahmen dieses Kernstücks des Dramas ist durchsichtig, seine allegorisch-parabelhaften Züge sind evident und verschiedentlich beschrieben,[59] auch kritisiert[60] wor-

---

[55] Vgl. dazu insbesondere die Eingangspassage der Szene, die Braun mit einer Anspielung auf die Wachablösung in der ersten Szene von Shakespeares *Hamlet* eröffnet.

[56] Volker Braun: Iphigenie in Freiheit. In: *Texte in zeitlicher Folge*. Bd. 10. Halle 1993. S. 125-143, hier S. 130, Hervorhebung im Original.

[57] Ebd. S. 129.

[58] Ebd. S. 131.

[59] Wilfried Grauert: *Ästhetische Modernisierung* [wie Anm. 31]. S. 173.

[60] Vgl. dazu Heinz-Peter Preußer: Troia als Emblem. Mythisierungen des Krieges bei Heiner Müller, Christa Wolf, Stefan Schütz und Volker Braun. In: *Literaten*

den: Tauris, die sprichwörtliche Küste der Barbaren, an die es Iphigenie verschlagen hat, steht für die sozialistische DDR, Thoas firmiert als "aufgeklärter" Reformer Gorbatschow, der den eingemauerten Staat freigibt; Orest und Pylades – zwei Griechen "VOM GESCHLECHT DER HÄNDLER"[61] – treten auf als Vertreter des kapitalistischen Westens, die Dianapriesterin Iphigenie als Repräsentantin der sozialistischen Intelligenz, die sich, das "Würgemahl"[62] staatlicher Gängelung selbst am Hals, in "wahnsinnige[r]/ Liebe"[63] von Thoas hat in Dienst nehmen lassen und sich dabei mit Blut befleckt hat ("Was trag ich für ein blutiges Gewand."[64]).

In Goethes Schauspiel *Iphigenie auf Tauris* ruht das am Ende mit Thoas' friedvollem Abschiedsgruß eingelöste Humanisierungsprojekt der "entrückten" Griechin unmittelbar auf einem Fortschrittskonzept auf, das sich sowohl auf die Entwicklung des Individuums als auch der Gesellschaft bezieht. Die Entwicklung und Behauptung neuer (humaner) Werte und Normen sowie deren Durchsetzung ist gebunden an die Emanzipation des Individuums und seiner Befreiung aus gesellschaftlichen Zwängen. In Brauns Bearbeitung haben dieses Zwänge wieder die Oberhand gewonnen; die Trias von Fortschritt, Humanität und Emanzipation hat einer anderen Dreifaltigkeit den Platz geräumt: Stillstand/Rückschritt, Barbarei, Entautonomisierung/Fremdbestimmung. Zwar hat der Reformer Thoas die gefangene Iphigenie in die Freiheit des Westens entlassen, die Befreite aber erfährt sich nicht als Subjekt ihrer selbst, sondern als Objekt eines fremden, kolonialisierenden Zugriffs, ihre Befreiung selbst als das Ergebnis eines Geschäfts: "Ein Menschenhandel. Oder Warenhandel/ Worum handelt es sich. Um ein Geschäft./ Mein Bruder braucht, das glaubt er, eine Schwester".[65] Iphigenies unmittelbare Erfahrung der Freiheit ist die am eigenen Leib erduldete Praxis fortgesetzter Fremdbestimmung; in Orests und Pylades' "Erziehungsprogramm" findet sie ihren zynischsten und zugleich tiefsten Ausdruck: "IN UNSRE SCHULE WIRD DIE SCHÖNE GEHN/ UND RECHNEN LERNEN// MIT DEN KNIEN, OREST."[66] Das Versöhnungskonzept des Goetheschen Dramas findet keinen Widerhall mehr in Brauns Spiel, in dem das "Neue" nicht mehr in jenem Seelenbild aufzugehen vermag, in dem Goethes Iphigenie die ferne "Heimat" (hier zu

---

und Krieg. Text + Kritik. H. 124. Hg. v. Heinz Ludwig Arnold. München 1994. S. 61-73, hier S. 70.
[61] Volker Braun: Iphigenie in Freiheit [wie Anm. 56]. S. 134.
[62] Ebd. S. 132.
[63] Ebd.
[64] Ebd.
[65] Ebd. S. 134.
[66] Ebd.

verstehen ganz im Blochschen Sinne des utopischen Endpunkts der Geschichte) zum Sehnsuchtsziel idealisiert ("Das Land der Griechen mit der Seele suchend"[67]).

Politische Unmündigkeit, die Auslöschung von Geschichtsbewußtsein durch die Totalität des Kommerzes, ökologischer Raubbau als Ausdruck eines zivilisatorischen Krieges, der an der Peripherie in heiße Kriege umschlägt (das dritte und das vierte Bild beschreiben diese Motive) – all das prägt das "eiserne Gesicht" einer Freiheit, in der das bürgerliche Autonomie- und Humanitätsideal, kurz: das utopische Konzept der Moderne auf der ganzen Linie gescheitert ist, Geschichte wieder im fahlen Licht der Barbarei erscheint. Läßt Braun die in Besitz genommene und als Beutestück im Tempel der neuen nationalen Selbsterhebung ausgestellte Iphigenie angesichts dieser Situation vorübergehend auch mit dem Gedanken der Kapitulation umgehen[68] – anders als Thoas im übrigen, der das Modell der bürgerlich-kapitalistischen Gesellschaft und damit dem alten Rollentext gemäß den Part des geläuterten Despoten und veredelten Barbaren übernimmt –, behauptet der Text mit der Hinwendung Iphigenies zu ihrer Geschichte zuletzt doch noch eine Rest-Utopie. Bevor sie aus dem Text (aus der Geschichte) verschwindet, den neuen Herren (Orest, Pylades) und ihrem Parteigänger Thoas – letzterem für eine Untergangsvision – das Feld überläßt, gibt Braun Iphigenie so Raum noch für eine Anerkennung der Widersprüche, was eben nicht mit Resignation zu verwechseln ist, wohl aber die Verabschiedung der alten Präzeptor-Rolle[69] einschließt, die die Intellektuellen immer für sich in Anspruch genommen haben: Iphigenie bekennt sich als Teil der sie umgebenden Welt, die sie in all ihrer Widersprüchlichkeit festhalten will. Mit der bestätigenden Annahme ihrer Geschichte, im Festhalten ihrer (nicht eingelösten) Träume, ihrer Enttäuschung und ihrer Schuld geht sie damit am Ende den Schritt in die Freiheit, die der Titel von Stück und Szene gleichermaßen avisiert:

HIER IST APOLDA./TAURIS./KOREA.
Und in kein Ausland flüchtet sich die Hoffnung
Die wüste Erde ist der ganze Raum.
Jetzt wird es endlich schwer. Ich weiß nichts mehr

---

[67] Johann Wolfgang Goethe: Iphigenie auf Tauris. In: *Weimarer Ausgabe*. Bd. I,10 Weimar 1889. S. 1-95, hier S. 4.
[68] Vgl. dazu Volker Braun: Iphigenie in Freiheit [wie Anm. 56]. S. 135: "Heim ins Reich./ Und was ich Thoas weigerte, pünktlich/ Gewähr ich es."
[69] Ausführlich zu dieser Thematik Wilfried Grauert: *Ästhetische Modernisierung* [wie Anm. 31]. Kap. 7: Furor melancholicus auf wüstem Planum oder Abschied von der Präzeptorrolle. Zu Volker Brauns szenischem Text "Iphigenie in Freiheit", S. 166-206, bes. S. 194ff.

Und weiß wer ich bin. Ich bin Iphigenie
Und lebe dieses unlösbare Leben
Mit meinem Leib und meiner eignen Lust.
Ich lasse euch nicht los aus meinen Sinnen
Mein Thoas mein Orest mein Pylades
Griechen Barbaren eine wüste Welt
Lust Haß Lust. Dieses Gefühl
Ganz unauflöslich schneidet mich in Stücke
Und wirbelt mich wie Köder vor die Fische
Vögel pickt mich auf, Winde zerstreut mich
O Freude, in der Welt sein
Alles schmecken Tod und Leben. Thoas
Sag mir Leb wohl. Sags wieder: Lebe wohl.[70]

Der Schlußteil des Stückes ("Antikensaal") spiegelt diese Verabschiedung der Figur aus einer nicht mehr zeitgemäßen Rolle im Bild eines heroischen Abgangs. Seinen Abschied von der Bühne der Geschichte nimmt in dieser aus einem einzigen überlangen Satz konzipierten Szene das als "Arbeiterdenkmal" in die restlos "DURCHGEARBEITETE LANDSCHAFT" hineingestellte heroische Subjekt eines katastrophischen zivilisatorischen Emanzipationsprozesses. Hatte Braun in seinen früheren Texten in der "durchgearbeiteten" Landschaft den Ausdruck einer zunehmenden Selbstbefreiung des Menschen aus den Fesseln des mythischen Naturzusammenhangs in der und durch die Arbeit begrüßt, erscheint die unterworfene Natur nun als tote Landschaft, die es "HINTER SICH"[71] hat. Ernüchtert von den Folgen seiner "heroischen" Arbeit, kastriert sich das heroische Arbeitersubjekt mit dem Instrument seiner Tätigkeit und macht Platz damit für eine andere (möglicherweise die einzig noch mögliche) Zukunft jenseits des Menschen:

[...] und der Gestrafte, auffahrend aus seiner antikischen Haltung, sticht das Blatt der Schaufel in sein nutzloses Geschlecht, die Hoden glitschen blutig auf den Zementsack, er kippt ein Grinsen im weißen Gesicht in endlosem Fall vornüber, den Flug seines Lebens memorierend bis an den schimmernden Anfang, Geburt und Tod die eine Sekunde des Schmerzes der Freiheit, die Umkehr im Urschleim, das Erstarren in der weißen Erkenntnis, und fällt wie ein Stein in den Schatten der Pinie, die verdorrt ist im Flutlicht, der vermischt ist mit dem Schatten der Frau, selber er jetzt ein Schatten, und sein Samen mischt sich mit den Atomen des Staubs, verzweifelte Hochzeit, Materie die lieben lernt im Win-

---

[70] Volker Braun: Iphigenie in Freiheit [wie Anm. 56]. S. 137.
[71] Ebd. S. 141.

ter, auferstehendes Mehl, Sprengsatz der Strukturen, Stoff für den Hunger der Welt, der in die Türen tritt, ein Kinderleib.[72]

Suspendiert wird mit diesem Abgang des heroischen Subjekts der Geschichte auch die subjektzentrierte Ästhetik klassisch-idealistischer Provenienz. Nicht zufällig erinnert der Titel der bereits 1987 geschriebenen Szene von fern an Schillers "Brief eines reisenden Dänen", der im Untertitel "Der Antikensaal zu Mannheim" heißt.[73] Vom Antiken-Ideal der deutschen Klassik aus gelesen wird einerseits die verheerende herkulische Kraft des namenlosen "Arbeiterdenkmals" in ihrem ganzen Ausmaß deutlich, der zum Schluß des Textes mit der Selbstentmächtigung der heroischen Figur ein Ende gesetzt wird. Augenfällig wird von hier aus andererseits zugleich auch die Hinfälligkeit der Idee des ganzen Menschen in der für den sozialistischen Realismus "vorbildlichen" klassischen Ästhetik, deren Ziel sich in der Veredelung bestimmt. Im enthusiasmierten Blick des reisenden "Dänen" "lebt jene goldene Zeit"[74] der (antiken, klassischen) Kunst noch; im ernüchterten Blick Brauns erscheint an ihrer Stelle nur noch Totes. Letztlich bleibt auch der heroische Abgang des herkulischen Subjekts, bleibt die Geste der Verwerfung gemessen am nüchternen Wirklichkeitsbegriff, zu dem Iphigenie vordringt, ein Anachronismus: Zitat des Erhabenen aus einer von Zeit noch nicht verlassenen Geschichte.

III. Das Zentrum verlassen: Thomas Braschs exzentrische Dramaturgie

Die subversiven Impulse der von Müller und – mit zeitlicher Verzögerung – Braun entwickelten Schreibverfahren sind auf jeweils eigenständige und eigenwillige Art von Thomas Brasch und Lothar Trolle weitergetragen worden – zwei Autoren, die mit ihren dramatischen Arbeiten in stellvertretender Weise eine Literatur repräsentieren, der mit der geschichtsphilosophischen Emphase auch das Pathos der verlorenen Illusionen weitgehend abhanden gekommen war, von der Müllers und Brauns Werke zehren.

Wie Heiner Müller, sein langjähriger Freund und Mentor, steht auch Brasch mit seinem facettenreichen Werk zwischen allen Fronten: der Ästhetik, der Gattungen, der Ideologien; ausgezeichnet mit zahlreichen Literaturpreisen (zuletzt auch wieder zögerlich umarmt in der DDR, der er

---

[72] Ebd. S. 142f.
[73] Auf diese mögliche Beziehung des Szenentitel aufmerksam gemacht hat Bernd Leistner: Laudatio auf Volker Braun. Schiller-Gedächtnispreis 1992. In: *ndl* 41 (1993). H. 481. S. 154-159, hier S. 159.
[74] Friedrich Schiller: *Sämtliche Werke*. Hg. v. Gerhard Fricke und Herbert G. Göpfert. Bd. 5: Erzählungen, Theoretische Schriften. 9. Auflage. Darmstadt 1993. S. 884.

1976, zermürbt von den Behinderungen und Verboten der Kulturpolitik den Rücken gekehrt hatte), immer wieder aber auch scharf kritisiert seiner literarisch-ästhetischen Programmatik wegen, die nicht nur jede Konzession an Spielbarkeit und Publikumsgeschmack verweigerte, sondern sich in entschiedener Weise auch quer stellte nicht zuletzt zu den politischen Frontbildungen im Kulturbetrieb der BRD, zumal Brasch noch 1987, zwei Jahre vor dem Fall der Mauer, mit einem Selbstbekenntnis zur DDR überraschte.[75]

---

[75] Vorausgegangen war diesem Bekenntnis eine scharfe Polemik des Literaturkritikers Marcel Reich-Ranicki gegen Christa Wolf und ihre Rede zur Verleihung des Kleist-Preises an Thomas Brasch. Christa Wolf, so Reich-Ranicki, habe "den von ihr gewählten Preisträger für die DDR in Anspruch" genommen und damit suggeriert, Brasch sei "im Grunde ein DDR-Bürger im Exil"; Wolf habe es unterlassen, Braschs kulturelle Ausgrenzung und politische Verfolgung in der DDR hinreichend deutlich zu machen; sie habe diese im Gegenteil verharmlost und Braschs persönlich-konkrete Erfahrung mit der Macht ins unverbindlich Ästhetische entrückt. Alles dies, so Reich-Ranicki, bezeuge den mangelnden Mut und die fehlende Charakterfestigkeit der Autorin im Umgang mit der DDR-Obrigkeit. (Marcel Reich-Ranicki: Macht Verfolgung kreativ? Polemische Anmerkungen aus aktuellem Anlaß: Christa Wolf und Thomas Brasch. In: *Frankfurter Allgemeine Zeitung*. Nr. 263 vom 12.11.1987. S. 25.) Brasch reagierte auf diese Vorhaltungen mit einer vom Suhrkamp Verlag veröffentlichten Erklärung, in der er sich nicht nur hinter Christa Wolf stellte, sondern zugleich auch sein Selbstverständnis als DDR-Bürger unterbreitete: "Kenntnisnehmend von der Denunziation Christa Wolfs durch Marcel Reich-Ranicki erkläre ich:// Ich bin nach wie vor Bürger der DDR und alle zurückliegenden Konflikte zwischen mir und verschiedenen Institutionen meines Landes waren immer Konflikte über das Wie des Sozialismus, nie über eine Alternative zu ihm. Die so oft schmerzhaften Auseinandersetzungen, an denen auch Christa Wolf teilnahm, bedürfen so wenig des Kommentars des Literaturchefs der *FAZ* wie ich dessen Schutzes bedarf. Daß ich in West-Berlin lebe, heißt nicht, daß ich mich zum Anhänger der Geldgesellschaft zurückpervertiert habe, sondern daß ich wie viele Schriftsteller aus vielen Ländern den Ort meiner Jugend für eine Zeit verlassen habe, um nicht zu stagnieren. Wie Christa Wolf bin auch ich davon überzeugt, daß eine Gesellschaft, die sich unter großen Schwierigkeiten und in ständiger Veränderung der jahrhundertealten Last der Ausbeutung entledigt, die einzige produktive Möglichkeit in sich birgt. Daß Christa Wolf mir in diesem Jahr den Kleist-Preis zusprach, ist eine große Ehre für mich. Daß der Obengenannte sie beleidigt, sollte ein Ehre für sie sein." ("Ich bin Bürger der DDR". Thomas Brasch antwortet Marcel Reich-Ranicki. In: *Süddeutsche Zeitung*. Nr. 263 vom 14./15.11. 1987. S. 15.)

"Ich stehe für niemand anders als für mich."[76] – Der Gestus der Verweigerung, mit dem Brasch sich nach seiner Übersiedlung gegen die Kategorisierungssucht des Kulturbetriebs zur Wehr zu setzen versuchte, findet seine Verlängerung in seinen Werken in einer – von Teilen der Kritik mit Mißtrauen beobachteten – Privilegierung ästhetischer Experimente vor der Adressierung politisch-korrekter Inhalte an das Publikum. Mit der Forderung nach einer Erweiterung und Revolutionierung der künstlerischen Spielräume und der diesen Anspruch an eine "zeitgemäße" Theaterästhetik begleitenden Konzeptualisierung der Kunst in der Fluchtlinie einer Schmerz-Lust, die dem Theater eine (Müllers Vorstellungen vergleichbare) Bedeutung als Wunschmaschine sichern sollte, führt Brasch das Moment des Utopischen in programmatischer Weise wieder zurück aus dem Bereich des Ideologischen in denjenigen des Ästhetischen: "Es gibt", so Brasch 1988 in einem Gespräch über seinen Film *Der Passagier*,[77] "in jeder Beschreibung etwas, das gleichzeitig der Stachel und die Aufforderung ist, die Verhältnisse zu ändern. Dieses Wachhalten von Wunschtraum oder Angsttraum ist die Aufgabe von Kunst; sie hält die Entzündung wach, zeigt die Differenz, das Defizit." Das Bekenntnis, Kunst sei "nie ein Mittel [gewesen], die Welt zu ändern, aber immer ein Versuch, sie zu überleben",[78] veröffentlicht 1977 in den "Eulenspiegel"-Notaten seiner Textsammlung *Kargo*, weist in dieser Hinsicht unmittelbar in die Mitte einer für Braschs Arbeit der siebziger und achtziger Jahre maßgeblichen Dramenästhetik, deren Grundgedanken das Gedicht 'Hamlet gegen Shakespeare' aus der 1980 erschienenen Gedichtsammlung *Der schöne 27. September* formuliert:

Das andere Wort hinter dem Wort.
Der andere Tod hinter dem Mord.
Das Unvereinbare in ein Gedicht:
Die Ordnung. Und der Riß, der sie zerbricht.[79]

Schlaglichtartig beleuchtet sind damit die Grundkoordinaten eines nichtaristotelischen Theaters der Kollisionen, das seinen Fluchtpunkt in einer

---

[76] "Ich stehe für niemand anders als für mich". Schriftsteller Thomas Brasch über seine Emigration aus der DDR. In: *Der Spiegel* 31 (1977). Nr. 1/2 vom 3.1.1977. S. 79-81, hier S. 81.
[77] Farbe und Licht am Ort der Angst. Aus einem Gespräch mit Thomas Brasch über seinen Film "Der Passagier". In: *Frankfurter Rundschau*. Nr. 104 vom 4.5.1988. S. 7.
[78] Thomas Brasch: *Kargo. 32. Versuch auf einem untergehenden Schiff aus der eigenen Haut zu kommen*. Frankfurt/M. 1977. S. 61.
[79] Thomas Brasch: *Der schöne 27. September. Gedichte*. Frankfurt/M. 1983. S. 43.

Dramaturgie der geräumten Mitte findet, die ihrerseits in der Maltechnik Hieronymus Boschs und der ästhetischen Struktur von Brechts *Fatzer*-Fragment Vorbilder hat. "Wenn ich ein Stück schreiben könnte, so wie Bosch malt", so Brasch im Gespräch mit Jochen Ziller, dem Herausgeber des 1988, zwölf Jahre nach seinem Weggang in der DDR erschienenen Auswahlbandes,

> dann, das glaub ich, das wäre dann das erste Stück, das mir hundertprozentig gefallen würde. Und ich meine jetzt auch die Dramaturgie, ich meine, diese Bilder haben merkwürdigerweise keine Mitte mehr, die haben verschiedene Entwürfe, sie sind Kommentare, die eine Figur zur anderen, sie sind Verstörungen, sie sind Sammlungen, sind Haufen, die gebaut werden, und zwar ungeordnete Haufen. Brecht schreibt mal im Tagebuch in etwa, sein Traum von einem Stück wäre ein Stück aus großen rohen Blöcken. Diese großen rohen Blöcke also verstehe ich: ein großer Stein, eine Streichholzschachtel daneben, daneben ein Brief, daneben ein Fernsehapparat. Dinge, die aus verschiedenen Stoffen sind und die verschiedene Zustände beschreiben. Nicht mehr das planvoll gemachte Theaterstück, also in dieser Weise kunstvoll gemachte, bis zur Perfektion beim OEDIPUS oder im bürgerlichen Theater bei FRÄULEIN JULIE.[80]

Vehement hat Brasch mit seinen Dramen so nicht nur der Doppelungsstrategie des "Naturalismus" (hier verstanden als ästhetische Konvention eines planen Abbild-Realismus und damit einer Kunst-Wirklichkeits-Relation, die dem Theater seine Sprengkraft nimmt), sondern auch den Konventionen der klassisch-idealistischen Ästhetik und ihren ideologisch ausgetrockneten Ableitungen im 20. Jahrhundert eine Absage erteilt; er hat gleichzeitig auf einer Kunst insistiert, die der Störung als produktivem Moment zur Eröffnung neuer oder der Wiedererschließung verschütteter Sehgewohnheiten Raum gibt: "Den Zuschauer", so Brasch, könne "man nur aus seinem Bilderschlaf wecken, wenn sich plötzlich etwas querstellt zu dem, was er eben gesehen hat. Dann fängt er an, den Blick zu schärfen, dann sieht er wieder neu."[81] Auf irritierende Weise geben Braschs dramatische Texte von hier aus dem Eigensinn gegenüber der Geschichte Raum, behaupten sie das Drama/Theater als eigenständigen Erfahrungsraum und

---

[80] Theaterstücke sind Gebrauchsgegenstände. Ein Gespräch zwischen Thomas Brasch und Jochen Ziller: In: Thomas Brasch: *Lovely Rita – Lieber Georg – Mercedes*. Hg. und mit einem Nachwort v. Jochen Ziller. Berlin/DDR 1988. S. 119-146, hier S. 143. Brasch bezieht sich an dieser Stelle auf eine Notiz Brechts aus dem Umfeld seiner Arbeit am *Fatzer*-Stück.

[81] "Sterben ist hienieden keine Kunst. Schwerer ists: das Leben baun auf Erden". Ein Gespräch mit dem Filmemacher Thomas Brasch. In: *Filmwärts*. Nr. 15/16. Marburg 1990. S. 4-11, hier S. 7.

überführen das Gefüge der diskursiven und linearen Dramaturgie in ein – idealerweise ohne Vermittlung im "Schädelnerv"[82] (bereits vor Müller verwendet Brasch diesen Terminus) der Beteiligten plaziertes – Kopf-Raum-Theater.

Mit dem 1976 durch die Austin Theatre Group in Austin/Texas uraufgeführten Stück *Der Papiertiger* findet diese – Assoziationsräume aufschließende – Dramaturgie Eingang in das Werk Braschs. *Der Papiertiger* ist nicht mehr als ein hypothetisches Drama ohne zentrierende Mitte: ohne Fabel, ohne Handlung, weitgehend auch ohne vermittelnden Dialog, das erst im Zusammenhang der amerikanischen Uraufführung die Bedeutung eines "Stücks" angenommen hat. Die dem Text vorangestellte Vorbemerkung betont den Materialcharakter einer aus heterogenen Fertigteilen – den unabhängig voneinander entstandenen Gedichtzyklen "Papiertiger" und "Kassandra", dem Bauernkriegspoem "Hahnenkopf" sowie den szenischen Texten "Sindbad" und "9.15–9.30" – montierten Textur, die dem Theater lediglich ein Zeichensystem zur Verfügung stellt für das theatrale Arrangement. Brasch verzichtet weitestgehend auf die Ausschreibung von Rollen und szenographischen Anweisungen, klärt mit der Beschreibung des Papiertigers zu Beginn des Stückes lediglich die Rahmenbedingungen des Spiels, überläßt die Aufteilung des Textes aber der Probenarbeit. An die Stelle identifizierbarer Einzelsprecher tritt (als Resonanzkörper gesellschaftlicher Erfahrungen) eine kollektive Sprecherinstanz, ein "Papiertiger", dessen Spielraum extrem begrenzt ist – dies in Entsprechung zu den auf der Textebene aus verschiedenen Blickwinkeln zur Sprache gebrachten Themen und Motiven der Einschränkung individueller Entfaltungsmöglichkeiten durch fremd- und selbstgesetzte Zwänge, des Wunsches nach Entgrenzung, des Versackens der (politischen, sozialen, individuellen) Aus- und Aufbrüche und des Verlusts historisch-utopischer Perspektiven: "DER PAPIERTIGER besteht aus 10 Personen. Er kann sich 3 Meter nach vorn, 3 Meter nach hinten und 4.50 Meter nach jeder Seite bewegen, in einer Landschaft aus Maschinenteilen, Plakaten, Fernsehapparaten, Büchern, Gipsbüsten. Mikrofonen und Tonbandgeräten."[83]

---

[82] Bereits 1978 spricht Brasch in einem Brief an den Regisseur der Uraufführung von *Lovely Rita* von seinem Traum eines Kopf-Raum-Theaters, das seinen Ort unmittelbar, d.h. ohne Vermittlung, im "Schädelnerv seiner Hersteller" finde. (Thomas Brasch: Brief an den Regisseur der Westberliner Aufführung, Niels-Peter Rudolph, 10.1.1978. In: *Spectaculum*. Bd. 28. Frankfurt/M. 1978. S. 330-331, hier S. 331.)

[83] Thomas Brasch: Der Papiertiger. In: *Spectaculum*. Bd. 26. Frankfurt/M. 1977. S. 7-30, hier S. 9.

Das hier erstmals in Braschs Werk erprobte Arrangement zersprengter Einzelteile erfährt seinen vielleicht konsequentesten Ausdruck in dem 1980 in Bochum uraufgeführten Stück *Lieber Georg*. Das "Eis-Kunst-Läufer-Drama aus dem Vorkrieg" (so der Untertitel) ist ein Spielbaukasten aus beweglichen Teilen, in dem die Kausalstrukturen der linearen Dramaturgie im wahrsten Sinne des Wortes Kopf stehen. *Lieber Georg* ist ein Stück erratisches Kopf(t)raumtheater und ein Selbstgespräch des Dichters (Heym, Brasch) in zehn Einzelszenen und zwei (in der Fassung der Uraufführung: drei) Prosamonologen, das vom Traum einer authentischen Kunst erzählt, zugleich von der Entfremdung und der egozentrischen Selbst-Hybris des Dichters als Kehrseite seiner gesellschaftlich bedingten Paralysierung. Brasch arrangiert mit diesem Stück aus Einzel-Stücken ausgehend von der Biographie des 1912 beim Eislaufen in der Havel ertrunkenen Dichters Georg Heym das historisch-biographische Sujet einer "unglücklichen" Dichterexistenz zu einer ästhetischen Ordnung eigenen Rechts. Das Spiel der autonomen Einzelteile verweigert die narrative Kohärenz der Biographie; weder fügen sich die einzelnen Spielszenen in den Rahmen eines durchlaufenden Handlungszusammenhangs noch folgt der in Szene gesetzte Spielvorgang einer analytischen Bewegung (der Durchdringung der wilhelminischen Epoche oder der Dichterpsychologie). In formaler Nähe zu den Bildschichtungsverfahren Heiner Müllers entwickelt Brasch vielmehr aus einem Fundus sprachlich codierten Materials (literarische Texte, Aufzeichnungen und Briefe Heyms) ein Stückwerk aus Bewußtseinsströmen, das die für Braschs künstlerische Arbeit in den verschiedenen Medien zentralen Themen von Identitätsbildung und Identitätszerstörung, Selbstbestimmung und Fremdbestimmung, Kunst und Leben in einer Spielanordnung bündelt, die mit der Figur des in das Netz seiner traumatischen Zwangsvorstellungen eingesperrten Künstler-Intellektuellen "Heym" kollektive Erfahrungen zur Sprache bringt: die Abwesenheit von Geschichte, die Perspektivlosigkeit einer (autoritären) Gesellschaft, die Schwäche der Kunst.

Die Revolten versacken, werden verhindert, institutionalisiert und verlieren damit ihre subversive Sprengkraft; sie werden kalkulierbar, verrechenbar und damit absorbierbar durch die Macht – das markiert die Bewegungskurven der Auf- und Ausbrüche, denen Braschs Dramen in immer neuen ästhetischen Suchbewegungen folgen. Unübersehbar ist das Subjekt in Braschs szenischen Texturen dabei Desintegrationsprozessen ausgesetzt. Braschs Drama arbeitet mit instabilen Identitäten, zerstörten Individualitäten oder zeigt scheiternde Konstitutionsprozesse des Ich, suspendiert damit den Helden im Sinne eines ganzheitlichen Menschen; die auf der Bühne Braschs agierenden Figuren entsprechen nicht mehr dem Typus des "großen" Individuums in tragischen (oder komischen) Konflikten, sie sind vielmehr "Demonstrationsobjekte",[84] die im Scheitern in und an der Geschichte ihre theatrale Funktion erfüllen. Der von Brasch immer wieder ausgeschriebene Alptraum der Einschließung, mit dem bereits der *Papiertiger*-Zyklus endet, markiert mit dem Bild des abgeschlossenen Horizonts den Erfahrungshintergrund der von hier ausgehenden dramatischen Texturen, denen mit der Dezentrierung der "dramatis personae" nicht zu ignorierende Irritationsmomente eingeschrieben sind: "Geträumt: Wir gehen alle/ endgültig auseinander und über der Stadt/ schließt sich/ ein Himmel aus Stahl."[85]

Zu den konstitutiven Bedingungen der von Brasch mit der Folge seiner zwischen 1977 und 1988 in kurzen Abständen uraufgeführten Stücke *Der Papiertiger, Lovely Rita, Lieber Georg, Mercedes, Frauen.Krieg.Lustspiel* variantenreich ausgeschriebenen experimentellen Dramaturgie zählt die Selbstreflexivität des Theaters auf seine Mittel und Möglichkeiten. Ob Brasch die gesellschaftlichen Bedingungen künstlerischer Produktion zum Fluchtpunkt der eigenen Arbeit macht wie in *Lieber Georg* (und in den Filmerzählungen *Domino* und *Der Passagier*), ob er das Spiel seiner Figuren unmittelbar als Theater-/Rollenspiel in Szene setzt, wie in *Lovely Rita* und *Frauen.Krieg.Lustspiel*, oder ob er in programmatischer Weise mit den (ästhetischen, sozialen, politischen etc.) Regeln zugleich auch die theatrale Kommunikation als solche in Frage stellt wie in *Mercedes* – stets reflektiert Brasch in der Kunstproduktion unmittelbar auf die Kunst selbst.

Nicht zuletzt in dieser Hinsicht markiert das 1978 in West-Berlin uraufgeführte Stück *Lovely Rita*, das erdachte (fiktive, gespielte) und faktische Biographie, Spiel und Wirklichkeit jeweils gegeneinander entgrenzt, eine entscheidende Wegmarkierung in der Dramatik Braschs. Rita Grabow, die nach einem Song der Beatles benannte Hauptfigur des Mitte der siebziger Jahre noch in der DDR entstandenen, nach Braschs Übersiedlung in den Westen dann grundlegend überarbeiteten Stücks, überschreibt vor dem Spiegel ihr Abbild (= ihre Identität) mit den Zeichen einer fremden Biographie (= einer neuen Rollenidentität), schafft sich gleichsam damit ein künstliches Größen-Ich in einem Konflikt, der ihren Ansprüchen genügt: "Rita", die durch den Verlust der Eltern und die eigene Vergewaltigung traumatisierte siebzehnjährige Waise, die sich in einer (historisch nicht weiter konkretisierten) Nachkriegszeit einer Gruppe krimineller Frauen anschließt; "Rita", die außerhalb der gesellschaftlichen Ordnung im Untergrund lebt und von einer Karriere beim Film träumt; "Rita", die ihren Geliebten, einen Offizier der Besatzungstruppen, erschießt, als dieser ihre

---

[84] Theaterstücke sind Gebrauchsgegenstände [wie Anm. 80]. S. 145.
[85] Thomas Brasch: Der Papiertiger [wie Anm. 83]. S. 30.

Träume für nichtig erklärt und sie zu verbürgerlichen sucht, dabei ihren Kopf durch den Verrat der anderen Frauen aus der Schlinge des Gesetzes zieht und am Ende zur Ikone der Kunstmaschine Kino, der modernen Statthalterin der Phantasie, aufsteigt. Letztlich scheitert die Rollenspielerin mit ihrem Anspruch auf Selbstbestimmung vor und gegenüber der Geschichte. Die Aufsteigerbiographie, die Rita Grabow in Szene setzt, die Geschichte einer vom Verrat, von Gewalt und Mord begleiteten Erhebung der "Kunstfigur" zum Filmstar, erstarrt am Ende in der Pose einer pathetischen Verweigerung. Die in der Übernahme der Rollen-Biographie "gespiegelte" Selbstkonstruktion der Figur markiert solcherart die Fluchtlinie einer Revolte, die zuletzt im künstlichen Arrangement der Bilder aufgeht. Beginnt Ritas Weg in der ersten Szene *vor* der Leinwand eines Kinosaals mit dem Versuch, der künstlichen Erfahrungswelt des Ästhetischen die authentische Körper-Erfahrung des Schmerzes, den ästhetischen Fremd-Texten die in der Selbstverletzung und im Schrei zum Ausdruck gebrachte Selbst-Erfahrung des Ichs entgegenzuhalten, so endet er mit der letzten Szene *auf* der Leinwand; Ritas Revolte ist zu guter Letzt Kunst geworden – die (im Wortsinn) Projektion eines radikalen (negatorischen) Entwurfs von Selbstverwirklichung; die Rollenspielerin ist als Schauspielerin in das Kunstwerk eingetreten, das nun seinerseits als Szenenmuster einer von Rita gespielten Abtreibung von der Leinwand flimmert.

Dunkel. Film: Rita steht auf der offenen Toilette. Sie führt eine Stricknadel zwischen ihre Beine.
RITA Ich bin mir selbst genug. Ich brauche keine Kopie von mir oder, noch schlimmer, eine Kopie von ihm. Ich will mir aus dem Fleisch stechen, was wachsen will und fressen von meinem Fleisch und saufen von meinem Blut. Was klopft da. Ist das mein Herz oder schon das zweite. Es regnet immer noch. Ich will allein sein.
Sticht zu. Kamera fährt auf ihr Gesicht. Sie sieht in die Kamera. Geräusch der Toilettenspülung. Film aus. Licht.[86]

Das Bild von Rita, das der Filmprojektor am Ende des Stücks an die Wand wirft, ist ein Reversbild: Es zeigt – im Kommentar des Regisseurs – die "Engelmacherin" Rita als wilden Engel in der Ambivalenz von Unschuld (Lamm, Schnee) und Bestialität (wildes Tier), Heiliger und Mörderin: "Dieses Gesicht. Jede Sekunde ihres Lebens hat es sich hineingefressen und es blühen lassen. Ein wildes Tier. Ein Lamm. Ein Schnee."[87]

---

[86] Thomas Brasch: *Lovely Rita, Rotter, Lieber Georg. Drei Stücke*, Frankfurt/M. 1989. S. 33.
[87] Ebd.

Mit dem 1988 im Rahmen der Wiener Festwochen uraufgeführten Stück *Frauen.Krieg.Lustspiel* erreicht die Linie der spielerischen Adressierung des Bühnengeschehens an das Publikum als Spiel mit Rollen und Masken seinen Gipfelpunkt. Brasch zieht mit diesem Stück gleichsam die Summe aus der von ihm in den siebziger und achtziger Jahren zunehmend grundsätzlicher entfalteten Geschichts- und Kulturkritik. In rigider Konsequenz hat er in *Frauen.Krieg.Lustspiel* Kausalität und Chronologie, Fabeldramaturgie und Personenspiel durch ein komplexes Ineinander wechselnder Rollen- und Vorstellungsspiele ersetzt: Schauspielerinnen spielen Darstellerinnen, die sich wiederum verschiedene Rollen erspielen, diese wieder aufgeben, um andere zu übernehmen; Einfühlung, theatralische Identifikation, die Apparatur des psychologischen Theaters – all dies verliert seine Bedeutung im sprunghaften Wechsel zwischen den Ebenen von Zeit und Raum ebenso wie die Vorstellung des Subjekts als eines sich selbst reflektierenden Subjekt-Objekts und mit ihm der Begriff der Geschichte, der keine Realität außerhalb des Spiels mehr zukommt. Im Zentrum des in Form eines Triptychons angeordneten Stückes selbst steht der Krieg (als metaphorisiertes Geschichtsprinzip) in seiner militärischen Engführung als nationaler Konflikt, als Krieg zwischen den Geschlechtern (am Rande auch: der Rassen und Klassen). Brasch entfaltet die urtypische Bedeutung des Kriegs dabei in erster Linie als Frauengeschichte (was er von der Rollenverteilung im gesellschaftlichen Machtspiel der patriarchalisch strukturierten Gesellschaft her begründet[88]) und erst in zweiter Linie als "Lustspiel" (was nicht unbedingt gattungstypologisch zu verstehen ist). Das Stück ist ein Spiel vielmehr um die Lust als Medium, Stimulanz und Schauplatz des "ewigen Krieges" in/der Geschichte, das einen Gedanken Baudelaires über die Verschlungenheit von Liebe und Krieg ("L'amour de la guerre et la guerre de l'amour"[89]) assoziativ weiterspinnt.

In den Seitenstücken des Triptychons ("Zeit der Spiele" – "Wut tut gut") erzählt das Stück eine und dieselbe Geschichte in zwei Varianten – dialogisch im ersten, monologisch im zweiten Fall –, ohne diese zu einem Ende zu bringen, das für sich Verbindlichkeit und Wahrheit in Anspruch nehmen könnte. Auf den ersten Blick operieren beide "Erzählungen" mit einer Fabel; diese aber wird nicht geschlossen, die Personen erhalten keine stabile Identität: 1. Die Wäscherinnen Rosa und Klara gehen an die Front, um Rosas Mann zu suchen; als sie ankommen, ist dieser bereits tot; sie werden von der Feldgendarmerie aufgegriffen und zum Dienst im Lazarett ver-

---

[88] Vgl. Theaterstücke sind Gebrauchsgegenstände [wie Anm. 80]. S. 131.
[89] Charles Baudelaire: [Notes analytiques et critiques sur *Les Liaisons Dangereuses*.] In: *Œuvres Complètes. Juvenilia. Œuvres Posthumes. Reliquiae.* Bd. 1. Paris 1939, S. 328-338, hier S. 332.

pflichtet, wo die Witwe die ihr vorgeschriebene Rolle der selbst- und geschlechtslosen Pflegerin hinter sich läßt, sich Offizieren und Soldaten, Verwundeten und Sterbenden mit all der selbstbezüglichen Lust hingibt, derer sie fähig ist, dafür von der anderen (Klara) aus moralischen Gründen denunziert und damit der Verwertung ihrer Lust im Feldbordell ausgeliefert wird; hier begegnet sie – im Bruch von Zeit und Chronologie – ihrem Mann, der vor dem Beischlaf versagt, an die Front zurückkehrt und dort erschossen wird, womit die Szene kreisförmig zum Ausgangspunkt des Spiels zurückkehrt: "Jetzt biste wieder tot endlich. Wie am Anfang."[90] (Bild 1)

2. In einer Waschküche legt sich eine der Frauen (die Darstellerin der Klara in der Rolle der Rosa) eine Rechtfertigungsstrategie zurecht, die angesichts ihrer drohenden Verhaftung und Verurteilung als Kindsmörderin ihre Unzurechnungsfähigkeit bezeugen soll, bis eine davon abweichende "Wahrheit" Konturen gewinnt und die im ersten Bild als Vorstellungsspiel entfaltete, nun erzählerisch rekapitulierte Biographie der Kriegerwitwe Rosa mit den Zügen einer ganz anderen Biographie überschreibt: Rosa besucht demnach ein Internat, für die Schulkosten kommt ihre Schwester Klara mit ihrer Arbeit in einer Wäscherei auf; da sie von ihren reichen Mitschülerinnen aufgrund ihrer Herkunft nicht anerkannt wird, will Rosa nicht mehr zurück und spielt die irrsinnige Kindsmörderin. (Bild 3). Was die Wahrheit ist und ob es eine solche überhaupt gibt, bleibt über das Ende hinaus offen. Die letzten im Drama gesprochenen Worte lauten: "jetzt mach ich die tür auf und wir werden sehen, wer hier recht hatte, du oder ich und die andern auch. wer wir sind und wann. jetzt geh ich zur tür und öffne und dann steht die wahrheit da. deine oder meine."[91]

Rosa und Klara sind gespielte Spielerinnen in einem Spiel mit biographischen Konstellationen, das den Ersten Weltkrieg lediglich als assoziativen Ausgangspunkt einer szenischen Reflexion zitiert, die ausgehend von der Brasch immer wieder beschäftigenden Frage der Subjektkonstitution und über diese Frage hinaus das Problem der Herstellung (= künstlerischen Produktion) von Wahrheitsbildern (und damit Wahrheitsgebilden) aufgreift.[92] Rosa und Klara bzw. die jeweiligen "Darstellerinnen" der Figuren

---

[90] Thomas Brasch: *Frauen.Krieg.Lustspiel*, Frankfurt/M. 1989. S. 29.
[91] Ebd. S. 64.
[92] Vgl. zu dieser Thematik auch den etwa zeitgleich mit *Frauen.Krieg.Lustspiel* gedrehten Film *Der Passagier*. Dazu im einzelnen Norbert Otto Eke: Wahrnehmung im Augen-Schein. Thomas Braschs (und Jurek Beckers) filmische Reflexion über die Kunst nach Auschwitz: "Der Passagier – Welcome to Germany". In: *Literatur und Demokratie. Festschrift für Hartmut Steinecke zum 60. Geburtstag.* Hg. v. Alo Allkemper und Norbert Otto Eke. Berlin 2000. S. 285-300.

zeichnen spielerisch spielend ein Bild vom anderen, das jeweils *ihrer* Wahrheit entspricht, dem zugleich aber auch durch das von der jeweiligen Mit- und Gegenspielerin entworfene *andere* Bild widersprochen wird. Dabei sind beide Spielfiguren als dialektische Einheit angelegt: die "reine" Klara und die "körperliche" Rosa, Kopf und Bauch, Ökonomie (der Gefühle) und Anarchie (der Triebe). Während die Kriegerwitwe Rosa im Ausleben ihrer Körper-Bedürfnisse ganz bei sich ist, ist Klara eingeschnürt in das Korsett der Regeln und Normvorstellungen. Rosas ebenso gedankenfreier wie bedingungsloser Körperlichkeit, die sie den mörderischen Schauplatz des Krieges in den Ort einer regellosen und dabei dem Leben zugewandten Lusterfüllung verwandeln läßt, zur "kleine[n] Feier mitten im großen Krieg",[93] steht die "entleiblichte" Gedankenschwere Klaras entgegen. Die verschwenderische Lust ermöglicht Rosa zumindest zeitweilig in ekstatisch-selbstvergessener Körperlichkeit eine Identität jenseits gesellschaftlicher Normierungen auszubilden, bis auch diese Revolte mit dem Verrat Klaras im Feldbordell der mechanisch geregelten Triebabfuhr der Soldaten dienstbar gemacht und indirekt damit von (Über-)Lebens- in Tötungsenergie umgewandelt wird.

Als Spiegelachse zwischen beiden Szenen fungiert eine Reflexion auf die Blindheit der Kunst, zu der Brasch dem mittlerweile seiner Sehkraft verlustig gegangenen und von Vergeßlichkeit geplagten Kuppler Pandarus aus Shakespeares *Troilus und Cressida* das Wort erteilt ("Troja Theater Tod"). Der Text des unzeitgemäßen Greises, der verloren im zeitlosen Raum der Kunst seinen Weg durch die/eine Geschichte sucht, erzählt mit Blick auf den Gegensatz der durch die Mauer getrennten Systeme am Ende des Kalten Kriegs vom Schweigen der Waffen, von der Lustlosigkeit der Krieger am Schlachten nach sieben Jahren Krieg und dem anderen Kampf, den der effeminierte Mann ("ich, Pandarus,/ Mann und doch Frau"[94]) als Ersatz auf dem Schlachtfeld der Liebe in dieser Situation entfacht hat. Als "Spielführer" in einer sich ins Unendliche durch die Jahrtausende fortpflanzenden "alten" Geschichte ("Gehts immer noch um Troja? Ich dachte, wir wären weiter."[95]) ist der von einem Souffleur geführte Pandarus Parodie des Autors. Seine Blindheit ist Ausweis der Unzeitgemäßheit einer rhetorisch leerlaufenden, d.h. der gesellschaftlichen Erfahrung verlustig gegangenen Wort-Kunst, die durch die authentische Todes-/Kriegs-Erfahrung von fünf zum Tode verurteilten, lediglich aufgrund der Überlastung der Todeskommandos vorläufig noch verschonten Soldaten "aus den Ersatzheeren" Afrikas (Metapher der auf dem afrikanischen Kontinent

---

[93] Thomas Brasch: *Frauen.Krieg.Lustspiel* [wie Anm. 90]. S. 21.
[94] Ebd. S. 33.
[95] Ebd. S. 38.

geführten europäischen Stellvertreterkriege) zum Schweigen gebracht wird, bevor auch ihnen durch den Souffleur als dem wahren Spielmeister des von Pandarus verlassenen Spiels die Kehle durch- und damit das Wort abgeschnitten wird.

IV. Autonome Textlandschaften: Lothar Trolles diegetisches Drama

Auf der Linie des von Thomas Brasch verfolgten Experiments einer exzentrischen Theaterkunst steht das diegetische Drama, das Lothar Trolle aus den Anfängen der gemeinsamen Theaterarbeit mit Brasch[96] seit den siebziger Jahren entwickelt hat. Wie Brasch bewegte sich auch Trolle als Autor anfangs im Umfeld Heiner Müllers,[97] gab sich diesem gegenüber aber um so zurückhaltender, je mehr Müllers Wohnung in den siebziger Jahren nicht nur zur Anlaufstelle für eine Generation junger kritischer Autoren, sondern auch zum Anziehungspunkt der West-Intelligenz wurde. Im übrigen habe er sich auch "nicht abhängig" machen wollen "von Müller und seinem Urteil", so Trolle im Rückblick auf diese Zeit: "ich wollte meine eigenen Sachen schreiben."[98] Immerhin aber hatte Müller bereits in den sechziger Jahren Trolles erstes großes Stück, die Farce *Papa Mama* gelesen und sogleich "fürchterliche Pläne" (Trolle) für eine Aufführung entwickelt,[99] zu der es allerdings erst 1978 in Heidelberg (ohne Beteiligung Müllers) kommen sollte: zu unverblümt hatte Trolle in diesem Stück die auch im Kleinbürger-Sozialismus der DDR weiter in Ehren gehaltene bürgerliche Familie als Schlangengrube vorgeführt, in der Mord und Totschlag (-gelüste) blühen, und mit dem Schluß des Dramas eine Parodie auf den der Dramatik in den sechziger Jahren noch abverlangten Umschlag in eine neue Qualität geliefert.[100]

In Müller vergleichbarer Weise hat Trolle die Legitimation seiner Dramenkunst in der produktiven Herausforderung des Theaters durch eine

---

[96] Brasch und Trolle haben Ende der sechziger/Anfang der siebziger Jahre gemeinsam mit Barbara Honigmann und Eva Viebeg am Projekt eines autonomen Kinder- und Jugendtheaters gearbeitet. Aus dieser Zeit stammen die gemeinsam mit Brasch entwickelten Improvisationsstücke *Das beispielhafte Leben und der Tod des Peter Göring* und *Galileo Galilei – Papst Urban VIII*.
[97] Trolle war mit Bernd Müller, dem Sohn Inge und Stiefsohn Heiner Müllers befreundet – beide arbeiteten Mitte der sechziger Jahre als Bühnenarbeiter am Deutschen Theater – und hatte so Zugang zu dem Kreis um Müller.
[98] Eher kleistisch ... Gespräch mit Lothar Trolle über Heiner Müller. In: *Ich Wer ist das / Im Regen aus Vogelkot / Im Kalkfell* [wie Anm. 17]. S. 39-42, hier S. 41.
[99] Vgl. ebd. S. 39f.
[100] Lothar Trolle: Papa Mama. In: Ders.: *Hermes in der Stadt. Stücke*. Hg. u. mit einem Nachwort v. Fritz Mierau. Berlin 1991. S. 65-84, bes. S. 83f.

innovative Formensprache gesucht ("jedes Stück muß neue Techniken fordern, sonst ist es überflüssig."[101]); mit Brasch verbindet ihn das Bekenntnis zur Form und der Unterordnung des Stofflichen unter das Ästhetische ("Das Sujet spielt keine Rolle, das Wichtige ist die Form. Das ist das Spannende, nicht was erzählt wird, sondern wie es erzählt wird."[102]); mit Braun teilt er die soziale Rückbindung des Formexperiments, das er als Voraussetzung einer lebendigen Theaterkommunikation und damit zugleich als Ausdruck eines demokratischen Theaterprinzips verstanden wissen will (was wiederum auch Müller und Brasch jeweils für sich in Anspruch genommen haben). "Für mich", so Trolle, "ist das ja auch – ein ganz blödes Wort – demokratisch. Das [!] man bei Leuten Phantasien freisetzt, das ist die Aufgabe von Texten".[103]

Von dieser Grundüberlegung aus hat Trolle – weitgehend unter Ausschluß der Öffentlichkeit und abseits der Theater, die seine szenischen Angebote über Jahre hinweg zunächst ignoriert haben – eine dissoziative Dramaturgie entwickelt, deren Fluchtpunkt Axel Schalk in einer Strategie der Diskursbrechung[104] bestimmt hat: die Ebene der mimetischen Illusion wird brüchig in seinen Texten, die Einzelszenen im Stück gewinnen autonomen Charakter, werden zugleich variierbar und variabel in ihrer Sinnkonstitution; die Sprache verselbständigt sich zunehmend gegenüber der szenischen Ordnung, tritt kaum noch als Figurenrede in Erscheinung; Dialog, Spiel und Gegenspiel verlieren ihre Funktion als Bedeutungsträger im Raum des Textes.

In der 1985 uraufgeführten Trilogie *K.s Kasperlspiele* wird die für Trolles Dramaturgie konstitutive Segmentierung der Bestandteile von Drama und Theater auf den ersten Blick im Auseinandertreten von Sprache und Sprecher evident. Ausgangspunkt dieser Folge kurzer Einakter, die der szenischen Idee von Becketts Monodrama *Krapp's Last Tape* (ein Sprecher und ein Tonband auf einer Bühne) folgen, ist die Basisstruktur von subjektiver Identität, die sich im Spiegel des Anderen bildet: das Sprechenhören und das Sich-Sprechen-Hören. Trolle überführt in den *Kasperlspielen* diese Struktur in das Modell einer isolierten, (neuen) Erfahrungszusammenhängen nicht mehr zugänglichen, selbstreferentiellen Kommunika-

---

[101] Ein Zettel, unter der Tür durchgeschoben. Ein Gespräch mit Lothar Trolle, vier Wochen vor der Uraufführung von DIE 81 MIN. DES FRÄULEIN A. (81 min lang) (ANNAS ZWEITE ERSCHAFFUNG DER WELT). In: Lothar Trolle: *Die 81 Min. des Fräulein A. (Annas zweite Erschaffung der Welt). Mit Zeichnungen von Silka Teichert und einem Gespräch mit Lothar Trolle.* Berlin 1995. S. 39-46, hier S. 46.
[102] Ebd. S. 42.
[103] Ebd. S. 40.
[104] Vgl. Axel Schalk: Lothar Trolle. In: *KLG.* 54. Nlg. München 1996. S. 2.

tion, deren Voraussetzung das Mittelstück der Trilogie explizit macht: "[...] solltest du in Zukunft dich wieder einmal einsam fühlen, dann ist es besser, du besorgst dir einen Kassettenrekorder oder ein Tonbandgerät und unterhältst dich mit dir selber".[105] Die Spielsituation ist dabei in allen drei Teilstücken der Trilogie ("Die Stimme seines Herrn", "K. erhält eine Lektion", "K. findet eine Frau") die gleiche: Die eigene Stimme ersetzt den abwesenden Anderen, das Selbstgespräch tritt an die Stelle der kommunikativen Außensituation. Die K.(asperl) genannte Figur ersetzt das Gegenüber des Gesprächs durch ein imaginäres Sprecher-Ich, das sie selbst mit verstellter Stimme auf die Bänder eines Kassettenrecorders (oder Tonbandgeräts) spricht, um sich diese dann jeweils wieder vorzuspielen. "Kommunikation" entsteht über das Besprechen und wiederholte Abhören des Bandes: ein solipsistischer Dialog mit der eigenen Stimme, in dem das monadische Ich sich nur noch in sich selbst spiegelt. Alle drei Spielanordnungen lassen dabei die Möglichkeit der Erfahrungsgewinnung für Spieler und Zuschauer offen. Die letzten Szenenanweisungen definieren das Theater so jeweils als Spielplatz möglicher Selbstverständigungen, deren Ergebnis im Text nicht mehr festgelegt ist.

Gleichzeitig mit der zunehmenden Suspendierung von Dialog, Fabel und der Exposition des Subjekts in einer Konfliktsituation werden die Texte Trolles in den achtziger Jahren auf eigentümliche Weise menschenleer. Die Befreiung der poetischen Bilder aus dem "Korsett staatlich-ideologischer Paradigmen"[106] führt Trolle in der Konsequenz vom Dialog zum Monolog und von hier aus in die entdramatisierte Statik gleichsam "erzählter" Theater-Texte. "Diegesis" (Erzählung) tritt an die Stelle von "Mimesis" (Nachahmung von Handlung), was zwar seine Wurzeln im epischen Theater hat, aber nur noch im Ansatz Gemeinsamkeiten mit der Episierung fiktionaler Vorgänge im Theater Brechts aufweist: Diegesis im gelegentlichen Wechsel mit dialogischen Passagen und Parabasen *als* Spiel, Diegesis aber auch vor allem *anstelle* des theatralen Spiels, das nur noch als hypothetisches durch den *leeren* Rahmen der Erzähltexte entworfen wird.

In dem 1992 am Deutschen Theater in Berlin uraufgeführten Stück *Hermes in der Stadt* kommt diese Tendenz am vielleicht ausgeprägtesten zur Geltung. Ausgangspunkt des aus authentischen und fiktiven (literarischen) Verbrechensgeschichten sowie ausführlichen Zitaten aus dem Bildungsschatz der deutschen Literatur montierten Stückes ist die im griechischen Götterpantheon ambivalente Identität des Gottes Hermes, der – abgesehen

---

[105] Lothar Trolle: K.'s Kasperlspiele. In: Ders.: *Hermes in der Stadt* [wie Anm. 100]. S. 93-112, hier S. 106.
[106] Axel Schalk: Lothar Trolle [wie Anm. 104]. S. 4.

von seiner Funktion als Zeus-Bote – als Schutzgott des Weissagens, der Literatur und der Künste (dies noch vor Apoll) firmiert, als Erfinder der "Schildpattleier" und Mitschöpfer von Alphabet und Tonleiter, überdies als Garant der Vertragssicherheit, des Handels und des Wegerechts, zugleich aber auch als Schirmherr der Verbrecher und Diebe. In der dunklen Seite des Gottes hat Trolle das Wesen der modernen Großstadtwelt zum mythischen Bild verdichtet: Hermes, der Dieb, der Gewaltverbrecher und Mörder ist der "Gott (in) der Stadt".

Das aus vier Teil-Stücken zusammengesetzte Szenarium gestaltet keine "dramatis personae" im eigentlichen Sinne mehr. An ihre Stelle treten entindividualisierte und austauschbare Laut-Sprecher, die anonym bleiben bzw. lediglich noch nach dem Alphabet durchgezählt werden, so wie die Verbrechen, von denen das Stück im ersten Bild ("A, B, C, usw. oder Von den Dämonen, die mit uns die Städte bewohnen") erzählt. Dieses einleitende Teil-Stück projiziert die "Dämonen" der Stadt[107] in den theatralen Raum durch die Geschichten ihrer Verbrechen; sie sind moderne Emanationen, Abspaltungen des Gottes Hermes, austauschbar selbst wie die Verbrechen, denen sie zur Sprache verhelfen: Wohnungsüberfälle, Einbruch, Raub, Betrug, Kindesentführung, Vergewaltigung und Mord. So beiläufig wie diese Verbrechen im Duktus sachlich-nüchterner Berichte *erzählt* werden, so leichtfüßig und teilnahmslos zieht der "flanierende" Gott im zweiten Bild ("Der Gott flaniert") seine Kreise, raubend, vergewaltigend und mordend, während er in seinem Kopf die Metrik des deutschen Verses nach Friedrich Georg Jüngers Verslehre rekapituliert und am Beispiel von Gedichten unter anderem Klopstocks, Hölderlins, Goethes, Schillers und Hebels über die Schönheit des Blankverses, des Alexandriners, des Hexameters und des Pentameters (in dieser Reihenfolge und in der Steigerung seiner Verbrechen) reflektiert.[108] Das Beunruhigende dieser Mördergeschichte ist weniger die Gelassenheit und geradezu Unbeteiligtheit, mit welcher der in die Gegenwart verpflanzte Gott seine Taten begeht, als vielmehr das Fehlen einer Moral bzw. eines humanen Gegenentwurfs in der und durch die Kunst. Als Gegenbilder in diesem Sinne sind die zitierten Beispiele gelungener Verstechnik untauglich geworden, werden sie doch allein in ihrer technischen Dimension, als Form-Beispiele bar jeden ethischen Gehaltes reflektiert: Die Kunst bedeutet nicht das Ende der Schrecken, gewährt keinen Vorschein auf eine humanisierte Welt, bleibt kalte Kunstfer-

---

[107] Das zum Ende der Szene in Teilen zitierte Gedicht 'Die Dämonen der Städte' von Georg Heym legt diese Deutung nahe.
[108] Die Mehrzahl der zitierten Beispiele hat Trolle direkt der Verslehre Jüngers entnommen. Vgl. Friedrich Georg Jünger: *Rhythmus und Sprache im deutschen Gedicht*. Stuttgart 1952. passim.

tigkeit (im übrigen steht sie selbst in einer unklaren Beziehung zum Verbrechen[109]). So bietet auch der burleske Witz der Erzählung aus der Kindheit des Gottes im dritten Bild ("Aus der Kindheit eines Gottes oder Auch ich war Prinz in Arkadien"), der Hermes' erstes Verbrechen, der Diebstahl der Rinder seines Halbbruders Phöbus Apollon, zugrunde liegt, keine Entlastung mehr. Vielmehr folgt diesem vorweggenommenen Satyrspiel mit dem vierten Bild ("Hermes in der Stadt [Schlechtes Blut]") – der Titel der Szene zitiert in kaum verhohlener Weise den ersten Gesang von Rimbauds *Une saison en enfer* – ein schwarzes (auswegloses) Finale, in dem der "böse" Gott sich in einem Kollektiv jugendlicher Mörder reinkarniert, die per Schockanruf ein Kind terrorisieren – und wohl auch in den Tod treiben. Diese Tat selbst wird erzählt auf der Folie des biblischen Mythos vom verhinderten Sohnes-Opfer auf dem Moria. Im Unterschied zu der Erzählung von Abraham und Isaak bewegt sich die von Trolle in Szene gesetzte Geschichte eines Mordes ungehindert auf ihr tödliches Ende zu. Kein gütiger Gott schreitet ein und ersetzt das Menschenopfer durch ein Tieropfer (und "rettet" Abraham damit eine Zukunft im Weiterleben der künftigen Generationen seiner Nachkommenschaft):

> keine Rettung gibt es mehr für den Jungen,
> der dort oben in der Wohnung schreit,
> der umsonst mit beiden Händen sich in den Mund greift,
> um den Schmerz herauszureißen aus seinem Hals,
> doch die Wände dieses Hauses stürzen nicht ein,
> und kein Erdbeben erschüttert diese Stadt,

---

[109] Bereits die von Hermes geschaffene göttliche Leier ist das Produkt eines Diebstahls. Dem Mythos zufolge hatte Hermes die Saiten der von ihm geschaffenen Leier aus den Därmen von Kühen gefertigt, die er zuvor seinem Halbbruder Apollon gestohlen hatte. Im Tausch gegen die noch lebenden Kühe händigt Hermes dem zürnenden Bruder das Instrument aus und tritt damit die "schöne" Kunst an Apoll ab. Darauf bezieht sich Trolle zu Beginn des zweiten Bildes: "Er saß in einem Auto,/ hielt ein Lenkrad in der Hand und fuhr mit dem Auto/ über eine asphaltierte Straße an einer Kiefernschonung entlang,/ kuckte, die Hände am Lenkrad, nach rechts auf die Schonung,/ an der er entlang fuhr und dachte:/ 'Oh, Sohn der Maia, oh, Enkel des Atlas,/ du hättest dir nie deine beste Erfindung,/ spanne drei Katzendärme auf gebogene Weidenruten, und dann zupfe an ihnen,/ und selbst Phöbos Apollon kullern die Tränen,/ abschwatzen lassen von Phöbos,/ dann suchtest du jetzt andere Abenteuer,/ als hier in einem Auto unterwegs zu sein/ von Abzweigung zu Abzweigung, von Ortseingangsschild zu Ortsausgangsschild!'" (Lothar Trolle: Hermes in der Stadt. In: Ders.: *Hermes in der Stadt* [wie Anm. 100]. S. 133-181, hier S. 146).

und keine Wolke oben über den Dächern tut sich auf, und keine Stimme spricht vom Himmel!"[110]

"WO AAS IST, SAMMELN SICH DIE GEIER!"[111] lautet der erste der Denksprüche, den die jugendlichen Mörder gleichsam als Menetekel an die Wände schreiben, während aus der Wohnung über ihnen das Wimmern des sterbenden Kindes dringt; der letzte besteht aus den berühmten Versen über die Rebarbarisierung des Menschen aus dem 'Lied von der Glocke', in denen Schiller seinem Entsetzen vor den Auswüchsen der Französischen Revolution Ausdruck verliehen hat: "GEFÄHRLICH IST'S DEN LEU ZU WECKEN, VERDERBLICH IST DES TIGERS ZAHN, JEDOCH DER SCHRECKLICHSTE DER SCHRECKEN, DAS IST DER MENSCH IN SEINEM WAHN!"[112] Mit diesen Sentenzen schlägt das Stück den Bogen zurück zum Anfang; sie verbinden die Vorstellung der von Dämonen beherrschten Stadt mit derjenigen des Untergangs (Aas), projizieren den Mord *von* Kindern *an* einem Kind zurück auf die Rolle des vielgestaltigen Gottes auch als Totenführer. Der "Gott der Stadt" ist der "Hermes Psychopompos", der die Toten in die Unterwelt geleitet, eine Figur des Übergangs zum Tod, zugleich damit auch des Endes der Geschichte, die kein "großes" Subjekt mehr kennt, keine "großen Erzählungen", nur noch die Banalität der alltäglichen Verbrechen.

Die Dramaturgie einer postepischen Diegesis wird weniger durchschnitten als vielmehr ergänzt durch eine zweite dramaturgische Linie im Werk Trolles, einem Hyper-Realismus, der den Umschlag aus dem nahezu ungefiltert in den theatralen Raum projizierten Alltäglichen ins Utopische sucht, indem er das unter der Oberfläche Verborgene, die Einschränkungen des Subjekts, aber auch den verborgenen Wunsch sich selbst offenbaren läßt (und nicht etwa durch eine Enthüllungsdramaturgie ans Licht holt). Sie findet ihren Ausdruck zumal in dem 1985 in Gera uraufgeführten Stück *34 Sätze über eine Frau*, in dem am Beispiel der Putzfrau Anna von den mechanischen Abläufen des Alltagslebens berichtet wird – in der Form eines quasi-objektiven Berichts, in lakonischen Sätzen, ohne Emotion. Die Bilder eines routinierten Funktionierens treiben nicht nur den sozialistischen Realismus auf die Spitze (wo er sich selbst ad absurdum führt); indem Trolle triviale Vorgänge, die alles andere als trivial sind, theatralisch rahmt, werden diese in ihrer Bedeutungsdimension überhaupt erst wieder sichtbar. So steht die künstlerische Reduktion im Dienst einer Blickerwei-

---

[110] Ebd. S. 181.
[111] Ebd.
[112] Ebd.

terung, mit der die Ordnungen des Realen transparent werden und das Theater auf neue Weise den Blick "von unten"[113] wiedergewinnt. Beide dramaturgische Linien werden zusammengeführt in dem 1995 im Auftrag des "steirischen herbstes" geschriebenen Stück *Die 81 Min. des Fräulein A. (Annas zweite Erschaffung der Welt)*, das Trolle selbst als Fortentwicklung der in *Hermes in der Stadt* entwickelten Dramaturgie hat verstanden wissen wollen.[114] Der fortlaufende, auf Sprecherangaben verzichtende Text, definiert lediglich noch einen möglichen Spiel-Raum für lauter kleine hypothetische Dramen, für Möglichkeiten der spielerischen Begegnung. Dieser Raum ist durch eine (wenn auch begründete) Vermutung vage konkretisiert als Umkleide- bzw. Aufenthaltsraum eines Supermarktes. Hypothetisch wie die Szenerie ist das sie bevölkernde Personal: die Belegschaft der "grün-/blau-/rotgekittelten Engel [...], die frühmorgens kurz vor 8 Uhr mit der Kasse unterm Arm (in der ausreichend Wechselgeld ist) an die ihnen zugewiesenen Kassen treten"[115] und zu denen das titelgebende Fräulein A. offensichtlich zu gehören scheint. Die Szenerie des Belegschaftsraums ist Spielfläche möglicher Dialoge und Monologe – sie strukturieren die erste Hälfte des Textes –, die Trolle mit immer derselben gleichklingenden Wendung einleitet ("Beschriebene Szenerie ist aber auch der Ort solch merkwürdiger Monologe, wie dem des Fräulein ..."; "Beschriebene Szenerie ist aber auch der Ort von Auftritten wie dem des Fräulein ..." usw.). Alltagsklatsch, erotische Tagträume, fiktive Melodramen, poetisch überhöhte Urlaubserinnerungen usw. sind Gegenstände dieser durch den Text eröffneten Spielszenen, in denen sich der geschlossene Raum in den gelungenen Fällen "für einige Augenblicke"[116] utopisch öffnet.

Das Stück ist im produktiven Sinne unfertig, ein Fragment – oder: Spielbaukasten; der Text liefert kein ausgearbeitetes Szenarium für die angedeuteten Möglichkeitsspiele, sondern lediglich Angebote zur Weiterentwicklung, zur Ko-Produktion. So bleibt auch die Verteilung des Textes auf ein Spielensemble, damit seine Formierung zum *Spiel*, der Probenarbeit überlassen. Trolle selbst hat die Form des Stücks als "Travestie eines Chores" verstanden wissen wollen:

> Es ging ja in den Gesprächen immer um ein Stück für sieben Frauen, das ist so ein Anhaltspunkt. Da habe ich erstmal über Chöre nachgedacht und eigentlich hatte ich immer vor, einen Chor zu schreiben. Am besten wäre vielleicht gewe-

---

[113] Vgl. dazu Ein Zettel, unter der Tür durchgeschoben [wie Anm. 101]. S. 41.
[114] Ebd. S. 45.
[115] Lothar Trolle: *Die 81 Min. des Fräulein A.* [wie Anm. 101]. S. 5.
[116] Ebd. S. 14.

sen, einen richtigen Chor zu haben, der immer durchleiert, aber das geht ja eigentlich nicht mehr. Es ist ja eigentlich auch ein Chor geworden, aber die Travestie eines Chores. Das ist doch die Situation, es gibt gar keine Chöre mehr, es gibt keine gesellschaftlichen Subjekte mehr. Es ist der zerfallene Chor.[117]

Damit bleibt offen auch, wer von den beteiligten Spielerinnen das titelgebende Fräulein A. ist, dem die Aufführung in ironischer Überbietung der Warholschen Berühmtheitsformel 81 Minuten lang zum Status einer "großen" Theater-Figur zu verhelfen verspricht.

"Natürlich stellt sich mit weiterem Fortgang der Handlung der Zuschauer unten immer öfter die Frage, wer von diesen grün-/blau-/rotgekittelten Engeln denn nun dieses Fräulein A. ist, deren 81 Minuten (ihres Arbeitstages) oben auf der Bühne zur Verhandlung stehen."[118] – Mit dieser "Feststellung" leitet Trolle den zweiten Teil seines Stückes ein, in dessen Verlauf in der Form dreier "Selbst"-Gespräche drei Vermutungen zu dieser Frage durchgespielt werden ("Ist es sie, die..."; "oder ist es sie, die ..."; "oder handelt es sich bei diesem geheimnisvollen Fräulein A. eher um sie [...], die..."). Folgt man der ersten Hypothese, wäre die "Heldin" dieses Spiels "kleiner" Leute eine Verkäuferin, die über einen vom Wind getriebenen Bogen Packpapier sinniert; im zweiten Fall eine ältere Putzfrau, die sich in der Rolle von Shakespeares König Lear spiegelt; im dritten eine Verkäuferin, die in ihren Pausen mit Kritzeleien auf Wänden und Spinden des Aufenthaltsraums den Weltuntergang beschwört. Über die menetekelhaften Inskriptionen am Schluß von *Hermes in der Stadt* hinaus erinnert diese "Figur" an die biblische Weltuntergangsgeschichte, setzt dieser aber am Ende das Hoffnungsbild der unausrottbaren Lebensfülle in der "Tiefe" entgegen: nachdem die Engel des Herrn das "Problem Fische"[119] auf dem Wege der Ausrottung erledigt haben (da die Wasserbewohner im Unterschied zu den Landbewohnern von den Ausrottungsabsichten des zürnenden Gottes nicht betroffen sind, ergibt sich hier ein eschatologisches Paradoxon, das die Engel zu beheben haben), bleiben die kleinen Meerestiere (Wasserflöhe, Seepferdchen etc.) zurück; sie sind Bildzeichen der "kleinen" Leute, denen auch die "Fräuleins" zuzurechnen sind. Mit der Vorstellung ihres Überlebens, ihrer widerständigen (Über-)Lebenskraft endet das Stück. So wird aus der "kleinen" und namenlosen Person ("Fräulein A.") im dialektischen Umschlag die "große" Figur, holt das Stück das im Titel angekündigte Drama des "Fräulein A." auf neue Weise ein – in Gestalt einer gleichzeitigen Suspendierung und "Rettung" der Tradition.

---

[117] Ein Zettel, unter der Tür durchgeschoben [wie Anm. 101]. S. 39.
[118] Lothar Trolle: Die 81 Min. des Fräulein A. [wie Anm. 101]. S. 22.
[119] Ebd. S. 32.

V. Dekonstruktion als Augen-Öffnung (Schlußnotiz)

Die diskutierten Fallbeispiele einer nicht-aristotelischen, dekonstruktivistischen und dissoziativen Dramaturgie belegen den in den achtziger Jahren sich radikalisierenden ästhetischen Modernisierungsprozeß innerhalb der DDR-Literatur. Als Gegen-Schrift zur autorisierten Rede des sozialistischen Realismus auf dem Theater schließen sie in negativem Bezug das Weiterwirken älterer Ästhetiken ein, behaupten in deren Destruktion aber die Voraussetzung der (Re-)Konstruktion eines lebendigen Theaterverhältnisses, das kreative Freiräume erschließt. "Übersetzung von Wirklichkeit"[120] (Müller), nicht deren Versetzung *ins* und damit deren (verdoppelnde) Abbildung *im* Kunstwerk ist gemeinsamer Fluchtpunkt der im einzelnen verschiedenen Dramaturgien; die Hoffnung auf die Freisetzung von Erfahrung im Spiel der Signifikanten erweist sie als Varianten eines Verfahrens der Augen-Öffnung, welches das verstellte Gelände der gesellschaftlichen Wirklichkeit wieder begehbar machen soll. Nur indem das Theater von der Wirklichkeit absehe, so Müller, könne es diese in Frage stellen und so seine politische Bedeutung verwirklichen; erst wenn der "realistische Kontext gesprengt" werde, "dann erkennt man was".[121]

Das Fließen der Formen begründet *eine* diskursive Formation innerhalb des DDR-Dramas seit den siebziger Jahren (dessen Linien aus heuristischen Gründen hier über den Fall der Mauer hinaus gezogen wurden und dem mit Thomas Brasch obendrein ein Autor zugeschlagen wurde, der das Land bereits 1976 verlassen hat), nicht die *einzige*. Literarische Prozesse verlaufen nicht linear, sondern in Form widersprüchlicher und interferierender Bewegungen; auch kann eine literarhistorische Epoche nicht allein von einem Paradigma oder der Prädominanz eines Paradigmas her beschrieben werden,[122] was sich allein schon am Beispiel der im Rahmen der DDR-Dramatik wichtigen, gleichwohl bei weitem konventionelleren (und darum hier vernachlässigten) Dramatik Christoph Heins unschwer zeigen ließe. Weit davon entfernt, *die* Dramatik der DDR seit den siebziger Jahren zu repräsentieren, verbinden sich mit den Arbeiten Müllers und Brauns, Braschs und Trolles innerhalb des breiten Spektrums der DDR-Dramatik

---

[120] Ruth Berghaus und Heiner Müller im Gespräch. In: *Sinn und Form* 41 (1989). H. 1. S. 114-131, hier S. 124.
[121] Lily Leder/Angela Kuberski: Aus Gesprächen mit dem Regieteam [von "Macbeth" 1985/86]. In: *Theaterarbeit in der DDR. 17. Macbeth von Heiner Müller nach Shakespeare.* Berlin 1991. S. 215-238, hier S. 236.
[122] Auf beides hat zu Recht Wolfgang Emmerich in seinem Aufsatz zur Gleichzeitigkeit vormoderner, moderner und postmoderner Strömungen innerhalb der DDR-Literatur hingewiesen. Vgl. Wolfgang Emmerich: Gleichzeitigkeit [wie Anm. 4]. S. 194.

gleichwohl aber wichtige dramaturgische Suchbewegungen, die das weite Feld der Dramaturgie offen gehalten haben, auch und gerade in ihrer (möglichen) Fehlerhaftigkeit. Thomas Brasch hat 1988 im Gespräch mit Jochen Ziller die Suche nach neuen ästhetischen Lösungen jenseits der verbrauchten diskursiven Dramaturgien so auch schlichtweg zur Bedingung des Dramas/Theaters erklärt, das Scheitern der auf der Bühne gezeigten Lösungsmöglichkeiten dabei ausdrücklich als utopische Notwendigkeit mit einkalkuliert. Er glaube daran, so Brasch, "daß das Theater eine Funktion hat, zumindest das Theater, wie ich es verstehe: Figuren vorzuführen, die keine Lösung vorzuschlagen haben, sondern eine Lösung suchen. Und diese eine Lösung ist untauglich, auf eine 'komische' Weise wie bei Tartüff, auf eine 'tragische' Weise wie bei Oedipus: so geht es nicht! Und die Figuren, die ich erzählen will, beziehungsweise die Endpunkte dieser Figuren sind wie Michail Romm es einmal bei *Neun Tage eines Jahres* beschrieben hat: Es ist eine große Arbeit für einen Physiker – bei ihm geht es da um einen Physiker – von hundert Lösungen eine falsche herausgefunden zu haben, es bleiben nur noch 99. Das, glaub ich, tut das Theater eher, als die einzig richtige Möglichkeit zu finden."[123]

Müller hat zeit seines Lebens an diesem Projekt einer produktiven Suche gearbeitet; Braun, Brasch und Trolle haben es – nicht in jedem Fall unbeschadet (Braun), nicht ohne Mühen (Brasch) – über den Zusammenbruch des Sozialismus hinweg fortgeschrieben.

---

[123] Theaterstücke sind Gebrauchsgegenstände [wie Anm. 81]. S. 133f.

Hans-Christian Stillmark

Der Arbeiter - die zentrale Nebengestalt der DDR-Literatur

The article shows the development of the worker as an literary figure, which played one of the important role in the ideology of the SED to reach its historical aims. The figure should be seen as a heroic sign for a powerful way to the communistic future, but in the reality of the G.D.R. this sign was found only in some rare cases. A literature, who was interested on realism, had to do a decision between an affirmative or an subversive way. So the aricle describes in examples of some authors (Claudius, Brecht, Müller, Bräunig Braun and Hilbig) the difficulities with the „Arbeiter".

Als Erstkläßler der gerade erbauten Polytechnischen Oberschulc "Juri Gagarin" – der heldenhafte Namenspatron hatte etwa ein halbes Jahr zuvor als erster Mensch die Erde umkreist – wurde mir feierlich erklärt, daß die Sowjetunion 1985 im Kommunismus ankommen werde und die DDR, als treuer Verbündeter, dies im gebührenden Abstand von einigen wenigen, vielleicht zehn Jahren, auch erreiche. An der Wandtafel des Schulhauses fragte ein rußiger Behelmter, der sein Werkzeug wie eine Waffe geschultert hatte, jeden Morgen alle Hereinkommenden, so auch mich: "Ich bin Bergmann – Wer ist mehr?" Noch nicht ganz am Ende meiner Schulzeit belehrten mich meine auf der Höhe der Zeit befindlichen Erzieher, daß die Ankunft im Kommunismus etwas länger brauche und daher eine Übergangsphase, als Sozialismus bezeichnet, eingelegt werden müsse. Während meines Studiums stellte sich heraus, daß die eingeschobene Übergangsphase nun doch sehr lang, wohl möglich länger als ein Menschenleben dauern werde – da war nichts zu machen, man sah es ja auch: Vom Gelobten Land war wenig zu erkennen, es ließ auf sich warten und zierte sich wie eine ferne, noch unbekannte Geliebte (Heiner Müller in *Der Auftrag* 1979). In den abschließenden zehn Jahren, die dem deutschen Staat der Arbeiter und Bauern beschieden waren, dämmerte dem "Hineingeborenen" (Uwe Kolbe), daß der Kommunismus scheinbar nur noch eine Sache der Propagandisten geworden sei, denn der übrige Teil der Gesellschaft hatte ihn für sich abgeschrieben und war mit den Realien, also den "übergangsbedingten" "Fehler-Mängeln-Schwächen" sozialistischer Verhältnisse zur Erlangung von Neubauwohnung, Trabbi und Datsche befaßt. "Paris kann warten" ließ sich ein mir befreundetes Paar in ihre Eheringe prägen. Freilich galt diese ironische, mit einer Spur Zynismus versehen Haltung nicht für die ganze Generation. Das Spektrum anzutreffender Einstellungen zum

Sozialismus in der DDR reichte von bedingungsloser Gefolgschaft bis zu unversöhnlicher Ablehnung und schloß alle möglichen Spielarten einander widersprechender Positionen ein. Daß dieser Jugend eine tiefsitzende Skepsis seitens der Macht spätestens seit dem Trauma des 17. Juni 1953 entgegengebracht wurde, konnte man an den jeweils aufwendig abgeforderten Willensbekundungen zur Politik von Partei und Staat ablesen. Mit Lippenbekenntnissen anläßlich von Ritualen, die sich meist vergebens um auratischen Glanz bemühten, war kein Staat zu machen. Das Konzept der Pionier- und FDJ-Treffen, das aus der Zeit des Klassenkämpfe im Kalten Krieg herrührte, ging ohne die Erfahrung von Feindschaft nicht auf. Es blieb wirkungslos, zumal man sicher war, daß die Mauern standen und die Fahnen im Winde klirrten.

Im Katalog geschichtsträchtiger Fragen war die nach der Rolle der Arbeiterklasse von besonderem Belang. Ein Grundpfeiler der Dogmatik bestand aus der Annahme der führenden Rolle der Arbeiterklasse. Arbeiter wurden weithin sichtbar auf Plakaten und Parolen als Führende ausgewiesen, ihr Bündnis mit der "revolutionären Bauernschaft" vielfach behauptet. Allerdings kam die Führungsrolle genaugenommen "ihrer" Partei zu. Die Idee, die zur materiellen Gewalt werden sollte, benötigte Transmission. Die historische Mission war nur erfüllbar mit Hilfe von Institutionen, die den Widerspruch von Schein und Sein zu überbrücken suchten. "Der Sozialismus existiert doch nur in Führungsbeispielen" – so äußerten sich jene, die in dem Gesamtunternehmen nur ein Potemkinsches Dorf erblickten. Gleichwohl hatten Wort und Bild Gewicht, was gedruckt, gesendet und öffentlich verlautbart wurde, besaß eine besondere Beglaubigung des Offiziellen. Die propagierte Einheit von Wort und Tat hatte den diskursiven Nebeneffekt, daß sie mitunter ernst genommen wurde und so wurde die Wolkenschieberei der ideologischen Arbeit als solche verkannt. Kunst und Literatur spielten demgemäß im kontrollierten Schriftgut und Bildwerk eine herausragende Rolle. Sie sollten, wie der aus der Arbeiterschaft stammende Kuba in der Berliner Zeitung 1949 forderte: "Den Menschen umkrempeln!"[1] Als Produzenten von Ideologie, die sie unter den geschilderten Umständen auch immer sind, waren sie in die Akkumulation und Zirkulation der herrschenden Ideen eingebunden und hatten sich in ihnen zu bewähren. Eine Voraussetzung für ihre erfolgreiche Arbeit war neben Talent u.a. auch guter Wille, der einem Schuldgefühl entsprang, das sich aus der deutschen Schuldenlage nach 1945 relativ leicht motivieren ließ.

---

[1] Kuba: Den Menschen umkrempeln! Berliner Zeitung vom 29. 1. 1949, Nr. 24. In: Irmfried Hiebel (Hg.): *Zur Tradition der deutschen sozialistischen Literatur. Eine Auswahl von Dokumenten 1941-1949*. Bd. 3. Berlin, Weimar 1979. S. 758-761, hier S. 758.

Der Komplex Antifaschismus, der im Laufe der Zeit immer stärker instrumentalisiert wurde, griff in die Motivationskette zur Auferstehung aus Ruinen und zum Aufbau des Sozialismus paßgerecht ein. Daß er zur Formel erstarrte und für jede nachfolgende Generation unförmiger wurde, ja auch als zwanghaftes Ritual empfunden wurde, war dem Erfolg seines anfänglichen Funktionierens geschuldet.

Für die Abbildung - und den Entwurf geschichtsträchtiger Figürlichkeit -, die den Übergang vom Gestern ins Heute und Morgen kennzeichnete, zuständig zu sein, wurden Kunst und Literatur sozial-politische Funktionen zugewiesen. Die "Bewegung des Werdens" ins Bild zu bringen, aus schuldig verstrickten Ruinenbewohnern und Überlebenden des Weltkrieges die Erbauer des neuen Deutschlands zu entwerfen, war leicht als Forderung an die Künstler zu erheben, was auch während der Geschichte der DDR beständig an allen Transmissonsakten, in denen Partei und Kunst zusammentrafen, geschah. Es fehlte auch nicht, wie ein Blick auf die Grußadressen an die Partei anläßlich von Verbandstagungen und Kongressen der Schriftsteller, Bildenden Künstler, Theaterschaffenden usw. zeigte, an Bekenntnissen zu den Forderungen der Partei. Die Umsetzung dieser Forderung erwies sich als ungleich schwieriger und besaß eine eigene Geschichte. "Wirkungsästhetische Analysen" nannte Dieter Schlenstedt seinen Befund, der diese Geschichte mit dem Arbeitsbegriff der "Vorgangsfigur" nachzeichnete, wobei er diese folgendermaßen beschrieb:

> An den literarischen Darstellungen – wie sie durch den Text der Werke vermittelt sind als besondere Gefüge von Personen, mit den ihnen eigenen Beziehungen, Entwicklungen, und Aktionen, als besondere Zusammenhänge von Milieus, Situationen und Geschehnissen – lassen sich auf abstrakterem Niveau allgemeine, d.h. auch in anderen Werken wiederkehrende prozessuale Gestalten erkennen. [...] Es handelt sich dabei um solche Strukturierungen von Darstellungswelten, die auch eine ihnen typische zugehörige stoffliche und thematische Orientierung aufweisen. Die Eigenart des Bezugs der Gestalten auf die Materialien, Verhältnisse und Prozesse eines Ausschnitts aus der sozialen Welt und auf im realen Leben auftretende Probleme sowie die Eigenart der thematischen Prägungen der Figuren, die – gemäß gewonnenen Einsichten, aufgespürten Wichtigkeiten – Wesentliches und Bedeutsames ausstellen, erlebbar machen, die so auch auf bestimmte Wirkung angelegt sind, wollen wir in den Begriff 'Vorgangsfigur' einschließen. In dieser Art von Gestalten liegt eine komplexe Form der Organisation untheoretischer Erfahrung vor.[2]

Stoff, Thema und Wirkung literarischer Gestalten wurden hier aufeinander bezogen und in einem kohärenten Verhältnis beobachtet. Aus Schlenstedts

---

[2] Dieter Schlenstedt: *Wirkungsästhetische Analysen. Poetologie und Prosa in der neueren DDR-Literatur.* Berlin 1979. S. 150.

Sicht ergaben sich dadurch mehrere, spezifische Modelle von "Vorgangsfiguren", die er in ihrer Wandlung als "Einordnung in die Welt sozialistischer Praxis", "Kampf um Produktivitätserweiterung", "Herausfall aus der Welt der Gewöhnungen" und "Befragung eigener Geschichte" kennzeichnete und die er gleichwohl trotz der Strukturgleichheit im jeweiligen Werk in besonderer Weise ausgeprägt vorfand.[3]

Im Mittelpunkt der ersten Vorgangsfigur, die ihre Ausprägung in den Aufbaujahren erhielt und sich bis in die 60er Jahre erstreckte, stand häufig eine Arbeiter-Figur. Sie hatte den Schritt vom "Ich zum Wir" zu absolvieren, vom vereinzelten Irrenden, der erkennen mußte, daß er aus einer Gemeinschaft kam, die Schuld auf sich geladen hatte, die ihn zum Mittäter an Verbrechen beteiligt hatte, von denen er zumindest wußte, die er aber nicht verhindert hatte. Sein schweigendes, passives Dulden wog die moralische Ablehnung der Untaten nicht auf, für den Eintritt in eine neue, andere, im Aufbau befindliche Gemeinschaft, die seine besondere Anstrengung in der Produktion benötigte, war diese Gestalt nur schwer zu begeistern. Einsicht zu gewinnen in eigene Schuld, Lähmung zu überwinden und doch wieder sich einspannen zu lassen, dies alles "besser" machen zu wollen, erwies sich als schwierig und war einem heroischen Verhalten fast gleichzusetzen. Als solchermaßen begünstigende Umstände stellte sich eine aufkeimende Liebe oder der Rat eines erfahrenen Gefährten, mit dem man Seit' an Seit' zusammenarbeitete, als vorteilhaft heraus.

Eine der folgenreichsten Gestaltungen dieses Prozesses stellte Eduard Claudius Roman *Menschen an unserer Seite* aus dem Jahre 1951 dar, ein Werk, das in seiner Zeit den Forderungen entsprach, die die Partei an die Literatur stellte. Claudius schilderte, indem er auf den Stoff des Aktivisten Hans Garbe im Siemens-Plania-Werk zurückgriff, wie ein Arbeiter sich mit seinen spezifischen Mitteln der Überbietung der Leistungsnorm durch Veränderung der Produktionsabläufe aktiv in das Aufbauwerk einbringt und zum beispielhaften Befürworter des Neuen wird. Allerdings entspricht der Romanheld Hans Aehre keineswegs dem klassenbewußten, aus Einsicht in die geschichtliche Notwendigkeit handelnden Menschen. Traumatische Kindheitserinnerungen an einen gewalttätigen Gutsbesitzer, der seine einzige Bezugsperson, den Großvater, mit der Reitpeitsche schlug, prägen den Helden. Vaterlos aufgewachsen ist Aehre eher ein eigenwilliger Außenseiter mit Minderwertigkeitsgefühlen, der aber in seinen Alleingängen durch hartnäckige Standhaftigkeit und Durchsetzungsfähigkeit auffällt. Von seiner Vergangenheit – er ist in der Romanhandlung immerhin bereits 48 Jahre alt – erfährt der Leser nicht viel. Da er die Schule mied, vermag er

---

[3] Vgl. u.a. ebd. S. 171f.

nur mühsam zu schreiben. Ideen allerdings, die die Verbesserung der Arbeit betreffen, bedrängen ihn nahezu mit Naturgewalt. Seine Verbesserungsvorschläge konnte er nicht ohne fremde Hilfe vortragen. "Er schwieg als gehorche ihm die Zunge nicht, aber es war so, daß er all die guten und teuren Worte der Partei, die wie eine rote Fahne vor ihm hergingen und die er in sich fühlte [...] nicht herausbrachte."[4] Seine Frau Katrin ist es, die ihn zur Ausführung und Umsetzung seiner Vorschläge drängt. Sie gibt andererseits gegen seinen Willen ihre Hausfrauenrolle auf und qualifiziert sich zu einer erfolgreichen und überaus anerkannten berufstätigen Frau. Parteimitglieder sind beide scheinbar ganz selbstverständlich. Die Stufen der Entwicklung Aehres und seines Umfeldes werden vor allem durch die Verbesserungen im technologischen Produktionsablaufes gesetzt, wobei Mißtrauen und Ablehnung seitens der Kollegen schwinden, Saboteure entlarvt und unfähige Funktionäre durch fähige ersetzt werden. Es spricht für den Realismus von Eduard Claudius, der die Lebenssphäre seines Helden Aehre gut kannte, um an dieser Gestalt deutlich zu machen: Er hat keine Sprache. Aehre ist ein Wühler und Tüftler, ein qualitäts- und rekordversessener Deutscher. Als Ehemann, so glaubt er, ist es seine Pflicht, die eigene Familie zu ernähren und genaugenommen träumt dieser Musterarbeiter vom Aufstieg in die Bürgerlichkeit: raus aus dem Dreck und der Schinderei, raus aus der Maloche, hin zu einem gemütlichen Heim mit Weib und Kind. Daß sein Traum nicht ganz aufgeht, ist nicht sein Verdienst, sondern der seiner ehrgeizigen Frau, die sich nicht an Heim und Herd fesseln läßt. Auch sie hat einen Aufstiegsplan, den sie inmitten der Gesellschaft, d.h. in diesem Fall insbesondere in der Arbeitswelt, selbstbestimmt verwirklichen will. Auf glückliche Weise verbindet sich hier der emanzipatorische Anspruch der Frau mit dem Bild eines auf neue Weise zu sich findenden Paares, das sich durch die Partei auf den rechten Weg in Einklang mit der sie umgebenden Arbeitswelt gebracht fühlt. Das kleine wird zugleich mit dem großen Glück aller verbunden, die Variationen und Varianten dieser Konstellation sind in der Nachfolge dieses Modells bis zur Wirkungslosigkeit ausgeschöpft worden. Claudius Roman wurde zunächst, da er wirklichkeitsnäher war und damals als unmoralisch angesehene Verhaltensweisen (Trinken, Rauchen, Erotik) nicht aussparte, von seinem ursprünglichen Verlag abgelehnt,[5] er bildete jedoch den Auftakt für eine ganze Serie von sogenannten "Betriebsromanen".[6] Seine Modellhaftigkeit ist gleichsam durch seine epigonale Ausbeutung der ihm zugrunde

---

[4] Eduard Claudius: *Menschen an unserer Seite*. Berlin 1951. S. 79.
[5] Vgl. Eduard Claudius: *Ruhelose Jahre*. Berlin 1968. S. 373ff.
[6] Um nur einige zu nennen: Maria Langner: *Stahl*, Karl Mundstock: *Helle Nächte*, Hans Marchwitza: *Roheisen*, Karl Grünberg: *Golden fließt der Stahl*.

liegenden Struktur bezeugt, wobei häufig die Qualität des Originals unterboten wurde.

Bertolt Brecht klappte über dem Aktivisten-Stoff des Hans Garbe zunächst seine Mappe zu und befand, das Material reiche nur für einen Akt... Seine Absicht, "ein fragment in großen, rohen blöcken"[7] herzustellen, dem er den Namen seiner Hauptfigur "Büsching" gab, sollte untersuchen, "was alles sich für ihn und bei ihm ändert, wenn er vom objekt der geschichte zu ihrem subjekt wird – unter der bedingung, daß dies nicht ein rein persönlicher vorgang ist, da er ja die klasse betrifft".[8] Die Enttäuschung, die Brecht traf, als er in Gesprächen mit Hans Garbe bemerkte, daß dieser zwar für den Neuaufbau Interesse zeigte, jedoch keineswegs dem Prototyp des revolutionären deutschen Arbeiters entsprach, ließ das Projekt eines historischen Stückes scheitern. Im *Arbeitsjournal* resümierte er am 22. August 1951 weniger auf Garbe, wohl aber auf die Gesamtlage in der DDR bezogen: "die literatur muß wiederum ohne nationalen widerhall auskommen, und sie bekommt den der arbeiterklasse nur mit abscheulichen nebengeräuschen."[9] Erst nach dem 17. Juni 1953 griff Brecht erneut auf den Garbe-Stoff zurück, eine lange Eintragung im *Arbeitsjournal* am 20. August in Buckow kennzeichnet Brechts Erschütterung: "der 17. Juni hat die ganze Existenz verfremdet."[10] Wie um der Verzweiflung zu entgehen, hält er am Gedanken der Arbeiterklasse als handelndes Subjekt der Geschichte fest:

> in all ihrer richtungslosigkeit und jämmerlicher hilflosigkeit zeigen die demonstrationen der arbeiterschaft immer noch, daß hier die aufsteigende klasse ist [...] ihre losungen sind verworren und kraftlos, eingeschleust durch den klassenfeind, und es zeigt sich keinerlei kraft der organisation, es entstehen keine räte, es formt sich kein plan. und doch hatten wir hier die klasse vor uns, in ihrem depraviertesten zustand, aber die klasse.[11]

Auch die unmittelbar folgende Eintragung in Brechts *Arbeitsjournal*, die das Gespräch mit einem Klempner referiert, veranschaulicht die Widersprüchlichkeit und Diffusität der Wirklichkeit der frühen 50er Jahre in der DDR, der sich Brecht gegenübersah. Heiner Müllers Bemerkung über Brechts Scheitern in der DDR bringt es auf die knappe Formel: "Diese [deutsche Nachkriegs-, d. Verf.] Wirklichkeit ist mit den klassisch marxis-

---

[7] Bertolt Brecht: *Arbeitsjournal 1938-1955*. Hg. von Werner Hecht. Berlin, Weimar 1977. S. 498.
[8] Ebd.
[9] Ebd. S. 499.
[10] Ebd. S. 515.
[11] Ebd.

tischen Kategorien nicht zu greifen: sie schneiden ins Fleisch."[12] Brechts Versuch, den Garbe-Stoff im Stile der *Maßnahme* zu gestalten und an seine Versuche mit dem Lehrstück anzuknüpfen, blieb unausgeführt. Die spätere Bearbeitung durch Heiner und Inge Müller unterschätzte die Wirkung, die sich aus den nicht zu überbrückenden Widersprüchen ihrer Dramatisierung für das Publikum ergab, das unter wirkungsästhetischem Aspekt in einem Lehrer-Schüler-Verhältnis Vorbildliches vor allem entgegenzunehmen hatte. Besonders die Perspektive des Endes, die keinen hoffnungsvollen Ausblick auf die Zukunft in Aussicht zuließ, machte auf den kontingenten Verlauf dieser Geschichte aufmerksamer, als es im Roman gewahr werden konnte. Die Bearbeiter verschärften die Widersprüche in ihrem nunmehr *Der Lohndrücker* genannten Stück, indem sie der Hauptgestalt Balke die Geschichte einer Denunziation aus der Nazizeit andichteten und sie so in ihre Vergangenheit verlängerten. (Eine Geschichte, die der tatsächliche Hans Garbe stillschweigend hinnahm, wie er auch diszipliniert die Last seines Heldentums für dessen propagandistische Ausschlachtung ertrug[13].) Diese Verlängerung in die Vergangenheit ist auch bei den anderen Figuren vorgenommen worden und knapp mitgeteilt. Es stellt sich damit nicht nur die Nähe zur Verstrickung der Figuren in Schuld während der Nazizeit her, es ergeben sich dadurch im Vergleich des Vergangenen mit dem Gegenwärtigen, der über die Dialoge vermittelt ist, auch Möglichkeiten zu analogisierenden Vergleichen, in denen der grundsätzliche Charakter des Neuen keineswegs hervortritt: "Das ist also euer Arbeiterstaat. Ihr seid nicht besser als die Nazis."[14] Mit dem Wegfall einer Erzählinstanz vermindern sich Psychologisierungen. Der Stoff verdichtet sich so auf die Dialoge und stumme Szenen, in denen die Widersprüche zwischen Schein und Sein, zwischen den Losungen, Aufrufen und Reportagen der führenden Partei und den demgegenüber weit verbreiteten skeptischen und ablehnenden Haltungen der Geführten deutlich gemacht werden. Balke, "der Neue, der das Maul nicht aufmacht",[15] wird ohne sein familiäres Umfeld gezeigt. Damit entfällt die Emanzipationsgeschichte und die treibende Rolle, die seine Frau noch bei Claudius innehatte. Anders als Brecht, der sein Stück in die eigne Versuchsreihe der Lehrstücke einzuordnen beabsichtigte, griff Müller auf Büchners offene Dramaturgie zurück und er-

---

[12] Heiner Müller: Fatzer±Keuner. In: Heiner Müller: *Material*. Hg. von Frank Hörnigk. Leipzig 1989. S. 34.
[13] Vgl. Heiner Müller: *Krieg ohne Schlacht. Leben in zwei Diktaturen*. Köln 1992. S. 148f.
[14] Heiner Müller: Der Lohndrücker. In: Ders.: *Werke 3. Die Stücke 1*. Frankfurt/M. 2000. S. 40.
[15] Ebd. S. 29.

reicht einen hohen Grad verdichteter Wiedergabeeffekte. Diese Nähe zur widerspruchsvollen Wirklichkeit der Aufbaujahre geht andererseits auf Kosten der Verweigerung von heroischen und pathetischen Effekten, mit denen die Betriebsromane und -stücke ausgestattet waren. Mit dem Streik im vorletzten Bild und dem Widerstand, den die Arbeiter Balkes Aktivistentat entgegensetzen, sind deutliche Zeichen gesetzt, die an die Ereignisse des 17. Juni 1953 erinnern, wie bspw. in der Regieanweisung: "Herein Schurek [Der Gewerkschaftsvorsitzende, d. Verf.], hängt ein Spruchband mit dem Text 'Die Werktätigen fordern die Erhöhung der Norm' auf."[16] Demgegenüber treten Balkes technologische Neuerungen, die im Roman Konflikte im Hinblick auf die Optimierung der Produktion zentrierten, in den Hintergrund. Im Stück sind sie lediglich Impulse, die die Auseinandersetzung zwischen den Arbeitern verschärfen und zu ihrer Zuspitzung führen. Nach dem letzten Vorhang erscheinen die Konflikte, die das Stücks strukturieren, keineswegs gelöst, sie sind in ihrem Aufschub weiter präsent. Vergleicht man die Gestaltung der Figuren, die für die Leitung und Führung der Prozesse verantwortlich sind, (Parteisekretär, Direktor, Ingenieur, Gewerkschaftsvorsitzender), so ist auch hier zu konstatieren, daß durch sie der Riß der Zeit sichtbar bleibt, daß aber dem Versagen insbesondere des Parteisekretärs weniger Raum in der unmittelbaren Darstellung gegeben wurde als noch in der Romanvorlage. Mittelbar wurden parteikritische Aussagen freilich in Form von phrasenhaften Losungen oder als verlogene Zeitungsartikel demaskiert, nicht jedoch personalisiert. Deutlicher sind die Arbeiter in ihren Motivationen "Bier", "Butter", "Schuhe" gekennzeichnet – Dinge, die den möglichen Heroismus der Vorgangsfigur "Aktivist" durch ihre Alltäglichkeit unterbieten. Müllers Stück, das am Ende der 50er Jahre kurzzeitig weite Verbreitung fand, wurde bekanntlich schnell als Irrweg des sogenannten "Didaktischen Theaters" aus der Öffentlichkeit genommen. Erst in der Inszenierung durch den Autor 1987 wurde man sich der Substanz und des metaphorischen Potentials dieses in seiner Entstehungszeit als zu karg empfundenen Stückes bewußt.

Noch im Jahr 1959, als der Lohndrücker gespielt wurde, rief ein Schriftsteller, dessen Entwicklung vom Arbeiter zum Schriftsteller paradigmatisch erschien, die Werktätigen mit der später vielbelächelten Losung "Greif zur Feder, Kumpel" auf, mit dem "Bitterfelder Weg" die Höhen der Kultur zu erstürmen: Werner Bräunig. Er selbst, 1934 in Chemnitz geboren, entstammte einfachen Verhältnissen und wurde über abenteuerliche Umwege zum Schriftsteller. Bräunig versuchte in mehrfachen Anläufen, seinem Aufruf gerecht zu werden. Mit Reportagen und Erzählungen gelang

---

[16] Ebd. S. 62.

es ihm, in die Öffentlichkeit zu kommen, allerdings, wie dem Autor noch zu Lebzeiten bewußt gemacht wurde, um den Preis "vorwiegend harmonischer menschlicher Beziehungen und Charaktere, die mit sich und der Welt zurechtkommen".[17] Die Erlebnisse und Erfahrungen seiner Generation wollte er mit seinen Fragment gebliebenen Romanen *Rummelplatz* und *Wie ein Kranich am Himmel* zum Ausdruck bringen. Sein Ziel, mit einem Roman sich als Schriftsteller zu legitimieren, verband er mit dem Vorhaben, der bereits bestehenden Vielzahl von Ankunftsgestalten seine besondere Ausprägung hinzuzufügen. Sein Lebensweg, der in *Rummelplatz* an die Figur des Peter Loose gebunden wurde, erstreckte sich von Jugendbanden auf Schwarzmärkten und Rummelplätzen über Gefängnis bis zur Arbeit im Uranbergbau der SDAG Wismut. Auch hier erscheint wieder die bekannte Vorgangsweise: der ältere Antifaschist (und möglicherweise dessen Tochter) helfen Loose auf den rechten Weg zu kommen bzw. werden dies wahrscheinlich tun, wie das Fragment erahnen läßt. Auch an anderen Figuren, z. B. dem zum Studium nicht zugelassenen Christian Kleinschmidt und dem in die Domäne der männlichen Arbeitswelt drängenden Mädchen Ruth Fischer, demonstrierte Bräunig "Wie der Stahl gehärtet wurde".[18] Der Roman sollte den Werdegang seiner Hauptgestalten vom der im Weltkrieg enttäuschten und entwurzelten Generation über den Aufbau zu domestizierten Mitgliedern von sozialistischen Arbeitskollektiven schildern. Für den Autor erwies sich aber die Anpassung an das Korsett der erwünschten Vorgangsfigur, in das seine Protagonisten eingezwängt werden sollten, als zu beengt. Die Welt, in der sich die Helden im Alltag zu bewähren hatten, war von Schmutz, Armut, Gewalt, körperlicher Auszehrung, Alkoholexzessen, unfähigen Funktionären, Planfetischismus in Verbindung mit ungenügenden Arbeitsmitteln, kurz von Barbarei gekennzeichnet, die Perspektiven derer, die da ins Neue aufsteigen wollten, lagen eher in den Endpunkten von Invalidität,[19] Flucht in den Westen oder Verschwinden im Gefängnis denn in harmonischer Menschengemeinschaft. Vorabdrucke von Auszügen des Romans wurden 1964 in der Anthologie *Erkenntnisse und Bekenntnisse*[20] (erschienen unter dem Titel "Der Eiserne Vorhang") scheinbar noch goutiert. Ein Jahr später,

---

[17] Margot Gerisch: Interview mit Werner Bräunig. In: Werner Bräunig: *Ein Kranich am Himmel. Unbekanntes uns Bekanntes*. Halle, Leipzig 1981. S. 463.

[18] Werner Bräunig: *Rummelplatz*. In: Ebd. S. 145. Nicht zufällig zitiert hier Bräunig den zum Kanon sozialistischer Literatur gehörenden Roman von Nikolai Ostrowski.

[19] Die Kontaminierung der ganzen Region um die Wismut wurde von Bräunig damals nicht wahrgenommen.

[20] Anth. *Erkenntnisse und Bekenntnisse*. Mit einem Vorwort von Otto Gotsche Halle 1964.

scheinbar noch goutiert. Ein Jahr später, als ein Auszug im Oktoberheft der *Neuen Deutschen Literatur* veröffentlicht wurde, kam es auf dem berüchtigten 11. Plenum des ZK der SED zum Skandal, denn Bräunigs Roman wurde in der Lesemappe, die den nahezu 400 Teilnehmern ausgehändigt worden war, ausführlich als negatives Beispiel für die "Stimmung unter der künstlerischen Intelligenz"[21] zitiert. Die ausgewählten Zitate aus *Rummelplatz* sollten in der Information antisozialistische und antisowjetische Tendenzen belegen, die von "empörten Genossen der Wismut" eingeklagt wurden. Neben Werner Bräunig wurden bekanntlich Wolf Biermann, Manfred Bieler, Peter Hacks, Kurt Maetzig, die Studentenbühne der Karl-Marx-Universität Leipzig, das Studentenkabarett "die academixer" und Schauspieler der Berliner Bühnen der "ideologischen Aufweichung" geziehen. Bräunig hatte zudem die zweifelhafte Ehre, von Walter Ulbricht persönlich in seiner "Zwischenrede"[22] erwähnt zu werden, wo dieser Einsprüche gegen die Kritik an *Rummelplatz* zurückwies. An Bräunigs Romanausschnitt wurde, wie aus einem weiteren Teil der "Lesemappe" hervorgeht die "harte Sprache" kritisiert, da durch sie die Grenzen des Anstandes verletzt werde und Dinge, die nicht literaturfähig seien, unter dem Vorwand, aus ästhetischen Gründen müsse im Entwicklungsweg eines Helden moralische Unsauberkeit überwunden werden, doch Gestaltung erlangen. Hiermit würden "Obszönitäten" und "falsche subjektive Entstellungen der historischen Wahrheit"[23] (sic!) gestaltet, die dem "Eindringen westlicher Dekadenz" Vorschub leiste. In der Tat wies Ulbricht in seiner unnachahmlichen Rhetorik auf den Zusammenhang hin, in dem sich die Kritik an künstlerischen Werke befinde:

> Die Diskussion hat über ein ganz anderes Thema begonnen. Die Diskussion begann über das Thema der Sauberkeit in der Deutschen Demokratischen Republik, begann über das Thema, ob die Beat-Gruppen und ob die Sex-Propaganda, die systematisch nach amerikanischem Vorbild betrieben wurde, ob das die Richtung der Entwicklung der Kultur ist. Ich möchte das ausdrücklich klarstellen. Von diesem Standpunkt aus wurde einiges in der ‚Neuen Deutschen Literatur' kritisiert. [...] Ästhetik und Ethik – wie steht es damit? Die Ästhetik wurde

---

[21] Information über die Stimmung unter der künstlerischen Intelligenz. In: *Kahlschlag. Das 11 Plenum des ZK der SED 1965. Studien und Dokumente.* Hg. v. Günter Agde. Berlin 1991. S. 309-315, hier S. 312f.
[22] Walter Ulbricht: Zwischenrede. In: Ebd. S. 331-334, hier S. 333.
[23] Einschätzung des Gesprächs des Sekretariats der SED-Bezirksleitung mit Leipziger Schriftstellern am 27. 11. 1965 in Bad Düben. In: Ebd. S. 315-319, hier S. 318.

nur als Tarnschild benutzt, und die Ethik kam unter die Räder. So war das in weitgehendem Maße der Fall.[24]

Scheinbar ging es darum, die Künstler für Erscheinungen in der Jugend verantwortlich zu machen, was von den überraschten Künstlern (teilweise nur sehr zaghaft) abgewehrt wurde. So verteidigte Christa Wolf in ihrem Diskussionsbeitrag auf jener Tagung u.a. Werner Bräunig vehement und wies die Unterstellung zurück, Bräunig wolle sein Buch nur im Westen verkaufen. Auch sei der Vorwurf des Antisozialismus der im Werk Bräunigs zum Ausdruck komme, haltlos. Bräunig habe keinen Wismutroman geschrieben, sondern aus ihrer Kenntnis der Roman-Konzeption sei sie gewiß, daß es ein "Roman der Entwicklung eines jungen Menschen ist, der die tiefsten Tiefen durch die Hilfe der Partei überwindet und zu einem klaren Menschen wird, der heute ganz klar bei uns ist."[25] Trotzdem es gelang, Bräunig vor den schlimmsten Zumutungen und Vorwürfen zu bewahren, waren die Folgen für den Autor, wie Christa Wolf in ihrem "Erinnerungsbericht" schildert, katastrophal: "Werner Bräunig ist nach meiner Meinung an diesem Konflikt kaputtgegangen. [...] er ist 1974 mit 40 Jahren gestorben."[26] Interessant ist Christa Wolfs Hinweis auf den eigentlichen Hintergrund der Gesamtdebatte, der keineswegs in dem von Ulbricht benannten Zusammenhang zur Jugendkultur in der DDR zu finden ist, sondern in der Rücknahme der Bitterfelder Konferenzen bestehe:

[...] als klar wurde, daß die Verbindung der Künstler mit den Betrieben dazu führte, daß sie realistisch sahen, was dort los war, daß sie Freundschaften mit Arbeitern, mit Betriebsleitern und mit Leuten andere Berufe knüpften, und daß sie Bescheid zu wissen begannen auch über die ökonomische Realität in diesem Land. Da, genau an diesem Punkt wurde die Bitterfelder Konferenz, wurden die Möglichkeiten, die sie uns eröffnet hatte, ganz rigoros beschnitten. [...] man hat vorbeugend jegliche Verbindung zwischen den verschiedenen Strömungen in der Gesellschaft – denen, die in der Wirtschaft auf Veränderung drängten, und denen, die in der Kunst auf realistische Darstellung drängten – nur ja rechtzeitig zerschlagen und einen Sündenbock finden wollen, um die wirklichen Probleme nicht diskutieren zu müssen, sie aus dem Blickfeld der Öffentlichkeit zu verdrängen.[27]

Heiner Müller unterstrich dies in seiner lakonischen Ironie: "Die Trennung von Arbeitern und Intellektuellen gehörte zum Genie Ulbrichts. [...] Diese Trennung hat in der DDR bis zuletzt funktioniert: Bis zum 4. November

---

[24] Walter Ulbricht: Schlußwort auf der 11. Tagung des ZK der SED 1965. In: Ebd. S. 344-358, hier S. 348f.
[25] Christa Wolf: Diskussionsbeitrag. In Ebd. S. 334-344, hier S. 341.
[26] Christa Wolf: Erinnerungsbericht. In: Ebd. S.263-272, hier S. 265.
[27] Ebd. S. 268f.

1989."[28] Noch zu DDR-Zeiten (1981) wurde *Rummelplatz* weitgehend unbeachtet gemeinsam mit einer dürftigen Dokumentation zum Werk des Autors als Fragment veröffentlicht. Bräunig, so scheint es, ließ sich bei seiner Bearbeitung stilistisch von unterschiedlichen Vorbildern leiten, die einer Endredaktion noch bedurften. Spuren von Bobrowskis Prosa sind ebenso zu finden, wie die eines Wolfgang Borchert und Thomas Wolfe. Sein Versuch, die Ankunft seines Helden mit der Vorgangsfigur der "Befragung eigener Geschichtlichkeit" zu verbinden, orientierte sich nicht mehr an technologischen Abläufen, die durch verbesserte Arbeitsmethoden gleichsam sozialisierende Effekte bewirkten. Für die Arbeiter, die im Jahre 1950 aus unterschiedlichen Milieus zur Wismut kamen, ist die Gewöhnung an die Arbeit unter Tage eine Knochenmühle, in der es vor allem auszuhalten gilt. An der Figur des gegen die körperliche Erschöpfung ankämpfenden Professorensohns Christian Kleinschmidt verdeutlicht der Erzähler lakonisch:

> Ein Lieblingsspruch seines Vaters fiel ihm ein: Nur Beharrung führt zum Ziel, nur die Fülle führt zur Klarheit – und im Abgrund wohnt die Wahrheit. Die letzte Zeile war geradezu für den Schacht gemacht. Aber welche Wahrheit sollte hier wohnen? Wo war die Fülle, die zur Klarheit führt? [...] Das Leben verteilte die Wohltaten spärlich und planlos; wer schon hatte, bekam noch dazu, wer nichts hatte, ging auch weiterhin leer aus. Hier besaß jeder nur sich selbst, und geschenkt wurde keinem. Christian Kleinschmidt war der Verlassensten einer. Ja, dachte er, das ist meine Lage. Zum Durchhalten zu wenig und zum Aufgeben zu viel. Aber er blieb.[29]

Auch die Figur des Peter Loose stand mit seiner rebellischen Unbändigkeit quer zu den Vorstellungen eines disziplinierten Normerfüllers und durchschlug mit seinen anarchischen und auch selbstzerstörerischen Energien die Ränder der Ordnung. Anders als Erik Neutschs Balla, der im Erfolgsroman *Spur der Steine* noch einmal im alten Modell durch seine zunächst nicht erwiderte Liebe zur Ingenieurin Kathrin Klee und im Widerstreit mit dem ebenso nicht ganz vorbildlichen Parteisekretär Horrath von der übergeordneten Bezirksleitung der Partei erzogen und gebändigt wird, vermochte sich Bräunig nicht zu einer solch modellhaften Führungskompetenz in der Gestaltung der Partei durchringen. Seine Parteiarbeiter sind von ihrer Vergangenheit in der Nazizeit Gezeichnete, die im Falle des Steigers Fischer Positionen des unversöhnlichen Antifaschismus einnehmen oder, was von den sozialistischen Aufstiegsgeschichten deutlich abweicht, sich

---

[28] Heiner Müller: Stalingrad war eigentlich das Ende der DDR. Gespräch mit Heiner Müller über den 17. Juni und den Untergang des Realsozialismus. In: Freitag vom 18. 6. 1993. S. 9.
[29] Werner Bräunig: *Rummelplatz* (wie Anm. 17). S. 126.

wie der Kaderleiter Nickel opportunistisch den jeweils Mächtigen anpassen. Auch der – "[...] weil kein anderer es machen wollte [...]" – zum Leitungskader aufgestiegene Bäckerssohn Mehlhorn verkörpert nicht den "neuen Menschen": "Es gibt welche, die werden immer wieder gewählt, nur damit sie neue Gelegenheit haben, etwas nicht ganz falsch zu machen. Im Grunde weiß es jeder, aber dennoch beläßt man es dabei."[30]

Der "anarchische Held" hatte in einer dem Plan entgegenstehenden, konfliktreichen Wirklichkeit Anfang bis Mitte der 60er Jahre wenig Chancen durch die Zensur zu schlüpfen und ernsthaft diskutiert zu werden. Ob er sich auch in Müllers Stück *Der Bau* als "Fähre zwischen Eiszeit und Commune" verstand, bei Strittmatter als Außenseiter *Ole Bienkopp* tödlich endete oder Verwandlungen als *Wundertäter* vollzog – von starken Vorbehalten bis Verboten reichte das Spektrum ablehnender und selektierender Maßnahmen. Erst der Rückblick auf die schweren Jahres des Anfangs, wie er bei Hermann Kants *Die Aula* in die Prosa eingebettet war, erlaubte den nunmehr deutlichen historischen Abstand ironisch-distanziert durch die Brille des mittlerweile zum Intelligenz gehörenden Robert Iswall wahrzunehmen. Vom Elektriker mittels Arbeiter- und Bauernfakultät und anschließender Bewährung im befreundeten Ausland zum leitenden Kader umgeschmiedet, ließen sich die wilden Jahre des Anfangs versöhnlich bilanzieren. Der Prozeß dieser Veränderung, wie der Arbeiter zum Leiter "umgekrempelt" wurde, erschien auf den ersten Blick paradigmatisch. Er war an eine klassenbewußte Lehrerschaft sowie die Pädagogik des in der Veränderung befindlichen Kollektivs verwiesen, in dem die "neuen" Haltungen wie selbstverständlich bereits etabliert waren.

In Volker Brauns Stück *Die Kipper* fand die Gestalt des Arbeiters als Mittelpunktfigur eine der spätesten dramatischen Ausführungen, hier zeigt sich auch ein Endpunkt, der mit der Vorgangsfigur "Ankunft" erreicht wurde. Die nunmehr im Sozialismus angekommenen Arbeiter hatten genaugenommen zwei Alternativen. Sie konnten sich entweder ihrer stumpfsinnigen Arbeit und dem Alkohol bis zu jenem Tage ergeben, an dem sie durch Maschinen ersetzt worden wären, oder sie rebellierten gegen eine Gegenwart, die mit ihren Vorstellungen von einem anderen Leben nicht übereinstimmten. So oder so, konnten sie nicht mehr Arbeiter bleiben. Der Ausbruchsversuch des Kippers Paul Bauch aus geistloser Arbeit und dem tristen Einerlei im Braunkohletagebau der Schwarzen Pumpe nach Lübbenau (einer anderen sozialistischen Großbaustelle), wird in der ersten Szene aufgeben, weil in Lübbenau die gleiche Öde zu erwarten ist. Paul Bauchs Frage nach der Schönheit der Arbeit ist nicht neu, wird aber ver-

---

[30] Ebd. S. 49.

vergleichsweise radikaler als bisher eingefordert. Die Rekordschicht, die Bauch mit seiner Brigade fährt, um den Fortschritt in sichtbare Bewegung zu bringen, hat keinen ökonomischen Nutzen, die Arbeit bleibt gleich: "Strafarbeit für Hilfsschüler".[31] In einer frühen Fassung des Stücks, das Braun ursprünglich "Der totale Mensch" betitelte, findet sich in Anknüpfung an Schiller: "Die schönen Tage von Pumpe sind zuende"[32] gleichsam der Endpunkt der Vorgangsfigur, der mit bisher vor allem persuasiven Mitteln aufgeschoben wurde. Bauchs Aufbruch vom Schluß des Stückes behauptet zwar wiederholt ein Gehen, vermag diesem allerdings keine Richtung anzugeben. Mit seiner am Ende eingenommenen Haltung ist er Büchners *Lenz* einschließlich dessen nihilistischer Krise unmittelbar in Stilistik und Thematik verwandt: "Der Himmel ist ganz leer. Man erschrickt vor diesem leeren Himmel."[33] Sein Gehen kennt kein Ziel, als eben dieses Gehen, es findet trotz des Bezuges auf die weibliche Hauptgestalt keinen sinnstiftenden Orientierungspunkt. "Jetzt fang ich erst an! Marinka. Marinka! Was kann man, was kann das für ein Leben sein! – Ich habe fast nichts gemacht."[34] Die bisherigen Erbauer des Neuen kamen nicht in Bauchs Situation, die auch gleichsam mit den Worten: "Ich, nein. Das war ein anderer"[35] symptomatisch auf die Moderne-Rezeption der späteren Rimbaud-Essays von Volker Braun verweist.

Mitte der 60 Jahre ergibt sich in der Gestaltung des Arbeiters eine neue Situation. Wolfgang Emmerich konstatierte das Verschwinden des Produktionsarbeiters bereits in der ersten Fassung seiner *Kleinen Literaturgeschichte der DDR*.[36] Der Arbeiter, der sich bisher entlang der technologischen Verbesserungen zum bewußten Gestalter des Neuen entwickelte, wurde nunmehr bedingt durch technologische Fortschritte der manuellen Arbeit entzogen und übernahm die Funktion des Überwachers und Kontrolleurs von automatisierten Prozessen – eine für die Literatur kaum ergiebige Angelegenheit. Insofern schwand das Interesse an unmittelbarer Darstellung. Auf der Ebene der Planer und Leiter rückten nunmehr Gestalten der technischen Intelligenz und der gehobenen Funktionärsbürokratie in den Mittelpunkt, wie es besonders im Bereich der Fernsehdramatik zu

---

[31] Volker Braun: Die Kipper. In: Ders.: *Texte in zeitlicher Folge*. Band 1. Halle, Leipzig 1989. S. 109-214, hier S. 113.
[32] Ebd. S. 189. Anspielung auf Friedrich Schillers Sentenz aus *Don Carlos* „Die Schönen Tage von Aranjuez sind vorbei."
[33] Ebd. S. 179.
[34] Ebd. S. 185.
[35] Ebd. S. 179.
[36] Vgl. Wolfgang Emmerich: *Kleine Literaturgeschichte der DDR Erweiterte Ausgabe*. Frankfurt/M. 1989. S. 168ff.

beobachten war. Hans-Georg Egels *Krupp und Krause*, Benito Wogatzkis *Die Zeichen der Ersten*, *Zeit ist Glück* u. a. m. setzten diesen Vorgang in affirmativer Weise ins Bild. Die DDR, die damals zum "Überholen ohne Einzuholen" (W. Ulbricht) ansetzte, versuchte sich zu modernisieren. Besonderes Augenmerk erlangten nach dem vor allem manuell bewerkstelligten Aufbau einer Schwerindustrie und der braunkohlegestützen Energie- und Chemie-Produktion Investitionen in die Entwicklung von Wissenschaft und Technik. Systemtheorie, Kybernetik, Elektronische Datenverarbeitung, Strukturalismus, ja selbst die bis dahin verabscheute Soziologie erlebten eine kurzzeitige Förderung und wurden auch in den Mittelpunkt künstlerischer Gestaltung einbezogen. Bekanntlich währte der Innovationsschub nicht lange, die DDR legte auf dem Weg zu einer modernen Industriegesellschaft nach dem Scheitern des NÖSPL, dem Neuen Ökonomischen System der Planung und Leitung, eine Pause ein. Die Propaganda war der Wirklichkeit, die sie beschrieb, enteilt. Der Wettbewerb zwischen den Systemen des Kapitalismus und Sozialismus, der vom Verbrauch seiner Substanz lebte, war nicht zu gewinnen, zumal die Konsumbedürfnisse der Bevölkerung immer nachhaltiger auf ökonomische Grundsatzentscheidungen durchschlugen. Wie so oft existierte das Neue lediglich im wohlpräparierten "Führungsbeispiel", die Umwandlung des Arbeiters zum Planer und Leiter vollzog sich zudem außerordentlich langsam und keineswegs massenhaft. In Erwin Strittmatters 1980 erschienenem dritten Band seines *Wundertäter*, der den Lebensweg des Sonderlings Stanislaus Büdner nachzeichnet, wird der Held infolge von "ideologischen Schwächen" von seiner bisherigen Redakteurstätigkeit entbunden und hat sich im Bergbau, wo ihm als journalistischer "Heldenmacher" kein guter Ruf vorausgeht, zu bewähren. Bereits am ersten Tag der Schwerstarbeit wird ihm angesichts der Abnahme seiner Kräfte und dem Leiden seines zerschundenen Körpers seine bisherige Rolle als Demagoge bewußt:

> Wann kam die Vesperpause? Wann kam die Erlösung? Erlösung – ein Wort, mit dem er als Zeitungsschreiber geaast hatte: Erlösung aus der Knechtschaft; Erlösung von der Geißel des Kapitalismus, Erlösung vom Stumpfsinn der Schwerarbeit, all diese Begriffe waren ihm hurtig aus der Schreibmaschine gesprungen, er hatte mit ihnen journalistisch jongliert, ohne in ihre wirkliche Bedeutung einzudringen. [...] Es tobte in ihm, und er verhöhnte sich: Versuchs selber, probiers jetzt, ob dir eine Schaufel Kohle leichter wird, wenn du dir bewußt machst, daß sie dem Volke gehört! Er spürte Brechreiz [...].[37]

---

[37] Erwin Strittmatter: *Der Wundertäter. Dritter Band.* Berlin, Weimar 1980. S. 227f.

Der weitere Romanverlauf kann durchaus als symbolisch bezeichnet werden, denn Strittmatters Zentralfigur macht bei einem Unglück mit dem Verlust von zwei Fingern seine Parteistrafe wett. Er gelangt damit wieder zu seiner eigentlichen Bestimmung, verläßt den Bergbau, seinen Bitterfelder Weg, und wird Schriftsteller. Probleme des Schreibens markieren hinfort seine weitere Entwicklung, was ihn als Romangestalt ab der Mitte der 70er Jahre mit vielen anderen in der DDR-Literatur verbindet. Man könnte so Schlenstedts Vorgangsfiguren um die der "Künstlerischen Emanzipation" erweitern und sie im hier nur andeutbaren Spektrum von Martin Stades *Der König und sein Narr*, Christa Wolfs *Kein Ort. Nirgends*, Heiner Müllers *Hamletmaschine*, Günter de Bruyns *Märkische Forschungen* oder Volker Brauns *Die Tribüne* verorten, wobei in unserem Zusammenhang Franz Fühmanns Fragment *Im Berg* Strittmatters *Wundertäter* gegenüberzustellen wäre. Ein wichtiges, wenn auch nicht das einzige Hintergrundsereignis bei diesem Paradigmenwechsel in der Wahl der zentralen Figur ist zweifellos in der Zwangsausbürgerung Wolf Biermanns zu sehen.

Bleibt man beim Einschnitt, der sich in der Mitte der 60 Jahre um die Figur des Arbeiters vollzogen hat, so ist ein weiterer Vorgang literaturgeschichtlich bemerkenswert: Die Antike-Rezeption in der Kunst der DDR, die am Beispiel Heiner Müllers Gestaltung von Arbeiterfiguren hier betrachtet werden soll. In Müllers Werk sind die Gestalten des Arbeiters bis in die Mitte der 70er Jahre nahezu kontinuierlich präsent. Im Unterschied zu den von der Kulturpolitik anerkannten Bildern vom Arbeiter als geschichtsbildendem movens erschienen Müllers Arbeiter-Figuren in Konflikten, die, wie schon beim *Lohndrücker* zu bemerken war, in ihrer weiteren Perspektive an der Vollendung einer historischen Mission eher zweifeln lassen. In den 70er Jahren während seiner Beschäftigung mit Brechts Fragmenten *Fatzer* und *Büsching* erinnerte Müller an Plechanows These von der (positiven) Uninteressantheit des proletarischen im Gegensatz zur negativen Interessantheit des bürgerlichen Helden.[38] In einem Gespräch auf der Brecht-Woche 1973 führte er weiter aus:

> Die Qualität des Proletariers ist doch seine Quantität. Wie stellt man das dar? Wir können das nicht mehr machen, wenn es um einen Stoff in der DDR geht, mit Chören, wie Brecht in der Mutter. Ich glaube nicht, daß das noch ein Mittel ist. Es gibt keine Basis für Chöre bei neuen Stücken [...] Es gibt keine Gemeinde im Publikum, und es gibt kein strukturiertes Publikum in 'Feinde und Freunde' strukturiert, es gibt eher ein sehr pluralistisches Publikum. Und das gilt auch, glaube ich, für die Arbeiter, daß sie vielleicht auf ein Hauptinteresse ori-

---

[38] Vgl. Heiner Müller: Fatzer±Keuner (wie Anm. 12). S. 34.

entiert sind, aber ihre Nebeninteressen sind so vielfältig, daß man das kaum noch auf diese Vereinfachung bringen kann.[39]

Müller nannte als weiteren Grund für die Schwierigkeiten einer dramatischen Gestaltung des Arbeiters in der DDR:

> Die Revolution in der DDR konnte nur für die Arbeiterklasse gemacht werden, nach Dezimierung der Avantgarde, Depravierung der Masse, Zerstörungen des zweiten Weltkrieges im Osten Deutschlands und in der Sowjetunion – nicht von ihr. Der Nachvollzug im Bewußtsein mußte unter den Bedingungen des Kalten Krieges abgefordert werden, in einem besetzten und geteilten Land, im Trommelfeuer der täglichen Werbung für die Wunder des Kapitalismus im anderen deutschen Staat [...].[40]

Wenn Müller hier verschiedene Einwände formulierte, um die Schwierigkeiten darzulegen, die mit der Gestaltung von Arbeiterfiguren auf der Bühne verbunden sind, so schien er zeitweilig eben in der Phase der Antike-Rezeption einen Weg aus dem Dilemma gefunden zu haben. Hervorzuheben ist hier vor allem sein Satyrspiel *Herakles 5*, das die fünfte Arbeit des Herakles, die Reinigung der Ställe des Augias, beinhaltet und wo der Held im Kampf gegen den Mist zunächst mit seinen untauglichen Werkzeugen, den Waffen scheitert, dann aber per Umleitung des Flusses die Aufgabe doch noch löst. Überhaupt ist zunächst bemerkenswert, daß in der Symbolik der Krieger Herakles weit öfter bemüht wurde als derjenige unter den Göttern, der am ehesten dem Arbeiter nahekam: Hephaistos. Dieser klumpfüßige Schmied taugte wohl schlecht zur perspektivischen Symbolgestalt, hatte er zudem noch als Gatte der untreuen Aphrodite gegenüber Bruder Ares das Nachsehen und war überhaupt als rußschwarze Gestalt an der Göttertafel der Antike wenig gelitten. Ambrosia und Kohlenstoff – das geht nur schlecht zusammen.

Müllers Herakles, der in unterschiedlichen Texten als geschichtsbildender Akteur fungiert, ist in den 60er Jahren im Satyrspiel *Herakles 5* voll unbändiger Kraft. Nachdem er den Stall des Augias durch Flußumleitung gereinigt und den König enteignet hat, erobert er nicht nur den Himmel, er schafft ihn sogar ab und steckt ihn sich in die Tasche. Seine einzige Arbeit, die Ausmistung eines überdimensionalen Stalls, verschafft ihm als Proleten halbwegs Geltung, wie er eben nur oder schon halb Mensch und halb Gott ist. In *Zement* (1970) gerät Herakles bei der Befreiung des Prometheus unmerklich die Führungsrolle aus der Hand. Der vordenkende Titan, der

---

[39] DDR-Dramatiker über Brecht. Podiumsgespräch der Akademie der Künste der DDR/Berliner Ensemble. In: *Brecht 73 Brecht-Woche der DDR. 9.-15. Februar 1973*. Hg. von Werner Hecht. Berlin 1973. S.197-230, hier S. 202.
[40] Heiner Müller: Fatzer±Keuner (wie Anm. 12). S. 33f.

gegen seinen Willen vom Felsen gerissenen wurde, wird beim Abstieg vom Berge getragen. Bei der Flucht vor den Geschossen des Zeus hat zunehmend Prometheus das Sagen und bestimmt die Richtung. Auf schweißnassem Gaul erreicht der Sieger – Prometheus – das Ziel und nimmt den Jubel der Bevölkerung entgegen. Auch die zweite Heldentat des Herakles, sein Kampf mit der Hydra, (*Herakles 2*) ist im Stück *Zement* von ungewissem Ausgang. In einem Panorama alt- und neuzeitlicher Kampfsituationen, die in den erwähnten Waffen vom Beil bis zur Bakterienkultur reicht, erkennt der Held sich selbst als seinem Feind, der Hydra, identisch. Die Szene, die den Gang der Menschheit gleichsam durch sich selbst zum "letzten Gefecht" paraphrasiert, endet bekanntlich mit ungewissem Ausgang. Der mit seinem Feind verwobene Held bewegt sich auf "weißes Schweigen, das den Beginn der Endrunde ankündigt"[41] zu. Er lernt den Bauplan der Maschine lesen, "[...] die er was aufhörte zu sein anders wieder war mit jeden Blick Griff Schritt, und daß er dachte änderte schrieb mit der Handschrift seiner Arbeiten und Tode."[42] Müller war, wie aus einem Gespräch mit Horst Laube hervorgeht, rückblickend nicht sicher, ob die Verklammerung von antiken Figuren und den Protagonisten aus Gladkows Roman nicht zu illustrierend gerate. Der Grund für seine Entscheidung, den Figuren Kleist und Tschumalow aus *Zement* eine antike Ebene beizugeben, ergab sich aus dem Zwang, daß

> [...] die beiden Figuren nicht in der Lage [sind, d. Verf.] zu formulieren, was ihr historischer Stellenwert ist und welches Spiel sie da spielen. Daraus ergibt sich dann die moralische Verpflichtung für den Autor, selber etwas dazu zu sagen. Tschumalow zum Beispiel weiß nicht, wer Achill ist, das kann er von seiner Biographie her auch gar nicht wissen. Ich weiß das, der Kleist weiß es auch, also muß ich Tschumalow beispringen und das irgendwie einbauen.[43]

Müller kommt in *Germania Tod in Berlin* auf seinen Aktivisten Balke zurück, indem er ihn am Kalten Büffet anläßlich seiner Auszeichnung beim Präsidenten der Republik unbefangen nach einem Bier und einem Schnitzel fragen läßt. Er läßt ihm auch die schwere Zunge, die sich in der Traumsequenz dem preußischen König nicht widersetzen kann. Unter anderem in der Rede "Die Wunde Woyzeck" (ebenso in *Die Schlacht*, 1. Szene: "Die feindlichen Brüder") problematisiert er Büchners Geschundenen da unten und setzt ihm einen Bruder, den Jäger Runge, an die Seite.

---

[41] Heiner Müller: Zement. In: Ders.: *Stücke*. Berlin 1988. S. 355.
[42] Ebd.
[43] Der Dramatiker und die Geschichte seiner Zeit. Ein Gespräch mit Horst Laube und Heiner Müller. In: Heiner Müller: *Gesammelte Irrtümer. Interviews und Gespräche*. Frankfurt/M. 1986. S. 14-30, hier S. 18.

Die Wunde haben beide mit der Dumpfheit ihrer Liebe und ihres Hasses der Marie, Rosa und Ulrike Meinhof zugefügt. In ihnen steckt ein gefährliches Gewaltpotential, das sich gerade gegen das von ihnen am meisten Geliebte freisetzt.

Mit der "Verabschiedung des Lehrstücks" stellt Müller dann die Dramenproduktion, die um eine Figur aus der Arbeiterschaft zentriert war, ein und befindet:

> Die christliche Endzeit der MASSNAHME ist abgelaufen, die Geschichte hat den Prozeß auf die Straße vertagt, auch die gelernten Chöre singen nicht mehr [...]. Auf einem Gelände, in dem die LEHRE so tief vergraben und das außerdem vermint ist, muß man gelegentlich den Kopf in den Sand (Schlamm Stein) stecken, um weiterzusehn. Die Maulwürfe oder der konstruktive Defaitismus.[44]

Nach dem Mauerfall erhält die Gestalt des Herakles im Gedicht 'Herakles 13' aus dem Jahre 1991 noch einen denkwürdigen Abgesang. Geschildert wird der wahnsinnige Herakles, der in seiner 13. und letzten Arbeit seine Familie ermordet und schließlich als verwirrter Aggressor nunmehr auf seine schwertmächtige Verblendung reduziert ist. In enger Verbindung mit der Hervorhebung des gewalttätigen Kriegers sind auch Müllers Äußerungen über die Rolle der deutschen Arbeiterschaft während des Zweiten Weltkrieges zu sehen. Mehrfach hob Müller hervor „Blitzkrieg ist geballte linke (proletarische) Energie." Der Autor benötigte für die Darstellung der letzten Arbeit des Herakles auch kein Stück mehr, dies war im Gleichklang des Heldenlieds schnell abgetan. "Und ich weiß nun nicht ob einer/ Von Sterblichen mühseliger ist als der"[45] – die Anteilnahme des Autors an seiner ihn so lange beschäftigenden Gestalt ist dem Text eingeschrieben. Wenn hier das Symbol, bzw. die symbolhafte Verklärung, die auf dem Wege der Lebenszeit eines Autors sich ihres Irrgangs bewußt wird, gestaltet wird, bringt Müller in Gesprächen der Wendezeit seine Sicht auf den Arbeiter auf den Punkt: „Die Arbeiterklasse war faktisch der Hauptfeind in den vierzig Jahren DDR-Geschichte. Später wurde es die Jugend."[46]

Eine ähnlich illusionslose Sicht auf die Lage der Arbeiterschaft im deutschen Arbeiter- und Bauernstaat brachten seit den 70er Jahren vor allem zwei Autoren, die jedoch aus der Öffentlichkeit der DDR ausgegrenzt waren, zum Ausdruck: Gert Neumann und Wolfgang Hilbig. Hilbigs ständig

---

[44] Heiner Müller: Verabschiedung des Lehrstücks. In: Ders.: Material (wie Anm. 12). S. 40.
[45] Heiner Müller: Herakles 13. In: Ders.: *Werke 1. Die Gedichte*. Frankfurt/M. 1998. S. 240.
[46] „Es kommen viele Leichen zum Vorschein". Ein Gespräch zwischen Ulrich Mühe, Heiner Müller und Hilmar Thate. In: Theater heute 30 (1989) H. 12. S. 4-11, hier S. 6.

variiertes Thema - die Stellung eines Menschen, der sich vom Arbeiter zu einem Schriftsteller in der DDR veränderte – hätte als einer der wenigen Glücksfälle des beschrittenen Bitterfelder Weges gelten können, wäre da nicht sein vernichtender Befund, der die Situation der Arbeiter als geradezu deklassiert kennzeichnete. Hilbigs Text „Die Arbeiter. Ein Essai"[47], der erst 10 Jahre nach seiner Entstehung veröffentlicht werden konnte, zeigt mit schonungsloser Genauigkeit das Sinnwidrige der Arbeit auf:

> Hätte ihn ein Ankömmling vom Mars gefragt, was die Leute hier täten, er hätte zur Antwort gegeben, diese Menschen namens Arbeiter, produzierten Maschinen zur Herstellung von Maschinenteilen, aus denen Maschinen zur Herstellung von Maschinen zusammengesetzt würden, diese wiederum, unter Obhut der Arbeiter, fertigten ebenfalls Maschinenteile zum Aufbau von Maschinen für Maschinenteile, daraus endlich entstünden Maschinen zur Herstellung von Ölkannen, die nötig seien, um die Maschinen zu ölen.[48]

In diesem Essai wird ein Machtkampf beschrieben, der sich zwischen den Arbeitern und den Ingenieuren als unversöhnliche Gegnerschaft vollzieht.

> [...] es ist ein Kampf zwischen der Sprache der Ingenieure und der Sprachlosigkeit der Arbeiter. [...] Die Arbeit der Arbeiter ist etwas, das absolut beherrscht ist, ja überhaupt erst existent ist durch die Sprache der Ingenieure, eine Verwerfung der Sprache, die Entfaltung einer eigenen Sprache würde gleichzeitig den Status der Arbeiter verwerfen[49].

In der Gestalt des Heizers - unschwer ist hier der Bezug zu Kafkas Romangestalt, aber auch zu Kafkas Autorenposition zu erkennen – finden die Arbeiter jemanden, der ihre Sprachlosigkeit überwindet, der ihren rechtlosen Standpunkt einklagt, auch wenn diesem mit Geld ein Schweigen über die Bedingungen dieser Existenz erkauft wurde. Der ohnmächtige Protest über seinen entrechteten Zustand kennt am Schluß der Betrachtung nur noch ein Ziel: „[...]heraus, [...] aus der logischen Müdigkeit, aus dem Betrieb, aus den Gedanken. Aus der Kleidung und zuletzt auch noch, wie ein Judas, aus der eigenen Haut, auf der die gefüllten Taschen brennen."[50] Noch schärfer legt Hilbig 1981 seine Lage als Arbeiter in der Erzählung „Der Brief" dar. Dieser Text, der zeitweilig den Anschein eines Briefes erweckt, den der Verfasser, der Arbeiterschriftsteller C. Lippold an sich

---

[47] Wolfgang Hilbig: Die Arbeiter. Ein Essai. Der Text wurde erstmals 1982 vom Fischer Verlag im Band *Unterm Neomond. Erzählungen.* (Frankfurt/M. 1982) veröffentlicht.
[48] Wolfgang Hilbig: Die Arbeiter. Ein Essai. In: Ders.: *zwischen den paradiesen. Prosa Lyrik.* Leipzig 1992. S.17-30, hier S. 21.
[49] Ebd. S. 23f.
[50] Ebd. S. 30.

selbst richtet, schildert eine schizoide Identiätskrise, die sich an Edgar Allan Poes Erzählungen und Robert Louis Stevensons *The strange case of Dr. Jekyll and Mr. Hyde* orientiert. Der Held wechselt dem Modell zufolge ständig seine Erzählperspektive, seine gesellschaftlicher Status schwankt zwischen der eines gewesenen Arbeiters und dem eines nicht anerkannten Schriftstellers. In der Nähe der Hilbigschen Biographie unternimmt der Text auch eine Bestandsaufnahme auf die Situation und die geschichtliche Perspektive des Arbeiters. Seine These, daß „der Klassenstandpunkt verlassen werden muß, wenn das Klassenbewußtsein hinzukommen soll",[51] argumentiert zunächst mit der Feststellung einer „enterbten, macht-und geistlosen Klasse anzugehören",[52] der lediglich aufgrund einer ideologischen Manipulation ein Klassenbewußtsein zugemessen wurde, - dies ein Vorgang, den er mit Bloch als „Proletkult"[53] bezeichnet. Auch den Begriff eines Arbeiterschriftstellers lehnt der Verfasser des Briefes als eine Mitleidsgeste des Bildungsbürgertums für sich ab. Seine Herkunft und Zugehörigkeit zum „fünften Stand"[54] schildert er als prädestinativ: „Es gibt kein so vorgeformtes Leben wie das eines Arbeiters.", wobei im Falle des Briefschreibers diese Herkunft mit den besonderen Umständen als „aus der Asche" und als „Verbrecherviertel"[55] stammend gekennzeichnet wird. Im Gegensatz zum Schriftsteller, der auf Veranlagungen angewiesen ist, besitzt der Arbeiter, so die zynische Formulierung, die „[...]Sicherheit, [...] daß es nicht mehr tiefer hinabgeht."[56] Wagt der Arbeiter sich aber aus seiner Stellung zu bewegen, so bedeutet dieser Schritt nur eines „*Gefängnis*". „Der fünfte Stand haust nahe bei der Unterwelt, sehr nahe... er wandelt über Gräbern, über den Katakomben der Unterwelt."[57] Er lebt, zumal in Deutschland, ständig mit dem Unterbewußtsein, „es seien Gewehrläufe auf ihn gerichtet"[58]. Hilbig läßt in seinem *Brief* die damalige Kanonik marxistischer Theorie hinter sich, seine Arbeiter sind, betrachtet man ihre Mentalität, nicht mit Klassenbewußtsein ausgerüstet, sondern vor allem ein Produkt der Angst, den Kontakt mit der Masse nicht zu verlieren. Lebenslang sei der Arbeiter dazu gezwungen, eine Arbeitsleistung vorzutäuschen, was

---

[51] Wolfgang Hilbig: Der Brief. In: Ders.: *Ein Brief. Drei Erzählungen.* Frankfurt/M. 1985. S.77-167, hier S. 86.
[52] Ebd.
[53] Ebd. S. 94.
[54] Vgl. Ebd. S. 95.
[55] Ebd. S. 99.
[56] Ebd. S. 96.
[57] Ebd. S. 100.
[58] Ebd. S. 101.

ihn in „einem Zustand latenten Schuldbewußtsein treiben"[59] ließe, denn „tagtäglich muß er beweisen, daß er seinen verdammten Lohn *verdient* hat, seinen Lohn, der bestenfalls einen geringen Prozentsatz seiner Mühe gerecht begleicht."[60] Schuldbewußtsein, Gespensterfurcht, Existenzangst, Bedrohung durch staatliche Gewalt und Roheit (statt Solidarität) untereinander bilden dem Verfasser des Briefs zufolge das „Weichbild der Klasse"[61]. Briefschreiber Lippold, der sich in eine Generationenfolge von Verfolgten („Verschwundene" werden sie in Hilbigs Roman *Alte Abdeckerei* genannt) und deren Bedrückern eingereiht sieht, stellt in seiner Analyse fest:

„Mitteleuropa ist überzogen von einem Filz mehr oder weniger bekannter Verwandtschaftsgrade. Massenhaft, sage ich, massenhaft Ähnlichkeiten. Oh, wir sind alle unterderhand verwandt. Ihr alle, schrie er schließlich zornfunkelnd, Ihr alle seid Lippolds... vermutlich jeder."[62]

Es liegt auf der Hand, daß dieser Befund „von unten" in der DDR verboten und ausgegrenzt wurde. Die Existenz des Schriftstellers Wolfgang Hilbig wurde bekanntlich nahezu gänzlich aus der literarischen Öffentlichkeit getilgt. Mit Verfolgung durch die Staatssicherheit und Gefängnis versuchte man ihn einzuschüchtern und zum Schweigen zu bringen. Die Spuren der Repression sind dem gesamten bisher veröffentlichen Werk dieses Autors eingeschrieben. Daß die kulturpolitischen Instanzen eine Auseinandersetzung um eine der wichtigsten Leitideen nicht mehr vermochten, gehört mit in die Agonie der implodierenden Auflösung der DDR. Kurt Hager, der im September 1985 dem Vorstand des Schriftstellerverbandes eine „exakte, ungeschminkte und umfassende Analyse" ankündigte, warf den Befürwortern eines „kritischen sozialistischen Realismus", was eine vorsichtige Formel für die Überbrückung des eklatanten Widerspruchs von Schein und Sein in der DDR darstellte, Blindheit für das Neue vor.[63] Das bedarf wohl keines Kommentars.

Überblickt man von diesem willkürlich gesetzten Endpunkt her die Geschichte des Arbeiters in den literarischen Darstellungen, die hier nur an einigen ihrer Stationen betrachtet werden konnte, so zeigt sich, daß dem Arbeiter wohl kaum die revolutionäre Klassenbewußtheit, die er zur Erfül-

---

[59] Ebd. S. 104.
[60] Ebd.
[61] Ebd. S. 84.
[62] Ebd. S. 153.
[63] Vgl. Kurt Hager: Probleme der Kulturpolitik vor dem XI. Parteitag der SED. Rede im Vorstand des Schriftstellerverbandes der DDR, 26. September 1985. In: NDL 34 (1986) H. 1. S. 5-27.

lung seiner von Marx erträumten historischen Mission benötigte, zuerkannt werden konnte. Nur zögernd nahm man in der DDR seine durch die technische Entwicklung bedingte Ersetzung durch die Maschine wahr. Die Differenzierung durch arbeitsteilige Prozesse erschütterte zunehmend die Vorstellung von der Homogenität seiner Klasse. Im Begriff des „Werktätigen", der den Diskurs um den Arbeiter sukzessive ersetzte, wurde seitens der Ideologie dieser Prozeß verdeckt. Nur über eine begrenzte historische Wegstrecke entsprach die Vorgangsfigur „Ankunft" teilweise seiner tatsächlichen historischen Lage. Literarisch war die Figur des Arbeiters in der von der Kulturpolitik vorgedachten Weise nur als mit Illusionen behaftet zu gestalten, keinesfalls jedoch als geschichtsbildende teleologische Kraft. Die Zensur erwies sich als untaugliches Mittel, den zunehmenden Widerspruch von Schein und Sein in der DDR zu kaschieren. Für die Autoren, die sich ein realistisches Verhältnis zu ihrer Zeit bewahren wollten, verlor die Figur des Arbeiters an Reiz, da sie sich auf Territorien, die vom Tabu besetzt gehalten wurden, nicht länger abarbeiten wollten und konnten. Nicht zuletzt war die zum Klischee erstarrte Formel der Propaganda von „seiner" führenden Partei, ein schwerwiegender Irrtum und erzeugte tatsächlich einen unversöhnlichen Gegensatz, der nicht zuletzt auch maßgeblich an der Destabilisierung der inneren Verhältnisse in der DDR und an ihrem Verschwinden beteiligt war.

Rhonda R. Duffaut

The Function of Poststructuralism in Wolfgang Hilbig's Novel "*Ich*"

This analysis of Wolfgang Hilbig's post-wall novel "Ich" focuses on the strong connection between Western poststructuralist theory and East German writers noted by the author in lectures and interviews. In his depiction of a writer turned informer, Hilbig both captures the destructive quality of the regime on individual identity and offers a critical example of young GDR writers' enthusiastic appropriation of such theories in the late 1980s.

Although a mere three years had passed since the official dissolution of the GDR, by 1993 the topic of Stasi collaboration had become wearisome. A united Germany was inundated with documentation and speculation about politicians', writers', and citizens' connection with the state security service ("Staatssicherheitsdienst", abbreviated as Stasi). Nevertheless, in his novel, "*Ich*", the Saxon Wolfgang Hilbig takes up this topic once again and uniquely integrates the topic of writers' collaboration with the Stasi in the GDR with postmodern issues of subjectivity. The protagonist, codename Cambert, also referred to by his former name M.W. or simply as C. or W., is a writer and informer for the security service. In that the novel depicts the split identity of a worker/writer turned informer who only simulates identities, it illustrates what theorists such as Jean Lyotard and Jacques Derrida would call the postmodern condition of the subject, i.e., fragmented identity. And yet, whereas poststructuralists advance the notion that fragmented identity is liberating and subversive, the figure of Cambert ultimately upholds and perpetuates the state's power rather than challenging it. Thus, Hilbig's text illustrates how poststructuralism might be used to justify one's participation in the state's power

Given that the text concerns itself with a particularly East German form of totalitarianism, it clearly reflects loss of identity as a consequence of the corruptive secret police society. The quotation marks surrounding the title "*Ich*" can be seen as an indication of this loss, for they denote an alias such as IM "Gerhard" (later disclosed as Rainer Schedlinski) or IM "Peters" (likewise disclosed as Sascha Anderson). However, as Jan Faktor claims, the novel is not a documentation of police activities.¹ In concurrence with Helmut Böttinger,² he argues that the incorrect portrayal of and information about the Stasi reveals that the novel is in fact a quite personal account of Hilbig's experiences as a writer in the GDR. Without disregarding the historical context or the personal nature of the text, this essay will pursue theoretical elements in order to highlight the link in theoretical argumentation between the novel and Hilbig's lectures on poetics, which he held two years after the novel's publication. Such an analysis brings to light two significant elements whose connection has been virtually neglected in scholars' focus on political and biographical features of the novel: Western literary theory and GDR writers.³ Indeed, this novel, in contrast to his previous works, can be read as a kind of dramatization of his criticism against the indiscriminate appropriation of poststructuralism formulated in his lectures.

In addition to evoking a police file, the title itself immediately draws the attention of a nineteen ninety's reader familiar with the poststructural discourse of subversion. Since the introduction of poststructuralism in the 1960's, placing words, terms, and even entire expressions in quotation marks has become the fashion to call authenticity into question. For example, Derrida places words in quotation marks to call into question the authority of an agent and ultimately the opposition between presence and absence. In his explication of Levinas' text on the trace, Derrida demonstrates that a pronoun always undermines the singularity of that which it signifies, for the pronoun can very well signify someone or something else.⁴ That we understand who or what the pronoun signifies is a result of erased words: traces that are present in their absence. Moreover, the markings indicate a new use of an existing term, e.g., "nature." Both of these

---

[1] Jan Faktor: Hilbigs 'Ich'. Das Rätsel des Buches blieb von der Kritik unberührt. In: *Wolfgang Hilbig. Text und Kritik*. Ed. Heinz Ludwig Arnold. München 1994. P. 62-74.

[2] Helmut Böttinger: Montröse Sinnlichkeiten, negative Utopie. In: *Wolfgang Hilbig. Text und Kritik*. P. 52-61.

[3] This is not to say that scholars have not investigated a relationship between poststructuralism and the GDR state. For example, Heising gives a very critical analysis of such a connection in Hilbig's text: Bärbel Heising: *Briefe voller Zitate aus dem Vergessen. Intertextualität im Werk Wolfgang Hilbigs*. Frankfurt/M. 1996; In their Nachwort, Olaf Nicolai, Michael Thulin and Peter Böthig note the influence of poststructuralist notions on the Prenzlauer Berg writers. In: *Abriss der Adriadnefabrik*. Eds. Andreas Koziol and Rainer Schedlinski. Berlin 1990. P. 324-336.

[4] Jacques Derrida: At This Very Moment in This Work Here I Am. Trans. Ruben Berezdivin. In: *A Derrida Reader. Between the Blinds*. Ed. Peggy Kamuf. New York 1991. P. 405-439.

techniques serve to undermine the notion of a stable, mimetic relationship between the signifier (the word) and the signified (the concept).

Also in this trend is the utilization of quotation marks to stress a certain term or indicate what can be thought of as a standard expression such as "grand narrative" or "death of the subject." While the quotation marks clearly underscore the expression and point to an originator, they simultaneously call attention to the very fact of a neologism such as "grand narrative." These new expressions necessarily cast doubt on the original expression or term to which it refers. Thus, even as they stress, the quotation marks undermine the notion of originality.

This double function of stressing and undermining is further captured in Jacques Lacan's theory of identity. In his analysis of the externalization of language, he asserts that language forces us simultaneously to stress and destabilize our identity every time we say "I,"[5] for "I" can be used by more than one speaker. As a consequence of identification with this symbolic world of signification (i.e., symbolic order) that goes beyond mere verbal signification, identity is neither stable nor finite. In this respect, the "I" of Hilbig's text can represent his necessary identification with the symbolic world as well as the Derridian plurality of the signifier chain.

Not only is the narrator's identity split as a result of signification, but it is also fragmented due to social divisions. For Michel Foucault (a name that plays an important role in the text[6]), who investigates the history of social phenomena, social and personal identity manifests itself in a process of categorization and objectification as something or someone in opposition to something or someone else. Since "the subject is objectified by a process of division either within himself or from others,"[7] identity is constituted as division. While division of Cambert's identity is indeed, as Rolf Michaelis convincingly argues,[8] a literary technique to articulate how others see him, the levels of identities become confused and the conflation of the levels suggests an uncontrollable process of division.

---

[5] Jacques Lacan: The Mirror Stage. In: *Écrits*. Alan Sheridan. Trans. New York 1977. P. 1-7.

[6] For extensive analyses on the name Feuerbach, see Rolf Parr and Andreas Disselnkötter: 'Das Wesen läßt man besser aus dem Spiel'. Metamorphosen in Wolfgang Hilbigs Roman 'Ich'. In: *Diagonal* (1995). P. 20-21; and Bärbel Heising: *Briefe voller Zitate*. P. 188-192.

[7] Michel Foucault: The Subject and Power. In: *Michel Foucault. Beyond Structuralism and Hermeneutics*. Ed. Hubert L. Dreyfus and Paul Rabinow. Chicago 1983. P. 208.

[8] Rolf Michaelis: Laudatio auf Wolfgang Hilbig. Bremer Literaturpreis 1994. In: *Sprache im technischen Zeitalter* 32 (March 1994). P. 9-13.

Crucially, this notion of destabilization and inauthenticity is viewed by many poststructuralists to be liberating since destabilization can generate transformation from within. This process, of which both Lacan and Foucault write, might produce an identity within society, but if the objectifying power structures can be undermined, what constitutes the social subject and thus his/her identity can be transformed. Whereas Lacan contends that destabilization is inherent to signification, Foucault's notion of power implies struggle for power. Nevertheless, it becomes evident that predominant significatory structures are not rigid, but in fact multiple and inherently unstable. Thus, the poststructuralist project results in "re-production," with the emphasis on *production*, of predominant structures.

While poststructuralism and its precursor structuralism developed out of a disillusionment with bourgeois thought in 1960's France, these Western theories were surprisingly accessible in socialist countries such as the GDR. Texts were often sent as gifts, and small volumes on Derrida, Foucault, and Lyotard were available from Merve and Junius presses. Poststructuralism, which exposes Western bourgeios ideology to be a series of structures or discourses in constant power struggles, would appear to have little in common with rigid GDR totalitarianism. And yet, insofar as these theories criticize the norm, they could also be employed to support an intellectual movement against the socialist political ideology. As Hilbig himself asserts,

"in dem Land, in dem der Materialismus zur Staatsdoktrin erhoben war, der Begriff Aufklärung dabei zu einer nur plakativen, sinnentleerten Hülse verkommen war, griffen junge Autoren nach den Werken einer Gegenaufklärung" (FV 53).

Indeed, many writers mistrustful of the system could have considered poststructuralism to be much more than an intellectual trend, for it professes the potential of political subversion *from within* given systems without violent revolution.

With these characteristics of inauthenticity, instability from within, and production in mind, Hilbig's use of quotation marks in his title might be seen as a technique that signifies a liberating re-production of the Self in a poststructuralist sense. After all, many in the group of young oppositional writers associated with the Prenzlauer Berg scene in 1980s Berlin became fascinated with poststructuralist theories. Hilbig alludes to the group in the novel with the unofficial writers' scene, to which Cambert is assigned. These Western theories offered the writers born behind the wall a way to think and write beyond the opposition upheld by the language of the state, for they bring to light the radical instability of language. Elke Erb points to these characteristics in her preface to a co-edited anthology of new GDR literature with expressions such as "weder petitionär noch aggressiv" and "Vielschichtigkeit."[9] Her terminology emphasizes subversion and multiplicity of signification. Like this anthology, the theoretical magazine *Ariadnefabrik* was mainly a linguistic endeavor. Nevertheless, as Michael Thulin asserts "im Aufbrechen der verhärteten sprachlichen Konventionen [ist] eine der wesentlichen Voraussetzungen für die Kritik sozialer Strukturen zu erkennen."[10] The challenge of the conception of language as an instrumentalizing mechanism inevitably calls the socio-political structures into question.

Although Hilbig's use of quotation marks does point to the notion of inauthentic identity, the stench of his East German society on the verge of collapse and his narrator who equates himself with excrement betray his opinion of such a notion for the late GDR. In his lectures on poetics Hilbig, who was initially a participant in the above-mentioned anthology, was a participant in *Ariadnefabrik*, and had close contact with the scene, criticizes the young writers' nonselective reliance on such theories of liberation. In his view, poststructuralism promotes resignation because one merely theorizes opposition.[11] Hilbig does not limit his criticism to poststructuralism, i.e., predominantly considered to be literary theory in conjunction with postmodern philosophy. In this "Kritik an der Kritik" (FV 51), Hilbig illustrates problems of both structuralism and poststructuralism for GDR society without distinguishing between them. Statements he makes in his lecture indicate that he regards both to be equally detrimental. Firstly, instead of fighting against the GDR discourse of enlightenment, Hilbig maintains that young writers simply adopted poststructuralist notions without going back to the foundations of enlightenment thought. Secondly, theories of structures in which form takes precedence over content can be used as justification of one's actions. By relying on these theories, writers ran the risk of resigning themselves to a role of opposition that did not have that function.

Hilbig's first point addresses the contradictions between the theory and practice of "Realsozialismus". Given the oppressive nature of "Realsozialismus", which claimed enlightenment on the basis of defining truth and support, it is not surprising that its young thinkers felt betrayed. In doing

---

[9] Elke Erb and Sascha Anderson. Eds.: *Berührung ist nur eine Randerscheinung. Neue Literatur aus der DDR.* Köln 1985. P. 15, 13.

[10] Michael Thulin: Die zerrissenen Fäden. In: *Abriss der Adriadnefabrik.* P. 333.

[11] Wolfgang Hilbig: *Abriß der Kritik. Frankfurter Poetikvorlesungen.* Frankfurt/M. 1995. P. 52-56. This analysis focuses mainly on his second lecture. Subsequent citations will appear as FV.

so, the state, contrary to allowing what Kant termed "public freedom" of thought, oppressed any individual thought. East Germans, therefore, turned to theories that obliterated the very notion of 'truth' upon which enlightenment thought rests. However, just as Wolfgang Welsch finds affinities between Kant's *Critiques* and postmodern philosophy of plurality, so too Hilbig, himself, challenging postmodern readings of the enlightenment, suggests that enlightenment concepts offered a way to challenge the oppression of the East German state.[12]

The second point of his argument against these theories of structures underscores their quality of critique. Hilbig associates the danger of resignation with both structuralist and poststructuralist theory, and thereby stresses the idea that the "logical reality" of both offered a seductive solution to the corruption of the GDR. In contrast to the GDR, these theories postulate a logical reality based solely on critique. Although poststructuralism diverges from structural linguistics, both theories critique human subjectivity, historicism, meaning, and philosophy.[13] And using almost exactly the same words with which he critically appraised poststructuralism, Hilbig claims of structuralism that "[die Theorien] empfahlen nicht, die Sprache der Macht beim Wort zu nehmen, was sie nahelegten, waren verschiedene Möglichkeiten, sich durchzumogeln" (FV 55). In other words, by viewing society as power structures, whether legitimate or illegitimate, one attributes a logical cause for every movement either to assume the power position or to struggle against that same position. Rather than exposing the contradictions in the power discourse, these theories enable one to comply with the predominant power discourse. Speculation by Hilbig and others, for example Ekkehard Mann,[14] of such a correlation between collaboration and poststructuralist thought, while in no way applicable to all writers, calls attention to a danger in the application of such theories.

Hilbig's figure, Cambert, embodies this criticism of identity production voiced in his lectures. The protagonist's various names demonstrate the

---

[12] Wolfgang Welsch views postmodernity as a radical development of modernity and not contrary to modernity, claiming that Kant realized the distinctions in types of rationality, which ironically lead to the universality of idealism: Ders.: *Unsere Postmoderne Moderne*. 5. Aufl. Berlin 1997. P. 83.

[13] Madan Sarup: *An Introductory Guide to Post-Structuralism and Postmodernism*. Georgia 1993. P. 1-4.

[14] Ekkehard Mann: Autonomie oder Gegenkultur? Überlegungen zur Literaturszene um den Prenzlauer Berg. In: *"im widerstand/in mißverstand"? Zur Literatur und Kunst des Prenzlauer Bergs*. Ed. Christine Cosentino and Wolfgang Müller New York et al. 1995. P. 23-49. In footnote 75 he writes: "Spekuliert werden darf,

production of various identities which manifest themselves in discursive structures. M.W. or W. refers to his pre-Stasi self and Cambert or C. (a letter-abbreviation used in several of Hilbig's previous texts and his latest novel, *Das Provosorium*, 2000) is his alias. Here we observe a process of both personal and social division noted by Foucault. Consequently, M.W. or W. or C. cannot be seen as exclusively temporal identifications referring to specific identities since the narrator also utilizes these abbreviations in his narrative about himself. As a worker and writer, he is known under the name M.W. In his ruminations of the past, he appears as W., and in his autobiographical writings he refers to himself as both W. and C. Since the unofficial informer, Cambert, relates his story of how the writer has become the informer, this name will be used to refer to the narrator.[15] Although the name is actually an alias and thus what he claims to be an assumed identity, Hilbig's text inevitably demonstrates the impossibility of such a simplistic division.

Insofar as he regards his identity to be mutually exclusive structures, the narrator believes himself to be simply simulating identities. Cambert must assume several identities in order to work for the Stasi. He simulates a spy, i.e., Cambert or C., in exchange for the publication of his work, and he simulates other identities in order to shadow those who become the objects in his reports. For example, although his assignment is to infiltrate the unofficial writers' scene under his name M.W., under which his poems are also published, he must do so by pretending to be someone else. In one instance, he can no longer remember which name he used to introduce himself to a female student he meets during his assignment. Each new assignment is a new self, and as easily as he closes an assignment, he believes he can disclaim identities he has assumed.

In this way, the narrator's perception exhibits similarities to a quote cited by Hilbig in his lectures on poetics. Hilbig quotes from a statement made by the Prenzlauer Berg writer, Sascha Anderson, who later was discovered to have been an informer. Although the statement from a 1985

---

inwieweit im Fall Schedlinski postmoderne Beliebigkeit als Rechtfertigungstheorie für seinen Stasiverrat zupaß kam." (P. 49).

[15] Supporting the significance of Cambert as the protagonist, Sybille Cramer notes that "längst ist das Ich des Schriftstellers und des Menschen W. nur noch vorhanden in der Rollenform des Verfolgers." Sybille Cramer: Kein Ort. Nirgends. Ein Ort. Irgendwo. Wolfgang Hilbig versus Christa Wolf: Klassizistische und moderne Positionen in der Literatur des Sozialismus. In: *Wolfgang Hilbig. Text und Kritik*. P. 80-92, here p. 86.

interview with Egmont Hesse[16] concerns itself with the topic of death and writing, Hilbig underscores a dangerous connection between Anderson's declaration and structuralist theory, which he understands as a justification for Anderson's collaboration. Hilbig quotes:

> Man hat es gelernt mit der Schizophrenie produktiv umzugehen, ich bin nicht schizophren, sondern ich bin der, der Schizophrenie als Mittel zur Verfügung hat. D.h. ich brauche nicht die zwei Welten, in denen ich existiere und mich ausdrücke, und ich kann eine immer sterben lassen, welchen Sinn das hat, interessiert dabei erstmal weniger als die Möglichkeit. Ich verfüge über die Mittel der Schizophrenie, ohne selbst betroffen zu sein. (FV 54)

In hindsight, this passage does appear to pertain to more than simply the subject matter of the speaker's texts. Insofar as the exterior worlds (i.e., writer and informant) are distinct and do not affect him, the speaker seems to control his identity. Thus, schizophrenia can be thought of as simply a means to an end over which one has control even to extinguish one of the identities. But who this self is that he claims is not touched by the fragmentation when he is not one or the other remains ambiguous. While the post/structuralists Deleuze and Guattari[17] develop a theory of schizophrenia in which illness serves as a means of subversion against bourgeois society without overtly challenging it, Hilbig maintains that Anderson utilizes the term to make his collaboration less harmful. After all, he claims to have been in complete control of the situation, and that his cooperation had little to do with his beliefs. In fact, such theories enabled Anderson to accept the power discourse as one discourse among many and prevented him from actually attacking it. Likewise, Hilbig's Cambert believes at first that he can slip in and out of identities and thus is not compelled to challenge the "reality" of the Stasi.

Just as Cambert perceives his identities to be interchangeable structures, so too he believes himself able to distinguish between his discourses. Cambert composes all his texts, both the reports and his literary works, on the same desk, and while he separates them into two distinct piles, the

---

[16] See: *Sprache & Antwort*. Ed. Egmont Hesse. Frankfurt/M. 1988. P. 55-67. Hilbig omits the sentence directly following that expresses Anderson's negative opinion of such an activity, i.e., to be able to write about death without it touching him personally (p. 56f.).

[17] Like many of the French theorists, Deleuze and Guattari are considered by some to be structuralists and by others to be poststructuralists. Hilbig labels them structuralists, but since both theories are equally problematic for him, I employ the slash to indicate that, on the one hand, the theorists are classified as both and, on the other hand, the theories themselves have a similar impact for Hilbig.

physical division does not compensate for the growing similarity in the discourses. Eventually, his literary texts become more documentary and his reports become more literary.

By learning to forget old assignments, Cambert can further exclude his past. When an assignment is completed, it can be put aside. Cambert has worked on several assignments previous to the one that presently occupies him.[18] In reference to his structural conception of his collaboration as he walks through the tunnels of Berlin, he contemplates:

> Aus dem Gang, den ich hinter mir gelassen und ausgeschaltet hatte, war das Ich verflogen [...]. Und vor mir lag eine neue Wegstrecke, in der ich mein 'Ich' wieder aufrichtete an den Erscheinungen des Sichtbaren im altbekannten Licht. (26)

Each new assignment, deepening his involvement with the Stasi, causes him to assume an inauthentic identity, an "Ich". In the above passage, this inauthentic identity ("Ich") is juxtaposed against a lost authentic identity ("Ich"). He appears able to slip in and out of these identities, and this perception of an inauthentic self completely distinct from any authentic self enables him to continue his participation.

Thus, the notion of identity production can be problematic. Although the text makes reference to several poststructuralist thinkers, such as Foucault, Baudrillard, Beckett, and Barthes, Cambert is not particularly well-versed in their texts. He only reads the texts in order to infiltrate the scene, which relies on these theories. Nevertheless, he can recall passages from the texts and does so almost unconsciously in the case of Baudrillard's term "leere Signifikanz" (34). His ability to cite from the texts without fully understanding the argumentation from which the passages stem mirrors Hilbig's criticism of the young writers who simply adopted the theories without fully understanding their impact. Cambert is not a portrayal of any particular writer who adopted these theories in their work or for personal reasons. Rather, he embodies the problematics of poststructuralism itself with further implications for GDR writers.

While Cambert appears to be an outsider of this scene because he supposedly does not read or understand theory, he believes himself to be governing identity production, contributing to the temporary quality of his status as informer. He chooses his own alias, thereby creating Cambert. Additionally, the opening of the text intimates his control. He claims,

---

[18] Although the Reader assignment is most often read as Cambert's first assignment, several passages in the text suggest otherwise. Wolfgang Hilbig: *Ich. Roman.* Frankfurt/M. 1995. pp. 14, 18, 126-131. Subsequent quotes will be cited by page.

"Und es ist mir im Grunde leicht gewesen, das meiste zu erreichen. Frühzeitig hat man mich gelehrt, daß man Vorteile für sich den Machtinhabern dieser Welt am schnellsten entreißt, wenn man es im Bündnis mit ihnen tut." (7).

Contrary to his other recollections, Cambert, appears at this point quite conscious of his role of informer. Whereas the former statement implies personal motives (he has attained his goals), the latter suggests a more general motivation (i.e., undermine from within). His disclosure demonstrates that he himself has fallen into the trap of thinking structurally and thus supporting GDR ideology.

The epigraphs further stress the dangers of poststructuralism for GDR society. In the first epigraph, Hilbig cites from the *statement zum flugversuch mit sonett tausendundeins* by Leonhard Lorek, an artist in the unofficial Prenzlauer Berg art scene in the 1980s: "Statisch ist der rahmen der öffentlichkeit./ innerhalb dieses rahmens, sich die möglichkeit/ einer eigenen dynamik zu verschaffen,/ ist das 'ich' ein kommisarisches." (5) Interpreted at length by Bärbel Heising,[19] the statement claims that since societal borders are static, any possibility of living out a different kind of identity would be only temporary. While the produced identity might be only temporary, the statement points to the creation of an identity within the social confines by means of separation ("eine eigene dynamik") from the norm. The passage does not mention any provocation of change, but it exhibits similarities to the groups referred to in the text that attempt to change the Republic from within (193). In choosing this statement, Hilbig underscores the scene's belief in a self-created identity that is in opposition to the social norm. However, the self that the narrator creates is in direct contradiction with this belief. The narrator's produced identity is a state identity and contrasts with the temporary authentic identity intimated by Lorek.

Crucially, the two epigraphs constitute a kind of statement and rebuttal. Hilbig follows the statement up with a quote from Tieck, which can be read as a reply. Hilbig, quoting from Tieck's romantic fairy tale, *Der Runenburg*, writes: "Wie habe ich mein Leben in einem Traume verloren!/ sagte er zu sich selbst;/ Jahre sind verflossen, daß ich von hier heruntergestieg ...". (5) In this fairy tale, as the citation intimates, the dream is mistaken for reality and vice versa. Like Tieck's protagonist, Christian, Cambert also feels as if he has been living in a dream. While he might have thought that he was producing his "Ich", he realizes with horror that he is Cambert, a state self, produced for the benefit of the state and not contrary to it as the young writers imply.

[19] Bärbel Heising: *Briefe voller Zitate*. P. 182-188.

Indeed, the text illustrates that this process of producing the Self is precisely what the Stasi promotes, for one continually leaves the past behind. His superior, Feuerbach, is not interested in Cambert's past, and readers are left to infer that either Feuerbach thus avoids becoming too personal or, more likely, that he already knows. Paradoxically, with its emphasis on current information, Hilbig's secret police foster an atmosphere of ahistoricity among themselves at the same time that it maintains and even creates a history of socio-political threats. Cambert is given assignments for which he must compose reports, but he is not given any background. In order to keep this system from collapsing completely, the police are forced to create the supporters and enemies of the state. Cambert can only remain an uncritical supporter of the state as long as he forgets that a time existed before his participation. He must therefore divest himself of the notion of an original self. However, from the perspective of a writer, Cambert needs background to write. In reference to his dilemma, he poses the question: "[W]ie kann es einen ordentlichen Text geben, der sich nicht dauernd auf seine Vorgeschichte bezieht?" (161). His narrative, then, can be seen as an attempt to regain a sense of an authorial agent with the help of his "Vorgeschichte".

Not only do the various assignments enable the informer to move on instead of dwelling on one particular event or time in the past, but also with the aid of a new identity, Cambert, formally an unskilled worker, has the possibility of leaving the past and its struggles behind. In reference to this kind of progress, Cambert's superior in his hometown "A." tells him that one sees best by looking from the dark into the light (133). In other words, the past, represented here by darkness will be superseded by the light associated with the present and future.

The superior's statement, evoking Enlightenment values of development, however, is undermined by the meaninglessness of the term. Rich with Enlightenment metaphors of light and dark, wakefulness and sleep, and knowledge and ignorance, the text associates Enlightenment views with the state's attempt to recruit its citizens. Enlightenment, then, becomes a tool of the state. According to Cambert,

> "wir betreiben ununterbrochen Aufklärung [...]. Aber es war schwer, aufzuklären ohne eine Vorstellung davon, was durch Aufklärung sichergestellt und gegebenenfalls verhindert werden sollte [...]." (44f.)

Not only has the term "enlightenment" become meaningless, but the confusion between wakefulness and sleep throughout Cambert's narration represents contradictions in theory and practice of the state. Although he maintained that he is merely infiltrating the organization, Cambert has assumed the state discourse of enlightenment. His difficulties in practicing the discourse underscore the term's meaningless.

In conjunction with its attempt to enlighten, Hilbig's state also generates its own reality. As the secret police question Cambert in their attempt to blackmail him to collaborate, he notices that *"Realität* [kam] plötzlich massiv ins Spiel". (66) While Cambert explicitly refers to their utilization of the specific word "reality," his comment also draws attention to a corresponding reality to which the police make reference. More precisely, their official discourse creates and maintains its own reality. Confirming this characterization of state reality, the former GDR writer Ingo Schulze claims, "Die offizielle Sprache schuf eine eigene Wirklichkeit, die alles andere zur Realität zweiter Klasse degradierte."[20] Whereas Hilbig distinguishes between the official "Realität" and individual "Wirklichkeit", Schulze associates "Wirklichkeit" with the official discourse. Nevertheless, it becomes evident that both writers of the former GDR see a discrepancy between the two realities. This reality "die eines Tages begonnen hatte, [hatte Cambert] nach und nach eingenommen und überwältigt [...]." (64) Although Cambert at first perceives this official discourse as simply one structure of many, he gradually begins to identify with it. As a consequence of his identification with this official discourse, the events about which he did not report, i.e., inscribe in the official discourse, have receded from his memory (56). Therefore, he does not "deconspire," the official expression for discussing one's cooperation, but has, in fact, resigned himself to being an informer.

In this way, Hilbig's text draws attention to poststructuralist notions of fragmented identity while additionally showing how Cambert uses his creation of identity structures as a tool to devalue his activity. He has begun to find comfort in his simulations. He contemplates:

Ich lebte in einer Welt der Vorstellung ... immer wieder konnte es geschehen, daß mir die Wirklichkeit phantastisch wurde, irregulär, und von einem Augenblick zum andern bestand die Ruhe für mich nurmehr in einer unwahrscheinlich haltbaren Simulation. (44)

With any sense of true reality and thus of a true self fading, he relies more and more on the state ideology, for which he must simulate identities.

However, these simulations have grown nondescript and timeless. As if sleep-walking, he no longer knows exactly how long it has been since they

---

[20] Ingo Schulze: Berlin ist eine unschuldige Stadt. In: *Die Zeit. Magazin.* October 3, 1997. P. 30-38, here p. 36. His statement supports the notion that to oppose the official language is also to oppose the official reality and thus its structures.

recruited him nor how long he has been living in Berlin. Awakening from the stupor of his "Schlafzeit", which made his participation with the Stasi possible, he is prepared to look into the dark past instead of attempting to avoid it. By waking up and reflecting upon his collaboration, he shatters the innocence the status of sleepwalking affords. The connection between the Stasi and sleep not only critiques the GDR acclaim to enlightenment, but it also reveals the trauma resulting from Cambert's collaboration.

In search of his own '"Vorgang", the title of the first chapter, that will bring to light his opaque, simulated identities of writer and informer, he must delve into memories of the past. By using the term "Vorgang", which denotes Stasi assignments, in association with the narrator, Hilbig links the process of writing literature with writing Stasi files. Indeed, Hilbig draws attention to the similarities in the GDR in an interview with Karim Saab with his comment: "Beide, der Spitzel und der Schriftsteller, schaffen sich eine Wirklichkeitsfiktion und eine Fiktion von Figuren, die sie überdenken, ausloten, observieren."[21] Conseqently, Cambert becomes his own assignment. Additionally, since Cambert's perspective is one of an informer, he cannot help but observe himself.

What began as reluctant participation, then, develops into a necessary attachment. In the second chapter "Erinnerung im Untergrund" it becomes clear how Cambert's (the then W.) involvement with a suspicious group led to his entrapment by the security service. Because of his writing, which the security service encourages, he is shunned by his co-workers. Whether he writes about them or not, his observation of them makes him an outsider, a figure which recurs in Hilbig's texts. Unique to this text, however, is the cause of the others' hostility. His writing is directly responsible for his enemy status: "er hatte eine Wand von Buchstaben zwischen ihnen aufgerichtet ... und fortan war er ein Mann der Partei." (88) Writing and observing, so closely tied to informing in the view of his co-workers, drive him into the role of informer.

In this vulnerable position of alienation, he becomes the perfect candidate for an informer. It was well known in the GDR that the Stasi sought weaknesses in potential informers in order to force them to collaborate. Hilbig's figure is fatherless, and this makes him susceptible to the Stasi. Through blackmail, he is forced to "voluntarily" sign documents confirming that he is the father of a friend's child. His confirmation, thus, simultaneously serves as a contract with the Stasi. As Reinhard Renger claims in

---

[21] Karim Saab: 'Die DDR-Literatur hatte völlig resigniert'. Über Scheckfälscher und Flaschensammler. Ein Gespräch mit Wolfgang Hilbig. In: *Wolfgang Hilbig. Materialien zu Leben und Werk.* Ed. Uwe Wittstock. Frankfurt/M. 1994. P. 222-228, here p. 224.

his review, the only viable reality in the GDR was that which came from the state, and Cambert legitimizes himself as part of that reality by inscribing himself into it.[22] It is no wonder that this act of signing is accompanied by a "Schlafzeit". Although Hilbig did not intend to write a moral narrative, this step begins the moral dilemma of his figure. Despite the forceful tactics of what Althusser terms the "State Apparatus," it is Cambert's signature, no matter how illegible, that pushes literature further into resignation.

While Cambert does attempt to escape, his recollections belie his inability to keep the identities distinct. His move to Berlin and his later attempt to flee to the West are both instances in which he strives to escape the tentacles of the Stasi. And yet, he begins to confuse his various names in the course of his narrative. On the one hand, the switch from the utilization of the first person to the third person, as mentioned above, simply suggests the narrator's move to the past, for he calls himself by his former name – M.W. or W. On the other hand, this narrative technique also indicates the narrator's method of distancing himself from the object he is observing. For the past several years, those objects have been other individuals. Now he utilizes this method on himself: "ich selbst ... beobachtet von mir selbst". (41) Through Cambert's recollections, W. assumes a similar role to those in his reports as well as the role of a figure in his autobiographical writings.[23]

By moving from his hometown to Berlin in order to escape his attachment to the secret police, he appears to gain both physical and emotional distance. As a result, he perceives "Jenes Ich von früher [als] eine literarische Figur". (142) This idea to fictionalize his experiences he attributes to his former superior who encourages him to write (141). It would seem quite easy for him to keep the levels of narrative distinct, one corresponding to his present identity as the observer, Cambert, and the other corresponding to his past identity as the proletariat writer, M.W. However, just as his new superior catches up with him in Berlin, proving the physical distance to be illusory, so too the narrator's emotional distance cannot overcome his gradual identification with the state. His constant shifting between the names shows that those identities are not mutually exclusive and that contrary to what he believed, he is not governing them.

---

[22] Reinhard Renger: "Ich". In: *Kultur-Chronik.* 1 (1994). P. 14-16, here p. 15.
[23] See Christof Forderer: Doppelgängerfiguren und Abwesenheitssyndrom. Zur ontologischen Schwäche von Wolfgang Hilbigs Protagonisten. In: *Weimarer Beiträge* 42 (1996). H. 1. P. 54-67.

Although he thought that Cambert was merely a codename and a simulation, he discovers that he is indeed Cambert. Reflecting upon himself, he contemplates:

> "'Ich', der immer wieder den Kopf von der Tischplatte hebt ... und wenn ihm das Licht der Küchenlampe ins Gehirn zu sickern beginnt und die Realität wieder Fuß faßt in seinen Gedanken, steht da unausweichlich die Frage: Wo war ich jetzt?" (142)

With the loss of an "authentic" identity, he assumes the inauthentic "I" completely so that it is "I" who now incorporates him in a literally physical sense. His identification with "Cambert," supersedes any other so that the simulation takes precedence over the original. In Baudrillard's sense, the original has lost value, and thus it is not surprising that the writer contemplates emigrating to the West as Cambert. In addition, more so for this totalitarian society, the state creates the simulated reality, resulting in a simulacrum that sustains the state.

Despite the attractiveness of escaping the past, Cambert's narrative reveals that his identity is historically contingent. Therefore, Hilbig's use of quotation marks in his title can further be seen as a technique to indicate the historical quality of Cambert's identity. By placing his "I" in quotation marks, the narrator shows that he has changed since his "Kontakt" with the secret police in his hometown "A.". Cambert's birth into the "firm" (an expression to denote the secret police) emphasizes that it has not only constructed his identity by training his mannerisms, a necessity for his type of voyeurism, and giving him a codename, but that this training has constituted his identity. As he says, "von diesen meinen Gedanken wußten meine Vorgesetzen nichts! Und dies schien zur Folge zu haben, daß ich selber immer weniger davon wußte." (56) Although he has been merely simulating the identity of Cambert, he confirms the predominance of this identity.

Rather than merely focusing on Cambert's victimization by the State's power, the text demonstrates how his structural thinking has enabled him to perpetuate the oppressive power. In exchange for his collaboration, Cambert has many poems published, yet his competitive feelings towards his current assignment reveal his dissatisfaction with his generated Self. His assignment is to shadow another writer by the name of Reader. The English name, assigned by Feuerbach who loves American writers, can be thought of in two different ways. Firstly, his name corresponds to his activity. Reader not only writes texts, but also gives many readings. Referring to Reader's activity, Cambert comments: "es war etwas Unbegreifliches um diesen Reader: er las und las [...]." (17) Secondly, the writer might be viewed as a reader of society. That is, he interprets and calls into question

GDR society. Reader's refusal to have his work published by the state at first suggests a quality of critique in his work.

In contrast to the critic Reader seems to symbolize, the narrator notices that his own work reveals his resignation with the state power. He is no critic, no reader, of the society. Reading his own manuscripts, Cambert notices that

> [...] sie sollten, dies war das hauptsächlichste Übel, Mitleid erwecken ... ja, es waren die bemitleidenswerten Zeugnisse einer tiefen *Resignation* ... der Mensch, der das geschrieben hatte, war zu feige, sich offen auszusprechen, und er hatte sich mit seiner Feigheit schon abgefunden. (213)

In fact, he has resigned himself to his complicity. He notices also that his texts seem to have been authored by Feuerbach instead of himself. Thus, he has lost the position of author and creator and develops into what Feuerbach characterizes as a reader who is afraid that he will not understand the text (157). Afraid to read for fear of not understanding, or much worse, of understanding, he does not attempt to challenge the state.

Because of his unease with his identity, it becomes impossible for him to write at all. His ability to distance himself, which aided him in writing, has been transformed into a technique to spy. Likewise, what could have been an activity to promote critical thinking, is now one of simply reporting information. Since he must occasionally invent information, it becomes clear to Cambert that he manipulates language. However, the means of language production, and, disturbingly, signification itself, is organized by the state, symbolized by the typewriter. The same typewriter, given to him by Feuerbach, is also utilized to type letters, of which he has no knowledge, to his mother (376). Feuerbach, complains that his reports are too literary, for he is critiquing Reader's work instead of reporting on his activities. No longer clear as to his role of writer or spy, Cambert is incapable of writing.

Thus, Cambert's preoccupation, verging on obsession, with this Reader assignment shows that he is not merely interested in Reader's work from the perspective of a peer. Rather, Cambert's competitiveness brings into focus his own responsibility in sustaining the power of the state. The narrator realizes that he has been "[...] ausschließlich hinter dem her, was 'ich' in dieser Geschichte bin!" (359) Importantly, his particular role represents, on another level, the story and function of the writer in the GDR.

Just as the firm has constructed him, so too it constructs enemies and hate. By using the word "Geburt" at one point to denote his entrance into the Stasi, Cambert demonstrates how the firm has literally constructed his identity and thus that it is not a mere structure to be discarded. Consequently, he has also been creating hate through his activity with the Stasi. He confesses:

> Wir hatten keinem etwas getan, doch unser Schattendasein, unser Immerdasein, das wie das ungute, schlecht riechende, schlecht verdrängte Abbild der Seele jedes einzelnen war, unsere verheimlichte Existenz war der Auslöser und das Ziel für diesen Haß [...]. 'Ich' war der Haß... (371f.)

Even though he has become a tool of the State, his complicity makes him responsible for his activities.

His identification with this new situation as informer additionally brings into focus the historical situation of the GDR. After all, Hilbig's text portrays what had become a common practice of blackmail and manipulation of writers. And yet, for him, these authors' complicity with state power shows that "im Konflikt zwischen Geist und Macht, um es pathetisch zu sagen, [haben sie] ihre Position aufgegeben."[24] In the text, this is accentuated by Reader's cooperation with the Stasi. Ironically, the critic is also an informer, revealing that the state's organization penetrates deep into the literary opposition. Whereas young Prenzlauer Berg writers considered their work capable of bursting the binary oppositions of the state-approved literary realism as well as those imposed by language in general, Hilbig's text, in which the opposition is already inscribed in the perpetuation of the ideology, presents an unsettlingly negative picture of the late GDR literary scene.

Instead of shunning the Stasi or attempting another escape to the West, Cambert, vacillating more frequently in his narrative between all his identities at the conclusion of the novel, returns to his previous post in "A.". Does Cambert's return illustrate futility? Cambert's enlightenment (the title of the final chapter) is that, as his superior Feuerbach tells him, "[er ist] die Staatsmacht". (157) He is not merely working for the security service or simulating identities that have nothing to do with him. Rather, his actions sustain and perpetuate the political state. His return to the secret police in "A." shows his complete resignation. He might acknowledge his responsibility, but he is unable to escape the secret police because he is an active participant.

By portraying how the conception of structures and their liberation enable Cambert to work for the Stasi, Hilbig's text not only illustrates *that* writers in the GDR did indeed collaborate with the Stasi, but also *how* they were able to employ poststructuralism as a tool to justify their Stasi activity. One might add as well that this novel, written post-GDR, can also

---

[24] Karim Saab: 'Die DDR-Literatur hatte völlig resigniert'. P. 225.

serve as a reading of the Western intellectual mileau. Like Vaclav Havel's critique of democracy in his essay, the *Power of the Powerless*, Hilbig's novel, although not explicitly aimed towards democracy or the West, does present an arresting critique of post/structuralist thinking. His sympathetic character reveals that while the notion of fragmentation might multiply possible identities or even call into question the very term "identity," the fragmentation of identity results in his figure's paralysis, revealed by his inability to write. In this way, the text both remembers the GDR and provokes readers to contemplate their own role, or perhaps "roles" would be more appropriate, in sustaining predominant power relations.

Cordula Stenger

"Simple Storys" aus dem Osten?
Wie eine Generation junger Autoren und Autorinnen ihre
Erfahrungen in Literatur verwandelt.

In the 1990s many young writers established themselves in the east of the new republic. These included Thomas Brussig, Johannes Jansen, Kerstin Jentzsch, Marko Martin, Ingo Schramm and others. Based on Karl Mannheim's concept of the generation, the following article examines these authors' attitudes towards changing social conditions. Both their unsentimental look back on the vanished state and their disillusioned attitude towards the new situation are remarkable. The junge Prosa of the 1990s does not spring from a generational conflict between older and younger writers but it results from the effort to transform their own lived and experienced present into narrative.

Die literarischen Arbeiten einer jungen Autorengeneration, die zwischen ca. 1960 und 1970 geboren wurde, gehören zu den Themen, die seit einigen Jahren besondere Beachtung finden. In dieser Generation werden besonders Autoren und Autorinnen vermutet, die den oft herbeigewünschten (und -geredeten) "Wenderoman" hervorbringen könnten. Und tatsächlich mangelt es den 60er (in der DDR geborenen) Jahrgängen nicht an außergewöhnlichen literarischen Talenten, wie beispielsweise Durs Grünbein, Thomas Brussig und Ingo Schulze, die auf verschiedene Weisen aus dem Literaturgeschehen heraustreten: Sei es als gefeierter erster "gesamtdeutscher" Dichter, als Provokateur eines befreienden Lachens oder als Beobachter der neuen Verhältnisse in Ostdeutschland.

So unterschiedlich auch ihre literarischen Verfahrensweisen sind, so haben diese Autoren doch Gemeinsamkeiten, die über die Zufälligkeit des Geburtsjahres hinausgehen und auf einen Generationszusammenhang hindeuten, bei dem die Wende eine zentrale Rolle einnimmt.

Der Mannheimschen idealtypischen Konstruktion[1] zufolge benötigt die lockere Generationslagerung (also die biografische Übereinstimmung einiger weniger Jahrgänge) ein wichtiges Element, damit ein

---

[1] Vgl. den bis heute maßgeblichen Aufsatz zur kultursoziologischen Definition von zeitgeschichtlichen Generationen: Karl Mannheim: Das Problem der Generationen. Zuerst erschienen 1928. In: Karl Mannheim: *Wissenssoziologie. Auswahl aus dem Werk.* Hg. u. eingel. v. Kurt H. Wolff. Neuwied 1970.

Generationszusammenhang entstehen kann. Er bildet sich nicht einfach durch gemeinsame Überzeugungen, ähnliche Lebensstrategien oder ein vergleichbares Problembewußtsein, sondern durch eine – übereinstimmende oder kontroverse – Fokussierung auf zentrale Ereignisse. Entscheidend ist, welche Stellung diese innerhalb der "Erlebnisschichtungen"[2] einnehmen. Zeitgeschichtliche Generationen sind also nicht auf rein biophysische Angelegenheiten reduzierbar, sondern werden sozial und biographisch durch besondere Ereignisse, eben wie die Wende, konstruiert.

Die Generation der 1989 20- bis 30jährigen war zu jung, um die Ereignisse von 1989 als dramatischen, Lebensperspektiven beendenden Einbruch zu deuten. Andererseits war sie aber auch zu alt, um die Wende als ein biographisches Randereignis zu werten. Sie ist die Generation, die, wie Ulrich Greiner überpointiert, "die Wende überlebt hat".[3] Dieses Zentralereignis konnte von ihr als ein Freisetzungsprozeß neuer Handlungsmöglichkeiten interpretiert und genutzt werden, als Chance zur biographischen Umorientierung, als Möglichkeit, sich alter Lebensrisiken zu entledigen (z.B. ein ungeliebtes Studium, einen verhaßter Beruf, gesellschaftliche Marginalisierungen) oder neue Selbstbehauptungsmuster zu entwerfen.

Die Bewältigung des gesellschaftlichen Transformationsprozesses, den die Wende darstellt, ist für diese Generation, auch eingedenk des Verlustes von biographischen und weltanschaulichen Orientierungen, eine Frage grundlegender Selbstvergewisserung im Rahmen neuartiger Zumutungen. Hierbei ist jedoch der Abschied von der DDR vor allen Dingen begleitet von einer genauen Ausdeutung des Aufwachsens, des Hineingeboren-Seins in das Lebenssystem DDR. Dieser Abschied ist, was die Autoren dieser Generation betrifft, keine Trauerarbeit. So sagt Ingo Schulze in einem Interview:

> Ich bin sehr froh, daß die DDR zu Ende gegangen ist, und empfinde keine Trauer. Ich spüre eine starke literarische Generationsgrenze zu den vorherigen Generationen, die viel mehr in der DDR drinsteckten. Wir hatten das Glück, daß wir einen Anfang hatten, ohne richtig involviert zu sein.[4]

Die literarischen Arbeiten dieser Generation, zeichnen sich nicht durch kritische Rückblicke aus, so könnte eine erste These lauten: Vielmehr

---
[2] Ebd. S. 536.
[3] Ulrich Greiner: Menschen wie Tauben im Gras. In: *Die Zeit*. 26.03.98.
[4] Interview der *taz* mit Ingo Schulze und Thomas Brussig: „Gefeit vor Utopien". 5.10.98.

versuchen die jungen Autoren und Autorinnen ihr Erleben der vergangenen zwei Staaten erzählbar zu machen, indem sie die alltäglichen Lebensumstände in allen erinnerbaren Einzelheiten zurückholen, ohne sie einer programmatischen Sicht zu unterwerfen. Um ihren spezifischen Blick auf die Ereignisse des Herbstes '89 und die ersten Jahre danach zu verstehen, muß man sich vor Augen führen, daß diese Generation mit der Selbstverständlichkeit der deutschen Teilung aufgewachsen ist. Die Wende bedeutet daher für sie nicht eine "Wiedervereinigung", sondern sie sehen sich einer völlig neugeschaffenen historischen Situation gegenüber, deren Bedingungen für das eigene Leben erst genau erkundet werden müssen.

Wenn auch der Generationenbegriff nicht hinreichend ist, um Literaturen und literarische Gestaltungsmöglichkeiten sowie Umbrüche und Veränderungen zu beschreiben, so bietet er doch in diesem Fall einen ersten Zugang zu einem neuen Kapitel deutscher Literaturgeschichte, denn gerade die Erfahrung einer prägnanten historischen Situation bietet einen reichen Fundus an Motiven und möglichen Geschichten. Demzufolge werden die Texte junger Autorinnen und Autoren hauptsächlich auf der inhaltlichen Ebene vorgestellt und die darin geäußerten Haltungen und Meinungen zur Wendezeit analysiert. Selbstverständlich ist Literatur weit mehr als nur ihr Inhalt. Aber ebenso kann von Autoren erwartet werden, zumal wenn sie sich um Realismus bemühen, daß sie aufmerksam ihre eigene Gegenwart beobachten und in fiktionale Texte verwandeln. Die Vereinigung Deutschlands ist für diese junge Generation das erste Ereignis welthistorischer Bedeutung, das sie unmittelbar erfahren hat. Daher überrascht es nicht, daß viele junge Autoren und Autorinnen jenseits der alten Grenzen die Wende zu einem vorherrschenden Thema ihrer Texte machen.

Bei der Beschäftigung mit ostdeutschen Autoren, die nach 1960 geboren wurden und – noch wichtiger – die in ihrer Mehrheit erst nach der Wende zu veröffentlichen anfingen, sind einige Rahmendaten und Tatsachen vorab zu erwähnen, um deren besondere Position innerhalb der neueren deutschsprachigen Literatur zu definieren. Sie sind "unvermischte DDR-Produkte",[5] d.h., sie sind in einer geschlossenen Gesellschaft aufgewachsen, die durch die Mauer, die schon vor ihrer Geburt errichtet wurde, nach außen abgeriegelt und von innen durch den Willen zur planvollen Erziehung abgedichtet war. Die Mauer war für diese Generation also immer schon gegeben, ein quasi a-historischer Fakt, denn die Zeit vor der Mauer und das Land hinter der Mauer sind in vielen Punkten bezugslos

---

[5] Wolf Biermann über Thomas Brussigs Roman *Helden wie wir*. In: *Der Spiegel*. 50 (1996). H. 5.

zu ihrer eigenen Gegenwart und persönlichen Geschichte gewesen: eine, wenn man so will, zeitlose *terra incognita*, Projektionsfläche für ausgefallenere Konsumwünsche, als sie der reale Sozialismus erfüllen konnte. Der Westen war vielleicht ein Sehnsuchtsland, aber keine reale Alternative zu den eigenen Existenzmöglichkeiten, dazu blieben die konkreten Organisationsformen der westlichen Gesellschaft zu abstrakt. Aus diesem Grund ist es eher unwahrscheinlich, daß der Hauptorientierungspunkt dieser Generation bereits vor der "Abstimmung mit Füßen" im Sommer '89 der "goldene Westen" gewesen ist, der tatkräftig angestrebt wurde (sei es nun durch Flucht, Ausreiseantrag oder durch Verbesserung der Leistungen der sozialistischen Gemeinschaft). Hinter der Mauer war nicht das "Gelobte",[6] sondern die Fremde, die mit der eigenen Lebenswelt nicht zu vergleichen war.

Nahezu entsprechend bleibt die junge ostdeutsche Literatur in ihrer Ausrichtung auf den Osten Deutschlands bezogen, in einem kritischen Verhältnis zur eigenen Vergangenheit und Erziehung, und sie nimmt eine sehr distanzierte Haltung zum Westen ein.

Die Wende selbst und die Ergebnisse der Wiedervereinigung werden von jungen ostdeutschen Autoren mit Skepsis und aus einer eher pessimistischen Sicht dargestellt. Das soziale Klima der folgenden Jahre, das Gefühl zunehmender gesellschaftlicher Härte und Kälte und der Anpassungsdruck an die neuen marktwirtschaftlichen Bedingungen werden in vielen Texten und Romanen bevorzugt thematisiert. Aber auch konträre Verarbeitungsweisen wie das Karikieren des historischen Augenblicks und die Darstellung der letzten Wochen des SED-Staates als unheimliche Posse gehören zu den literarischen Reaktionen junger ostdeutscher Autoren und Autorinnen.

Das ostdeutsche Erbe: Erziehung, Väter und der Staat

Die Autoren Thomas Brussig (Jahrgang 1965), Kerstin Jentzsch (Jahrgang 1964) und Ingo Schramm (Jahrgang 1962) gehören zu einer ostdeutschen Autorengeneration, die weder an dem Aufbauprojekt DDR beteiligt war, noch einen erzieherisch-gesellschaftlichen Auftrag für die DDR zu erfüllen hatte. Nach dem Bau der Mauer geboren, waren sie "Mündel" und "Erzogene" der nunmehr geschlossenen DDR-Gesellschaft. Thomas Brussig und Ingo Schramm haben, wie viele junge Dichter, vor der Wende von kleinen Jobs fernab jeglicher Karrieremöglichkeiten gelebt. Lediglich

---

[6] Vgl. den Debüt-Roman des 1965 in Sofia geborenen und in Deutschland und Kenia aufgewachsenen Ilija Trojanow: *Die Welt ist groß und Rettung lauert überall. Roman*. München 1996.

Kerstin Jentzsch hat bis zu ihrem 24. Lebensjahr sichere Bahnen kennengelernt (Abitur, Lehramtsstudium, erste Berufserfahrung), bis auch sie die alternative Lebensweise des Prenzlauer Berges gegen die berufliche und materielle Sicherheit eintauschte. Diese Mischung aus Hineingeboren-Werden in das System DDR und der Unbefangenheit des Nicht-Involviert-Seins in das Literatursystem DDR (sie haben erst nach der Wende angefangen zu publizieren) gibt diesen drei jungen Autoren, bei aller Unterschiedlichkeit ihrer Romane, die Möglichkeit zu einer genauen Ausdeutung der spezifischen DDR-Prägung: "Ich war nicht nur das Kind meiner Eltern, ich war auch Schüler meiner Lehrer und Leser meiner Bibliotheken. Ich war einer von uns."[7] erzählt Thomas Brussigs "Held" Klaus Ultzscht mit ernüchternder Klarheit.

Kerstin Jentzsch geht in ihrer Einschätzung noch einen Schritt weiter auf dem Weg der persönlichen Involviertheit: "Jeder, der dort [in der DDR, d. Verf.] etwas vom Leben erwartete, machte mit."[8] Damit spricht sie auch die Notwendigkeit des Sich-Einlassens an und betont im Gegensatz zu Brussig die Freiwilligkeit des "Mitmachens", jenseits jeglicher politischer und familiärer Prägung.

Ingo Schramm, an verständnisvollen Erklärungen nicht interessiert, aber der pädagogischen Grundstimmung auf der Spur, bringt das Bildungsprogramm DDR auf den Punkt: "Die Zeit war von großem Entwurf, Geschichte wurde verändert im Land, nach geplanten Methoden, und wer nicht wußte, galt schuldig."[9] Und, einen Ton schärfer: "Der gesunde Staatskörper war wichtig, alles andere stand hinter diesem zurück."(F 327) Hinter diesem Programm verschwindet das Wünschen und Meinen des Einzelnen, der zum "Rädchen und Schräubchen" im realsozialistischen Gefüge wird.

Wie weit diese Verfügbarkeit des Staates über das Individuum für die "historische Mission" (H 104) reicht, zeigt Thomas Brussig in seinem Schelmenroman *Helden wie wir*: "Es war Nacht, es war Hölle, Panzer rollten, und ich war da: Die Luft stank und zitterte böse, und die Welt, auf die ich kam, war eine politische Welt". (II 5)

Die Sturzgeburt von Klaus Ultzscht, des *Helden* dieses Romans, fällt mit der Beteiligung der NVA an der Niederschlagung des Prager Frühlings zusammen. Eine wahrhaft geschichtsträchtige Konstellation: Mit dem Ende der Illusion von einem "Sozialismus mit menschlichen Antlitz", wird der

---

[7] Thomas Brussig: *Helden wie wir*. Roman. Berlin 1995. S. 107. Im folgenden mit der Sigle "H" und Seitenzahl.
[8] Kerstin Jentzsch: *Seit die Götter ratlos sind*. Roman. Berlin 1994. S. 37.
[9] Ingo Schramm: *Fitchers Blau*. Roman. Berlin 1996. S. 74. Im folgenden zitiert mit Sigle "F" und Seitenzahl.

Weg endgültig frei für einen pervertierten Sozialismus. Aseptisch und Stasi-dominiert kommt er in dem Roman mit den entsprechenden Mustereltern daher: Die Mutter, eine Hygieneinspektorin, die "mit Militanz den Mikroben nachstellte"(H 30), ein Stasi-Offizier als Vater, das "Monster"(H 267), der seinen Sohn nie beim Namen nannte, "ewig zurechtweisende Blicke" (H 267) wirft und selbst im Augenblick des Todes dem Sohn eine "Lehrvorführung mannhaftes Sterben[s]" (H 267) bietet. Und dann der Sohn selbst: "Der Totensonntagsfick" (H 46), der "letzte Flachschwimmer",(H 40) "Toilettenverstopfer" (H 44). Ein verklemmtes, auf seine Genitalien fixiertes, komplexbehaftetes und gänzlich unaufgeklärtes Produkt einer "parteifrommen Spießerfamilie" (Wolf Biermann), der schließlich in die Fußstapfen des Vaters tritt: Darin ist eine ganze Entwicklung totalitärer, verklemmter und auf Unterordnung gerichteter Erziehung enthalten, aber auch ein Bild der Geschichte der DDR als "vormundschaftlicher Staat".[10]

Thomas Brussig stellt in seinem Roman die Frage: Wie kann ein Volk, das mit den ihm erzählten Geschichten von heldenhaften Kommunisten, wie dem "kleinen Trompeter", der für und an Stelle Thälmanns bei einer Saalschießerei starb, nicht "den Wert der Solidarität" (H 99) vermittelt bekommt, sondern "wie wenig ein Leben wert ist", (H 105) handlungsfähig werden und die politischen Verhältnisse verändern. Die Antwort des "Helden" Ultzscht:

Nichts, was irgendeiner tat, [hat] das System zum Einsturz gebracht. [...] Natürlich bin ich ein Kind aus ihrer Mitte, aber wenn ich ihren Beitrag zum Ende des ganzen Spuks irgendwie würdigen soll, dann so: Die einen haben verdorben, die anderen im Stich gelassen – und erst als ich endlich ihr übelster Zombie war, schritt ich zur Tat. (H 105)

Alles widerständige Handeln zu Zeiten der DDR hat keine entscheidenden Veränderungen gebracht, dies ist die bittere Quintessenz des Protagonisten. Er stellt sich als der deformierteste und mittelmäßigste Vertreter der alten Gesellschaft vor, der dann mit Hilfe seines angeschwollenen Penis, Folge eines Sturzes am legendären 4. November 1989, die Verhältnisse zum Tanzen bringt und die Mauer beseitigt. Das groteske Szenario, welches Brussig entwirft, ergänzt durch deftige Schilderungen unterdrückter Sexualität, stellt der DDR-Gesellschaft ein Armutszeugnis aus und treibt dem Wendejahr mit den zentralen Ereignissen Oktober/November '89 jedes Pathos aus. "Sehen Sie sich die Ostdeutschen an, vor und nach dem Fall der Mauer. Vorher passiv, nachher passiv." (H 320) Und:

---

[10] Vgl. Rolf Henrich: Der vormundschaftliche Staat. Reinbek bei Hamburg 1989.

> Solange sich Millionen Versager ihrem Versagen nicht stellen, werden sie Versager bleiben. [...] Alle haben schon damals. Und deshalb muß sich auch niemand ändern. 'Es ist doch dasselbe wie früher!' maulen sie. 'Schlimmer!' Nein, sie sind dieselben wie früher, und sie begreifen's nicht mal. (H 312f.)

Die Ostdeutschen seien unfähig, sich ihrer eigenen Geschichte zu stellen, und daher auch nicht in der Lage, ihre Zukunft selbst zu gestalten, so das Fazit des Protagonisten, der sich selbst aufgrund seiner Stasi-Vergangenheit davon ausnimmt: "Ich habe die Chance, zum Kern meiner Erbärmlichkeit vorzustoßen." (H 312)

Aus den Bekenntnissen des dummdreisten Stasi-Mitarbeiters wird eine genaue und böse Analyse der Ereignisse des Herbstes '89, die nichts von dem Mythos des sich selbst befreienden Volkes übrigläßt: Kein Akt des Willens steht in Brussigs Version hinter dem Fall der Mauer, sondern Zufälliges und Verwechslungen. Und da sich jeder für ein handelndes Subjekt in diesem historischen Augenblick halten könne, werde auch niemand genug Reflexivität aufbringen, um zu wirklichen Veränderungen vorzudringen. Der Protagonist dekliniert diese bittere Hypothese an einem prominenten Beispiel durch: Christa Wolf.

Brussig zitiert auf zweieinhalb Seiten die kreuzbrave Rede Christa Wolfs am 4. November '89 und läßt seinen Protagonisten die Rednerin noch mit Jutta Müller, der erfolgreichen Eislauftrainerin (und sie wie Christa Wolf eine der Mütter der Nation), verwechseln:

> Eine echte Eiskunstlauftrainerinnen-Rede, finden Sie nicht? Diese angestrengte Eleganz, dieses Schwelgen in Passagen, die garantiert eine hohe B-Note abwerfen – und gleichzeitig diese kurzatmige politische Programmatik mit einigen verstolperten, verpatzten oder ausgelassenen Sprüngen, die vom betörten Laienpublikum glatt übersehen werden. Fragen Sie mich nicht, wofür ich war, aber als ich die Ansprache Jutta Müllers hörte, wußte ich, wogegen ich war. [...] Jede Revolution hat die Reden, die sie verdient. [...] Wer spricht als nächstes? Das Sandmännchen? (H 286)

Ein befreites Volk kann auch zu einer befreiten Sprache kommen, indem es "kurzatmige politische Programmatik" vermeidet, anstatt sich von ihr "betören" zu lassen. Brussigs naiver "Held" läßt zwei sehr unterschiedliche Ikonen der DDR zu einer verschmelzen. Abgesehen von dem unbestreitbar komischen Effekt, öffnet ihm diese Verwechslung die Augen für den Kern der Kritik an einem verklärten Sozialismusbegriff und an der Rolle der Aufbaugeneration:

> Sie sind aus den Trümmern der tausend Jahre gekrochen. Die Angst vor den Luftangriffen saß ihnen so gründlich in den Knochen, daß sie noch heute bei

jedem Feuerwerk an die Flaks denken. [...] Sie hatten weiß Gott keine vorzeigbare Vergangenheit und obendrein eine freudlose Gegenwart. Aber die Zukunft! Die muß es bringen! Und wenn sie abends am Lagerfeuer saßen, einen Elfstundentag für die FDJ-Aufbau-Initiative in den Knochen... dann war diese Generation vielleicht das erste Mal stolz auf sich, und alle soffen sich selig an einer großen Pulle, auf deren Etikett Sozialismus stand. Das hielt warm. Und sie schwärmen noch heute vom wahren Sozialismus – aber sie meinen damit eigentlich ihre Lagerfeuergefühle. (H 287f.)

Der Unterschied zwischen Christa Wolf und Jutta Müller verschwindet in diesem Bild der ersten jungen Generation der DDR, die sich aus erklärbaren Gründen dem Sozialismus verschrieb und somit auch verantwortlich ist für die "Erbärmlichkeit" ihrer Gesellschaft und so sich als Leitfiguren für die letzte junge Generation der DDR diskreditieren. Thomas Brussigs Schelmenroman verhält sich wie ein befreiendes Lachen zum beschriebenen DDR-Muff, der aus der Erziehung durch "Mütter und Eislauftrainerinnen" (H 287) resultiert. Zugegeben, die Aussage des Romans ist einseitig und ungerecht (aber auch verständnisvoll) gegenüber einer älteren Generation, die in einer problematischen Identifikation oder Kompromißbereitschaft mit dem "realen Sozialismus" verharrte. Aber Brussig schreibt nicht für diese Generation, die ihre eigenen Fürsprecher hat, sondern er zeigt sich mit diesem Roman zu einer Generation zugehörig, die in der DDR nicht an der gemeinsamen Utopie partizipierte und es daher heute nicht nötig hat, an der kollektiven Resignation teilzunehmen.

Ein Jahr nach dem Erscheinen von *Helden wie wir* gab ein weiterer junger Autor vom Prenzlauer Berg sein Debüt: Ingo Schramm mit *Fitchers Blau*. Ganz im Gegensatz zu Brussigs skurrilem Schelm haben wir es hier mit einem tragischen, naiven Helden zu tun, der das erste Wendejahr nicht ohne Alkohol übersteht und zu den offensichtlichen Verlierern der Vereinigung gehört: Als Buchbinder arbeitslos geworden und ohne Aussicht auf eine Wiederbeschäftigung, irrt er hoch verschuldet durch die Berliner Bezirke Prenzlauer Berg, Mitte und Kreuzberg.

Er erlebt den verstörenden Alltag eines Menschen, der sich in den neuen Zusammenhängen nicht zurechtfindet. Seine Niederlagen und Mißverständnisse sind fast schon klassische "Wendeerfahrungen": Nach einem demütigenden Besuch beim Arbeitsamt nimmt er das Angebot eines ehemaligen Schulfreundes an, für eine Versicherungsfirma im Außendienst zu arbeiten, und fällt auf eine Nepper- und Schlepperbande herein, der er zu entfliehen versucht, aber qua Vertrag verpflichtet bleibt.

Der Verlierer Karl ist ein an beiden Systemen verzweifelnder Mensch, deformiert durch Autorität, verwirrt durch vermeintliche Freiheiten, Verlierer im Kampf ums Geld.

> Die Freiheit, die ihm vor kurzem erst wurde, ist schon wieder verloren. Als die Stadtmauer abgebaut war, sah er sich in ein offenes Land gestellt. Ein Traum war in Erfüllung gegangen. Er konnte nun atmen. Kaufte sich eine Ausrüstung, nichts von dem Bunten, das für die vielen genäht wird, keine der grellen Schlafsäcke und poppigen Zelte. Er wählte genau, wollte leben ohne Auffälligkeit. (F 288)

Auch wenn die neuen Freiheiten zunächst als herbeigewünscht und richtig erscheinen, fehlt es dem Protagonisten dieses Romans erst einmal an der nötigen "Ausrüstung", um in dem wiedervereinigten Deutschland bestehen zu können. Und selbst die bewußt und "genau" gewählte Unauffälligkeit, die ihn von der Masse des "Bunten" und damit von der sich (bei den Brüdern und Schwestern im Westen) lächerlich machenden Mehrheit absetzen soll, scheint nicht zum Gelingen des Projekts Freiheit beizutragen. Es sind vor allem zwei Faktoren, die dies verhindern: Einerseits die Lebenshaltung des Westens, die dem Protagonisten fremd und bedrohlich erscheint:

> Sieht das Gebiet von Millionen gesättigter Wesen besiedelt, die einander die Fersen abhacken, denn der Platz ist schon knapp. [...] Dort wird im Windschatten gelebt, immer warm und gemütlich. [...] Kein Wunsch ist dort unbekannt, keine Erfüllung unmöglich. Ein Paradies muß es sein, das Schlaraffenland, wo keiner den anderen grüßt, wenn's nicht notwendig ist. Die Gemeinschaft eine große Konversation ohne Grund oder Tiefe. Es muß nichts durchgedacht werden, denn so ist städtische Freiheit; ein sagloses Schwatzen. Sagenarm gegenwärtig. Reich und erbarmungslos. (F 282f.)

Andererseits ist es die "volkseigene" Erziehung und die Enttäuschung darüber heute: "Gehorsam und Glaube, das waren Tangenten der Welt, wie sie ihm aufgespannt einst." (F 244)

> Ein Endoskop wird in das Leben gebohrt, zur Entdeckung entsetzlicher Wahrheit; alles falsch gewesen, den unrechten Männern geglaubt, vergebens gemüht und gerungen, denn Glauben ist falsch, wo er aufkommt. (F 108)

Diese Dichotomie West-Ost mit ihren entsprechenden Fixpunkten – West gleich oberflächlich, hedonistisch, beliebig und (konsum)gierig, Ost gleich grüblerisch, tief, tragisch und vergeblich – durchzieht wie ein roter Faden den Roman. Jedoch, und dies ist das Dilemma des Protagonisten, ist es ihm nicht möglich, etwas aus der alten DDR in die neue Bundesrepublik hinüberzuretten, denn der "Abriß der Geschichte" ist endgültig und umfassend, und zudem wurden ihm nicht Inhalte vermittelt, sondern "Gehorsam und Glauben" an die historische Mission des Sozialismus.

> Karl war ein rechtlicher Mensch. Vaters Hände und Füße hatten ihr Werk getan, den Sohn verhärtet, hölzern gemacht unter Schlag und Tritt. Denn die Väter tun, was ihnen beliebt mit den Kindern, die sie erschaffen zur Mehrung des Eigentums, sich zurechtschnitzen nach einem Ebenbild [...]. (F 91)

Der Sohn, der Willkür des Vaters ausgesetzt, wird erst durch die körperliche Repression zu einem "rechtlichen Mensch[en]", in diesem Sinne zu einem dem Staat untergeordneten Menschen, der zur "Mehrung des Eigentums" dient, wobei ununterscheidbar bleibt, ob es sich bei dem Sohn um das uneingeschränkte Eigentum des Vaters handelt oder der Vater durch das "Erschaffen" des Sohnes einen Beitrag zu der "Mehrung des (Volks/Staats-) Eigentums" leistet.

Die Härte des Vaters gegenüber seinem Sohn hat seine Ursache wiederum in der Prägung des Vaters durch den Zweiten Weltkrieg und seinen Werdegang innerhalb der DDR, der, zumindest in der Studienzeit, sehr stalinistisch geprägt war:

> Dem Jungen wurde Gehorsam eine wichtige Disziplin. Mathematik und Physik waren ihm dagegen von geringerer Ordnung. Kein Naturgesetz konnte so folgsam sein, wie ein gezwungener Mensch, der dem Willen genügte. Er konnte die wichtigen Lehrsätze bald auswendig hersagen, in einer Haltung wilder Andacht. Stalin: 'eiserne Disziplin schließt Bewußtheit und Freiwilligkeit der Unterordnung nicht aus, sondern setzt sie vielmehr voraus, denn nur eine bewußte Disziplin kann eine wirklich eiserne sein.' (F 311)

Ingo Schramm führt in seinem Roman eine Kette von weitergereichter Erziehung vor, die in Unterordnung, Gehorsam und Disziplin mündet, ohne jedoch diese "Sekundärtugenden" jemals mit einem Ziel zu begründen oder eine Aufgabe anzugeben, so fragwürdig sie auch sein mag, die diese verhärtete und lebensfeindliche Haltung annähernd rechtfertigen könnte. Der Selbstzweck der "Sekundärtugenden" verhindert jeden Ansatz zur Kritik am Staats- und Erziehungssystem DDR. So wird der Sohn, unter "Schlag und Tritt" des Vaters zu einem ängstlichen, gehorsamen und sich stets schuldig und versagend fühlenden Menschen.

Doch der Autor läßt es nicht bei diesem Einzelfall bewenden. Sein kompliziert angelegter Roman stellt dem tragischen und verzweifelnden Protagonisten Karl dessen Schwester Janni gegenüber, die den gleichen

Erziehungsabsichten und -idealen des tyrannischen Vaters unterworfen war, jedoch vordergründig als lebenstüchtiger, kämpferischer und idealistischer erscheint. Janni erläutert ihrem Mentor die Grundzüge einer Magisterarbeit in Soziologie:

> Der Zweck ist ganz verschieden; meine Theorie und die übliche [Systemtheorie, insb. Luhmann, d. Verf.]. Ich überlege für Verbesserung der Gesellschaft, will Methoden, diese Verbesserungen zu erreichen. Anstatt nur zu analysieren. Mit dieser Beschränkung auf Analyse werden alle Bestrebungen nach planvoller Gesellschaftsveränderung paralysiert. Ich will eine Technik. Sonst hat das doch keinen Zweck! (F 214)

Zweimal "Zweck", Vokabeln wie "planvoll" und "Technik" (und durch die Systemtheorie die vage Anspielung auf eine Fortführung der NÖSPL-Überlegungen[11]) zeigen, daß sich die Tochter nicht von den Erziehungsidealen ihres Vaters distanzieren konnte und, trotz des Scheiterns "planvoller Gesellschaftsveränderung", entsprechenden Theoriebildungen ihre Magisterarbeit widmet.

An diesem Geschwisterpaar, verschiedene Ergebnisse eines Erziehungsmodells, entscheidet sich die weitere Entwicklung der Gesellschaft und die Zukunft:

> (Janni:) 'Der Nachwuchs ist wichtig, der kann noch lernen, da kann noch was werden. Kinder. Die machen die Zukunft. Die sind das Glück der späteren Welt. Die retten das Leben!'
> 'Kinder!' ruft Karl.
> (Janni:) 'Du wirst in einem Kinderladen arbeiten gehn. Das ist es, das ist die Lösung! Du bist jung, siehst anständig aus. Dir vertraut eins die Kleinen gern an. Du wirst sie erziehen. Nach Maßgabe der Zukunft. Wie ich sie berechne nach meiner Theorie. Das geht, das wird großartig. Wir machen die Sache noch mal richtig.'
> 'Nein!' Karl springt auf. Der Schankier schaltet die Espressomaschine aus. Es wird still im Lokal. Der Wind draußen verharrt. Jetzt vielleicht, jetzt ist der Moment der Entscheidung da. Ob die Welt sich so oder so wendet. Daß sie sich wenden muß, ist längst klar. Auf welche Seite. Links oder rechts. Bisher immer nach Osten, zum Licht, zum Morgen, gegen den Ansturm der zerlegenden Zeit. (Karl:) 'Ich hasse Kinder! Ich will nicht! Das ist gemein!' (F 290f.)

Manipulation und Instrumentalisierung für eine "berechnete" Zukunft ist das unreflektierte Handwerkszeug Jannis, die ganz die Tochter ihres

---

[11] NÖSPL: Neues Ökonomisches System der Planung und Leitung – ein DDR-Wirtschaftsprogramm, das Ende der 1960er Jahre initiiert wurde.

stalinistischen Vaters bleibt. Karls Protest gegen die Rolle als Erzieher, die Janni ihm zugedacht hat, bleibt impulsiv, jedoch mit dem Gefühl unterlegt, diesmal, vielleicht zum ersten Mal, auf die "Wende der Welt" Einfluß nehmen zu können.

Das Verhältnis von Gesellschaft und Individuum, von Erziehungsabsichten und Selbstbehauptungsversuchen von Jugendlichen ist seit den 70er Jahren eine Konstante der DDR-Literatur gewesen, die nicht versuchte, nur anzuklagen, sondern sehr genau die Lebensumstände und Verletzungen ihrer Protagonisten nachvollzog. Volker Braun, Ulrich Plenzdorf, Thomas Brasch und viele mehr waren hier die Anwälte einer bedrängten Jugend, die sich oft vergeblich gegen ein genormtes Denken und eine Verinnerlichung staatlicher Ideale auflehnte. Vor allem die Figur des dogmatischen Vaters ist in diesen Romanen Sinnbild einer übereifrigen Erziehung zum "parteifrommen" Denken. Diese "Väterbücher"[12] finden ihre Fortsetzung unmittelbar nach der Wende in den oft semi-autobiografischen Schriften junger Autoren wie Thomas Brussig – nicht nur mit *Helden wie wir*, sondern auch mit der Schulgeschichte *Wasserfarben* –, Ingo Schramm und Kerstin Jentzsch; Autoren, die dem Publikum bereits länger bekannt sind, wie Kerstin Hensel und Johannes Jansen (nicht zu vergessen die "Älteren": Monika Maron, Kurt Drawert und Angela Krauß) und Autoren, die mit Romanen zu diesem Thema debütierten: Christoph D. Brumme und Jörg Köhler.

Doch trotz dieser "Traditionsgeschichte" des Motivs "Vater" bzw. Familie, Staat, Schule, etc. ist der Zusammenhang zu den "Väterbüchern" der 70er eher locker. Denn nicht zu den literarisch involvierten DDR-Generationen zu gehören, bedeutet auch, nicht wirkungsmächtig gewesen zu sein. Der besondere Status der DDR-Schriftsteller als Erzieher des Volkes und "Fürstenerzieher", also den politisch Mächtigen über die Literatur Wege zu einem besseren Sozialismus vorzuschlagen, fiel den jungen Autoren nicht mehr zu. Ihre Literatur ist nicht mehr begleitet von einem "Funken Utopie", sie ist Abrechnung mit einem System und Versuch der Aufarbeitung einer nicht sonderlich vermißten Vergangenheit. Oder, um mit Karl Mannheim zu sprechen: "ein Negieren und Abbauen des in der Jugend rezipierten natürlichen Weltbildes".[13]

Um ihre besondere Perspektive zu transportieren, haben auffällig viele der jungen Autoren auf die alte Figur des Schelms bzw. des/der naiven

---

[12] Wolfgang Emmerich: *Kleine Literaturgeschichte der DDR*. Erweiterte Ausgabe. Leipzig 1996. S. 296.

[13] Karl Mannheim: Das Problem der Generationen. S. 537.

Helden/Heldin zurückgegriffen.[14] Die Schelmenperspektive ermöglicht es den Autoren, die einstigen Umstände in der DDR stark in Frage zu stellen, ohne sich über die Verhältnisse zu begeben bzw. eine bloße Abrechnung zu vollziehen. Der pessimistische Blick gilt dem moralischen Versagen, dem blinden Vertrauen auf Autoritäten und den deformierten Familien und deformierenden Erziehungsstilen. Zudem ist der Schelm derjenige, mit dem etwas gemacht wurde, das Produkt von Verhältnissen, die er selbst weder ihrer Struktur nach begreifen noch verändern kann. Als zutiefst ironische und distanzierende Reflexionsebene ist der Schelmenroman keinesfalls dazu angetan, Verlorenem nachzutrauern.

Augenfälliges wie die ironische Distanz deutet daraufhin, daß die Abgrenzung zu den älteren Generationen nicht als ein Generationskonflikt angelegt ist. Die literarische Selbstdeutung als "genarrte" Generation spielt mit der Ambivalenz des passiven Mitschwimmens in den Strukturen der DDR bei gleichzeitiger innerer Ferne zum System. Ihre ironische Sichtweise zeugt von einer Souveränität der eigenen Deutungskriterien, die nicht mehr abgeleitet sind von den Wertvorstellungen und Orientierungen älterer Generationen.

In diesem Sinne vollzieht sich die kulturelle Kluft zwischen dieser und den älteren Generationen. Das daraus resultierende Generationsgefühl steht nicht länger unter dem Leitsatz des "Wir werden es besser machen als ihr", sondern lautet "Wir können auch anders".

"Wildwuchernde Zukunft": Utopieverlustanzeigen im Osten.

Einige junge Autoren sehen nach der Wende kaum Möglichkeiten, Ereignisse selbst zu beeinflussen und zu gestalten, die Zukunft zu planen. Sie halten es für schwierig genug, einige wichtige geistige Besitzstände in das neue System hinüberzuretten.

Johannes Jansen (Jahrgang 1966), der bereits zu Zeiten der DDR Texte veröffentlichte und zu den Lyrikern des Prenzlauer Berges gehört, meldete sich als einer der ersten jungen Autoren zu Wort.

> [...] der vage entschluß das eigene nicht zu verlieren also möglicherweise gemeinsame sache zu machen mit dieser oder einer ähnlichen gegend: er würde

---

[14] Thomas Brussigs Schelm Klaus Ultzscht ist nur der herausragende Vertreter einer ganzen Riege von Schelmen und Schelminnen: *Tanz am Kanal* von Kerstin Hensel, *Tausend Tage* von Christoph D. Brumme, *Seit die Götter ratlos sind* von Kerstin Jentzsch und vielleicht noch die mörderische Heldin in Grit Poppes Roman *Andere Umstände*.

fortfahren auf dem in seinem richtungssinn eingetragenen weg das gewesene aufsuchen im rückblick und feststellen daß man ihm ein leben zu bequem gemacht hatte mit jener fragwürdigen geschichte.[15]

Johannes Jansens Aufzeichnungen aus der Zeit zwischen April und Dezember 1990 stehen unter dem Eindruck der ersten Veränderungen und einer politisch offenen Situation. Die Ungewißheit der Zukunft auf der einen Seite und der Zweifel an der Richtigkeit der bisherigen Geschichtsdeutung auf der anderen Seite führen zu einem Beharren auf dem im "richtungssinn eingetragenen weg", der jedoch von Reflexionen und Rückblicken begleitet wird. "So wie die sozialen und psychologischen begriffe der vergangenheit im atomzeitalter krepierten hört auch die zukunft auf zu existieren da sie von der umfassenden gegenwart verdrängt wird."[16] Das "eigene" bleibt, wie der "richtungssinn" einem (utopischen) Zukunftsdenken verhaftet. Hier scheint der gravierende Verlust und der verlorene Halt auf, welche Jansen zu beschreiben versucht. Die Konfliktlinie verläuft für diesen jungen Autor nicht mehr zwischen der zu kritisierenden offiziellen Politik des SED-Staates und einer impliziten Solidarität mit dem sozialistischen Projekt, sondern zwischen dem gänzlichen Verlust der Utopie durch die "umfassende gegenwart" und dem Hinüberretten idealistischer Inhalte in das andere politische System.

Diese Haltung ist nicht durchgängig bei den jungen Autoren zu finden, im Gegenteil, manchmal stößt sie auch auf harte Kritik:

> Ewig läßt sich die Gegenwart nicht mit Versatzstücken von früher aufpeppen. Wenn vergangene Verletzungen jetzt noch künstlich herbeigedacht werden müssen, um im heroischen seelischen Dauer-Ausnahmezustand verbleiben zu können, tut man genau das, was man den Marxisten immer vorwarf: Realität als vorläufig, unfertig, als Experiment zu denunzieren und sich in herausgehobener Haltung zu gefallen.[17]

Marko Martin (Jahrgang 1970), der sich selbst als "Ex-Ossi" bezeichnet, reagiert in seinen Texten, zuerst zwischen 1991 und 1993 in Zeitungen und Zeitschriften veröffentlicht, empfindlich auf vorgefaßte Lebensentwürfe, die sich mehr an Geschichte und Zukunft orientieren als sich auf die Gegenwart einlassen, die er von einigen ostdeutschen Kollegen als "denunziert" empfindet. Er vermutet hinter dem Beschwören "vergangener

---

[15] Johannes Jansen: *Reisswolf. Aufzeichnungen*. Frankfurt/M. 1992. S. 50.
[16] Ebd. S. 5.
[17] Marko Martin: *Mit dem Taxi nach Karthago. Ein Ex-Ossi entdeckt die Welt. Reiseberichte, Essays und Gedichte*. Heidelberg 1994. S. 35.

Verletzungen" sowohl eine Verweigerungshaltung gegenüber den neuen Verhältnissen als auch ein gefährliches Festhalten an einer "herausgehobenen Haltung", der die gegenwärtige Situation nicht entspricht und die eher in dem Verdacht des "unverbesserlichen" Verhaltens steht. Diese Polemik, für die Marko Martin steht, bleibt nicht unwidersprochen, und so findet sich in einer zweiten Aufzeichnungen-Sammlung (1995) von Johannes Jansen folgendes:

> Ich will ja gar keine Gegenwart. Ich bin ja gegen alles, was gerade vor mir steht. Ich habe ja gar keine Beziehung zu jeder Wirklichkeit, die gerade da ist. Für mich zählt immer nur das, was abwesend ist. Das Vergangene zählt, oder das Zukünftige. Aber im Zukünftigen will ich nicht leben, wenn es Gegenwart geworden ist, ich will es nur, so lange es das andere ist.
> So lebe ich dahin in einem leeren Raum zwischen einer Gegenwart, die ich nicht anerkenne und einer Zukunft, die ich gegenwärtig auch nicht will.[18]

Jansens Ton ist mit Trotz und Verzweiflung unterlegt. Er verweigert sich "jeder Wirklichkeit, die gerade da ist" und gibt so die Gegenwart der Beliebigkeit preis und spricht ihr die Anerkennung ab. Er begibt sich selbst in "einen leeren Raum", in ein perspektivloses Vakuum zwischen unerwünschter Gegenwart und einer Zukunft, die Zukunft bleiben soll.

Seine Protesthaltung ist umfassend, total – "Ich bin ja gegen alles, was gerade vor mir steht" – und zeigt sich in einigen Zügen auch als tragikomisch.

> Ich habe allerdings nicht deshalb zur Wirklichkeit keine Beziehung, weil ich ein Träumer bin, sondern es ist umgekehrt: ich bin auch kein Träumer mehr, weil ich keine Wirklichkeit mehr habe. Denn der Traum ist nur dort, wo eine Wirklichkeit ist, der Traum braucht eine Wirklichkeit, über die er sich wölben kann.[19]

Der Verlust einer eindeutigen Lesbarkeit der Wirklichkeit führt auch zum Utopieverlust. Es ist nicht nur eine Verweigerungshaltung gegenüber den neuen Verhältnissen, sondern auch eine tatsächliche Ratlosigkeit angesichts einer komplizierten Wirklichkeit, die keine Angriffsfläche bietet und nicht mehr von einer Utopie, einem Gegenentwurf "überwölbt" werden und somit versöhnlich mit den Widrigkeiten der Gegenwart stimmen kann.

Noch einmal die Gegenstimme Marko Martins:

---

[18] Johannes Jansen: *Heimat. Abgang. Mehr geht nicht. Ansätze.* Frankfurt/M. 1995.
[19] Ebd. S. 102.

> Doch daß die Verlockungen westlichen Wohllebens mit am Wege lagen, haben die intellektuellen Asketen [...] den vom Heldenvolk zum Pöbel deklassierten Menschen bis heute nicht verziehen. 'Die halbe Wahrheit' – die, wie Monika Maron schrieb, früher genügte – 'um ihrem Verkünder in einer Umgebung dummer und dreister Verlogenheit den Ruf des Propheten zu verleihen', zerplatzte an den widersprüchlich schillernden Kanten des Lebens, das weder eindeutig gut noch böse ist, sondern sich einfach nicht mehr einmauern läßt.[20]

Wenden sich Jansens Ressentiments gegen die neue, problematische Lebenswirklichkeit, so setzt Martin mit seiner Kritik bei den "intellektuellen Asketen" an, die nicht begreifen wollen, daß sich die Wünsche und Hoffnungen der Mehrheit der Ostdeutschen auf Wohlstand richteten. Martin prangert die Überlegenheitsgefühle der "Propheten" an, für die, aus der Enttäuschung heraus, nicht mehr gehört zu werden, die Menschen im Osten nichts anderes sind als konsumorientierter "Pöbel".

Zwischen diesen beiden Positionen zu vermitteln, ist kaum möglich, jedoch zeigen sie zwei verschiedene Reaktionsweisen auf ein und denselben Verlust des historisch-materialistischen Gedankengebäudes: Jansen wünscht sich die Eindeutigkeit der Geschichtsinterpretation zurück und den Blick auf die Zukunft als die Verwirklichung einer Utopie, wobei er sich darüber im klaren ist, daß dieser Wunsch unausführbar und unaussprechlich bleibt. Marko Martin hingegen ist bereit, notfalls auch völlig unreflektiert und in Abgrenzung zur andern Position, die gegenwärtige Lebenswelt anzunehmen und sie als Chance zu begreifen.

> Inzwischen lohnt es kaum mehr, den Lauf der Dinge zu beschreiben; was vor sich gebracht wird in der großen Welt, denn niemand sucht mehr als sich selbst zu entdecken – uns. Es gibt dafür keine Sprache, die schon begreifbar gilt. Die handlich genug schiene, die Wirklichkeit auszusprechen. (F 205)

Zwischen begeisterter Annahme der uneindeutigen Wirklichkeit und trotziger Verweigerung steht noch ein "dritter Weg" offen: Ingo Schramm empfiehlt eine Abkehr von den großen Weltentwürfen und eine Hinwendung zur "Selbstentdeckung", für die er allerdings noch nicht das entsprechende Vokabular gefunden hat, und hofft – ähnlich wie Thomas Brussig – auf eine befreite Sprache, die "handlich" ist, d.h. konkret Verhältnisse anspricht, ohne auf belastete Begriffe, wie Utopie, und Programmatiken zurückgreifen zu müssen.

---

[20] Marko Martin: *Mit dem Taxi...* S. 81.

Die neuen Wirklichkeiten: Marktwirtschaft und "Konsumhindernisse"

"Wie anders als mit enttäuschter Liebe sollte auch das jetzige östliche Ressentiment gegenüber dem Westen zu erklären sein?"[21] – Marko Martin reagiert heftig auf die "Ressentiments", die er besonders bei ostdeutschen Intellektuellen vermutet, die ihren Status als ernstzunehmende Oppositionelle verloren haben. Jedoch ist es zu einfach anzunehmen, die deutlich kritische Haltung gegenüber der Gegenwart und dem neuen politischen System resultiere allein aus dem Utopieverlust und dem Verlust des eindeutigen Gegners. Die neue Bundesrepublik wartet mit genug Enttäuschungen und falschen Hoffnungen auf. Jedoch finden sich wieder neue Gegner, neue Konfrontationen und eine politische Sprache, die eine mehr als bedenkliche Rhetorik beinhaltet.

> was sich staat nannte verkümmerte üppig und differenzierungsarm im racherausch an den unteren schichten. ein aufmarsch von schlagwerkzeugen sperrte die zufahrtswege [...]. noch wurden die heldenstädte gefeiert und schon knüppelten andere wieder: so sind sie wohl alle: totalitär und fatalistisch [...].[22]

Jansen spielt hier auf die Räumung der besetzten Häuser in der Mainzerstraße im Herbst 1990 an, die für ihn die erste (gewaltsame) Konfrontation mit dem neuen Staat darstellt, der ihm ebenso "totalitär" und unterdrückend erscheint wie der gerade vergangene SED-Staat: "[...] entweder einverklang konsequent oder her mit marie und ab ins vergessen"[23] heißt es bei Jansen in Bezug auf die neue Bundesrepublik, und damit macht er ihr den schwersten Vorwurf: den des Totalitarismus und der Geschichtsblindheit. Johannes Jansens Text *Reisswolf* schließt mit der bedrohlichen Perspektive von Mannschaftswagen, die unter dem Fenster stehen, und kreisenden Hubschraubern über der Mainzerstraße. In diesem Bild ist die Gewichtung, die Jansen vornimmt, eindeutig: Er zieht eine Parallele zwischen der vergangenen DDR und der neuen Bundesrepublik und unterstellt beiden, "totalitär" zu sein. Darüber hinaus erscheint die Bundesrepublik im Umgang mit Andersdenkenden als noch bedrohlicher.

Auch Ingo Schramm beschließt seinen Roman *Fitchers Blau* mit dem Szenario der Räumung der Mainzerstraße und mit Vermutungen über die Hintergründe:

---

[21] Ebd. S. 29.
[22] Johannes Jansen: *Reisswolf*... S. 67.
[23] Ebd. S. 66.

> Es geht um die gültige Beseitigung der Träumer und Chaoten. Es geht um die
> Zerstampfung der Konsumhindernisse. Es geht um die Große Abgleichung des
> Lebens. Auf allen Gebieten. In allen Weltgegenden. Die Verewigung des
> Herrschenden Weltentwurfs. Beendigung der Geschichte. (F 416)

Auch hier wird der Bundesrepublik, bzw. dem Kapitalismus, den sie repräsentiert, ein totalitärer Charakter und ein gewaltsames Vorgehen ("Zerstampfung" und "Beseitigung") gegen alle ("Konsumhindernisse") unterstellt, die sich dem "Sieg des Kapitalismus" entgegenstellen wollen. Die treibende Kraft ist dabei nicht nur marktwirtschaftliches Kalkül, sondern politischer Natur: Der Kapitalismus möchte sich "verewigen", den Ablauf der Geschichte stoppen und so jegliches utopisches Denken unmöglich erscheinen lassen. Diese dem Kapitalismus unterstellten aggressiven Absichten und die eigene konstatierte Ohnmacht führen zu einem fatalen Vergleich:

> Köln, Mainz, Magdeburg, Leipzig. Hamburg verbrennt. Dresden verbrennt.
> Hiroshima verdampft etwas später, eher als Nagasaki. Frühlingssturm, Ansturm,
> Volkssturm, Fall. In Torgau werden Hände geschüttelt. Künftige Feinde. Denn
> Feinde braucht ein Staat. Schlacht in der Mark. Schlacht in Pankow, in
> Zehlendorf, Köpenick, Tegel. Schlacht im Wedding, in Prenzlauer Berg.
> Schlacht um den S=Bahn=Ring, Schlacht um die Duncker-Straße. Schlacht um
> Friedrichshain, Schlacht um die Mainzer-Straße. (F 430f.)

Diese Reihung, die mit den Zerstörungen des Zweiten Weltkrieges beginnt und in den Konflikt um die Mainzer Straße mündet, soll als eine "logische" Kette von Gewalt begriffen werden, um die Aggressivität des Staates, der "seine Feinde braucht", zu verdeutlichen. Der Erzähler unterscheidet dabei nicht mehr zwischen Nationalsozialismus, DDR, USA, Sowjetunion und Bundesrepublik. Seine Ablehnung des Staates ist allumfassend und speist sich nicht allein aus dem Haß auf den Kapitalismus. Die Räumung der besetzen Häuser in der Mainzerstraße waren für Autoren wie Ingo Schramm und Johannes Jansen offenbar ein Schock, denn sonst ist diese Überbewertung der Gewalt gegen die Hausbesetzer (verglichen mit der Gewalttätigkeit des Zweiten Weltkrieges) kaum zu erklären. Sie findet sich sonst allenfalls in den polemischen Diskussionen autonomer Gruppen Westdeutschlands der 80er Jahre oder auch in verschiedenen linken Positionen der 70er Jahre, die ja durchaus von einem ähnlichen Mißtrauen in die staatlichen Institutionen gekennzeichnet waren.

Das Gefühl der eigenen Ohnmacht und Niederlage führt bei Jansen zu einer weiteren bedenklichen Reflexion: "[...] er sei schon immer bei den verladenen gelandet und er frage sich inzwischen ernsthaft ob das wort verladen nicht im zusammenhang stehe mit gewissen transporten seiner ansicht nach sogar gewissen massentransporten [...]."[24] Jansen, der der heutigen Bundesrepublik "Differenzierungsarmut" vorgeworfen hat, gibt hier selbst jegliches Unterscheidungsvermögen der Polemik preis. Das Gefühl der Bedrohung durch den neuen Staat ist entweder paranoid oder eine bewußte Provokation des Lesepublikums. Die Radikalität der Aussagen und sprachlichen Vergleiche zeugt von übertriebenem Mißtrauen in den Staat und seine Institutionen, dem Nicht-Hineinfinden-Wollen in die neuen Verhältnisse und einer grundsätzlichen Ablehnung all dessen, was die Zukunft, in Jansens Augen, bereithält. In diesem Sinne steht jungen Autoren wie Johannes Jansen ein ähnlicher Entwicklungsprozeß bevor, wie ihn einst die "zornigen" Jugendlichen der 70er Jahre durchlaufen haben.

Neben solchen radikalen Positionen gibt es moderatere Stimmen zum Staat und der jüngsten deutschen Geschichte :

> Dieser Staat schenkt mir ein rotes Etwas, Reisepaß geheißen, das ist nicht wenig.
> Die falschen Alternativen von Dableiben oder Weggehen auf ewig ziehen da nicht mehr.[25]

Die Zeit der rigorosen Entscheidungen, freiwillig oder unfreiwillig, und der bedingungslosen Parteinahme sind vorbei. Die Möglichkeit, Vorläufiges zu tun, nicht mehr mit dem Blick auf Endgültiges zu handeln, empfindet Martin als ein Geschenk und als ganz persönliche Freiheit, die es auszukosten gilt. Zudem signalisiert er an dieser Stelle, daß er vom Staat nicht Zukunftsentwürfe erwartet, sondern die rechtliche Sicherung der Gegenwart und die Garantie der Bewegungsfreiheit für den Einzelnen. Marko Martin, der "Ex-Ossi", der für die *taz* und *DIE ZEIT* Reiseberichte und Essays schreibt, hat sich, auch durch räumliche Entfernungen – er lebt zeitweise in Paris –, immer mehr von dem "Wir-und-ihr-sagen"[26] distanziert. Daß die Unterscheidung zwischen Ost- und Westdeutschen noch länger ein beherrschendes Thema bleiben wird, zeigt Kerstin Jentzsch in ihrem Roman *Seit die Götter ratlos sind*:

> Ich kann kein Westmensch sein, denn ich bin in der DDR aufgewachsen. Das ist meine Heimat. [...] Ich kenne mich bei Champagnersorten nicht aus, ich habe von Vermögensbildung keine Ahnung. Ich habe andere Dinge gelernt in der Schule, ich bin zu unsicher, als daß ich einem Westmenschen irgend etwas

---

[24] Ebd. S. 28.
[25] Marko Martin: *Mit dem Taxi...* S. 85.
[26] Ebd. S. 12.

weismachen könnte; beim ersten Westargument falle ich um. [...] Ich muß Ost und West aus meinem Kopf verbannen.[27]

Der Roman von Kerstin Jentzsch zeigt eine junge Frau, die wie alle anderen von der Wende überrascht wurde, der Konfrontation mit dem Westen naiv begegnet und in einem langen Lernprozeß ihre Geschichte und Gegenwart zu akzeptiert versteht. Die Protagonistin Lisa schwankt zwischen einem neuen Selbstbewußtsein und ihrer Unsicherheit angesichts der vermeintlichen Souveränität der Westdeutschen. Aber sie weiß auch, daß diese Unsicherheit aus der "Schere im Kopf", der bewußten Differenzierung zwischen Ost- und Westdeutschen (oder Ost und West generell), entsteht und daß es notwendig sein wird, ohne diese Vorab-Differenzierung kommunizieren zu können.

Nach der Wende: Lebensentwürfe und andere Probleme.

An den Texten von Marko Martin und Kerstin Jentzsch läßt sich eine literarische Tendenz erkennen, die von der unmittelbaren Verarbeitung der Wende wegführt, sich auf die neugeschaffene Situation einläßt und deren Probleme und Vorteile zur Sprache bringt.

Mit seinem zweiten Roman *Aprilmechanik* verläßt auch Ingo Schramm die Sphäre der "Väterbücher" und der Wendeliteratur. Zwar ist die Herkunft der drei Protagonisten seines Romans eindeutig durch die DDR und der dortigen Formen der Lebensplanung geprägt, aber das Scheitern der Lebensträume und Liebeshoffnungen hat nur mittelbar mit dieser spezifischen Vergangenheit zu tun, d.h., sie könnte Bedingung der Probleme der drei jungen Menschen sein, muß es aber nicht. Statt dessen gelingt es Schramm mit diesem Roman, die sensiblen Zwischentöne des Lebens in neuen Verhältnissen und die Verdrängung der eigenen Vergangenheit zu Gehör zu bringen.

> Susanne erinnert sich an einiges, doch sie verschmäht das Erinnerte. Zeit ist, was war an Zeit, das soll ihr nicht mehr zugehören.
> So ist, was gemeinhin Einheit genannt wird. Im Damals gab es diese nicht. Die Stadt war zerteilt in zwei Städte. [...] Die Zukunft war verbaut, das Vergangene gegenwärtig [...].[28]

Zwar wird Susanne als eine nicht aussagefreudige Zeitzeugin der DDR-Vergangenheit vorgestellt, jedoch ist die Schilderung des "Damals" so

---

[27] Kerstin Jentzsch: *Seit die Götter ratlos sind. Roman.* Berlin 1994. S. 384.
[28] Ingo Schramm: *Aprilmechanik. Roman.* Berlin 1997. S. 42. Im folgenden zitiert mit Sigle "A" und Seitenzahl.

distanziert und mit dem Gestus des In-Erinnerung-Rufens versehen – "Was war an Zeit" –, so daß der Eindruck entsteht, die jüngste Vergangenheit sei in keiner Form mehr im Alltagsgeschehen präsent. Deutlicher wird die Distanz der Protagonistin zur DDR, als sie sich in einem Kino für die falsche Vorführung, vermutlich einen alten DEFA-Film, entscheidet:

> Abspann; Susanne lief aus dem Kino. Sie maulte, befand, nur mäßig amüsiert worden zu sein. Vergangenheit, was ging sie die Vergangenheit an. Das Früher, unerlebt, war schmutziger Schaum, wie hängengeblieben am Gullirost. Frank würde betrunken sein, wenn er heimkäme. Oder er war schon da, besoffen [...]. Kein schöner Traum war ihr dagegen gestattet worden von den Betreibern des Lichtspieltheaters. (A 23f.)

Das "Damals" oder "Früher" soll den Weg allen Unrats gehen und nicht als "schmutziger Schaum" und unansehnlicher Rest ins Auge fallen. Die Protagonistin weigert sich, die Vergangenheit als die ihre anzunehmen und sie in ihren Alltag zu integrieren. Statt dessen bilden Relikte der DDR, wie der Film, Störfaktoren. Allerdings läßt uns Schramm nicht im Unklaren über den Alltag dieser jungen Frau und ihren Wünschen nach Zelluloidträumen anstelle von Auseinandersetzung. Die Ablehnung der DDR-Vergangenheit ist nicht einfach eine ignorante Verweigerungshaltung, sondern resultiert aus einem problematischen Alltag und einer prekären Beziehung, die nicht den Träumen einer romantischen Liebe gerecht wird, sondern Kränkungen und Alkoholexzesse des Freundes beinhaltet.

Das Aufwachsen und die Erziehung in der DDR-Gesellschaft spielen angesichts der Alltagsprobleme Susannes eine untergeordnete Rolle. Ihr Leben war in beiden Staaten trist und von ungeliebten Berufen begleitet: In der DDR als Mützennäherin beschäftigt, nach der Vereinigung halbtags als Verkäuferin in einer Bäckerei angestellt, zielen ihre Träume immer in die Bereiche der körperlichen Schönheit und der romantischen Liebe.

> Für einen Moment, unachtsam, wünschte Susanne, daß sie seine Erfindung sei. Dann würde alles schneller zu einem Ende kommen, das Warten bliebe unerwähnt, ohne Wirklichkeit, dann wäre die Zeit ein Wattebausch, der rasch verbrennt, so rasch vielleicht, wie ein Leben vergeht in guten Filmen. (A 32)

Susannes Träume, genährt von vielen Filmen, lassen sie für einen Augenblick die Realität vergessen und führen ihre Überlegungen an den Rand von Todessehnsüchten und Selbstaufgabe. Entscheidend ist jedoch, daß sie ihr eigenes Leben als eine Warteschleife beurteilt. Auch ihr Freund Frank befindet sich in einer ähnlichen, abwartenden Situation, die sich jedoch bei ihm schon als Erstarrung zeigt, verdeutlicht durch seinen kontinuierlichen Bierkonsum und lautes Abspielen der immergleichen aktuellen Hits:

> Musik ist zu hören. Immerzu Musik, Gesang, was wird leichter dadurch, nichts verständlich. Vergeht die Zeit schneller, unmerklicher, ist das öde Leben so wie ein vergnügliches, ein erfundenes, wie ein Filmleben, stets geglättet von der Filmmusik. Ist so das frohe Ende gewiß. (A 246)

Die Medien Film und Musik werden von beiden zur Ablenkung von sich selbst und ihren Problemen genutzt, für die sie keine Lösungen aus eigener Kraft finden können. Zudem ist ihr Medienkonsum bodenlos: Zeitvertreib mit Hilfe von Medien ist zur Hauptbeschäftigung geworden, die die eigenen Lebenshoffnungen übermalt und irrational verfärbt: Die Lebensutopie zielt auf ein gutes, filmreifes Ende, ein Leben ohne zeitliche Kontinuität, sich selbst schneller verbrauchend. Die Sehnsucht nach der Auflösung des kontinuierlichen Lebens zugunsten des szenischen Erlebens und schnellerer Entwicklung der Verhältnisse wie im Film muß jedoch unbefriedigt bleiben. Der Wunsch nach Überwindung des eigenen ereignislosen Lebens bringt die Protagonisten nicht zu einer Auseinandersetzung mit sich selbst, sondern verstrickt sie noch mehr in ihre Handlungsunfähigkeit.

> Frank wußte, daß ihm prinzipiell keine Grenze gesetzt war, hinzugelangen, wohin er wollte. Wohin wollte er. Was wußte er von den Prinzipien, wessen Prinzipien, was von den Grenzen. Was wußte er von dem Horizont, den er nie gesehen hatte. [...] Frank wollte keine Ferne. Was zählte ihm ein Wahrhaftiges. Frank wollte die Autobahn entlangfahren, steifes Bein, er wollte den Motor hören, Geheul der Maschine, Herr sein wollte Frank über den Mechanismus, über die Fahrbahn, über die Geschwindigkeit seiner selbst – er war es nicht, auch kein Knecht nun. Er wünschte sich zurück in den Dreck der Kabelwerkshallen. Der Dreck war bekannt, die Hallen waren übersichtlich, die Wege vorgeschrieben, Gefahrenorte hatte man markiert mit abwechselnd gelben und schwarzen Farbbalken. (A 77)

Frank, abgestumpft durch die anspruchslose Tätigkeit eines Kabelziehers zur Zeit der DDR, dann durch Arbeitslosigkeit, Hooligan-Dasein und ausländerfeindliches Verhalten zum Außenseiter in der neuen Gesellschaft geworden, hegt, ähnlich seiner Freundin Susanne, Träume, die sich in seiner augenblicklichen Situation nicht verwirklichen lassen. Gleichzeitig verweist der Charakter des Traums auf die begrenzte Vorstellungswelt des Protagonisten und seiner Sehnsucht nach einer Vergangenheit, in der "die Wege vorgeschrieben" sind und keine unerwarteten Schwierigkeiten oder

Gefahren sein Leben belasten. In seiner Hoffnungslosigkeit idealisiert er die Vergangenheit als eine Zeit, in der Klarheit und Übersichtlichkeit herrschten. Im Gegensatz zu Susanne erkennt er nicht, daß das Scheitern von Träumen nicht auf politische Systeme zurückzuführen ist. Beide gehören nicht zu den Gewinnern der neuen Gesellschaft, aber werden sie dadurch automatisch zu Verlierern der Wende? Ingo Schramm hütet sich davor, hier eindeutige Schuldzuweisungen zu machen und die Probleme des jungen Paares auf eine verschärfte ökonomische Situation zu reduzieren. Ihm liegt an der Schilderung der Konfliktzonen dieses Paares, das einerseits unverhältnismäßigen oder zu begrenzten, auf jeden Fall phantasielosen und unrealistischen Träumen nachhängt, andererseits an Routine und Kommunikationslosigkeit zerbricht:

> Susanne hat den Schlüssel aus dem Schloß gezogen, die Tür zugedrückt. So kommt sie nach Haus, wie sie oft nach Haus kam, Wiederholung einer Wiederholung; aber kann sie so zu-Hause sein. Nichts fällt ihr auf in der Wohnung als die Gewöhnlichkeit der Gerüche und Farben. (A 243)
> Keine neue Sinneserfahrung, abendländische Redundanz, Geruch von verschüttetem Bier, untergemischt dem Geruch von kaltem Zigarettenrauch, Schweiß, Bratfett, dem Geruch des Staubs, der vom Teppich hochwirbelt bei jedem Schritt – alles schon oft gerochen. (A 242)

Die Frage der jungen Frau, ob sie sich in Franks (und ihrer) Wohnung heimisch fühlen kann, zeigt, daß es sich hier um die Schilderung einer Beziehung handelt, die nicht mehr entwicklungsfähig ist. Der Hinweis auf die "abendländische Redundanz" behauptet, hier auch ein Problem zu erkennen, das jenseits der deutschen Verhältnisse in der Lebensauffassung eines ganzen Kulturkreises zu suchen ist und nicht nur in den ökonomischen Zwängen oder politischen Organisationsformen einer Gesellschaft. Verdeutlicht wird diese Auffassung des Erzählers durch die Einführung des dritten Protagonisten, Ronny, der Bruder Franks und spätere Freund von Susanne. Das Leben dieser drei ist zwar "redundant" aber nicht alternativlos, zumindest nicht für Susanne, der an der Seite Ronnys ein kleinbürgerliches und gesichertes Leben mit "Geschirrspülmaschine, Mikrowelle, Halogenlampen-Set" (A 192) in Aussicht gestellt wird.

> Die drei stiegen in das Auto, schlossen die Türen. Für die Dauer eines Herzschlags taten sie nichts, saßen, schauten, waren sinnlos im Sinnlosen. Was hätten sie machen sollen. Wußten sie, wie etwas zu machen ist, einander, das Sinn vollbringt. Dann startete Ronny den Motor. Frank schlief ein. Susanne träumte. Das Auto fuhr an. (A 179f.)

Ob kleinbürgerliche oder randständige Existenz, das Dilemma der Dreieckskonstellation, die sich hier anbahnt, ist eine Frage der Kommunikationslosigkeit und der Unmöglichkeit, dem Leben einen Sinn abzugewinnen. Arbeitslosigkeit oder eine ausreichend entlohnte Beschäftigung sind nicht die Auslöser von Gefühlen der Hoffnungslosigkeit bzw. Zufriedenheit. Zwar ist für Ingo Schramm der Verlust von Utopien und Sinn, hier von persönlichen Lebensentwürfen, wesentliches Symptom für eine krisenhafte Gesellschaft, aber diese Krise ist nicht durch den Zusammenbruch der DDR entstanden. Schramms Protagonisten sind zwar, wie ihr Autor selbst, unter dem Bedingungen der DDR aufgewachsen, aber sie sind mehr noch Kinder einer umfassenden „abendländischen" Kultur mit einer ausgeprägten Unterhaltungsindustrie und bedrohter Kommunikationsfähigkeit.

Die besondere Bedeutung, die Ingo Schramm der Kommunikation zumißt – solange kommuniziert wird, bleibt die Selbstvergewisserung bestehen und kann gleichzeitig Nähe zu anderen geschaffen werden –, findet sich in den Texten vieler junger Autoren aus Ost und West wieder: Die Wirklichkeitsbereiche des Lebens definieren sich bei ihnen nicht über die Handlungen, sondern über die Form und Wirkung von Kommunikation. Sie ist ausschlaggebend für ein Gelingen oder Scheitern zwischenmenschlicher Beziehungen.

Kündigte bereits *Aprilmechanik* von Ingo Schramm die Tendenz an, einen Erfahrungsraum darzustellen, der von den neuen Zumutungen geprägt ist, zu der die DDR-Vergangenheit das Hintergrundrauschen liefert, so kann der gefeierte Roman *Simple Storys* von Ingo Schulze als Durchbruch des Ankommens in den neuen Verhältnissen gelten.

Die *Simple Storys*, die vom Autor als ein "Roman aus der ostdeutschen Provinz" gekennzeichnet werden, handeln nicht nur von genuin ostdeutschen Problemen, sondern sind Geschichten, die sich überall so oder so ähnlich abspielen können. Sie zeigen Erfahrungen auf, die generell Menschen in individualisierten Gesellschaften machen. Sie verhandeln die Schwierigkeiten individualisierter Lebensentwürfe und ihrer zwischenmenschlichen Folgeerscheinungen: Orientierungslosigkeit, Vorläufigkeit aller Entscheidungen und die Notwendigkeit, jedes angemessene moralische Handeln erst kommunikativ vorzustrukturieren.

Der Roman zeichnet sich durch seine verknappte Sprache, dominierende die Dialogstruktur und seine Aufteilung in Episoden aus, die locker, aber sehr haltbar miteinander verwoben sind. Ingo Schulze bedient sich einer realistischen Erzählweise, die durch genaue Orts- und Zeitangaben – die Provinzstadt Altenburg in Thüringen zwischen 1990 und 1997 – sowie durch das Erwähnen von regionalen Besonderheiten und alltäglichen

Kleinigkeiten ein hohes Maß an Wirklichkeitsnähe suggeriert. Diese Wirklichkeit erweist sich als brüchige Konstruktion einer zutiefst irritierten Gesellschaft, deren Protagonisten die Sicherheit ihres Lebens und ihres Sprechens abhanden gekommen ist.

Ein Beispiel: "89 hättest du nie so gesprochen, nie!"[29], wirft eine Protagonistin des Romans ihrem Freund vor, nachdem er von einem aggressiven, den Jugoslawienkrieg nachahmenden Spiel zweier Kinder erzählt, das er, ohne einzugreifen, lediglich beobachtet hat. Wie jedoch ein verantwortungsvolles oder gar authentisches Sprechen sich anhören würde, kann keiner der beiden Streitenden markieren. Der Rekurs auf einen historisch bedeutsamen Moment wie das Jahr 1989 bringt gerade die Hilflosigkeit gegenüber allen Folgeerscheinungen der Wende, einschließlich der schwer zu verstehenden Kriege in Ex-Jugoslawien, zum Ausdruck. Dem historischen Prozeß kann kein Sinn abgewonnen werden, denn er hat ein Leben in vorläufigen, fragmentarischen Entwürfen und ständig unterbrochenen Handlungsketten hervorgebracht, womit ja auch die sparsame Sprache und der Aufbau des Romans korrespondieren, der vieles in der Schwebe läßt.

'Peggy hat der Umzug aus der Bahn geworfen. Die ist total von der Rolle.'
'Peggy?'
'Unsere Katze. [...] Das liebe Vieh ist genauso wie wir, total daneben.'[30]

Die Verunsicherung und das Unbehagen das in dieser Äußerung zutage tritt, ist nicht explizit auf die neuen Verhältnissen gemünzt. Es bleibt dem Leser selbst überlassen, ob er in solchen Äußerungen, wie der zitierten, Anspielungen auf die Folgeerscheinungen der Wende vermutet. Jedoch ziehen sich Analogien zwischen den Menschen und den ohnmächtigen Tieren wie ein roter Faden durch den Roman. Die Tiere dienen in diesem Zusammenhang als Sinnbilder für psychisch oder physisch zerstörtes Leben. Besonders die toten Tiere an den Straßenrändern stehen für die Opfer einer gesellschaftlichen Beschleunigung, bei der buchstäblich oder wörtlich einige auf der Strecke bleiben. Schulze beschränkt sich nicht auf sinnreiche Analogien, sondern gibt dem Verhältnis von Tier und Mensch noch eine prekäre Note, indem eine der mutmaßlichen gesellschaftlichen Gewinnerinnen eine Verliererin der Wende überfährt und diese Tat erfolgreich verdrängt, indem sie darauf beharrt, einen Dachs überfahren zu haben. "'Alles machen wir falsch.' Sie blickt geradeaus. Eine Hand liegt

---

[29] Ingo Schulze: *Simple Storys. Ein Roman aus der ostdeutschen Provinz*. Berlin 1998. S. 203.
[30] Ebd. S. 85.

über der Sitzkante, nach oben gedreht und halb geschlossen. Man könnte etwas hineinlegen."[31]

Die Struktur des Romans, die viele Stimmen und Erzählperspektiven beinhaltet, ermöglicht einen umfassenden Blick auf eine Gesellschaft im Umbruch, allein durch die Tatsache, daß hier die Einzelschicksale in einem Gesamtgefüge aufgehen. Aber nicht nur der Aufbau des Romans verweist auf ein kollektives Erleben, sondern auch die Aussagen der Protagonisten: "wir" sind "total daneben, alles machen wir falsch", deuten darauf hin, daß hier die Befindlichkeiten einer ganzen Gesellschaft, die sich zögernd neu orientiert, verhandelt werden. Diese Gesellschaft hat noch keine Identität bzw. Möglichkeiten ausgeprägt, dem Einzelnen Hoffnungen auf einen eigen Platz zu machen. So konturlos auch diese Gesellschaft erscheint und so wenig sinnhaftes Sprechen möglich ist, so geprägt ist ihre Umwelt von Eigennamen.

Die Eigennamen von Konsumgütern werden zu Synonymen für die neuen Verhältnisse. Die Fähigkeit zur Darstellung äußerer, sichtbarer Wirklichkeiten, die in diesem Roman zum Tragen kommt, macht es möglich, mit zunächst banal erscheinenden Einzelheiten auf komplexe Zusammenhänge hinzuweisen: veränderter Konsum und andere Lebensläufe, Reisen und Deutung der eigenen Geschichte, kurze Glücksmomente und Religion. So konstruiert Ingo Schulze seinen Roman zu einem Panoramabild des objektiv Sichtbaren, ganz im Sinne Hofmannsthals: "Die Tiefe muß man verstecken. Wo? An der Oberfläche."[32]

Wie sich die Normalität nach der Wendeerfahrung gestaltet, kristallisiert sich als die markanteste Frage dieser Autorengeneration heraus. So unterschiedlich auch die Deutung ihrer Position zwischen "Konsumhindernis", "Unfallopfer", Gewinner oder Verlierer zu sein scheint, gefestigte Strukturen existieren nicht mehr: Zwischen ihnen und der teilweise selbst erlebten Vergangenheit der DDR klafft eine Lücke.

Vielleicht trifft der Lyriker Durs Grünbein in seinen Gedichten, aber auch Interviews die Position dieser Generation am markantesten. Aus einem Interview, 1998 mit dem Frankfurter Allgemeinen Magazin geführt:

> ich schaue interessiert in den Abgrund, gehe am Rand auf und ab und treffe ein paar Aussagen über den Abgrund. Und bin ein wenig gerettet. Während viele

---

[31] Ebd. S. 63.
[32] Hugo von Hofmannsthal: *Sämtliche Werke*. Hg v. Bernd Schoeller. Frankfurt/M. 1990.

die Hände über dem Kopf zusammenschlagen. Die verwechseln das mit Pessimismus.³³

Lediglich Interesse, aber keine Sinnzuschreibungen bieten zu können, bedeutet auch, die Verhältnismäßigkeit zu wahren: Aus der Geschichte zu lernen, daß sie keine Lehren, sondern Abgründe parat hält. Den Blick in den Abgrund auszuhalten, ist bereits die Rettung.
"Abgrund", "Geschichtsschatten", "ein Boden, der unter der gemeinsamen Gegenwart aufreißt", die "Lücke", die "klafft", das sind Beschreibungen, die junge Autoren und Autorinnen wählen, um das Verhältnis zwischen sich und der Geschichte der DDR zu charakterisieren. Es sind keine Vokabeln einer gescheiterten Aneignung von Geschichte oder einer fatalistischen Einstellung zu den beobachteten Strukturen, sondern der Versuch, die Gegenwart möglichst lange offen zu halten, eine Wirklichkeit zu finden, die einem Möglichkeitssinn Vorschub leisten kann.

[33] *Frankfurter Allgemeine Zeitung. Magazin* 30. Oktober 1998.

Karin McPherson

Rückblicke – Briefe und Tagebücher von Autorinnen aus der DDR

A selection of editions of letters and diaries by women writers from the GDR, published between 1975 and 1995, written mainly in the 1960s and early 1970s, are subject of a critical reappraisal, focussing on the question, how and to what extent, they changed the perception of the conditions contributing to the process of writing. Aims and motivations in publishing letters and diaries are considered as part of the history of reception, particularly in view of the marked increase in such editions since 1989.

In ihrer Einleitung zu dem 1991 bei Luchterhand erschienen Band *Gute Nacht, du Schöne. Autorinnen blicken zurück* schreibt Anna Mudry, die Herausgeberin und Initiatorin dieser Selbst- und Zwiegespräche von Frauen und Schriftstellerinnen im Nachfeld der Wende:

> Die Manuskripte liegen vor, und es fällt ins Auge, daß die Autorinnen sich nicht als objektive Beurteilerinnen darstellen, sondern um *lebendiges* Urteil bemüht sind, im Sinne Ingeborg Bachmanns. Das trifft auf alle Beteiligten zu, mögen sie in die DDR hineingeboren, in ihr erwachsen geworden oder dort in die Jahre gekommen sein.[1]

Nichts scheint mir treffender auszudrücken, wie ich selbst mit dem Stoff zum gewählten Thema umgehe, das mich seit dem Erscheinen der ersten Briefe- und Tagebuchausgaben von Frauen in der DDR in den 70er Jahren beschäftigt. Der rote Faden für meine rückblickenden Reflexionen ist die Geschichte meiner persönlichen Rezeption. Für die vorliegende Arbeit sollen anhand von Beispielen aus dem Zeitraum von 1975 bis 1995 eine Reihe von Veröffentlichungen kurz beleuchtet werden – nicht nur im Hinblick auf die jeweiligen Korrespondentinnen, sondern auch mit Bezug auf die Verfasserin als Rezipientin der Lektüre. Die Frage stellt sich, was Briefe und Tagebücher zum Verständnis der DDR-Gesellschaft und ihrer Literatur beitrugen.

Den Anfang bildete die Veröffentlichung des Bandes *Was zählt, ist die Wahrheit. Briefe von Schriftstellern der DDR*, der 1975 im Mitteldeutschen

---

[1] *Gute Nacht, du Schöne. Autorinnen blicken zurück*. Hg von Anna Mudry. Frankfurt/M. 1991. S. 8.

Verlag (Halle) erschien. Der Herausgeber Werner Liersch, selbst einer der Korrespondenten, hat als ein erstes "Experiment", wie er es im Nachwort nannte, eine Auswahl getroffen aus bis dahin weitgehend unveröffentlichten Briefen von bereits bekannten SchriftstellerInnen und solchen, die es werden wollten, sowie von Kritikern und Lektoren. Liersch ordnet die Briefe unter verschiedenen thematischen Gesichtspunkten in jeweils chronologischer Reihenfolge an, wobei die frühesten Briefe von 1956 und 1957, die spätesten von 1974 stammen.

Ein echter, sich über mehrere Jahre erstreckender Austausch ist dabei den Frauen vorbehalten, die in diesem Band in der Minderheit sind. Den Anfang bildet der Briefwechsel zwischen Gerti Tetzner und Christa Wolf mit insgesamt zehn Briefen zwischen 1965 und 1969, den Abschluß eine Korrespondenz zwischen Brigitte Reimann und Annemarie Auer, mit siebzehn Briefen, die über den längeren Zeitraum von 1963 bis 1972 ausgetauscht wurden und von einer Einleitung und einem Nachruf von Auer umrahmt sind. Da Reimann zum Zeitpunkt der Veröffentlichung bereits verstorben war, hat dieser Briefwechsel am Schluß des Bandes unter dem thematischen Gesichtspunkt "Zeugnis ablegen" den Charakter eines abgeschlossenen Dokuments, einer Art Bilanz, obwohl wir aus den Beständen des Reimann-Archivs wissen, daß es sich nur um eine Auswahl handelt. Auch bei der zeitlich enger begrenzten Korrespondenz zwischen Tetzner und Wolf liegt eine Auswahl vor, von dem Herausgeber als "Anfänge I" thematisiert. Hier geht es um den Rat, den die Anfängerin Gerti Tetzner bei der erfahrenen Autorin Christa Wolf für ihre Arbeit am Roman *Karin W.* sucht. Christa Wolf bedauert gleich am Anfang ihres ersten Briefes, daß Tetzner nicht "[...] ein bißchen mehr von sich selbst" schreibt: "Wie alt Sie sind, was Sie für einen Beruf haben usw." Sie begründet es folgendermaßen: "Man sollte es nicht überschätzen, aber ein bißchen leichter fällt durch solche Angaben ein Rat für den unbekannten Autor eines noch unvollendeten Manuskripts." (22.6.65) Die Tagebuchaufzeichnungen, mit denen Tetzner auf Wolfs Vorschlag eingeht, sind nicht in den Band aufgenommen, wohl aber Wolfs enthusiastische Reaktion auf deren Lektüre:

> Beim Lesen Ihrer Tagebuchauszüge habe ich oft gedacht, daß diese Tagebuchform vielleicht am geeignetsten ist, unmittelbar und ohne den Verlust der Direktheit, der bei einer literarischen Umformung fast unvermeidlich ist, Ihr Anliegen auszudrücken. [...] Ihr Tagebuchbericht jedenfalls wirkt auf mich bis jetzt echter und erregender als die Seiten ihrer Erzählung [...]. Es geht ja eigentlich

---

[2] *Was zählt, ist die Wahrheit. Briefe von Schriftstellern der DDR.* Hg. mit einem Nachwort von Werner Liersch. Halle/S. 1975. S. 10f.

darum, Lebenserfahrung zu sammeln, den 'anderen' gewachsen zu sein, Verbündete zu gewinnen, sich nicht geschlagen zu geben.[3] (23.8.65)

Hier spricht die Autorin, die bereits das Stadium überwunden hat, in dem sie noch meinte, das literarisch Geformte vom Lebensstoff trennen zu müssen, wenn das überhaupt je ein echtes Anliegen war. Sie weiß, daß ihr Rat "[...] im Widerspruch zu den Ratschlägen Ihres [Gerti Tetzners, d. Verf.] Lektors und der Kollegen in Ihrem Zirkel steht [...]."(ebd.) Nach einer Pause von drei Jahren, und einem immer noch unabgeschlossenen Buch, gesteht Gerti Tetzner: "Aber zum Schreiben gehört Empfindsamkeit, gehört ein Ohr für Zwischentöne und Geschwiegenes. Besaß ich das überhaupt, oder war es nur verschüttet?"[4] (Mai 68) In ihrer Antwort ermutigt Wolf nicht nur zur Weiterarbeit an dem Stoff, sondern drängt Tetzner, ihre Ziele weiter zu stecken als den Abschluß des vorliegenden Werkes, wobei sie noch einmal auf die Schwierigkeiten bei der Beurteilung des Manuskripts zurückkommt:

> Merkwürdigerweise habe ich das Gefühl, daß ich Sie besser kennen müßte, um Ihnen wirklich etwas sagen zu können. [...] Die Frage ist [...] nicht, ob Sie diese Geschichte zu Ende schreiben und wie, sondern, ob Sie auch weiterhin schreiben werden.[5] (19.8.68)

Auch in dem Briefwechsel zwischen Brigitte Reimann und Annemarie Auer geht es um Rat beim Schreiben. Die Ältere, Auer, legt strenge Maßstäbe an bei ihrem Urteil zu Reimanns Arbeit an deren Roman. Rücksichten, sei es auf die Krankheit, sei es auf die schriftstellerischen Erfahrungen – Reimann ist immerhin schon eine ausgewiesene Schriftstellerin – spielen dabei kaum eine Rolle. Auers Ratschläge nach Lesen der verschiedenen Kapitel von Reimanns *Franziska Linkerhand* entsprechen in etwa den strengen Kriterien, die Wolf ablehnt. Dennoch gewinnt man den Eindruck, daß Auers Rat auf Anteilnahme und Sorge um die jüngere Schriftstellerin beruht, die sich gern selbst in die Rolle der Unerfahreneren, Hilfesuchenden flüchtet. Aus der Korrespondenz mit Christa Wolf im selben Zeitraum, den sechziger und frühen siebziger Jahren, wissen wir inzwischen, wie stark Reimann gegen die Bevormundung der Kritikerin Auer rebellierte, wie enttäuscht sie von dem Urteil der älteren Freundin war, und daß sie den Briefwechsel nur aus menschlicher Betroffenheit weiterführte, als sie

---

[3] Ebd. S. 15.
[4] Ebd. S. 21.
[5] Ebd. S. 25.

erfuhr, daß Auer ebenfalls eine Krebsoperation durchgemacht hatte.[6] (21.2.69)

Eine Besonderheit innerhalb des Bandes stellen elf Briefe von Maxie und Fred Wander dar, welche diese während zweier kurzer Phasen der Trennung von August 1973 bis September 1974 zwischen Wien und Kleinmachnow austauschten. Werner Liersch stellt sie unter das Thema "Nähe und Ferne" – "zwei Begriffe, die unversehens auch so etwas wie ihren philosophischen Gehalt in einer bestimmten Lebenssituation der Briefpartner offenbaren müssen."[7] Über die Beziehung dieser beiden Ehepartner wird weiter unten noch mehr zu sagen sein.

Als Motiv für die Herausgabe der Briefe, die zur Zeit des Erscheinens fast ein Novum in der DDR-Literatur darstellte, erklärt Liersch:

> In Erfahrung zu bringen war, ob der Brief, dieses Indiz einer wirklichen Literaturgesellschaft, existiere und eventuell für sie zu erschließen sei. Denn warum fernen Germanisten und Archivaren überlassen, was heute eingreifend wirken könnte?[8]

Werner Liersch hat die Quellen unter den Gesichtspunkten der literarischen Entwicklungen und der Auseinandersetzung mit dem Schreibprozeß, sowohl dem eigenen als auch dem anderer, ausgewählt und zieht daraus wiederum Schlüsse für die Stellung des Briefes in der Bandbreite ästhetischer Formen:

> Der ästhetische Akt, den das einfache Vorhandensein des Kunstwerkes darstellt, wird wieder zum Prozeß. Der Leser, Betrachter, Konsument wird wieder in die Entstehungsgeschichte hineingezogen. Das ästhetische Angebot erweitert sich um eine wesentliche Dimension, die Kenntnis des Machens, [...]. Neues wächst uns aus solcher Vermenschlichung der Kunst zu.[9]

Obwohl Auswahl und Sprache des Bandes auf Rücksichten schließen lassen, denen der Herausgeber Rechenschaft trug, ist das von ihm betonte Anliegen selbst ein Beweis dafür, daß die Briefe ein Defizit in der DDR-Literatur aufdeckten, das bis dahin kaum thematisiert worden war. Die authentische Darstellung der Probleme und Konflikte, die Schreiben und Leben betreffen, ja beide erst miteinander verknüpfen, führen jenes naive

---

[6] Vgl. *Brigitte Reimann – Christa Wolf, Sei gegrüßt und lebe. Eine Freundschaft in Briefen 1964-1973*. Hg von Angela Drescher. Berlin und Weimar 1993. S. 31.
[7] Werner Liersch (Hg.): *Was zählt, ist die Wahrheit*. S. 253.
[8] Ebd. S. 335.
[9] Ebd. S. 333.

Bild ihrer wechselseitigen Beziehungen als "Widerspiegelung der Wirklichkeit" ad absurdum, das für die Kulturpolitik lange Gültigkeit behielt.

Der Germanistin, die zum Verständnis von Literatur und Gesellschaft der DDR bis dahin weitgehend auf abgeschlossene Werke als Quellen angewiesen war, öffneten diese Zeugnisse den Blick, wie begrenzt auch immer, für die wirklichen Probleme, die SchriftstellerInnen als Menschen bewegten. Dieses Interesse für unmittelbare Information teilte ich offensichtlich mit vielen Lesern der DDR, die gerade in den 70er Jahren mit einem gewissen Mißtrauen gegen die literarische Fiktion dokumentarische Texte oder solche, die sie dafür hielten, mit besonderem Interesse lasen: Tonbandprotokolle, mehr oder weniger authentische Biographien und eben jene Briefe. Der Begriff "Wahrheit" – von Annemarie Auer in ihren Forderungen an Reimann als Maßstab des Schreibens gesetzt – bekam eine neue, subjektive und vielfach auslegbare Bedeutung.

Nach dieser ersten Begegnung mit Briefen kann das Erscheinen des ersten Bandes von Maxie Wanders Tagebüchern und Briefen, die ihr Mann, Fred Wander, ein Jahr nach ihrem Tod ausgewählt und herausgegeben hat, als ein weiterer wichtiger Schritt auf dem Wege der Erforschung von subjektiver Identitätsfindung gelten.[10] Damit war der Weg geebnet für die Veröffentlichung weiterer Briefe und Protokolle, darunter wohl nicht zufällig, ein paar Jahre später, *Brigitte Reimann in ihren Briefen und Tagebüchern. Eine Auswahl.*[11]

Beim Vergleich dieser beiden Brief- und Tagebuch-Auswahlbände scheint mir als Gemeinsamkeit wichtig, daß sie nach dem Tod der Verfasserinnen und daher ohne deren letzte Zustimmung herausgegeben worden sind. Die Herausgeber standen vor der Aufgabe, aus der Fülle des vorhandenen Materials (besonders in Brigitte Reimanns Fall) auszuwählen, zu sichten und Entscheidungen zu treffen, wo gekürzt, was ganz weggelassen werden sollte. Der notwendig vorhandene subjektive Standpunkt war dabei, neben anderen Erwägungen, ein entscheidender Faktor, eine Art Vorzensur, welche wohl unbeabsichtigt auch zu einer Entmündigung der Leser führte. Im Fall von Maxie Wander spielten persönliche, intime Überlegungen zweifellos eine entscheidende Rolle bei der Vermittlung des Bildes der Frühverstorbenen aus ihren Selbstzeugnissen. Fred Wander verfährt bei der

---

[10] Maxie Wander: *Tagebücher und Briefe*. Hg von Fred Wander. Berlin 1979; in der Bundesrepublik unter dem Titel *Leben wär eine prima Alternative*. Darmstadt, Neuwied 1980, kurz nach dem Erscheinen ihres Protokollbandes *Guten Morgen, du Schöne* von 1977 erschienen.

[11] Elisabeth Elten-Krause, Walter Lewerenz (Hg.): *Brigitte Reimann in ihren Briefen und Tagebüchern. Eine Auswahl*. Berlin 1983.

Anordnung der Tagebuch- und Briefquellen nach einem kompositorischen Prinzip, das offenbar den Wünschen entspricht, die Maxie Wander noch zu Lebzeiten geäußert hatte. Die Anordnung der Dokumente aus dem – relativ eng gefaßten – Zeitraum 1968 bis 1977, dem Todesjahr von Maxie Wander, durchbricht die strenge Chronologie und komponiert statt dessen nach thematischen Gesichtspunkten. Der I. Teil beginnt mit der Krebs-Diagnose und dem ersten Krankenhausaufenthalt im September 1976 und reicht bis zum Dezember des Jahres. Der II. Teil beginnt und endet mit dem Jahr 1972 und weist darüber hinaus eingeschobene frühere Eintragungen von 1968 auf, dem Todesjahr von Fred und Maxies Tochter Kitty. Der III. Teil besteht, neben einigen Eintragungen aus den Jahren 1972 bis 1976, vor allem aus Zeugnissen aus dem letzten Lebensjahr 1977. In der Einleitung zum II. Teil weist die Autorin Maxie Wander selbst auf das Prinzip hin, welches hinter der Anordnung steht: Die innere Spannung zwischen Todeserfahrung und Lebenshunger führt als Weg des Zu-sich-selber-Findens immer stärker zum Schreiben. Alle Briefe und Tagebücher sind mit Datum und, wo es zutrifft, mit Anrede an die jeweiligen Briefpartner versehen.[12]

Eine andere Art der Auswahl treffen die Herausgeber von Brigitte Reimanns Tagebüchern und Briefen, indem sie zwar einen größeren Zeitraum einbeziehen, (1947-1972), dabei aber jeweils nur Ausschnitte – bei Briefen ohne Anrede an Briefpartner – in chronologischer Reihenfolge abdrucken. Elisabeth Elten-Krause erläutert die Gründe für die getroffene Auswahl vom heutigen Standpunkt aus mit Rücksichten auf damals noch lebende Adressaten einerseits, und mit der Berücksichtigung dessen, was der Verlag und die Herausgeber gegenüber den Zensurbehörden für vertretbar hielten, andererseits. Gerade die Art der Auswahl und Anordnung ist ein Stück Geschichte im Umgang mit Brief- und Tagebuchquellen, das Aufschluß gibt über Zensur und Selbstzensur, nicht nur im politischen, sondern im allgemein menschlichen Sinne.

Wie eng der Blick von außen, wie beschränkt die Sicht auf die Personen und Umstände war, die sich auf diese Tagebücher und Briefe gründeten, wird einem bewußt, wenn man die frühen Bände in den größeren Kontext der seit der Wende veröffentlichten Brief- und Tagebuchliteratur von

---

[12] Die Rolle, welche diese beiden Bücher in meinem damaligen Verständnis der DDR-Literatur spielten, indem sie meine Aufmerksamkeit auf Briefe und Tagebücher lenkten, deren Spur ich zu Becher und Christa Wolf zurückverfolgte, wurde Gegenstand eines Arbeitspapiers zu einem Maxie-Wander-Seminar an der Universität Leipzig. Veröffentlicht unter Karin McPherson: Briefe und Tagebücher der 70er und 80er Jahre. Versuch einer Positionsbestimmung im literarischen Prozeß. In: *Dialektischer Widerspruch und literarischer Konflikt*. Hg. von C. und W. Hartinger. Leipzig 1985. (*Wissenschaftliche Beiträge der Karl-Marx-Universität*).

Schriftstellerinnen der ehemaligen DDR stellt. Dazu gehört an erster Stelle die Erschließung des Quellenmaterials zu Brigitte Reimann und dessen Veröffentlichung durch den Aufbau-Verlag mit den sensiblen Kommentaren der Lektorin Angela Drescher.[13]

Ein Beispiel für die Möglichkeiten der Umgehung von Zensur und Selbstzensur zu DDR-Zeiten und damit ein weiterer Weg zur Erschließung von Brief- und Tagebuchliteratur von und über DDR-Schriftstellerinnen war, spätestens seit den 80er Jahren, die Rezeption der Romantik. Es war mir lange ein Rätsel, warum sich Christa Wolf in ihren Schriften der Brief- und Tagebuchform zwar annäherte, aber nie direkt Eigenes preisgab. In ihrem Essay von 1964, "Tagebuch – Arbeitsmittel und Gedächtnis", demonstriert sie die Bedeutung des Tagebuchs stellvertretend am fremden Beispiel (Becher, Th. Mann, Brecht). Zum eigenen Tagebuch schreibt Wolf dort in eher verschlüsselter Form: "Man kann über die Form des eigenen Tagebuchs nicht schreiben, ohne zugleich etwas von seinem Inhalt preiszugeben."[14] Und weiter:

> Es gibt Tagebuchmüdigkeit und Tagebuchwut (die oft im umgekehrten Verhältnis zur literarischen Produktivität stehen). Nie aber ist an Veröffentlichung gedacht, nie wäre daran zu denken: Gerade das ist die Grundlage seiner Existenz (auch deshalb ist es so schwer zitierbar).[15]

Ein Blick auf den Inhalt der ersten Ausgabe des Essaybandes *Lesen und Schreiben* zeigt, wie stark Wolf von früh an in der eigenen Prosa zur Tagebuchform tendiert: "Blickwechsel, Zu einem Datum, Selbstinterview, Ein Besuch" Das gilt auch für die frühen Erzählungen, "Dienstag, 27. September (1960)" und "Juninachmittag". Briefe und Tagebuchnotizen sind das Quellenmaterial, das die Existenz einer Christa T. für die Erzählerin verbürgt. Subjektive Aneignung, nicht objektive Darstellung, sind das Schaf-

---

[13] Hierzu zählt vor allem die zweibändige Ausgabe von Brigitte Reimanns Tagebüchern. Brigitte Reimann: *Ich bedaure nichts. Tagebücher 1955 1963*. Hg. von Angela Drescher. Berlin und Weimar 1997; Brigitte Reimann: *Alles schmeckt nach Abschied. Tagebücher 1965-1970*. Hg. von A. Drescher. Berlin und Weimar 1998. Der Ankauf der Tagebücher durch das Brigitte-Reimann-Archiv in Neubrandenburg möglichte es, die Lektorin Angela Drescher mit der schwierigen Aufgabe der Herausgabe und Kommentierung der Quellen zu betrauen. Dadurch konnte sie den Stoff für weiterreichende Untersuchungen zur Autorin und deren Lebensweg aufbereiten. Das umfangreiche Material kann hier nicht berücksichtigt werden, weil es den Rahmen der vorliegenden Untersuchung sprengen würde.
[14] Rundfunkbeitrag. Schriftliche Erstveröffentlichung in Christa Wolf: *Lesen und Schreiben. Aufsätze und Betrachtungen*. Berlin und Weimar 1972. S. 71-72.
[15] Ebd. S. 72f.

fensprinzip dieses und aller folgenden Werke. Und damit haben wir den Faden zur Romantik-Rezeption: Wie wir spätestens seit der Veröffentlichung ihres Briefwechsels mit Brigitte Reimann wissen, ist Christa Wolf bereits bei den Arbeiten an *Nachdenken über Christa T.* und den Essays aus deren Umfeld auf die Zeugnisse der Günderode, der Bettina von Arnim und weiterer Frauen der Romantik gestoßen. Sie sucht nach Material, das sie zehn Jahre später in die Brief- und Tagebuchessays zu Günderode und Bettina umsetzt, in denen es um Existenz- und Schaffensfragen geht, die sie selbst unmittelbar betreffen.

In der Behandlung des Kassandra-Stoffes geht Wolf bis in die Antike zurück, schlägt aber gleichzeitig den Bogen zur Gegenwart durch vier Brief- und Tagebuchessays zur begleitenden Erschließung der Antike aus heutiger Sicht. Obgleich als Vorlesung konzipiert, gestaltet Wolf Briefe und Tagebuch aus eigenen aktuellen Erlebnissen der frühen achtziger Jahre heraus. Hier liegt vielleicht auch des Rätsels Lösung, die Antwort auf die Frage, warum Wolf glaubt, der Inhalt des Tagebuchs sei an dessen Form gebunden. Es scheint, daß für Wolf der Essay die Brücke zwischen Brief bzw. Tagebuch und literarischer Form ist. Die beiden seit der Wende erschienen Bände von Texten, *Auf dem Weg nach Tabou. Texte 1990 – 1994* (Köln 1994) und *Hierzulande Andernorts. Erzählungen und andere Texte.* (München 1999), enthalten reichlich Beweismaterial zu dieser These, die noch näher untersucht werden müßte, als es hier möglich ist. Brigitte Reimann hatte ein Gespür dafür gezeigt, als sie noch kurz vor ihrem Tod, nach der Lektüre von Wolfs unveröffentlichtem Manuskript der Erzählung "Selbstversuch" kommentiert: "[...] bei Dir tendiert ja alles zum Essay, und mir fällt kein anderer Gattungsbegriff für diese Denkerzählungen ein [...]."[16] (Neubrandenburg, 26. 6. 72)

Für die Autorin Sigrid Damm, deren Schreiben sich auf genaue "Recherche" (der Untertitel ihres letzten Buches) vergangener und vergessener Lebenszeugnisse gründet, sind Briefe und Tagebücher von Frauen Schlüssel zu eigenen Lebens- und Schaffensproblemen, angefangen mit ihrer Briefausgabe von Caroline Schlegel, über die Gestaltung von Goethes Schwester *Cornelia aus Selbst- und Fremdzeugnissen*, im gleichnamigen Buch von 1987, bis zu dem jüngsten, preisgekrönten Werk *Christiane und Goethe – Eine Recherche* (1998). In ihrem Schottland-Buch, *Diese Einsamkeit ohne Überfluß* (1995), macht Damm eigene Tagebuchaufzeichnungen zum Stilprinzip einer Gegenüberstellung von Vergangenheit und Gegenwart, ein Buch, das Rezensenten wegen seiner Mischform nicht ins literarische Konzept passen wollte.

---

[16] Angela Drescher (Hg.): *Brigitte Reimann – Christa Wolf.* S. 149.

An diesem Punkt erhebt sich die Frage, inwieweit ein Eingreifen in den privaten, persönlichen Bereich des Brief- und Tagebuchschreibens dessen Charakter verändert. Ist nicht schon das Herausgeben ein Eingriff, der die feinen Fäden von Leben und Schreiben durcheinanderbringt? Wo diese Auswahl nach bestimmten – ästhetischen, sozialen, politischen – Gesichtspunkten vorgenommen wird, müssen notgedrungen Fäden zerrissen und das feine Netz, dessen Mittelpunkt das Individuum als schreibendes bildet, zerstört werden.

Wo das Tagebuch oder der Brief als schriftliche Zeugnisse zu Literatur werden, da treten bewußte Selbstdarstellung und Selbstaussage an die Stelle der Spontaneität. Spontane Selbstaussagen hatten kurz vor und nach der Wende eine Chance, ins öffentliche Bewußtsein zu gelangen, durch eine Reihe von Texten, in denen sich vornehmlich Frauen über ihre Gefühle, Gedanken und Reaktionen auf die Ereignisse äußern, die dem Ende der DDR unmittelbar vorangingen oder folgten – so paradox das erscheint angesichts der Tatsache, daß viele der Frauen, die damals ihre Stimme erhoben, sich inzwischen eher entmündigt fühlen. Wir haben es wenigen mutigen Autorinnen und sensiblen Verlagslektorinnen zu verdanken, die sich über die literarische Form, über Zensur und Selbstzensur hinwegsetzten, daß diese Zeugnisse veröffentlicht und dadurch der Nachwelt erhalten wurden.[17]

Einen Schlüsseltext in dieser Beziehung bildet der eingangs erwähnte kleine Band *Gute Nacht, du Schöne* von 1991, der vielleicht zu schnell in Vergessenheit geraten ist. Die Herausgeberin Anna Mudry hatte die Idee, Frauen, Schriftstellerinnen verschiedener Generationen, miteinander ins – mündliche oder schriftliche – Gespräch zu bringen und ihnen damit Anlaß zu geben, sich unter dem unmittelbaren, frischen Eindruck der der Wende vorangegangenen wie folgenden Monate über ihre Vergangenheit und ihre Zukunft zu äußern. Dabei wollte sie die Beteiligten nicht durch Fragen und Vorgaben einengen, sondern den Angesprochenen, die sich bereit erklärten, an dem Projekt mitzumachen, die Gelegenheit geben, sich unmittelbar und spontan auszusprechen, wobei sie sich selbst mit einem Beitrag einreihte. Im Vorwort zu dem Band, der anders ausfiel als sie es sich vorgestellt hatte, schreibt Mudry über ihre Idee:

---

[17] Ohne Berücksichtigung der literarischen Qualität seien hier einige Titel aufgeführt: Helga Königsdorf: *1989 oder Ein Moment Schönheit* Berlin und Weimar 1990; Christa Wolf: *Reden im Herbst* Berlin und Weimar 1990, in der Bundesrepublik unter dem Titel *Im Dialog. Aktuelle Texte.* Frankfurt/M. 1990); Petra Gruner (Hg.): *Angepaßt oder mündig? Briefe an Christa Wolf im Herbst 1989.* Berlin 1990 (DDR), und Frankfurt/M. 1990 (Bundesrepublik).

> Nichts schien der Herausgeberin dieses Bandes verlockender, als nachdenkliche, von selbstgefälligem Ehrgeiz unbelastete Frauen, die *Kopfarbeit* beruflich ausüben, aufzufordern, möglichst im 'Zwiegespräch' Rückschau zu halten auf das Gebliebensein im Land des 'real existierenden Sozialismus', aber auch vorausschauende Blicke zu werfen auf das Gebilde Deutschland.[18]

Nicht alle Angeprochenen konnten oder wollten sich beteiligen, Christa Wolf zog "ihr Anerbieten, an diesem Band mitzuarbeiten, wegen der an ihr stellvertretend vorgenommenen Demontage [...] zurück."[19] Irmtraud Morgner gibt dem Band ihre Zustimmung, kann aber selbst nicht mehr als Dialogpartnerin teilnehmen, wie Mudry erklärt:

> Dem Projekt dieser Autorinnen – 'Protokolle' – schenkte Irmtraud Morgner trotz des fortgeschrittenen Stadiums ihrer Krankheit bereitwillig Gehör. Sie hätte es 'als eine Vorarbeit für Künftiges' in Zeiten des Umbruchs betrachtet, sagte sie. 'Aber das gibt es für mich nicht mehr'[...].[20]

Zu dem Kreis der miteinander in Zwiesprache stehenden Frauen hätten zweifellos auch Brigitte Reimann und Maxie Wander gehört. Im Hinblick auf den Titel spricht die Herausgeberin von der "[...] zweischneidige[n] Bezugnahme auf Maxie Wanders 1977 erschienene Protokolle [...]", und stellt fest:

> Einerseits reiht sich *Gute Nacht, du Schöne* in die Reihe literarisch-dokumentarischer Selbstzeugnisse von DDR-Frauen ein [...]. Andererseits durchbricht der vorliegende Band die Kontinuität, weil in der Zeit seines Entstehens zwischen Februar 1990 und Januar 1991 ungeahnte Realitäten in unser Leben eingebrochen sind, die sich Tag um Tag, Stunde um Stunde zwischen die Schreibenden und ihre Arbeit drängten.[21]

Schon ein erster Blick auf die Beiträge zeigt, daß ein unmittelbarer Austausch nur bei sechs Frauen stattfand: zwischen Brigitte Burmeister und Gerti Tetzner, Helga Königsdorf und Rosemarie Zeplin, Annett Gröschner und Maja Wiens. Helga Schütz, Kerstin Hensel, Gabi Kachold, Angela Krauß, Brigitte Struzyk und die Herausgeberin Anna Mudry schreiben ihre Texte ohne unmittelbaren Bezug auf eine Partnerin. Beim Lesen fällt auf,

---

[18] Anna Mudry (Hg.): *Gute Nacht*. S. 8.
[19] Ebd. S.11. Brigitte Struzyks, die als Gesprächspartnerin für Wolf vorgesehen war, begründet ihre Entscheidung, das schon begonnene Gespräch nicht fortzuführen, in ihrem "Nachtrag – ein Brief an den Verlag", ebd. S. 136f.
[20] Ebd. S. 12.
[21] Ebd. S. 7.

daß selbst die miteinander Korrespondierenden nicht etwa einem spontanen Bedürfnis folgen. Dennoch – oder vielleicht gerade deshalb – ist der Ertrag reichhaltig und vielfältig. Das Anliegen des Buches, den Verdrängungen entgegenzuarbeiten, scheint seinen Zweck zu erfüllen, wenn hier zum ersten Mal ohne Vorgaben und Rücksicht auf ein lesendes Publikum Schreib- und Lebensprobleme offen zur Sprache kommen. Dabei ist der Spielraum der Prosa unbegrenzt. Zwar herrscht Befangenheit, aber nicht äußeren Zwängen gegenüber, sondern vielmehr im Hinblick auf das neue Lebensgefühl, das jede der Frauen auf andere Weise mit dem Zerbrechen der bisherigen Lebensumstände erfährt. Ganz im Gegensatz zu Maxie Wanders Frauen in ihrem Band *Guten Morgen, Du Schöne* beziehen sich die Schriftstellerinnen in der Nachwendezeit nicht mehr auf ein gemeinsames Problem – z.b. Überlegenheit oder mangelndes Verständnis der Männer –, sondern problematisieren sich selbst, ihre individuellen Lebensumstände, auf eine selbstkritische Weise. Wo der Gesamteindruck beim Lesen der Frauenprotokolle Solidarität war, da empfindet man bei dem späteren Band die zunehmende Verunsicherung und Vereinzelung.

Die Herausgeberin Anna Mudry bezeichnet den Ertrag ihres Projekts folgendermaßen: "Die gewonnene Unbefangenheit und Offenheit, mit der die Autorinnen ihren Teil an Vergangenheitsbewältigung anbieten, ist bereits ein Vorgriff auf Künftiges."[22]

Fast ein Jahrzehnt nach dieser Prognose stellt sich die Frage, inwieweit Mudrys optimistische Sicht sich bestätigt hat. Fast alle beteiligten Autorinnen sind in den ersten Jahren nach der Wende mit einem bzw. mehreren Büchern an die Öffentlichkeit getreten. Einige unter ihnen haben sich eigentlich erst entfaltet und in ihren Büchern neue Inhalte mit neuen Formen verbinden können – nicht zuletzt nach Brief- und Tagebuchmustern.[23]

Die Frage, ob das Ende der DDR einen Einfluß auf das Erscheinen von Briefen und Tagebüchern gehabt hat, kann bejaht werden, was die Anzahl der veröffentlichten Quellen betrifft. Die Gründe dafür sind wohl nicht allein im Wegfall der Zensur und in Veränderungen in der Verlagspolitik zu suchen, sondern auch in einer veränderten Lesererwartung. Diejenigen Briefsammlungen von durch ihr Werk bekannten Autorinnen, die innerhalb der ersten fünf Jahre nach der Wende erschienen, sind für die Leser eine "Aufarbeitung der Vergangenheit". Schwieriger ist es schon, eine Antwort zu finden auf die komplexe Frage, warum AutorInnen nach der Wende

---

[22] Ebd. S. 12f.
[23] Als Beispiele fallen besonders die Texte von Angela Krauß aus den letzten Jahren auf: *Die Überfliegerin* (Frankfurt/M. 1995) und *Sommer auf dem Eis* (Frankfurt/M. 1998).

diese persönlichen Zeugnisse für die Öffentlichkeit zugänglich gemacht haben.

Solche Fragen stellen sich zum Beispiel bei dem 1993 erschienenen Briefwechsel *Christa Wolf – Brigitte Reimann: Sei gegrüßt und lebe. Eine Freundschaft in Briefen. 1964–1973*, der 1993 von Angela Drescher, Wolfs langjähriger Lektorin, beim Aufbau-Verlag herausgegeben wurde. Nur eine der beiden Korrespondentinnen, Christa Wolf, konnte in diesem Fall die verantwortungsschwere Entscheidung treffen, den Briefwechsel mit der zwanzig Jahre früher verstorbenen Freundin der Lektorin zu überlassen.

In einem frühen Brief an Annemarie Auer vom 11. 2. 65 hatte Brigitte Reimann geschrieben: "Die Ruhigen, Klugen schüchtern mich ein, und desto mehr zieht es mich zu ihnen (meine unglückliche Liebe zu Christa Wolf ...), und Du gehörst auch in diese Reihe [...]."[24] Christa Wolfs eigene Skepsis drückte sich in der Frage aus, die sie in einem Brief vom 5. 2. 1969 an Reimann stellt: "Kann man sich denn auf irgendeinen Briefpartner verlassen?"[25] – worauf die fast vier Jahre Jüngere mit heftigem Widerspruch und einem glühenden Treuebekenntnis antwortete und damit die Schranken zwischen den beiden ungleichen Partnerinnen zumindest zeitweilig einriß. (16. 2. 69)[26]

Allen inneren Vorbehalten zum Trotz setzte sich allmählich ein Dialog zwischen den beiden ungleichen Autorinnen durch, der das sozialpolitische Umfeld ebenso stark einbezog wie die inneren Kämpfe und persönlichen Probleme. Die Entwicklung der beiden Schriftstellerinnen und ihre Auseinandersetzung über fast ein Jahrzehnt, dem vielleicht problematischsten in der Geschichte der DDR Literatur, bestätigen, was sich aus den in diesem Zeitraum entstandenen Werken nur erahnen läßt. Der Briefband gibt Einblick in den menschlichen Reifeprozeß, den beide Frauen durchmachten und bei dem sie sich gegenseitig bestätigten und korrigierten – ganz besonders durch ihre Verschiedenheit.

Daß ein Brief-Dialog zwischen Frauen anders geführt wird als mit Briefpartnern verschiedenen Geschlechts, wird deutlich, wenn man den Briefwechsel denjenigen gegenüberstellt, den beide Autorinnen jeweils mit einem männlichen Partner führten: Brigitte Reimann mit Hermann Hen-

---

[24] Werner Liersch (Hg.): *Was zählt, ist die Wahrheit*. S. 308.
[25] Angela Drescher (Hg.): *Brigitte Reimann Christa Wolf*. S. 21.
[26] Ebd. S.27f. Zu dem Briefwechsel siehe: Karin McPherson: Kann man sich denn auf irgendeinen Briefpartner verlassen? Brigitte Reimann – Christa Wolf. Eine Freundschaft in Briefen. In: *Zeitschrift für Germanistik*. NF VII (1997). H. 3. S. 543-558.

selmann, und Christa Wolf mit Franz Fühmann.[27] Hier scheint eine andere Art der Befangenheit als zwischen den beiden Frauen vorzuherrschen, die noch der genaueren Analyse bedarf.

Befangen auf andere Art ist Fred Wander bei der Auswahl und Herausgabe von Maxie Wanders Briefen und Tagebüchern. Erst nach der Wende entschloß er sich, auf die Tagebücher und Briefe von 1979 (*Leben wär eine prima Alternative*) einen zweiten Band folgen zu lassen. 1990 erschien bei Luchterhand Maxie Wander: *Ein Leben ist nicht genug. Tagebuchaufzeichnungen und Briefe* (1990).[28] In einem längeren Vorwort bekennt Fred Wander, wie stark es ihm diesmal auf gemeinsame Erlebnisse ankam bei der Auswahl aus den früheren Aufzeichnungen von 1964 bis 1968, der Zeit in Kleinmachnow also, wo Fred und Maxie die glücklichsten und zugleich schwierigsten Jahre ihrer Ehe verlebten und wo Maxie nach dem Tod der Tochter Kitty auf dem Wege über die Frauenprotokolle ihre eigene Stimme als Schriftstellerin fand. Ein wichtiger Gesichtspunkt bei der Auswahl bildeten gemeinsame Reisen und Projekte, vor allem der Aufenthalt in Paris – für Maxie als Fotografin ein Durchbruch –, dessen Resultat ein zusammen mit Fred Wander herausgegebenes Buch und eine Ausstellung in Ost-Berlin waren. Im Vorwort zu seiner Auswahl von Briefen und Aufzeichnungen bekennt sich Fred Wander zu einem veränderten Vorgehen gegenüber dem ersten Band:

> Diesmal arbeitete ich [...] in Wien, in Maxies Heimatstadt. Ich konnte nicht mehr ahnungslos und wie mit der Wünschelrute über das Feld der beschriebenen Blätter gehen. Ich suchte eine Spur, die Spuren einer jungen Frau, die sich selbst und ihre Welt entdeckt.[29]

Das Bild, das Fred Wander von Maxie entwirft, entspricht nicht unbedingt dem Eindruck, den die LeserInnen aus Maxies Briefen und Aufzeichnungen gewinnen. Es zeichnet sich die Spur einer Frau ab, die zutiefst unter der Belastung und Verantwortung für Kinder und Haushalt leidet und dabei doch versucht, ihren Aufgaben gerecht zu werden, um es dem Mann zu ermöglichen, an seinem Werk zu arbeiten. Immer wieder bricht die Frustration durch über die Schwierigkeiten, die eigenen schöpferischen Mög-

---

[27] *Brigitte Reimann – Hermann Henselmann. Briefwechsel*. Hg. von Ingrid Kirschey-Feix. Nachbemerkung von Irene Henselmann. Berlin 1994. *Christa Wolf – Franz Fühmann. Monsieur – wir finden uns wieder. Briefe 1986-1984*. Hg. von Angela Drescher. Berlin 1995.
[28] Maxie Wander: *Ein Leben ist nicht genug. Tagebuchaufzeichnungen und Briefe*. Hg. und mit einem Vorwort von Fred Wander. Frankfurt/M. 1990.
[29] Ebd. S. 6.

lichkeiten zu entdecken, geschweige denn sie zu entwickeln. Erschwert wird dieser Konflikt durch das ständige Bemühen, den geliebten Mann zu verstehen, sein Leben zu teilen. Die Geburt des jüngsten Kindes wird zugleich als erhöhtes Lebensglück und als neue Gefangenschaft empfunden. Die Aufzeichnungen schließen mit dem Versuch, den Tod der Tochter durch einen Unfall in Worte zu fassen. Wir wissen aus dem früheren Band mit den späteren Aufzeichnungen, daß diese Erfahrung schließlich die Impulse dafür lieferte, die eigene schöpferische Arbeit durchzusetzen, ab 1972 auch gegen die Krankheit, die 1977 mit dem Tod endet.

Die Briefe und Tagebücher, von denen hier die Rede ist, verwickeln die LeserInnen in eine neue Art von Dialog, von Befragung des Bekannten und von Selbstbefragung. Was feststand im Verständnis der DDR und ihrer Literatur, gilt nicht mehr oder gilt anders. Abgeschlossene Werke erhalten eine neue Transparenz im Hinblick auf ihre Entstehungsbedingungen. Sie bekommen eine neue "Dimension der Tiefe, der Zeitgenossenschaft", wie Christa Wolf sie in *Lesen und Schreiben* von der Prosa verlangte.

Es versteht sich fast von selbst, daß Briefe und Tagebücher als intime, private schriftliche Äußerungen von ganz besonderer Brisanz sind in einer Gesellschaft, deren Künstler unter dem Druck von Zensur und Selbstzensur stehen. Das Veröffentlichen solcher Quellen ist daher auch ein besonderes Wagnis für AutorInnen und HerausgeberInnen. Es überrascht also nicht, daß die Veröffentlichung von Briefen und Tagebüchern von bereits bekannten und relativ unbekannten Autorinnen, von denen hier die Rede ist, zu Zeiten der DDR ein sowohl gewagtes wie auch reizvolles Angebot zur Auseinandersetzung mit Schreib- und Lebensbedingungen der Betroffenen darstellte. Diejenigen Verlage, die von den siebziger Jahren an zunächst sehr zögernd und sporadisch mit der Edition und Herausgabe einiger ausgewählter Brief- und/oder Tagebuchsammlungen begannen, hatten Mut zum Wagnis und Experiment. Gemessen am Aufblühen der dokumentarischen Literatur in Form von Protokollen und Interviews in den späten siebziger und den achtziger Jahren blieb es jedoch bei wenigen Beispielen von persönlichen Briefen und Tagebüchern als nicht-literarischem Genre.

Wie bereits angedeutet, hat sich die Situation seit dem Ende der DDR deutlich verändert. In den Jahren nach 1990 sind Brief- und Tagebuchausgaben von Autorinnen (und Autoren, auf die hier nicht eingegangen wird) zum Gegenstand eines intensiven öffentlichen Gesprächs geworden und haben eine literarische Aktualität gewonnen, wie es bis dahin literarischen Werken vorbehalten war. Aus dem Rückblick zeigt sich, daß nach der "Wende" ein zweiter Interessenschub für "wirkliches Leben", das bisher als verschwiegen oder verdrängt angesehen wurde, neue Aufmerksamkeit erhielt. Davon zeugt insbesondere der eingangs besprochene Band von

Anna Mudry. Dieses neue Interesse für das Authentische hatte vielfältige Ursachen, auf die zum Schluß wenigstens knapp hingewiesen werden soll. Zum einen verlangte die Dynamik der gesellschaftlichen Veränderungen nach unmittelbarer aktueller Reaktion der Schriftsteller, ohne ihnen Zeit zu lassen für literarische Gestaltung im engeren Sinne, die immer auch Abstand und Souveränität erfordert. Zum anderen verlangten Leser unter dem Eindruck des Zeitgeistgeredes vom Ende der Utopien nicht nach den großen Entwürfen, sondern nach unmittelbaren Reaktionen der von ihnen geschätzten Autoren.

Diese Ausgangslage wurde durch zwei vorrangig politisch motivierte Aktionen verschärft: Die Instrumentalisierung der "Stasiakten" zur politischen "Entlarvung" und Denunziation und die Inszenierung des sogenannten "deutsch-deutschen Literaturstreits". In einer solchen Atmosphäre der permanenten Verunsicherung und des Werteverlustes entstand sowohl auf Seiten der Autoren als auch der Leser ein Bedürfnis nach Legitimation, das weniger durch literarästhetische Leistungen als durch authentische Dokumente aus vergangenen Zeiten – also Briefe, Tagebücher u. ä. – befriedigt werden sollte.

Ein eindrucksvoller Beleg für dieses Interesse der Leser an authentischer Information sind die sehr erfolgreich publizierten Briefwechsel Brigitte Reimanns mit Christa Wolf (1993), Herrmann Henselmann (1994) und Veralore Schwirtz (1995).[30] Auch das geradezu spektakuläre Leser- und Medieninteresse für die Tagebücher Brigitte Reimanns ist in diesem Kontext zu sehen und belegt die Permanenz von Bedürfnissen an widersprüchlichem, sich einmischendem, mal traurig und mal stolz sich in die Wechselfälle des Lebens stürzenden Menschen, die auch zum Bild der DDR gehören.

Das wirft nicht nur Fragen der Rezeption auf, sondern auch Überlegungen zur Motivation der Herausgeber und an erster Stelle der Verfasserinnen, wo diese noch leben, mit diesen privaten und persönlichen Äußerungen an die Öffentlichkeit zu treten. Das gilt ganz besonders in den Fällen – und davon gibt es mehrere Beispiele –, wo eine Briefpartnerin nicht mehr lebt. In den Briefen und Tagebüchern von Brigitte Reimann und Maxie Wander werden Krankheit und Todesnähe zum Maßstab, der andere Probleme, so dringend sie sind, in ihre Grenzen verweist. Eine Unbefangenheit, sollte es sie überhaupt geben im Briefwechsel mit Partnern in den verschiedenen Beziehungskonstellationen, läßt sich schwer aufrecht erhalten. Die Neigung, als Briefpartner eine Rolle zu übernehmen, das Spiel mit den

---

[30] Brigitte Reimann: *Aber wir schaffen es, verlaß dich drauf! Briefe an eine Freundin im Westen.* Hg. v. Ingrid Krüger. Berlin 1995.

Rollen auch als Selbstzensur, ist unausbleiblich, wobei *ein* Reiz beim Lesen dieser Quellen in der Entschlüsselung des Rollenspiels liegt.

Marianne Lüdecke

"Jeder von uns ist einmalig ..."[1]
Zum Wandel des Bildes vom kindlichen Helden in der Kinderliteratur der DDR

Texts for children and young adults appeared to be even more instrumentalized and cultural-politically regulated than the rest of G.D.R. literature. Yet even in this severely restricted area some developments paralleled, at least partially, the ones in the literature for adults. The early literature for children and young adults was meant to be enlightening and educational. From the perspective of the social whole the development of the child was regarded as subsumption of the individual in the community. Yet beginning in the 1970s the child protagonists more and more claimed their own, individual positions within society. The authors' increasingly subjective views measured society's humanity more and more according to its treatment of children and young adults, who themselves embody social ideals and utopian ideas. The discussion of various texts will illuminate this change of perspective in the 1970s.

Der Kinder- und Jugendliteratur wurde in der DDR von Beginn an ein hoher Stellenwert zugemessen. Sie wurde als ein wichtiges Instrument der Bildung und Erziehung der Jugend im Sinne des Sozialismus betrachtet und seit 1956 fest in den Deutschunterricht der Schulen integriert. Die Herausbildung sozialistischer Persönlichkeiten gehörte zu den wichtigsten gesellschaftlichen Parametern der DDR und Kinder- und Jugendliteratur erfuhr gerade in diesem Zusammenhang besondere Aufmerksamkeit.

Bereits im "Gesetz über die Teilnahme der Jugend am Aufbau der Deutschen Demokratischen Republik und die Förderung der Jugend in Schule und Beruf, bei Sport und Erholung" vom 8. Februar 1950 wurde die "Schaffung einer neuen Jugend- und Kinderliteratur" gefordert und mit einer Aufforderung an die Schriftsteller verbunden. In § 35 heißt es: "(1) Es ist eine hohe Pflicht aller Schriftsteller und Dichter, an der Schaffung einer neuen Jugend- und Kinderliteratur mitzuwirken, die die demokratische Erziehung der heranwachsenden Generation fördert."[2] Und Johannes R. Becher, Kulturminister der DDR, hob 1956 nicht nur die Bedeutung der Kinder- und Jugendliteratur im Bildungs- und Erziehungsprozeß hervor,

---

[1] Gunter Preuß: *Tschomolungma*. Berlin 1981. S. 129.
[2] Gesetzblatt der Deutschen Demokratischen Republik. Berlin, den 25. Februar 1950. Nr. 15. S. 98.

sondern wies ihr gleichzeitig einen wichtigen Platz im Ensemble der Gesamtliteratur zu. Damit verband er die auch in späteren Jahren immer wieder erhobene Forderung nach einer hohen literarischen Qualität:

> [...] es handelt sich um die Kinder- und Jugendliteratur, die nicht irgendein abseitiges Gebiet innerhalb der Literaturgesellschaft darstellt, das man irgendwelchen Leuten leichthin überlassen darf [...]. Vom Deutschunterricht und von den Büchern, welche Kinder zum Lesen erhalten, hängt es wesentlich ab, in welcher Richtung ihr literarischer Geschmack sich entwickelt, ihr politisches Urteil, ihr Menschsein, ihr Menschlichsein. Diese Kinderliteratur, diese Jugendliteratur müssen also zu einer großen Literatur werden, das heißt zu einer Literatur, worin die besten Qualitäten literarischer Meisterwerke in einer für die Kinder und Jugendlichen verständlichen, sie erreichbaren Sprache enthalten sind [...]. Literatur entmachtet sich gewissermaßen selbst, wenn sie nicht die Kinder- und Jugendliteratur sich zu eigen macht [...].[3]

Mit jenen Forderungen, Erwartungen und Ansprüchen sehr unterschiedlicher Art an die Kinder- und Jugendliteratur korrespondierte die besondere Aufmerksamkeit, die dieser Literatur widerfuhr: auf der einer Seite, besonders ausgeprägt in der frühen DDR, starke Reglementierungen hinsichtlich der Themen und der Art der Darstellung und auf der anderen Seite eine große Förderung der Kinder- und Jugendbuchautoren. Preisvergaben, zunächst vor allem über Preisausschreiben, boten nicht nur eine materielle Sicherstellung, sondern erhöhten auch das Ansehen von Autoren, die für junge Leser schrieben. Eine Besonderheit der Kinder- und Jugendliteratur besteht sicher auch darin, daß eine Reihe namhafter "Erwachsenenautoren" kinderliterarisch aktiv wurden. Autoren wie Erwin Strittmatter, Franz Fühmann, Werner Heiduczek, Peter Hacks, Christoph Hein, um einige zu nennen, trugen nicht unwesentlich zur literarischen Qualität dieses Bereiches der Literatur bei.

Als Teil der Nationalliteratur steht Kinder- und Jugendliteratur in direktem Bezug zu der Erwachsenenliteratur: Auf der ästhetischen Ebene macht sie die Prinzipien des sozialistischen Realismus für sich geltend. Hinsichtlich des kulturpolitischen Aspektes unterliegt sie genauso der Spannung zwischen einem instrumentellen Sozialismusverständnis und einem uto-

---

[3] Johannes R. Becher: *Von der Größe unserer Literatur*. Berlin 1956. S. 24f. Zitiert in: *Sozialistische Kinder- und Jugendliteratur. Ein Abriß zur Entwicklung von 1945 bis 1975* von einem Autorenkollektiv unter Leitung von Friedel Wallesch. Berlin 1979. S. 12.

pisch-schöpferischen Konzept von Sozialismus, die die gesamte kulturelle und politische Entwicklung kennzeichnet.[4]

So ist auch die von Dieter Schlenstedt am Beginn der 80er Jahre für die DDR-Literatur konstatierte "Neigung zum problematischen Helden, an dem man etwas überlegen kann, oder auch zum leidenden Helden, der als Lebenshilfe gegeben wird"[5] auf die Literatur für junge Leser übertragbar. Wandlungen im Heldenbild, die eine gewisse Korrespondenz zur Erwachsenenliteratur erkennen lassen, sind verstärkt seit den 70er Jahren zu beobachten. Sie sind Folge veränderter Akzentuierungen in der Darstellung des Verhältnisses zwischen Individuum und Gesellschaft.

Der in Stephan Hermlins *Abendlicht* (1979) prononciert ins Bewußtsein gehobene Verweis auf das *Manifest* von Marx und Engels, in dem insistiert wird auf eine "Assoziation, [...] worin die freie Entwicklung eines jeden die Bedingung für die freie Entwicklung aller ist",[6] war die nachträgliche Bestätigung für Texte, die stark abhoben auf die Betonung des Individuums im Verhältnis zur Gesellschaft.

Auch in der Kinderliteratur vollzogen sich im Spannungsverhältnis Individuum, hier kindlicher Held, und Gesellschaft, hier vor allem soziales Bezugs- bzw. Umfeld, am Beginn der siebziger Jahre qualitative Veränderungen.[7]

Zur frühen Kinderliteratur der DDR

Die frühe Kinderliteratur ist charakterisiert durch einen ausgeprägt aufklärerischen und erzieherischen Gestus. Dem Leser wird gezeigt, worin das Wesen der neuen Gesellschaft besteht. Er soll aufgeklärt, politisch "richtig" orientiert und damit für das Neue gewonnen werden. So fordert Alex Wedding in ihrer Rede auf dem IV. Schriftstellerkongreß 1956 "Bücher, [die] vor allem auch eine Hilfe für jene Leser sein würden, die politisch noch im dunkeln tappen".[8] Die erzieherische Wirkung von Kinderliteratur

---

[4] Vgl. Wolfgang Emmerich: *Kleine Literaturgeschichte der DDR*. Erweiterte Auflage. Leipzig 1996. Kap. 4, insb. S. 113–118.
[5] Rundtischgespräch: DDR-Literaturentwicklung in der Diskussion. In: *Weimarer Beiträge* 30 (1984). H. 10. S. 1589–1616, hier S. 1605.
[6] Stephan Hermlin: *Abendlicht*. Leipzig 1979. S. 23.
[7] Zur Betonung von Veränderungen Anfang der siebziger Jahre vgl. auch Heinz Kuhnert: Kinderliteratur der DDR: Was bleibt? In: *Helden nach Plan?* Hg. von Hermann Havekost, Sandra Langenhahn und Anne Wicklein. Oldenburg 1993. S. 107-130.
[8] Alex Wedding: Zu einigen Fragen unserer Kinder- und Jugendliteratur. In: *Aus vier Jahrzehnten. Erinnerungen, Aufsätze und Fragmente*. Hg. Günter Ebert. Berlin 1975. S. 248-280, hier S. 263.

sollte vor allem erreicht werden über die Gestaltung von "Vorbildern [...], mit denen er [der junge Leser, M.L.] sich in seinem Wollen und Wünschen gleichsetzen kann",[9] bzw. durch kindliche Figuren, die eine im Sinne der aufzubauenden sozialistischen Gesellschaft vorbildliche Entwicklung erfahren. Und die bestand in jedem Falle darin, in der neuen Ordnung einen Platz zu finden, in ihr sich aufgehoben zu fühlen.

Frühe Texte führen häufig vor, wie sich eine Gruppe von Kindern zu einer idealisierten Gemeinschaft entwickelt. So erzählt Benno Pludra in der Feriengeschichte *Die Jungen von Zelt 13* (1951) die Geschichte von vierzehn Jungen im Alter von ca. 10/11 Jahren, die in einem Ferienlager als undiszipliniert auffallen, dann durch eine Pionierleiterin zu einem Kollektiv zusammengeführt werden und erst so den rechten Spaß an den Ferien finden und das "Glück der Gemeinschaft" erfahren. Die kindliche Gruppe verfügt nicht über eine Zentralfigur, sondern ihr als Gesamtheit steht die vorbildliche Pionierleiterin als Vertreter der Erwachsenen gegenüber. Alle Bewegung geht von ihr aus, den Kindern bleibt nur eine stark reduzierte Initiative.

Diese literarische Grundkonstellation wird später zugunsten eines kindlichen Protagonisten aufgegeben, der zu einem Kollektiv von Kindern und auch Erwachsenen in Beziehung gestellt wird. Für die Darstellung entwickelt die frühe Kinderliteratur im wesentlichen zwei Varianten, die man auch Modelle nennen könnte. Zum einen tritt eine kindliche Figur von Beginn an als Vorbild in die Handlung ein. Sie ist von dem Neuen bereits erfüllt und wirkt in diesem Sinne auf die anderen ein. Unterstützung erhält sie dabei auch von vorbildlichen Erwachsenen. In Ilse Korns *Mit Bärbel fing es an* (1952) kommt die Titelfigur ausgerüstet mit Erfahrungen in guter Pionierarbeit in eine neue Schule und wirkt hier erfolgreich im kollektivstiftenden Sinne.[10] Das gleiche Modell findet sich bei Benno Pludras *In Wiepershagen krähn die Hähne* (1953) und *Gustel, Tapp und die anderen* (1953) und auch bei Wellms *Igel, Rainer und die anderen* (1958) und *Die Kinder von Plieversdorf* (1959). Das andere Modell favorisiert eine kindliche Zentralfigur, die zunächst Außenseiter ist. Im Verlauf der Handlung wird sie in das Kollektiv, das sich in Übereinstimmung mit dem gesellschaftlich Neuen befindet, integriert. Der zentrale Held in Benno Pludras *Sheriff Teddy* (1956), Kalle Becker, der aufgrund veralteter Erziehungsmethoden der Eltern und durch den negativen Einfluß seines Bruders Robert (lebt in Westberlin) skeptisch abseits steht, wird durch ein ihm

---

[9] Ebd. S. 254.
[10] Auffällig, daß häufig als Gegenspieler der Zentralfigur eine Bande auftritt: Ilse Korn *Mit Bärbel fing es an* (1952), Hanns Krause *Die Habermänner* (1950), Benno Pludra *Sheriff Teddy* (1956) und *Popp muß sich entscheiden* (1959).

offen gegenüberstehendes und sich um ihn bemühendes Kollektiv dazu bewogen, sich in die Gruppe einzuordnen. Etwas variiert nimmt Pludra diese Konstellation in *Popp muß sich entscheiden* (1959) noch einmal auf. Rückblickend dazu stellt Pludra fest: "Wir haben in den fünfziger Jahren unsere Helden gründlich gebessert, uns jedenfalls darum bemüht, zumeist auf Kosten der Geschichten, die mehr oder weniger zäh ihre Moral verkündeten".[11]

Auch Karl Neumanns sehr erfolgreicher Roman *Frank* (1958) spielt dieses Grundmodell durch. Der 14jährige Frank, wegen seines Äußeren "Speckfrank" genannt, ist in der dörflichen Gemeinschaft zunächst ein Außenstehender und von der Gruppe Abgelehnter. Als die Ursachen für Franks Verhalten im Dorf bekannt werden – der Vater ist unterwegs auf Baustellen, die Tante, bei der Frank und seine Geschwister leben, vernachlässigt die ihr Anvertrauten –, finden die Kinder des Dorfes über den gemeinsamen Bau eines Kanus, die Erwachsenen über die Sorge für Frank und seine Geschwister zu einer vorbildlichen sozialen Gemeinschaft zusammen. Noch in anderer Hinsicht ist der Text von Karl Neumann beispielhaft. Die Familie ist für die kindlichen Figuren in der Regel nicht das entscheidende Bezugsfeld. Auffallend häufig trifft man in frühen Texten auf nicht vollständige Familien. Meist ist die Mutter nicht mehr am Leben – Erwin Strittmatters *Tinko* (1954), Karl Neumanns *Frank* oder Benno Pludras *Gustel, Tapp und die anderen*. Auch der 11-jährige Kaule in Alfred Wellms gleichnamigem Kinderbuch von 1962 wächst nur mit einem Elternteil auf, und zwar in diesem Fall mit der Mutter, die bei Beginn der Handlung zu einem Lehrgang fährt und Kaule in der Obhut seiner Tante läßt. Solcherart Familienkonstellationen sind u.U. konsequenter Ausdruck für den in kinderliterarischen Texten äußerst geringen Stellenwert der Familie. Weitaus mehr Bedeutung kommt dem größeren sozialen Umfeld zu: Pioniergruppe oder Dorfgemeinschaft. Letztere ist es auch in *Kaule*, die, als der Junge am Ende in große seelische Bedrängnis gerät, verständnisvoll um ihn bemüht ist und eine Art kollektives Sorgerecht übernimmt.

Häufig sind die Geschichten im dörflichen Raum angesiedelt. Zum einen waren die gesellschaftlichen Veränderungen als Grundlage auch veränderter sozialer Beziehungen in der Landwirtschaft am stärksten sichtbar und zum anderen ist der darzustellende soziale Raum überschaubar. Von diesem "Vorteil des Dorfes" machen Autoren auch späterhin Gebrauch, dann allerdings oft, um für die Stadt als ein in der Regel für den Helden positiv besetztes Gegenstück zu fungieren.

---

[11] Benno Pludra: Schwierigkeiten beim Schreiben von Kinderbüchern. Gespräch mit Benno Pludra. In: *Deutschunterricht* 49 (1996). H. 2. S. 99-109, hier S. 101.

Voraussetzung für die Integration der kindlichen Protagonisten in die soziale Gemeinschaft ist ihre Veränderung im Sinne der Normen des Kollektivs, ist ihre Anpassung an das "gesellschaftlich Richtige" und damit "Gute". Der Lernprozeß, dessen Ergebnis die Anpassung an das als richtig Erkannte ist, stellt sich in der Regel als ein geradliniger Prozeß dar, dessen Ergebnis voraussehbar ist und der kaum Überraschungen bereit hält. Die Veränderungen des Protagonisten sind häufig nur äußerer Natur. Eine innere Auseinandersetzung des Helden mit seiner Umwelt oder gar mit sich selbst wird kaum beschrieben. Die Figuren verfügen selten über eine Reflexionsebene. Innere Konflikte, soweit überhaupt vorhanden, sind stärker vom Erzähler behauptet denn nachvollziehbar dargestellt. Die äußere Aktion bestimmt fast ausschließlich die Handlung.

Erfüllung und Spaß finden die kindlichen Figuren fast nur in der Arbeit, die immer das Gemeinwohl im Blick hat. Wenn in *Frank* die Idee für den Bau eines Kanus entwickelt wird, dann geht es nicht darum, daß sich einer seinen Traum erfüllt, sondern die "[...] ganze Gruppe muß helfen. Zusammenhalten [...] Jeder soll das machen, was er kann."[12] Das Engagement einer Schülerin für die Belange der Pioniergruppe stößt bei der Mutter auf Unverständnis. Diese empfiehlt Zurückhaltung, wobei folgender Wortwechsel ausgelöst wird: "'Das [...] das wäre nicht ehrlich, Mutti. Und dann kämen wir auch nie weiter.' 'Was heißt denn weiterkommen? Du kommst doch weiter, und darum geht es schließlich.' 'Und die Klasse?'"[13] Und auch Popp muß sich in der gleichnamigen Erzählung von Benno Pludra entscheiden, ob er für sich privat Altmetall sammelt oder lieber mit den Pionieren für die Ausgestaltung eines Klubs, den alle gemeinsam herrichten. "'In unserer Schule, das Pionierzimmer, tipptopp, von oben bis unten, und keinen Finger haben wir dafür krumm gemacht.' 'Aber das wird unser Klub', sagte Marianne. 'Den machen wir uns selber. Das macht Spaß.'"[14] In *Igel, Rainer und die anderen* errichten die Kinder eine Geflügelaufzuchtstation und übergeben die Küken der Genossenschaft, um dieser zu helfen. Kaule gar "erfindet" eine Wasserleitung, die den Bewohnern des Vorwerks erspart, das Wasser mit Eimern aus einem Brunnen holen zu müssen. Raum für kindliches Spiel jenseits des gesellschaftlich Nützlichen entfalten diese frühen Texte kaum. Gustels lustvolles und zielloses Umherstreifen in der Natur z.B. verliert seinen Reiz, wenn er die Pioniergruppe beim Kartoffelernten beobachtet.

---

[12] Karl Neumann: *Frank*. Berlin 1958. S. 63f.
[13] Ebd. S. 27.
[14] Benno Pludra: Popp muß sich entscheiden. In: *Die Jungen von Zelt 13*. Berlin 1975. S. 350.

Den kindlichen Helden stehen in der Regel Erwachsene in vorbildlicher Weise zur Seite. Diese sind von den Ideen des Neuen durchdrungen und wirken in diesem Sinne auf die Heranwachsenden ein: Die Pionierleiterin Helga, die die Jungen von Zelt 13 zu Disziplin und Ordnung führt und sie vom Nutzen und Spaß der gemeinsamen Aktion überzeugt; der Genosse Paulsen (*Popp muß sich entscheiden*), der sich für den Klub der Pioniere einsetzt; der Heimkehrer-Vater, der Tinko die Vorzüge der neuen Ordnung erlebbar macht; der Fabrikmensch Hollnagel, der Verständnis für die Aktionen Kaules zeigt und den Tatendrang des Jungen in sinnvolle Bahnen lenkt. Erwachsene, an denen sich die kindlichen Helden reiben, sind zunächst selten und dann in der Regel schematisierte, auf die Verkörperung des Alten, des zu Überwindenden festgelegte Nebenfiguren.

Die Einbindung der kindlichen Protagonisten in die gesellschaftlichen Veränderungen und damit in die Probleme der Erwachsenen unterstreicht das Postulat von der Einheitlichkeit der Welt von Kindern und Erwachsenen:

> Entsprechend der Realität haben sich solche ästhetischen Konzeptionen bewährt, die von den gesellschaftlichen Gemeinsamkeiten zwischen Kindern und Erwachsenen ausgehen, einerseits die wechselseitigen Bedingtheiten und Abhängigkeiten zeigen, andererseits die entwicklungsbedingten Unterschiede insgesamt einfangen, aber das Einende und Verbindende betonen.[15]

Diese Hervorhebung der Einheit von Kinderwelt und Erwachsenenwelt richtet sich vor allem gegen eine Auffassung, die Kindheit als Schonraum, als "heile Welt" betrachtet. Sie schließt damit auch einen Freiraum für kindliches Spiel und Abenteuer weitestgehend aus.

Zwei Texte, die unter verschiedenen Aspekten schon herangezogen wurden, verdienen besondere Beachtung, da sie aus der frühen Kinderliteratur herausragen: Erwin Strittmatters *Tinko* (1954) und Alfred Wellms *Kaule* (1962). Strittmatter erzählt die Geschichte des zu Beginn der Handlung etwa 10jährigen Martin Kraske, genannt Tinko, der in dem fiktiven Dorf Märzbach lebt. Handlungszeit sind die Jahre 1948 bis 1950, also Jahre, in denen sich gravierende gesellschaftliche Veränderungen auch in der Landwirtschaft vollziehen. Es ist die Zeit, in der ehemals landarme oder landlose Bauern durch die Bodenreform zu "richtigen" Bauern wurden, ihr eigenes Land bewirtschafteten und erste Formen gemeinschaftlicher Arbeit Raum greifen. Tinko lebt seit dem Tod der Mutter – sie kam bei einem Bombenangriff auf Berlin ums Leben – bei seinen Großeltern. Als sein Vater aus sowjetischer Kriegsgefangenschaft heimkehrt, kommt es zwi-

---

[15] Friedel Wallesch et al. (Hg.): *Kinder- und Jugendliteratur der DDR.* S. 193.

schen diesem, der angefüllt ist mit Ideen gemeinschaftlicher Arbeit, und dem Großvater, der infolge der Bodenreform erstmals in seinem Leben Land besitzt, zu erbitterten Auseinandersetzungen. Die konträren Ansichten und Haltungen der beiden – hier Gemeinsinn, da übersteigerter Besitzerstolz – führen zwangsläufig zum Bruch und Tinko, in die Auseinandersetzung einbezogen, wird in die Situation gebracht, sich zwischen dem Großvater und dem Vater entscheiden zu müssen. Strittmatter stürzt seine kindliche Zentralfigur in einen existentiellen Konflikt, und Tinkos letztliche Entscheidung für den Vater ist das Ergebnis eines langwierigen, fast zwei Jahre währenden komplizierten Prozesses, das Ergebnis harter Auseinandersetzungen mit dem Vater, dem Großvater und sich selbst. Zwar zunächst Gegenstand des Konfliktes zwischen Großvater und Vater, gewinnt Tinko zunehmend an Selbstbewußtsein, so daß seine Entscheidung für den Vater eine aus eigenem Antrieb gewonnene ist. Der Autor setzt diese drei Figuren in ein großes Figurenensemble sehr differenzierter Charaktere, deren Handlungen und Haltungen präzise motiviert erscheinen. Die Hinwendung Tinkos zum Vater am Ende des Romans und der Tod des alten Kraske, der nicht ohne Tragik ist, stehen gewissermaßen für den Sieg des Neuen über das Alte. Der als naiver Held angelegte Protagonist wird auch als Erzählerfigur eingesetzt. Strittmatter gelingt es, dem Leser Einblicke in die gesellschaftlichen Zusammenhänge zu vermitteln, die sich dem kindlichen Ich-Erzähler so nicht offenbaren. Am Ende erscheint Tinko in eine Gemeinschaft aufgenommen, die sich im Aufbruch befindet.

Seit seinem Erscheinen hat der Roman immer wieder Diskussionen ausgelöst. Alex Wedding kritisierte an diesem Buch, dessen ästhetische Qualität sie ausdrücklich hervorhob, daß Tinko kein Vorbild sei, daß er "nicht zu einem erzieherischen Beispiel"[16] werde. Trotz dieser und anderer Einwände[17] hat dieser Text, der in seiner literarischen Qualität Mitte der fünfziger Jahre vergleichbare kinderliterarische Produktionen weit überragt, die Kinder- und Jugendliteratur der DDR entscheidend mitgeprägt. M.E. liegen die Leistungen vor allem darin, den kindlichen Helden in echter existentieller Konfliktsituation zu zeigen und mit ihm einen sensiblen, mit großer Reflexionsebene ausgestatteten Protagonisten zu gestalten, eine der einprägsamsten Figuren der Kinderliteratur der DDR.

Die Nähe von Alfred Wellms *Kaule* zu Erwin Strittmatters *Tinko* ist auffällig. Ebenfalls auf dem Dorf angesiedelt, bedient sich der Text einer ver-

---

[16] Alex Wedding: *Aus vier Jahrzehnten*. S. 256.
[17] Bedenken und Einwände richteten sich gegen die Einsetzung der kindlichen Figur als Erzähler und die Entscheidung, diesen Roman als Kinderbuch anzusehen. Vgl. Christa Wolf: Menschliche Konflikte in unserer Zeit. In: *ndl* 3 (1955). H. 7. S. 139-144; Alex Wedding: *Aus vier Jahrzehnten*. S. 256f.

gleichbaren Grundkonstellation. Der 11jährige Norbert Penschelein, genannt Kaule, sieht sich zwischen Vater Pietsch, dem Verantwortlichen für den Bullenstall der Genossenschaft und so etwas wie ein Großvater für ihn, und den aus der Stadt zugezogenen "Frabrikmenschen" Hollnagel gestellt, den Vater Karolas, um deren Freundschaft er sich bemüht. Allerdings versucht Kaule, zwischen Vater Pietsch, der die "neumodischen" Ansichten Hollnagels ablehnt, und diesem zu vermitteln. Seine Mittel und Methoden erweisen sich jedoch als untauglich und lösen immer neue Konflikte aus. Erst das überzeugende Vorgehen Hollnagels im Dorf beseitigt die Vorbehalte von Vater Pietsch und sein Eingehen auf Kaule führt dessen Phantasie und Tatendrang in eine produktive Richtung. Aus der Diskrepanz zwischen den Absichten und den Ergebnissen des Jungen erwächst sein innerer Konflikt. Das Unverständnis der ihn umgebenen Erwachsenen hinsichtlich seines Tuns verschärft die Situation und führt zunächst zur Isolierung der Zentralfigur und ihrem Gefühl von Vereinsamung und Verlassenheit. Aber die Gemeinschaft versagt nicht, und so sieht sich Kaule am Ende der Erzählung in Übereinstimmung sowohl mit Vater Pietsch wie auch mit Hollnagel. Indem der Erzähler die Perspektive der Zentralfigur einnimmt, bleibt im gesamten Text eine kindlich naive Sicht erhalten und der Leser bekommt einen tiefen Einblick in die reiche Innenwelt des 11jährigen, kann teilhaben an dessen Nöten und Hoffnungen.

Die neuen kindlichen Helden – Kinder- und Jugendliteratur seit den siebziger Jahren

> Bücher kommen aus der Zeit und aus uns selbst. Die Zeit ist anders (Wer wüßte es nicht?), als sie vor dreißig, fünfunddreißig Jahren war, und wir selber sind anders, zum Beispiel auch älter, manche Hoffnung ist davongeflogen. Was einmal zügig erreichbar schien, hat sich als langer, schwieriger Prozeß erwiesen, kein Ende abzusehen, Vollkommenheit fern. Enthusiasmus heute, auf vergangene Art, würde des Komischen nicht entbehren. Wir müssen genauer hinsehen, was wir schreiben, für Kinder nicht anders als für Erwachsene, mit Zuversicht und Mut und mit dem gebotenen Zweifel, aber den auch an uns selbst, wie nahe wir dem Stein der Weisen diesmal gekommen seien.[18]

Was Benno Pludra hier resümiert, ist das Ergebnis eines Prozesses, der seit Ende der sechziger/Anfang der siebziger Jahre erkennbar ist und sich vor allem in einer veränderten Gewichtung der beiden Pole des Spannungsver-

---

[18] Benno Pludra: Wo eine Geschichte endet, beginnt die nächste... In: *Almanach zur Kinderliteratur der DDR*. Katholische Akademie Hamburg 1989. S. 67-68, hier S. 67.

hältnisses zwischen kindlichem Held und sozialem Umfeld manifestiert. Die Wünsche, Hoffnungen und Eigenheiten des Kindes werden deutlicher artikuliert, seine Individualität stärker ausgestellt und auf deren Behauptung innerhalb der Gesellschaft insistiert. Das Modell, bei dem der Einzelne in der Gemeinschaft aufgeht, findet sich immer seltener in der Kinder- und Jugendliteratur. Vielmehr begegnen uns zunehmend kindliche Figuren, die sich reiben an vorherrschenden Denk- und Verhaltensmustern. Sie reagieren besonders sensibel auf Unverständnis, Gleichgültigkeit und fragwürdig gesetzte Prioritäten.

Spannungen erwachsen jetzt aus dem Zusammenstoß kindlicher Erwartungen und Wünsche mit den Haltungen und dem Verhalten der Erwachsenen ihres unmittelbaren Umfeldes – mit den Eltern und auch mit den Lehrern. "Ich hab immer die Väter als Repräsentanten der Gesellschaft gesehen, und mir ist gar nicht so bewußt gewesen, daß ich da eine Möglichkeit hatte, Dinge unterzubringen, die man so direkt gar nicht sagen konnte: indem man den Vater mit seinen Haltungen zum Teil in Frage stellte."[19] Vergleichbares gilt für Lehrerfiguren, die durch ihre Einbindung in die Institution Schule noch akzentuierter als Vertreter der Gesellschaft ausgewiesen erscheinen.

Zwei Richtungen lassen sich mit Blick auf die Darstellung kindlicher Figuren ausmachen. Zum einen wird an Verhalten und Haltung dem Kind gegenüber die Verwirklichung der von der Gesellschaft postulierten Ziele überprüft. Dabei wird Uneingelöstes aufgezeigt, werden Defizite und Verluste sichtbar gemacht: "Ich schreibe nicht aus Freude über 'heile' Zustände, sondern aus Zorn über Zustände."[20] Zum anderen binden die Autoren ihr Ideal vom Menschsein und von einer menschlichen Gemeinschaft an die Heranwachsenden, ein Vorgehen, das in der Kinderliteratur Tradition hat. Kinder und Jugendliche werden zu Trägern von Haltungen und Ideen, deren Realisierung im Alltag zunehmend schwieriger wurde, bzw. kaum noch möglich war. Das hat zum Teil eine ethische Überhöhung der kindlichen Figuren zur Folge und hat auch Relevanz für die Schlußgestaltung der poetischen Texte. Häufig trifft man auf relativ offene Schlüsse, die die literarischen Konflikte, wenn überhaupt, nur teilweise als gelöst erscheinen lassen. Die Grundkonflikte dauern an. Lösungen können auch die Autoren nicht anbieten.

Die Kinder- und Jugendliteratur stellt differenzierte und vielschichtige Kinderfiguren aus. Die kindlichen Helden sind nachdenkliche Helden. Sie

---

[19] Benno Pludra: Schwierigkeiten beim Schreiben von Kinderbüchern. S.103.
[20] Günter Saalmann: Der Leser will eine Geschichte lesen, gut erzählt... Gespräch mit Günter Saalmann. In: *Beiträge zur Kinder- und Jugendliteratur* 89 (1988). S. 46-56, hier S. 56.

sind mit einer breit angelegten Reflexionsebene ausgestattet, sind genaue Beobachter ihrer sozialen Umwelt, haben Gespür für Unehrlichkeit und Zweigesichtigkeit, für Widersprüchliches. Sie reflektieren ihre Wünsche und Hoffnungen ebenso wie ihre Erfahrungen und Enttäuschungen, denken über sich selbst und die sie umgebenden Erwachsenen nach, stellen Fragen. Diese kindlichen Protagonisten sind phantasievolle Wesen, die auch über eine besondere Sensibilität für die natürliche Umwelt verfügen, deren Vernachlässigung und Zerstörung sie registrieren und schmerzlich empfinden, zu deren Schutz sie sich engagieren.

Die neuen kindlichen Helden erscheinen oft als einsam, als alleingelassen und damit als besonders gefährdet. Kraft erwächst ihnen aus sich selbst. Das manifestiert sich auch in der Erschaffung imaginierter Gesprächspartner, die häufig phantastische Wesen sind, die die Helden aber nicht aus der Wirklichkeit entführen, sondern sie stärken für die Auseinandersetzung mit ihrer Umwelt. Oder die Protagonisten finden die Unterstützung eines verständnisvollen Erwachsenen. Diese Erwachsenenfiguren sind dann aber meist außerhalb des unmittelbaren familiären oder schulischen Umfeldes angesiedelt und gehören in der Regel der Generation der Großeltern an, ohne unbedingt Großeltern zu sein (eine ehemalige Lehrerin, ein alter Straßenkchrer).

Die Helden sind unsicher, sind auf der Suche. Sie wollen sich angenommen und geborgen fühlen. Das unterscheidet sie zunächst nicht von ihren Vorgängern in den fünfziger Jahren, aber sie wollen angenommen werden um ihrer selbst willen, angenommen werden in ihrem So-Sein. Dabei sind sie auf der Suche nach sich selbst, fragen nach dem Sinn ihres Lebens, haben bzw. bekommen eine Ahnung von der Kompliziertheit und Widersprüchlichkeit des Lebens. Die Protagonisten formulieren deutlich ihren Anspruch auf Individualität und fordern deren Akzeptanz ein. Der Selbstfindungsprozeß erweist sich als ein mühevolles Vortasten, das angefüllt ist mit Ängsten und Hoffnungen, mit dem Kampf gegen Widerstände in sich selbst, aber vor allem auch gegen Widerstände des sozialen Umfeldes:

> Sie wollte aber, dachte Juliane, daß man sie mochte, weil sie Juliane war. Einzigartig und unwiederholbar wie jeder Mensch auf dieser Welt. Ein Lieblingssatz der Mutter. Von Juliane hatte noch niemand verlangt, sie solle einzigartig sein.[21]

> 'Er ist nicht wie die anderen.' 'Jeder von uns ist einmalig, lieber Kollege', sagt Frau Weinhold lächelnd. 'Und Peter tut nichts weiter, als daß er auf seiner Ein-

---

[21] Jutta Schlott: *Roman und Juliane*. Berlin 1986. S. 73.

maligkeit besteht. Er hat sie nur noch nicht gefunden.' [...] 'Erkenne dich selbst. Werde, der du bist', sagt Frau Weinhold sicher. 'Dazu müssen wir den Kindern eine Brücke bauen.'[22]

Ich gehöre zu ihnen, denke ich. Aber sie müssen mich so nehmen, wie ich bin. Doch sie wollen mich haben, wie sie mich möchten.[23]

Solche Ansprüche auf Annahme, wenn auch nicht mit gleicher Vehemenz von den Figuren vorgetragen, finden wir auch in Texten, die auf unterschiedliche Weise die Probleme behinderter Kinder thematisieren. Gerade der Umgang der Gesellschaft mit Menschen, deren Möglichkeiten der Lebensgestaltung begrenzter sind, wird zum Prüfstein für den erreichten Grad der Humanisierung der Gesellschaft.

Im folgenden soll gezeigt werden, wie sich die benannten Veränderungen im einzelnen Text darstellen.

In den Mittelpunkt ihrer Erzählung *Maxi* (1979) stellt Gerti Tetzner ein Kind, das seine gegenwärtige Existenz verlassen möchte: "Ich möchte nicht ich sein! wünschte sich Maxi heftig".[24] Grund dieses Verlangens sind Enttäuschungen, Unzufriedenheit mit sich selbst und vor allem fehlende Anerkennung. Ein Erlebnis aus der Kindergartenzeit wird erinnert, als ein Märchenspiel aufgeführt werden soll. Die von ihr begehrte Rolle des Schneewittchens erhält eine andere, Jacqueline. Als Maxi die Rolle der Stiefmutter übertragen wird, lehnt sie ab und darf daraufhin gar nicht mitspielen. Enttäuschung und Zurückweisung sitzen tief: "Immer und immer hatte Jacqueline alles besser gekonnt. Immer war Jacqueline die Klassenbeste. Immer war ihr Vater da. Immer waren alle mit Jacqueline zufrieden. Immer konnte sie, was sie wollte. Was konnte Maxi? Nichts konnte sie!"[25] Aus dieser Überzeugung resultiert ihr Wunsch, das Leben der von ihr beneideten Jacqueline zu führen, Jacqueline zu sein. Mit Hilfe des Großen Geistes, einer von Maxi imaginierten phantastischen Figur, die ihr in ihrer Einsamkeit vertrauter Gesprächspartner ist, gelingt die Verwandlung. Nach anfänglicher Freude über das neugewonnene Dasein – "Ich habe gute Zensuren und gewinne viele Wettkämpfe! [...]. Ich wache nachts niemals mit Herzklopfen auf, [...]. Ich habe einen tüchtigen Vater und bin niemals allein, [...]. Alle haben mich gern"[26] – stellt sich die Erkenntnis ein, daß die-

---

[22] Gunter Preuß: *Tschomolungma*. S. 129.
[23] Ders.: *Feen sterben nicht*. Berlin 1985. S. 131.
[24] Gerti Tetzner: *Maxi*. Berlin 1981. S. 25.
[25] Ebd. S. 25.
[26] Ebd. S. 40.

ses Leben nicht ihrem Wunschbild entspricht. Als es zu einer Neuauflage des Märchenspiels kommt, das ihr diesmal die ersehnte Anerkennung bringen soll und in dem Maxi-Jacqueline die Rolle des Schneewittchens erhält, zeigt sich, daß nicht die Rolle den Ausschlag gibt, sondern, wie man diese ausfüllt. Die schlechteste Schülerin der Klasse, Katja, in der von Maxi ehemals abgelehnten Rolle erringt die allgemeine Aufmerksamkeit, weil sie diese mit ihrer Persönlichkeit und großer Ausstrahlung verkörpert. Aus der Anerkennung heraus, die Katja erfährt, erwächst Maxis Wunsch, sich nun in Katja zu verwandeln und deren Leben zu probieren. Der Große Geist erfüllt auch diesen Wunsch. Die Enttäuschungen, die schließlich auch das Leben als Maxi-Katja bereitet, führen zu dem Wunsch, "sie wollte Maxi sein."[27] Ihr neues altes Leben erweist sich nun keineswegs als happy end. Sie erlebt weitere Enttäuschungen, vor allem auch als sie erfährt, daß ihr Vater, der die Mutter und sie vor Jahren verlassen hat, in der selben Stadt wohnt und eine neue Familie hat. "Er kannte ihre Tür, ihre Straße und ihr Haus, aber nie, nie hatte er Maxi besucht – als wär sie nicht da. Weil er sie nicht wollte, weil er sie nicht mehr wollte [...]. Das konnte auch der Große Geist nicht ändern. Das mußte Maxi aushalten."[28] Maxi ist aus den Verwandlungen als eine Verwandelte hervorgegangen. Am Ende steht ein Bekenntnis zu sich selbst:

> Warum sollte sie erst etwas werden? War sie jetzt nichts? Sie war ein Mädchen, das schwimmen konnte und Theater spielen, Zwiebelschneider verkaufen, Hunde pflegen, paddeln, Würstchen braten, Straßenbahnhaltestellen ansagen und vielleicht noch dies und das. Zugegeben, sie war nicht das schönste Mädchen und konnte nicht besonders gut schreiben und auswendig Gelerntes sagen, sie würde wohl nie die besten Zensuren haben. Aber war sie deshalb noch nichts, mußte sie erst etwas werden?[29]

Das gewachsene Selbstwertgefühl hat allerdings nicht zwangsläufig die Erfüllung des Glücksanspruchs zur Folge. Dieser ist nicht allein durch Verhaltensänderung der kindlichen Figur zu erreichen. Die Bedingungen dafür liegen auch in ihrem sozialen Umfeld, das sich ihrer Einflußnahme entzieht.

Gunter Preuß erzählt in *Tschomolungma* (1981) zwei miteinander verknüpfte Geschichten, die des 13jährigen Peter Ruprecht und die des gleichaltrigen Mädchens Rose – Geschichten über den mühevollen Prozeß der Selbstfindung und des Sich-Behauptens. Beide Figuren geraten in die

---

[27] Ebd. S. 74.
[28] Ebd. S. 91.
[29] Ebd. S. 97.

Krise – Peter in eine Identitätskrise und Rose verweigert sich der Akzeptanz der von ihr schmerzlich empfundenen absehbaren Trennung ihrer Eltern. Zentrale Figur ist Peter Ruprecht, ein Junge, der immer so funktioniert hat, wie man es von ihm erwartete:

> Er war vom ersten Schultag an der Beste in der Klasse gewesen, der Liebling aller Lehrer, jedes Jahr ausgezeichnet. [...]. Die Eltern sagten zu ihren Kindern: 'Nehmt euch Peter Ruprecht als Vorbild. Er ist ein kluger, fleißiger Junge. Aus dem wird einmal etwas. Seine Eltern können stolz auf ihn sein.' Immer war er der Beste, das Vorbild gewesen, er kannte es gar nicht anders.[30]

Verunsichert durch mangelnde Anerkennung durch seine Mitschüler, verhält er sich für seine Umgebung unverständlich. Seine Leistungen lassen nach und er wird als "Spinner" und "Frosch" verlacht. Er träumt davon, den Tschomolungma zu besteigen und ist der einzige, der den nahegelegenen alten Wachtturm noch nicht erklettert hat. Der Protagonist gerät in die Krise. Das Gefühl des Fremdseins ("Jetzt ist das Gefühl des Alleinseins in ihm, es bereitet ihm Unruhe. Es quält ihn. Fremd sind ihm die anderen geworden und er sich selbst."[31]) führt zum Aufscheinen der Erkenntnis des Andersseins: "Er ist nicht so wie Vater. Er weiß nicht, wie er ist, er weiß nur, er ist kein Kerl und nicht der Beste, er ist anders."[32] Auf die Frage, wie er denn sei, hat er auch am Ende des Textes keine Antwort.

Preuß gibt Einblick in den komplizierten und langwierigen Prozeß, den Peter Ruprecht auf dem mühevollen Weg der Selbstfindung zu bewältigen hat. Unterstützt durch seine alte Lehrerin Frau Weinhold, wird ihm bewußt, daß die Suche nach sich selbst Ziel und Weg zugleich ist und daß man sich auf den Weg machen muß. Für Peter bedeutet dies, sich endlich dem alten Wachtturm zu stellen, der sich immer wieder vor den Tschomolungma schiebt. Diese ersten Schritte kann er gehen, weil er sich freigemacht hat von den Ansprüchen und Erwartungen seiner Umwelt.

Das Mädchen Rose, Mitschülerin von Peter und seine einzige Gesprächspartnerin, ist nach einem Unfall an den Rollstuhl gefesselt: "Seit Rose im Rollstuhl sitzen muß, hat sie gelernt, ganz genau zu beobachten."[33] So entgehen ihr nicht die Spannungen zwischen ihren Eltern und deren Trennungsabsichten. Zutiefst verletzt durch die Lügen ihrer Umwelt und in ihrer seelischen Not alleingelassen, verweigert sie sich dem Gesundungsprozeß, flüchtet in ihre Krankheit. Die Unfähigkeit der Erwachsenen

---

[30] Gunter Preuß: *Tschomolungma*. S. 15.
[31] Ebd. S. 14.
[32] Ebd. S. 30.
[33] Ebd. S. 41.

zu offener und ehrlicher Kommunikation wird von ihr schmerzlich registriert. Daß Rose am Ende den Rollstuhl verläßt und gemeinsam mit Peter zum alten Wachtturm aufbricht, ist nicht auf Veränderungen ihrer Umgebung zurückzuführen, sondern darauf, daß sich die Protagonisten auf sich selbst besinnen: "'Sie lehren uns sehen! Ach ja! Dabei sind sie selber blind!' 'Sehen lehren ist nicht leicht, Rose. Da muß man immer wieder losgehen, um es selber zu lernen.'"[34] Der Glücksanspruch wird nicht aufgegeben, aber es wächst die Erkenntnis, daß er individuell und gegen Widerstände durchgesetzt werden muß. Die Probleme sind am Schluß nicht gelöst, aber die kindlichen Figuren sind ihrer selbst sicherer geworden.

Auch in *Feen sterben nicht* (1985) gestaltet Preuß den Selbstfindungsprozeß eines jungen Menschen. Luise Plauen, 14 Jahre alt, behütet in intakten Familienverhältnissen aufgewachsen, erfährt, daß ihre so scheinbar festgefügte Welt erschüttert wird. Ähnlich wie in *Tschomolungma* bindet Preuß auch hier den komplizierten Entwicklungsprozeß seiner Protagonistin in eine krisenhafte familiäre Situation ein. Der Vater, ein erfolgreicher Schriftsteller, zweifelt an seinem bisherigen Tun. Was er bislang geschrieben hat, erweist sich ihm als falsch, als am realen Leben vorbeigeschrieben, als geschönt und damit als Lüge. Er gerät nicht nur in eine Schaffenskrise, sondern stellt sein gesamtes bisheriges Leben in Frage. Er gibt das Schreiben auf und arbeitet als Hilfsarbeiter auf einer Baustelle. Die Mutter reagiert mit Unverständnis und dem Versuch, "Normalität" aufrechtzuerhalten. Diese Vorgänge innerhalb der Familie verschärfen die ohnehin schwierige Identitätssuche der Heldin.

Der Autor wählt für seine Darstellung die Form des Briefromans. In dreizehn Briefen wendet sich die Heldin an Scheherezade, die Geschichtenerzählerin aus der orientalischen Märchensammlung *Tausendundeine Nacht*. Ihr erzählt Luise ihre Geschichte, d.h. ihre Beobachtungen und Erlebnisse, ihre Bedrängnisse und Ängste, und ihr gegenüber artikuliert sie ihre Fragen. Die Briefe sind Kompensation der Kommunikationsdefizite in ihrer Umwelt und ermöglichen eine intensive Beschreibung psychologischer Vorgänge. Der Leser erhält tiefen Einblick in die Zerrissenheit der Heldin, die sich manifestiert in der Sehnsucht nach Scheherezade – Sinnbild glücklicher Kindheit, als alles geordnet und überschaubar war, alles seinen Platz hatte – und der Furcht vor der Schlangengrube – Sinnbild für den Verlust dieser festgefügten Ordnung.

Luise Plauen durchläuft all die Stationen des mühevollen Weges zu sich selbst: erstes Bewußtwerden des Alleinseins, Empfindung der Fremdheit allen und allem gegenüber, immer wieder die Selbstbefragung, wer sie

---

[34] Ebd. S. 134.

eigentlich sei, die trotzige Selbstbehauptung: "Mutter und Vater haben es leicht mit mir gehabt. Jetzt will ich mich wehren. Es geht mir um diese Luise, die ich bin, von der ich aber noch nicht viel weiß. Über die ich aber alles wissen möchte."[35] Die Erwachsenen im Umfeld der Protagonistin versagen überwiegend, sind nicht in der Lage, deren Entwicklungsprozeß helfend zu befördern. Vielmehr fühlen sie sich bedroht in ihren Lebensauffassungen, erweisen sich als unfähig zu partnerschaftlicher Kommunikation und Akzeptanz jugendlicher Selbstbehauptung: "Wenn die Erwachsenen eine Frage stellen, wollen sie ihre eigene Antwort hören. Sie wollen ihre Welt so fest und sicher wie eine Burg. Aber so fest und sicher scheint ihre Welt nicht zu sein, sonst hätten sie nicht so viel Angst, wenn jemand, der so schwach ist wie ich, einmal daran rüttelt."[36] Luises Weg ist kein geradliniger. Er birgt viele Umwege und auch die Gefahr des Sich-Verlierens. Am Ende "ist noch nichts in Ordnung",[37] aber die Heldin geht selbstbewußt aus den Gefährdungen hervor mit der Überzeugung, sich von Bevormundungen zu befreien und den eigenen Weg gehen zu müssen. "Immer hat mir jemand gesagt, was gut und richtig ist. Jetzt habe ich herausgefunden, daß das, was für ihn gut und richtig ist, nicht auch für mich gut und richtig sein muß. Ich habe einen eigenen Kopf und eigene Hände und Füße."[38]

Ein Text, der auf ganz andere Weise auf die Behauptung der Individualität insistiert, ist Jutta Schlotts *Der Sonderfall* (1981). Im Mittelpunkt der Erzählung steht ein Kind, dessen Möglichkeiten, Welt zu erfassen und sich anzueignen, begrenzt sind. Siegfried Renner, ein Siebenmonatskind, ist in seinen physischen und vor allem intellektuellen Fähigkeiten stark eingeschränkt. Klein geblieben und nicht in der Lage, den schulischen Anforderungen gerecht zu werden, bleibt er mehrmals sitzen, und die Notwendigkeit, eine Sonderschule zu besuchen, wird zwischen den Eltern und der Lehrerin diskutiert. Die zweifellos gegebenen Fördermöglichkeiten einer speziellen Schule, die Ortswechsel und damit Trennung von der Familie zur Folge hätten, werden verworfen. Das Kind bleibt in seinem gewohnten, von intakten sozialen Beziehungen getragenen Kommunikationsraum. Siegfrieds enge Beziehung zur natürlichen Umwelt ermöglicht ihm, mit Hilfe der Dorfgemeinschaft eine sinnvolle Tätigkeit zu finden, die seinen Möglichkeiten entspricht und die ihm Freude macht:

---

[35] Gunter Preuß: *Feen sterben nicht.* S. 89.
[36] Ebd. S. 128.
[37] Ebd. S. 152.
[38] Ebd. S. 147.

Es war Siegfried anzumerken, daß er sich zwischen den warmen, rundlichen Leibern der Kälber wohl fühlte. Manche hatten runde schöne Augen, mit denen sie jede Bewegung der Pfleger verfolgten. 'Wie ein Baby', sagte Siegfried einmal zu seinem Vater. War Siegfried im Stall, redete er mit den Tieren, als wenn sie jedes Wort verstünden.[39]

In der von Schlott inszenierten dörflichen Umwelt gibt es kaum Schwierigkeiten, das So-Seins des kindlichen Protagonisten zu akzeptieren. Sein Anderssein wird registriert als Besondersein. "Man sah, ein Kind saß dort. Und doch war es auch keins. Man spürte, es war etwas Besonderes mit diesem Jungen."[40] Die Erzählung trägt den vollständigen Titel *Der Sonderfall – eine Geschichte mit gutem Ende*. Das mag zunächst auf den Wunsch nicht nur junger Leser zielen, Geschichten mögen doch einen glücklichen Ausgang haben. Denkbarer ist aber wohl die Lesart, daß das gute Ende dieser Geschichte der eigentliche Sonderfall ist. Ein Mensch, hier die kindliche Zentralfigur, erhält trotz stark eingeschränkter Fähigkeiten die Möglichkeit, einen ihm gemäßen Platz in der Gesellschaft einzunehmen. Der zum Teil märchenhafte Ton der Erzählung und die vielen "Sonderfälle", die die Autorin für den Protagonisten bereitstellt, verweisen mit dem gestalteten happy end auf das Ideal, an dem die realen Verhältnisse zu messen sind.

In seiner Erzählung *Karlchen Duckdich* (1977) greift Alfred Wellm das Grundmodell Umzug auf. Die Zentralfigur mußte Abschied nehmen von der gewohnten und vertrauten Umwelt, in der sie sich geborgen fühlte. In der größeren, für den Helden unüberschaubaren und auch undurchschaubaren neuen sozialen Umgebung findet er keinen Platz, gelingt keine Ankunft.

Der Text beginnt mit Karlchens Gedanken an die verlassene Heimat, an Großmutter Zumka. Diese Gedanken, die Sehnsucht signalisieren, kommen mitten in der neuen Stadt, die er mit seiner kleinen Schwester Kristina durchstreift. Überall begegnet ihm Fremdheit: "Er grüßte jeden, der an ihnen vorüberging – so wie man es in Groß-Vierfelde tat. Doch es waren viele Menschen auf der Straße. Und sie alle waren in Eile."[41] Die Kinder erfahren Abweisung von Erwachsenen und fühlen sich bedroht durch eine bandenartige Kindergruppe: "[...] sie hörten, wie die Kinder schrien, wie sie immer lauter 'Karlchen Duckdich! – Karlchen Duckdich!' riefen. Und

---

[39] Jutta Schlott: *Der Sonderfall – eine Geschichte mit gutem Ende*. In: *Der Sonderfall*. Berlin 1982. S. 105.
[40] Ebd. S. 125.
[41] Alfred Wellm: *Karlchen Duckdich*. Berlin 1981. S. 8.

der Junge spürte, wie er sich vor den anderen Kindern fürchtete."[42] Karlchen und seine Schwester finden einzig in einer Schaufensterpuppe jemanden, von dem sie glauben, daß er ihnen Beachtung schenkt: "Und sie stellten sich vor die ganz rechte Puppe, die den Kopf ein wenig neigte und zu ihnen blickte. Dort blieben sie ein Weilchen und sahen zu den vielen Menschen. Die es eilig hatten und vorübergingen."[43] Die Kinder erscheinen als gefährdete Wesen in einer Umwelt, die ihnen fremd und abweisend, ja bedrohlich gegenübertritt, die keine Kommunikation ermöglicht. Auch die Familie bietet diese nicht. Die Mutter hat wenig Zeit – sie besucht die Abendschule – und der Vater kommt spät nach Hause und bringt dann auch noch Arbeit mit. Karlchen begegnet den Gefährdungen durch seine Umwelt mit Geschichten und Träumen – Geschichten, die er für seine kleine Schwester erfindet und die die Kinder aus der gegenwärtigen Umwelt entrücken, sowie Träume, die ihn, Karlchen, stark und überlegen zeigen, und vor allem Träume, in denen er Teil einer Gemeinschaft ist.

Am Ende steht ein Brief an Großmutter Zumka, der die Hoffnungen, Sehnsüchte und Wünsche des kindlichen Helden artikuliert, die er als erfüllt mitteilt. Hier wird noch einmal deutlich der Widerspruch zwischen dem Glücksanspruch und den sich real eröffnenden Möglichkeiten aufgedeckt. Der Text insistiert auf Defizite in den zwischenmenschlichen Beziehungen, unter denen die kindlichen Figuren leiden.

In seiner Erzählung "Die Hecke" (1981) kontrastiert Gerhard Holtz-Baumert Haltung und Verhalten eines Kindes mit denen Erwachsener. Dabei erscheint kindliches Handeln als Ideal und gleichzeitig als Korrektiv gesellschaftlicher Haltung.

Just Krämer, Schüler der 2. Klasse, erlebt, wie nach dem Abernten der Felder Strohballen nicht abtransportiert, sondern einfach angezündet werden. Dieses Feuer wird direkt neben einer Hecke entfacht, die vor vielen Jahren von einem Neubauern gepflanzt wurde. Die Hecke steht nicht nur für ein Stück Geschichte, sondern sie ist inzwischen vor allem zur Heimstadt vieler Vögel geworden. Als Just bemerkt, daß die Hecke Feuer fängt, versucht er, die Beteiligten zum Abbruch ihres Vorgehens zu bewegen. Als dies nicht gelingt, bemüht er sich vergeblich, das Feuer selbst zu löschen. Verzweifelt macht er sich nun auf den Weg, um Hilfe zu holen. Holtz-Baumert läßt seinen Protagonisten verschiedene Räume durchlaufen, die vom familiären Umfeld ausgehend in immer öffentlichere Bereiche vorstoßen. Hilfe sucht der kindliche Held zunächst bei seinem Vater, dann bei seiner Mutter, bei Förster Schlappke, der ihm den Auftrag gegeben hat, auf die Hecke aufzupassen, beim Vorsitzenden der Genossenschaft und

---

[42] Ebd. S. 26.
[43] Ebd. S. 27.

schließlich sogar beim zufällig im Dorf anwesenden Kreissekretär. Bei niemandem findet er Hilfe. Mit "Gedankenlosigkeit und Faulheit wie so oft in deinem Kreis"[44] benennt der Chauffeur des Kreissekretärs die Gründe. Gedankenlosigkeit, Gleichgültigkeit und Faulheit sind Haltungen der Erwachsenen, die dem Helden begegnen. Er selbst, durch den Förster auf die Bedeutung der natürlichen Umwelt aufmerksam gemacht – die Hecke ist "gut für uns alle, für dich, für mich, für uns alle. [...] Sieh mal, da wird ja alles ärmer, mein Junge, die aber sagen: ein paar lumpige Birken, eine lausige Hecke... Vom Gleichgewicht mal abgesehen [...], doch was ist, wenn der Himmel still bleibt?"[45] –, wird getrieben von der angenommenen Verantwortung für dieses Stück Natur. Justs Suche nach Hilfe wird für ihn zu einem argen Weg der Enttäuschung, der Erfahrung von Verlust, Verlassenheit und Hilflosigkeit. Als er den Vater aufsucht und auf Ablehnung für sein Ansinnen stößt, erinnert er die Gemeinsamkeit mit dem Vater:

> Unzählige Male, millionenfach, meint Just, hat er in seinem Leben auf Vaters Schoß gesessen. Den Kopf an dessen Schulter gelehnt, läßt er die Wärme von Vaters Körper [...] zu sich herüberziehen. [...] schließlich weiß Just nicht mehr, ob er zu einem Teil von Vaters heißem, ruhig atmenden Körper geworden ist. Aber jetzt sind sie zwei, das fühlt Just unruhig, und jeder bleibt er selbst.[46]

Den Verlust des Vertrautseins, das Gefühl des Alleinseins im familiären Raum ist eine schmerzhafte Erfahrung, die das Kind auf seinem Weg machen muß. Die Hoffnung auf Hilfe im engeren Umfeld führt über die Mutter zum Förster. Als er diesen nicht antrifft, befällt ihn Verzweiflung: "Zum erstenmal in seinem Leben stößt Just auf die Grenzen seiner Kraft. Natürlich hat er schon manchmal schmerzhaft gespürt, daß seine Kräfte nicht unendlich sind, aber immer hat er dann im Traum seine Kräfte vervielfacht. Jetzt, hier hockend, wird auch kein Traum helfen."[47] Also sucht er zielstrebig den Vorsitzenden der Genossenschaft auf und fordert auch den Kreissekretär entschlossen zur Hilfe auf – aber keiner nimmt ihn ernst, nimmt sich des Kindes und den berechtigten Sorgen, die aus seinem Verantwortungsgefühl erwachsen, an. Und so gelangt der kindliche Held zu der Erkenntnis, "daß man ihnen [den Erwachsenen, M.L.] nicht immer trauen kann",[48] und er ahnt, "daß es nichts Unwandelbares auf dieser Welt

---

[44] Gerhard Holtz-Baumert: Die Hecke. In: *Erscheinen Pflicht. Sechs Erzählungen.* Berlin 1981. S. 51-76, hier S. 75.
[45] Ebd. S. 64ff.
[46] Ebd. S. 60.
[47] Ebd. S. 67.
[48] Ebd. S. 65.

gibt, nicht einmal die Treue des Vaters, nicht einmal die Wachsamkeit des Försters, nicht das Leben einer Hecke."[49]

Die kindliche Figur wird zum Träger und Verfechter der Ideale, die sich die Gesellschaft als Ganzes auf die Fahnen geschrieben hat. Seine Sorge um den Erhalt der natürlichen Umwelt trifft auf die Gleichgültigkeit und Trägheit der Erwachsenenwelt. Und das nicht nur in bezug auf die Natur, sondern es wird auch Unverständnis und Desinteresse an den Nöten des Individuums ins Bild gesetzt.

Die Hecke verweist aber auch auf die DDR-Entwicklung. Sie wurde von einem Neubauern als Obstpflanzung angelegt, denkbar als Symbol für den optimistischen Neubeginn 1945. Im Laufe der Jahre verwilderte sie, um schließlich durch bequemes, schlampiges Desinteresse verbrannt zu werden. Ob aus ihren Resten jemals wieder eine neue Hecke wachsen würde, bleibt offen.

Der Engel mit dem goldenen Schnurrbart (1983)[50] von Christa Kózik thematisiert den privaten und öffentlichen Umgang mit einer ungewöhnlichen Individualität und zeigt dabei, wie begrenzt die Toleranz der Gemeinschaft ist. Sichtbar wird die Unfähigkeit, von der Norm abweichendes Verhalten zu akzeptieren oder gar das individuelle Angebot als Bereicherung der Gemeinschaft zu verstehen und anzunehmen.

In das Leben der zehnjährigen Lilli Herzog tritt der Engel Ambrosius, der von seiner bisherigen Lebenssphäre, dem Himmel, enttäuscht, die Erde mit großen Erwartungen und Hoffnungen aufsucht. Im privaten Bereich, in Lillis Familie, gibt es damit keine Schwierigkeiten. Der Engel bereichert das Leben Lillis – sie fliegen gemeinsam und haben viele interessante Gespräche – und Ambrosius wirkt harmonisierend auf die familiären Beziehungen. Probleme entstehen, als sich die Öffentlichkeit, hier die Schule als gesellschaftliche Institution, einschaltet. Der Engel sei "kein Umgang" für Lilli, er habe "eine ganz andere Weltanschauung."[51] Am besten wäre, er würde wieder verschwinden, "es sei denn, er läßt das Fliegen und fügt sich

---

[49] Ebd. S. 73.

[50] Vgl. dazu: Karin Richter: *Zeitgenössische Kinder- und Jugendliteratur der DDR aus wirkungsästhetischer Sicht. Analysen und Interpretationen epischer Texte (1970-1985)*. DDR-Zentrum für Kinderliteratur Berlin 1990. S. 55-63. Dies.: Vom "Hasenjungen Dreiläufer" zum "Engel mit dem goldenen Schnurrbart". In: *Moderne Formen des Erzählens in der Kinder- und Jugendliteratur der Gegenwart unter literarischen und didaktischen Aspekten*. Hg. v. Günter Lange u. Wilhelm Steffens. Würzburg 1995. S. 83-98. Dies.: Phantastisches in der Kinder- und Jugendliteratur der DDR. In: *Kinder- und Jugendliteratur. Material*. Hg. v. Malte Dahrendorf. Berlin 1995. S. 162-171.

[51] Christa Kózik: *Der Engel mit dem goldenen Schnurrbart*. Berlin 1983. S. 46.

bei uns ein."⁵² Aus Liebe zu Lilli ist der Engel zur von ihm geforderten Einordnung bereit. Er trägt Schuhe, Hosen und Pullover, läßt sich die Haare schneiden und betet nicht in der Öffentlichkeit. Auch dem strikten Verbot des Fliegens versucht er nachzukommen. Doch diese Forderung, den Kern seiner Individualität aufzugeben, geht an die Substanz seiner Existenz – er altert. Als Lilli ihm dann auch noch die Flügel beschneidet, verläßt er sie und damit diese Welt und fliegt "hinaus in die kalte Ferne."⁵³ Vordergründig ist es der Vertrauensbruch durch Lilli, der Ambrosius zum Weggang veranlaßt. Die Ursachen liegen jedoch im gesellschaftlichen Bedingungsgefüge. Lilli wird zum ausführenden Organ einer Gemeinschaft, die nicht in der Lage ist, die ungewöhnliche Individualität als Angebot und Bereicherung zu akzeptieren. Vielmehr verlangt sie Anpassung als Preis für Annahme und Aufnahme. "'Du liebst mich nicht', jammerte Lilli, 'denn wenn du mich lieben würdest, dann könntest du das Fliegen vergessen.' Ambrosius blickte von seinem Buch auf und sah Lilli mit traurigen Engelsaugen an: 'Wenn du mich liebst, dann laß mich bleiben, wie ich bin', antwortete er."⁵⁴ Die Forderung der Gesellschaft nach restloser Anpassung resultiert aus der Angst vor der Auflösung einer festgefügten, ja erstarrten Ordnung. Dies verhindert, die Chance wahrzunehmen, die das Einbringen individueller Möglichkeiten in den gesellschaftlichen Prozeß bietet. Am Ende bleibt eine traurige Lilli zurück und mit ihr eine Gemeinschaft, die in ihrer Erstarrung verharrt. Der einzelne, hier das phantastische Wesen, kann seine Individualität nur außerhalb dieser sozialen Gemeinschaft bewahren.

Die vorgestellten Beispiele sind nur eine Auswahl aus einer Vielzahl interessanter Texte, die die Kinder- und Jugendliteratur der 70er und 80er Jahre bereitstellt. Sie markieren auffällige Entwicklungen in der Anlage der kindlichen Zentralfiguren und verdeutlichen die Veränderungen in der Gestaltung des Verhältnisses von Individuum und Gesellschaft. Das Auffällige liegt dabei vor allem in einer veränderten Bewertung der beiden Seiten dieses Verhältnisses. Der Einzelne wird nicht mehr befragt in bezug auf die Verhältnisse, sondern die Verhältnisse werden zunehmend befragt nach den Möglichkeiten, die sie dem Individuum und seiner Subjektivität bieten, bzw. in der Negation, welche Grenzen sie seiner Entfaltung setzen.

Dieser Prozeß der Individualisierung und Subjektivierung vollzog sich auf verschiedenen Ebenen der literarischen Kommunikation. Er ist nachweisbar an dem zunehmenden Beharren der Autoren auf ihrer subjektiven Sicht auf Wirklichkeit und der ihr gemäßen Darstellung. Bei Erwin Stritt-

---

[52] Ebd. S. 47.
[53] Ebd. S. 124.
[54] Ebd. S. 118.

matter heißt es in den *Selbstermunterungen*, geschrieben 1966 und 1967: "Ich will nur noch aufschreiben, was ich wirklich sehe, ich will aufschreiben, was ich wirklich weiß, und ich will aufschreiben, was ich wirklich fühle. Das ist nicht leicht, aber ich hoffe, damit aufzuschreiben, was nur ich aufschreiben kann."[55] Und Christa Wolf prägt für ihre Art der Darstellung von Wirklichkeit den Begriff "subjektive Authentizität".

Der zunehmend subjektive Blick auf DDR-Wirklichkeit ermöglicht eine kritische Bestandsaufnahme, die vor allem begründet ist in einem In-Beziehung-Setzen dieser Wirklichkeit zu den proklamierten Zielen der sozialistischen Gesellschaft. Gegenwärtige Realität wird an den ursprünglichen Zielen gemessen. Das ist eine gesamtliterarische Entwicklung, die sich auch in der Kinder- und Jugendliteratur vollzieht und m.E. vor allem im veränderten Bild der kindlichen und jugendlichen Helden seinen Niederschlag findet. Auch ihnen wird zunehmend ein positiv gewertetes Bestehen auf Individualität zugestanden.

Und um eine weitere Ebene zu benennen, sei auf ein verändertes Adressatenbild verwiesen, das einer Reihe von Texten eingeschrieben scheint. Die Erschließung des Sinnpotentials erfordert den aktiven, zur Auseinandersetzung mit dem Text bereiten jungen Leser. Inwieweit dieses Potential in vollem Umfang vielleicht nur dem erwachsenen Leser erschließbar ist, bedarf weiterer Untersuchungen.

---

[55] Erwin Strittmatter: *Selbstermunterungen*. Berlin und Weimar 1981. S. 12.

Birgit Dahlke

Berlin – Frontstadt, Mauerstadt, Metropole?

Zum literarischen Zusammenhang von Stadtbild und Gesellschaftsutopie

Urban planning reflects the historic versions of utopia; social paradigms are concretised in architecture. "Super symbols" of power (that had acquired three-dimensionality) such as the TV tower or the Stalinallee, were frequently used in the films and literature of the GDR. Together with the Berlin Wall they offer metaphorical space in which to locate the socialist version of society in East-West German history, or rather, to contrast one with the other. In addition, not only characteristics of modern urban literature, but also specific variants of the topos "Berlin" can be found: Dilapidated backyards serve as allegories for a diagnosis of society or they are idealised to become background of anarchic intellectuality and independence. In the 80s, the scenes of debris, ruins and run-down old buildings increasingly become images of a certain intellectual atmosphere.

I

FREMDER BLICK: ABSCHIED VON BERLIN
Aus meiner Zelle vor dem leeren Blatt
Im Kopf ein Drama für kein Publikum
Taub sind die Sieger die Besiegten stumm
Ein fremder Blick auf eine fremde Stadt
Graugelb die Wolken ziehn am Fenster hin
Weißgrau die Tauben scheißen auf Berlin
14.12.1994

Der hier der Stadt Berlin ein Jahr vor seinem Tod den Abschied gibt, ist der Dichter Heiner Müller, ein Großer unter den Intellektuellen, die die geteilte Stadt zu einem geistigen Zentrum des 20. Jahrhunderts werden ließen.

Aus einem Dorf in Sachsen kommend, lebte der Dramatiker und Lyriker ab 1951 sein DDR-Leben lang in der Hauptstadt der DDR: Hier entstanden seine Stücke, hier wurden sie uraufgeführt und verboten, hier mußten er und Inge Müller in den 60er Jahren Isolation und Armut durchstehen, hier wurde Inge Müller nach ihrem Selbstmord begraben, hier arbeitete Müller über vier Jahrzehnte, wurde schließlich gar Akademiepräsident und Theaterintendant.

Interviews, die dem Dichter und Denker in den 90er Jahren inflationär abverlangt wurden, zeigen Müller nicht zufällig an zwei besonderen Orten dieser Stadt: auf dem Balkon seines Hochhauses, wo er wenig romantisch wohnte und spazierend auf dem Mauerstreifen. Das Bild des Dichters, der auf dem Mauerstreifen Brechts 'Ballade vom Städtebewohner' deklamiert, symbolisiert zunehmend den poetologischen Ort des Autors, verstärkt seit den 70er Jahren: "zwischen den Stühlen",[1] "auf beiden Seiten der Front, zwischen den Fronten, darüber."[2]

Auf beiden Seiten der Mauer zugleich zu Hause zu sein, das ging geographisch nur in Berlin. Hatte der frühe Volker Braun noch von *zwei* Städten gleichen Namens gesprochen und von der Mauer "Zwischen den seltsamen Städten, die den gleichen/ Namen haben",[3] so bestimmte auch er später gerade die Position "Dicht an der Mauer" als diejenige, die seine besondere Denksituation ausmachte: "Dicht an der Mauer mein Bett, so lieg ich inmitten der Welten/ Träum mich in Niemands Land, trete in jedermanns Tür."[4]

Dabei ging Braun allerdings nie so weit, gerade diese Zwischensituation zur poetologisch produktivsten zu erklären wie Müller das tat. Es ist demzufolge konsequent, wenn man Müllers Zeilen von 1991 – "Zwischen Stadt und Stadt/ Nach der Mauer der Abgrund"[5] – so versteht, daß für das Textsubjekt nicht nur räumlich, also hinter der Mauer "der Abgrund" lauert, sondern auch zeitlich, also historisch nach (der Ära) der Mauer eine gefährliche Abgrundsituation durchlebt wird. Geht dem Autor mit der Mauer doch zugleich dieser Zwischenort und jegliche Handlungsrolle unwiderruflich verloren; nicht einmal mehr der Text kann ein grammatisches Subjekt konstituieren. Es ist abwesend. Der Verlust der in ihrer Ambivalenz doch "sicheren" Autorposition zwischen den Fronten, sozusagen *auf* der Mauer, macht dem Textsubjekt den Blick und damit die Stadt Berlin fremd. Wovon jetzt noch gesprochen werden kann, ist genau diese Verlust-Erfahrung. Die Rolle des Antwortgebenden, des Vordenkers, des Gefährten des (glücklosen) Engels der Geschichte wird abgegeben: "Der Engel

---

[1] Müller im hessischen Hof. Frankfurt, 3.10.1992. In: Heiner Müller: *Werke*. Bd. 1. *Gedichte*. Frankfurt/M. 1998. S. 253.
[2] *Heiner Müller Material*. Hg. von Frank Hörnigk. Leipzig 1989. S. 46.
[3] Volker Braun: Die Mauer. In: Ders.: *Wir und nicht sie. Gedichte*. Halle/S. 1970. S. 47.
[4] Volker Braun: Berlinische Epigramme 3 (entstanden zwischen 1978 und 1982). In: Ders.: *Langsamer knirschender Morgen. Gedichte*. Halle, Leipzig 1987. S. 63.
[5] Heiner Müller: Glückloser Engel 2. In: Ders.: *Werke*. Bd. 1. S. 236.

ich höre ihn noch/ Aber er hat kein Gesicht mehr als/ Deines das ich nicht kenne".[6]

Es wäre ein eigenes Thema, allein der Mauermetaphorik innerhalb der DDR-Literatur nachzugehen. An dieser Stelle soll nur auf die historisierende Funktion des Text-Zeichens Mauer für AutorInnen aus der DDR hingewiesen sein, wie sie z.B. in der Heimat-Bestimmung von Durs Grünbein zu finden ist:

> Der kranken Väter Brut sind wir, der Mauern
> Sturzgeburt. > Tief, tief im Deutsch...<, ertränkt.
> Enkel von Städtebauern, Fleischbeschauern:
> Jedem die fremde Wirklichkeit. (>Geschenkt.<)[7]

Das letzte Theaterstück Heiner Müllers, "Germania 3 Gespenster am toten Mann" (entstanden 1995),[8] das einen konzentrierten Marsch durch die Geschichte des 20. Jahrhunderts als proletarische Tragödie unternimmt, beginnt mit der Szene "Nächtliche Heerschau", deren Szenenanweisung lautet: "Nacht Berliner Mauer Thälmann und Ulbricht auf Posten".

Auch in dem dramatischen Text "Germania Tod in Berlin" (1956/71) war Berlin eine symbolische Dimension eingeräumt worden. "Berlin 1918" (das Berlin des Spartakusaufstands) und "Berlin 1949" (das der Gründung der Deutschen Demokratischen Republik) geben den Hintergrund der ersten beiden Szenen ab. Nach einem Disput über den "Russenstaat" tritt in der Szene "Die Straße 2" ein "Alter mit Kind auf dem Rücken" auf. Sein Text lautet:

> Hier haben wir Berlin, der Kaiserhure
> Die Fetzen vom Kartoffelbauch gerissen
> Den Preußenflitter von der leeren Brust.
> Die Kaiserhure war Proletenbraut
> Für eine Nacht, nackt im Novemberschnee
> Von Hunger aufgeschwemmt, vom Generalstreik
> Gerüttelt, mit Proletenblut gewaschen.
> [...][9]

---

[6] Ebd.
[7] Durs Grünbein: O Heimat, zynischer Euphon (20/3/89). In: Ders.: *Schädelbasislektion. Gedichte.* Frankfurt/M. 1991. S. 111.
[8] Heiner Müller: *Germania 3 Gespenster am toten Mann.* Köln 1996.
[9] Heiner Müller: Germania Tod in Berlin. In: *Heiner Müller Stücke. Texte über Deutschland (1957-1979).* Hg. von Frank Hörnigk. Leipzig 1989. S. 193.

Müller adaptiert zwei Standards der Großstadtliteratur, die Straße als Ort des Volkes und die Stadt als Hure, Mutter, Braut – immer Objekt, also weiblich. Berlin steht hier nicht für Urbanität, sondern als symbolischer Ort, an dem die alte und die neue Macht sich zu etablieren suchen, als Schlachtfeld um "Kaiserhure" und "Proletenbraut".

Zum Zusammenhang von Stadt-Topografie- und Weiblichkeits-Metaphorik ist schon viel geschrieben worden.[10] Müllers Allegorie impliziert eine Sexualisierung der Stadt, die über die Analogisierung von Stadt und Frauenkörper funktioniert: Die Stadt gibt sich jeweils dem Sieger hin. Das findet sich schon bei Goethe, Brecht und Jünger.[11] Das Textsubjekt nimmt der Stadt gegenüber die Position des Eroberers oder Freiers ein.

Beim Barden Biermann klingt es ähnlich

Berlin

Berlin, du deutsche deutsche Frau
Ich bin dein Hochzeitsfreier
Ach deine Hände sind so rauh
von Kälte und von Feuer.

Ach deine Hüften sind so schmal
wie deine schmalen Straßen
Ach, deine Küsse sind so schal,
ich kann dich nimmer lassen.

Ich kann nicht weg mehr von dir gehn
Im Westen steht die Mauer
Im Osten meine Freunde stehn,
der Nordwind ist ein rauher.

Berlin, du blonde Frau
Ich bin dein kühler Freier
dein Himmel ist so hunde-blau
darin hängt meine Leier.[12]

Einer solchen literarischen Objekt-Machung/Verweiblichung der Stadt stehen insbesondere bei Autorinnen gänzlich andere Personifizierungsstra-

---

[10] Vgl. Sigrid Weigel: Weiblichkeit und Stadt. In: Dies.: *Topografien der Geschlechter. Kulturgeschichtliche Studien zur Literatur.* Reinbek bei Hamburg 1990. S. 180-230.
[11] Ebd. S. 150.
[12] In: Wolf Biermann: *Die Drahtharfe. Balladen, Gedichte, Lieder.* Berlin (West) 1965. S. 50.

tegien zur Seite, wie ich kurz an Lyrik von Inge Müller andeuten will. In deren zwischen 1954 und 1966 entstandenen urbanen Gedichten steht das Textsubjekt der personifizierten Stadt entweder gleichrangig gegenüber, beobachtet sie, weicht ihrem Blick aus oder erfährt sich als deren Bestandteil "zwischen Stein Stahl und Leibern". "Als die Stadt starb" heißt es, oder "Die gefallne Stadt sieht mich an/ ich sehe weg."[13]

II

Gesellschaftliche Utopien haben sich historisch stets auch in der Stadtplanung niedergeschlagen, wie Zygmunt Bauman feststellt.

> Das Wort "Ordnung" gelangte über die Architektur in das moderne Denken [...]. Wer Utopien liest, ist meistens von der peniblen Sorgfalt überrascht, mit der sich die Autoren der Anlage von Straßen und öffentlichen Plätzen widmen, dem Entwurf von Häusern, den spezifischen Besonderheiten der Anzahl ihrer Bewohner und ihrer Bewegungen durch öffentliche Räume [...]. Was den Blick der von Ordnung Träumenden auf die Architektur lenkte und dort festhielt, war der stillschweigende oder explizite Glaube, Männer und Frauen würden sich so verhalten, wie es ihnen von der Welt, die sie bewohnen, eingegeben wird [...].[14]

An diesen Gedanken Baumans anschließend, will ich an ausgewählten Textbeispielen nach kulturellen und politischen Zusammenhängen fragen, in die der Topos Berlin innerhalb der DDR-Literatur gestellt wird: Inwiefern geben die literarischen Stadtbilder Aufschluß über dahinterliegende Gesellschaftsentwürfe?

Ulrich Plenzdorf, 1934 in Berlin-Kreuzberg geboren, im Berliner Osten aufgewachsen und lange in Prenzlauer Berg lebend, hat seine Heimatstadt immer wieder zum Gegenstand, nicht nur zum Hintergrund seiner Texte gemacht.

Plenzdorfs Filmszenarium *Glück im Hinterhaus* (1978) nutzt einerseits Elemente traditioneller Großstadtästhetik, wie schon in der Titel-Veränderung gegenüber de Bruyns *Buridans Esel (1968)* zu erkennen, um das einfache Hinterhaus im Prenzlauer Berger romantisch aufzuladen und der kleinbürgerlichen Familiensiedlung am Stadtrand gegenüberzustellen. Das hat erst einmal nichts speziell mit Berlin zu tun, wenn auch seine Szenenanweisung konkret die Stargarder Straße im Prenzlauer Berg nennt, wo

---

[13] Inge Müller: Fenster: Der verlorene Sohn (1941) und Heimweg 45. In: Dies.: *Irgendwo; noch einmal möcht ich sehn. Lyrik, Prosa, Tagebücher.* Hg. von Ines Geipel. Berlin 1996. S. 215, 26 und 43.
[14] Zygmunt Bauman: *Flaneure, Spieler und Touristen. Essays zu postmodernen Lebensformen.* Hamburg 1997. S. 208f.

de Bruyn Straßen aus Mitte zum Anlaß nimmt, Berliner Stadtgeschichte anekdotisch als eminent politische Geschichte zu erzählen: von der leergezogenen "Judenwohnung" im Vorderhaus der Kleinen Rosenthaler Straße, in die dann ein Reichsdeutscher mit seiner kinderreichen Familie zieht, vom Obdachlosenasyl in der Auguststraße und von der Reichsdruckerei in der Gitschiner Straße.[15] Darüber hinaus erscheint hier Berlin aber auch als Karriereziel, als Anti-Provinz.

Die Hauptfigur Erp, der schwache, zwischen sicherer Ehe und unsicherer anstrengender Liebesbeziehung zur jüngeren Praktikantin hin- und hergerissene Vierzigjährige, hat eine eher ambivalente Beziehung zur Stadt, in der er arbeitet. Er verdammt – literarisch ganz traditionell – die "Großstadteinsamkeit" und Anonymität. Er bleibt, im Buch wie im Film, ein Fremder in der Metropole – zu träge, zu langsam, zu angepaßt –, während die energische Idealistin, in Berlin geboren, dort gänzlich heimisch ist. Außenklo und fehlende Dusche nimmt sie hin, wichtig ist anderes.[16] Da Erp die Chance (der lebendigen, dynamischen Geliebten/Stadt) nicht nutzt, landet er am Ende in der Provinz. Eine Charakterisierung Berlins fehlt in der Filmvariante, die bei de Bruyn im Erzählerkommentar, also betont nahe an der Autorebene gehalten, so lautet:

> Aber wenn schon von Großstadt die Rede war, was hatte es denn, ganz nüchtern, damit eigentlich auf sich? Spürte man davon in Leipzig, Dresden, Halle oder Rostock nicht mehr als in diesem Fragment einer Stadt, in diesem Drittel eines Sechserstücks, das sich als Ganzes ausgab, in dieser häßlichen Ansammlung ineinandergelaufener Ortschaften mit den zerhackten Resten eines Stadtkerns, dessen Straßen im Nichts endeten?[17]

Genau diesen Aspekt, Berlin als "Halbstadt", hatte Plenzdorf in seinem Beitrag zu der zusammen mit Klaus Schlesinger und Martin Stade zwischen 1971 und 1975 geplanten Autoren-Anthologie *Berliner Geschichten* zum Schauplatz des skurrilen Monologs eines Jugendlichen gemacht. In "kein runter kein fern" steht die Mauer für autoritäre Erziehung, für ausgemerzten persönlichen Freiraum. Erzählerisch originell wird die Perspektive eines geistig behinderten Jungen gewählt, der nach dem Motto "Der Kaiser ist nackt" für jegliche ideologische Argumentation unzugänglich, alle Propaganda in Konkreta übersetzt. Diesseits der Mauer wird 1969 der 20. Geburtstag der DDR gefeiert, mit Militärparade und Feuerwerk, jenseits spielen die "Schdons" auf einer Bühne am Springerhochhaus. Durch-

---

[15] Günter de Bruyn: *Buridans Esel. Roman.* Halle/S. 1968. S. 33-48.
[16] Ulrich Plenzdorf: *Filme.* Rostock 1986. S. 90.
[17] Günter de Bruyn: *Buridans Esel.* S. 26.

brochen wird dieser in der Orthographie des Legasthenikers geschriebene Monolog voller Flüche und Urlaute von kursiv gedruckten Satzfetzen aus dem Lautsprecher im typischen Propaganda-Pathos, die der Junge vor dem Fernseher wie im Vorbeigehen aufschnappt:

> Schweigen. Sonne. Rote Fahnen. Die Glockenschläge der neunten Stunde klingen über der Breiten Straße auf. Und da beginnt mit hellem Marschrhythmus unter strahlend blauem Himmel der Marsch auf unserer Straße durch die zwanzig guten und kräftigen Jahre unserer Republik, unseres Arbeiter-und-Bauern-Staates, die großartige Gratulationscour unserer Hauptstadt zum zwanzigsten Geburtstag der DDR auf dem traditionellen Marx-Engels-Platz in Berlin. Auf der Ehrentribüne die, die uns diese Straße immer gut und klug vorangegangen sind, die Repräsentanten der Partei und Regierung unseres Staates, an ihrer Spitze Walter Ul.[18]

Im Sprachporträt wird ein Topos karikiert, der hier als bedeutender Bestandteil der zu untersuchenden spezifisch DDR-literarischen Variante von Berlin-Metaphorik behauptet werden soll: "Unsere Straße". Die 50er Jahre-Losung "Unser die Straße – Unser der Sieg" wurde nach 1989 von Tilo Köhler aufgegriffen, um am Beispiel der Berliner Stalinallee eine eigene Textsorte zu entwickeln: die Dokumentarsatire.[19] Die Geschichte einer Straße, von Foucault ohnehin als "schicksalhafte Kreuzung der Zeit mit dem Raum"[20] verstanden, zeigt er als Geschichte eines ideologischen Paradigmas: Die neuerbaute breite Straße führt geradewegs in die lichte Zukunft. Das Denkbild verbindet räumliche mit zeitlicher Linearität, Zielgerichtetheit mit Fortschrittszuversicht. Die Gestaltung des Straußberger Platzes mit den großen Magistralen zeigt die Vorliebe der politischen Baumeister für dieses Denkbild kontrollierter und gesteuerter Gesellschaftsgestaltung. In den Planungsunterlagen des Politbüros der SED wurde die zu bauende Magistrale als "erste sozialistische Straße Deutschlands" bezeichnet.

Plenzdorfs Antiheld nun erlebt die offizielle Inbesitznahme der Straße, räumlich, aber auch akustisch, ganz "naiv" als Enteignung. War doch die

---

[18] Ulrich Plenzdorf: kein runter kein fern. In: *Berliner Geschichten. 'Operativer Schwerpunkt Selbstverlag'. Eine Autoren-Anthologie: wie sie entstand und von der Stasi verhindert wurde.* Hg. von Ulrich Plenzdorf, Klaus Schlesinger, Martin Stade. Frankfurt/M. 1995. S. 135.
[19] Tilo Köhler: *Unser die Straße – Unser der Sieg. Die Stalinallee.* Berlin 1993.
[20] Michel Foucault (1967): Andere Räume. In: *Zeitmitschrift. Journal für Ästhetik und Politik* 1/1990. S. 4-15, hier S. 5, zitiert nach: Maria Kublitz-Kramer: *Frauen auf Straßen. Topographien des Begehrens in Erzähltexten von Gegenwartsautorinnen.* München 1995. S. 9.

Straße für ihn bis dahin *sein* alltägliches Revier, der Ort der Flucht vor dem despotischen Vater und dessen Ordnung. "Runter" zu dürfen bedeutet für Großstadtkinder Freiheit und Abenteuer. "Kein runter", wie der Junge das Verbot agrammatisch benennt, summiert mit "kein fern", nimmt ihm jeglichen Ausweg in die Ferne, körperlich wie imaginär. Die pubertären Allmachtphantasien werden sozusagen topographisch gebrochen, dem Jungen, dem Schwachen bleibt kein Raum zur Entfaltung. Die politische Machtdemonstration wird in der bewußt gewählten Perspektive des propagandaresistenten Jungen als symbolischer Vorgang analysiert, als umfassende, ja existentielle Entindividualisierung. Alleingelassen rennt der Junge gegen die Verbotswände an, verirrt sich im städtischen Labyrinth und wird schließlich beim Ausbruchsversuch über die Mauer (hinter der für ihn mit MICK und MAMA die zwei Garanten eines individuellen Schutzraums verortet sind) von Polizisten niedergeknüppelt.

Plenzdorfs Bild der Enge und des Anrennens gegen Grenzen findet Entsprechungen in vielen anderen Texten. Als Beispiel sei ein Gedicht von Richard Pietraß angeführt, ebenfalls aus den 70er Jahren stammend, in dem der verfallende Berliner Hinterhof zum Symbol der Begrenztheit, Eintönigkeit und unendlichen Wiederholung wird:

Berliner Hof
Fest gefügt vier Mauern.
    Noch immer
Sinken Tage und Nächte
    diese Stickkammer
Getäuschter Hoffnung.
    Und heute wie gestern
Richten die Leute ihr Tagwerk
    nach dem Wechsel
Des wenigen Lichts.
    Keine der Sperren weicht
Sicht zu geben auf einen
    Horizont. Die Blicke
Prallen an graue Wände
    und kehren
Gespiegelt zurück. Im eckigen
    Kreis
Irren die Augen und gleiten
    endlich nach oben
Zum blauen Handtuch
    des Himmels.[21]

---

[21] In: Richard Pietraß: *Notausgang*. Berlin und Weimar 1988. S. 51.

III

In dem DEFA-Film *Insel der Schwäne*, 1983 in Berlin-Mitte uraufgeführt, erfolgt schon im ersten Bild eine Gegenüberstellung von idyllischer Kindheit im Dorf – die titelgebende "Insel der Schwäne" ist Metapher hierfür – und der Ankunft in der harten Realität der Satellitenstadt am Rande der Metropole, mehr Bauplatz als Heimstatt. Der vierzehnjährige Stefan, der mit seiner Familie aus einem Dorf in das Berliner Neubaugebiet Marzahn zieht, stößt hier auf brutale Mentalitäten Gleichaltriger wie Erwachsener. Die von den Eltern lange ersehnte Familienwohnung wird zu einem Zeitpunkt bezogen, da das Neubauviertel noch Bauwüste ist – was angesichts des DDR-Wohnungsmangels durchaus der Realität entsprach: viele Kinder sind in der halbfertigen Wüste großgeworden, bevor aus Schlammlöchern Wege wurden:

> Früher nannte man das trockenwohnen. Nun sind die Neubauten heute nicht mehr naß. Aber ehe die Umgebung trockengewohnt ist, dauert Jahre. Ehe der Wüstencharakter verschwindet. [...] Was er sieht, ist Sand, Sand, Kabelgräben, Betonrollen, Autos, Moniereisen, Autos, Kräne, Löcher, den Bauwagen, den Neubau. Er sieht keine Bäume, keine Sträucher.[22]

In der Metapher "Bauwüste" treffen sich Natur und Kultur. An einer Stelle wird die "künstliche" Neubauwelt der historisch gewachsenen, mit Erinnerungen angefüllten, d.h. "natürlichen" Altbauwelt des Prenzlauer Bergs gegenübergestellt:

> Am Prenzlauer Berg zeigt Anja Stefan, wo sie von kindauf bis zu ihrem Umzug gelebt hat. Das Haus mit drei Hinterhöfen steht noch, aber leer, zur Sprengung vorbereitet, Haustüren und Fenster im Parterre mit Zimmertüren verrammelt.[23]

Plenzdorf entzieht sich jedoch einer Entscheidung zwischen beiden Polen, er stellt sie aus, läßt den Gegensatz aber stehen. Eine Denunziation des Wohnungsbauprogramms ist genausowenig in seiner Absicht wie eine Verklärung der Hinterhofarchitektur. Statt dessen wird das Feld abgesteckt, innerhalb dessen die Widersprüche gelöst werden müssen.

Im Film *Insel der Schwäne* wird – acht Jahre später – die sozialistische Sozial- und Wohnungspolitik, die doch genau dieses elementare gesellschaftliche Problem lösen sollte, ungewohnt kritisch bewertet. Das Lehrbeispiel "neuen Wohnens für neue Menschen" Marzahn wird in Filmbildern gezeigt, die in hartem Gegensatz zu den propagandistischen Fotogra-

---

[22] Ulrich Plenzdorf: *Filme*. S. 158.
[23] Ebd. S. 202.

fien im *Neuen Deutschland* stehen: Baugruben, Lehmmatsch, dunkle Keller voller Risse im gerade verbauten Beton. Erregte Debatten löste nicht nur der schockierend offene Schluß und Plenzdorfs Methode, diesem Film die Dramaturgie des Westerns zugrunde zu legen, aus. Was Plenzdorf für die Musik der mystischen Rock-Gruppe "Ritter, Tod und Teufel" in seinem Szenarium notiert, kann auch für den Film in seiner Gesamtheit gelten: "Sie baut Illusionen auf, um sie zu zerstören, und wertet die Zerstörung groß."[24] Ist das Leben im Neubaugebiet wirklich so brutal? Spitzt die sozialistische Architektur soziale Probleme zu, statt sie zu lösen? Oder schafft sie diese gar erst? Hier wird eine philosophische Schlüsselfrage aufgegriffen, das Problem der Entfremdung. Sollte doch die "Gestaltung einer menschlichen gegenständlichen und räumlichen Welt" die Aufhebung der Entfremdung in der kommunistischen Gesellschaft leisten.[25]

IV

In dem Theaterstück *Freiheitsberaubung*, 1978 wiederum von Plenzdorf nach einer Erzählung von de Bruyn geschrieben, charakterisiert eine "typische" Berlinerin "mit Herz und Schnauze" ihre Stadt über deren "zwee Seiten":

> Berlin hat zwee Seiten. Dit konnten wa üben.
> Die eene is bei uns und die andre bei uns drüben.
> Ich war letztens uff unsere drübige Seite
> zur silbernen Hochzeit von Tante Adelheide.
> wat soll ich sagen? Ick war leider alleene.
> Die Kinder warn fiebrig. So blieben se daheeme.
> Ick hättse so jerne mitjenommen
> und ick schwör hoch und heilig
> Ick wär wiederjekommen schon weilig
> an den edlen "Smog" nich jewöhnt bin
> durch den eenen, den schönen, dem jehört meine Junst
> unserm vertrauten Braunkohlendunst.[26]

"Bei uns drüben" und "uff unsere drübige Seite" bezeichnet ganz nebenbei und nur scheinbar unpolemisch eine verbreitete Position zur "nationalen

---

[24] Ebd. S. 159.
[25] Lothar Kühne: *Gegenstand und Raum. Über die Historizität des Ästhetischen.* Dresden 1981. S. 11. Vgl. auch Brigitte Reimanns *Franziska Linkerhand* (1981 verfilmt) und *Die Architekten* (DEFA-Film von Peter Kahane 1990).
[26] Ulrich Plenzdorf: Freiheitsberaubung. Nach der gleichnamigen Erzählung von Günter de Bruyn. In: *Theatertexte.* Hg. von Peter Reichel. Berlin (Ost) 1989. S. 270.

Frage", indem der Westteil der Stadt entgegen der herrschenden Ideologie durchaus als Bestandteil der eigenen Welt wahrgenommen wird. Worauf bezieht sich dann aber das "unsere", wenn doch nur wenige Sätze später ironisch von "unserm vertrauten Braunkohlendunst" die Rede ist, den ja wohl kaum beide Seiten/Teile der Stadt teilen? Bewußt oder unbewußt wird hier eine widersprüchliche Identifizierung festgehalten, mit deren Hilfe eigentlich unvereinbare Pole zumindest rhetorisch versöhnt werden.

Der kabarettistische Monolog im Claire-Waldoff-Ton wird gesprochen von einer "Frau unter vierzig", die nachts um zwei in einem "Polizeirevier in Berlin-Mitte" in der Zelle sitzt. Sie sinniert auf drastische Weise darüber, wie sich "der Staat" von unten so ansieht.

Zum Thema Wohnung bringt sie folgendes Beispiel an:

> Anita Paschke, wohnhaft Linienstraße 263, Hinterhaus vier Treppen, zwei Zimmer, Küche, Clo ne halbe Treppe tiefer, Ofenheizung, Bad keins, Mann keinen, Kinder drei, Ratten mindestens fünf und damit isse endversorgt, soll heißen: mehr Wohnraum steht ihr nicht zu.[27]

Hier ist von romantischer Verklärung der Berliner Hinterhausarchitektur nun ganz und gar nichts zu spüren. Was das Ganze dramaturgisch noch zuspitzt, ist, daß die scheinbar unbeteiligt Berichtende mit eben dieser Anita Paschke identisch ist. Das aber erfährt das Publikum erst einige Szenen später und auf indirektem Wege. Der sarkastische wie lebensnahe Kommentar erlebte tatsächlich seine Uraufführung in der DDR, 1988 im Berliner Theater im Palast (im Palast der Republik). Vielleicht auch deshalb, weil er kabarettistisch eine Haltung doku-stilisiert, die ich als kritisches Einverständnis bezeichnen möchte.

Lothar Trolles Theaterstück *Weltuntergang Berlin II. Szenen und Berichte aus der Geschichte einer Stadt* wurde 1987 an der Berliner Volksbühne uraufgeführt. Trolle hat Berliner Geschichte als politische Geschichte zum Gegenstand vieler seiner Stücke gemacht.[28]

In *Weltuntergang II* folgen Szenen aus verschiedenen Berliner Orten und Zeiten übergangslos aufeinander: Szenen aus dem Hinterzimmer der Berliner Kneipe, in dem im Februar 1933 SA-Männer einen Mann foltern; eine Luftschutzkellerzwangsgemeinschaft um 1943, ein Mahlsdorfer Kaffeekränzchen und ein russischer Sergeant bei Kriegsende 1945. Die historischen Szenen gehen unvermittelt in eine surreale Gegenwartssituation über: In einem Berliner Neubauviertel am Tierpark werden unbescholtene Durchschnittsbürger von der aus dem Tierpark von nebenan ausgebroche-

---

[27] Ebd. S. 274.
[28] Teil I war 1980 nur in Berlin (West) inszeniert worden.

nen "wilden Natur" geradezu verschlungen. Ohne daß die assoziative Kette irgendwie kommentiert wird, endet der dramatische Text im Chaos. Die "schönen Menschen in der schönen Stadt" haben nichts aus der (steinernen) Geschichte gelernt, weil sie die Ruinen weggesprengt haben, statt sie in ihre Gegenwart zu integrieren. Nun beginnt der Neubau von unten zu bröckeln. Heiner Müller hatte 1980 Brechts Nachkriegserfahrung aufgegriffen und zur Metapher für die Entstehung der DDR verallgemeinert: "Die neuen Häuser mußten schneller gebaut werden als die Keller ausgeräumt werden konnten. [...] Brechts Theaterarbeit: ein heroischer Versuch, die Keller auszuräumen, ohne die Statik der neuen Gebäude zu gefährden. (Die Formulierung enthält das Basisproblem der DDR-Kulturpolitik.)"[29] Müller beschreibt Brechts DDR-Phase in voller Sympathie als eine des (ästhetischen) Scheiterns, das wiederum für ihn selbst zum Ausgangspunkt einer anderen Ästhetik wird.

V

"[...] in WESTN in WESTN habn sie kein so hohn fernsehturm wie der fernsehturm in der hauptstadt der ddr mit seinen warte ma zweitausenddreihundertvierunddreißig metern der größte [...]" – so heißt es im schon erwähnten Monolog des zum Idioten gestempelten Jungen in Plenzdorfs "kein runter kein fern".[30]

In der 1988er Aufführung von Heiner Müllers Stück *Der Lohndrücker* (1956) am Deutschen Theater Berlin, die Müller selbst inszenierte, bot das Bühnenbild Erich Wonders nacheinander zwei Bildfronten auf: ein riesiges Obstschaufenster mit Bananen und das Fernsehturm-Panorama. Der Aktivist Balke steht, von Anstrengung, Schmutz und Schmerz gezeichnet, bis zur Brust im Ringofen/Bühnengraben, hinter ihm gibt ein schmales Tuch die bekannte Postkarten-Silhouette mit Fernsehturm frei. Die Tat des Bestarbeiters von 1948 wird vor den Horizont der "lichten Zukunft" gestellt, der zur Zeit der Aufführung Gegenwart ist. Der Horizont ist ziemlich schmal.

Der Fernsehturm ist zum "Superzeichen" geworden. Der gotisierend schlanke Turm, mit Bedacht in die Blickachse der Magistrale der DDR-Hauptstadt gesetzt, sollte als östliche Stadtkrone dienen und den zentralen Ort setzen und markieren, wie der Architekturkritiker Bruno Flierl beschreibt.[31]

---

[29] Heiner Müller: Fatzer ± Keuner. In: *Rotwelsch*. Berlin (West) 1982. S. 144.
[30] Ulrich Plenzdorf: *Berliner Geschichten*. S. 148.
[31] Bruno Flierl: Der zentrale Ort in Berlin – Zur räumlichen Inszenierung sozialistischer Zentralität. In: *Kunstdokumentation SBZ/DDR 1945-1990. Aufsätze, Berich-*

Symbolisch so wirkungsmächtig wurde das gebaute Superzeichen nicht zuletzt dadurch, daß es in einer Vielzahl visueller Darstellungen aufgegriffen wurde: Die Silhouette mit Fernsehturm tauchte in der Rahmenhandlung der Sandmännchen-Sendung des Kinderfernsehens ebenso auf wie auf offiziellen Glückwunschkarten. Unter den 315 Folgen der *Sandmännchen*-Rahmenhandlung, die bis 1989 produziert wurden, waren allein zehn der 750-Jahrfeier Berlins gewidmet, das Sandmännchen kam im Tierpark, dem Prater, dem (gerade neu gebauten) Thälmannpark oder dem Neubauviertel Hohenschönhausen an. 1969 landete es natürlich in der Nähe des gerade fertiggestellten Fernsehturms, 1979 am Palast der Republik usw. Soviel Berlin-Zentrismus hatte offensichtlich eine Welle von Eingaben ausgelöst, denn 1987 wurden plötzlich auch Folgen produziert, die in Frankfurt/Oder, Magdeburg, Neubrandenburg und dem Erzgebirge spielten.[32]

Selbst in der Modefotografie bildet das Haupstadt-Panorama den aufgewerteten Hintergrund, helle Neubauten erscheinen im geometrischen Muster ebenso wie Industriebauten – die emanzipierte DDR-Frau steht im öffentlichen Raum statt in der heimischen Küche. Sobald allerdings die Eintönigkeit des Plattenbaus im Bildhintergrund nicht retuschiert wurde, gab es Veröffentlichungsschwierigkeiten.[33]

Die symbolische Setzung von oben konnte nur funktionieren, weil sie von unten angenommen wurde. Noch in der ironischen Floskel vom "Telespargel" schwang durchaus auch Stolz mit, dessen patriarchalische Züge ich heute nicht übersehen kann: West- und Ostberlin im Wettbewerb um den größeren Phallus? Die Gegenüberstellung von Ost und West über das Stadtbild (auf Theaterbühnen und in Filmen der DDR) greift auf ein Stereotyp zurück, das sich um die Jahrhundertwende herausgebildet hatte: reicher Stadtwesten und armer Nordosten.[34] So gesehen ist es nur logisch, wenn die lyrischen Clowns Steffen Mensching und Hans-Eckart Wenzel ihren Abgesang *Letztes aus der DaDaeR* in der Filmversion von 1991 in Industrieruinen und auf Mülldeponien verlegen.

---

te, Materialien. Hg. von Günter Feist, Eckhart Gillen, Beatrice Vierneisel. Köln 1996. S. 320-357.
[32] Vgl. *Sandmann auf Reisen. Eine Ausstellung des Filmmuseums Potsdam mit Unterstützung des ORB und des MDR*. Hg. vom Filmmuseum Potsdam. Berlin (o.J.).
[33] Vgl. Ute Mahler: Plattenbau. Fotografie für *Sibylle* 1982, unveröffentlicht. In: *Sibylle. Modefotografie aus drei Jahrzehnten DDR*. Hg. von Dorothea Melis. Berlin 1998. S. 222.
[34] Vgl. die DEFA-Filme *Ein Lord vom Alexanderplatz* von Günter Reisch 1967 oder *Zwischen Pankow und Zehlendorf* von Horst Seemann 1991.

VI

Ende der 70er Jahre machten jüngere KünstlerInnen und AutorInnen den Prenzlauer Berg zu ihrer künstlerischen Wahlheimat. Der Rückzug in den Stadtbezirk mit seiner traditionellen Mischung aus Proleten und Boheme wurde zum einzig verbleibenden Raum kultureller und politischer Identifikation, die Randzone sollte geistige Unabhängigkeit sichern.

In den Texten wird im Anklang an expressionistische Großstadtlyrik gefetzt, geflucht und aggressiv genau das Zerrissene und Heruntergekommene dieser Stadthälfte idealisiert. Uwe Kolbes Gedichtzeile "wir leben mit Rissen in den Wänden" wurde zum Motto der inoffiziellen Kunstszene. Ich zitiere einige Beispiele aus einer größeren literarischen Reihe:

profane
Geräusche vermitteln das Brandmal Berlins,
der dümmlichen Alten, Tempeldirne, Jungfrau,
unrettbar miesem Zufluß ausgesetzt,
dem Fraß in abgelöster Haut, dem Drängen
nach wohnlichen Zellen. (Uwe Kolbe 1982)[35]

stadt aus stein gefügte gefügig gemachte manch
mal stinkt der schleim der füße [...] (Frank Lanzendörfer 1982)[36]

die ubahn die jaulend die erde durchpflügt
(halbstadt: scheiße du ausfluß du eiter
geiles geschwür brennend im Leib der
geifernden jungfer [...]
(halbstadt: dein antlitz versoffen verschmiert
von kacke-pisse-sperma-abgas-benzin)
[...]
asphaltzerrätselte dreckinsel im dreck-
meer fotzenweiche madonna dein haar läuft
am zerschnittnen subwayharakiri
entlang [...]
stadt – meine flügel verglühen
im wind meine illusionen ertrinken
in den panoramen kalter jalousien....[37] (Frank-Wolf Matthies 1982/83)

---

[35] Uwe Kolbe: So Pfeifen, Quietschen, Kreischen. In: Ders.: *Bornholm II. Gedichte*. Berlin und Weimar 1986. S. 20.
[36] Frank Lanzendörfer: *unmöglich es leben*. Berlin 1992. S. 75.
[37] Frank-Wolf Matthies, Helge Leiberg: *Stadt*. Hofheim 1986. S. 42.

Die Ruine bot als "eigentlicher Ort des Melancholikers" (Hartmut Böhme) lange vor allem den jüngeren AutorInnen der 80er Jahre eine produktive Schreibperspektive. Zum "Status melancholicus" als Charakteristikum später DDR-Literatur hat Wolfgang Emmerich Entscheidendes gesagt. Das Sich-Einrichten in den Ruinen und Rissen funktionierte allerdings nur begrenzt und die so hochgelobte Hinterhof-Literatur des Prenzlauer Berges weist schon früh auch poetische Spuren der Brüchigkeit solcher Flucht in die städtischen und gesellschaftlichen Randzonen auf. Hatte doch bereits das modellbildende Gedicht Kolbes das Wissen um die Instabilität und Ambivalenz der soeben noch gefeierten Idylle unterm Dach enthalten: "lach ich/ genießend unter Kraftaufwand/ die uns gebotne Sicherheit".[38] "Die Stadt" ist für den in Berlin geborenen Dichter ein Bezugspunkt in vielerlei Hinsicht. Während er sich durchaus bewußt in die (männliche) Tradition der Großstadtlyrik mit der schon erwähnten Personifizierung der Stadt als Geliebte, Hure oder Mutter einschreibt, setzt er zugleich ein Ich zu ihr ins Verhältnis, das sich nicht selten selbst als deren Objekt erfährt: "Unfrei und doch nicht gefangen/ Bin ich der Stadt ein Artikel/ Nicht zu erwerben und doch ziemlich billig".[39] Wie einer Geliebten gibt es der Stadt immer neu den Abschied und findet sich ihr doch wieder ausgeliefert, ein ewiges Ringen.

Ein Jahrzehnt später wird die Idylle gänzlich verworfen:

die bauten hielten nicht
ihr wort, es zerfiel buchstäblich
in silbenredsal, trümmer getrimmter
räumtrupps staubten ab poliere wieder
ihre ruppigen träume aus verschütteten
gloriositätenkabinetten (Stefan Döring in *Schaden* 9/1986)

Welche Bauten "hielten nicht/ ihr wort"? Die Neubauten als sozialistisches Zukunftsversprechen? Oder die selbstgezimmerten Schutzräume der "Risse", deren ekstatische Kunstprodukte sich dem Sprecher als "trümmer getrimmter" darstellen, eher Resultat von Verzweiflung und Alternativlosigkeit als selbstgewählter Boheme-Attitüde. Neben der Selbstinszenierung über die Wohnadresse dienen Trümmerlandschaften und Abrißhäuser zu-

---

[38] Uwe Kolbe: Wir leben mit Rissen. In: Ders.: *Hineingeboren. Gedichte 1975-1979*. Berlin und Weimar 1980. S. 91. "Die uns gebotne Sicherheit" ermöglicht mindestens eine positive und eine negative Lesart: Die zur Verfügung gestellte soziale Sicherheit ist untrennbar verbunden mit Macht, mit dem Gebot des Staatssicherheitsdienstes.
[39] Uwe Kolbe: Blindes Zerrätsel. In: Ders.: *Abschiede und andere Liebesgedichte*. Berlin und Weimar 1981. S. 14.

nehmend als Gleichnis eines geistigen Klimas, die Großstadtlyrik wird zur Endzeit-Elegie. In urbaner Metaphorik wird immer wieder der Widerspruch zwischen staatlichem Ordnungswillen/Druck und Zerfall thematisiert. Berlin ist die Stadt der Mauer, "Halbstadt", "Zwiestadt":

in Zwiestadt ausgeworfen,
gespannt zwischen Sperrmüll
und Kinderstrich, die glimmende Asche
zum Zeichen der Einheit [...] (Uwe Kolbe 1985 in *Schaden* 11/1986)

Die Textsubjekte sind hier nicht mehr in der Position von Eroberern oder gar Gestaltern (der Stadt, der Gesellschaft), auch nicht in der eines Flaneurs, der in lustvoller Verantwortungslosigkeit durch die Straßen schlendert. Sie sind (bei aller Heimatbehauptung) dem Labyrinth oder Dschungel ausgeliefert, stets in der Gefahr, sich selbst zu verlieren, vom Moloch gefressen zu werden:

brücken bäumen sich auf, bersten stillschweigend
beidseits brennen die teilstädte, ich stake lichterloh

besinne besinnliches & besinge besagtes
gallige gruftis winden sich in schüben [...][40]

Auch in der deutschsprachigen Rockmusik der 80er Jahre lassen sich beide Tendenzen entdecken – die der Identifizierung mit städtischen Randzonen wie diejenige des Ausgeliefertseins und der Verlorenheit. Die Gruppen "Pankow" und "City" stellten Urbanität bereits im Bandnamen an die erste Stelle. Der Kiez wird als Heimat, als Identitätspunkt behauptet und untergründig der Ideologie "meine Heimat DDR" entgegengehalten. Tamara Danz und "Silly" haben mit den Songs 'Berliner Frühling' (Text René Volkmann; auf der Platte *Liebeswalzer*, 1984), 'verlorne Kinder' (1989; Text Werner Karma) oder 'mont klamott' (1983; Text Werner Karma) eine Dimension vorgegeben, die an die Grenzen des Genres Rockmusik stieß.

Vom Februar 1989 stammt der Song 'verlorne kinder', der gut in den Film *Insel der Schwäne* passen würde und zugleich ein Endzeitgefühl der "Kinder des Sozialismus" formuliert:

---

[40] Bert Papenfuß: von meinem galgenboot aus gesehen. In: Ders.: *Led Saudaus. Notdichtung. Karrendichtung.* Berlin 1991. S. 13. Die Texte sind vor 1990 entstanden.

verlorne kinder
der wohnblock liegt im abend
wie ein böses tier
...wo sie zu hause sind
[...]
der wohnblock spuckt sie in
den kalten wind
...wo sie zu hause sind
[...]
wo die fenster locken
mit so gelbem licht
...wo sie zu hause sind

doch sie wissen diese
zimmer wärmen nicht
...wo sie zu hause sind
wo sie zu hause sind

in die warmen länder
würden sie so gerne fliehn
die verlornen kinder
in den straßen von berlin
zu den alten linden
die nur in der ferne blühn
die sie nicht mehr finden
in den straßen von berlin

Die Gegenwart in den Straßen von Berlin wird mit zwei Gegenwelten konfrontiert, deren illusionären Charakter der Konjunktiv entlarvt. Weder "warme Länder" noch die "alten Linden" als Symbol irgendeines nicht näher bestimmten früheren Berlin werden vom Textsubjekt als Ausweg akzeptiert, das einzig Verläßliche ist der Konjunktiv.

In dem nach-89er Gedichtband *Schädelbasislektion* des 1962 geborenen Durs Grünbein ist ein einziges Gedicht als Rückblende ausgewiesen, also auf die Zeit vor 1989 bezogen: 'Zerebralis'. Hier spricht ein Textsubjekt außerhalb jeglicher Großstadtromantik, aber auch außerhalb jeder DDR-Spezifik. Für den lyrischen Sprecher ist statt irgendeiner konkreten Stadt "das Prinzip Großstadt" von Interesse. Hier wird ein kühler Beobachter zitiert, "unterwegs durch die Stadt, eingesperrt in/ Überfüllte Straßenbahnen, gepanzert auf/ engstem Raum (Hieß das nicht ..../ Entropie?[...]".[41] Das Kollektivsymbol Lokomotive des Fortschritts findet sich in der verkleinerten Variante der großstädtischen Straßenbahn wieder, noch dazu in

---

[41] Durs Grünbein: Zerebralis. In: Ders.: *Schädelbasislektion*. S. 134.

der Paradoxie zwischen erzwungenem Stillstand und verlangsamter Bewegung. Hier hat sich die gesellschaftsutopische Einbindung der Stadt-Metaphorik vollkommen verflüchtigt. Die Position des zivilisationskritischen Weltbürgers wird im Zitat wiedergegeben, der Ansprechgestus ist reine Sprachfigur, nirgends ein Subjekt, das sich zu erkennen geben würde. Entropie: "Maß für den Grad der Ungewißheit über den Ausgang eines Versuchs" meldet mein Fremdwörterbuch.

Lisa R. Whitmore

Transcending Conspiratorial Interpretations of the East German Avant-Garde

Dieser Artikel plädiert gegen die Entwicklung von einseitigen ästhetischen Beurteilungskriterien in der zukünftigen DDR-Literaturforschung. Er schildert die historische Situation der ostdeutschen avantgardistischen Dichter, die schon in den achtziger Jahren nach Alternativen zu einem an der Gesellschaft gebundenen Literaturverständnis gesucht haben. Die resultierenden Verallgemeinerungen führten zum Ausschluß einiger Dichter aus der Diskussion und gingen an vielen wichtigen Werken vorbei. Der Artikel schließt mit einer Diskussion der Texte von Bert Papenfuß ab, dessen Gedichte über das Autonomsein in der nicht bürgerlichen Welt eine Interpretationsmethode zwischen dem Ästhetischen und dem Soziopolitischen fordern und für diverse Herangehensweisen im Allgemeinen sprechen.

From an American perspective, the task of analyzing shifts in GDR studies since the "Wende" evokes a sense of precariousness. The year 2000 will bring the final "Conway Conference" in New Hampshire, due in part to the discontinuation of funding by the Goethe Institute and the Marshall Fund. In addition, American conservatives have incited general funding cuts for the arts and humanities since the mid-nineties. The loss of financial support from both German and American sources decreases the opportunities for examining GDR literature and surreptitiously influences the scholarly interest in it. This may partly explain why the East German Studies Group deliberated again in 1998 whether to disband, despite a record number of young contributors.

The field of GDR studies in North America is contending with a surface notion that it is obsolete, while, back in Germany, the undifferentiated leveling of the GDR cultural legacy is ensuing, with serious repercussions for the cultural and emotional unification of Germany. Since the so-called Christa Wolf debate, attempts to undermine the value of GDR culture have not stopped, as the debacle surrounding the Weimar art exhibition, "Aufstieg und Fall der Moderne" attests. If museums only exhibited artifacts originating within those societies of the last 10,000 years that guaranteed the freedoms of speech and assembly, the exhibitions would be relatively dull. The "negotiations" currently taking place in the cultural realm appear more concerned with divvying up funds and publicity than with evaluating cultural contributions. Thus, it is important that sober, analytical debate balance the sensationalism of feuilleton and large public exhibitions.

This article addresses the self-publishing poets of the nineteen eighties and the history of research into their work. The alternative literature of the eighties makes a significant case study for understanding the potential values that may inform a "reevaluation of GDR literature." The dichotomy between politics and aesthetics, which has been central to the "deutsch-deutsche Literaturstreit" had already played a role in these authors' self-understanding almost a decade before unification. The currently accepted dichotomy used to disparage GDR literature, namely the division between "literary literature" and "Gesinnungsliteratur" (literature of conviction), resembles the bifurcation of art and meaning within East German alternative culture of the eighties. In the "Prenzlauer Berg scene," the aesthetic was privileged above the political. However, rather than leading to a diversity of insightful analyses, the scholarship became limited in its own way, culminating in the diffuse theoretical claim that the aesthetic dimension eclipsed meaning and content. The case of the East German avant-garde speaks against the introduction of a "Stunde Null" in East German studies in which literary inquiry would be suddenly shifted towards a concept of "the aesthetic" that can only be vaguely defined.

The most serious problem is that aesthetic criteria are often linked to secondary agendas. As Martha Woodmansee points out in her book, *The Author, Art, and the Market: Rereading the History of Aesthetics*, even the eighteenth and nineteenth-century philosophy of aesthetics was influenced by historical developments, most notably, the threat of a new commercialized popular literature.[1] The sociological and political inquiries that have dominated the interpretation of GDR literature since the seventies were not oblivious to aesthetics. They were tied to a particular aesthetic that grew out of the early twentieth-century attempts to challenge the pseudo-religious function that the arts held for the upper class and to redefine them as an integral part of modern urban life.[2] It is not surprising that the leftist avant-garde is being called into question, considering the post-totalitarian suspicion of ideology, on the one hand, and, on the other hand, the assumption that the market will always absorb its antagonists.[3] Interestingly, the return to a concept of disinterest in aesthetics moves the discussion of aes-

---

[1] Martha Woodmansee: *The Author, Art, and the Market. Rereading the History of Aesthetics*. New York 1994. (Social Foundation of Aesthetic Forms Series).

[2] In an article for *Die Zeit*, Ulrich Greiner declares political themes to be "außerliterarisch" or nonliterary. The criteria by which he decides which themes are literary and which are nonliterary remain undefined. Reprinted as Ulrich Greiner: Die deutsche Gesinnungsästhetik. In: *Der deutsch-deutsche Literaturstreit oder "Freunde, es spricht sich schlecht mit gebundener Zunge."* Ed. Karl Deiritz and Hannes Drauss. Frankfurt/Main 1991.

[3] Cf. Peter Bürger: *Theorie der Avantgarde*. Frankfurt/Main 1974.

thetics in Germany back in the direction of Kant. The disadvantage of an aesthetics that denies meaning, however, is the probability that meaning is merely repressed. As Stanley Fish's work shows, any text can be interpreted with emphasis on aesthetics or on content.[4]

In addition to reevaluating GDR literature based on new terms, such as disinterested beauty, it would also be useful to consider whether the sociological and political approaches of the last forty years were actually able to accomplish what they set out to do. It is likely that all types of inquiry were disrupted by partisanship during the Cold War.

The concept of partisanship is significant. The practice of reading texts in terms of "for and against" permeates the MfS files and was a common practice of many other types of readers looking for hidden criticism in East German texts. This strict categorization, which was reinforced on all sides, made it difficult to recognize complexities and contradictions in the literature. In the GDR, aesthetic questions appeared secondary because the beaux-arts were associated with elitism.[5] In a system of binary logic, the step from elitism to counter-revolution is only a short one. When Wolfgang Emmerich advocated new aesthetic analyses in 1994, he was careful to defend his position against accusations of elitism, as if the old equation of aesthetics with the privileged class might still hold some validity.[6]

There are three conflicting perspectives on the issue of politics and GDR literature. From a contemporary point of view, it is obvious that experimentation, or even criticism, is not identical to counter-revolutionary activity. However, political charge was an integral aspect of literature while the GDR existed because the rigidly controlled public sphere increased the impact of any transgression. Consequently, the field of GDR studies may always be confronted with the classic hermeneutic problem: Does it suffice to read literature in a contemporary context, or will interpretation of GDR literature be more accurate if it considers the historical context of the initial reception, a context in which subtlety may have played a different role than

---

[4] Cf. Stanley Eugene Fish: *Is there a text in this class? The Authority of Interpretive Communities.* Cambridge, Massachusetts 1980 or Stanley Fish: Is There a Text in This Class? In: *Falling into Theory. Conflicting Views on Reading Literature.* Fwd. David H. Richter and Gerald Graff. Boston 1994. Pp. 226-237.

[5] For a detailed account of the post-unification approaches to GDR literature and their limitations, see Roswitha Skare: 1989/90: Eine Wende in der deutschen Literaturgeschichte? Tendenzen der neueren Literaturgeschichtsschreibung. In: *Amsterdamer Beiträge* 46 (1999). Pp. 15-43.

[6] Wolfgang Emmerich: Für eine andere Wahrnehmung der DDR-Literatur. Neue Kontexte, neue Paradigmen, ein neuer Kanon. In: *Die andere deutsche Literatur. Aufsätze zu Literatur aus der DDR.* Ed. W. Emmerich. Opladen 1994. Pp. 190-207. Here p. 192.

it will in the future? Thirdly, while it is true that critical aspects were urgent during the Cold War, East German literary texts have always been multi-faceted. Nonpartisan scholarship is now free to pursue an array of thorough analyses, psychological, rhetorical, feminist, aesthetic, and even sociological, without instantly labeling texts as "bourgeois decadent," "staatsfeindlich" or, for that matter, as "Gesinnungsliteratur." Ideally, literary scholarship would be more concerned with making careful observations than with predicting how the outcomes of inquiries might benefit one social class or another.

The Emergence of the GDR Avant-Garde

While non-partisan evaluation may not be new, the mechanisms that interfered with scholarship before the "Wende" were extremely powerful, as I will illustrate. Thus, it may not be as important to change interpretive questions as it is to take advantage of new information and an atmosphere of decreased partisan compartmentalization.

Despite the exile of Wolf Biermann in 1976, accounts of East Berlin in the late 1970s reveal exciting cultural developments. Not only was Prenzlauer Berg "no longer a neighborhood but an attitude," but it was also possible for the state-sponsored journal *Weimarer Beiträge* to state this openly.[7] In her thorough account of publishing opportunities in the seventies and eighties, Anthonya Visser points out that there were still public forums for young writers at this time.[8] Uwe Kolbe, who was an emerging poet in the late seventies, describes the rich salon culture of the late seventies in his post-1989 essay, *Die Situation*.[9] Furthermore, when Honecker granted the Evangelical Church leeway in its inner church activities in 1978, there was no social division between the newly forming citizens' initiative movement and the living-room literary salons. This created a cultural intensity that was lost by the mid-eighties when the so-called political and aesthetic groups began to set themselves off from each other. Christine Cosentino's work, which was based on texts from the late seventies and early eighties, distinguishes itself from later scholarship on alter-

---

[7] Ingrid Hähnel and Klaus-Dieter Hähnel: Junge Lyrik am Ende der siebziger Jahre. In: *Weimarer Beiträge* 9 (1981). Pp. 127-153. Here p. 129.
[8] Anthonya Visser: *Blumen ins Eis. Lyrische und literaturkritische Innovationen in der DDR: Zum kommunikativen Spannungsfeld ab Mitte der 60er Jahre*. Amsterdam 1994. (Amsterdamer Publikationen zur Sprache und Literatur 107).
[9] Uwe Kolbe: *Die Situation*. Ed. Heinz Ludwig Arnold. Göttingen 1994. P. 11.

native culture in several ways.¹⁰ She balanced larger social interpretation with insightful textual analysis. Secondly, her work began to reveal the differences arising in the GDR between the concepts of engagement (as supporting the socialist vision) and of resistance (as subverting it).¹¹ Thirdly, Cosentino pointed out discrepancies between the rhetorical claims poets made and the thrust of their poetic work:

> [...] andererseits ist die von Kolbe proklamierte politische Apathie dieses sensibelsten Teiles der neuen Autorengeneration jedoch wohl nur als provokante Überspitzung zu verstehen, denn sowohl Kolbes eigene Werke als auch die der anderen Prenzlauer Berg-Dichter weisen beides auf: privat-persönlich und gesellschaftspolitisch orientierte Gedichte.¹²

It is interesting and problematic that Cosentino's work is seldom quoted in the research on alternative literature published since the mid-eighties. Her work was obscured after developments in the mid-eighties changed the direction of research. Some of the changes were obvious, such as the growing taboo placed on the alternative literature within East German academia. Peter Böthig even lost his position at the Humboldt Universität for organizing the Wort+Werk exhibition of self-published literature.¹³ In general, the GDR closed down opportunities for critical discussion of alternative literature within the GDR. At the same time, the exit visas of participants and contributors were rapidly approved, culminating in a mass exodus of artists and intellectuals. Enough writers remained in the GDR to give the alternative publishing projects a degree of continuity. However, other more subtle

---

¹⁰ These articles include Christine Cosentino: Elke Erbs Dichtung 'Der Faden der Geduld'. Roter Dada im Sozialistischen Realismus? In: *Germanic Notes* 13.1 (1982). Pp. 5-8. Christine Cosentino: Tod-, Lebens- und Krankheitsmotive in Lutz Rathenows Lyrikband *Zangengeburt*. In: *Germanic Notes* 15.2 (1984). Pp. 21-23. Christine Cosentino: Gedanken zur jüngsten DDR-Lyrik. Uwe Kolbe, Sascha Anderson und Lutz Rathenow. In: *The Germanic Review* 3 (1985). Pp. 82-90. Christine Cosentino: Lutz Rathenows Lyrikband *Zangengeburt*. Eine Stimme vom Prenzlauer Berg. In: *Selected Papers from the 10th New Hampshire Symposium on the GDR*. Ed. Margy Gerber. Lanham, Maryland 1985. (Studies in GDR Culture and Society 5). Pp. 141-152. Christine Cosentino: 'ich bin kein artist': Volker Braun und Sascha Anderson zur Position des Dichters in der DDR. In: *Germanic Notes* 17.1 (1986). Pp. 2-4.

¹¹ In the West, engagement and resistance are usually both understood as activities of the opposition. The resulting close relationship between subversion (of the status quo) and engagement (on behalf of something new) makes the purely critical stance of the Prenzlauer Berg writers even more difficult to grasp.

¹² Cosentino: Gedanken...P. 82.

¹³ Peter Böthig: *Grammatik einer Landschaft. Literatur aus der DDR in den 80er Jahren*. Berlin 1997. P. 8.

developments transformed the nature of the self-publishing projects and continue to influence research on these works today.

The transition within the freelance publishing projects can be summarized as a trend toward "professionalism." According to an MfS report, the organizers of various self-published journals met in Karl-Marx Stadt in June 1985 and in Berlin in October 1985 in order to coordinate the disparate projects and raise their quality. One document states,

> [i]m Interesse der literarischen Qualität sollen zukünftig 'schlechte Texte' durch die Herausgeber abgelehnt werden, mit dem Ziel, daß die beteiligten Autoren anerkannt und für offizielle Publikationen in der DDR zugelassen werden.[14]

The editorial structures of *schaden* and the *ariadnefabrik* became much more defined than those of the early journals *entwerter/oder* and *und*, which accepted any submission that had been reproduced in high enough quantities by the author. The power to judge texts was put in the editors' hands, yet the concept of quality was elusive, especially since the editors rejected traditional definitions of quality in their embrace of an avant-garde anti-aesthetic.[15] This self-conscious attempt to brandish "quality" led to highly rhetorical public statements; strict, superficial "aesthetic" guidelines; and the ostracism of various participants. GDR scholarship might have produced a counter-perspective that would have balanced the poets' "publicity campaign," i.e. the often-quoted essays and interviews in which they presented themselves. Instead, poets who were not expected to read Cosentino were left as their own unchallenged critics.

The institutional enforcement of "quality" resulted in the need to define operative criteria of exclusion. One of the criteria was an explicit rejection

---

[14] MfS HAXX/AKG 1428 P. 8.

[15] Numerous examples support this. Thulin describes Papenfuß's texts as a "poetics of error" (Michael Thulin: imaginationen. In: *Abriß der Ariadnefabrik*. Berlin 1990. Pp. 243-248. Here p. 116), and in his essay 'die wand lehnt in der geöffneten tür,' an existentialist narrator remarks, "der abfall hat einen leser gefunden" (Michael Thulin: die wand lehnt in der geöffneten tür. In: *Abriß*...Pp. 127-132. Here p. 128). Böthig's description of *schaden* incorporates a whole series of anti-aesthetic concepts: "schaden ist absonderung, schmutz, verlust, abgang, das nichteingeplante, störenfriedliche, sand im getriebe, was liegenbleibt, was keiner haben will, 'da wendet sich der gast mit grausen', das fehlerhafte, fehlgeleitete, die unstimmigkeit, das funktionslose, zu vermeidende, das unvermeidliche (Peter Böthig: ganz kleiner versuch über den *schaden*. In: *Abriß*...Pp. 142-145. Here p. 142). Jan Faktor's "Manifeste der Trivialpoesie" blur the line between satire and the appropriation of an actual trivial aesthetic (Jan Faktor: 'Manifeste der Trivialpoesie.' In: *Georgs Versuche an einem Gedicht und andere positive Texte aus dem Dichtergarten des Grauens*. Berlin 1989. Pp. 87-102).

of orthography. A period began in which the poets endeavored to explain their work and frame it expressly in the new terms. The publication *Sprache & Antwort*, a compilation of peer interviews that appeared in the self-published journal *schaden*, documents this self-presentation. For many Germanists, the publication became a starting point for research on GDR avant-garde poetry. At this point, the claims that Cosentino had recognized as rhetorical gained sole significance for scholars, now mostly in the West, who naively took the poets at their word. In the following section, I will outline the primary components of the poets' crusade.

Theory, Rhetoric, Repression, and Reading

The poets presented their work in theoretical essays in which they conceived of language in Saussurean fashion, as a substance that is separate from the reality it potentially signifies. By framing their work in this way, the poets assured that conclusions about their work remained abstract, since their texts were always "about language," even when they appeared to address aspects of society or life.

The topic of language had a history in the GDR. Elke Erb provided an immediate source of thought on words as non-referential entities. Texts she contributed to the *ariadnefabrik* resemble others from her 1978 anthology *Der Faden der Geduld*. In addition to poems about words, this anthology includes an interview between Erb and Christa Wolf in which Erb tells of her intent to let poetic objects "stand alone."[16]

Beginning in the late seventies, post-structuralist essays were also passed around the artist circles. In 1977, the West Berlin publisher Merve Verlag produced an anthology of texts by Gilles Deleuze and Michel Foucault that includes many phrases and concepts incorporated by the new East German theorists. The title, *Der Faden ist gerissen*, resonates with the title of Erb's anthology, *Faden der Geduld*, as well as with the title of the periodical *ariadnefabrik*, produced by Rainer Schedlinski and Andreas Koziol.

A second influential source of linguistic philosophy lay in Victor Klemperer's *LTI*, which was readily available in the GDR.[17] Klemperer not only assumed the artificial connectedness of words and reality. He also asserted that language could be constructed to diffuse harmful ideological nuances,

---

[16] Elke Erb: *Faden der Geduld*. Berlin 1978. P. 112. Interestingly, *Faden der Geduld* was published by Aufbau Verlag.

[17] Cf. Uwe Kolbe: Appointments with a Renegade's Fate. The Individual Departure from Socialist Utopia. Trans. Stephen Kampmeier. In: *Dimension2* 4.1 (1997). Pp. 9-23. Here pp. 11-12.

and he advocated a philological awareness of the meanings of words.[18] As I will show, these diverse impulses led to various tensions in the self-published writing of the eighties. On the one hand, it resulted in astute linguistic criticism. On the other hand, it paved the way for highly rhetorical claims regarding what was being said or not said by the poets, especially with respect to the charged areas of aesthetics and politics. Interestingly, the "theoretical" texts not only gained authority over earlier scholarship, they also pushed the primary, poetic texts into the background. The theoretical essays were quoted many times more often than the poetry and were seldom challenged for their accuracy.

Although there are few analyses of poetry by Stefan Döring, the most quoted line of self-published literature stems from an interview with him published in *Sprache & Antwort*: "Durch Sprache wird Person erzogen, hat man die Sprache gefressen, dann auch die Ordnung."[19] Döring applies the metaphor of "eating" to linguistic socialization, implying that one ingests ways of understanding through language.[20] Three years after the appearance of Döring's interview, another author, Michael Thulin, incorporated the same metaphor and terminology in his essay 'die imaginationen der poetischen sprache':

> alle ordnungen, die uns umgeben, sind ordnungen der sprache. sie werden durch sprache repräsentiert, man hat sie in unser gedächtnis gegossen, und dort liegt ihr text nun fixiert. als ein system kultureller symbole, das identisch ist mit dem ordnungssystem der sprache.[21]

The concept of internalized language can be traced back to either of the two linguistic philosophies introduced above, the writings of Victor Klemperer, a Jewish professor, who survived Nazi Germany and published his observations in the late forties, or the writings of French post-structuralist theory from the sixties and seventies. The internalization of symbols is a central concept to Lacan who describes the subconscious as structured like

---

[18] Victor Klemperer: *"LTI." Aus dem Notizbuch eines Philologen*. Berlin 1947, 1949. Halle 1957. Leipzig 1968, 1970, 1975, 1978, 1987.

[19] Stefan Döring: Introview. In: *Sprache & Antwort. Stimmen und Texte einer anderen Literatur aus der DDR*. Ed. Egmont Hesse. Frankfurt/Main 1988. (Collection S. Fischer 58). Pp. 96-102. Here p. 100. Döring's interview originally appeared in *schaden* 9 (1986).

[20] Specifically, Döring chooses the term "fressen," which refers to the "feeding" of animals. The association of animal behavior with the particularly human institutions of language and education blurs the eighteenth-century boundaries between rational "man" and "lower species."

[21] Thulin: imaginationen…P. 243.

a language.²² In Lacan's Freudian model, the phonetic components of language communicate imagined truths from the unconscious to the conscious via fluid chains of associations that are interpretable. Foucault transfers the insidiousness of language onto society: "Aber es gibt ein Machtsystem [...], das nicht nur in den höheren Zensurinstanzen besteht, sondern das ganze Netz der Gesellschaft sehr tief und subtil durchdringt."²³ Klemperer draws on Schiller's concept of poetic language that thinks for one, "eine gebildete Sprache, die für dich dichtet und denkt."²⁴ As in Foucault's model, language is not just a tool of thought but a force that directs it. Klemperer arrives at the metaphor of "swallowing" language as poison: "Worte können sein wie winzige Arsendosen: sie werden unbemerkt verschluckt."²⁵ Where as all four thinkers describe the internalization of language, only Foucault and Klemperer show concern that the process can be exploited by those in power. Lacan's psychological laws are comparable to laws of nature. For Foucault and Klemperer, the process is less of an unsurpassable law and more of an open-ended struggle.

However, although Klemperer and Foucault both acknowledge an element of struggle in the internalization of ideologically charged language, Foucault is not as optimistic as Klemperer that enlightenment leads in the direction of emancipation. Foucault credits "the intellectual" with calling attention to emancipatory "truth," but he also makes "the intellectual" responsible for the ideologies, or "discourse," with which one group empowers another.²⁶ By removing the two roles, ideologue and dissident, from a specific historical context and conflating them in the abstract, Foucault transforms the struggle against manipulation back into an unsurpassable law, namely the paradox that "the intellectual" will always be trapped on both sides of every power struggle. Foucault's proposed solution is for "the intellectual" to refuse to be a subject and for theory not to be applicable.²⁷ In another words, he encourages an erratic engagement with "truth" rather than systematic enlightenment through the increase of rational knowledge.

---

[22] For example, see Jacques Lacan: The agency of the letter in the unconscious or reason since Freud. In: *Ecrits. A Selection*. New York 1977. Pp. 146-178.
[23] Although he transfers the playing field from the individual to society, he maintains the concept of a realm below the conscious that is affected by language. Michel Foucault: Die Intellektuellen und die Macht: Ein Gespräch zwischen Michel Foucault und Gilles Deleuze. Trans. Walter Seitter. In: *Der Faden ist gerissen*. Berlin 1977. Pp. 88-89.
[24] Klemperer...P. 23.
[25] Klemperer...P. 23.
[26] Foucault: Die Intellektuellen...P. 88-89.
[27] Foucault: Die Intellektuellen...P. 87.

One can find evidence of all of these linguistic concepts in the theoretical essays of the *ariadnefabrik, schaden*, and other self-published journals of the late eighties. Indeed, one problem of the essays is that there is no reflection on differences between various linguistic models and experiments. Although the poets oscillate between the political education of Klemperer and the ahistorical dilemma of Foucault, there are attempts to interpret the East German theoretical texts as decidedly—rather than tentatively—oppositional. The "order" mentioned both by Döring and Thulin is understood to refer to power structures in the GDR, rather than to more universal, psychological dynamics, such as those described by Freud or Lacan. For example, in his discussion of the poets as the true opposition in the GDR, David Bathrick cites Döring's text.[28] If one reads the two passages closely, however, Döring uses "order" to describe socialization in a very general way. The passage begins with a definition of the human being in terms of socialization: "Person ist Ordnung der Wünsche entsprechend gesellschaftlicher Struktur."[29] In what sounds like an endorsement of a "radical chic" aesthetics, he suggests that "style" provides room for rebellion that stays within the limits of social structures: "Stil ist Auflehnung der Ordnung innerhalb der Ordnung."[30] In other words, fashion acts as a steam valve to maintain social order. Similarly, Thulin refers to "order" as "Kulturgebote," or social commandments: "es besteht gar kein zweifel, daß die kulturgebote einer gesellschaft durch sprache vermittelt werden."[31]

Foucault uses the concept of order when discussing the struggle between intellectuals and power:

> Vielmehr hat (der Intellektuelle - L.W.) dort gegen die Macht zu kämpfen, wo er gleichzeitig deren Objekt und deren Instrument ist: in der Ordnung des "Wissens", der "Wahrheit", des "Bewußtseins", des "Diskurses."[32]

However, neither Döring nor Thulin mention struggle.[33] One will observe that the poets' claims were ambiguous and usually hovered somewhere between epistemological, existentialist resignation and mild protest. Döring and Thulin both observe the finality of the socialization process,

---

[28] Although Bathrick refers specifically to Foucault, he presents the poets as more dissident than Foucault. David Bathrick: *The Powers of Speech. The Politics of Culture in the GDR*. Lincoln, NE 1995. P. 239.
[29] Döring: Introview...P. 100.
[30] Döring: Introview...P. 100.
[31] Thulin: imaginationen...P. 243.
[32] Foucault: Die Intellektuellen...P. 89.
[33] Note also that Foucault's order is characterized in terms of knowledge and consciousness rather than culture and behavior.

leaving no room for a call to action. Döring states that for a person the "process is successfully completed," i.e. no further action is possible.[34] Similarly, Thulin asserts that the "text is fixed."[35]

At this point, it is worth asking why scholars were drawn to a politicized interpretation of these passages when the language refers to social etiquette and resignation.[36] One can find a partial answer by considering the texts in which the philosopher-poets employed blatantly political terminology to discuss their aesthetics. While the terms they used to describe society were not political, they addressed aesthetic issues in the language of government and emancipation. Elke Erb's text 'Widerstand' is a commentary on the use of wordplay in poetry. However, Erb couches this commentary in the discourse of class struggle and anti-authoritarianism.[37] Later, Leonhard Lorek, a frequent contributor to *schaden*, described his interest in a "democratic interaction of elements."[38] Similarly, Bert Papenfuß describes his work as "anarchisch."[39] Although politics was displaced from issues onto metaphors, its presence encouraged political readings.

'Widerstand' presents various interpretive challenges. In general, Erb defends wordplay as a valid poetic device. Her strategy is to appropriate the moral rhetoric with which the culture-police attempted to exclude wordplay from the official literary program. However, her text diverges from usual socialist aesthetic theory because words themselves (not poets) are presented as the heirs to workers' rights. She asks, "Sind die Worte Diener, ist der Autor der Herr?"[40] Erb replaces the oppressed human worker with the concept of an oppressed working language. By using sanctioned social arguments to defend an unsanctioned genre, the text "subverts" both the rhetoric of workers' rights (by implementing it in a trivial

---

[34] Döring: Introview...P. 100.
[35] Thulin: imaginationen...P. 243.
[36] I distinguish between social and political power dynamics—one being reinforced traditionally by family, cultural etiquette, and religion, the other by laws, police, and army. There may be points in which the two overlapped in the GDR, especially under Ulbricht. Lutz Rathenow explores this possibility in several of his surreal sketches from the early eighties. Cf. Lutz Rathenow: Boden 411. In: *Boden 411*. München 1984. Pp. 55-76. However, the equation of counter-culture with political opposition ignores the probability that the sets of interests involved in civic versus generational struggles are very different.
[36] Foucault: Die Intellektuellen...P. 89.
[37] Erb: Widerstand...Pp. 34-36.
[38] Leonhard Lorek: spurensicherung. In: *Sprache & Antwort*...P. 46-52. Here p. 48.
[39] Birgit Dahlke: Gespräch mit Bert Papenfuss-Gorek. In: *Deutsche Bücher* 1 (1992). Pp. 1-17.
[40] Elke Erb: Widerstand...P. 34.

case) and the policy against wordplay as a poetic device (by contrasting it with more important policies).

Despite the text's "subversive" function, the focus on aesthetics dramatically narrows the political significance of the text. In the larger scheme of things, the defense of wordplay is trivial, a fact that Erb exploits. Even the aspect of free speech collapses on itself because for Erb it is only free if it never culminates in anything fixed. Thus, it can never be used to advocate human rights grounded in reason (or anything else).[41]

The ultimate political stance of Erb, Döring, and Thulin is representative of many of the alternative poets. They made an impact by opposing limited aspects of GDR cultural policy but did not demand an alternative political system. In this way, the writers demonstrated both "subversive" and "apolitical" qualities simultaneously.

By the mid-eighties several of the younger poets had adopted political language for describing avant-garde poetics, and the "rights campaign for words" took on a life of its own. In some texts, however, there is greater slippage between strict aesthetic commentary and social commentary. Anarchy is an illustrative metaphor for a poetics based on loose syntax, especially when compared with Erb's rejection of the enslavement of words. However, in one interview, Leonhard Lorek describes his interest in a "democratic" poetics: "ich bin (mittlerweile) an einem demokratischen miteinander der komponenten interessiert."[42] Lorek's use of "democracy" stands out because it is difficult to grasp as a metaphor. What could a democratic relationship between words possibly be? There is no evidence that Lorek translates any particular qualities of democracy, such as the rule of the majority or "one man one vote," into stylistic guidelines. Instead, there is ample indication that Lorek sees a connection between an awareness of meaning, the freedom of expression, and the wish for a more democratic state. At one point he notes, "der individualisierungsprozeß des wortes innerhalb der texte war ein, an und für sich, anarchischer akt der befreiung."[43] Unlike Erb, Lorek leaves the possibility open that it is the poet, rather than the word, that is emancipated by language poetry. Finally, Lorek brings the political metaphor and the actual struggle for freedom of

---

[41] In the past two hundred years, revolution has always been tied to the idea that rights are grounded in reason, however disputable the arguments turned out to be. This is true of both the "inalienable rights" of Western democracies and proletarian rights grounded on "dialectical materialism." With respect to Erb's ideological skepticism, resistance is conceivable but counter-revolution is not, since it would demand a rational alternative.

[42] Lorek: spurensicherung...P. 48.

[43] Lorek: spurensicherung...P. 47.

expression together: "wenn die ursachen einer anders akzentuierten literatur auch politische sind, warum soll dann der prozeß nicht an einem politischen modell erörtert werden?"[44]

In her use of political language to describe aesthetics, Erb places herself in the tradition of the futurist and dadaist manifestos of the early twentieth century that danced around the possibility of harboring actual political concerns. In contrast, Lorek seems to show discomfort in the ambiguity, finally declaring the situation political. His comments appear as a tear in the veil of political nonchalance. Lorek shares Klemperer's optimism in the empowerment brought by an increased awareness of ideological subtexts.[45]

The aesthetic dimension of the poetry was raised further above the political by the open rejection of engagement literature. The logic was that engagement could not be aesthetic. Andreas Koziol's critique of Rathenow's work in *Bestiarium Literaricum* describes literary motifs related to political resistance as "typical," suggesting that GDR political issues were experienced as clichés.[46] On the other hand, the public rejection of engagement literature also protected the subcultural niche.[47] In any case, the perceived exclusivity of the political and the aesthetic was predetermined by the situation in the GDR.

While the language issue had a longer history in the GDR, the anti-engagement claim was particular to this youngest generation of public figures. Uwe Kolbe's comments from a 1979 discussion in *Weimarer Beiträge* are often used to introduce the idea: "Meine Generation hat die

---

[44] Lorek: spurensicherung...P. 48.

[45] In addition to Lorek, Uwe Kolbe could also be explored in terms of his optimism towards the benefits of ideological awareness. Bathrick believes himself to have caught Kolbe in a self-contradiction. He sets him up as having acknowledged a Foucauldian model of ubiquitous, language-based power structures while also trying to defy these structures through poetry. Bathrick: *Powers,*.,P. 240. Kolbe is likely to have read "Die Intellektuellen und die Macht" in the 1977 Merve publication introduced above. Here Foucault presents the double function of "the intellectual" as the "agent of the discourse" that supports the status quo and as the revolutionary who fights against it (Foucault: Die Intellektuellen 88-9). Kolbes periodical *Der Kaiser ist nackt* alludes to the same myth that Foucault refers to, "[D]er Intellektuelle wurde verworfen und verfolgt, in dem Augenblick, in dem er nicht sagen durfte, daß der König nackt war" (88). However, Bathrick's Foucault is much more fatalistic than the Merve Foucault. He never denies that it is sometimes possible to expose the emptiness of symbols of power.

[46] Andreas Koziol: *Bestiarium Literaricum*. Berlin 1991.

[47] Cf. Rüdiger Rosenthal: Auf politischen und subversiven Feldern sich tummeln. Interview with Rüdiger Rosenthal. By Lisa Whitmore. *GDR Bulletin* 25 (1998). Pp. 53-57.

Hände im Schoß, was engagiertes (!) Handeln betrifft: kein früher Braun heute."[48] In the context of the discussion, "engagement" pertains to the tendency that GDR literature had of affirming the value of socialism. Kolbe describes the tone of the Braun generation as "gesellschaftlich bestimmtes Pathos," a tone that his generation does not share.[49] Thus, anti-engagement referred to the skepticism of the younger generation. Interestingly, the concept of anti-engagement was eventually shifted to signify the avoidance of confrontation, as in Daniela Dahn's work *Prenzlauer Berg-Tour*. She writes:

> "Wer da allerdings konfrontative Positionen vermutet, der irrt. Kleinster gemeinsamer Nenner ist vielmehr: Null Bock auf alles Offizielle. [...] man selbst steigt nicht aus, sondern ist niemals eingestiegen."[50]

The transformation of anti-optimism into apathy was less accurate.[51] As Cosentino points out, the gesture of societal indifference was provocative and did not account for the social criticism harbored in the poems. Despite an anti-engagement image, one finds abundant cases in which the avant-garde poets took risks directed at increasing their own freedom of speech. Copying and distributing texts; writing personal letters to public figures such as Honecker and Hager; and declaring themselves as "Schriftsteller" on their tax forms are three examples of this behavior. However, these activities were naturally not part of the poets' public presentation.

The double meaning of the concept of anti-engagement ended up benefiting the young writers. The reputation of rebellion against the older generation balanced the reputation of indifference and vice versa. The two conflicting images were remarkably successfully in upsetting the binary

---

[48] Ursula Heukenkamp: Ohne den Leser geht es nicht: Ursula Heukenkamp im Gespräch mit Gerd Adloff, Gabriele Eckart, Uwe Kolbe, Bernd Wagner. In: *Weimarer Beiträge* 7 (1979). P. 46.

[49] In the same conversation Kolbe addresses the dilemma of being caught between unsatisfactory alternativen, "Ich kann [...] sagen, daß diese Generation völlig verunsichert ist, weder richtiges Heimischsein hier, noch das Vorhandensein von Alternativen anderswo empfindet." Kolbe: Ohne den Leser...P. 46. Elke Erb describes a position that is "appositional" or "nicht Opposition!" in the text 'Mal Auspacken' In: *Abriß*...P. 48. Schedlinski argues why the GDR avant-garde should not be considered "alternative" in a letter to the Literaturinstitut der Akademie der Wissenschaften In: *Abriß*...203, and he protests against the politicization of an apolitical stance in the essay 'lustlüge.' Rainer Schedlinski: lustlüge. In: *Abriß*...P. 33.

[50] Quoted from the Luchterhand edition: Daniela Dahn: *Kunst und Kohle*. Frankfurt/Main 1987. P. 226-227.

[51] Cosentino: Gedanken...P. 82

for-or-against logic by which GDR writers were often judged. It should be noted that the ability to command public image can be beneficial under any system and contributed greatly to the poets' success.

Starting in the second half of the nineteen-eighties, research on the self-publishing writers began to pay exclusive attention to this realm of public self-presentation. Often the poetry itself is dealt with only superficially. While the claim to a linguistic-philosophical basis led to some interesting impulses, the essays never went far enough to distinguish between different linguistic experiments. For example, the implications of "found poetry," randomly generated texts, and phonetic slippage were all brought together under the concepts of the "empty signifier" and "nonsense equals subversion." At the same time, criteria by which to judge texts written using standard orthography were not developed at all. It is disturbing that most of the research on the GDR avant-garde has been done and can be discussed without referring to any literary texts. The interpretive agenda overpowered the subject matter it pretended to describe. The same process took place during the expressionism debate of the late thirties.[52] Bloch writes, "Anyone who actually looks at Lukács's essay [...] will notice at the very outset that nowhere is there any mention of a single Expressionist painter. [...] even the literary works have not received the attention they merit [...]."[53] Ironically, that debate led to the suppression of experimental literature in the first place. Attentive readings are more possible than they were in the days of limited editions and closed archives. To read the poets at a less general level is not to let the texts stand alone like Erb's words. One always reads literature in light of one's previous knowledge and experiences. However, interpretation carries with it the claim of knowing a text. Theories "about literature" that bracket out that same literature are inherently disingenuous. Furthermore, individuality of expression is part of an important negotiation between the individual and society.

Back to the Source: Interpretation Grounded in Poetry

Bert Papenfuß was one of the most prolific poets within the loosely associated network of self-publishing writers. One could write pages on Papenfuß's stylistic repertoire, the dominance of rhythmic lines over steady meter, the incorporation of vernacular language, his perfection of wordplay based on phonetic fluidity, or the vast sources from which he draws his allusions. Indeed, most attempts to define "the Prenzlauer Berg

---

[52] I would like to acknowledge Benjamin Robinson for pointing out this parallel.
[53] Ernst Bloch: Discussing Expressionism. In: *Aesthetics and Politics*. Ed. Fredric Jameson. London 1980. P. 18.

scene" address his poetic strategies. However, the overarching claims about "nonsense," "the draining of meaning from words," a "poetics of error," and the "death of the subject" fall short of describing an oeuvre that invokes defiance and sovereignty. The socio-political dimension, which some critics feel has been exhausted in GDR research, is inseparable from the overall aesthetic. When one thinks back to the differences between Heine and Herwegh, it is clear that there are many varieties of political literature. Papenfuß's work can be used to understand nuances of "engagement" and "confrontation". It also raises questions about the ways one can experience political themes in art, be it as fantasy, agitation, or something else.

The reappropriation of GDR-specific terminology in new contexts was a prevalent technique among several poets. Even Uwe Warnke's "found poetry" lets items, such as forms or instructions, stand alone, out of context, on the pages of an artist book. Papenfuß's texts are striking in that familiar words and phrases are placed in contexts that are more than just a negation of the original meaning. In fact, nothing is negated. Instead, it is appropriated into a radically new context. One text, entitled 'flugschrift der 5ten konspirativen interrationale,' presents a wordplay on the institution of the Communist International. Papenfuß commences the oratory by inverting the standard socialist form of public address, "werte genossen" (honored comrades), into "genossene werte" (relished values) (<u>Vorwärts</u> 35).[54] Papenfuß borrows the framework of a party speech, but the body of the speech narrates an orgiastic epic, as illustrated by the line, "[Es] jaulen die musenficker/jammern die dichter holen sich luft/ (bra) mit rauch [...]."The text claims Marxist political language for a bohemian revolution without commenting whatsoever on the original institution of the Communist International. Similarly, in 'gelegenheit heizt triebe' from *SoJa*, Papenfuß rewrites the institutional name "Hochschulwesen" as "hoch & flachschulwesen."[55] The new name, "high and flat school," plays with the reputation of the education system by drawing the concept of school into a satirically charged set of word games. The text does not exactly "critique" the decadence of the school system. Instead, it celebrates a fantasy of unrestrained sexual and ideological chaos within a school setting. These examples suggest that the outcomes of "political poetry" are potentially unpredictable and are not guaranteed to be pedantic, reductionist, or even very accessible.

Many texts from the self-published journal *ariadnefabrik* refer to the

---

[54] Bert Papenfuß: 'flugschrift der 5ten konspirativen interrationale.' In: *Vorwärts im Zorn u.s.w.* Berlin 1990. P. 35.
[55] Bert Papenfuß: 'gelegenheit heizt triebe.' In: *SoJa*. Berlin 1990. P. 31.

"death of the subject," a trope from post-structuralist theory.⁵⁶ Birgit Dahlke points out that this is a variation of a feminist problem, "the difficulty of saying "I," which was explored by Christa Wolf in her novel *Nachdenken über Christa T.*⁵⁷ The question of a personal voice is often understood in terms of power dynamics in which the absence of voice signals oppression. What is remarkable about Papenfuß's texts is that they brim with personality that radiates from a strong poetic voice. Not only does the poet "say I," he often sets up the "ich" against an "ihr," which renders the "ich" even more distinct. This can be seen in the following example from the *TrakTat zum Aber*: "[I]ch [...] Reibe meine Hände in hinterlust/ via nihilismus zur vernunft/ ihr seid zu komisch in/ eurer unlust."⁵⁸

The poetic "I" displays different emotional modalities, ranging from sovereign to somewhat downtrodden. One early piece entitled 'Rabiate Tagnormale Gegen Null' from the cycle *Harm* is as self-abasing as Papenfuß ever gets: "Dachziegel Klabautzen Ins Maul/ Ich Schlukk Sie Runter [...] Wenn Ihr Euch Weiterhin Nichts/ Als Die Zaehne Putzt/ Geh Ich Wahrscheinlich Sterben/ Ihr Knaller."⁵⁹ However, even here Papenfuß hints at irony through his offbeat twists of expression. Riddling formulations, composed of word games and ancient references, lend vitality and autonomy even to expressions of resignation. As an author of wordplay and the one with the key to meaning, the poet shares the power of both oracle and court jester. Thus, even in texts such as 'Rabiate Tagnormale Gegen Null,' the defeat of the poetic "I" is only partial.

Foucault would probably call into question the congruity of the poetic subject as it manifests itself in disparate texts. However, the potential congruity is not as important as the frequency of encountering a self-asserting voice in Papenfuß's oeuvre. Whether or not the voice is artifice does not affect the experience of encountering it. This quality of human assertiveness contrasts with highly existentialist art of the twentieth century in which human beings are depicted as dwarfed against environment, tech-

---

⁵⁶ As an example, Michael Thulin says of Schedlinski's poetry, "der platz des traditionellen poetischen subjektes bleibt leer." Michael Thulin: die dinge. In: *Abriß...* P. 84.
⁵⁷ Birgit Dahlke: *Papierboot: Autorinnen aus der DDR—inoffiziell publiziert.* Würzburg 1997. Pp. 117-120, 130.
⁵⁸ Bert Papenfuß: '31n.' In: *TrakTat zum Aber.* Berlin 1996. (Gesammelte Texte 5). P. 50.
⁵⁹ Bert Papenfuß: 'Rabiate Tagnormale Gegen Null.' In: *Harm. Arkdichtung 1977.* Berlin 1993. (Gesammelte Texte 3). P. 14.

nology, or bureaucracy.[60] The elaborate subjective dimension of the work also differs significantly from the reductionist linguistic experiments of the GDR avant-garde, in which words and phrases were isolated out of context.

Despite the magnitude of the subject in Papenfuß's texts, there is also a well-defined skepticism. The combination of extreme skepticism with the figure of the empowered subject presents an interesting contradiction, considering that skepticism is often associated with existential crisis and resignation.

The poet approaches a variety of topics with skepticism. The texts 'Zoro in Skorne' and 'arianrhod von der überdosis' showed reservations against the theoretical developments in the self-published journals.[61] Papenfuß's interview in *Sprache & Antwort* contrasts with others in its straightforwardness.[62] Papenfuß's texts seldom deal with introspection or epistemology. They are much more likely to incorporate themes of behavior, power, history, sex, love, and poetry itself.[63] This could be interpreted as a rare harmony between what the mind knows and what the body feels. Thus, skepticism is aimed more towards human behavior and never evolves into a crisis of identity or the limits of knowledge.

Papenfuß's political skepticism is not focused on particular sufferings under the Honecker regime. Instead, it expresses the historically-based conviction that politics universally invoke unjust, manipulative, Machiavellian strategies. Papenfuß can sometimes be heard to make the statement, "Jeder Staat ist ein Polizeistaat," which summarizes the positions expressed in his oeuvre. It would be easy to understand the comment as an attack on unified Germany, thereby continuing the pattern of conspiratorial thinking. Instead, Papenfuß's comment should be understood as a broad-based observation that states do indeed have power over individuals, that they rely on policing organizations to maintain order, and that they do not always make decisions that benefit the individuals whom they govern.

---

[60] Bill Viola's video art, recently exhibited at the San Francisco Museum of Modern Art, would provide one of hundreds of possible examples of such representation.
[61] Bert Papenfuß, Jan Faktor, and Stefan Döring: 'Zoro in Skorne.' In: *Vogel oder Käfig Sein. Kunst und Literatur aus unabhängigen Zeitschriften in der DDR 1979 – 1989*. Ed. Klaus Michael and Thomas Wohlfahrt. Berlin 1992. Pp. 14-25. Bert Papenfuß: 'arianrhod von der überdosis.' In: *Abriß*...P.161-166.
[62] Bert Papenfuß: Wortlaut. In: *Sprache & Antwort*...Pp. 216-235.
[63] In some texts, the dynamics of wordplay dominates the content of the text. In others, it contributes to it. To conclude that wordplay necessarily empties the texts of content overlooks the balance of play and sentiment.

Long before the *Wende,* Papenfuß's texts depicted revolutions as power inversions devoid of significant ideological implications.[64] The following quotation shows that the two sides of political struggles lose their distinction:

> WARUM WERDEN DIE EINST GUTEN/ IMMER DIE SPAETERHIN SCHLECHTEN/ [...] WARUM SCHAFFT MAN SCHEINGEGENSAETZE/ UND SPIELT DIESE GEGENEINANDER AUS.[65]

The result is that the skeptic despairs of knowing where to engage his energy. Machineries of manipulation make integrity seem impossible: "wenn du heut nicht schuldig bist/ schuldig bist du morgen."[66] In one line, political correctness is described as behavior that is dependent on context rather as a morality that is universally valid: "im rechten augenblikk/ das linke zu tun/ & rechtzeitig zu gehn."[67] The importance of being "leftist" only during the "rightist" moment is suggested. The title of another text, 'jede uhr isn zeitzuender,' implies that all epochs come to a close, and one cannot act acceptably because the activities of earlier epochs are always ridiculed later: "jede zeit ferspottet jeden augenblikk."[68]

Instead of ending in existential crisis, skepticism in Papenfuß's texts culminates in vitality. Civic skepticism works to justify personal freedom, since the poetic "I" does not feel the need to acknowledge a social contract that is untrustworthy.

Although the connections between political relationships and other relationships would be a topic in itself, it is worth mentioning that the concepts of autonomy and contractual skepticism also permeate the love poems. In

---

[64] Influenced by the series of power turnovers since Bismarck, many authors demonstrate general civic skepticism and critically point out the similarities of supposedly different government systems. Cf. also Kurt Drawert: *Spiegelland. Ein deutscher Monolog.* Frankfurt/Main 1992 and Cornelia Schleime: 'Es gibt da noch einen Ruf.' In: *Und* 10 (1983). N.p. Because many of the younger poets distanced themselves from institutional socialism long before the *Wende,* German unification is less important to their work than one might expect. It is difficult to identify some texts as either pre-unification *Schubladen* text or as *Wendeliteratur* just by reading them. Kerstin Hensel's *Auditorium panopticum*, which presents life in the GDR in distanced surreal terms, is one example. Kerstin Hensel: *Auditorium panopticum.* Leipzig 1991.
[65] Bert Papenfuß: 'WARUM.' In: *Till. Gedichte 1973 bis 1976.* Berlin 1993. (Gesammelte Texte 2). P. 18.
[66] Bert Papenfuß: 'ur sprung.' In: *Naif. Gedichte 1973 bis 1976.* Berlin 1993. (Gesammelte Texte 1). P. 5.
[67] Papenfuß: 'ur sprung'... P. 5.
[68] Bert Papenfuß: 'jede uhr isn zeitzuender.' In: *Till...*P. 6.

no text does the subject lose himself in romantic unity. In 'also sprach der lebemann,' the "lebemann" is willing to participate in a relationship sexually as a maker or creator but withdraws when the issue of commitment arises: "stop/ du bist geil/ auf einen ehrenmann/ aha/ na also sprach der lebemann/ ich bin doch kein moerdermann/ der hier ne frau zum fenster raus/ liebt/ also."[69] In other texts sexual love culminates in loneliness: "du bist nur eine frau/ & nicht alle auf einmal/ aber ich kann mich nicht/ nur auf dich konzentrieren// [...] ich habe keine wahl/ ich bleib lieber allein/ als einsam & hingerissen."[70] "lass uns sein beineine ein wenig gemein/gemeinsam/einsam."[71] "Einsamkeit" in the latter quotation refers as much to being autonomous as to the emotion associated with being "einsam."

At this point Papenfuß would defend himself against the potential accusation that his texts are "anti-social."[72] Such an allegation would resonate with assertions made by the workers' movement that poets placed self-absorbed, elitist or decadent activity over the welfare of the society as a whole. Papenfuß's defense is interesting for several reasons. Not only does he buy into the ethical project that the individual should benefit the group, he also claims to find room for the group despite his severe civic skepticism. Rather than taking his claims for granted, it is necessary to verify and analyze them. Papenfuß often worked with poets and artists, most notably Stefan Döring, Jan Faktor, and Sascha Anderson. Thus, his texts contributed to a group effort. Papenfuß opens up an additional "social" dimension through his immersion in the vernacular: "[meine gedichte] strotzen [...] vor votzen, wimmeln /von pimmeln [...]"[73] When asked at the 1998 Conway Conference why he resorted to such extreme (= asocial) language, Papenfuß answered poignantly, "Some people talk like that". In addition to modern slang, Papenfuß has explored an underclass cant from the middle ages and also traces modern slang back to ancient, ritualistic roots. Thus, he sets up the sociality of underclass and subculture against the etiquette and social contract of the contemporary middle class, thereby shifting the definition of the social from "acceptable behavior" to creative solidarity.

At this point, it is tempting to conclude that Papenfuß's work represents a modernist aesthetic and that sociological and political questions emanate from the work itself. This would be supported by stylistic observations,

---

[69] Bert Papenfuß: 'also sprach der lebemann.' In: *harm*...P. 8.
[70] Bert Papenfuß: n.t. *Vorwärts im Zorn u.s.w.* Berlin 1990. P. 68.
[71] Bert Papenfuß: 'sinnfielteilung.' In: *harm*...P. 65.
[72] Bert Papenfuß: Personal interview. 28 June 1998.
[73] Bert Papenfuß: 'mein credit.' In: *Ein Molotow-Cocktail auf Fremder Bettkante. Lyrik der siebziger/achtziger Jahre von Dichtern aus der DDR. Ein Lesebuch.* Ed. Peter Geist. Leipzig 1991. P. 220.

such as the incorporation of the vulgar; the abandonment of classical balance, meter, and idealization; and an awareness that authority is not an integral part of a divine order. Additionally, Papenfuß's work resists several important "postmodern" qualities. It leaves the concepts of reality, history, and self intact. Papenfuß's work may eventually show itself to be representative of a new post-totalitarian aesthetic, influenced by a sophisticated understanding of power dynamics gained under socialism. His aesthetic involves extreme ideological skepticism and deregulation of linguistic conventions, but it does not relinquish the concept of the self for ideological or theoretical reasons.

Conclusion

The Prenzlauer Berg theoreticians attempted to hinder conspiratorial interpretation of their work by simultaneously highlighting their interest in philosophy and downplaying their political concerns. In 1999, it seems that a range of different parties is fleeing the topic of politics. Western feuilleton and well-known scholars of East German studies are joining the ranks of the young theorists. It is unclear whether the event of Günter Grass's being awarded the Nobel Prize will change this current trend. Some of the reasons for the trend are clear. While the idea of literature as involuntary activism is interesting, it is usually impossible to measure the influence of literature on society. On the other hand, it is easy to hold writers accountable for the hypocrisy that emerges once nice ideas are corrupted by real-existing power dynamics. There are differences between petty political readings originating in recent struggle and an appreciation for new twists on the ever-present negotiations between the individual and the collective. It may take time before various positions become distant and abstract enough to transcend the microeconomics of tit for tat. Already, the potential influence of the Stasi on aesthetics does not seem as important as exploring what those aesthetics entailed. If one could regard the great social experiment with as much distance as one regards the Trojan war, literary questions would probably become clear. However, this type of re-vision may be easier for future critics than for those who were personally affected.

Germanistische Neuerscheinungen

Carr, Gilbert J. / Timms, Edward (Hg.)
Karl Kraus und *Die Fackel* · Reading Karl Kraus
Aufsätze zur Rezeptionsgeschichte · Essays on the reception of *Die Fackel*
2001 · 3-89129-734-3 · 246 S., kt. ·
€25,— · SFr 43,80

Engler, Martin Reinhold
Identitäts- und Rollenproblematik in Martin Walsers Romanen und Novellen
2001 · 3-89129-466-2 · 309 S., kt. ·
€28,— · SFr 48,90 (Cursus. Texte und Studien zur deutschen Literatur, hg. von Häntzschel, G. / Kleinschmidt, E., Bd. 16)

Goebel, Rolf J.
Benjamin heute
Großstadtdiskurs, Postkolonialität und Flanerie zwischen den Kulturen
2001 · 3-89129-087-X · 191 S., kt. ·
€21,50 · SFr 37,90

Haberstok, Monika
Sophie Tieck – Leben und Werk. Schreiben zwischen Rebellion und Resignation
2001 · 3-89129-467-0 · 401 S., kt. ·
€45,— · SFr 78,— (Cursus. Texte und Studien zur deutschen Literatur, hg. von Häntzschel, G. / Kleinschmidt, E., Bd. 17)

Heimerl, Joachim
Systole und Diastole. Studien zur Bedeutung des Prometheussymbols im Werk Goethes
Versuch einer Neubestimmung
2001 · 3-89129-468-9 · 396 S., kt. ·
€45,— · SFr 78,— (Cursus. Texte und Studien zur deutschen Literatur, hg. von Häntzschel, G. / Kleinschmidt, E., Bd. 18)

Oberwalleney, Barbara
Heterogenes Schreiben
Positionen der deutschsprachigen jüdischen Literatur (1986–1998)
2001 · 3-89129-469-7 · 230 S., kt. ·
€24,— · SFr 42,20 (Cursus. Texte und Studien zur deutschen Literatur, hg. von Häntzschel, G. / Kleinschmidt, E., Bd. 19)

Schmidt-Wistoff, Katja
Dichtung und Musik bei Ingeborg Bachmann und Hans Werner Henze
Der »Augenblick der Wahrheit« am Beispiel ihres Opernschaffens
2001 · 3-89129-657-6 · 314 S., kt. ·
€33,— · SFr 57,—

Wentzlaff-Mauderer, Isabelle
Sprachlosigkeit und nonverbale Kommunikation im Drama
Untersucht am Beispiel von G. E. Lessings *Miss Sara Sampson*, C. C. Schlegels *Düval und Charmille*, F. Schillers *Kabale und Liebe* und H. v. Kleists *Penthesilea*
2001 · 3-89129-470-0 · 270 S., kt. ·
€28,— · SFr 48,90 (Cursus. Texte und Studien zur deutschen Literatur, hg. von Häntzschel, G. / Kleinschmidt, E., Bd. 20)

Unser aktuelles Verlagsprogramm via Internet:
www.iudicium.de

iudicium

Postfach 701067 • D-81310 München • Tel. 0 89/71 87 47 • Fax 0 89/714 20 39

MUSIC, POPULAR CULTURE, IDENTITIES.

Edited by Richard Young.

Amsterdam/New York, NY 2002. 360 pp. (Critical Studies 19)

ISBN: 90-420-1249-8   Bound € 85,-/US $ 85.-

Music, Popular Culture, Identities is a collection of sixteen essays that will appeal to a wide range of readers with interests in popular culture and music, cultural studies, and ethnomusicology. Organized around the central theme of music as an expression of local, ethnic, social and other identities, the essays touch upon popular traditions and contemporary forms from several different regions of the world: political engagement in Italian popular music; flamenco in Spain; the challenge of traditional music in Bulgaria; *boerenrock* and rap in Holland; Israeli extreme heavy metal; jazz and pop in South Africa, and musical hybridity and politics in Côte d'Ivoire. The collection includes essays about Latin America: on the Mexican corrido, the Caribbean, popular dance music in Cuba, and bossanova from Brazil. Communities of a cultural diaspora in North America are discussed in essays on Somali immigrant and refugee youth and Iranians in exile in the US. Grounded in cultural theory and a specialized knowledge of a particular popular musical practice, each author has written a critical study on the mix of music and identity in a particular social practice and context.

USA/Canada:One Rockefeller Plaza, Ste. 1420, New York, NY 10020,
Tel. (212) 265-6360,
Call toll-free (U.S. only) 1-800-225-3998, Fax (212) 265-6402
All other countries: Tijnmuiden 7, 1046 AK Amsterdam, The Netherlands.
Tel. ++ 31 (0)20 611 48 21, Fax ++ 31 (0)20 447 29 79
Orders-queries@rodopi.nl   www.rodopi.nl

FREE!

RETURN THIS AD AND RECEIVE A FREE SAMPLE ISSUE.

Editor: Hans Adler   Published: 4/yr.
                                ISSN: 0026-9271

Offers scholarly articles dealing with the language and literature of German-speaking countries and with cultural matter of literary or linguistic significance.

Rates: Individuals (must pre-pay): $ 45/yr.
          Institutions: $110/yr.
          Foreign Postage-Surface mail: $ 10/yr.
          Foreign Postage -Airmail: $ 35/yr.

We accept MasterCard and VISA. Canadian customers please remit 7% Goods and Services Tax.

Please write for a *free* back issue list:
**Journal Division, University of Wisconsin Press,
1930 Monroe Street, Madison, WI 53711 USA**
TEL: 608/263-0668, FAX 608/263-1173
journals@uwpress.wisc.edu
www.wisc.edu/wisconsinpress/

Word and Music Studies
Essays in Honor of Steven Paul Scher and on Cultural Identity and the Musical Stage.

Edited by Suzanne M. Lodato, Suzanne Aspden, and Walter Bernhart.

Amsterdam/New York, NY 2002. XII,324 pp. (Word and Music Studies 4)
ISBN: 90-420-1003-7   Bound   € 75,-/US$ 75.-
ISBN: 90-420-0993-4   Paper   € 35,-/US$ 35.-

The eighteen interdisciplinary essays in this volume were presented in 2001 in Sydney, Australia, at the Third International Conference on Word and Music Studies, which was sponsored by The International Association for Word and Music Studies (WMA). The conference celebrated the sixty-fifth birthday of Steven Paul Scher, arguably the central figure in word and music studies during the last thirty-five years. The first section of this volume comprises ten articles that discuss, or are methodologically based upon, Scher's many analyses of and critical commentaries on the field, particularly on interrelationships between words and music. The authors cover such topics as semiotics, intermediality, hermeneutics, the de-essentialization of the arts, and the works of a wide range of literary figures and composers that include Baudelaire, Mallermé, Proust, T. S. Eliot, Goethe, Hölderlin, Mann, Britten, Schubert, Schumann, and Wagner.

The second section consists of a second set of papers presented at the conference that are devoted to a different area of word and music studies: cultural identity and the musical stage. Eight scholars investigate – and often problematize – widespread assumptions regarding 'national' and 'cultural' music, language, plots, and production values in musical stage works. Topics include the National Socialists' construction of German national identity; reception-based examinations of cultural identity and various "national" opera styles; and the means by which composers, librettists, and lyricists have attempted to establish national or cultural identity through their stage works.

USA/Canada: One Rockefeller Plaza, Ste. 1420, New York, NY 10020,
Tel. (212) 265-6360, Call toll-free (U.S. only) 1-800-225-3998,
Fax (212) 265-6402
All other countries: Tijnmuiden 7, 1046 AK Amsterdam, The Netherlands.
Tel. ++ 31 (0)20 611 48 21, Fax ++ 31 (0)20 447 29 79
Orders-queries@rodopi.nl   www.rodopi.nl

Zeitschrift für Germanistik

Herausgegeben von der Philosophischen Fakultät II / Germanistische Institute der Humboldt-Universität zu Berlin.

Die «Zeitschrift für Germanistik» versteht sich als breites Forum der Internationalen Germanistik. Sie diskutiert u.a. Probleme der Geschichte der deutschsprachigen Literatur und der Gegenwartsliteratur, geht neuen Theorieansätzen nach und verfolgt die Wechselbeziehungen zwischen Sprach- und Literaturwissenschaft. Sie beteiligt sich aktiv an den Diskussionen um die Perspektiven des Faches.

Neben Abhandlungen, Diskussions- und Forschungsbeiträgen, Konferenzberichten, neuen Materialien und Miszellen enthält jede Ausgabe einen ausführlichen Rezensionsteil.

Erscheint 3 mal jährlich (240 Seiten pro Heft)

Abonnement: sFr. 150.00 / €1* 104.00 / €2** 97.00 / £ 63.00 / US-$ 88.00

Einzelheft: sFr. 60.00 / €1* 41.40 / €2** 38.70 / £ 25.00 / US-$ 37.00

Jahresabonnementspreis für Studierende:
sFr. 105.00 / €1* 73.00 / €2** 68.00 / £ 44.00 / US-$ 62.00
(gegen Kopie der Immatrikulationsbescheinigung)

* Der €1-Preis ist inkl. MWSt. und nur gültig für Deutschland und Österreich. ** Der €2-Preis ist exkl. MWSt.

Bitte senden Sie Ihre Bestellung an:

Peter Lang AG

Europäischer Verlag der Wissenschaften · Jupiterstrasse 15 · CH-3000 Bern 15
Tel.: ++41 31 940 21 21 · Fax: ++41 31 940 21 31
e-mail: customerservice@peterlang.com · Homepage: www.peterlang.net

WENCEL SCHERFFER VON SCHERFFENSTEIN
BEITRÄGE ZU SEINEM WERK

Herausgegeben von Michael Schilling

Amsterdam/New York, NY 2002. 372 pp.
(Daphnis 30 Heft 3-4)

ISBN: 90-420-0873-3 € 70,-/US $ 70.-

Inhalt: Wencel Scherffer von Scherffenstein. Beiträge zu seinem Werk. Herausgegeben von Michael Schilling. Vorwort. Thomas ALTHAUS: Scherffers Versbau. Ewa PIETRZAK: Ein schlesisches Carmen heroicum. Wencel Scherffers von Scherffenstein *Pitschnische Schlacht* im Vergleich mit ihrer wiedergefundenen lateinischen Quelle. Michael SCHILLING: Literatur und Malerei. Ein Namenstagsgedicht Wencel Scherffers von Scherffenstein als Kabinettsstück für den Brieger Hofmaler Ezechiel Paritius. Jost BOMERS: "Du göttliches Geschenk / des Herzens wehrte Lust", Weltanschauung und Kunsterfahrung in Wencel Scherffers *Der Music Lob*. Bernhard JAHN: *Encomium musicae* und *Musica historica*. Zur Konzeption von Musikgeschichte im 17. Jahrhundert an Beispielen aus dem schlesisch-sächsischen Raum (Scherffer, Kleinwechter und Printz). Thomas ERNST: Anatomie einer Fälschung: *Johannis Trithemij* [...] *Steganographiae Lib.3. cum Clave, tàm generalj, quàm specialj* [...] *M.D.XXI.* Jörg ROBERT: Norm, Kritik, Autorität. Der Briefwechsel *De imitatione* zwischen Gianfrancesco Pico della Mirandola und Pietro Bembo und der Nachahmungsdiskurs in der Frühen Neuzeit. Reimund SDZUJ: Unvorgreifliche Überlegungen zur Bedeutung des frühneuzeitlichen Adiaphorismus für die Genealogie des neueren Kunstverständnisses. Albrecht CLASSEN: The German *Kirchengesangbuch:* A Literary Phenomenon of the Sixteenth Century. Jan L. HAGENS: Spielen und Zuschauen in Jakob Bidermanns *Philemon Martyr* (Teil II): 'Theatrum Mundi' als anti-deterministische und anti-humanistische Waffe des Jesuitentheaters. NOTIZ. Walther LUDWIG: Ein Freundschaftsgedicht von Petrus Oheim. REZENSIONEN.

USA/Canada: One Rockefeller Plaza, Ste. 1420, New York, NY 10020,
Tel. (212) 265-6360, *Call toll-free* (U.S.only) 1-800-225-3998,
Fax (212) 265-6402
All Other Countries: Tijnmuiden 7, 1046 AK Amsterdam, The Netherlands.
Tel. ++ 31 (0)20 6114821, Fax ++ 31 (0)20 4472979
orders-queries@rodopi.nl   www.rodopi.nl

A Journal of Germanic Studies

seminar

Seminar wird seit 1965 im Auftrag des kanadischen Germanistenverbandes (CAUTG) unter Mitarbeit der Germanistenvereinigung von Australien und Neuseeland (German Section, AUMLLA) herausgegeben. Die Zeitschrift bringt Beiträge und Rezensionen zu allen Gebieten der deutschen Literatur und erscheint viermal im Jahr.

Manuskripte in zweifacher Ausfertigung in Englisch, Französisch oder Deutsch, (nach MLA-Style Handbuch 1999, mit alphabetischem Literaturverzeichnis) erbeten an:

Professor Rodney Symington   oder   Professor Alan Corkhill
Editor, *Seminar*   Associate Editor, *Seminar*
Department of Germanic Studies   Department of German Studies
University of Victoria   University of Queensland
Box 3045   Brisbane, Qld 4072
Victoria, BC   Australia
Canada V8W 3P4

Book Review Editor:
DR. RALEIGH WHITINGER, Division of Germanic Languages, University of Alberta, Edmonton, AB T6G 2E6

Bestellungen sind zu richten an:
University of Toronto Press, Journals Department
5201 Dufferin Street, Toronto, Ontario
Canada M3H 5T8
Tel: (416) 667-7810; Fax: (416) 667-7881
Fax toll free in North America: 800-221-9985
e-mail: journals@utpress.utoronto.ca

Der Subskriptionspreis beträgt CAN $35.00 jährlich. Einzelhefte $7.50 ($30.00 pro Jahrgang).

Ford Madox Ford
A Reappraisal

Edited by Robert Hampson and Tony Davenport.

Amsterdam/New York, NY 2002. VIII,191 pp.
(International Ford Madox Ford Studies 1)

ISBN: 90-420-0953-5 € 37,-/US $ 37.-

The controversial British writer Ford Madox Ford (1873-1939) is increasingly recognized as a major presence in early twentieth-century literature.
He is best-known for his fiction, especially the modernist masterpiece *The Good Soldier*, and the four books making up *Parade's End*, described by Anthony Burgess as 'the finest novel about the First World War'; and by Samuel Hynes as 'the greatest war novel ever written by an Englishman'.

This series, International Ford Madox Ford Studies, has been founded to reflect the recent resurgence of interest in Ford's life and work. Each volume will normally be based upon a particular theme or issue. Each will relate aspects of Ford's work, life, and contacts, to broader concerns of his time. He published nearly eighty books, experimenting with a variety of genres. This first volume explores Ford's diversity, focusing on the best of his less familiar work: his poetry, writings on art, and the novels *A Call, The Simple Life Limited, The Marsden Case,* and *The Rash Act.*

USA/Canada: One Rockefeller Plaza, Ste. 1420, New York, NY 10020,
Tel. (212) 265-6360, *Call toll-free* (U.S.only) 1-800-225-3998,
Fax (212) 265-6402
All Other Countries: Tijnmuiden 7, 1046 AK Amsterdam, The Netherlands.
Tel. ++ 31 (0)20 6114821, Fax ++ 31 (0)20 4472979
orders-queries@rodopi.nl   www.rodopi.nl

Schöpferische Weltbetrachtung
Zum Verhältnis von Einbildung und Erkenntnis in Texten `der deutschen Romantik

RUTH POUVREAU

Amsterdam/New York, NY 2002. 208 pp.
(Fichte-Studien-Supplementa 15)

ISBN: 90-420-0963-2 € 40,-/US $ 40.-

Ob die Welt, die wir erleben, außerhalb von uns vorhanden sei oder uns allein durch unsere Einbildungskraft vorgestellt werde, ist seit Descartes die bestimmende Frage neuzeitlicher Erkenntnistheorie. Erstmals Fichte hat ausgeführt, daß jeder Versuch ihrer Beantwortung notwendig in einen unendlichen Zirkel führt, in welchem unser Erleben in dialektischer Bewegung bald als Wahrnehmung, bald als Einbildung erscheint. Wie dieser Zirkel das Denken und Empfinden der frühromantischen Dichtergeneration aufs tiefste durchdringt, wirkt er zugleich als strukturierendes Prinzip ihrer literarischen Produktion. Der Einbildungskraft, deren Wirkungsmacht alle frühromantischen Texte aufs eindringlichste bezeugen, wird dabei unterschiedliche Wertschätzung zuteil.

USA/Canada: One Rockefeller Plaza, Ste. 1420, New York, NY 10020,
Tel. (212) 265-6360, *Call toll-free* (U.S.only) 1-800-225-3998,
Fax (212) 265-6402
All Other Countries: Tijnmuiden 7, 1046 AK Amsterdam, The Netherlands.
Tel. ++ 31 (0)20 6114821, Fax ++ 31 (0)20 4472979
orders-queries@rodopi.nl   www.rodopi.nl

Duras et Musil.
Drôle de couple ? Drôle d'inceste ?

Alexandra Saemmer

Amsterdam/New York, NY 2002. 262 pp. (Internationale Forschungen zur Allgemeinen und Vergleichenden Literaturwissenschaft 65)

ISBN: 90-420-1143-2   € 55,-/US $ 55.-

La lecture de *L'Homme sans qualités* de Robert Musil aurait laissé une plaie douloureuse dans sa vie et dans son œuvre, affirme Marguerite Duras. À partir de cet été 1980 si décisif où elle rencontre Yann Andréa et où elle recommence, après un long silence, à écrire sur l'inceste latéral, cette plaie se déplace dans ses textes sans jamais se refermer. Drôle d'inceste avec un 'homme sans qualités' qui paraît étranger au monde durassien... Ravissement par la lettre, inceste salvateur, utopie d'une coïncidence de l'écriture et de la lecture, de l'écriture, la lecture et la vie, de Frère, Père, Mère et Sœur dans la chaude lumière d'une enfance éternelle... Dans la pièce de théâtre *Agatha*, frère et sœur deviennent amants par le biais de leur lecture 'ravissante' de l'Homme sans qualités. Ulrich et Agathe, chez Musil, lisent les *Confessions extatiques* de Martin Buber jusqu'à s'identifier aux textes mystiques. Les arrêts sur image passent pourtant, vers une nouvelle remise en mouvement 'autopoëtique' des choses et des mots. Différence et répétition alternent dans une expérimentation jouissive de l'état 'entre-deux'.

USA/Canada: One Rockefeller Plaza, Ste. 1420, New York, NY 10020,
Tel. (212) 265-6360, Call toll-free (U.S. only) 1-800-225-3998,
Fax (212) 265-6402
All other countries: Tijnmuiden 7, 1046 AK Amsterdam, The Netherlands.
Tel. ++ 31 (0)20 611 48 21, Fax ++ 31 (0)20 447 29 79
Orders-queries@rodopi.nl   www.rodopi.nl

JOYCE'S AUDIENCES.

Edited by John Nash.

Amsterdam/New York, NY 2002. VI,225 pp. (European Joyce Studies 14)

ISBN: 90-420-1113-0　　　　　　　　　　Bound € 55,-/US $ 55.-

Contents: Bibliographical Note. John NASH: Introduction. Barbara LECKIE: "Short Cuts to Culture": Censorship and Modernism; or, Learning to Read *Ulysses*. Jean-Michel RABATÉ: Modernism and "the Plain Reader's Rights": Duff-Riding-Graves Re-Reading Joyce. John McCOURT: Reading Ellmann Reading Joyce. Roy GOTTFRIED: The Audiences for Joyce's Autobiographies. Beatriz VEGH: A Meeting in the Western Canon: Borges's Conversation with Joyce. Yu-chen LIN: Joyce on the Eastern Edge: Globalization, Localization and Joyce Studies in Taiwan. Craig MONK: "America is Frankly Contemptuous": James Joyce's *Work in Progress* for the United States. John NASH: "A Constant Labour": *Work in Progress* and the Specialization of Reading. Ingeborg LANDUYT: Joyce Reading Himself and Others. Brian G. CARAHER: Protocols of Reading *Ulysses*. Catherine DRISCOLL: Feminist Audiences for Joyce. Joe BROOKER: The Fidelity of Theory: James Joyce and the Rhetoric of Belatedness. Notes on Contributors.

USA/Canada: One Rockefeller Plaza, Ste. 1420, New York, NY 10020,
Tel. (212) 265-6360, Call toll-free (U.S. only) 1-800-225-3998,
Fax (212) 265-6402
All other countries: Tijnmuiden 7, 1046 AK Amsterdam, The Netherlands.
Tel. ++ 31 (0)20 611 48 21, Fax ++ 31 (0)20 447 29 79
Orders-queries@rodopi.nl　　　　　　　　　　www.rodopi.nl

Feminism/Femininity in Chinese Literature.

Edited by Peng-hsiang Chen and Whitney Crothers Dilley.

Amsterdam/New York, NY 2002. X,219 pp. (Critical Studies 18)

ISBN: 90-420-0727-3   € 55,-/US-$ 55.-
ISBN: 90-420-0717-6   € 25,-/US-$ 25.-

The present volume of Critical Studies is a collection of selected essays on the topic of feminism and femininity in Chinese literature. Although feminism has been a hot topic in Chinese literary circles in recent years, this remarkable collection represents one of the first of its kind to be published in English. The essays have been written by well-known scholars and feminists including Kang-I Sun Chang of Yale University, and Li Ziyun, a writer and feminist in Shanghai, China. The essays are inter- and multi-disciplinary, covering several historical periods in poetry and fiction (from the Ming-Qing periods to the twentieth century). In particular, the development of women's writing in the New Period (post-1976) is examined in depth. The articles thus offer the reader a composite and broad perspective of feminism and the treatment of the female in Chinese literature. As this remarkable new collection attests, the voices of women in China have begun calling out loudly, in ways that challenge prevalent views about the Chinese female persona.

USA/Canada: One Rockefeller Plaza, Ste. 1420, New York, NY 10020,
Tel. (212) 265-6360, Call toll-free (U.S. only) 1-800-225-3998,
Fax (212) 265-6402
All other countries: Tijnmuiden 7, 1046 AK Amsterdam, The Netherlands.
Tel. ++ 31 (0)20 611 48 21, Fax ++ 31 (0)20 447 29 79
Orders-queries@rodopi.nl   www.rodopi.nl

'Diese merkwürdige Kleinigkeit einer Vision'
Christoph Hein's Social Critique in Transition

DAVID CLARKE

Amsterdam/New York, NY 2002. 339 pp.
(Amsterdamer Publikationen zur Sprache und Literatur 150)
ISBN: 90-420-1153-X   € 68,-/US$ 68.-

Christoph Hein is one of the best-known authors of the former GDR, and his works of fiction have been widely interpreted as responses to and critiques of socialist society. In this study, David Clarke undertakes a detailed analysis of all of Christoph Hein's major works of fiction from *Der fremde Freund* (1928) to *Willenbrock* (2000) in order to explore Hein's critique of the GDR regime, whilst also demonstrating how aspects of that critique provided a starting point for Hein's rejection of capitalism both before and after German unification. For Hein, socialism had failed to make good its promise to create a community bound together by common values and goals, preferring instead to impose conformity upon its citizens. Capitalism, he believed, was equally unable to meet the need for community, and Hein sought to demonstrate the consequences of this state of affairs in the figure of Wörle in his first post-unification novel, *Das Napoleon-Spiel* (1993). After this point, Clarke argues, Hein was nevertheless forced to re-examine his criticism of capitalism, a process which ultimately led to the more differentiated and convincing portrayal to be found in *Willenbrock*.

USA/Canada: One Rockefeller Plaza, Ste. 1420, New York, NY 10020,
Tel. (212) 265-6360, Call toll-free (U.S. only) 1-800-225-3998,
Fax (212) 265-6402
All other countries: Tijnmuiden 7, 1046 AK Amsterdam, The Netherlands.
Tel. ++ 31 (0)20 611 48 21, Fax ++ 31 (0)20 447 29 79
Orders-queries@rodopi.nl   www.rodopi.nl

PSYCHOLOGISCHE SCHRIFTEN
Textkritische Ausgabe in 2 Bänden
Vittorio Benussi

Band 1 Psychologische Aufsätze (1904-1914)

Herausgegeben von Mauro Antonelli

Amsterdam/New York, NY 2002. XII,433 pp.
(Studien zur österreichischen Philosophie 34)
ISBN: 90-420-1083-5   Bound € 100,-/US $ 100.-
ISBN: 90-420-1-73-8 Bde 1 + 2

Vorwort des Herausgebers
Einleitung des Herausgebers
Zur Psychologie des Gestalterfassens (Die Müller-Lyersche Figur)
I. Versuche. II. Theorie. III. Ergebnisse.
  Über die Natur der sogenannten geometrisch-optischen Täuschungen
Die intellektuellen Grundeinstellungen und ihre Gegenstände
Experimentelles über Vorstellungsinadäquatheit
I. Das Erfassen gestaltmehrdeutiger Komplexe. II. Gestaltmehrdeutigkeit und Inadäquatheitsumkehrung.
  Über „Aufmerksamkeitsrichtung" beim Raum- und Zeitvergleich
Über die Motive der Scheinkörperlichkeit bei umkehrbaren Zeichnungen
Stroboskopische Scheinbewegungen und geometrisch-optische Gestalttäuschungen
[K. Koffkas und F. Kenkels „Beiträge zur Psychologie der Gestalt- und Bewegungserlebnisse"]
Gesetze der inadäquaten Gestaltauffassung. Die Ergebnisse meiner bisherigen experimentellen Arbeiten zur Analyse der sogenannten geometrisch-optischen Täuschungen (Vorstellungen außersinnlicher Provenienz)
Die Atmungssymptome der Lüge
Sachregister zur Abhandlung „Zur Psychologie des Gestalterfassen"
Sachregister zu den übrigen Abhandlungen
Personenregister
Literaturverzeichnis

USA/Canada: One Rockefeller Plaza, Ste. 1420, New York, NY 10020,
Tel. (212) 265-6360, Call toll-free (U.S. only) 1-800-225-3998,
Fax (212) 265-6402
All other countries: Tijnmuiden 7, 1046 AK Amsterdam, The Netherlands.
Tel. ++ 31 (0)20 611 48 21, Fax ++ 31 (0)20 447 29 79
Orders-queries@rodopi.nl   www.rodopi.nl

PSYCHOLOGISCHE SCHRIFTEN
Textkritische Ausgabe in 2 Bänden
Vittorio Benussi

Band 2 Psychologie der Zeitauffassung (1913)

Herausgegeben von Mauro Antonelli

Amsterdam/New York, NY 2002. IX,425 pp.
(Studien zur österreichischen Philosophie 35)

ISBN: 90-420-1093-2   Bound € 93,-/US $ 93.-
ISBN: 90-420-1-73-8 Bde 1 + 2

Inhaltsverzeichnis: Vorwort des Herausgebers. Einleitung des Herausgebers. Vorwort. Einleitende Vorbemerkungen.
I. Die einfachsten Beziehungen zwischen subjektiver und objektiver Zeit. II. Allgemeine methodologische Gesichtspunkte. III. Zeitgröße und –lage. IV. Die Pause. V. Vergleichen und Zeitvergleichen. VI. Zeitgröße und Begrenzungsart. VII. Die Wirkungsweise der Erwartung. VIII. Die Ausfüllung. IX. Über die Provenienz der Zeitvorstellung.

Anhang
Sachregister
Personenregister
Literaturverzeichnis

USA/Canada: One Rockefeller Plaza, Ste. 1420, New York, NY 10020,
Tel. (212) 265-6360, Call toll-free (U.S. only) 1-800-225-3998,
Fax (212) 265-6402
All other countries: Tijnmuiden 7, 1046 AK Amsterdam, The Netherlands.
Tel. ++ 31 (0)20 611 48 21, Fax ++ 31 (0)20 447 29 79
Orders-queries@rodopi.nl   www.rodopi.nl

Representing the Real

Ruth Ronen

Amsterdam/New York, NY 2002. VI,218 pp.
(Psychoanalysis and Culture 11)

ISBN: 90-420-0973-X   € 40,-/US $ 40.-

This study offers a new perspective on the object represented by art, specifically by art that successfully creates in its recipient a sense of "the real", a sense of approximating the true nature of the represented object that lies outside the work of art.
The object that cannot be accessed through a concept, a meaning or a sign, the thing-in-itself, is generally rejected by philosophy as being outside the realm of its concerns. This rejection is surveyed in a number of philosophical discussions, from Kant to Hilary Putnam. Turning to the psychoanalytic object, an object which cannot be exhausted in terms of its external existence or conceptual status or meaning (the object is always suppressed, partly known, inaccessible), introduces another notion of the object. The Real is suggested as that which can neither be contained in language nor reduced to a linguistic referent. This solution does not lead away from philosophical interests but rather exposes this dilemma engendered by the object of representation as fundamentally philosophical.
Cases of artistic realism discussed range from perspective painting to abstract art, from tragedies to the literary representation of minds.

USA/Canada: One Rockefeller Plaza, Ste. 1420, New York, NY 10020,
Tel. (212) 265-6360, Call toll-free (U.S. only) 1-800-225-3998,
Fax (212) 265-6402
All other countries: Tijnmuiden 7, 1046 AK Amsterdam, The Netherlands.
Tel. ++ 31 (0)20 611 48 21, Fax ++ 31 (0)20 447 29 79
Orders-queries@rodopi.nl   www.rodopi.nl

Mythos, Macht und Kellersprache
Wolfgang Hilbigs Prosa im Spiegel der Nachwende

JENS LOESCHER

Amsterdam/New York, NY 2003. 360 pp.
(Amsterdamer Publikationen zur Sprache und Literatur 151)

ISBN: 90-420-0864-4 € 70,-/US $ 70.-

Auf Wolfgang Hilbig, veritablen Büchnerpreisträger und gleichzeitig „Kind, das mit Meeren spielt" (Fühmann), auf den Prosaisten und Lyriker zielt diese Monographie, die drei ebenfalls aus Dissertationen entstandenen Beiträgen nachfolgt. Der „Seelenzunge des Lesens", so der Laudator Georg Klein bei der Preisverleihung, verdankte sich das Forschungsinteresse des vorliegenden Projektes, bei weitem bevor es sich im Sinne der Disziplin, also der Germanistik, und im Sinne der Hermeneutik, also abseitig jedweder Disziplin und Denkreglementierung, die Texte aneignete. Die Werke dieses Autors sind eben nicht nur Selbstbehauptungsversuche eines Heizers in der DDR; ihre berückende, weil geerdete Formschönheit verlangt geradezu das analytische Interesse des Germanisten: deshalb die Instrumente der Textinterpretation, die Theorie und der Griff in den Fundus der Literaturgeschichte. Aber doch verhehlt dieser Ansatz nicht, dass die prekäre, ambivalente, ausgehöhlte Position des Subjekts in Hilbigs Subversions- und Widerstandsgeschichten, in der verdrehten, phantastischen Erzählwirklichkeit auch Anlass war, einen distanzierten Ton ex cathedra zu vermeiden. Das Verstörende, Versehrt-Verzehrende, gleichzeitig Aufbegehrend-Kraftvolle sollte nicht von der Patina und der Haltung der Disziplin in Beschlag genommen werden, die man unwillkürlich manch ausladendem, staubigem Buchrücken zuordnet.

USA/Canada: One Rockefeller Plaza, Ste. 1420, New York, NY 10020,
Tel. (212) 265-6360, Call toll-free (U.S. only) 1-800-225-3998,
Fax (212) 265-6402
All other countries: Tijnmuiden 7, 1046 AK Amsterdam, The Netherlands.
Tel. ++ 31 (0)20 611 48 21, Fax ++ 31 (0)20 447 29 79
Orders-queries@rodopi.nl   www.rodopi.nl

Erkundung und Beschreibung der Welt
Zur Poetik der Reise- und Länderberichte

Vorträge eines interdisziplinären Symposiums vom 19. bis 24. Juni 2000 an der Justus-Liebig-Universität Gießen.

Herausgegeben von Xenja von Ertzdorff und Gerhard Giesemann

Amsterdam/New York, NY, 2003, IX,662 pp. (Chloe 34)
ISBN: 90-420-1004-5   Bound € 120,-/US $ 120.-
ISBN: 90-420-0994-2   Paper € 60,-/US $ 60.-

Dieser Band bietet mit Stephan von Gumpenberg Ansichten des Heiligen Landes um 1417/18, gewährt mit Roland von Waldenburg Einblicke in das Italien des 16. Jahrhunderts, lä ßt das Japan des 17. Jahrhunderts mit den Augen Engelbert Kaempfers sehen und das Ägypten des Jahres 1994 mit denen Salzburger Studierender. Der Leser durchleidet die Qualen eines polnischen Landadligen auf der Meerfahrt von Danzig nach Lübeck und die <I>Schiffbrüche</I> des Alvar Nú ñez als Bericht über eine gescheiterte Expedition nach Florida. Er besucht mit Sigmund von Herberstein das Moskowitische Rußland im 16. Jahrhundert und erfährt im Gegenzug allerlei Unterhaltsames über Europa aus der Sicht der russischen Reisenden Nikolaj Karamzin und Fedor M. Dostojevskij. Und das sind nur einige Themen dieses faszinierenden Gießener Symposionsbandes, der nach Untersuchungen mythischer Strukturen im Reisebericht und zur Konstruktion von Weiblichkeit in mittelalterlichen Weltkarten eine Reise durch Länder, Zeiten und Kulturen beginnt: er macht den Leser mit byzantinischen, hebräischen sowie arabischen Reisenden des 11./12. und 17. Jahrhunderts und ihren Berichten vertraut, zeigt die Sicht europäischer Adliger des Spätmittelalters auf die Fremde und "besingt" die Reiselieder Oswalds von Wolkenstein. Der band endet mit einem Blick auf den Traum von der Insel des Glücks. Dazwischen spannt sich der Bogen der Untersuchungen von Nahreisen in die Landschaften Koreas im vormodernen koreanischen Reisebericht, in die Bergwelt Chinas in den chinesischen Bergmonographien oder in die Mark Brandenburg Fontanes über die Reisen des Fürsten von Pückler-Muskau in Franken, Europa und Nordafrika bis hin zu den großen Fernreisen eines Amerigo Vespucci in die Neue Welt und des Odorico da Pordenone nach Asien (mit einer Edition der *Aufzeichnungen nach dem mündlichen Bericht des Reisenden*). Asien ist auch das Thema der Autorin Sir Galahad und der Filmemacherin Ulrike Ottinger, denen ein weiterer Beitrag gewidmet ist. Den Band beschließt ein umfangreiches Namen- und Werktitelregister, das die Fülle der gebotenen Informationen aufschlüsselt.

USA/Canada: One Rockefeller Plaza, Ste. 1420, New York, NY 10020,
Tel. (212) 265-6360, Call toll-free (U.S. only) 1-800-225-3998,
Fax (212) 265-6402
All other countries: Tijnmuiden 7, 1046 AK Amsterdam, The Netherlands.
Tel. ++ 31 (0)20 611 48 21, Fax ++ 31 (0)20 447 29 79
Orders-queries@rodopi.nl   www.rodopi.nl

OHIO UNIVERSITY LIBRARY

Please return this book as soon as you have finished with it. In order to avoid a fine it must be returned by the latest date stamped below. All books are subject to recall after two weeks or immediately if needed for reserve.

CF